Im Namen des Deutschen Volkes

Justiz und Nationalsozialismus

Katalog zur Ausstellung des
Bundesministers der Justiz
Verlag Wissenschaft
und Politk

© 1989 bei Verlag Wissenschaft und Politik
Berend von Nottbeck, Köln

Herausgeber:
Bundesminister der Justiz
Konzeption und Text: Gerhard Fieberg
Wissenschaftliche Mitarbeit
bei Teil II: Dr. Ralph Angermund
Manuskript: Gerhard Fieberg und Gertrud Sahler
Redaktion: Gertrud Sahler
unter Mitarbeit von Ute Dürbaum,
Frank Goebel, Ulrike Merger

Wissenschaftlicher Beirat:
Prof. Dr. Gerd Pfeiffer, Vorsitzender
Dr. Lothar Gruchmann
Dr. Josef Henke
Prof. Dr. Gotthard Jasper
Dr. Werner Johe
Karl-Heinz Keller
Prof. Dr. Diemut Majer
Prof. Dr. Bernd Rüthers
Prof. Dr. Johann Schütz
Prof. Dr. Michael Stolleis
Dr. Hans Wrobel

Umschlaggestaltung: Detlef Weiss, Berlin
Herstellung: Werbedruck Zünkler, Bielefeld
ISBN 3-8046-8731-8

Im Namen des deutschen Volkes
Justiz und Nationalsozialismus

Katalog zur Ausstellung

Ausstellungsgestaltung:
Claus-Peter Gross, Kerstin Hölzner, Detlef Weiss

Ausführung der Dokumentationstafeln
Studio für Großfotos Wolfgang Schackla
Hellmich KG (Satz)

Der Bundesminister der Justiz dankt allen Personen und Institutionen, die durch Hinweise, Archiv- und Bildmaterial zum Gelingen der Ausstellung beigetragen haben.

Inhaltsverzeichnis

Vorwort — 5

**Teil I
Die ungeliebte, verachtete Republik**

1. Themenkreis
   Der Kaiser geht, die Richter bleiben
   (Herkunft und Barrieren;
   politische Gesinnung;
   richterliches Selbstverständnis) — 7

2. Themenkreis
   Die Republik und die Richter
   (Verzicht auf eine personelle Umgestaltung
   der Justiz;
   Eid auf die republikanische Verfassung;
   personalpolitische Grenzen;
   wirtschaftliche und berufliche Verhältnisse) — 18

3. Themenkreis
   Die Richter und die Republik
   (Dem Staat – nicht der Staatsform verpflichtet;
   die Majestät des Gesetzes und die parlamentarische Demokratie;
   die Minderheit;
   Republikanischer Richterbund) — 24

4. Themenkreis
   Die politische Justiz — 28
   4.1. Mord als politisches Instrument — 29
   4.2. »Hühereigelbe Judenrepublik«
        Das Republikschutzgesetz — 35
   4.3. Hochverrat — 37
   4.4. »Eine bittere Pille für Fritze Ebert«
        (Ehrenschutz für republikanische Politiker) — 44

5. Themenkreis
   **Heftige Kritik von links:
   Vertrauenskrise der Justiz** — 46

6. Themenkreis
   Die Weimarer Justiz und die NSDAP — 49
   6.1. Legalitätstaktik — 49
   6.2. Justizpolitische Positionen der NSDAP — 54
   6.3. Personelle Basis der NSDAP in der Justiz
        vor 1933 — 57

**Teil II
Justiz für Führer, Volk und Staat**

1. Themenkreis
   **Von der Republik
   in den nationalsozialistischen Staat** — 59
   1.1. Das Dritte Reich entsteht — 59
   1.2. Die »nationale Revolution«: Wo gehobelt
        wird, fallen Späne« – Die Demontage des
        Rechtsstaats (Kein Schutz vor staatlichen
        Eingriffen; Exekutive und Legislative in
        einer Hand; Beseitigung der richterlichen
        Unabhängigkeit; Strafrecht als politisches
        Kampfinstrument) — 68
   1.3. ... und dennoch: Die »nationale Revolution«
        wird begrüßt — 89
   1.4. Der Reichsjustizminister am Scheideweg — 95

2. Themenkreis
   Nationalsozialistisches Denken in Rechtsprechung, Gesetzgebung und Justizverwaltung — 104
   2.1. Ideologische Grundlagen des Nationalsozialismus (Volksgemeinschaft; Völkische Ungleichheit; Führerprinzip) — 104
   2.2. Recht und Justiz aus nationalsozialistischer
        Sicht — 109
   2.3. Zur Rassenideologie (Nürnberger Gesetze
        vom 15. 9. 1935; Einzelschicksale; Erbgesundheitsgesetz vom 14. 7. 1933) — 111
   2.4. »Der bürgerliche Tod«: Diskriminierende
        Rechtsprechung gegen »rassische« Minderheiten – auch gegen das Gesetz (Zivilrecht;
        Strafrecht) — 138
   2.5. Strafrecht, Strafverfahren, Strafvollzug
        (Strafrechtsverständis im Dritten Reich;
        Charakteristisches aus den Strafgesetzen;
        Der »blitzartige« Strafprozeß; Folter im
        Strafverfahren; Die Moorlager im Emsland) — 144
   2.6. »Staatsfeind oder nicht« – Politische
        Erwägungen in Strafzumessungsgründen — 167
   2.7. Die Ausbildung zum neuen Juristen — 170
   2.8. Aus dem Alltag der Justiz — 174

3. Themenkreis
   Die Justiz wird ausgeschaltet — 184
   3.1. Straftaten in Konzentrationslagern — 184
   3.2. Der November-Pogrom — 194

4. **Themenkreis**
   »Euthanasie« – Die Ermordung kranker Menschen 199
5. **Themenkreis**
   »Die innere Front« – Strafjustiz im Krieg **206**
   5.1. Die Sondergerichte 208
   5.2. Der Volksgerichtshof 210
   5.3. § 5 Kriegssonderstrafrechts-Verordnung (KSSVO) 211
   5.4. § 91b Strafgesetzbuch 214
   5.5. § 1 Volksschädlings-Verordnung (VVO) 215
   5.6. § 4 Volksschädlings-Verordnung (VVO) 219
   5.7. Verbotener Umgang mit Kriegsgefangenen 221
   5.8. Polenstrafrechts-Verordnung 225
   5.9. Rundfunk-Verordnung 228
   5.10. Gegen »Schwätzer und Hetzer« 231
   5.11. Leben oder Tod – eine Frage der Willkür 234
6. **Themenkreis**
   Vollstreckung der Todesstrafe 237
   6.1. Ohne Mitleid, ohne Gnade 237
   6.2. »Korrekt« bis in den Tod (Hinrichtung als Verwaltungsvorgang) 240
7. **Themenkreis**
   Justiz und SS/Polizei – Konkurrenz und Kooperation
   (Schutzhaft; Vorbeugungshaft; Urteilskritik; Maßnahmen gegen »Hoch- und Landesverräter« und andere; Zuständigkeitsabgrenzung zwischen Justiz und SS 1942 und später) 246
8. **Themenkreis**
   Die Justiz – gelenkt, bedroht und gleichgeschaltet? 272
   8.1. Personalpolitik (Deutsches Beamtengesetz; Mitgliedschaft in der NSDAP; Einstellungs- und Beförderungspraxis) 272
   8.2. Beeinflussung der Rechtsprechung (Der Fall F.; Allgemein- und Rundverfügungen; Weisungsgebundenheit der Staatsanwaltschaften; »Fühlungnahme«; Tagungen und Besprechungen; gezielte Interventionen; Justizkrise 1942; Vor- und Nachschau; Richterbriefe) 280
   8.3. »Nach sorgfältiger Prüfung sehe ich mich gewissenshalber außerstande ...« – Die konsequente Haltung der Wenigen (Martin Gauger; Lothar Kreyssig; Hans von Dohnanyi) 300
   8.4. »... im übrigen hätte es auch sehr mächtiger Pressionen bedurft, den starken Unabhängigkeitssinn des Senats zu erschüttern.« Die Selbstgleichschaltung der Vielen 302

Teil III
Die Justiz und ihre NS-Vergangenheit
1. **Themenkreis**
   Die sogenannte Stunde Null 307
   1.1. Kriegsende 307
   1.2. Die Entnazifizierung 314
   1.3. »Der Dolch des Mörders war unter der Robe des Juristen verborgen« – Der Nürnberger Juristenprozeß 331
2. **Themenkreis**
   Das Leben geht weiter
   Allgemeinpolitische und justizpolitische Rahmenbedingungen nach der »Stunde Null« 346
3. **Themenkreis**
   Der Rechtsanspruch auf Wiedereinstellung – Die personelle Kontinuität in der bundesdeutschen Justiz 353
   3.1. Deutsche Justiz unter alliierter Aufsicht 353
   3.2. Gesetz zu Artikel 131 Grundgesetz 361
   3.3. Das Nachhutgefecht 366
   3.4. Zum Beispiel: Generalbundesanwalt Fränkel 372
   3.5. Zum Beispiel: Ministerialrat Maßfeller 381
4. **Themenkreis**
   Unrecht wird bestätigt – die Unfähigkeit zur Korrektur 389
5. **Themenkreis**
   Der Korpsgeist in der Justiz 395
   5.1. Verteidigungsstrategien 395
   5.2. Dokumente aus dem Osten 401
   5.3. Das noble Angebot: § 116 Deutsches Richtergesetz 412
   5.4. Das Schweigen der Justiz zu Massentötungen bleibt ohne Folgen 415
6. **Themenkreis**
   »Was damals Recht war, kann heute doch nicht Unrecht sein«, – Richter vor Gericht 422
   6.1. § 336 StGB – Rechtsbeugung 422
   6.2. »Ein typisches Zeichen jüdischer Frechheit« – Der Fall Hassencamp/Keßler 426
   6.3. »Der Angeklagte ist auch nach seiner Persönlichkeit ein Volksschädling.« – Der Fall Ferber/Hoffmann 432
   6.4. »Der Angeklagte wird freigesprochen.« – Der Fall Rehse 440
   6.5. Der allerletzte Versuch – Der Fall Reimers 450
7. **Themenkreis**
   Die biologische Amnestie – Fehlleistung der bundesdeutschen Justiz 453

Literaturverzeichnis 456
Abkürzungen 462
Bildnachweis 464

Vorwort

45 Jahre nach dem Zusammenbruch des Dritten Reiches beschäftigt sich eine Ausstellung, die vom Bundesjustizministerium geschaffen worden ist, mit der Justiz im Nationalsozialismus, ihrer Vorgeschichte in der Weimarer Republik und der Art und Weise, wie die bundesdeutsche Justiz mit dieser Vergangenheit umgegangen ist. Mancher wird sagen: Zu spät, das wäre vor 20 Jahren notwendig gewesen, damals, als die Mentalität des Verschweigens und Verdrängens herrschte. Mancher wird aber auch denken: Muß das denn sein, die »alten Geschichten wieder ausgraben«, jetzt, wo so und so nichts mehr zu korrigieren ist.
Ich glaube, die Ausstellung kommt nicht zu spät, auch wenn sie vor zwei Jahrzehnten mit Sicherheit einen anderen justizpolitischen Stellenwert gehabt hätte. Daß sie erst in den achtziger Jahren stattfindet, ist letztlich Ausdruck der gesellschaftspolitischen Entwicklung, die die Bundesrepublik Deutschland genommen hat: Wie fast alle gesellschaftlichen und politischen Kräfte war auch die Justiz in den fünfziger und sechziger Jahren nicht bereit, sich ihrer Vergangenheit zu stellen, in einer offenen Diskussion Ursachen und Hintergründe ihres geradezu geräuschlosen Abgleitens in das NS-Unrechtssystem zu erörtern und daraus Konsequenzen zu ziehen, auch strafrechtlicher oder dienstrechtlicher Art. Diese Flucht vor der Vergangenheit halte ich für _die_ Fehlleistung der bundesdeutschen Justiz; ihren Ausdruck findet sie vor allem in der Tatsache, daß keiner der Richter eines Sondergerichts oder des Volksgerichtshofs wegen eines der zahlreichen Unrechtsurteile von bundesdeutschen Gerichten rechtskräftig verurteilt worden ist. Um so wichtiger erscheint es mir, über diesen Kapiteln der deutschen Rechtsgeschichte nicht einfach die Akten zu schließen. Die Opfer, deren Leiden ungesühnt bleibt, wie auch das Selbstverständnis unserer demokratisch gefestigten Justiz verlangen, daß wir uns zumindest jetzt in offener Form mit der NS-Justiz und ihren Folgen auseinandersetzen und – dies möchte ich vor allem betonen – die Erinnerung an die Opfer dieser Justiz bewahren. Dem dient diese Ausstellung, die zwar spät, aber – wie sich zeigt – keineswegs zu spät kommt.
Ich glaube auch, daß diese Ausstellung notwendig ist, notwendig, um einen justizpolitischen Markstein zu setzen. In den letzten Jahren hat eine intensive Diskussion über die Rolle der Justiz in der NS-Zeit und die nicht erfolgte Bewältigung des begangenen Unrechts eingesetzt, eine Diskussion, die von außen an die Justiz herangetragen worden ist. Die bundesdeutsche Justiz sollte sich dieser Diskussion nicht nur stellen, sie muß an ihr teilnehmen und sie bereichern. In diesem

Sinn will die Ausstellung einen justizeigenen Beitrag zur Auseinandersetzung mit der NS-Justiz und ihren Folgen leisten. Sie will nicht Vergangenheit bewältigen – das können nur diejenigen, die die Vergangenheit mitgestaltet haben –, und sie will auch nicht besserwisserisch belehren – wer kann heute schon sagen, wie er sich unter anderen politischen Verhältnissen gestern verhalten hätte.

Die Ausstellung wendet sich nicht speziell an den Juristen. Ihr Adressat ist vielmehr der politisch und historisch interessierte Bürger, der sich in allgemeinverständlicher Form über diesen Teil der deutschen Geschichte informieren will. Die Ausstellung bietet einen Einstieg in das Thema, gibt einen Überblick, stellt Zusammenhänge dar und zeigt auch Details auf; sie will Interesse wecken, zur Diskussion anregen und letztlich den Besucher veranlassen, sich intensiver mit der NS-Justiz zu beschäftigen.

Angesichts der Komplexität des Themas und der Masse an Material mußten Schwerpunkte gesetzt werden. Es war nicht möglich, alle wesentlichen Bereiche der Justiz zu erfassen; so bleibt z. B. die Wehrmachtsjustiz ausgespart. Die Ausstellung beschäftigt sich daher vor allem mit denjenigen Bereichen der Justiz, für die das Reichsjustizministerium zuständig war: mit dem Zivil- und Strafrecht sowie der ordentlichen Gerichtsbarkeit. Der Schwerpunkt liegt auf dem Strafrecht, da dieses mehr als das Zivilrecht im Brennpunkt des Interesses der nationalsozialistischen Staatsführung lag.

Trotz dieser thematischen Beschränkungen hat die Ausstellung einen Umfang erreicht, der es dem Besucher unmöglich macht, die Informationen und Inhalte bei einem Rundgang zu erfassen und zu verarbeiten. Aus diesem Grund kommt dem vorliegenden Katalog eine besondere Bedeutung zu. Der Besucher kann die Ausstellung sozusagen schwarz auf weiß mit nach Hause nehmen, Texte in Ruhe nachlesen, Dokumente studieren und Fotos betrachten. Da der Katalog also für den interessierten Besucher geradezu unverzichtbar ist, wurde besonderer Wert darauf gelegt, ihn zu einem akzeptablen Preis anzubieten.

Des weiteren erhoffe ich mir, daß der Katalog Eingang in die schulische, außerschulische und universitäre Bildung finden wird. Er bietet Material, das im Unterricht und in Veranstaltungen der Erwachsenenbildung dem juristischen Laien einen schwierigen Stoff veranschaulichen kann. Vor allem aber gehört er nach meiner Überzeugung in die Hände jedes angehenden Juristen, da – wie es in der Ausstellung heißt – die Erinnerung an die Justizverbrechen im nationalsozialistischen Deutschland und die Menschen, die ihnen zum Opfer fielen, einen festen Stellenwert in unserem Justizverständnis finden muß, als Mahnung und Warnung zugleich.

Hans A. Engelhard
Bundesminister der Justiz

Die ungeliebte, verachtete Republik

I

1. Themenkreis: Der Kaiser geht, die Richter bleiben

November 1918 – der Kaiser dankt ab und geht ins Exil; vom Balkon des Reichstages ruft Philipp Scheidemann (SPD) die deutsche Republik aus, und auf dem Balkon des Berliner Schlosses proklamiert Karl Liebknecht (kommunistischer Spartakus-Bund) die freie sozialistische Republik Deutschland. Der

2. Extraausgabe Sonnabend, den 9. November 1918.

Vorwärts

Berliner Volksblatt.

Zentralorgan der sozialdemokratischen Partei Deutschlands.

Der Kaiser hat abgedankt!

Der Reichskanzler hat folgenden Erlaß herausgegeben:

Seine Majestät der Kaiser und König haben sich entschlossen, dem Throne zu entsagen.

Der Reichskanzler bleibt noch so lange im Amte, bis die mit der Abdankung Seiner Majestät, dem Thronverzichte Seiner Kaiserlichen und Königlichen Hoheit des Kronprinzen des Deutschen Reichs und von Preußen und der Einsetzung der Regentschaft verbundenen Fragen geregelt sind. Er beabsichtigt, dem Regenten die Ernennung des Abgeordneten Ebert zum Reichskanzler und die Vorlage eines Gesetzentwurfs wegen der Ausschreibung allgemeiner Wahlen für eine verfassungsgebende deutsche Nationalversammlung vorzuschlagen, der es obliegen würde, die künftige Staatsform des deutschen Volk, einschließlich der Volksteile, die ihren Eintritt in die Reichsgrenzen wünschen sollten, endgültig festzustellen.

Berlin, den 9. November 1918. **Der Reichskanzler.**
Prinz Max von Baden.

Es wird nicht geschossen!

Der Reichskanzler hat angeordnet, daß seitens des Militärs von der Waffe kein Gebrauch gemacht werde.

Parteigenossen! Arbeiter! Soldaten!

Soeben sind das Alexanderregiment und die vierten Jäger geschlossen zum Volke übergegangen. Der sozialdemokratische Reichstagsabgeordnete Wels u. a. haben zu den Truppen gesprochen. Offiziere haben sich den Soldaten angeschlossen.

Der sozialdemokratische Arbeiter- und Soldatenrat.

Abbildung 1

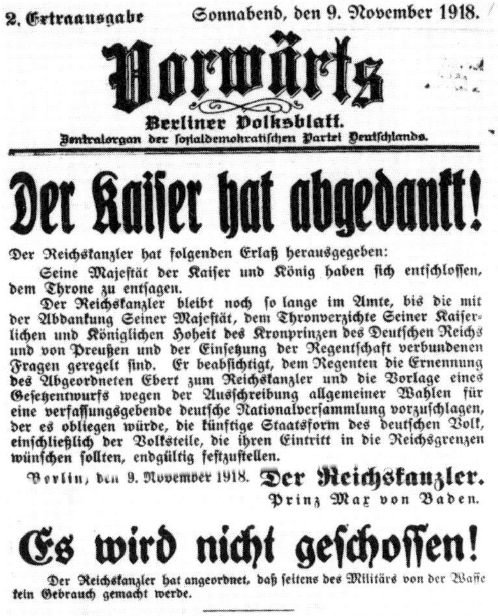

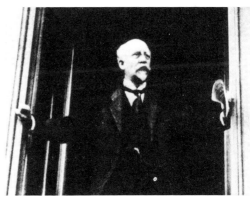

Abbildung 2
Philipp Scheidemann ruft die deutsche Republik aus

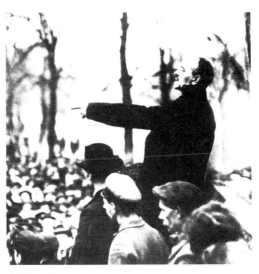

Abbildung 3
Karl Liebknecht proklamiert die freie sozialistische Republik Deutschland

Abbildung 4
Einzug der roten Matrosendivision in Berlin

letzte Kanzler des Kaiserreichs legt in einem geradezu revolutionären Akt Friedrich Ebert, dem Führer der Sozialdemokratie, »das Deutsche Reich ans Herz«. Das geschlagene Heer verbindet sich mit der neuen Regierung zur Abwehr einer bolschewistischen Revolution. Arbeiter- und Soldatenräte entstehen allerorten, die politische Linke beherrscht erstmals die Szene in Deutschland. Zur allgemeinen Überraschung treten 22 Monarchen und Landesfürsten sang- und klanglos ab, ohne Aufruhr, ohne Kampf und Blutvergießen, geradeso, als hätten sie sich von einer Last befreit. Das Bürgertum ist wie gelähmt, verschreckt und ebenso von der Bildfläche verschwunden wie die anderen die Monarchie tragenden Kräfte; an der grundlegenden Weichenstellung »parlamentarische Demokratie/Räterepublik«, die Ende Dezember der Reichskongreß der Arbeiter- und Soldatenräte in Berlin vornimmt, ist es nicht beteiligt. Die sozialdemokratische Mehrheit auf dem Reichskongreß entscheidet die Machtfrage: Nicht die Räte, sondern eine Nationalversammlung soll über das weitere Schicksal des Deutschen Reiches befinden. Damit ist der Weg zu einer parlamentarischen Demokratie geebnet, die Gefahr einer rätedemokratischen, an der russischen Revolution orientierten Entwicklung ausgeräumt – keine rote, sondern eine schwarz-rot-goldene Republik ist im Entstehen.

Aufruf des Reichskanzlers

> Die neue Regierung hat die Führung der Geschäfte übernommen, um das deutsche Volk vor Bürgerkrieg und Hungersnot zu bewahren und seine berechtigten Forderungen auf Selbstbestimmung durchzusetzen. Diese Aufgabe kann sie nur erfüllen, wenn alle Behörden und Beamten in Stadt und Land ihr hilfreiche Hand leisten.
> Ich weiß, daß es vielen schwer werden wird, mit den neuen Männern zu arbeiten, die das Reich zu leiten unternommen haben, aber ich appelliere an ihre Liebe zu unserem Volke. Ein Versagen der Organisation in dieser schweren Stunde würde Deutschland der Anarchie und dem schrecklichsten Elend ausliefern.
> Helft also mit mir dem Vaterlande durch furchtlose und unverdrossene Weiterarbeit, ein jeder auf seinem Posten, bis die Stunde der Ablösung gekommen ist.
>
> Berlin, den 9. November 1918
> Der Reichskanzler: Ebert

Quelle: RAnz. Nr. 268 vom 12. November 1918

Eine Kernfrage der jungen Republik betrifft die Übernahme des Verwaltungsapparats und der Justiz aus der Kaiserzeit: Aufbau einer neuen Gesellschaft mit dem alten Apparat? Aber: Gibt es überhaupt eine personelle Alternative? Für die rätedemokratische Linke fordert Rosa Luxemburg ein Re-

Wahlen zur verfassunggebenden Nationalversammlung vom 19. Januar 1919

	Sitze	%
Unabhängige Sozialdemokratische Partei	22	7,6
Sozialdemokratische Partei	163	37,9
Deutsche Demokratische Partei	75	18,6
Zentrum und Bayerische Volkspartei	91	19,7
Deutsche Volkspartei	19	4,4
Deutschnationale Volkspartei	44	10,3
Splitterparteien	7	1,5
Gesamtzahl der Mandate	421	

Abbildung 5
Nationalversammlung in Weimar 1919: Mitglieder der Nationalversammlung auf dem Balkon des Nationaltheaters

Die Verfassung des Deutschen Reichs.
Vom 11. August 1919.

Das Deutsche Volk,
einig in seinen Stämmen und von dem Willen beseelt, sein Reich in Freiheit und Gerechtigkeit zu erneuen und zu festigen, dem inneren und dem äußeren Frieden zu dienen und den gesellschaftlichen Fortschritt zu fördern, hat sich diese Verfassung gegeben.

virement in Verwaltung und Justiz. Die Mehrheitssozialisten setzen auf Kontinuität; unmittelbar nach seiner Ernennung erläßt Ebert einen Aufruf an alle Behörden und Beamten. Ein Zeitzeuge notiert am 10. November: »Die Bürger gingen in Massen wie gewöhnlich im Grunewald spazieren ... Auf allen Gesichtern stand geschrieben: Die Gehälter werden weiterbezahlt.«

Die angekündigte Stunde der Ablösung bleibt aus: Struktur und personelle Besetzung der Gerichte und Justizverwaltungen werden beibehalten, auch beim höchsten deutschen Gericht, dem Reichsgericht, und im Reichsjustizministerium: Wer bleiben will, kann auch unter den neuen Verhältnissen seines Amtes walten – und es bleiben fast alle.

Herkunft und Barrieren

Die soziale Herkunft der Jura-Studenten in den Jahren 1911 und 1925 in %

	1911	1925
Höhere Beamte	20,97	16,95
Offiziere	3,33	1,91
Mittlere/Untere Beamte	17,05	29,86
Freie Berufe	5,32	6,41
Großlandwirte	6,14	1,80
Mittlere/Kleine Landwirte	3,31	3,80
Handel- und Gewerbetreibende	39,72	26,68
Angestellte	2,66	9,16
Arbeiter	0,21	0,78
Sonstige	1,20	2,64

Quelle: Datenhandbuch zur deutschen Bildungsgeschichte

Regulativ vom 1. Mai 1883 – betreffend die juristischen Prüfungen und die Vorbereitung zum höheren Justizdienst.

Gesetz vom 6. Mai 1869 (Gesetz.Samml. S. 656).
Gerichtsverfassungsgesetz vom 27. Januar 1877 (ReichsGesetzbl. S. 41) § 2.
Ausführungsgesetz vom 24. April 1878 (Gesetz. Samml. S. 230) §§ 1, 2.
Auf Grund des § 14 des Gesetzes vom 6. Mai 1869 über die juristischen Prüfungen und die Vorbereitung zum höheren Justizdienst sowie in Gemäßheit des § 2 des deutschen Gerichtsverfassungsgesetzes vom 27. Januar 1877 und des § 1 des Preußischen Ausführungsgesetzes vom 24. April 1878 zum Deutschen Gerichtsverfassungsgesetze werden nachstehende mit dem 1. Juni 1883 in Kraft tretende Bestimmungen erlassen...
[...]

§ 3
Dem Gesuche um Zulassung zur ersten Prüfung ist beizufügen:
1. das Zeugnis der Reife zur Universität,
2. das Zeugnis über die Militärverhältnisse,
3. das Universitäts-Abgangszeugnis,
4. ein in Deutscher Sprache abgefaßter Lebenslauf, in welchem insbesondere der Gang der Universitätsstudien darzulegen ist.

Das Gesuch und der demselben beizufügende Lebenslauf sind von dem Rechtskandidaten eigenhändig zu schreiben.
[...]

§ 14
Der Präsident hat unter Berücksichtigung der allgemeinen Verfügungen vom 24. Januar 1843 (Justizminist. Bl. S. 22) und vom 19. April 1843 (das. G. 106) von dem sich Meldenden den überzeugenden Nachweis zu erfordern, daß demselben für die Dauer von fünf Jahren die zum standesgemäßen Unterhalt erforderlichen Mittel gesichert sind.
Der Präsident hat ferner die Prüfungskommission, von welcher das Prüfungszeugnis ausgestellt ist, um Mittheilung der Prüfungsakten zu ersuchen.
Der Geprüfte kann mit seinem Antrage auf Zulassung zum höheren Justizdienst vom Präsidenten zurückgewiesen werden, wenn derselbe aus den Prüfungsakten oder aus ihm sonst kund gewordenen Thatsachen die Überzeugung gewinnt, daß der sich Meldende, der bestandenen Prüfung unerachtet, der Zulassung zum höheren Justizdienst unwürdig erscheint...

Quelle: Preuß. JMBl. Nr. 45, 1883, S. 31 ff.

Abbildung 6
»Du, der Lehmann ist Fähnrich geworden!« – »Sieh mal an, und sein Vater lief noch als Landgerichtsdirektor rum.«
Quelle: Simplicissimus 1903, Nr. 31

Ausbildungsgang und soziale Lage der Richter im Kaiserreich
(Die Kosten für die Ausbildung wurden auf 30 000 bis 50 000 Mark geschätzt)

Ausbildungsschritte	Dienstbezüge	Status
1. Höhere Lehranstalt Dauer: 9 Jahre	–	–
2. Studium Dauer: 3–4 Jahre	–	–
3. Referendariat: Dauer: 4 Jahre	keine Zulassungsvoraussetzung: Nachweis eines standesgemäßen Unterhalts von 1500,– Mark jährlich (1911 auf Antrag der SPD entfallen)	kann jederzeit entlassen werden
4. Assessoriat Dauer: 5–6 Jahre	– im Durchschnitt 150,– Mark bis 200,– Mark monatlich – häufig keine Dienstbezüge (z. B. arbeiteten 1892 rund 45 % aller preußischen Assessoren ohne Gehalt)	– Hilfsarbeiter oder Hilfsrichter ohne feste Anstellung – kann jederzeit entlassen werden
5. Übernahme in den Justizdienst	– Anfangsgehalt eines Amtsrichters rd. 2800,– Mark jährlich (1900), 3600,– Mark jährlich (1913) – Höchstgehalt eines Amts- oder Landrichters (1910) rd. 7200,– Mark jährlich im Vergleich dazu: – Anfangsgehalt eines Verwaltungsjuristen (1900) rd. 4000,– Mark jährlich* – durchschnittliches Pro-Kopf-Einkommen (1913) 726,– Mark jährlich	Ernennung auf Lebenszeit (Anm.: Auf politisch unbequeme Richter wurde allerdings oft nicht unerheblicher Druck ausgeübt, bis hin zu Versetzungen in andere Kammern.)

* Die Gehälter der Richter und Verwaltungsjuristen wurden vor dem Ersten Weltkrieg angeglichen.

Volk und Juristerei
Im Jahre 1898 unterzogen sich in Bayern 263 Rechtspraktikanten der Anstellungsprüfung (Staatskonkurs). Nachfolgend ist der Stand der Eltern der Rechtspraktikanten verzeichnet:

1. Staatsbeamte (höhere)	32
2. Staatsbeamte (mittlere und niedere)	42
3. Offiziere	6
4. Gemeindebeamte	1
5. Ärzte (Apotheker)	10
6. Rechtsanwälte (Notare)	14
7. Pfarrer	5
8. Professoren (Oberlehrer, Univ.-Lehrer)	12
9. Volksschullehrer	22
10. Fabrikanten	16
11. Kaufleute	34
12. Gewerbetreibende (Handwerker usw.)	18
13. Landwirte	17
14. Schriftsteller (Redakteure)	2
15. Künstler (Musiker)	1
16. Privatangestellte	14
17. Rentner (Privatiers)	16
Sa.	262

Volk und Richter
Die nachfolgende Darstellung gibt die Abstammung von 226 Richtern, Staatsanwälten und juristisch vorgebildeten Sekretären eines bayerischen Bezirksverbandes:

Landwirtschaft:	Großgrundbesitz	3	
	mittlerer Grundbesitz	11	18
	kleiner Grundbesitz	4	
Handel:	Großhandel	5	26
	mittlerer Betrieb	21	

Industrie:	Großbetrieb	3	13
	mittlerer Betrieb	10	
Handwerk und Kleingewerbe			19
Hof-, Staats- und Gemeinde- beamte:	höhere	56	85
	mittlere	24	
	niedere	5	
Offiziere aller Grade		3	
Unteroffiziere aller Grade		–	
Geistliche		5	
Lehrer an	Hochschulen	1	22
	Mittelschulen	5	
	Volksschulen	16	
Freie Berufsarten			21
darunter:	Rechtsanwälte (Advokaten)	7	
	praktische Ärzte	8	
	Apotheker	2	
	Künstler	3	
Privatangestellte in Handel und Industrie:	höhere	7	12
	mittlere	5	
	niedere	–	
Arbeiter			2
Zusammen			226

Quelle: DRiZ 1912, Sp. 218 f.

Verfassungstheorie

„Die öffentlichen Ämter sind, unter Einhaltung der von den Gesetzen festgestellten Bedingungen, für alle Befähigten gleich zugänglich."

Art. 4 der preußischen Verfassung

Verfassungswirklichkeit

„Auch heute ist ja der Zugang zum Richteramt nicht frei, sondern gebunden an den Geldbeutel des Vaters."

Quelle: Berliner Tageblatt, 19. Mai 1912.

„So wurden z. B. die Söhne Karl und Theodor des verstorbenen Wilhelm Liebknecht in den neunziger Jahren einfach zurückgewiesen, als sie sich als Referendare meldeten, obwohl sie selber sich noch gar nicht politisch betätigt hatten, und es bedurfte erst einer Intervention des liberalen Kultusministers Falk, um ihre Anstellung durchzusetzen. Der hessische Gerichtsassistent Katzenstein wurde 1892 wegen sozialdemokratischer Gesinnung kurzerhand entlassen (dabei hatte er seine Gesinnung in keiner Weise betätigt), ähnlich erging es in neuerer Zeit verschiedenen anderen Referendaren."

Quelle: Erich Kuttner, Klassenjustiz, S. 18

Politische Gesinnung
autoritär/monarchistisch

„Feste Autorität ist ein Gebot hoher Staatsklugheit. Was die Wehrmacht nach außen ist, das muß die Rechtspflege nach innen sein. Es ist richtig: Der Geist ist autoritätsfeindlich."

Quelle: Reichert, DRiZ 1912, Sp. 635

Juristen im Reichstag 1912
ohne Verwaltungsjuristen

Parteienspektrum	Richter	Anwälte
Sozialdemokraten	–	9
Liberale	3	20
Bürgerliche Rechte	20	12

Quelle: DRiZ 1912, Sp. 175

„Gewiß, mancher von uns vermißt jetzt schmerzlich das ›im Namen des Königs‹ vor seinen Urteilen, worin er das Symbol seiner unabhängigen ›königlichen‹ Gewalt, aber auch das Zeichen seiner tiefsten Verpflichtung, diese königliche Gewalt nach Gesetz und Recht, nach Gewissen und innerstem Rechtsempfinden auszuüben, erblickte; aber hat er seitdem unter der republikanischen Staatsform weniger unabhängig geurteilt? Was geht uns die Form des Staates an!"

Quelle: de Niem, DRiZ 1921, Sp. 2 f.

antiparlamentarisch/antipluralistisch

„Denn der Sinn der Verfassung geht doch dahin, daß die Regierung die Gesetze vorschlägt, der Reichstag sie, wenn auch mit einigen Änderungen, annimmt oder verwirft. Jetzt ist es aber so, daß der Reichstag die Gesetze macht, die Regierung sie annimmt oder ablehnt.
Doch das möchte ja schließlich angehen, wenn der Reichstag seiner Aufgabe nur gewachsen wäre. Aber er ist es nicht, er kann es nicht sein."

Quelle: de Niem, DRiZ 1912, Sp. 5

„Die Demokratie war in der Geschichte meist ein berechtigter Gegendruck gegen den Mißbrauch, den die Reichen mit ihrer Macht durch rücksichtslose Ausbeutung der Massen trieben. Allein, wo die Demokratie völlig durchgedrungen und zur Herrschaft gelangt war, entstanden Zustände, die für das Gemeinwohl noch weit schlimmer als die von ihr beseitigten waren; sie erwies sich als die schlimmste aller Staatsformen.

Quelle: Beck, DRiZ 1914, Sp. 64

> Eines aber sieht man noch weiter mit erfreulicher Deutlichkeit und mit der stillen Hoffnung, daß auch diese Erkenntnis bleiben und Frucht tragen möge, nämlich wie leicht sich Gesetze von wenigen machen lassen, und wie ungeschickt es ist, wenn derartige organisatorische Fragen in großen Körperschaften, Kommissionen, Parlamenten usw. beraten werden. Nicht daß ich den Reichstag von dieser Gesetzgebung ausgeschaltet wissen möchte. Nein, aber er sollte sich Zurückhaltung auflegen, sich auf große Fragen beschränken und große organisatorische Gesetze mit ja oder nein annehmen oder ablehnen, aber sie nicht im einzelnen verbessern wollen: d. i. in den meisten Fällen verschlechtern.

Quelle: de Niem, DRiZ 1916, Sp. 5

Richterliches Selbstverständnis
unpolitisch/»sachlich«/»Hüter des wahren Rechts«

> Amtsgerichtsrat Lottermoser, Dresden, meint: ›Der Richter steht zum Angeklagten wie der Offizier zum Untergebenen‹ (November 1911).

Quelle: Kuttner, Klassenjustiz, S. 20

> Die Richter haben auf dem Gebiete der Rechtspflege Sachkunde und reiche Erfahrung. Für die Justizgesetzgebung ist vielfach nicht die Sachkunde, sondern die Politik maßgebend. Sie leben in der Überzeugung, daß die Politik die Justiz verdirbt. Die Politik hat die Schwurgerichte und die Sondergerichte geschaffen. Aus Politik sollen die Schwurgerichte beibehalten und die Berufsrichter aus der Strafrechtspflege noch mehr, als es schon geschehen ist, zurückgedrängt werden.
> Es ist sittliche Pflicht der Richter, der Allgemeinheit darzulegen, daß auch auf dem Gebiet der Rechtspflege sachliche Gründe maßgebend sein sollten.

Quelle: Leeb, DRiZ 1909, Sp. 207

> Zu dieser Entwicklung der Politik steht die Rechtspflege im schärfsten Gegensatze. Dort Streben nach Macht um jeden Preis, hier Unterdrückung eines solchen Strebens, soweit es die festgezogenen Grenzen überschreitet; dort ewiger Streit, hier Schaffen von Ordnung und Ruhe; dort Bekämpfung, hier Schutz des Bestehenden; dort Maßlosigkeit, hier strengstes Maßhalten. Solche Widersprüche lassen sich nicht vereinigen. Die Politik, die streng nach den Grundsätzen der Rechtspflege durchgeführt würde, müßte erlahmen. Die Rechtspflege, die nach politischen Gesichtspunkten gehandhabt würde, artete alsbald in Willkür aus. Beide müssen getrennt gehalten werden. Die Einrichtung der parlamentarischen Immunität findet in dieser Erwägung ihre innere Begründung. Noch triftiger ist das Verlangen, den Einfluß der Politik vom Gebiete der Rechtspflege auszuschließen.

Quelle: Riß, DRiZ 1910, Sp. 9 f.

Dr. Erwin Bumke
7. Juli 1874
: in Stolp geboren als Sohn des Arztes Dr. Albert Bumke

1883 bis 1893
: Besuch des Gymnasiums in Stolp

1893
: Reifeprüfung mit der Note »gut«

1893 bis 1896
: Studium der Rechte in Freiburg, Leipzig, München, Berlin und Greifswald

1896
: 1. Staatsexamen in Stettin mit der Note »gut«. Ernennung zum Referendar
Doktorprüfung mit »magna cum laude«

1897 bis 1898
: freiwilliger Militärdienst beim 2. Pommerschen Feldartillerieregiment Nr. 17 in Thorn

1899 bis 1901
: Fortsetzung der Referendarzeit, unterbrochen von Militärdienst und -übungen, verbunden mit der Beförderung zum Leutnant der Reserve

1902
: 2. Staatsexamen mit der Note »gut«
Ernennung zum Gerichtsassessor

1902 bis 1903
: Unterbrechung der Assessorzeit durch einjährigen Studienaufenthalt in der Schweiz, Frankreich und England

1903 bis 1905
: Hilfsrichter beim Amtsgericht Stettin

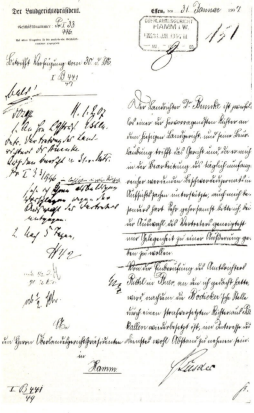

Stellungnahme des Landgerichtspräsidenten in Essen zur Abordnung Bumkes an das Reichsjustizamt, in der es unter anderem heißt: »Der Landrichter Dr. Bumke ist zweifellos einer der hervorragendsten Richter am hiesigen Landgericht ...«

1905 bis 1907
  Landrichter in Essen
1907
  Abordnung in das Reichsjustizamt für sechs Monate
  Heirat mit Eva von Merkatz

1907 bis 1909
  Hilfsarbeiter im Reichsjustizamt
1909
  Beförderung zum Geheimen Regierungsrat und Vortragenden Rat

Ernennung Bumkes zum Geheimen Regierungsrat und vortragenden Rat im Reichsjustizamt.

Reichs-Justizamt.   Berlin, den 26. April 1909.
N. 2244.

Im Anschluß an das Schreiben
vom 14. d.M. -Nr.2021-.

Seine Majestät der Kaiser hat Allergnädigst geruht,
unter dem 20. d.M. den Königlichen Landrichter Dr.
B u m k e zum Geheimen Regierungsrat und vortragenden
Rat im Reichs-Justizamte zu ernennen. Der Genannte wird
das Gehalt der neuen Stelle vom 1. Mai d.J. ab beziehen.

Eure Excellenz beehre ich mich zu ersuchen, die Entlassung desselben aus dem dortigen Dienstverhältnisse
herbeizuführen und die über ihn geführten Personalakten
mir gefälligst zugehen lassen zu wollen.

An
den Königlich Preußischen
Herrn Justizminister.

Durchschlag.

Im Namen des Reichs

ernenne ich
den Ministerialdirektor im Reichsjustizministerium
Dr. Erwin B u m k e
zum Präsidenten des Reichsgerichts.

Ich vollziehe diese Urkunde in der Erwartung, daß der
Ernannte, getreu der Reichsverfassung und den Gesetzen,
seine Amtspflichten zum Wohle des Volkes erfüllt und
das Vertrauen rechtfertigt, das ihm durch diese Ernennung
bewiesen wird. Zugleich sichere ich ihm den besonderen
Schutz des Reichs zu.

Berlin, den 15. Februar 1929.
Der Reichspräsident
(L.S.)   gez. v. Hindenburg.

gez. Koch-Weser.

1912
    Beförderung zum Geheimen Oberregierungsrat
1914 bis 1918
    Kriegsteilnehmer (Beförderung zum Haupt-
mann der Landwehr)
1920
    Ernennung zum Ministerialdirektor
bis 1929
    Abteilungsleiter im Reichsjustizministerium (Er-
win Bumke hat bis zu seinem Ausscheiden aus
dem Reichsjustizministerium an den Reformarbeiten auf dem Gebiet des Strafrechts, Strafprozeßrechts und Strafvollzugs mitgewirkt)
1929
    Ernennung zum Präsidenten des Reichsge-
richts (außerdem Vorsitzender des 3. Strafsenats, des Plenums und der Vereinigten Senate,
Vorsitzender des Staatsgerichtshofs für das
Deutsche Reich, Vorsitzender des 1. Senats
des Ehrengerichtshofs für die deutschen
Rechtsanwälte)

Abbildung 7
Bumke als Präsident des Reichsgerichts in Richterrobe

Abbildung 8
Präsident des Reichsgerichts Bumke (2 v. l.), Reichsminister Dr. Frank (5. v. l.) und dessen Ehefrau (3. v. l.)

1929
    Ernennung zum Präsidenten des Reichsdisziplinarhofs
    Verleihung der Ehrendoktorwürde
1930 bis 1935
    Präsident der internationalen Kommission für Strafrechts- und Gefängniswesen
1932 bis 1934
    Stellvertreter des Reichspräsidenten
ab 1935
    Vorsitzender der Großen Senate und des Vereinigten Großen Senats (nach Abschaffung des Plenums und des Vereinigten Senats)
1937
    Eintritt in die NSDAP
1939
    Verlängerung der Amtszeit als Reichsgerichtspräsident durch Erlaß Hitlers
    Vorsitzender des Besonderen Strafsenats

20. April 1945
    Selbstmord

Vereidigungsverhandlung.

Leipzig Berlin, den 20. September 1934.

Vor dem unterzeichneten Staatssekretär im Reichsjustizministerium leistete heute

der Präsident des Reichsgerichts
Dr. Dr.h.c. B u m k e

den in dem Gesetz vom 20. August 1934 (Reichsgesetz-bl. I S.785) vorgeschriebenen Eid in der Weise ab, daß er dem Unterzeichneten nachsprach:

"Ich schwöre: Ich werde dem Führer des Deutschen Reiches und Volkes Adolf Hitler treu und gehorsam sein, die Gesetze beachten und meine Amtspflichten gewissenhaft erfüllen, so wahr mir Gott helfe."

v.   g.   u.

Bumke

g.   u.   o.

[Unterschrift]

V.
Zu den Personalakten.
B. 24./9. 34.

Der Reichsminister und Chef
der Reichskanzlei
Rk. 17417 B

Berlin W. 8, den 4. Juli 1939
Voßstr. 6

An
den Reichsminister der Justiz
Herrn Dr. G ü r t n e r .

Sehr verehrter Herr Gürtner!

Den beiliegenden vom Führer vollzogenen Erlaß über die Verlängerung der Amtszeit des Präsidenten des Reichsgerichts übersende ich ergebenst mit der Bitte, den Reichsgerichtspräsidenten zu verständigen und für die Veröffentlichung des Erlasses Sorge zu tragen.

Heil Hitler!
Ihr sehr ergebener

[Unterschrift]

2. Themenkreis:
Die Republik und die Richter

Die anfängliche Furcht der Richter vor einer grundlegenden personellen und strukturellen Umgestaltung der Justiz erweist sich schnell als unbegründet. Schon am 16. November 1918 bekennt sich die preußische Regierung aus USPD, SPD und Liberalen zum Prinzip der Unabhängigkeit des Richters, seiner Unabsetzbarkeit und Weisungsfreiheit. In der Nationalversammlung besteht von ganz rechts bis weit nach links aus durchaus unterschiedlichen Motiven der politische Wille zur Kontinuität in der Justiz – angesichts der Erfahrungen, die der politische Katholizismus im Kulturkampf und die Sozialdemokratie mit der Anwendung des Sozialistengesetzes gemacht haben, eigentlich eine überraschende Entwicklung. Eingriffe in die Justiz laufen jedoch dem Verständnis von der dritten Gewalt und dem traditionellen Respekt vor dem juristischen Sachverstand zuwider. Der Vorschlag, die Rechtspflege der Aufsicht des Reichstages zu unterstellen, findet keine Resonanz; Hugo Preuß, einer der Väter der Weimarer Verfassung, sieht

Abbildung 9
Die erste Kabinettssitzung der Weimarer Republik

hinter diesem Vorschlag die Willkürherrschaft eines Konvents aufziehen.
Die Weimarer Republik unterstellt die monarchisch geprägte Richterschaft der monarchisch geprägten Justizverwaltung und räumt den Richtern mit den Artikeln 102 und 104 der Verfassung den gewünschten Status ein. Die repu-

Unabhängigkeit der Gerichte

„Im Anschluß an die Verfügung der Preußischen Regierung vom 14. d. M. über die Zuständigkeit der Behörden weisen wir darauf hin, daß die Unabhängigkeit der Gerichte nicht angetastet werden darf. Es ist daher unzulässig, wenn seitens eines Arbeiter- und Soldatenrats, wie es vorgekommen ist, angeordnet wird, daß die Urteile der Gerichte dem Arbeiter- und Soldatenrat zur Genehmigung vorzulegen sind.
Berlin, den 16. November 1918
Die Preußische Regierung.
Hirsch. Ströbel. Braun. Eugen Ernst.
Adolph Hoffmann. Dr. Rosenfeld."
Quelle: RAnz. Nr. 273 v. 18. November 1918 = JMBl. 424.

Weimarer Verfassung
[...]

Art. 102
Die Richter sind unabhängig und nur dem Gesetz unterworfen.
[...]

Art. 104
Die Richter der ordentlichen Gerichtsbarkeit werden auf Lebenszeit ernannt. Sie können wider ihren Willen nur kraft richterlicher Entscheidung und nur aus den Gründen und unter den Formen, welche die Gesetze bestimmen, dauernd oder zeitweise ihres Amtes enthoben oder an eine andere Stelle oder in den Ruhestand versetzt werden. Die Gesetzgebung kann Altersgrenzen festsetzen, bei deren Erreichung Richter in den Ruhestand treten.
Die vorläufige Amtsenthebung, die kraft Gesetzes eintritt, wird hierdurch nicht berührt.
Bei einer Veränderung in der Einrichtung der Gerichte oder ihrer Bezirke kann die Landesjustizverwaltung unfreiwillige Versetzungen an ein anderes Gericht oder Entfernung vom Amte, jedoch nur unter Belassung des vollen Gehalts verfügen.
Auf Handelsrichter, Schöffen und Geschworene finden diese Bestimmungen keine Anwendung.

blikanisch gesinnten Kräfte in der Nationalversammlung setzen vor allem auf die Bindung des Richters an die Gesetze, deren Inhalte vom Parlament bestimmt und auch geändert werden können. Sie gehen von der Erwartung aus, mit Hilfe der Gesetzgebung eine loyale Haltung der Rechtsprechung gegenüber der Republik sicherstellen zu können, eine Erwartung, die enttäuscht wird.

Richterstatistik
Zahl der Richter im Deutschen Reich

1917:	10 713
1919:	10 694
1921:	10 031

Quelle: Statistische Jahrbücher für das Deutsche Reich

Auf Grund des Artikels 176 der Verfassung des Deutschen Reichs vom 11. August 1919 (Reichs-Gesetzbl. S. 1383) wird verordnet:

Artikel 1
Alle öffentlichen Beamten und Angehörigen der Wehrmacht sind unverzüglich auf die Verfassung des Deutschen Reichs zu vereidigen, und zwar leisten
1. die Reichsbeamten den Eid:
»Ich schwöre Treue der Verfassung, Gehorsam den Gesetzen und gewissenhafte Erfüllung meiner Amtspflichten.«
2. alle übrigen öffentlichen Beamten den Eid:
»Ich schwöre Treue der Reichsverfassung.«
3. die Angehörigen der Wehrmacht den Eid:
»Ich schwöre Treue der Reichsverfassung und gelobe, daß ich als tapferer Soldat das Deutsche Reich und seine gesetzmäßigen Einrichtungen jederzeit schützen, dem Reichspräsidenten und meinen Vorgesetzten Gehorsam leisten will.«

Quelle: RGBl. I, 1919, S. 1419

Was die Republik verlangt, ist der Eid auf ihre Verfassung; denjenigen Beamten, die sich hierzu nicht in der Lage sehen, bietet sie den Weg der Pensionierung an. In Preußen machen hiervon nur 0,15 % der Richter Gebrauch, etwa einer auf 700. 99,85 % legen den Eid auf die republikanische Verfassung ab, ohne deshalb alle Republikaner zu werden; wie ein Geheimer Justizrat in bemerkenswerter Offenheit 1920 schreibt, bedeute die Treue gegen die Reichsverfassung nichts anderes als das Versprechen, Hoch- und Landesverrat gegen sie zu unterlassen; dagegen werde durch den Eid keineswegs die Treue gegenüber der durch die Verfassung eingesetzten republikanischen Staatsform gelobt.

Eine nachhaltige Änderung der personellen Zusammensetzung der Richterschaft kann auch im Wege der konventionellen Personalpolitik nicht erreicht werden. Die Spielräume sind gering, da die finanziellen Verhältnisse nicht nur einer Ausweitung des richterlichen Personals entgegenstehen, sondern darüber hinaus zum Stellenabbau zwingen. Aber selbst die relativ beschränkten Möglichkeiten der Personalpolitik werden von den die Republik tragenden Parteien nicht konsequent genutzt. So bleibt z. B. der »im Herzen« monarchisch eingestellte Staatssekretär des Reichsjustizministeriums Dr. Curt Joël unter 16 Regierungen der Weimarer Republik im Amt (1920–1931) und wird die bestimmende Persönlichkeit der Reichsjustizverwaltung: Minister kommen und gehen, der Staatssekretär ist der ruhende Pol – auch in der Personalpolitik. Nicht von ungefähr glaubt ein Mitarbeiter des Ministeriums während des Dritten Reiches, rückblickend auf 1933, mit Stolz feststellen zu können, daß es damals »im Reichsjustizministerium keine politischen Günstlinge oder ›Exponenten‹ einer parlamentarischen Partei gab«.

Schiffer   Blunck   Heinze   Radbruch

Emminger   Frenken   Marx   Bell

Hergt   Koch

v. Guérard   Bredt   Joël

Dr. Curt Joël

18. Januar 1865
in Greiffenberg (Schlesien) geboren als Sohn des Königlichen Justizrates, Rechtsanwalts und Notars Hermann Joël, der der Familie des Überseekaufmanns Saul Joachim Joël aus Danzig entstammte. Die Mutter von Curt Joël, Else-Elvira, war die Tochter des Großkaufmannes Salomon Pollak. Diese Abstammung Joëls führte dazu, daß er im Dritten Reich als »Volljude« eingestuft wurde und nur mit Hilfe einflußreicher Freunde und Bekannter überleben konnte.
Besuch des Königlichen Gymnasiums in Hirschberg (Schlesien)
Juristische Studien in Jena, Freiburg im Breisgau und Berlin
1. juristische Staatsprüfung in Berlin mit der Note »ausreichend«

1888
Ernennung zum Referendar

1888 bis 1889
freiwilliger Militärdienst bei der 8. Fahrenden Batterie des Schlesischen Feldartillerieregiments Nr. 6

1889 bis 1894
Fortsetzung der Referendarzeit, unterbrochen von Militärübungen, verbunden mit der Beförderung zum Vizewachtmeister, zum Secound-Leutnant der Reserve

1894
große juristische Staatsprüfung mit dem Prädikat »gut«
Ernennung zum Gerichtsassessor

1898
Ernennung zum Staatsanwalt

1899
Heirat mit Vally Klara Adelheid von Dreßler
Verleihung des Patentes als Oberleutnant der Reserve der Feldartillerie

1899 bis 1907
Staatsanwalt bei der Staatsanwaltschaft beim Landgericht Hannover

Staatsanwalt beim Landgericht I Berlin
Hilfsarbeiter bei der Oberstaatsanwaltschaft beim Kammergericht
Staatsanwalt bei der Oberstaatsanwaltschaft beim Kammergericht
Hilfsarbeiter bei der Staatsanwaltschaft beim Reichsgericht
Staatsanwaltschaftsrat bei der Staatsanwaltschaft beim Reichsgericht

1908
Hilfsarbeiter im Reichsjustizamt
Ernennung zum Geheimen Regierungsrat und Vortragenden Rat

1911
Ernennung zum Geheimen Oberregierungsrat (Mitarbeiter an den Reformarbeiten auf dem Gebiete des Strafrechts)

1914
Einberufung als Oberleutnant der Landwehr zum Stellvertretenden Generalstab der Armee in Berlin
Ernennung zum Hauptmann der Landwehr

1915
Sektionschef im Generalgouvernement Belgien und Leiter der Zentralpolizei Brüssel

1917
Ernennung zum Direktor im Reichsjustizamt
Ernennung zum stellvertretenden Bevollmächtigten Preußens im Bundesrat

1920
Unterstaatssekretär im Reichsjustizministerium
Staatssekretär im Reichsjustizministerium

1924 bis 1925 und 1930 bis 1931
mit der Wahrnehmung der Geschäfte des Reichsjustizministers beauftragt

18. Januar 1930
Dr. Curt Joël wird 65 Jahre; die Dienstzeit wird verlängert

1931 bis 1932
Reichsjustizminister im 2. Kabinett Brüning

14. April 1945
in Berlin verstorben

Abbildungen 10 bis 22
Dr. Eugen Schiffer (DDP), Reichsjustizminister 2. Oktober 1919 bis 2. April 1920 und 10. Mai bis 26. Oktober 1921
Dr. Andreas Blunck (DDP), Reichsjustizminister 2. April 1920 bis 25. Juni 1920
Dr. Rudolf Heinze (DVP), Reichsjustizminister 25. Juni 1920 bis 10. Mai 1921 und 23. November 1922 bis 13. August 1923
Professor Dr. Gustav Radbruch (SPD), Reichsjustizminister 26. Oktober 1921 bis 22. November 1922 und 13. August bis 2. November 1923
Dr. Erich Emminger (Bayerische Volkspartei), Reichsjustizminister 30. November 1923 bis 15. April 1924
Dr. Joseph Frenken (Zentrum), Reichsjustizminister 17. Januar bis 21. November 1925
Dr. Wilhelm Marx (Zentrum), Reichsjustizminister 20. Januar bis 12. Mai 1926
Dr. Johannes Bell (Zentrum), Reichsjustizminister 17. Juli bis 17. Dezember 1926
Oskar Hergt (DNVP), Reichsjustizminister 1. Februar 1927 bis 29. Juni 1928
Dr. Erich Koch (DDP), Reichsjustizminister 29. Juni 1928 bis 13. April 1929
Theodor von Guérard (Zentrum), Reichsjustizminister 13. April 1929 bis 30. März 1930
Dr. Dr. Dr. Viktor Bredt (Wirtschaftspartei), Reichsjustizminister 30. März bis 5. Dezember 1930
Dr. Curt Joël (parteilos), Staatssekretär im Reichsjustizministerium von 1920 bis 1930

Selbst in Preußen, dem größten Land des Deutschen Reiches und dem einzigen mit einer stabilen Koalition aus SPD, Zentrum und DDP bis 1932, ist es erst in den letzten Jahren der Republik – wenn auch gegen Widerstände – möglich, eine »Personalpolitik im demokratischen Sinne« durchzusetzen, aber ohne dauerhaften Erfolg.

Von den wirtschaftlichen Schwierigkeiten in Weimar bleiben auch die Richter nicht unberührt. Auch sie werden durch die kriegsbedingte Inflation hart getroffen; darüber hinaus müssen sie durch den Kaufkraftverlust Einkommensverschlechterungen hinnehmen, die auch durch die Besoldungsverbesserungen nicht ausgeglichen werden können. Zugleich führt der Einstellungsstopp zu einer merklichen Steigerung der Arbeitsbelastung. Insgesamt eine unerfreuliche Situation, die in der Deutschen Richterzeitung immer wieder heftig beklagt wird.

In einer besonderen wirtschaftlichen Notlage befinden sich die jungen Juristen: Der gewaltige Anstieg der Zahl der Jurastudenten in den zwanziger Jahren führt zu einer »Überfüllungskrise«, die durch den Einstellungsstopp noch verschärft wird.

Die Not der Richter

» Immer drückender ist sie geworden. Und auch unser Standesorgan darf nicht zurückstehen, wenn es gilt, diese Not und die daraus folgende Gefahr für die Justiz ins richtige Licht zu setzen. Darum hier als neuer Hilferuf ein Bild, wie es sich nach Presseäußerungen aus dem Westen darstellt: . . .
Der Staat könnte böse Enttäuschungen erleben, wenn seinen Richtern der Atem ganz ausgeht. Viele pfeifen aus dem letzten Loch. Kennt er denn nicht das Sprichwort mehr: justitia fundamentum regnorum?
Ein Richter. «

Quelle: DRiZ 1921, Sp. 255, 259

Zur Lage des Richterstandes

» ›Wie ekel, schal und flach und unersprießlich scheint mir das ganze Treiben dieser Welt.‹ Hamlet. «

Quelle: DRiZ 1921, Sp. 254

Abbildung 23
Geldscheine sind billiger als Tapeten

Für den Justizdienst ergeben sich Wartezeiten bis zu zehn Jahren, und auch als Anwalt sehen die Aussichten für einen Berufsanfänger nicht gerade rosig aus. Der junge Assessor befindet sich in einer fatalen Situation – insbesondere wenn er für eine Familie zu sorgen hat.
Die Schuld für die soziale und wirtschaftliche Misere wird – wie allgemein in der Bevölkerung – der Republik angelastet, insbesondere den »November-Verbrechern«, die das »im Felde unbesiegte deutsche Heer von hinten erdolcht« haben.

Abbildung 24
Vertragsverhandlungen in Versailles

Der Richter als Kanzlist

🙶 Die ›Deutsche Allgemeine Zeitung‹ vom 20. 5. 24 bringt hierzu folgende Ausführung, die wir mit ihrer Genehmigung abdrucken:
Von einem Richter des Amtsgerichts Berlin-Mitte wird uns geschrieben:
Die Folgen der Abbauverordnung wirken sich bei unserem, dem größten deutschen Amtsgericht, in so katastrophaler Weise aus, daß eine Flucht in die Öffentlichkeit als das einzige Mittel erscheint, das Abhilfe bringen kann. Die Eingaben der unteren Verwaltungsbehörden scheinen auf die höheren Instanzen keinen Eindruck zu machen. Vermutlich sind auch diese wiederum durch das Finanzministerium daran gehindert, Abhilfe zu schaffen.
Bis zur Durchführung des Abbaus hatten die Richter der Zivilprozeßabteilungen an bestimmten Tagen Stenotypisten zur Verfügung. Diese wurden in Verfolg der Beamtenminderung bis auf zwei entlassen, von denen der eine Maschinenschreiber ein Kriegsblinder, also eine halbe Kraft ist. 🙷

Quelle: DRiZ 1924, Sp. 245

Das Kaiserreich, das in den Krieg zog, dessen Regierungen alle Bemühungen um einen Verständigungsfrieden sabotierten, erstrahlt im Glanz verklärender Erinnerungen. Eine Diskussion um Kriegsursachen und Kriegsschuld wird erstickt im Kampf aller Parteien gegen den Versailler Vertrag, insbesondere die sogenannte »Kriegsschuldlüge«, den Artikel 231.

Der Artikel 231 des Versailler Vertrages

🙶 Die alliierten und assoziierten Regierungen erklären und Deutschland erkennt an, daß Deutschland und seine Verbündeten als Urheber aller Verluste und aller Schäden verantwortlich sind, welche die alliierten und assoziierten Regierungen und ihre Angehörigen infolge des ihnen durch den Angriff Deutschlands und seiner Verbündeten aufgezwungen Krieges erlitten haben. 🙷

3. Themenkreis: Die Richter und die Republik

Die Richter in ihrer Mehrheit – wie auch die übrigen Justizjuristen – können der Republik wenig Positives abgewinnen. Im Grunde verachten sie diesen Staat, der aus »Rechtsbruch« und »Hochverrat« hervorgegangen ist und an dessen Spitze ein ehemaliger »Sattlergeselle« – gemeint ist Friedrich Ebert – berufen wurde. Ihr Denken zielt auf die Wiederherstellung der alten Verhältnisse: Staat und Gesellschaft unter monarchischer Autorität. Für die parlamentarische Demokratie und ein pluralistisches Gesellschaftssystem fehlt ihnen jedes Verständnis, und – das muß hinzugefügt werden – das Verhalten der Parteien im Reichstag ist auch nicht geeignet, bei Skeptikern oder Gegnern Sympathien für das parlamentarische System zu wecken.

Treffend bringt der Präsident des Reichsgerichts (bis 1945), Erwin Bumke, anläßlich der Feierlichkeiten zum 50jährigen Bestehen des Gerichts 1929 die Sehnsucht der Richterschaft nach der »verlorenen Harmonie« in Staat und Gesellschaft und einer allumfassenden Volksgemeinschaft auf die Kurzformel: »Ein Reich – ein Recht; ein Volk – ein Geist.«

Nur eine Minderheit der Richter steht loyal zur Republik. Diese Minderheit findet sich im Republikanischen Richterbund zusammen, der 1922 als republikanisches Gegengewicht zu der traditionellen Standesorganisation der Justizjuristen, dem Deutschen Richterbund, gegründet wird. Das Verhältnis

Was wir wollen

... Es gibt nicht nur eine Technik, es gibt auch einen *Geist des Rechts*. Die Anwendung des Rechts ist nicht nur ein logisches Verfahren. Die Anwendung des Rechts ist auch Ausdruck einer *Gesinnung*, welche die Norm auslegt und den Tatbestand aus dem Tatsachenstoff formt. Das Volk kann nur an die Macht des Rechtes glauben, wenn das Recht in dem Geiste gehandelt wird, in dem es geschaffen worden ist und lebendig erhalten werden soll. Ein wichtiges Element dieses Geistes ist die *Staatsgesinnung*. Es ist kein Zweifel, daß ein großer Teil der Angriffe auf die Rechtspflege zurückgeht auf den Widerspruch zwischen dem

neugewordenen Staat und einer Rechtspflege, welche die Einstellung für den Staat von gestern vielfach noch nicht überwinden konnte oder wollte. Eine Rechtsordnung muß von ihren obersten Grundsätzen bis herab zu ihren besonderen Anwendungen *eines* Geistes sein. *In einem republikanischen und demokratischen Deutschland kann auch die Rechtspflege nur demokratischen und republikanischen Geistes sein.* Sie verfällt sonst in einen Gegensatz zu dem obersten aller Auslegungsgrundsätze, daß nämlich in jeder Einzelfrage das Gesetz im Geiste der *ganzen* Rechtsordnung auszulegen ist. Es ist ein unerträglicher Zustand, daß sich oft richterliche Gesinnung bewußt oder unbewußt nach einem Geiste richtet, der nicht der Geist des heutigen Rechtes ist...
Daß alle diese Ströme, die das Recht bilden, in den Menschen, die es anwenden und handhaben, auch fließen, daß in ihnen ein menschlich starker, in vorbildlicher Vornehmheit sich aussprechender Wille zur Gerechtigkeit den Charakter dieser Menschen bilde, *ist ein Erfordernis, das mindestens ebenbürtig der nur technischen Auffassung des Rechts zur Seite treten muß.* Unser Volk spürt oft in den verschiedenen Trägern der Rechtspflege nur den technischen Spezialisten, nicht den voll gebildeten, gerechten Menschen...
In diesem Sinne wird jede Justizreform scheitern, wenn nicht zugleich mit ihr eine *Juristenreform* verbunden ist. *Diese Juristenreform hängt ab nicht nur von der Schulung technischen Geistes*, sondern von der Gewinnung reifer, vergeistigter, vom Rechtsgeiste erfüllter Persönlichkeiten...
Wir müssen erkennen, daß das von jedem Zusammenhang mit den Menschen und Dingen losgelöste Individuum, dieses menschliche Atom im Weltall, gar nicht existiert, daß die Individuen nur Träger des großen sozialen Zusammenhangs sind, der in ihnen und durch sie wirkt, daß auch die Privatrechte nicht nur Einzelinteressen dienen, sondern Funktionen eines Ganzen sind, das erst dem Einzelrecht Sinn und Bedeutung verleiht...
Nur wenn in diesem umfassenden Sinn die juristische Anschauung sich loslöst von einer nur technischen Einstellung, ist zu erwarten, daß der Jurist seine hohe soziale Funktion erfüllen kann, die darin besteht, den tiefsten Fundamenten des Gemeinschaftslebens Halt, Form und Sicherheit zu geben. Neben der Rechtskenntnis fordern wir Rechtserkenntnis und Rechtsgestaltung. Wir lassen der Dogmatik ihr Recht, aber wir wissen auch, daß die Rechtswissenschaft viel umfassender ist, als es nach der nur dogmatischen Auffassung des Rechts, die höchstens neben ihr noch die geschichtliche Auffassung des Rechts gelten läßt, den Anschein hat.
Die neue Zeit will neue Juristen ...

der beiden Organisationen zueinander ist denkbar schlecht; der Republikanische Richterbund betreibe die Spaltung der Richterschaft, die Politisierung der Justiz; die rechte Presse charakterisiert ihn als »Beförderungsverein auf Gegenseitigkeit«. Woher rührt diese aggressive Reaktion? Unter dem Gesichtspunkt der Mitgliederzahl ist der Republikanische Richterbund keine ernst zu nehmende Konkurrenz: Von den ca. 10 000 Richtern sind rund 8000 im Deutschen Richterbund und nur 300 im Republikanischen Richterbund organisiert. Die scharfen Angriffe erklären sich vielmehr aus dem neuen Richterverständnis, das vom Republikanischen Richterbund propagiert wird. Seine Mitglieder stellen sich bewußt auf den Boden der Weimarer Verfassung und verwerfen das überkommene Leitbild des »unpolitischen Richters« als Fiktion, die bereits in der Kaiserzeit der Realität nicht standhielt.

Richter und Republikaner

,, Er faßt die res publica als das über allen Erscheinungen hinausliegende und der Gesamtkraft der Nation entsprechende wahrhaft wirkliche Gemeinwesen, sieht in ihr den einzigen Grund aller staatlichen Ordnung und erachtet die Monarchie und die Aristokratie ihrem Wesen nach als republikanische und selbst in höchstem Betracht nur zufällige Formen der Republik. Dieser Gedanke könnte dem Artikel 1 der Reichsverfassung, wenn er sich mit ihm erfüllen wollte, einen vollwertigen Gehalt geben. Für den Richter bliebe auch er wertlos, ... ,,

Quelle: Fränkel, DRiZ 1923, Sp. 68

Die Entscheidung der Nationalversammlung zur Republik und zur Demo-

kratie, wie sie in Art. 1 der Weimarer Verfassung ihren Ausdruck findet, will die Richterschaft in ihrer Mehrheit nicht akzeptieren.
Verpflichtet ist sie nur dem Staat, Deutschland, der deutschen Nation, nicht der Staatsform, unter der alle Strukturen der neuen Ordnung verstanden werden, die nicht ihren sozialen und politischen Vorstellungen entsprechen. Nach ihrer Auffassung vom »unpolitischen Richter« stehen sie jenseits des Streites für oder gegen den demokratischen Staat, für und gegen die Republik. Ihre Aufgabe sei es vielmehr, unparteiisch nur dem Recht zu dienen sowie Staat und Nation zu schützen, wobei sie nicht merken – oder nicht merken wollen –, wie sehr ihre politischen Vorstellungen über das, was Recht sei und der Nation diene, ihre angeblich so unpolitischen Urteile prägt.

Politik und Rechtspflege

„In Kuttner hat sich hier, wie es scheint, eine gewisse Wandlung vollzogen. Er fordert jetzt ›höchste Geistigkeit‹ und er erkennt an, daß ohne Glauben an die Gerechtigkeit der Mensch nicht zu leben vermag. Die Gerechtigkeit ist ihm jetzt etwas Wirkliches. Aber was er als Gerechtigkeit ansieht, nämlich die Gleichberechtigung aller Menschen und aller menschlichen Ideen, ist auch nur eine Dichtung des Verstandes und keine Empfängnis aus dem Geiste wahrer Wirklichkeit.
Die Nation ist Ursache und Endzweck, Grund und Ziel der Staatsgewalt, der Volkskraft, die höhere Einheit von Regenten und Regierten, von Gesellschaft und Verfassung, die im Wechselverhältnis der gegenseitigen Bestimmung und Bestimmbarkeit zueinander stehen. Heute ist das Nationale ein Schlagwort und ein Zankapfel der Parteien geworden. Es ist aber weder ein bloßer Begriff noch an geschichtliche Überlieferungen, Gebräuche und Formen geheftet. Wohl liegt es im Blut und in der Sprache, in der Gesittung und der Mannigfaltigkeit der Bildungselemente, vor allem aber ist es der in allen Volksgenossen webende lebendige Geist, in unausgesetzter Tätigkeit und durch Scheidung und Verbindung in unausgesetzter Bildung begriffen. Er gibt den Volksangehörigen ihr Gepräge und schlägt zugleich die Brücke zwischen Menschheit und Individuum. Das Nationale wirkt in jedem Volkstum verschieden. Bei den Italienern, den Franzosen, den Engländern liegt es mehr in dem nach außen gerichteten Empfindungs- und Gedankenleben und in der äußeren Lebenswirksamkeit. Bei den Deutschen ist es das Innerste seiner Seele, in die Falten seines Ichs versenkt."

Quelle: Fränkel, DRiZ 1922, Sp. 249

Politische Betätigung der Richter

„Wer einige solche Zeitungen und die Verhandlungen des größten und zweitgrößten deutschen Parlamentes über Justizangelegenheiten in den letzten fünf Jahren kennt, dem kann man es wahrlich nicht verargen, wenn er die kräftigsten Ausdrücke hervorholt, deren sich je anständige Menschen über Politik und Parlament bedient haben; wenn er von solchen Kritikern spricht als von Leuten, deren einziger Befähigungsnachweis das Immturitätszeugnis ist, von Körperschaften als solchen, zu denen keine, aber auch wirklich keine einzige Qualifikation erforderlich ist, als die, noch nicht im Zuchthaus gesessen zu sein; von Freistätten jedweden mit dem Worte zu begehenden Verbrechens, vom Sonderrecht der Redefreiheit und dergleichen mehr. Man braucht nur ein anständiger Mensch und noch lange kein Edelmann zu sein, um von diesem Tun und Treiben angewidert zu werden. Dem fernzubleiben kostet wohl wenig Richtern Überwindung."

Quelle: Kübel, DRiZ 1924, Sp. 282

Grundfragen

„Wo der Richter an das Gesetz gebunden, ist er Diener der Macht, nicht Diener der Gerechtigkeit, ist die Richterrobe Livree, nicht Talar. Die Macht kann Herrscherin auf vielen Gebieten sein. Ihre Gesetze können mit sittlichen, sozialen und wirtschaftlichen Geboten der Gerechtigkeit im Widerstreit stehen. Wo die Gesetze diesen Geboten widerstreiten, stehen Macht und Gerechtigkeit im Kampfe. Wer ist Richter in diesem Streit? Es gibt ihn nicht. Wer der Macht dient, wer zu nichts anderem berufen ist, als zu Recht zu erkennen, was die Macht als Recht ausgibt, wer den Schrei der Gerechtigkeit hören, aber nicht erhören kann, verdient den Namen Richter nicht, ist kein Richter."

Quelle: Leeb, DRiZ 1920, Sp. 52

Die Richter und die Republik

Abbildung 25
Dr. Johannes Leeb, Vorsitzender des Deutschen Richterbundes

So ist es nur konsequent, wenn in der Richterschaft nun die Lockerung der Bindung an das Gesetz verstärkt diskutiert wird. Das auf pluralistischer Basis im Wege des Kompromisses im Parlament, also »unsachlich«, zustande gekommene Gesetz könne von dem Richter nicht die gleiche Bindungswirkung einfordern wie das durch den Kaiser sanktionierte Recht. Der Richter habe ein neues Gesetz inhaltlich darauf zu prüfen, »ob ihm der Name und die Geltung des Rechts zukommen«; angesichts der Erschütterung des Autoritätsgedankens, die die politischen Ereignisse mit sich gebracht hätten, könne dem Gesetz als solchem nicht mehr Ehrfurcht gezollt werden. Mit dem Sturz der Monarchie, mit der Revolution von 1918 ist eben »jede Majestät gefallen, auch die Majestät des Gesetzes«.

Recht und Politik

„ 1. Lügenrecht. Neuer Geist erfüllt die Welt. Der neue Geist ist Lügengeist. Staatskunst ist Lügenkunst. Die Lüge kämpft und fliegt im Zeichen des Rechts. Die Gerechtigkeit ist das Feldgeschrei der Lügner bei ihren Raub- und Eroberungszügen. Rechtsverträge sichern die Beute. Was sie schaffen, ist Rechtszustand. Wer ihn verteidigt, steht auf dem Rechtsboden. Wer ihn bekämpft, ist Rechtsbrecher. Er tut Unrecht und ist schuldig.
List und Gewalt sind Wirkliches, Recht und Gerechtigkeit sind Unwirkliches. Der Mißbrauch von Übersinnlichem durch sinnliche Mächte für eigene Zwecke ist Heuchelei. Sie beherrscht die inneren und äußeren Zustände der Rechtsstaaten.
Das Bild von Sais; es braucht den Schleierzauber. Völkerloos?
2. Partei-, Klassen- und Bastardrecht. Gesetz ist Recht. Parteiherrschaft schafft Gesetze nach Maßgabe ihrer sittlichen, gesellschaftlichen und wirtschaftlichen Belange. (Grundfragen VIII, DRZ. vom 1. Juli 1920). Wo Parteigesetze, da Parteirecht. Treibt die Partei Klassenpolitik, so ist das Parteirecht, Klassenrecht, Klassenjustiz. Wo mehrere Parteien die Herrschaft üben, entstehen Kompromißgesetze. Sie stellen Mischlinge, Kreuzungen der Belange der herrschenden Parteien, stellen Bastardrecht dar. Jede Majestät ist gefallen. Auch die Majestät des Gesetzes. "

Quelle: Leeb, DRiZ 1921, Sp. 130 f.

4. Themenkreis: Die politische Justiz

Tag für Tag werden durch die Gerichte unzählige Entscheidungen gefällt – heute wie damals. In ihrer großen Mehrheit betreffen sie Sachverhalte, die nur die Beteiligten selbst interessieren. Daneben gibt es aber auch Prozesse von allgemeiner Bedeutung, die daher in der Öffentlichkeit auf breites Interesse stoßen. Dies gilt vor allem für Verfahren mit einem politischen Hintergrund oder im engeren Sinne einem politischen Inhalt, wie sie z. B. im Bereich des Strafrechts zu finden sind: politisch motivierte Gewalttaten, Hoch- und Landesverrat, politisches Strafrecht im allgemeinen.

In Weimar spielt das politische Strafrecht eine besondere Rolle: Juristisch zu bewältigen sind nicht nur die ständigen Beschimpfungen und Verleumdungen der Republik und ihrer Repräsentanten, sondern auch Putschversuche, Attentate und zahlreiche politisch motivierte Gewalttaten. Hier muß sich nun zeigen, ob die Richterschaft trotz der eindeutigen Verwurzelung im Kaiserreich ihrer Aufgabe gerecht wird, ohne Ansehen der Person und ohne Rücksicht auf die politischen Anschauungen der Betroffenen Recht zu sprechen und der Republik den notwendigen Schutz zukommen zu lassen.

Abbildung 26: Zeitgenössische Karikatur zur politischen Justiz

Die politische Justiz

1. Justiztabelle

Was kann man in eurer Republik für		Aber:	
200 Mark + 100 Mark	Echter Schupo erpreßt gegen Bezahlung Urkunde und beleidigt Urteil des Schöffengerichts Charlottenburg vom 4. 1. 27 wegen Amtsnötigung und Beleidigung	Falscher Schupo beschlagnahmt 1200 Mark Urteil des Schöffengerichts Bautzen vom 5. 1. 1927	2 Jahre 6 Monate Zuchthaus
14 000 Mark	Bankdirektor stiftet zur Schwarzbrennerei an Urteil des Schöffengerichts Offenburg vom 22. 12. 26	Proleten führen die Schwarzbrennerei aus Urteil des Schöffengerichts Offenburg vom 22. 12. 26	1 Monat Gefängnis
150 Mark	Vernichtung eines schwarz-rot-goldenen Reichsbanner-Transparents Urteil des Schöffengerichts Guben vom 4. 1. 27 wegen Sachbeschädigung	Techniker, in Strafhaft, nennt in Eingaben an Justizministerium Richter und Staatsanwälte Dummköpfe, gewissenlose Verbrecher, Henkersknechte, pflichtvergessene Halunken, Lotterjustiz Urteil des Schöffengerichts Leipzig vom 4. 1. 27. »Die Rache ist mein, spricht der Herr« (Röm. 12, 19)	1 Jahr 6 Monate Gefängnis
100 Mark	Deutsches Reich im »Abensberger Wochenblatt« als deutsche Schieber- und Judenrepublik bezeichnet Urteil des sogenannten »Geschworenengerichts« Regensburg vom 28. 12. 26	Heerführer in politischer Versammlung Schlachtmeister, Hindenburg Oberschlächtermeister genannt Urteil des Einzelrichters Schweinfurt vom 6. 1. 27	6 Wochen Gefängnis
10 Mark	Sozialdemokratischer Stadtrat in Anschlägen der Bestechlichkeit geziehen Urteil des Schöffengerichts Kronach vom 5. 1. 27 wegen groben Unfugs	Schimpfworte gegen Sozialbeamtin gebraucht Urteil des Schöffengerichts Guben vom 4. 1. 27	3 Monate Gefängnis
100 Mark	Polizei reißt Landwirt, in falschem Verdacht, vom Fuhrwerk und schlägt ihn, weil er sich nicht freiwillig durchsuchen läßt Urteil der Strafkammer Trier vom 7. 1. 27	Arbeiter schlägt und beleidigt Polizeimeister bei Widerstandsleistung Urteil des Einzelrichters Schlochau vom 5. 1. 27	3 Monate 10 Tage Gefängnis
	Soll der deutsche Richter unabsetzbar bleiben?		

Quelle: »Die Weltbühne«, XXIII. Jahrgang, Nr. 4, 25. Januar 1927.

4.1. Mord als politisches Instrument

In den ersten Jahren der Republik kommt es zu zahlreichen inneren Unruhen. Die wenig gefestigte Staatsmacht sieht sich von linken, insbesondere aber von rechten Kräften angegriffen, letztere mit einem nahezu unerschöpflichen Reservoir an demobilisierten Soldaten, die sich im Zivilleben nicht mehr zurechtfinden und in Freikorps ihre Heimat sehen. Diese stehen zwar in einer direkten Gegnerschaft zur Republik, werden aber dennoch von der Reichsre-

Abbildung 27
Karl Liebknecht, ermordet am 15. Januar 1919

Abbildung 28
Rosa Luxemburg, ermordet am 15. Januar 1919

Abbildung 29
Kurt Eisner, ermordet am 21. Februar 1919

Abbildung 31
Walther Rathenau, ermordet am 24. Juni 1922

Abbildung 30
Matthias Erzberger, ermordet am 26. August 1921

gierung in einigen Fällen mit militärischen Aufgaben betraut, vor allem wenn es um die Bekämpfung von Linksextremisten und die Sicherung der Ostgrenzen geht. Bei diesen Auseinandersetzungen kommen zahlreiche Menschen ums Leben – außerhalb konkreter Kampfhandlungen. Sie werden »auf der Flucht« erschossen, gelyncht oder sind schlicht »tödlich verunglückt«. Emil Gumbel, in Heidelberg Privatdozent für Statistik, recherchiert Anfang der zwanziger Jahre die ihm bekannten Fälle und publiziert das Ergebnis seiner Recherchen: Seine Statistiken sprechen eine deutliche Sprache.

Die politische Justiz   31

Die von Links begangenen politischen Morde

Lfd. Nr.	Datum	Name des Getöteten	Art der Tötung	Name des Verantwortlichen	Name des Ausführenden	Schicksal des Verantwortlichen	Schicksal des Ausführenden
1	13. II. 19	Kohlmann	willkürl. Erschießung	–	O. Albrecht, K. Arnold	–	Albrecht lebensl. Zth. Arnold lebensl. Zth.
2	21. II. 19	Abg. Osel	willkürl. Erschießung	–	nicht ermittelt	–	Lidner 14 J. Z. Frisch 3½ J. Gef.
3	21. II. 19	Major v. Gareis	angebl. Notwehr	–	Metzger Lindner	–	Merkert 1½ M. Gef. Schlund 2 Mon. Gef.
4		Max Weinberger	willkürl. Erschießung	unbekannt	unbekannt	kein Verfahren	kein Verfahren
5	30. III. 19	F. K. v. Teuchert, F. W. v. Seydlitz, F. Linnenbrügge, Walter Hindorf, Prof. Ernst Berge-Sekr. Daumenlang, Hella v. Westarp, W. Neuhaus, W. Deicke, Prinz Thurn u. Taxs	als Repress. willkürl. erschossen	Eglhofer, Fritz, Seidel	Josef Seidl, Kammerstädter, Schickelhofer, Kick, Gsell, Hannes, Huber, Hesselmann, Lermer, Wiedl, Fehmer, Pürzer, Riedmayer	Eglhofer willkürlich erschlag. Fritz Seidl. z. Tode verurteilt	Josef Seidl, Schickelhofer, Kammerstädter, Wiedl, Pürzer, Fehmer, Walleshauser z. Td. verurteilt Kick, Gsell, Hesselmann, Lermer, Hannes, Huber, Riedmayer, Debus, Strelenko und Greiner zu je 15 Jahre Zucht., Rotter 7 J. Z.
15	25. IV. 19	Ernst Lacher	angebliches Standrecht	Rich. Käs, Gg. Graf, Radl	Blechinger, Ebert, Essig, Vogl, Mühlbauer, Anzenberger	Käs 6 J. Zuchth. Graf 12 Jahre Zuchth., Radl stdrechtl. ersch.	Vogl. 4 J. Zuchthaus Mühlbauer 3½ J. Zuchthaus, Anzenberger 1 J. 6 Mon. Gef. Ebert, Blechinger, Essig je 3 J. Gefängnis
16	2. VIII. 19	Polizeiag. Blau	erdrosselt	Polizeiagent Toifl?	unbekannt (Hoppe)	kein Verfahren	Hoppe 6 J. Z. Winkler 3 J. G.
17	19. III. 20	Gutsbesitz. Walter	willkürl. Erschießung	unbekannt	unbekannt	Verf. eingest.	Verf. eingest.
18	21. III. 20	Gutsbesitz. Henze u. Schwester	willkürl. Erschießung	–	Felix, Rolle, Steinbach	–	Felix 5 J. Gef., Rolle und Steinbach 12 J. Zuchthaus
20	28. III. 20	Sametz	angebl. Standrecht	G. Karuseit	unbekannt	Verf. schwebt	Verf. schwebt
21	3. IV. 20	E. Langensiepen	angebl. Standrecht	unbekannt	unbekannt	Verf. schwebt	Verf. schwebt
22	30. III. 21	Gutsbesitzer Heß	willkürl. Erschießung	Max Hölz	unbekannt	Lebensl. Zucht.	–

Gesamtzahl: 22 Morde von links
Gesamtsühne: 10 Erschießungen, 248 Jahre, 9 Monate Einsperrung, 3 lebenslängliche Zuchthausstrafen

Die von Rechts begangenen politischen Morde

Lfd. Nr.	Datum	Name des Getöteten	Art der Tötung	Name des Verantwortlichen	Name des Ausführenden	Schicksal des Verantwortlichen	Schicksal des Ausführenden
1	11.I.19	W. Fernbach, W. Heise, W. Möller, K. Grubusch, E. Kluge, A. Schöttler, Wackermann	willkürl. Erschießung	Major Franz v. Stephani	Weber Seltzer	keine Anklage	keine Anklage
8	15.I.19	Dr. K. Liebknecht	»auf der Flucht«	H. v. Pflugk-Hartung	Hr. v. Pflugk-Hartung, Stiege, Lippmann, Ritgen, Schulze, Friedrich	freigesprochen	freigesprochen Krull 3 Mon. G. Bracht 500 M. Geldstrafe Runge 2 J. Gef. 2 Wochen Haft
9	15.I.19	Dr. Rosa Luxemburg	»gelyncht«	Oberl. Vogel	Oberltn. Vogel, Jäg. Runge	Vogel entkom.	kein Verfahren
10	17.I.19	R. Jordan, H. Merx, v. Lojewski, Milkert	»auf der Flucht«	Sasse	2 Trainsoldaten	kein Verfahren	
14	19.II.19	Fulneczek	angebl. Notwehr	unbekannt	Heuer	unbekannt	freigesprochen Verf. eingest. lebensl. Fest.
15	21.II.19	M. Steinicke	»auf der Flucht«	unbekannt	Blumberg	unbekannt	
16	21.II.19	Kurt Eisner	willkürl. Erschießung	–	Graf Arco Valley	–	
17	7.III.19	Adolf Riga	willkürl. Erschießung	unbekannt	Arth. Schneider	keine Anklage	keine Anklage
18	8.III.19	Abr. Melichowitz u. ein Matrose, Peters	im Gef. gelyncht	unbekannt	Ad. Arndt	keine Anklage	je 1 Jahr 6 Monate Zuchthaus
21	10.III.19	Leo Jogisches Dorrenbach	»auf der Flucht«	Wachtmstr. E. Tamschik	unbekannt	z. Ltn. beförd.	keine Anklage
23	10.III.19	H. Galuska, K. Friedrich, O. Werner	»auf der Flucht«	unbekannt	unbekannt	keine Anklage	keine Anklage
26	11.III.19	Richard Borchard	angebl. Standrecht	unbekannt	unbekannt	keine Anklage	keine Anklage Marloh 3 Mon. Fest. u. 30 M. Geldstr., Penther z. Ltn. befördert
27	11.III.19	Bonczyk, Brandt, Biertümpel, Bursian, Dehn, Deubert, Ferbitz, R. Göppe, Handwohl, Harder, A. Hintze, H. Hintze, Hinze, Jakubowsky, O. Kanneberg, Kuhle, Kutzner, Lewitz, H. Lietzau, Maszterlerz, Mörbe, Pobantz, Rösner, Schulz, Ulbrich, Weber, Zieske, Zühlsdorf	willkürl. Erschießung	Oberst Reinhard Hptm. v. Kessel	Offizierstellv. Penther Ltn. Marloh	Reinhardt nicht angeklagt v. Kessel freigesprochen	
55	12.III.19	Sloveck, E. Dahle, K. Becker	willkürl. Erschießung	unbekannt	Vizew. Marcus	kein Verfahren	freigesprochen
58	12.III.19	P. u. A. Daenschel	angebl. Standrecht	Lt. S. Winter	unbekannt	Verfahr. eingestellt	keine Anklage
60	12.III.19	Otto Hauschild	angebl. Standrecht	unbekannt	unbekannt	kein Verfahren	kein Verfahren
61	12.III.19	Alfred Musick	»auf der Flucht«	Oberl. Wecke	Vizew. Marcus	kein Verfahren	kein Verfahren
62	12.III.19	Plontek	willkürl. Erschießung	unbekannt	Ritter u. Wedler	kein Verfahren	Ritter 3 J. Gef. Wendler freigsp.
63	12.III.19	Joh. Müller	angebl. Standrecht	Leutnant Baum	Alex. Köhler	freigesprochen	kein Verfahren
64	13.III.19	Wilh. Bilski	angebl. Standrecht	Leutnant Baum	unbekannt	Verf. eingestellt	keine Anklage
65	13.III.19	Paul Biedermann, Hans Gottschalk	willkürl. Erschießung	unbekannt	unbekannt	kein Verfahren	kein Verfahren
67	13.III.19	Berthold Peters	angebl. Standtrecht	Hauptmann Poll	unbekannt	kein Verfahren	kein Verfahren

Die politische Justiz

Nr.	Datum	Opfer	Umstände	Täter	Untersuchung	Ergebnis
68	13. III. 19	Georg Fillbranct, Paul Szilinski	»auf der Flucht«	unbekannt	kein Verfahren	kein Verfahren
70	13. III. 19	Abrahamsohn Wallmann	angebl. Standrecht	unbekannt	kein Verfahren	keine Verfahren
			angebl. Standrecht	Rtm. v. Oertzen	Verfahr. schw.	Verf. schwebt
72	30. IV. 19	1 Zivilist	»tödlich verungl.«	Gen. v. Oven	kein Verfahren	kein Verfahren
73	1. V. 19	36 Zivilisten				Diegele 5 Wochen Gefängnis (v. Gagern 200 M.)
109	2. V. 19	103 Zivilisten				
212	3. V. 19	16 Zivilisten				
228	4. V. 19	7 Zivilisten				
235	6. V. 19	21. kath. Gesellen		Hptm. v. Sutterheim, Offizierstell. Paul Priebe	Verf. eingestellt	je 14 Jahre Zuchthaus 1 J. Gef. 10 J. Zhs.
256	21. III. 20	A. Futran, W. Dürre, Fritz Kegel, K. Wenecke, K. Gratzke	angebl. Standrecht	Kapt. Bebbel Ltn. Kubich	keine Unters.	keine Unters.
261	13. III. 20	Schottländer	gelyncht	Oberl. Schmitz	Unters. erfolgl.	Unters. erfolgl.
262	13. III. 20	Demmig, Scharm, Boronow, Romana	willk. Tötung	Lt. Kaufmann	kein Verfahren	kein Verfahren
266	15. III. 20	Hoffmann, Böhm, Herkenrath	»auf der Flucht«	Obtlt. Müller	kein Verfahren	kein Verfahren
269	17. III. 20	Wittke, Steinfurth	angebl. Standrecht	Baron v. Brandenstein	Verf. eingestellt	Verf. eingestellt
271	18. III. 20	Slomski	angebl. Standrecht	Rittergutsbes. Bachmann	Verf. eingestellt	Verf. eingestellt
272	18. III. 20	Puffpoff	gelyncht	Rittm. Obernitz	kein Verfahren	kein Verfahren
273	18. III. 20	Gräbler	angebl. Standrecht	Rittm. Obernitz	Verf. schwebt	Verf. schwebt
274	18. III. 20	Dunn, Schlieker, Berg, Köhler, Gerber	angebl. Notwehr	Stefan und Peter v. Lefort	Verf. schwebt	keine Anklage
279	19. III. 20	H. Litzendorf	»auf der Flucht«	Ltn. Simon (?)	Verf. eingest.	Verf. eingest.
280	19. III. 20	Seidel	in Notwehr	Ltn. Meinecke	keine Unters.	keine Unters.
281	20. III. 20	Paul Jahnke	willkürl. Erschießung	Ltn. Thormann	Verf. eingest.	Verf. eingest.
282	25. III. 20	Hornschuh, Hartmann Döll, Platz, 3 Füldner, 2 Soldau, Wedel, Rüsiger, 2 Schröter, Rosenstock	»auf der Flucht«	Ltn. Göbel Engelbrecht, Jahn, Kraus, Herhaber, Schüler, Nebelmann, Blume, Völker, Voß, Lange	freigesprochen	freigesprochen
296	24. III. 20	Tierarzt Neubert	»auf der Flucht«	unbekannt	Verf. schwebt	Verf. schwebt
297	24. III. 20	Weigelt	angebl. Notwehr	Ltn. Schutz Ltn. Jansen	—	freigesprochen keine Anklage
298	1. IV. 20	Hülsbusch	angebl. Standrecht	Hachmeyer	kein Verfahren	kein Verfahren
299	1. IV. 20	A. Barth, E. Dann, K. Edelmann, L. Frankenberger, Fr. Gläsaer, J. Hasenstab, G. Helbing, F. Hurzera, Th. Ignasiak, Fr. Joppe, R. Krimm, R. Riesbeck, G. Rottenbücher, Meis	willkürl. Erschießung	unbekannt	Verf. eingestellt	Verf. eingestellt
314	3. IV. 20	Jos. Soyka	angebl. Standrecht	Kap.-Ltn. Meyerhofer	kein Verfahren	kein Verfahren

Lfd. Nr.	Datum	Name des Getöteten	Art der Tötung	Name des Verantwortlichen	Name des Ausführenden	Schicksal des Verantwortlichen	Schicksal des Ausführenden
315	5. IV. 20	Paul Graf Paul Langer	»auf der Flucht«	unbekannt	Wachtm. Mehl Friedrich	Verf. schwebt	Verf. schwebt
317	6. IV. 20	Rogowski	angebl. Standrecht	Lt. Linsemaier	Block	Verf. schwebt	Verf. schwebt
318	6. IV. 20	Joh. Schürmann, Eug. Kläs	angebl. Standrecht	Ltn. Sinnesheimer	unbekannt	kein Verfahren	kein Verfahren
320	6. IV. 20	Fr. Lichtenauer Herm. Rießner	»auf der Flucht« angebl. Notwehr	Ltn. Goeke	unbekannt	Verf. eingestellt	kein Verfahren
322	9. IV. 20	Herm. Witschel Rösner	willkürl. Erschießung	unbekannt	unbekannt	kein Verfahren	kein Verfahren
324	8. IV. 20	Fr. Sieck	»auf der Flucht«	unbekannt	unbekannt	Verf. eingestellt	Verf. eingestellt
325	17. IV. 20	Max Maurer	»auf der Flucht«	unbekannt	Gaul, Grupat, Fuchs	kein Verfahren	kein Verfahren
326	25. IV. 20	Br. Borucki	willkürl. Erschießung	unbekannt	unbekannt	kein Verfahren	kein Verfahren
327	17. V. 20	Rich. Peledun	»auf der Flucht«	unbekannt	Grimm, Eversberg	kein Verfahren	kein Verfahren
329		Jos. Mainka · Käthe Pintsch	willkürl. Erschießung	Ltn. Horst Kohl	unbekannt	kein Verfahren	kein Verfahren
330	22. V. 20	Hans Paasche	»auf der Flucht«	Oberl. Koppe	Schütze Diekmann	Verf. eingestellt	Verf. eingestellt
331	6. X. 20	Marie Sandmeier	willkürl. Erdroßlung	unbekannt	Lt. H. Schweighart	Verf. schwebt	Verf. schwebt
332	28. XII. 20	Paul Hoffmann	»auf der Flucht«	Maj. v. Pluskow	unbekannt	Verf. eingestellt	Verf. eingestellt
333	4. III. 21	Hans Hartung	willkürl. Erschießung	unbekannt	Rittm. Beurer Oberl. Berger	Verf. schwebt	Verf. schwebt
334	26. III. 21	Paul Müller	»auf der Flucht«	unbekannt	unbekannt	Verf. schwebt	Verf. schwebt
335	27. III. 21	Herzau, Thielecke, Pawlack, Weiner, Dietrich	angebl. Standrecht	unbekannt	unbekannt	Verf. schwebt	Verf. schwebt
340	28. III. 21	Peter, Straube, Deutsch, Müller, Poblentz, Trautmann, Lederer, Isecke, Zillmann					
349	31. III. 21	Mosenhauer	»auf der Flucht«	–	Unterof. R. Böhm	–	freigesprochen
350	30. III. 21	Wilh. Sült	»auf der Flucht«	unbekannt	Janicke	kein Verfahren	Verf. schwebt
351	10. VI. 21	Karl Gareis	willkürl. Erschießung	Lt. Schweighart?	unbekannt	Unters. schwebt	Unters. schwebt
352	13. VI. 21	Buchholz	angebl. Selbstmord	Hptm. Stennes?	Erren (?), Meyer (?)	kein Verfahren	freigesprochen
353	26. VIII. 21	M. Erzberger	willkürl. Erschießung	unbekannt	H. Schulz, H. Tillessen	Unters. schwebt	Unters. schwebt
354	24. VI. 22	W. Rathenau	willkürl. Erschießung	unbekannt	E. W. Techow, Kern u. Fischer, Günther, Gerd Techow, Brand, Niedrig, v. Salomon, Ilsemann, Schütt, Diestel, Tillessen, Plaas	kein Verfahren	Kern gefallen, Fischer Selbstm. W. Techow 15 J. Zth., G. Techow 4 J. 1 Mon. Gef., Günther 8 J. Zth., Niedrig, v. Salomon je 5 J. Zth., Ilsemann, Schütt, Diestel je 2 Mon. Gef., Tillessen 3 J. Gef., Plaas 2 J. G.

Gesamtzahl: 354 politische Morde von rechts
Gesamtsühne: 90 Jahre, 2 Monate Einsperrung, 730 M. Geldstrafe und 1 lebenslängliche Haft

Die Formen der politischen Morde

»Tödlich verunglückt«	184	Als Repressalie erschossen	10
Willkürlich erschossen	73	Willkürlich erschossen	8
»Auf der Flucht erschossen«	45	Angebliches Standrecht	3
Angebliches Standrecht	37	Angebliche Notwehr	1
Angebliche Notwehr	9		
Im Gefängnis oder Transport gelyncht	5		
Angeblicher Selbstmord	1		
Summe der von Rechtsstehenden Ermordeten	354	Summe der von Linksstehenden Ermordeten	22

Die Sühne der politischen Morde

	Politische Morde begangen		Gesamtzahl
	von Linksstehenden	von Rechtsstehenden	
Gesamtzahl der Morde	22	354	376
davon ungesühnt	4	326	330
teilweise gesühnt	1	27	28
gesühnt	17	1	18
Zahl der Verurteilungen	38	24	
Geständige Täter freigesprochen	–	23	
Geständige Täter befördert	–	3	
Dauer der Einsperrung pro Mord	15 Jahre	4 Monate	
Zahl der Hinrichtungen	10	–	
Geldstrafe pro Mord	–	2 Papiermark	

Quelle: Gumbel, Vier Jahre politischer Mord, S. 73 ff.

4.2. »Hühnereigelbe Judenrepublik« Das Republikschutzgesetz

Hetze gegen die Republik und ihre Repräsentanten ist von Anfang an wesentlicher Bestandteil der innenpolitischen Auseinandersetzung in Weimar. Aber auch Gewaltverbrechen gehören zum politischen Alltag.
Keines der zahlreichen Verbrechen bewegt die Republik so wie der Mord an Reichsaußenminister Rathenau, im Sommer 1922 von Rechtsextremisten verübt. Das Attentat gilt nicht nur einer Symbolfigur der Republik, sondern der Republik selbst. Anders als die Attentäter und insbesondere die hinter ihnen stehenden rechtsextremen Kreise wohl erwartet haben, löst der Mord eine Sympathiewelle für die Republik aus, die Arbeiterschaft und Bürgertum gleichermaßen erfaßt. In dieser Situation findet sich im Reichstag letztmals – wenn auch mit Mühe – eine Zweidrittelmehrheit – von weit rechts bis weit links – für ein Gesetz: das Gesetz zum Schutze der Republik. Es besteht auch kein Zweifel

Gesetz zum Schutz der Republik vom 21. Juli 1922

§ 8
Mit Gefängnis bis zu fünf Jahren, neben dem auf Geldstrafe bis zu einer Million Mark erkannt werden kann, wird bestraft,
1. wer öffentlich oder in einer Versammlung die verfassungsmäßig festgestellte republikanische Staatsform des Reichs oder eines Landes beschimpft oder dadurch herabwürdigt, daß er Mitglieder der republikanischen Regierung des Reichs oder eines Landes beschimpft oder verleumdet;
2. wer öffentlich oder in einer Versammlung die Reichs- oder Landesfarben beschimpft;
3. ...

Quelle: RGBl. I., S. 586

Beispiele zu
§ 8 Nr. 1 und 2 Republikschutzgesetz

1. »Wir brauchen keine Judenrepublik«
   a) Landgericht Gleiwitz: Freispruch, da die Äußerung lediglich ein Ausfluß des Antisemitismus sei, lediglich »der Jude« Gegenstand des Angriffs.
   b) Amtsgericht Breslau: Geldstrafe 100,– RM
   c) Oberlandesgericht Breslau: Tatbestand nicht erfüllt, da keine Beschimpfung.
2. »Scheißrepublik«
   Amtsgericht Charlottenburg: Geldstrafe 70,– RM
3. »Zum Unglück der Deutschen hat die schleimige und breiige demokratische Republik gewissermaßen ihr Leichentuch über das Land gelegt«
   Amtsgericht Berlin: Freispruch
4. »Wir wollen diesen Staat, der aus Verrat und Meuterei geboren ist, wieder erobern« (Stahlhelmführer Duesterberg)
   Amtsgericht Prenzlau: Tatbestand nicht erfüllt.
   Landgericht Prenzlau: Tatbestand nicht erfüllt.
   (Der preußische Richterverein distanzierte sich von diesen Entscheidungen).
5. »schwarz-rot-hühnereigelb« statt »schwarz-rot-gold«
   Reichsgericht: »Denn das Wort (gemeint: hühnereigelb) ist an sich offenbar bedenkenfrei.«
6. »schwarz-rot-Mostrich«
   a) Amts- und Landgericht Breslau: Freispruch
   b) Oberreichsanwalt lehnt Strafverfolgung ab, da sich die Äußerung auf das Emblem der – republikanischen – Organisation »Reichsbanner« bezogen habe.
7. »Lappen« (als Bezeichnung der Reichsflagge)
   Freispruch: Weil Stock und Tuch rein materiell gemeint seien.
8. »Schwarz-rot-gold ist Scheiße«
   Amtsgericht Kreuzberg: Freispruch
   Landgericht Oppeln: Geldstrafe 30,– DM
9. »Judenfahne«
   Freispruch, da die Juden ja Staatsbürger seien, die die Republik besonders verehrten.
10. »Schwarz-rot-hennadreckat«
    Freispruch
11. »Versaute Fahne« (Durch einen Landesverbandsführer des Stahlhelm)
    Amtsgericht Insterburg: Geldstrafe 500,– RM

Strafrahmen der Gesetze und die Urteilspraxis der Gerichte

Der Strafrahmen des § 8 Republikschutzgesetzes entsprach dem des Diebstahls: Gefängnis bis zu fünf Jahren. Dies zeigt, daß der Reichstag Beschimpfungen der Republik nicht als Kavaliersdelikt behandelt wissen wollte.
Dennoch haben die Gerichte bei Angeklagten aus dem rechten Spektrum fast ausschließlich auf reine Geldstrafen erkannt; die Möglichkeit hierzu bot § 27b des Strafgesetzbuches:

> **§ 27b.** Ist für ein Vergehen oder eine Übertretung, für die an sich eine Geldstrafe überhaupt nicht oder nur neben Freiheitsstrafe zulässig ist, Freiheitsstrafe von weniger als drei Monaten verwirkt, so ist an Stelle der Freiheitsstrafe auf Geldstrafe (§§ 27, 27a) zu erkennen, wenn der Strafzweck durch eine Geldstrafe erreicht werden kann.
> Die Vorschriften des Militärstrafgesetzbuchs bleiben unberührt.

Hielt also das Gericht eine Freiheitsstrafe von weniger als drei Monaten für angemessen, war anstelle der Freiheitsstrafe auf Geldstrafe zu erkennen, wenn das Gericht den *Strafzweck* durch die Geldstrafe als erreicht ansah. Bei Angeklagten aus dem völkischen Lager kam diese Vorschrift fast immer zur Anwendung; anders bei Beschimpfungen von links:
So fällte das Amtsgericht Potsdam *innerhalb von vier Wochen* folgende Urteile nach § 8 Republikschutzgesetz:
– »Judenrepublik« (Beschimpfung von rechts)
  Geldstrafe: 70,– DM
– »Räuberrepublik« (Beschimpfung von links)
  Freiheitsstrafe: vier Wochen Gefängnis

Das Amtsgericht Lüneburg verurteilte einen Arbeiter wegen der Beschimpfung der Reichsfarben sogar zu einem Jahr Gefängnis und führte in der Begründung aus, daß diese Strafe nach der Tendenz (!) des Republikschutzgesetzes noch milde sei. Hier hatte das Gericht den Willen des Gesetzgebers wohl erkannt.

darüber, vor wem die Republik und ihre Verfassung zu schützen sind: In einer leidenschaftlichen Rede ruft der damalige Reichskanzler Wirth (Zentrum) aus, der Feind stehe rechts – eine Feststellung, die allgemeine Zustimmung findet. Das Gesetz bringt jedoch nicht den erhofften Erfolg; seine Stoßrichtung entspricht nicht dem Feindbild der Richter und Staatsanwälte!

Unter anderem richtet sich das Gesetz auch gegen die Schmähungen der republikanischen Staatsform und republikanischen Farben, die im rechten Lager üblich sind. § 8 des Gesetzes soll dieser Hetze Einhalt gebieten – die Gerichte tun sich aber erneut schwer bei einer vorurteilsfreien Rechtsfindung. Es gibt geradezu zynische Urteilsbegründungen, augenzwinkernde Freisprüche und unverständliche Milde. Erst nach einigen Jahren korrigiert das Reichsgericht grobe Fehlentwicklungen, die es zunächst mit verursacht hat.

Einschätzung des Republikschutzes aus deutschnationaler Sicht

„Man hat uns in gewissen national denkenden Kreisen unsere Zustimmung (gemeint: Zustimmung zur Verlängerung des Gesetzes 1927) sehr verargt. Die wenigsten, die hierüber zetern, wissen aber, was in dem Gesetz steht und daß sich dieses Gesetz weniger als ein Schutzgesetz zum Schutze der Republik als vielmehr als ein Gesetz zur Aufrechterhaltung unserer Gesellschaftsordnung erwiesen hat.
Nach der Statistik sind in mehr als 20 Prozent aller Fälle, die auf Grund des Republikschutzgesetzes verfolgt wurden, nicht Kreise der Rechten, sondern Kreise der Linken getroffen worden."

4.3. Hochverrat

Nicht anders verhält es sich bei den Hochverratsverfahren: Gewaltsame Umsturzversuche von links werden hart bestraft, Umsturzversuche von rechts bleiben überwiegend straffrei. Dies zeigt deutlich eine Gegenüberstellung der strafrechtlichen Konsequenzen aus der Münchner Räterepublik (Frühjahr 1919) und dem Kapp-Putsch (Frühjahr 1920) (s. dazu S. 40–43).

Die Räterepublik wird im Frühjahr 1919 von Kommunisten, Anarchisten und dem linken Flügel der USPD ausgerufen. Auf Bitten der rechtmäßigen Regierung greift die Reichsregierung ein und entsendet Freikorps, die die Räterepublik blutig niederwerfen. Wegen Hochverrats werden Verantwortliche und Anhänger der Räterepublik zu mehr als 600 Jahren Freiheitsentzug (überwiegend Festung) verurteilt. Ganz anders das juristische Nachspiel des sog.

Abbildung 32
Bewaffnete Kommunisten im Frühjahr 1919 in München

Kapp-Putsches, der im März 1920 unter maßgeblicher Beteiligung der Freikorps zustande kommt. Der Putschversuch führt nur zu einer einzigen Verurteilung, die recht milde ausfällt: Einer der Hauptbeteiligten, Traugott von Jagow, wird wegen Beihilfe zum Hochverrat zu fünf Jahren Festung verurteilt.

Abbildung 33
Der Kapp-Putsch: Im März 1920 wird Berlin von der Marine-Brigade Ehrhardt besetzt

Steckbrief!

Gegen 1. den Generallandschaftsdirektor **Kapp** aus Königsberg i. Pr.,
2. den Regierungspräsidenten a. D. **von Jagow** aus Berlin,
3. den Major a. D. **Pabst** aus Berlin,
4. den Oberst a. D. **Bauer** aus Berlin,
5. den Arzt und Volkswirt Georg Wilhelm **Schiele** aus Naumburg a. S.,
6. den früheren Rechtsanwalt **Brederek** aus Berlin,
7. den Geheimen Regierungsrat **Bohé** aus Berlin,

die flüchtig sind oder sich verborgen halten, ist die Untersuchungshaft wegen Hochverrats, begangen in Berlin, im März 1920, verhängt.

Es wird ersucht, sie zu verhaften und in das nächste Gefängnis abzuliefern, auch unverzüglich zu den hiesigen Akten C. 11. 20 Mitteilung zu machen. Die **Reichsregierung** hat eine

Belohnung bis zu 10000 Mark

für denjenigen ausgesetzt, der durch sachdienliche Angaben oder andere geeignete Mitwirkung zur Förderung der Untersuchung, insbesondere zur Aufklärung des Sachverhalts oder zur Ergreifung eines der flüchtigen Angeschuldigten beiträgt.

Leipzig, den 26. März 1920.

Der Untersuchungsrichter des Reichsgerichts.

Abbildung 35

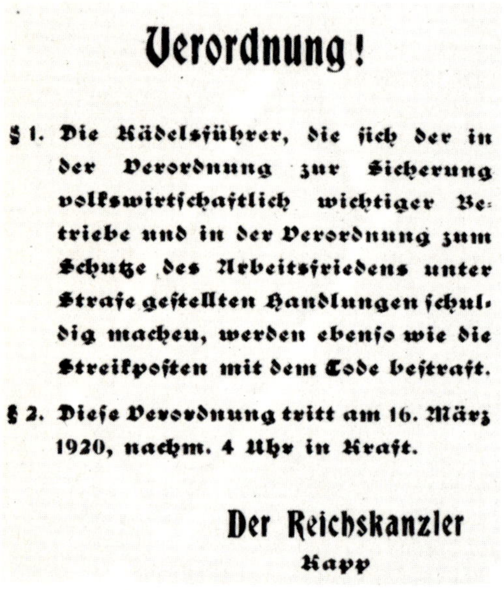

Verordnung!

§ 1. Die Rädelsführer, die sich der in der Verordnung zur Sicherung volkswirtschaftlich wichtiger Betriebe und in der Verordnung zum Schutze des Arbeitsfriedens unter Strafe gestellten Handlungen schuldig machen, werden ebenso wie die Streikposten mit dem Tode bestraft.

§ 2. Diese Verordnung tritt am 16. März 1920, nachm. 4 Uhr in Kraft.

Der Reichskanzler
Kapp

Abbildung 34

Der tiefere Grund:
Die Angriffe von rechts liegen auf der nationalen Linie, Beseitigung der Republik, Wiederherstellung von Monarchie und autoritärer Staatsordnung; aus diesen Taten spricht »vaterländische Gesinnung«, die wichtiger ist als Verfassungstreue.
Ganz anders die Angriffe von links: Hier droht die Bolschewisierung Deutschlands, Nation und Staat geraten in Gefahr. Also muß die Justiz machtvoll reagieren (was die Reichswehr nach außen, ist die Rechtsprechung nach innen). Diese machtvolle Reaktion der Gerichte treibt manch seltsame Blüte: Jedes Bekenntnis zur kommunistischen Ideologie kann nach der Rechtsprechung des Reichsgerichts als Vorbereitung des Hochverrats angesehen werden. Verurteilt werden Flugblattverteiler und Buchhändler, Setzer und Redakteure und auch ein Rezitator, der ein revolutionäres Gedicht vorträgt: Hochverrat mit Feder und Setzkasten.

»Eine für jeden Juristen unverständliche Verletzung des Gesetzes«

„Aus dem Tscheka-Prozeß vor dem Staatsgerichtshof:
Rechtsanwalt Samter: Ich beantrage, folgendes zu protokollieren und werde den schriftlich formulierten Antrag dem Gericht überreichen: Die nachstehend genannten Verteidiger, die in dem Verhalten des Herrn Vorsitzenden (der zuvor mehrmals Verteidigern das Wort entzogen und die Anhörung einer gemeinsamen Erklärung der Verteidiger davon abhängig gemacht hatte, daß sie keine Kritik an der Verhandlungsführung enthalte; d. Verf.) sowohl eine unzulässige Beschränkung der Verteidigung als auch eine schwere Verletzung der Rechte der Anwaltschaft ...
Vorsitzender: Ich entziehe Ihnen das Wort.

Rechtsanwalt Samter fortfahrend: – erblickt haben, sind durch die Wortentziehung –
Vorsitzender: Ich entziehe Ihnen das Wort. Ich unterbreche die Verhandlung.
Als der Staatsgerichtshof nach einer längeren Pause wieder den Saal betrat, übergab Rechtsanwalt Dr. Samter die vor Abgang des Gerichtshofes verlesene Erklärung dem Gerichtsschreiber.
Vorsitzender: Der Herr Rechtsanwalt Samter hat, trotzdem das Gericht die Wortentziehung ausgesprochen hatte, eine Erklärung zum Teil verlesen und diese Erklärung dann dem Gerichtsschreiber übergeben. Ich ersuche den Herrn Protokollführer, dieses Schriftstück dem Herrn Rechtsanwalt Samter wieder zurückzugeben.
Der Protokollführer gibt die Erklärung zurück.
Rechtsanwalt Samter: Ich verweigere die Annahme dieses Schriftstücks, da es sich um einen ordnungsgemäßen Antrag handelt.
Vorsitzender: Ich entziehe Ihnen das Wort.
Rechtsanwalt Samter legt den schriftlichen Antrag auf den Tisch des Gerichtsschreibers zurück.
Rechtsanwalt Samter: Ich muß die Rücknahme dieses Schriftstückes verweigern, weil –
Vorsitzender: Sie überreichen trotz meines Verbotes die Erklärung wieder dem Protokollführer. Ich fordere hiermit kraft meines Hausrechts den Herrn Rechtsanwalt Samter auf, den Saal zu verlassen.
Rechtsanwalt Samter: Ich weigere mich pflichtgemäß, dieser Aufforderung Folge zu leisten. Ich vertrete hier die Interessen meiner Klienten und muß mich weigern, den Saal zu verlassen.
Nachdem Reichsanwalt Neumann sich zustimmend zu der Maßnahme des Vorsitzenden geäußert hat, ersucht dieser den Verteidiger »zum letzten Mal«, den Saal zu verlassen.
Rechtsanwalt Brandt: Ich bitte ums Wort.
Vorsitzender: Ich kann in diesem Augenblick keine andere Erklärung annehmen. Ich gebe Ihnen das Wort jetzt nicht.
Rechtsanwalt Brandt: Ich erbitte das Wort zu einem Antrag. Nach der Strafprozeßordnung müssen Anträge jederzeit zugelassen werden. Das Reichsgericht hat entschieden, daß zu Anträgen niemals das Wort entzogen werden darf. Wenn Sie, Herr Präsident, die Entscheidungen des Reichsgerichts absichtlich ignorieren wollen, so stelle ich es anheim. Dann verlasse auch ich den Saal.
Vorsitzender: Ich habe gesagt, ich werde Ihnen das Wort erteilen. Mitten in meiner Rede brauche ich Ihnen das Wort nicht zu geben.
Rechtsanwalt Brandt: Sie hatten bereits geendet. Ich muß das Wort zu meinem Antrag jetzt erhalten. (Brandt wollte einen Beschluß des Gerichts über die Maßnahme des Vorsitzenden beantragen; d. Verf.)
Vorsitzender: Herr Rechtsanwalt Samter, ich fordere Sie zum letzten Male auf, kraft meines Amtes als Vorsitzender des Gerichtshofes zum Schutze der Republik, den Saal zu verlassen. (Da Rechtsanwalt Samter auf seinem Platze bleibt) – Ich ersuche zwei Schutzpolizeibeamte, den Herrn Rechtsanwalt Samter hinauszuführen.
Justizrat Fränkl: Zunächst verläßt die Verteidigung den Saal.
Vorsitzender: Rechtsanwalt Samter ist abzuführen. (Zwei Schutzpolizeibeamte gehen auf den am Verteidigungstische sitzenden Rechtsanwalt Dr. Samter zu, fassen ihn beide an Arm und Schulter und führen ihn, ohne Widerstand zu finden, aus dem Saale.)

Quelle: Heinrich Hannover/Elisabeth Hannover-Drück, Politische Justiz 1918–1933, S. 225 f.

Prozesse gegen links

Wegen kommunistischer Betätigung erfolgten 1924 innerhalb von vier Monaten folgenden Verurteilungen:

Juli: 70 Jahre 9 Monate Zuchthaus
7 Jahre 9 Monate Gefängnis
2 Jahre Festung
Geldstrafen: 500 RM
August: 58 Jahre Zuchthaus
26 Jahre 10 Monate Gefängnis
Geldstrafen: 5100 RM
September: 81 Jahre 7 Monate Zuchthaus
121 Jahre 5 1/2 Monate Gefängnis
Geldstrafen: 5150 RM
Oktober: 34 Jahre Zuchthaus
39 Jahre 4 Monate Gefängnis
78 Jahre 5 Monate Festung
Geldstrafen: 52 490 RM

Der kommunistische Abgeordnete Dr. Korsch nannte in der Reichstagssitzung vom 11. März 1925 folgende Zahlen für die letzten drei Monate:
278 Prozesse mit 1694 Angeklagten:
253 Jahre 10 Monate Zuchthaus
506 Jahre 3 Monate Gefängnis
11 Jahre 1 Monat Festung
78 000 RM Geldstrafe

Quelle: Zitiert nach Heinrich Hannover/Elisabeth Hannover-Drück, Politische Justiz 1918–1933, S. 231

Kappregierung

Lfd. Nr.	Name	Rang	Schicksal
1	Wolfgang Kapp	Reichskanzler	gestorben
2	Bang	Finanzminister	in Freiheit
3	Dr. Traub	Preuß. Kultusminister	amnestiert
4	Gottl. v. Jagow	Minister des Innern	5 J. Festung
5	Zumbroich	Reichsjustizminister	in Freiheit
6	Trebitsch-Lincoln	Oberzensor	im Ausland
7	Dr. Schiele	Reichswirtschaftsminister	Verf. eingest.
8	Krämer	Preuß. Wirtschaftsminister	in Freiheit
9	v. Falkenhausen	Chef der Reichskanzlei	in Freiheit
10	Dr. Sönksen	Reichspostminister	in Freiheit
11	Frhr. v. Wangenheim	Preuß. Landwirtschaftsminister	in Freiheit
12	Eduard Meyer	Universitätsrektor	blieb im Amt
13	Müller-Lobwitz	tätig in der Reichskanzlei	in Freiheit
14	Stubbendorf	tätig in der Reichskanzlei	in Freiheit
15	Dr. Bredereck	Pressechef	in Freiheit
16	W. Harnisch	Pressechef	in Freiheit
17	Dr. Grabowski	Propagandist	in Freiheit
18	Lensch	im Presseamt	in Freiheit
19	A. de la Croix	im Presseamt	in Freiheit

Kappregierung

Die strafgerichtliche Behandlung des Kapp-Putsches
(Mitteilung des Reichsjustizministers an den Reichstag vom 21. Mai 1921)

Zahl der amtlich bekanntgewordenen Kapp-Verbrechensfälle	705
Davon:	
Amnestiert	412
Durch Tod und andere Gründe in Wegfall gekommen	109
Verfahren eingestellt	176
Noch nicht erledigt	7
Bestraft	1

Bayrische Räteregierung

Lfd. Nr.	Name	Rang	Schicksal
1	E. Leviné	Vorsitzender d. Vollzugsrates der Betriebsräte	erschossen
2	Dr. Tobia Axelrod	Mitglied des Vollzugsrats	15 Jahre Zuchthaus n. Rußl. ausgetauscht
3	Ewald Ochel	Mitglied des Vollzugsrats	1 J. 5 Mon. Festung durch Schutzhaft
4	Wilh. Duske	Mitglied des Vollzugsrats	2 J. Festung
5	Fritz Schürg	Mitglied des Vollzugsrats	2 J. Festung
6	Dr. A. Wadler	Wohnungskommissar	8 J. Zuchthaus
7	Ernst Nikisch	Vorsitzender des Zentralrats	2 J. Festung
8	Gust. Landauer	Volksbeauftragter für Volksaufklärung	im Gefängn. erschlagen
9	Dr. O. Neurath	Vorsitzender der Sozialisierungskommission	1 1/2 Jahre Fest., entlassen
10	Hans Dosch	Polizeipräsident	3 J. Festung
11	Ernst Mehrer	Stadtkommandant	1 1/2 J. Festung
12	K. Petermaier	Adjutant des Stadtkommandanten	1 1/2 J. Festung
13	Paulukum	Verkehrsminister	2 1/2 J. Festung
14	Paul Zamert	Propagandist	3 J. Festung
15	E. Kiesewetter	Verkehrskommission	2 1/2 J. Festung
16	Daudistel	Kommission zur Unterstützung der politischen Flüchtlinge	6 J. Festung
17	Jos. Weigand	Schreiber bei der Komm. zur Bekämpfung der Gegenrevolution	3 J. Festung
18	Hans Kullmann	Betriebsrat	3 J. Festung
19	Ad. Schmidt II	im Ministerium f. soziale Fürsorge	1 J. 6 M. Fest.
20	Karl Götz	Kommission zur Bekämpfung der Gegenrevolution	1 J. 3 M. Fest.
21	Frieda Rubiner	Propagandaausschuß K. P. D.	1 J. 9 M. m. Bewährungsf.
22	H. Wiedemann	Propagandist	1 J. 3 M. Fest.
23	Frau Reichel	Beihilfe z. Flucht Tollers	2 Mon. Festung
24	Hans Reichel	Beihilfe z. Flucht Tollers	4 Mon. Festung
25	E. Trautner	Beihilfe z. Flucht Tollers	5 M. Gefängnis
26	Willy Reue	Kommission zur Bekämpfung der Gegenrevolution	1 J. 3 M. Fest.
27	Max Strobl	Leiter der Kommission z. Bekämpfung d. Gegenrevolution	7 J. Zuchthaus
28	F. Mairgünther	Polizeipräsident in München	2 J. Gefängnis
29	L. Mühlbauer		3 J. Festung
30	Erich Mühsam	Mitglied des Revolutionstribunals	1 1/4 J. Festung mit Bewähr.-Frist
31	Paul Grassl	Propagandist	15 J. Festung
32	S. Wiedenmann	Mitglied des Revolutionstribunals	1 J. 10 M. Fest.
		Obmann der K. P. D.	4 J. Festung

Die politische Justiz

Kappregierung

Schicksal von 775 Offizieren, die am Kapputsch beteiligt waren
(»Amtliche Ergebnisse des Ausschusses zur Prüfung des Verhaltens der Offiziere während der Märzvorgänge«)

Art der Erledigung	Zahl der Offiziere in der Marine	Zahl der Offiziere im Landheer	Gesamtzahl der Offiziere
Einstellung des Verfahrens	119	367	486
Beurlaubung	40	51	91
Versetzung	37	20	57
Dienstenthebung	18	30	48
Disziplinare Erledigung	12	1	13
Noch keine Entscheidung	5	69	74
Verabschiedung	4	2	6
	235	540	775

Gesamtstrafe: 5 Jahre

Lfd. Nr.	Name	Rang	Schicksal
33	V. Baumann	Redakteur der Münchener Roten Fahne	1½ J. Festung
34	Alex. Strasser	revolutionärer Hochschulrat	1½ J. Festungshaft m. Bewährungsfrist
35	Otto Hausdorf	revolutionärer Hochschulrat	1½ J. Festung m. Bewährungsfr.
36	Cillebiller	revolutionärer Hochschulrat	desgl.
37	Gertraud Kaestner	revolutionärer Hochschulrat	desgl.
38	Wilh. Hagen	revolutionärer Hochschulrat	1 J. 4 M. Fest. m. Bewähr-F.
39	Lessie Sachs	Sekretärin im Kriegsministerium	1 J. 3 M. Fest.
40	Dr. Rothenfelder	Propagandist	7 J. Festungsh.
41	Wilh. Gerhards	Betriebsrat	1½ Jahre Fest.
42	Willy Ertel	Sektionsführer d. K. P. D.	3 J. Festungsh.
43	Sontheimer	Propagandist	erschlagen
44	K. Steinhardt	Betriebsrat	9 M. Festungshaft
45	Ferd. Rotter	Vors. d. Betriebsobleute	7 J. Zuchthaus
46	Kirmayer	Komm. z. Bek. d. Gegenrevolution	4 J. Zuchthaus
47	Hans Schroll	in der Verhaftungskomm.	5 J. Zuchthaus
48	Wernich	in d. Beschlagnahmekom.	3 J. Zuchthaus
49	May Weber	stellv. Polizeipräsident	1½ J. Festung
50	Mortens	Vors. Wirtschaftskomm.	6 J. Festung
51	Sondheimer	Propagandist	1¼ J. Festung
52	Kronauer	Mitgl. d. Rev.-Tribunals	1¼ J. Festung

Gesamtstrafe: 135 Jahre 2 Monate

Militärs der Kapp-Regierung

Lfd. Nr.	Name	Rang	Schicksal
1	Ludendorff	General (nahm an allen Kabinettssitzungen der Kappregierung teil)	keine Anklage
2	Freih. v. Lüttwitz	Reichswehrminister und Oberbefehlshaber	im Ausland
3	v. Hülsen	Adjutant d. Oberbefehlsh.	in Freiheit
4	v. Klewitz	Stabschef b. v. Hülsen	in Freiheit
5	v. Trotha	Admiral	in Freiheit
6	v. Oven	General	in Freiheit
7	v. Dassel	General	in die Ebertreg. übernommen
8	v. Watter	General	in Freiheit
9	v. Loßberg	Generalmajor	im Ausland
10	Bauer	Oberst	steckbrieflich verfolgt
11	Ehrhardt	Kapitän (Eroberer v. Berlin)	in Freiheit
12	Hpt. Pabst	persönlicher Adj. Kapps	in Freiheit
13	Freih. v. Lützow	Freikorpsführer	in Freiheit
14	Maj. Schulz	Freikorpsführer	in Freiheit
15	Ltn. Roßbach	Freikorpsführer	in Freiheit
16	Hpt. Pfeffer v. Salomon	Freikorpsführer	in Freiheit
17	v. Löwenfeld	Freikorpsführer	in Freiheit
18	Aulock	Hauptmann	in Freiheit
19	Vaupel	Polizeihauptmann	in Freiheit
20	v. Kessel	Hauptmann	in Freiheit
21	v. Puttkammer	Hauptmann im Oberkom.	in Freiheit
22	v. Patow	Oberst (erschien ohne Befehl b. d. Brigade 15)	in Freiheit
23	Reinhardt		
24	Neubarth	Batterieführer	in Freiheit
25	v. Hülsen jun.	Leutnant	in Freiheit
26	v. Borries	Leutnant	in Freiheit
27	v. Knobelsdorff	Oberleutnant	in Freiheit
28	v. Amman	Major	in Freiheit
29	v. Auer	Major	in Freiheit
30	v. Borries	General	in Freiheit
31	v. Bock	Major	in Freiheit
32	Frh. v. Blomberg	Oberst	in Freiheit
33	v. Bernuth	Gen.-Leutnant	in Freiheit
34	Frh. v. Czettritz u. Neuhaus	Oberleutnant	in Freiheit
35	Frh. v Durant	Rittermeister	in Freiheit
36	Frh. v. Erffa	Leutnant	in Freiheit
37	v. Falkenhausen	Major	in Freiheit
38	v. Frantzin	Hauptmann	in Freiheit
39	v. Grothe	Oberstleutnant	in Freiheit

Militärs der Räte-Regierung

Lfd. Nr.	Name	Rang	Schicksal
1	R. Eglhofer	Oberkommandierender	erschlagen
2	Eugen Maria Karpf	Adj. d. Oberkommand.	12 J. Festung
3	Wilh. Reichart	Mitgl. d. Militärkomm.	3 J. Festung
4	Ernst Toller	Kommand. im Abschnitt Dachau	5 J. Festung
5	G. Klingelhöfer	Adj. des Kommandeurs	5½ J. Festung
6	E. Wollenberg	Kommandeur d. Infanterie	2 J. Festung
7	H. F. S. Bachmair	Kommandeur d. Artillerie	1½ J. Festung
8	R. Podubecky	Kommand. d. Fernsprechtruppen	3 J. Festung
9	Winkler	Kommand. eines Abschn.	4 J. Zuchthaus
10	G. Riedinger	Adj. d. Kommandeurs in Starnberg	1½ J. Festung entlass.
11	Er. Günther	in d. Kommandant. Dachau	1 J. 9 M. Festung
12	Fritz Walter	Rotgardist	3 J. Festung
13	Max Schwab	im Kriegsministerium	4 J. Festung
14	H. Taubenberger	Streckenkommandant in Dachau	3 J. Festung
15	Gottfr. Bareth	Rotgardist	1½ J. Festung
16	Max Huber	Rotgardist	3 J. Festung
17	Peter Regler	Rotgardist	2 J. Festung
18	Haßlinger	Rotgardist	5 J. Festg. (begnadigt)
19	And. Rauscher	Rotgardist	1 J. 4 M. Fest.
20	M. Reichert	Rotgardist u. Propagandist	1 J. 3 M. Fest.
21	Jos. Vogl	Rotgardist	3 J. Zuchthaus
22	Josef Faust	Rotgardist	3 J. Zuchthaus
23	Rentsch	Rotgardist	5 J. Zuchthaus
24	Zöllner	Rotgardist	3 J. Zuchthaus
25	Karl Zimmet	Soldatenrat	1 J. 3 M. Fest.
26	Karl Höhrat	Soldatenrat	6 J. Festung
27	Kuhn	Rotgardist	2 J. F., 2 J. 2 Mon. Gef.
28	Josef Seidel	Wachkommandant	3 J. Festung
29	Seidel	Rotgardist	4 J. Festung
30	Ernst Bauer	Rotgardist	2 J. Festung
31	Rich. Wagner	Rotgardist	2 J. Festung
32	Thekla Egl	Krankenschw. u. Parlamentärin	1 J. 3 M. Fest.
33	A. Schinnagel	Arzt in der Roten Armee	15 Mon. Fest.
30	70	Angehörige d. Leibregiments wegen Erstürmung von Rosenheim	15 Mon. Fest. je 1 1/4 J. Fest. (n. Abbüß. ein Teil entlass.)
35	Ziller	Soldatenr. Eisenb.-Abt. I	3 J. Zuchthaus
36	Joh. Tanzmeier	Polizeiwachtmeister	4 J. Festung
37	Murböck	Transportführer	4 J. Zuchth. (in Fest. verwdlt.)
38	Marschall	Kurier	3 J. Festung
39	Jos. Anreither	Rotgardist	3 J. Festung

Die politische Justiz

Militärs der Kapp-Regierung

Ltd. Nr.	Name	Rang	Schicksal
40	v. d. Hardt	General	in Freiheit
41	Frh. v. Hadeln	Oberstleutnant	in Freiheit
42	Frh. v. Hammerstein	Oberleutnant	in Freiheit
43	v. Hagen	Major (Dessau)	in Freiheit
44	v. Knobelsdorff	Oberst (Pasewalk)	in Freiheit
45	v. Kleist	Rittmeister	in Freiheit
46	v. Letort	Leutnant	in Freiheit
47	v. Möhl	Generalmajor	in Freiheit
48	Frh v. Mirbach	Rittmeister	in Freiheit
49	v. Neufville	Rittmeister	in Freiheit
50	v. Platen	Major	in Freiheit
51	v. Rudolphi	Major	in Freiheit
52	v. Rössing	Oberstleutnant	in Freiheit
53	v. Rosen	Oberst	in Freiheit
54	v. Seydlitz	Rittmeister	in Freiheit
55	Frh. v. Schade	Hauptmann	in Freiheit
56	Frh. Treusch v. Buttlar-Brandenfels	Leutnant	in Freiheit
57	v. Uechtritz	Rittmeister	in Freiheit
58	v. Wulffen	Major	in Freiheit
59	v. Ziehlberg	Major	in Freiheit
60	v. Heimburg	Oberleutnant	in Freiheit

Gesamtstrafe: Null

Militärs der Räte-Regierung

Ltd. Nr.	Name	Rang	Schicksal
40	Jak. Nickl	Rotgardist	2½ J. Festung
41	W. Seyler	Adj. d. Kriegsministers im Kriegsministerium	1 J. 6 M. Festg.
42	K. Kaltdorf	Rotgardist	1 J. 6 M. Festg.
43	H. Tannen	Parlamentär d. Augsburger Arbeiterrats	2 J. Gefängnis
44	Hans Frank		erschossen
45	Karl Gans	Zugführer	5 J. Zuchthaus
46	Joh. Demstedt	Zugführer	6 J. Zuchthaus
47	J. Jackermeier	Zweiter Obmann K. P. D.	5 J. Zuchthaus
48	Joh. Wittmann	Rotgardist (Rosenheim)	5 J. Zuchthaus
49	Jos. Hagel	Kriminalpolizist	4½ J. Zuchthaus
50	Georg Graf	Militärpolizei	12 J. Zuchthaus
51	Phil. Böhrer	Rev. Arbeiterrat (Augsb.)	12 J. Zuchthaus
52	Hiltner	Rotgardist	2 J. Festung
53	Otto Knieriem	Akt.-Ausschuß Würzburg	5 J. Festung
54	Mich. Schmidt	Rotgardist	2 J. Festung
55	Albert Berger	Erwerbslosenr. (Augsburg)	3 J. Festung
56	Appler	Rotgardist	4 J. Festung
57	Berk	Flugzeugführer	4 J. Festung
58	Ibel	Zahlmeister	1 J. 4 M. Fest.
59	J. Tobiasch	Proviantmstr. i. Dachau	2½ Festung
60	Kolbinger	Rotgardist	2 Jahre Festung
61	J. Wittmann	Rotgardist	2½ Jahre Festung
62	Joh. Strauss	Soldatenrat	1 J. 6 M. Fest.
63	Ludwig Hörl	Bahnhofswache	3 J. Festung
64	Erzberger	Lazarettchef	1½ J. Festung (entkommen)
65	Martin Gruber	Abteilungsführer	3 J. Festung
66	Hans Strasser	Bhf.-Kommand. (Dachau)	1 J. 6 M. Fest.
67	Otto Mehrer	Mitgl. d. Militärkomm.	1 J. 6 M. Fest.
68	Hofer	Kriegsministerium, Abtlg. Infanterie	4 J. Festung
69	Ferd. Killer	Soldatenrat	5 J. Festung
70	Karl Gans	Rotgardist	6 J. Zuchthaus
71	Paul Hübsch	Propagandist	1 J. 6 M. Gefg.
72	Max Pletz	Stadtkommandantur München	1 J. 6 M. Fest.

Gesamtstrafe: 276 Jahre 6 Mon. Einsperrung; 2 Erschießungen

Quelle: Gumbel, Vier Jahre politischer Mord, S. 99 ff.

4.4. »Eine bittere Pille für Fritze Ebert« Ehrenschutz für republikanische Politiker

Beleidigungen und Verleumdungen gehören in Weimar zum politischen Alltag; überwiegend betreffen sie republikanische Politiker, vor allem Erzberger, Ebert, Rathenau, Stresemann, Braun und Severing haben darunter zu leiden. Friedrich Ebert, Reichspräsident von

Abbildung 37
Ebert (2. von rechts) bei der Eröffnung des Kinderheimes der PRO-Stiftung in Haffkrug.
Die »Deutsche Tageszeitung« kommentiert das Bild in ihrer Ausgabe vom 9. August 1919 folgendermaßen: »Der Repräsentant des ›neuen Deutschlands‹ – Mitte Juli weilten die Herren Reichspräsident Fritz Ebert und Reichswehrminister Noske auch einige Tage im Ostseebade Haffkrug bei Travemünde. In Ausübung ihrer hohen Machtvollkommenheiten dispensierten sie sich von der dort herrschenden Vorschrift, nur im Kostüm zu baden, stellten der Welt ihre ganze Mannesschönheit zur Schau und veranlaßten in animierter Stimmung die Fixierung der nebenstehend wiedergegebenen Szene auf photographischer Platte. Nachträglich kamen ihnen doch Bedenken über die geschmackliche Seite ihres Tuns, und sie enteigneten dem Photographen Platte und Abzüge. Herr Ebert hatte indes die Freundlichkeit, uns eine Kopie zur Verfügung zu stellen, weil er in ihrer Wiedergabe mit Recht eine treffliche Propaganda für das neue Regime und für seine Person erblickt.«

Abbildung 36
Reichspräsident Ebert in seinem Arbeitszimmer

1919 bis zu seinem Tod im Februar 1925, sieht sich während seiner Amtszeit ständigen Angriffen ausgesetzt. Die Schmähungen beziehen sich auf die einfache Herkunft seiner Familie, gehen über Trunksucht und Bestechlichkeit bis hin zu unsittlichem Lebenswandel; für die extreme Linke ist er ein »Arbeiterverräter«, für die »nationale« Rechte ein »Landes- oder Kriegsverräter«. Ebert treffen die Vorwürfe schwer. Während seiner Amtszeit führt er mehr als 150 Prozesse um seine persönliche Ehre.

Von besonderer Bedeutung ist das Verfahren gegen Erwin Rothardt, den verantwortlichen Redakteur der »Mitteldeutschen Presse«, das im Dezember 1924 vor dem Schöffengericht Magdeburg stattfindet. Die Mitteldeutsche Presse hat einen offenen Brief publiziert, in dem Ebert Landesverrat vorgeworfen wird.

Hintergrund des Vorwurfs: Im Januar 1918 – also noch während des Krieges – streiken in Berlin rund 400 000 Munitionsarbeiter. Ebert tritt in die Streikleitung ein, um den Streik in ruhige Bahnen zu lenken und zu einem möglichst raschen Ende zu führen – und das mit Erfolg. Die Rechte sieht eine gute Chance, Eberts »vaterländisches Verhalten« während der Kriegszeit in Zweifel zu ziehen.

Das Verfahren vor dem Schöffengericht in Magdeburg endet mit einem Skandal. Das Gericht verurteilt Rothardt zwar zu drei Monaten Gefängnis wegen Beleidigung, stellt jedoch zugleich fest, Ebert habe »objektiv und subjektiv« den Tatbestand des Landesverrats verwirklicht: eine bewußt falsche Anwendung des Gesetzes.

Freude im rechtsextremen Lager, aber auch eine breite Welle der Solidarität mit Ebert, die bis in die Deutschnationale Volkspartei hineinreicht. Dennoch belastet das Verfahren Ebert sehr stark; er spürt wohl den Haß, der ihm entgegenschlägt. Hauptsache sei es, daß der Sattlergeselle da oben bald verschwinde, äußert der Vorsitzende des Schöffengerichts einige Monate vor dem Verfahren.

Erst Jahre später verschafft das Reichsgericht Ebert – postum – Recht.

Das Verfahren in Magdeburg ist sicherlich das spektakulärste und in seinem Ausgang das skandalöseste. Zahlreiche andere Verfahren wegen Beleidigung und Verleumdung belegen, daß auch hier die Justiz nach links und rechts zu differenzieren weiß. Die Verleumdung eines DVP-Abgeordneten oder die Beschimpfung des Reichspräsidenten Hindenburg ahndet man mit harten Strafen, während bei Ehrverletzungen republikanischer Politiker milde Bestrafungen (Geldstrafen) die Regel sind.

Honni soit qui mal y pense

Abbildung 38
Beispiel einer Verunglimpfung Friedrich Eberts von links

Ehre, wem Ehre gebühret!

Es kostet die Ehre:

10 Mark	einer beschimpften Arbeiterfrau (»Warte, Dir hau ich die Fresse voll, daß die rote Tunke rumspritzt«) Landgericht Bautzen, Urteil vom 11. 1. 27	eines beschimpften Gerichtsvollziehers (»Dreckspatz«) Amtsgericht Ludwigshafen, Urteil vom 7. 1. 27	80 Mark
300 Mark	eines beschimpften Reichsbankpräsidenten (»Dreister Lügner und bewußter jüdischer Betrüger«) Schöffengericht Berlin-Mitte, Urteil vom 7. 2. 27	eines beschimpften Polizisten (Beschimpfung durch einen Arbeiter) Amtsgericht Neustadt a. d. H., Urteil v. 8. 1. 27	3 Monate Gefängnis
20 Mark	eines beschimpften Hausdieners (»Lecken Sie mich am A....«) Amtsgericht Nedlitz, Urteil vom 12. 1. 27	eines beschimpften Pfarrers (»Lecken Sie mich am A....«) Landgericht Neuwied, Urteil vom 12. 1. 27	120 Mark
400 Mark	eines beschimpften Ministerpräsidenten (»Hat sich auf Staatskosten bereichert«) Schöffengericht Berlin-Lichterfelde, Urteil vom 24. 1. 27	eines beschimpften Marineoffiziers (von einem sozialdemokratischen Redakteur wegen erwiesenen republikfeindlichen Verhaltens im Ausland »Flegel« genannt) Schöffengericht Berlin-Mitte, Urteil vom 8. 1. 27	500 Mark
nichts	eines beschimpften Reichsaußenministers (»Hat in Locarno Deutschland ans Ausland verkauft«) Schöffengericht Weißenfels, Urteil v. 14. 1. 27	eines beschimpften Polizisten (»Ist aus Blutsucht brutal vorgegangen«) Schöffengericht Chemnitz, Urteil vom 6. 1. 27	2 Wochen Gefängnis
25 Mark	eines kommunistischen Politikers (schwere Beleidigung durch einen Nationalsozialisten) Landgericht Koburg, Urteil vom 27. 1. 27	eines beschimpften Amtmanns (Veröffentlichung von Spottversen) Schöffengericht Hagen, Urteil vom 12. 1. 27	3 Monate Gefängnis
21 Mark	einer beschimpften Gastwirtstochter (»Sau«) Einzelrichter Hildburghausen, Urteil v. 22. 1. 27	eines beschimpften Stadtobersekretärs (Beleidigung durch einen rabiaten Erwerbslosen) Amtsgericht Berlin-Pankow, Urteil v. 13. 1. 26	4 Wochen Gefängnis

Soll der deutsche Richter unabsetzbar bleiben?

Quelle: »Die Weltbühne«, XXIII. Jahrgang, Nr. 8, 22. Februar 1927.

5. Themenkreis:
Heftige Kritik von links:
Vertrauenskrise der Justiz

Die Einseitigkeiten der Rechtsprechung provozieren Kritik. Die intellektuelle Linke führt einen wahren Feldzug gegen die Weimarer Justiz, indem sie die tatsächlichen oder angeblichen Mißstände in der Rechtspflege heftig kritisiert. In vorderster Front stehen hierbei die beiden Berliner Wochenzeitschriften »Tagebuch« und die vorübergehend von Kurt Tucholsky und dann bis zu ihrem Verbot von Carl von Ossietzky geleitete »Weltbühne«. Aber auch die großen liberalen Zeitungen, wie z. B. die »Vossische Zeitung« mit ihrem berühmten Gerichtsreporter Sling, halten in ihrer Berichterstattung mit Kritik nicht zurück.

Abbildung 40
Carl von Ossietzky

Ebenso deutlich ist die Sprache in den Justizdebatten des Reichstages und der Landtage.
Aus den Reihen der SPD kommt die Forderung, die Justiz zu reorganisieren; selbst im bürgerlichen Lager scheint die Unabsetzbarkeit der Richter kein Tabu mehr zu sein. Sprachrohr der Kritik – in recht moderatem Ton – innerhalb der

Besprechung der Erklärung der Reichsregierung

„ Das Wort hat der Herr Abgeordnete Wels (SPD)
. . . Die Justiz in unserem Lande ist ein Skandal, der zum Himmel schreit!
(Stürmische Zustimmung links.)
Die in ihr betätigte Reaktion unterwühlt die Grundfesten der Republik.
(Zurufe von den Kommunisten. – Gegenrufe von den Sozialdemokraten.)
. . . Wir fordern die Reorganisation unserer Justiz und besonders der Staatsanwaltschaft; denn das ist notwendig, wenn wir daran denken, daß in Preußen – von Bayern ganz zu schweigen – an Stelle des erkrankten Herrn Zehnhoff der Staatssekretär Mügel die Geschäfte führt.
(Sehr richtig! links)
. . . Meine Herren von der Regierung, meine Damen und Herren! Jetzt geht's ums Ganze, jetzt muß zugegriffen werden! Darüber ist ein Zweifel nicht mehr möglich.
(Zuruf von den Kommunisten: Wort halten!) „

Quelle: Auszug aus dem Protokoll des Reichstages, 25. Juni 1922, S. 8042 ff.

Abbildung 39
Kurt Tucholsky

Richterschaft ist das Organ des Republikanischen Richterbundes, dessen Existenz schon als Ärgernis empfunden wird. Ziel der Kritik: die Republikanisierung der Justiz, d. h. Schaffung einer Justiz, die in einem demokratischen und republikanischen Geist handelt.

Die Richterschaft reagiert verletzt. Man beklagt den mangelnden Sachverstand der Journalisten und eine vom Parteigeist getrübte Berichterstattung. Selbst ein spezielles Richterschutzgesetz wird gefordert. Im übrigen betont die konservative Richterschaft immer wieder ihre Loyalität gegenüber der Verfassung, wobei die Erklärungen ihrer Repräsentanten nicht in allen Fällen der Zweideutigkeit entbehren, aber auch neue Standortbestimmungen enthalten.

Schließlich geht der damalige Präsident des Reichsgerichts in einer Rede zum Gegenangriff über: Man könne den Spieß auch umdrehen und von einer Krise des Vertrauens der deutschen Justiz gegenüber dem deutschen Staat sprechen. Eine beiderseitige Vertrauenskrise?

Ergebnis: Die Republikanisierung der Justiz wird nicht erreicht, es können jedoch Teilerfolge erzielt werden. Indiz hierfür: eine verstärkt einsetzende Justizkritik von rechts.

Reichsgerichtsrat Reichert

„*Die deutschen Richter ehren und achten die Verfassung; sie haben auf die Verfassung den Eid geleistet, und ein deutscher Richter hält seinen Eid hoch.* Und was wir *als Richter* aus der Verfassung herauslesen, das ist zunächst nicht die Form des Staates und der Streit der Parteien darum, welches die beste Staatsform ist. Wie wir Richter auch sonst uns bestreben, nicht am Buchstaben und der Form zu haften, sondern den Geist und Kern einer Sache zu erforschen, so haben wir uns auch bemüht, in den *Geist der Verfassung* einzudringen. Wir haben ihn dahin erkannt, daß der Gedanke des *Rechtsstaates* und des *sozialen Rechts* und der ausgleichenden Gerechtigkeit es ist, der das Wesen und den Kern dieses Staatsgrundgesetzes ausmacht. Und auf diesen Gedanken uns erst umzustellen, das haben wir deutschen Richter nicht nötig. Denn er war uns schon vor dem Kriege vertraut."

Quelle: DRiZ 1925, Beilage »Sechster Deutscher Richtertag in Augsburg am 14. und 15. September 1925«, Sp. 17

Erklärung auf dem 5. preußischen Richtertag in Kassel 1926

„Auf der Gerechtigkeit und der ihr dienenden Rechtspflege beruht der Staat. Darum ist unsere Hauptaufgabe: Förderung des Rechts und der Rechtspflege, Stärkung der Rechtsordnung und Gewißheit ihrer Aufrechterhaltung. Hierdurch tragen wir gleichzeitig am besten im Interesse der Allgemeinheit zur inneren Befestigung und Gesunderhaltung der neuen Staatswesenheit, der deutschen Republik, bei . . . Wir leben nicht mehr im Obrigkeits-, sondern im Volksstaate. Alle Staatsgewalt geht vom Volke aus, das Volk regiert sich selbst. Auch wir Richter sind Volksteil, haben daher nicht nur wie früher das gute Recht, sondern noch weit mehr die ernste Pflicht, am Wohle des Volkes mitzuarbeiten, soweit es auf das Recht begründet ist, tragen darum in erster Linie für die Güte des Rechts, die Zuverlässigkeit der Rechtspflege und auch dafür die Verantwortung, daß die Vertrauenskrise, die unsere Rechtspflege bedroht, überwunden wird, daß uns Richter, die wir im Namen des Staates Recht sprechen, treue Hingabe zum Staat und seiner Verfassung beseelt, daß uns Staatsverbundenheit Gewissenspflicht ist und die Richter keine Kluft vom Volke trennt."

Zitiert nach Kuhn, Die Vertrauenskrise der Justiz, S. 105 f.

6. Themenkreis: Die Weimarer Justiz und die NSDAP

6.1. Die Legalitätstaktik

Frühjahr 1923
Der Staatsgerichtshof zum Schutz der Republik bestätigt das Verbot der NSDAP durch mehrere Länder wegen Verstoßes gegen das Republikschutzgesetz,
aber
die bayerische Regierung spricht kein Verbot der NSDAP aus.

Abbildung 41
Der »Stoßtrupp Hitler« verhaftet sozialistische Stadträte

8./9. November 1923
Putschversuch in München durch Hitler und Ludendorff.
Konsequenz nach dem Republikschutzgesetz: Verfahren in Leipzig vor dem Staatsgerichtshof zum Schutze der Republik,
aber
die bayerische Regierung will die Täter nicht einem Gerichtshof überstellen,

An die Einwohnerschaft Leipzigs!

Bürger! Republikaner!

In München haben Verblendete die Brandfackel des Bürgerkrieges entzündet; sie schicken sich an, zur Freude des uns feindlich gesinnten Auslandes das Deutsche Reich zu zerschlagen.

Wer diese Bewegung direkt oder indirekt unterstützt, macht sich zum Hoch- und Landesverräter und hat schwerste Strafe zu gewärtigen.

Der Reichspräsident und die Reichsregierung haben erklärt, daß alle Maßnahmen zur Niederkämpfung des Putsches und die Wiederherstellung der Ordnung getroffen sind und mit rücksichtsloser Energie durchgeführt werden.

Auch **die staatliche Polizei** wird mit aller Entschiedenheit ihre Pflicht erfüllen und die gesetzmäßige republikanische Verfassung schützen.

Bürger, Republikaner! Erschwert der Polizei diese Aufgabe nicht durch zweckloses Umherstehen auf Straßen und Plätzen! Weißt diejenigen zurück, die die schwere Notlage des größten Teils der Volksgenossen zu einer wüsten Hetze gegen einen Teil unserer Einwohnerschaft und zu Anschlägen auf die republikanische Reichs- und Landesverfassung benutzen wollen.

Die Polizei wird allen Teilen der Bevölkerung gleichmäßig ihren Schutz angedeihen lassen und ihre ganzen Machtmittel einsetzen, um jede Putschbewegung im Keime zu ersticken.

Leipzig, 9. November 1923.   **Das Polizeipräsidium Leipzig.**

Abbildung 42

Proklamation
an das deutsche Volk!
Die Regierung der November-
verbrecher in Berlin ist heute für
abgesetzt erklärt worden.
Eine
provisorische deutsche Nationalregierung
ist gebildet worden, diese besteht aus
**Gen. Ludendorff
Ad. Hitler, Gen. v. Lossow
Obst. v. Seisser**

Abbildung 43

dem Sozialdemokraten angehören: Die besonderen bayerischen Verhältnisse (Verquickung der Regierung mit dem rechtsextremen Lager) könnten unberücksichtigt bleiben. Statt dessen: Verfahren vor dem Volksgericht, einem Gericht, das sich mit seiner Rechtsprechung einen zweifelhaften Ruf erworben hat. Bayerischer Justizminister mit viel Verständnis und Sympathie für die Putschisten ist im übrigen Dr. Gürtner, der später unter Hitler acht Jahre Reichsjustizminister sein wird.
Die Reichsregierung lenkt ein.

Februar/März 1924
Verfahren gegen Ludendorff, Hitler und andere in München wegen Hochverrats,
aber
– das Gericht ermöglicht Hitler eine Propagandaschau, mit der die Niederlage des 9. November in einen Triumph umgemünzt wird.

Abbildung 44
Blick in den Gerichtssaal und auf die Richterbank während des Hitler-Prozesses

Selbst die ständigen Beschimpfungen der Republik und ihrer Repräsentanten nimmt das Gericht rügelos hin: z. B.
– Novemberverbrecher
– Judenregierung
– Matratzeningenieur
  (gemeint Ebert)
– Berliner System der Feigheit und Korruption
– in Berlin ist alles verebert und versaut.

Abbildung 45
Die Hauptangeklagten im Hitler-Prozeß stellen sich am Tag der Urteilsverkündung vor dem Bayerischen Volksgericht in München dem Photographen: (von links) Pernet, Weber, Frick, Kriebel, Ludendorff, Hitler, Brückner, Röhm und Wagner.

Die Weimarer Justiz und die NSDAP

1. April 1924
Urteil des Gerichts: fünf Jahre Festung für Hitler,
aber
- das Gericht sieht vaterländischen Geist und edelsten Willen.
- Festung ist Ehrenhaft unter komfortablen Bedingungen.
- Strafaussetzung zur Bewährung nach sechs Monaten wird in Aussicht gestellt.
- Das Republikschutzgesetz wird nicht angewandt (»Auf einen Mann, der so deutsch denkt und fühlt wie Hitler ... kann nach Auffassung des Gerichts die Vorschrift ... des Republikschutzgesetzes keine Anwendung finden«).

Abbildung 47
Hitler mit Hermann Kriebel (links) und Emil Maurice (rechts) während der Festungshaft

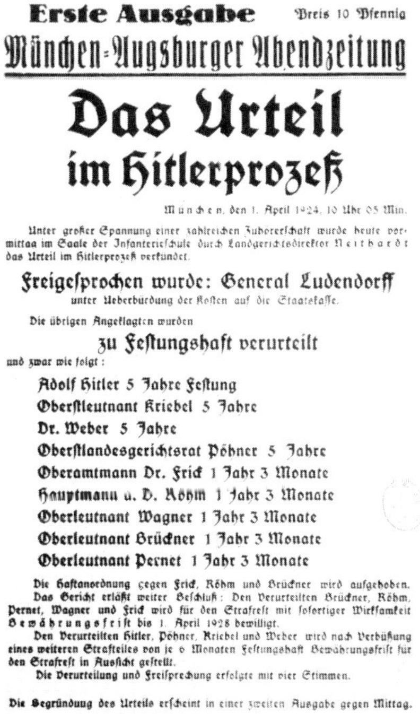

Abbildung 46

Abbildung 48
Dieses Photo vermittelt eine Vorstellung von den komfortablen Bedingungen der Festungshaft.

Mitte Dezember 1924
Hitlers Entlassung aus der Haft.

1924/1925
Die Verbote der NSDAP und anderer Parteien werden im Reich und in den Ländern aufgehoben.

Februar 1925
Neugründung der NSDAP durch Hitler. Hitler legt sich auf einen Legalitätskurs fest, der nicht mehr und nicht weniger bedeutet, als daß er gewillt ist, ohne Staatsstreich, ohne offenen Bürgerkrieg unter Beachtung der verfassungsgemäßen Verfahren an die Macht zu kommen, um sodann – aus dieser Legalität heraus – Staat und Gesellschaft nach seinen Vorstellungen umzugestalten.

Sommer 1930
Anklage gegen drei junge Offiziere der Reichswehr wegen Vorbereitung des Hochverrats (Verbindungsaufnahme mit der NSDAP zur Bildung geheimer Zirkel in der Reichswehr).

14. September 1930
Sensationeller Wahlsieg der NSDAP bei den Reichstagswahlen, der auch im Ausland große Beachtung findet.

25. September 1930
In dem Prozeß gegen die Offiziere vernimmt das Reichsgericht Hitler – ohne zwingende Notwendigkeit – zu der Frage, ob die NSDAP ihre Ziele ausschließlich auf legalem Weg verfolge.
Hitler: nur mit verfassungsmäßigen Mitteln; Begriffe wie Revolution und Zertrümmerung seien geistig gemeint.

Abbildung 49
Hitler bei der Zeugenvernehmung im Reichswehrprozeß vor dem Reichsgericht in Leipzig

Das Reichsinnenministerium bietet dem Gericht eine Denkschrift mit umfangreichem Material an, das die Umsturzabsicht der NSDAP belege.
Das Reichsgericht hält es nicht für erforderlich, die Denkschrift in die Beweisaufnahme einzubeziehen, und vereidigt Hitler auf seine Aussage: Adolphe Légalité – Hitler auf dem Weg zur Koalitions- und Regierungsfähigkeit.

Reichstagswahlen vom	20. Mai 1928 %	14. Sept. 1930 %
Kommunistische Partei	10,6	13,1
Sozialdemokratische Partei	29,8	24,5
Deutsche Demokratische Partei	4,9	3,7
Zentrum	12,1	11,7
Bayerische Volkspartei	3,1	3,0
Deutsche Volkspartei	8,7	4,5
Deutschnationale Volkspartei	14,6	7,0
Nationalsozialistische Deutsche Arbeiterpartei	2,6	18,3
Sonstige	13,9	13,8

Der Legalitätseid

Hitler vor dem Reichsgericht (Rekonstruktion der Aussage Hitlers vom 25. September 1930 nach Peter Bucher, Der Reichswehrprozeß)

Hitler: . . . 1919 und 1920 war die Situation so, daß dieser Terror der Linken jede geistige Aufklärung unmöglich machte. Hiergegen wollten wir uns eigene Hilfe verschaffen. Das war der ausschließliche Zweck unserer Sturmabteilungen. Zu keiner Stunde aber war der Zweck unserer Organisation der Kampf gegen den Staat, denn wir sind der Überzeugung, daß, wenn eine Idee gesund ist, sie den Staat ganz allein erobert . . . Wir haben vom ersten Tag an auf die Werbekraft der gesunden Idee vertraut; wir sind eine rein geistige Bewegung, und wir haben nur eine rein geistige Verbreitung der Idee gewünscht. . . . ich habe meine ideellen Ziele unter keinen Umständen mit ungesetzlichen Mitteln erstreben wollen. . . . Ich habe in allen Fällen, wo es zu Übertretungen gekommen ist, augenblicklich durchgegriffen . . .

Vorsitzender: Über die Schwere des Kampfes läßt uns Adolf Hitler nicht im geringsten im unklaren, wenn er sagt: »Köpfe werden in diesem Kampfe in den Sand rollen, entweder die unseren oder die anderen. Also sorgen wir dafür, daß die anderen rollen.« Das wird Ihnen in den Mund gelegt. Das kann man auffassen als Hinweis auf eine gewünschte Revolution. Was für eine Bewandtnis hat es mit diesem Zitat?

Hitler: Ich glaube, der Verfasser . . . hat hier die große geistige Revolution im Auge gehabt, in der wir uns heute befinden. Ich darf Ihnen aber versichern: Wenn unsere Bewegung in ihrem legalen Kampfe siegt, wird ein deutscher Staatsgerichtshof kommen, und der November 1918 wird seine Sühne finden, und es werden auch Köpfe rollen.

Vorsitzender: . . . Wie deuten Sie das Wort »deutsche nationale Revolution«?

Hitler: . . . Der Begriff »nationale Revolution« wird immer als innenpolitischer Vorgang aufgefaßt: Für die Nationalsozialisten ist es aber eine allgemeine geistige und völkische Erhebung des deutschen Volkes, eine Erhebung des geknechteten Deutschtums . . . Wenn in Deutschland noch zwei bis drei Wahlen stattfinden, wird die NSDAP in der Mehrheit sitzen. Dann muß es zu der nationalsozialistischen Erhebung kommen, und wir werden den Staat so gestalten, wie wir ihn haben wollen. . . .

Vorsitzender: Wie denken Sie sich die Errichtung des Dritten Reiches?

Hitler: Die nationalsozialistische Bewegung wird in diesem Staat mit den verfassungsmäßigen Mitteln das Ziel zu erreichen suchen. Die Verfassung schreibt uns nur die Methoden vor, nicht aber das Ziel. Wir werden auf diesem verfassungsmäßigen Wege die ausschlaggebenden Mehrheiten in den gesetzgebenden Körperschaften zu erlangen suchen und in dem Augenblick, wo uns das gelingt, den Staat in die Form zu gießen, die unseren Ideen entspricht.

Im Anschluß an Hitler wird auf Antrag der Reichsanwaltschaft Staatssekretär Zweigert vom Reichsministerium des Innern als Zeuge vernommen. Das Ministerium hat Material zu den Umsturzabsichten der NSDAP in einer Denkschrift zusammengestellt. Die Vernehmung des zuständigen Fachbeamten, der über das Material im einzelnen berichten könnte, wird vom Reichsjustizminister Bredt verhindert: Hitler soll nicht entlarvt, sondern auf die Verfassung festgelegt werden!
Aus der Vernehmung von Staatssekretär Zweigert:

Vorsitzender: Herr Staatssekretär, Sie sollen als Zeuge darüber vernommen werden, ob und welches tatsächliche Material im Reichsministerium des Innern für umstürzlerische Pläne der NSDAP vorhanden ist.

Zweigert: Das Reichsministerium des Innern ist in dem Besitz von umfangreichem Material, aus dem sich nach seiner Ansicht ergibt, daß die NSDAP schon seit ihren Anfängen umstürzlerische Ziele verfolgt . . . Es ist dem Reichsministerium des Innern nicht unbekannt, daß prominente Führer der Partei wiederholt die Erklärung abgegeben haben, daß sie jede Gewaltanwendung ablehnen. Diese Erklärung hat vor mehreren Jahren auch Dr. Frick abgegeben. Mit Hilfe des Materials des Innenministeriums können aber diese Erklärungen entkräftet werden . . .

Vorsitzender: Ob wir den Inhalt der Denkschrift zum Gegenstand der Verhandlung machen können, erscheint mir zweifelhaft.

6.2. Justizpolitische Positionen der NSDAP

Die NSDAP hat vor 1933 kein justiz- oder rechtspolitisches Programm. Das Stichwort Justiz ist auch in Hitlers »Mein Kampf« nicht zu finden.
Gelegentliche Äußerungen zeigen aber deutlich die Richtung:
- »Recht ist, was dem deutschen Volke nutzt« (Dr. Hans Frank zugeschrieben).
- Dr. Goebbels im Reichstag: »Wir Nationalsozialisten lassen darüber keinen Zweifel: Wir sind nicht Anhänger von politischen Mordtaten; wir sind vielmehr der Meinung, daß in Deutschland einmal eine Zeit anbrechen wird, wo die, die das deutsche Volk in das tiefste Unglück hineingestürzt haben, legal aufgehängt werden.«
- Dr. Frick im Reichstag: »Ich will denn schließen mit den Worten des Abgeordneten Heilmann, der ... als Redner der größten Partei des preußischen Landtags (gemeint: die SPD) zum Justizetat gesprochen hat: Wir werden dafür sorgen, daß das Fundament dieses Staates, wenn nicht die Justiz, doch die Gerechtigkeit wird.
Wir Nationalsozialisten werden Herrn Heilmann dabei tatkräftig unterstützen, indem wir im kommenden Dritten Reich aufgrund eines Gesetzes gegen Volksverrat und Korruption durch einen deutschen Staatsgerichtshof Herrn Heilmann als ersten in völlig legaler Weise aufhängen lassen werden.«

Einen Sturm der Entrüstung löst bei den Nationalsozialisten das Urteil des Sondergerichts Beuthen aus, das im August 1932 fünf SA-Männer wegen eines außerordentlich brutalen Mordes an einem kommunistischen polnischen Arbeiter zum Tode verurteilt.

Abbildung 51
Das Sondergericht Beuthen verurteilt im August 1932 fünf SA-Männer wegen Totschlags an einem Arbeiter aus Potempa zum Tode. Das Photo zeigt die Anklagebank.

Abbildung 50
NS-Karikatur aus dem »Angriff« 1928

Göring telegraphiert: »In maßloser Erbitterung und Empörung über das Schreckensurteil, das Euch betroffen hat, gebe ich Euch, Kameraden, die Versicherung, daß unser ganzer Kampf von jetzt ab Eurer Freiheit gilt. Ihr seid keine Mörder, Ihr habt das Leben und

VÖLKISCHER BEOBACHTER

Herausgeber Adolf Hitler

Kampfblatt der national-sozialistischen Bewegung Großdeutschlands

Die Todesurteile dürfen niemals vollstreckt werden

Das Leben von fünf Deutschen – darunter Frontsoldaten – ist mehr wert als ein polnischer Landesverräter

Eine Kundgebung der Reichsregierung

„Der Beuthener Richterspruch – eines der schlimmsten Fehlurteile"

Aufsehenerregende Feststellungen des Verteidigers Dr. Luetgebrune

„Wir verlangen die sofortige Aufhebung des Beuthener Urteils!"

Der „Staat" ohne Volk

Das Versagen der Richter

Der Stabschef bei den verurteilten S.A.-Männern

Ein Telegramm an den Innenminister

überraschende neue Tatsachen

So denken die Frauen unserer verurteilten Kameraden!

Eine Unterredung mit den Angehörigen der Beuthener S.A.-Männer

„Bürgerliche" Journalisten ...

„Mein Mann ist 4½ Jahre an der Front gewesen!"

die Ehre unserer Kameraden verteidigt ...«

Hitler sagt den Mördern jede Unterstützung zu: »Meine Kameraden: Angesichts dieses ungeheuerlichen Bluturteils fühle ich mich mit Euch in unbegrenzter Treue verbunden. Eure Freiheit ist von diesem Augenblick an eine Frage unserer Ehre, der Kampf gegen eine Regierung, unter der dieses möglich war, unsere Pflicht.«

Göring und Hitler halten Wort. Nachdem die Regierung Papen auf Vorschlag Gürtners (Reichsjustizminister seit 1932) den Urteilsspruch in lebenslängliche Freiheitsstrafe abgeändert hat, werden die Mörder im Frühjahr 1933 amnestiert: Sie gelten als »Vorkämpfer der nationalen Erhebung«, ihr Mord als politische Tat.

Aus einem anderen Verfahren wegen Gewalttaten von SA-Männern, das 1932 in Schweidnitz stattfand. Dr. Wollmann war der Vorsitzende des Gerichts.

Abschrift
des Telegramms vom 12. IX. 32 von Justizrat Dr. Luetgebrune und Gruppenführer Heines an Stabschef Röhm

Nach siebentägigem Kampf freuen wir uns, Ihnen günstiges Ergebnis aus dem Schweidnitzer Prozeß melden zu können. Wenn Urteil auch in der ergangenen Form vollkommen verfehlt, so doch für Kameraden im Erfolg erfreulich. Nach Beuthen ist Schweidnitz das Fanal für unseren Sieg. Hier klar erwiesen, daß Angelegenheit keinerlei Hintermänner. Teilnahme der Bevölkerung ungeheuer. Im Treuebekenntnis zu Kameraden. Heil Hitler

Luetgebrune und Heines
Quelle: BA, NL 150/118

Breslau 13, den 26. November 1932
NSDAP
Der Gruppenführer Schlesien

An Justizrat Dr. Luetgebrune
zur Zeit Hotel »Kaiserhof«
Berlin

Im Auftrage des Gruppenführers überreiche ich beiliegend Abschrift eines Schreibens, das der Landgerichtsdirektor Wollmann, Schweidnitz, an den Gruppenführer gerichtet hat.
Heil Hitler

Der Gruppenführer Schlesien
Heines
Sturmbannführer
Quelle: BA, NL 150/118

Abschrift
Schweidnitz, den 22. November 1932
Studtstr. 15

Sehr geehrter Herr Heines!
Für Ihre Zuschrift vom 17. November, die ich erst jetzt beantworten kann, danke ich Ihnen bestens. Sie hat mich insofern angenehm berührt, als Sie darin mein ernstes und heißes Mühen um das Recht anerkennen und darüber hinaus einen wohlbegründeten Unterschied zwischen dem Manne und dem Richter machen, der nur seine schwere Pflicht zu erfüllen hat.
Die Auffassung des Gerichts, daß Wagner und Polonski Überzeugungstäter sind, ist bereits vor etwa einer Woche in einer Zuschrift an das hiesige Gefängnis zum Ausdruck gebracht worden, um dadurch die Überführung dieser beiden Verurteilten, deren weiteres Schicksal nunmehr überwiegend in die Hand der Strafvollstreckungsbehörde gelegt ist, in das Zuchthaus zu vermeiden, was ja bisher auch gelungen ist. Obige Auffassung wird auch in dem Urteil pflichtgemäß hervorgehoben werden.

Mit den besten Empfehlungen
Ihr ergebener
gez. Dr. Wollmann
Landgerichtsdirektor
Quelle: BA, NL 150/118

6.3. Personelle Basis der NSDAP in der Justiz vor 1933

Exakte Angaben für die Zeit vor 1933 liegen bisher nicht vor. Die Mitgliederzahl ist wahrscheinlich gering. Zum einen entspricht ein derartiges politisches Engagement nicht dem Selbstverständnis der Justizjuristen, zum anderen liegt ihre politische Heimat eher im deutschnationalen oder konservativ-bürgerlichen Spektrum.
Prominentestes Mitglied vor 1933 ist wohl Oberreichsanwalt Werner – oberster Ankläger der Republik –, dessen Mitgliedschaft geheimgehalten wird.

Abbildung 52
Oberreichsanwalt Karl August Werner während des Reichstagsbrand-Prozesses 1933

Frühling am Reichsgericht
Reichsgerichtsrat Dr. Georg Müller, Mitglied der Hitler-Partei
Nazi-Zellen im Palais Dr. Bumkes

„In unserem Bericht über die nationalsozialistische Juristentagung in Leipzig gaben wir unter anderem das Wort des Führers des nationalsozialistischen Juristenbundes, Rechtsanwalt Frank II, München, wieder, wonach am Reichsgericht der Frühling eingezogen wäre, d. h. ein nationalsozialistisch denkender Richter vorhanden sei. Den Namen dieses ›Frühlingshelden‹ verschwieg Herr Frank. Warum? Wenn er im Sonderheft ›Deutsches Recht‹ seiner politischen Wochenschrift ›Die andere Seite‹ nur von einem ›deutschen Richter‹ zu berichten weiß, und als solchen den aktiven Reichsgerichtsrat Dr. Georg Müller bezeichnet, dann ist wohl jede Geheimnistuerei in dieser Hinsicht überflüssig.
Mit Herrn Reichsgerichtsrat Dr. Georg Müller hat sich die Öffentlichkeit wiederholt beschäftigen müssen. Wes Geistes Kind er ist, ergibt sich aus seiner Stellungnahme zu dem kürzlich erschienenen Buch ›Gefesselte Justiz‹, das die niederträchtigsten Lügen, Verleumdungen und Verdrehungen enthält. Dieses Buch, das jeder anständige und rechtlich denkende Mensch mit Abscheu aus der Hand legt (selbst führende deutsch-nationale Juristen haben es scharf verurteilt), erweckt keineswegs den Widerwillen des Herrn Reichsgerichtsrats Müller. Vielmehr ist ihm ›Ziel und Leitgedanke dieses Buches‹, wie er mit anerkennenswerter Offenheit in einem Briefe an den Verleger des Zarnowschen Buches zum Ausdruck bringt, ›aus der Seele gesprochen‹. Und weiter schreibt Herr Reichsgerichtsrat Müller in diesem Brief u. a.: ›Hätten wir eine unverblendete Volksleitung, dann müßte es auf dieses Buch hin wahr werden: Antwort erscholl wie Sturm und Meergebraus: Herr Hutten, fasset an und räumet aus. Aber freilich woher käme uns heute ein Hutten? . . .‹
So ist also der nationalsozialistische Frühling ins Reichsgericht eingezogen ›mit Sturm und Meergebraus‹ und mit dem Wunsche ›fasset an und räumet aus!‹
Nicht die Überbleibsel einer vergangenen volksfeindlichen Zeit, sondern die Republik und die Demokratie sollen angefaßt und ausgeräumt werden. ›Aber woher käme uns heute ein Hutten?‹ fragt am Schlusse Herr Reichsgerichtsrat Müller melancholisch. Warum so traurig? Das ist doch für den Herrn Reichsgerichtsrat keine Frage. Er weiß doch genau wie ein ›Hutten‹ kommt. Ist er nicht schon vor Jahren in den Braukellern Münchens ›von Gott erweckt und gesandt‹ worden? Und ›schimmert‹ nicht der Herr Reichsgerichtsrat Müller mit dem Herrn Landgerichtsdirektor von Miaskowsky vor Freude um die Wette, wenn die Namen der nationalsozialistischen Messiasse ertönen?
So weit sind wir nun in der deutschen Republik. Frühling am Reichsgericht – April . . .
In der ›Vossischen Zeitung‹ legte der Leipziger Rechtsanwalt Hermann Martin dar, daß demnächst die Stelle des Präsidenten des 4. Strafsenats neu besetzt werden müsse. Der 4. Strafsenat

fungiert als provisorischer Reichsverwaltungsgerichtshof; als die oberste Instanz, die im Republikschutzgesetz vorgesehen ist. Durch die Notverordnung vom 28. März wird dem 4. Strafsenat eine ganz besonders große Verantwortung zugemessen. Der 4. Strafsenat ist die letzte Berufungsinstanz, die in der Notverordnung vorgesehen ist. Es ist durchaus verständlich, wenn die Köpferoller das Bemühen haben, ihren Einfluß gerade an dieser Stelle geltend zu machen. Herr von Miaskowsky würde einen Sprung in den nächsten Frühling machen, wenn das gelingen würde. Dann würde die Republik ebenso beschützt, wie Herr Dr. Frick die republikanischen Einrichtungen in Thüringen ›schützte‹.

Jedenfalls richten wir das Augenmerk des Herrn Staatssekretärs Joël – der das verwaiste Amt des Justizministers im Reiche zu betreuen hat – auf den Herrn Reichsgerichtsrat Dr. Georg Müller, der auf der nationalsozialistischen Juristentagung in Leipzig als die erste Frühlingsschwalbe des Herrn Miaskowsky bezeichnet worden ist. Die Spatzen pfeifen von den Wahrzeichen byzantinistischer Zeiten, die an und auf dem Reichsgericht noch in überreicher Fülle zu finden sind, jedem Kundigen ins Ohr, daß Herr Dr. Georg Müller nicht der einzige sei, der mit Herrn von Miaskowsky Frühlingsgrüße tauscht. Vom Staatssekretär Dr. Joël dürfte in dieser Richtung nicht allzuviel zu erwarten sein. Aber das Reichskabinett wird die besondere Aufgabe haben, den Naziumtrieben in den Räumen des Reichsgerichts eine besondere Aufmerksamkeit zu widmen. Vor allem der Reichinnenminister, Herr Dr. Wirth, wird sich mit dieser Angelegenheit zu befassen haben. Was nützt ihm seine Notverordnung, wenn in der entscheidenden Berufungsinstanz etwa die Frühlingsboten des Herrn Dr. Frank – des vom Zentrum unmöglich gemachten Vorsitzenden des Rechtsausschusses im Reichstage – ihre Zellen bauen?

Der Rechtsanwalt Hermann Martin hat dankenswerterweise auf die bevorstehende Neubesetzung im 4. Strafsenat hingewiesen. Wir unterstreichen seine Bedenken und bringen unsererseits den Beweis dafür, daß die geäußerten Bedenken durchaus am Platze sind.

Quelle: Leipziger Volkszeitung vom 14. April 1931

Justiz für Führer, Volk und Staat

1. Themenkreis: Von der Republik in den nationalsozialistischen Staat

1. Das Dritte Reich entsteht

30. Januar 1933

Regierungskoalition aus NSDAP und DNVP: Hitler wird zum Reichskanzler ernannt.

Abbildung 53
Das Reichskabinett 1933: (von links)
Staatssekretär im Propagandaministerium Funk, Staatssekretär in der Reichskanzlei Lammers, Reichsernährungsminister Darré, Reichsarbeitsminister Dr. Seldte, Reichsjustizminister Gürtner, Reichspropagandaminister Goebbels, Reichspost- und Reichsverkehrsminister von Eltz-Rübenach, Reichskanzler Hitler, Reichsluftfahrtminister Göring, Reichswirtschaftsminister Dr. Schmitt, Reichswehrminister von Blomberg, Reichsinnenminister Dr. Frick, Reichsaußenminister Freiherr von Neurath, Reichsbankpräsident Dr. Schacht, Reichsfinanzminister Schwerin von Krosigk, Preußischer Finanzminister Dr. Popitz, Vizekanzler von Papen, Meißner

4. Februar 1933
Verordnung zum Schutz des deutschen Volkes

Abschnitt II
Druckschriften

§ 7
(1) Druckschriften, deren Inhalt geeignet ist, die öffentliche Sicherheit oder Ordnung zu gefährden, können polizeilich beschlagnahmt und eingezogen werden.
(2) Zuständig sind, soweit die obersten Landesbehörden nichts anderes bestimmen, die Ortspolizeibehörden

---

Quelle: RGBl. I, 1933, S. 35

Abbildung 54

Abbildung 55

Abbildung 56

28. Februar 1933
Verordnung zum Schutze von Volk und Staat

Der Reichstagsbrand am 27. 2. 33 ist der Anlaß für die »Verordnung zum Schutze von Volk und Staat«, durch die wesentliche Grundrechte (u. a. Freiheit der Person, Recht auf freie Meinungsäußerung, Vereins- und Versammlungsfreiheit) aufgehoben werden. Sie dient als Legitimation für eine Verhaftungswelle gegen Kommunisten, Sozialdemokraten, Gewerkschaftler, oppositionelle Mitglieder der Kirchen und gegen alle anderen Personen, die Widerstand leisten oder auch nur »politisch verdächtig« erscheinen.

> Stöhr (NSDAP), Abgeordneter, Berichterstatter:
> Meine Damen! Meine Herren! Der 3. Ausschuß hat sich in seiner gestrigen Sitzung mit den Anträgen Nr. 5 und 7 der Drucksachen des Hauses beschäftigt. Der Antrag Nr. 7 stammt von den Abgeordneten Dr. Breitscheid u. Gen. und verlangt die Aufhebung der Haft, die über eine Anzahl von Mitgliedern der sozialdemokratischen Fraktion verhängt worden ist. Der Ausschuß empfiehlt Ihnen, den Antrag abzulehnen, weil die Mehrheit, die diesen Beschluß gefaßt hat, der Meinung ist, daß es unzweckmäßig wäre, die Herren des Schutzes zu berauben, der ihnen durch die Verhängung dieser Haft zuteil geworden ist. Es wird dabei durchaus individuell verfahren. Das beweist die Tatsache, daß Frau Agnes, von der in dem Antrag ebenfalls die Rede war, inzwischen bereits entlassen worden ist.

Quelle: Auszug aus dem Protokoll des Reichstags vom 23. März 1933, S. 24

Abbildung 57
Strafexpedition der SS gegen das Arbeiterviertel Düsseldorf-Dilk. Hunderte Arbeiter werden verhaftet und furchtbar mißhandelt. Der junge Arbeiter auf dem Bild rechts wurde derart getreten, daß er nicht mehr fähig ist, die Arme zu heben.

Abbildung 58
Chemnitzer SA fährt den Reichstagsabgeordneten Kuhnt (SPD) auf dem Karren zum »Verhör« (Erinnerungsfoto der SA aus dem Jahre 1933).

Abbildung 59
Blick in die Garnisonkirche während der Ansprache von Hitler, ihm gegenüber Reichspräsident von Hindenburg und Reichstagspräsident Göring

Abbildung 60
Tag von Potsdam: Reichskanzler Adolf Hitler verabschiedet sich von Reichspräsident von Hindenburg.

5. März 1933
Mit 43,9 Prozent der Stimmen für die NSDAP und 8 Prozent für die DNVP hat die Reichstagswahl erstmals nach drei Jahren eine Regierung mit parlamentarischer Mehrheit zum Ergebnis.

21. März 1933
Der Tag von Potsdam: Am Ort der – damaligen – Ruhestätte Friedrichs des Großen proklamiert Hitler das »neue Deutschland«, d. h. das Ende der Republik und die Rückkehr zur deutschpreußischen Tradition des Kaiserreichs. Am gleichen Tag werden weitere Verordnungen zur Bekämpfung politischer Gegner beschlossen.

24. März 1933

Das sogenannte Ermächtigungsgesetz: Die Regierung kann ohne Parlament regieren und verfassungsändernde Reichsgesetze erlassen.

An der Abstimmung über das Gesetz können die Abgeordneten der KPD nicht teilnehmen; ihre Mandate wurden für ungültig erklärt. Sie befinden sich überwiegend in »Schutzhaft«, ebenso wie 15 Abgeordnete der SPD. Dennoch gilt das Gesetz als ordnungsgemäß zustande gekommen, da der Reichstag mit der formal erforderlichen Mehrheit zugestimmt hat.

Gesetz zur Behebung der Not von Volk und Reich »Ermächtigungsgesetz«
Vom 24. März 1933

Der Reichstag hat das folgende Gesetz beschlossen, das mit Zustimmung des Reichsrats hiermit verkündet wird, nachdem festgestellt ist, daß die Erfordernisse verfassungsändernder Gesetzgebung erfüllt sind:

Artikel 1
Reichsgesetze können außer in dem in der Reichsverfassung vorgesehenen Verfahren auch durch die Reichsregierung beschlossen werden. Dies gilt auch für die in den Artikeln 85 Abs. 2 und 87 der Reichsverfassung bezeichneten Gesetze.

Artikel 2
Die von der Reichsregierung beschlossenen Reichsgesetze können von der Reichsverfassung abweichen, soweit sie nicht die Einrichtung des Reichstags und des Reichsrats als solche zum Gegenstand haben. Die Rechte des Reichspräsidenten bleiben unberührt.

Artikel 3
Die von der Reichsregierung beschlossenen Reichsgesetze werden vom Reichskanzler ausgefertigt und im Reichsgesetzblatt verkündet. Sie treten, soweit sie nichts anderes bestimmen, mit dem auf die Verkündung folgenden Tage in Kraft. Die Artikel 68 bis 77 der Reichsverfassung finden auf die von der Reichsregierung beschlossenen Gesetze keine Anwendung.

Artikel 4
Verträge des Reichs mit fremden Staaten, die sich auf Gegenstände der Reichsgesetzgebung beziehen, bedürfen nicht der Zustimmung der an der Gesetzgebung beteiligten Körperschaften. Die Reichsregierung erläßt die zur Durchführung dieser Verträge erforderlichen Vorschriften.

Artikel 5
Dieses Gesetz tritt mit dem Tage seiner Verkündung in Kraft. Es tritt mit dem 1. April 1937 außer Kraft; es tritt ferner außer Kraft, wenn die gegenwärtige Reichsregierung durch eine andere abgelöst wird.

Berlin, den 24. März 1933.

Der Reichspräsident von Hindenburg
Der Reichskanzler Adolf Hitler
Der Reichsminister des Innern Frick
Der Reichsminister des Auswärtigen Freiherr von Neurath
Der Reichsminister der Finanzen Graf Schwerin von Krosigk

Quelle: RGBl. I, 1933, S. 141

Abbildung 61
23. März 1933: Hitler begründet im Reichstag das Ermächtigungsgesetz.

Aus der Reichstagsdebatte zum Ermächtigungsgesetz

„„Das Wort hat der Abgeordnete Wels
Wels (SPD), Abgeordneter: Meine Damen und Herren! . . .
Freiheit und Leben kann man uns nehmen, die Ehre nicht.

(Lebhafter Beifall bei den Sozialdemokraten)

Nach den Verfolgungen, die die Sozialdemokratische Partei in der letzten Zeit erfahren hat, wird billigerweise niemand von ihr verlangen oder erwarten können, daß sie für das hier eingebrachte Ermächtigungsgesetz stimmt. Die Wahlen vom 5. März haben den Regierungsparteien die Mehrheit gebracht und damit die Möglichkeit gegeben, streng nach Wortlaut und Sinn der Verfassung zu regieren. Wo diese Möglichkeit besteht, besteht auch die Pflicht.

(Sehr richtig! bei den Sozialdemokraten)

Kritik ist heilsam und notwendig. Noch niemals, seit es einen Deutschen Reichstag gibt, ist die Kontrolle der öffentlichen Angelegenheit durch die gewählten Vertreter des Volkes in solchem Maße ausgeschaltet worden, wie es jetzt geschieht

(Sehr wahr! bei den Sozialdemokraten)

und wie es durch das neue Ermächtigungsgesetz noch mehr geschehen soll. Eine solche Allmacht der Regierung muß sich um so schwerer auswirken, als auch die Presse jeder Bewegungsfreiheit entbehrt . . .
Kein Ermächtigungsgesetz gibt Ihnen die Macht, Ideen, die ewig und unzerstörbar sind, zu vernichten. Sie selbst haben sich ja zum Sozialismus bekannt. Das Sozialistengesetz hat die Sozialdemokratie nicht vernichtet. Auch aus neuen Verfolgungen kann die deutsche Sozialdemokratie neue Kraft schöpfen.
Wir grüßen die Verfolgten und Bedrängten. Wir grüßen unsere Freunde im Reich. Ihre Standhaftigkeit und Treue verdienen Bewunderung. Ihr Bekennermut, ihre ungebrochene Zuversicht

(Lachen bei den Nationalsozialisten – Bravo! bei den Sozialdemokraten)

verbürgen eine hellere Zukunft.
(Wiederholter lebhafter Beifall bei den Sozialdemokraten – Lachen bei den Nationalsozialisten) „„

Quelle: Auszug aus dem Protokoll des Reichstags vom 23. März 1933, S. 32 ff.

Stimmen aus der Rechtswissenschaft:

„„Das Ermächtigungsgesetz vom 24. März 1933 . . . enthält nicht bloß eine zeitweilige und begrenzte Abweichung von der bestehenden Verfassungsordnung, die im übrigen unverändert aufrechterhalten bleibt. Es berührt vielmehr durch den Umfang seiner Vollmachten und im Hinblick auf die Ereignisse, aus denen es hervorgeht, den Bestand der Verfassung selbst; . . .
Während in der Regel Revolutionen gegen die bestehende Regierung geführt werden, das bestehende Verfassungsrecht aufheben und nachträglich erst vom Volke, d. h. von der Rechtsgemeinschaft ihre rechtliche Legitimation erhalten, stand hier die Reichsregierung an der Spitze der revolutionären Erhebung . . . „„

Quelle: Scheuner, Leipziger Zeitschrift für das deutsche Recht 1933, S. 900

„„Was bedeutet dann aber das Reichsgesetz vom 24. März 1933, das doch in den Formen eines verfassungsändernden Gesetzes gemäß den Bestimmungen des Art. 76 der Weimarer Verfassung mit den erforderlichen Zweidrittelmehrheiten beschlossen worden ist? Dieses sog. Ermächtigungsgesetz ist vom Reichstag nur im Vollzug des durch die Reichstagswahl vom 5. März 1933 erkennbar gewordenen Volkswillens beschlossen worden. Die Wahl war in Wirklichkeit, rechtswissenschaftlich betrachtet, eine Volksabstimmung, ein Plebiszit, durch welches das deutsche Volk Adolf Hitler, den Führer der nationalsozialistischen Bewegung, als politischen Führer des deutschen Volkes anerkannt hat . . .
In Wahrheit ist dieses ›Ermächtigungsgesetz‹ ein vorläufiges Verfassungsgesetz des neuen Deutschland.
Die vorläufige Verfassung vom 24. März 1933 trägt alle Merkmale einer Übergangsregelung. Wenn sie in den Formen eines verfassungsändernden Gesetzes nach Art. 76 der Weimarer Verfassung korrekt ist, so hat das also nicht den Sinn, daß man heute noch die Weimarer Verfassung als die Grundlage des heutigen Staatswesens ansehen dürfte, sondern bedeutet nur, daß jenes Gesetz eine Brücke vom alten zum neuen Staat, von der alten Grundlage zur neuen Grundlage darstellt. Es war von großer praktischer Bedeutung, daß dieser Übergang legal erfolgte. Denn, wie unten noch zu erwähnen, ist die Legalität ein Funktionsmodus des staatlichen Beamten- und Behördenapparates und insofern von politischer und juristischer Bedeutung . . . „„

Quelle: Carl Schmitt, Staat, Bewegung, Volk, 1934, S. 7 f.

1. April 1933
Erste landesweite Boykottmaßnahmen gegen die deutschen Juden

2. Mai 1933
Zerschlagung der Gewerkschaften

Abbildung 62

Abbildung 64

Abbildung 63
Boykott-Aktion gegen jüdische Geschäfte: SA-Posten stehen am 1. April 1933 vor einem Warenhaus in Berlin.

Abbildung 65
Besetzung des Gewerkschaftshauses am Engelufer in Berlin durch die SA

14./15. Juli 1933
Gesetz über die Neubildung von Parteien: In Deutschland besteht als einzige politische Partei die NSDAP. Alle anderen Parteien sind verboten. Die »nationale Revolution« wird für beendet erklärt.

1. Dezember 1933
Gesetz zur Sicherung der Einheit von Partei und Staat: Die NSDAP ist »die Trägerin des deutschen Staatsgedankens und mit dem Staat unlöslich verbunden«.

Gesetz zur Sicherung der Einheit von Partei und Staat
Vom 1. Dezember 1933

Die Reichsregierung hat das folgende Gesetz beschlossen, das hiermit verkündet wird:

§ 1
(1) Nach dem Sieg der nationalsozialistischen Revolution ist die Nationalsozialistische Deutsche Arbeiterpartei die Trägerin des deutschen Staatsgedankens und mit dem Staat unlöslich verbunden.
(2) Sie ist eine Körperschaft des öffentlichen Rechts. Ihre Satzung bestimmt der Führer.

§ 2
Zur Gewährleistung engster Zusammenarbeit der Dienststellen der Partei und der SA mit den öffentlichen Behörden werden der Stellvertreter des Führers und der Chef des Stabes der SA Mitglieder der Reichsregierung.

§ 3
(1) Den Mitgliedern der Nationalsozialistischen Deutschen Arbeiterpartei und der SA (einschließlich der ihr unterstellten Gliederungen) als der führenden und bewegenden Kraft des nationalsozialistischen Staates obliegen erhöhte Pflichten gegenüber Führer, Volk und Staat.
(2) Sie unterstehen wegen Verletzung ihrer Pflichten einer besonderen Partei- und SA-Gerichtsbarkeit.
(3) Der Führer kann diese Bestimmungen auf die Mitglieder anderer Organisationen erstrecken.
[...]

§ 7
Das Gesetz, betreffend die Dienststrafgewalt über die Mitglieder der SA und SS, vom 28. April 1933 (Reichsgesetzbl. I, S. 230) tritt außer Kraft.

§ 8
Der Reichskanzler erläßt als Führer der Nationalsozialistischen Deutschen Arbeiterpartei und als Oberster SA-Führer die zur Durchführung und Ergänzung dieses Gesetzes erforderlichen Vorschriften, insbesondere über Aufbau und Verfahren der Partei- und SA-Gerichtsbarkeit. Er bestimmt den Zeitpunkt des Inkrafttretens der Vorschriften über diese Gerichtsbarkeit.

Berlin, den 1. Dezember 1933.
Der Reichskanzler Adolf Hitler
Der Reichsminister des Innern Frick

Quelle: RGBl. I, 1933, S. 1015

1. August 1934
Nach dem Tod Hindenburgs: Gesetz über das Staatsoberhaupt des Deutschen Reiches. Das Amt des Reichspräsidenten wird mit dem des Reichskanzlers vereinigt. Hitler ist Staatsoberhaupt und Reichskanzler. Beamte, Richter und Soldaten leisten einen persönlichen Treueeid auf den Führer.

Von der Republik in den nationalsozialistischen Staat

Abbildung 66
Totenfeier für Reichspräsident von Hindenburg im Tannenberg-Denkmal (Ostpreußen): Adolf Hitler hält die Gedenkrede.

Gesetz über die Vereidigung der Beamten und der Soldaten der Wehrmacht
Vom 20. August 1934

Die Reichsregierung hat das folgende Gesetz beschlossen, das hiermit verkündet wird:

§ 1
Die öffentlichen Beamten und die Soldaten der Wehrmacht haben beim Eintritt in den Dienst einen Diensteid zu leisten.

§ 2
1. Der Diensteid der öffentlichen Beamten lautet:
   »Ich schwöre: Ich werde dem Führer des Deutschen Reiches und Volkes Adolf Hitler treu und gehorsam sein, die Gesetze beachten und meine Amtspflichten gewissenhaft erfüllen, so wahr mir Gott helfe.«
2. Der Diensteid der Soldaten der Wehrmacht lautet:
   »Ich schwöre bei Gott diesen heiligen Eid, daß ich dem Führer des Deutschen Reiches und Volkes Adolf Hitler, dem Oberbefehlshaber der Wehrmacht, unbedingten Gehorsam leisten und als tapferer Soldat bereit sein will, jederzeit für diesen Eid mein Leben einzusetzen.« ...

Berlin, den 20. August 1934.

Der Führer und Reichskanzler Adolf Hitler
Der Reichsminister des Innern Frick
Der Reichswehrminister von Blomberg

Quelle: RGBl. I, 1934, S. 785

2. Die »nationale Revolution«[1]: »Wo gehobelt wird, fallen Späne« (Hermann Göring) – Die Demontage des Rechtsstaats

Kein Schutz vor staatlichen Eingriffen: Die Grundrechte werden außer Kraft gesetzt.

Der Reichstagsbrand am 27. Februar 1933 gibt der neuen Regierung den Vorwand, zahlreiche Grundrechte der Weimarer Verfassung außer Kraft zu setzen. Besonders fatal wirkt sich die Aufhebung des Artikels 114 (»Die Freiheit der Person ist unverletzlich«) aus. Die persönliche Freiheit steht nun zur Disposition. Die Folge: Politische Funktionsträger, vor allem der SPD und KPD, vereinzelt auch der bürgerlichen Parteien, werden verhaftet, ebenso wie politisch mißliebige Schriftsteller, Künstler und Journalisten. Sie werden in Lager gesperrt, gedemütigt und gefoltert; insgesamt werden 1933 mehr als 100 000 Menschen verhaftet, ca. 500 bis 600 von ihnen kommen um. Diese Form der Freiheitsberaubung wird »Schutzhaft« genannt. Ihre Anordnung, Durchführung und Dauer unterliegen weder einer richterlichen noch einer anderweitigen staatlichen Kontrolle. SA und SS fungieren als Hilfspolizei, der Schutzhäftling ist schutzlos.

Des weiteren: Die sprachlich und inhaltlich eindeutige Eingrenzung der Notverordnung »zur Abwehr kommunistischer staatsgefährdender Gewaltakte« wird – mit Billigung der Gerichte – praktisch als nicht vorhanden betrachtet: Ausnahmerecht gegen jedermann, aus jedem Anlaß.

---

1 Die Machtübernahme der NSDAP wird von ihr selbst als »nationale Revolution« bezeichnet.

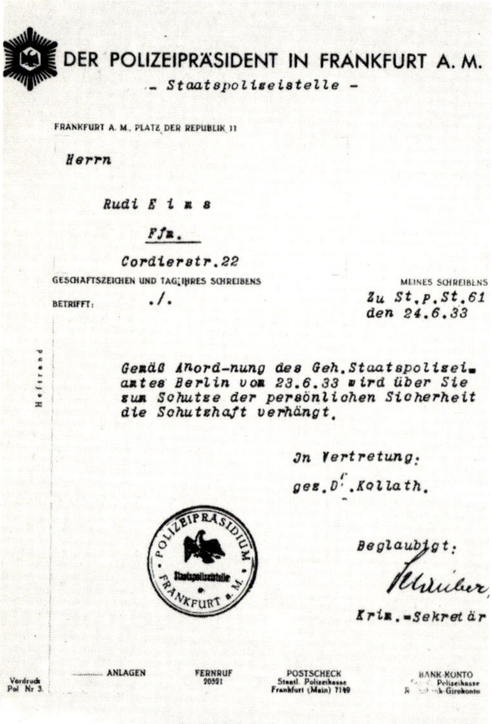

Abbildung 67

Abbildung 68
SA-Hilfspolizisten mit einem Verhafteten in einem Überfallwagen der Polizei

Die Verordnung soll »bis auf weiteres« gelten; sie wird die Grundlage der nationalsozialistischen Herrschaft und gilt bis zum 8. Mai 1945.

Verordnung des Reichspräsidenten
zum Schutz von Volk und Staat
vom 28. Februar 1933.

Auf Grund des Artikels 48 Abs. 2 der Reichsverfassung wird zur Abwehr kommunistischer staatsgefährdender Gewaltakte folgendes verordnet:

§ 1

Die Artikel 114, 115, 117, 118, 123, 124 und 153 der Verfassung des Deutschen Reiches werden bis auf weiteres ausser Kraft gesetzt. Es sind daher Beschränkungen der persönlichen Freiheit, des Rechts der freien Meinungsäusserung, einschliesslich der Pressefreiheit, des Vereins- und Versammlungsrechts, Eingriffe in das Brief-, Post-, Telegraphen- und Fernsprechgeheimnis, Anordnungen von Haussuchungen und von Beschlagnahmen, sowie Beschränkungen des Eigentums auch ausserhalb der sonst hierfür bestimmten gesetzlichen Grenzen zulässig.

§ 2

Werden in einem Lande die zur Wiederherstellung der öffentlichen Sicherheit und Ordnung nötigen Massnahmen nicht getroffen, so kann die Reichsregierung insoweit die Befugnisse der obersten Landesbehörde vorübergehend wahrnehmen.

§ 6

Diese Verordnung tritt mit dem Tage der Verkündung in Kraft.

Berlin, den 28. Februar 1933.

Der Reichspräsident
v. Hindenburg

Der Reichskanzler

Der Reichsminister des Innern
Frick

Der Reichsminister der Justiz
Dr. Gürtner

Die Rechtsstellung des Volksgenossen

„Beschränkungen der persönlichen Betätigung, der Meinungsäußerung, des Vereins- und Versammlungswesens, des Eigentums sind daher nicht nur im Rahmen der Verordnung vom 28. Februar 1933, insbesondere nicht nur zur Abwehr kommunistischer staatsgefährdender Gewaltakte zulässig. Es gibt eben die Freiheit des Volksgenossen nur, soweit sie mit der Erhaltung, der Entfaltung und den Lebensnotwendigkeiten der Gemeinschaft im Einklang steht . . .“

Quelle: Huber, Zeitschrift für die gesamte Staatswissenschaft, 1936, S. 441

Am 18. März 1933 verstarb infolge eines tragischen Geschickes unser heissgeliebter hoffnungsvoller Sohn und Bruder, der Bäckerlehrling

Siegbert Kindermann

im eben vollendeten 18. Lebensjahre.

Schildermalermeister
Moritz Kindermann u. Frau
Franseckystrasse 5.

Beisetzung: Sonntag den 26. März 1933, nachmit. 2 Uhr Weissensee, Alte Halle, Kondolenzbesuche dankend verbeten.

Abbildung 69
Todesanzeige im »Berliner Tageblatt« für den Bäckerlehrling Siegbert Kindermann, Mitglied des jüdischen Sportvereins Bar Kochba, ermordet im SA-Keller Hildemannstraße in Berlin

Exekutive und Legislative in einer Hand: Die parlamentarische Kontrolle fällt weg.

Mit Zustimmung der bürgerlichen Parteien und gegen die Stimmen der SPD (die Mandate der KPD-Abgeordneten waren bereits für ungültig erklärt; eine große Zahl von Abgeordneten sitzt in Konzentrationslagern) beschließt der neugewählte Reichstag am 23. März 1933 das sogenannte Ermächtigungsgesetz:
Das Parlament verzichtet für vier Jahre auf Mitwirkungs- und Kontrollrechte in Politik und Gesetzgebung. Dabei bleibt es bis 1945.

Abbildung 70
Häftlinge, die kommunistischer Umtriebe verdächtigt werden, beim Rundgang im Gefängnishof im März 1933

Abbildung 71
Der uniformierte Reichstag

Bericht des Geheimen Justizrats Dr. Heilberg an Staatssekretär Schlegelberger über die Vorgänge in Breslau (Auszug)

„1.) Am Vormittag des Sonnabend, 11. 3. 33, drang eine größere Zahl von SA-Männern, bewaffnet mit Schlaginstrumenten, teilweise auch mit Schußwaffen, in die Räume des Amts- und Landgerichts Breslau, und zwar sowohl in die Anwaltszimmer, wie auch in Terminszimmer ein und trieb die jüdischen Anwälte und Richter oder diejenigen, die die Eindringenden für Juden hielten mit Gewalt und Tätlichkeiten aus dem Gebäude heraus.

2.) Am Nachmittag desselben Tages trat eine Versammlung christlicher Rechtsanwälte, der auch Richter und Staatsanwälte beiwohnten, auch der stellvertretende Landgerichtspräsident und der Oberstaatsanwalt, zusammen.

3.) Am selben Tage fand eine nicht aus diesem Anlaß, sondern schon einige Zeit vorher einberufene Sitzung des Vorstandes der Anwaltskammer statt. Der Kammervorstand hat einstimmig beschlossen, den Vorstandsbeamten des Oberlandesgerichtspräsidenten, dem Reichskommissar für das preuß. Justizministerium und dem Reichsjustizminister den Sachverhalt mitzuteilen und auszusprechen, daß bei der gegebenen Sachlage eine geordnete Rechtspflege nicht stattfinden könne und um Herstellung der Ordnung zu ersuchen.

Entsprechende Eingaben sind noch am selben Tage an die angegebenen Stellen per Eilbrief abgesandt worden.

Ebenso hat der Vorsitzende der Kammer durch einige telefonische Gespräche den gleichen Standpunkt dargelegt und die Meinung vertreten, daß der Anwalt sich nicht an einer Rechtspflege beteiligen könne, welche nicht unter dem Schutz der Staatsbehörden stehe.

4.) Am 13. März 1933 haben sowohl das preußische Justizministerium als auch der Präsident des Deutschen Anwaltvereins dem Vizekanzler, Herrn von Papen, den Sachverhalt mitgeteilt; dieser hat sich telefonisch mit dem Herrn Reichskanzler in Verbindung gesetzt und der Herr Reichskanzler hat nach Breslau – an welche Stelle, weiß ich nicht – die Weisung gegeben, jede Störung der Rechtspflege und jede eigenmächtige Aktion zu unterlassen . . ."

Quelle: Akten des Reichsjustizministeriums, IfZ, MA 108 (Bl. 141–143)

Abbildung 72
Appell im Konzentrationslager Oranienburg bei Berlin, das für politische Häftlinge eingerichtet wurde, im April 1933

Gewisse Maßnahmen sind erforderlich: Die richterliche Unabhängigkeit wird beseitigt.

Kurz nach der Reichstagswahl am 5. März 1933 beginnt ein Kesseltreiben gegen jüdische Richter und Staatsanwälte, Rechtsanwälte und Notare. SA-Männer stürmen in die Gerichte und suchen nach jüdischen Juristen, die bedroht, mißhandelt und gezwungen werden, die Gerichtsgebäude zu verlassen. In Breslau kommt es zum Erliegen der Gerichtstätigkeit. Vereinzelte Proteste bleiben ohne Erfolg; die Polizei verweigert die Hilfe. Den jüdischen Juristen wird nahegelegt, Urlaubsanträge zu stellen bzw. vorübergehend auf ihre Berufsausübung zu verzichten. Unter dem Vorwand der »ständig wachsenden Erregung des deutschen Volkes« wird der Boden für scheinlegale Maßnahmen vorbereitet. Am 7. April 1933 tritt das Gesetz zur Wiederherstellung des Berufsbeamtentums in Kraft. Die Eingriffe in die Justiz erfolgen nunmehr auf gesetzlicher Grundlage. Proteste gegen die Entlassung von Richtern und Beamten aus rassischen und politischen Gründen bleiben aus.

Der preußische Justizminister Hanns Kerrl versucht, die jüdischen Juristen in Preußen auf »freiwilliger« Basis aus der Justiz hinauszudrängen, bevor es zu der gesetzlichen Regelung kommt, die ihm nicht weit genug geht. Die Ausnahmeregelungen für Frontkämpfer und Altbeamte sichern einer erheblichen Zahl jüdischer Juristen für einige Jahre die berufliche Existenz.

Abbildung 73
Eine Schlange jüdischer Rechtsanwälte wartet unter SS-Bewachung vor der Anwaltskammer in Berlin: Eine Kommission der Anwaltskammer überprüft im Sommer 1933 die eventuelle Neuzulassung jüdischer Rechtsanwälte.

Der Preußische Justizminister
I. 9343.
               Berlin W 8, den 31. März 1933.
               Wilhelmstraße 65.

Die Erregung des Volkes über das anmaßende Auftreten amtierender jüdischer Rechtsanwälte und jüdischer Richter hat Ausmaße erreicht, die dazu zwingen, mit der Möglichkeit zu rechnen, daß besonders in der Zeit des berechtigten Abwehrkampfes des deutschen Volkes gegen die alljüdische Greuelpropaganda, das Volk zur Selbsthilfe schreitet. Das würde eine Gefahr für die Aufrechterhaltung der Autorität der Rechtspflege darstellen.

Es muß daher Pflicht aller zuständigen Behörden sein, dafür zu sorgen, daß spätestens mit dem Beginn des von der Nationalsozialistischen Deutschen Arbeiterpartei geleiteten Abwehrboykotts die Ursache solcher Selbsthilfeaktionen beseitigt wird.

Ich ersuche deshalb umgehend allen amtierenden jüdischen Richtern nahezulegen, sofort ihr Ur-

laubsgesuch einzureichen und diesem sofort stattzugeben. Ich ersuche ferner die Kommissorien jüdischer Assessoren sofort zu widerrufen.
In allen Fällen, in denen jüdische Richter sich weigern, ihr Urlaubsgesuch einzureichen, ersuche ich, diesen kraft Hausrechts das Betreten des Gerichtsgebäudes zu untersagen.
Jüdische Laienrichter (Handelsrichter, Schöffen, Geschworene, Arbeitsrichter usw.) ersuche ich nicht mehr einzuberufen.
Wo etwa hierdurch die Gefahr einer Stockung der Rechtsprechung herbeigeführt wird, ersuche ich sofort zu berichten.
Jüdische Staatsanwälte und jüdische Beamte im Strafvollzug ersuche ich umgehend zu beurlauben.
Besondere Erregung hat das anmaßende Auftreten jüdischer Anwälte hervorgerufen, ich ersuche deshalb mit den Anwaltskammern oder örtlichen Anwaltsvereinen oder sonstigen geeigneten Stellen noch heute zu vereinbaren, daß ab morgen früh, 10 Uhr nur noch bestimmte jüdische Rechtsanwälte und zwar in einer Verhältniszahl, die dem Verhältnis der jüdischen Bevölkerung zur sonstigen Bevölkerung etwa entspricht, auftreten. Die danach zum Auftreten autorisierten Rechtsanwälte ersuche ich im Einvernehmen mit dem Gaurechtsstellenleiter der NSDAP. oder dem Vorsitzenden der Gaugruppe des Bundes n.s.d.J. auszuwählen und zu bestimmen.
Wo eine Vereinbarung dieses Inhaltes infolge Obstruktion der jüdischen Anwälte nicht zu erzielen ist, ersuche ich, das Betreten des Gerichtsgebäudes diesen zu verbieten.
Mir scheint es selbstverständlich zu sein, daß die Beiordnung jüdischer Anwälte als Armenanwälte oder Bestellung von solchen als Pflichtverteidiger, zu Konkursverwaltern, Zwangsverwaltern usw. ab morgen 10 Uhr nicht mehr erfolgt, da solche Maßnahmen ein Vergehen gegen die Boykottpflicht des deutschen Volkes enthalten.
Aufträge zur Vertretung von Rechtsstreitigkeiten des Staates an jüdische Anwälte ersuche ich sofort zurückzuziehen und nicht jüdische Anwälte mit der Vertretung des Staates zu betrauen. Dabei bitte ich mit den neuen Vertretern zu vereinbaren, daß diese die bei den bisherigen Prozeßvertretern entstandenen Gebühren nicht nochmals berechnen. Meine Auffassung geht dahin, daß das Einverständnis hiermit nicht gegen die Standespflicht des Anwalts verstößt. Den Gesamtrücktritt des Vorstandes der Anwaltskammern ersuche ich durch entsprechende Verhandlungen herbeizuführen. Mit der vorläufigen Wahrnehmung der Geschäfte der Anwaltskammer ersuche ich einen Kommissar zu beauftragen, der nach Anhörung der nationalsozialistischen oder sonstigen nationalen Anwaltsorganisationen zu bestellen ist.
Verweigern der Vorstand und Vorstandsmitglieder ihren Rücktritt, so ersuche ich alsbald zu berichten.
Nach vollständiger Durchführung der oben angegebenen Maßnahme ist im verständnisvollen Zusammenwirken mit der Bevölkerung für die Aufrechterhaltung einer geordneten und würdigen Rechtspflege unter Einsatz aller geeigneten Mittel Sorge zu tragen. Wenn von den Gau- oder Kreisleitungen der NSDAP. der Wunsch geäußert wird, durch uniformierte Wachen die Sicherheit und Ordnung innerhalb des Gerichtsgebäudes zu überwachen, ist diesem Wunsche Rechnung zu tragen, um damit die dringend erforderliche Beachtung der Autorität der Gerichtsbehörden sicherzustellen.
Ich hoffe, daß dadurch die unbedingt erforderliche Aufrechterhaltung der Autorität der Rechtspflege gesichert ist.

Der Kommissar des Reiches
gez. Kerrl.

An sämtliche Herren Oberlandesgerichtspräsidenten,
Herren Generalstaatsanwälte bei den Oberlandesgerichten und
Herren Präsidenten der Strafvollzugsämter.

Quelle: Akten des Preußischen Justizministeriums, Geh. StArch. Berlin, Rep. 84a 4542

Abbildung 74
Besetzung des Landgerichts Dortmund durch die SA am 8. März 1933

Gesetz zur Wiederherstellung des Berufsbeamtentums
Vom 7. April 1933

Die Reichsregierung hat das folgende Gesetz beschlossen, das hiermit verkündet wird.

§ 1
(1) Zur Wiederherstellung eines nationalen Berufsbeamtentums und zur Vereinfachung der Verwaltung können Beamte nach Maßgabe der folgenden Bestimmungen aus dem Amt entlassen werden, auch wenn die nach dem geltenden Recht hierfür erforderlichen Voraussetzungen nicht vorliegen.
(2) Als Beamte im Sinne dieses Gesetzes gelten unmittelbare und mittelbare Beamte des Reichs, unmittelbare und mittelbare Beamte der Länder und Beamte der Gemeinden und Gemeindeverbände, Beamte von Körperschaften des öffentlichen Rechts sowie diesen gleichgestellten Einrichtungen und Unternehmen (Dritte Verordnung des Reichspräsidenten zur Sicherung der Wirtschaft und Finanzen vom 6. Oktober 1931 – Reichsgesetzbl. I S. 537 –, Dritter Teil, Kapitel V, Abschnitt I, § 15 Abs. 1).
Die Vorschriften finden auch Anwendung auf Bedienstete der Träger der Sozialversicherung, welche die Rechte und Pflichten der Beamten haben.
(3) Beamte im Sinne dieses Gesetzes sind auch Beamte im einstweiligen Ruhestand.
(4) Die Reichsbank und die Deutsche Reichsbahn-Gesellschaft werden ermächtigt, entsprechende Anordnungen zu treffen.

§ 2
(1) Beamte, die seit dem 9. November 1918 in das Beamtenverhältnis eingetreten sind, ohne die für ihre Laufbahn vorgeschriebene oder übliche Vorbildung oder sonstige Eignung zu besitzen, sind aus dem Dienste zu entlassen. Auf die Dauer von drei Monaten nach der Entlassung werden ihnen ihre bisherigen Bezüge belassen.
(2) Ein Anspruch auf Wartegeld, Ruhegeld oder Hinterbliebenenversorgung und auf Weiterführung der Amtsbezeichnung, des Titels, der Dienstkleidung und der Dienstabzeichen steht ihnen nicht zu.
(3) Im Falle der Bedürftigkeit kann ihnen, besonders wenn sie für mittellose Angehörige sorgen, eine jederzeit widerrufliche Rente bis zu einem Drittel des jeweiligen Grundgehalts der von ihnen zuletzt bekleideten Stelle bewilligt werden; eine Nachversicherung nach Maßgabe der reichsgesetzlichen Sozialversicherung findet nicht statt.
(4) Die Vorschriften des Abs. 2 und 3 finden auf Personen der im Abs. 1 bezeichneten Art, die bereits vor dem Inkrafttreten dieses Gesetzes in den Ruhestand getreten sind, entsprechende Anwendung.

§ 3
(1) Beamte, die nicht arischer Abstammung sind, sind in den Ruhestand (§§ 8 ff) zu versetzen, soweit es sich um Ehrenbeamte handelt, sind sie aus dem Amtsverhältnis zu entlassen.
(2) Abs. 1 gilt nicht für Beamte, die bereits seit dem 1. August 1914 Beamte gewesen sind oder die im Weltkrieg an der Front für das Deutsche Reich oder für seine Verbündeten gekämpft haben oder deren Väter oder Söhne im Weltkrieg gefallen sind. Weitere Ausnahmen können der Reichsminister des Innern im Einvernehmen mit dem zuständigen Fachminister oder die obersten Landesbehörden für Beamte im Ausland zulassen.

§ 4
Beamte, die nach ihrer bisherigen politischen Betätigung nicht die Gewähr dafür bieten, daß sie je-

derzeit rückhaltlos für den nationalen Staat eintreten, können aus dem Dienst entlassen werden. Auf die Dauer von drei Monaten nach der Entlassung werden ihnen ihre bisherigen Bezüge belassen. Von dieser Zeit an erhalten sie drei Viertel des Ruhegeldes (§ 8) und entsprechende Hinterbliebenenversorgung.

§ 5
(1) Jeder Beamte muß sich die Versetzung in ein anderes Amt derselben oder einer gleichwertigen Laufbahn, auch in ein solches von geringerem Rang und planmäßigem Diensteinkommen – unter Vergütung der vorschriftsmäßigen Umzugskosten – gefallen lassen, wenn es das dienstliche Bedürfnis erfordert. Bei Versetzung in ein Amt von geringerem Rang und planmäßigem Diensteinkommen behält der Beamte seine bisherige Amtsbezeichnung und das Diensteinkommen der bisherigen Stelle.
(2) Der Beamte kann an Stelle der Versetzung in ein Amt von geringerem Rang und planmäßigen Diensteinkommen (Abs. 1) innerhalb eines Monats die Versetzung in den Ruhestand verlangen...

Berlin, den 7. April 1933.
Der Reichskanzler Adolf Hitler
Der Reichsminister des Innern Frick
Der Reichminister der Finanzen
Graf Schwerin von Krosigk

Quelle: RGBl. I, 1933, S. 175 ff.

Erste Verordnung zur Durchführung des Gesetzes zur Wiederherstellung des Berufsbeamtentums
Vom 11. April 1933

Aufgrund des § 17 des Gesetzes zur Wiederherstellung des Berufsbeamtentums vom 7. April 1933 (Reichsgesetzbl. I S. 175) wird verordnet, was folgt: ...

Zu § 3 2.
(1) Als nicht arisch gilt, wer von nicht arischen, insbesondere jüdischen Eltern oder Großeltern abstammt. Es genügt, wenn ein Elternteil oder ein Großelternteil nicht arisch ist. Dies ist insbesondere dann anzunehmen, wenn ein Elternteil oder ein Großelternteil der jüdischen Religion angehört hat.

(2) Wenn ein Beamter nicht bereits am 1. August 1911 Beamter gewesen ist, hat er nachzuweisen, daß er arischer Abstammung oder Frontkämpfer, der Sohn oder Vater eines im Weltkriege Gefallenen ist. Der Nachweis ist durch die Vorlegung von Urkunden (Geburtsurkunde und Heiratsurkunde der Eltern, Militärpapiere) zu erbringen.

(3) Ist die arische Abstammung zweifelhaft, so ist ein Gutachten des beim Reichsministerium des Innern bestellten Sachverständigen für Rassenforschung einzuholen...

RGBl. I, 1933, S. 195

Gesetz über die Zulassung zur Rechtsanwaltschaft
Vom 7. April 1933

Die Reichsregierung hat das folgende Gesetz beschlossen, das hiermit verkündet wird:

§ 1
Die Zulassung von Rechtsanwälten, die im Sinne des Gesetzes zur Wiederherstellung des Berufsbeamtentums vom 7. April 1933 (Reichsgesetzbl. I, S. 175) nicht arischer Abstammung sind, kann bis zum 30. September 1933 zurückgenommen werden.
Die Vorschrift des Abs. 1 gilt nicht für die Rechtsanwälte, die bereits seit dem 1. August 1914 zugelassen sind oder im Weltkriege an der Front für das Deutsche Reich oder für seine Verbündeten gekämpft haben oder deren Väter oder Söhne im Weltkriege gefallen sind.

§ 2
Die Zulassung zur Rechtsanwaltschaft kann Personen, die im Sinne des Gesetzes zur Wiederherstellung des Berufsbeamtentums vom 7. April 1933 (Reichsgesetzbl. I, S. 175) nicht arischer Abstammung sind, versagt werden, auch wenn die in der Rechtsanwaltsordnung hierfür vorgesehenen Gründe nicht vorliegen. Das gleiche gilt von der Zulassung eines der im § 1 Abs. 2 bezeichneten Rechtsanwälte bei einem anderen Gericht.

§ 3
Personen, die sich in kommunistischem Sinne betätigt haben, sind von der Zulassung zur Rechtsanwaltschaft ausgeschlossen. Bereits erteilte Zulassungen sind zurückzunehmen.

§ 4
Die Justizverwaltung kann gegen einen Rechtsanwalt bis zur Entscheidung darüber, ob von der Befugnis zur Zurücknahme der Zulassung gemäß § 1 Abs. 1 oder § 3 Gebrauch gemacht wird, ein Vertretungsverbot erlassen. Auf das Vertretungsverbot finden die Vorschriften des § 91 b Abs. 2 bis 4 der Rechtsanwaltsordnung (Reichsgesetzbl. 1933 I, S. 120) entsprechende Anwendung.
Gegen Rechtsanwälte der im § 1 Abs. 2 bezeichneten Art ist das Vertretungsverbot nur zulässig, wenn es sich um die Anwendung des § 3 handelt.

§ 5
Die Zurücknahme der Zulassung zur Rechtsanwaltschaft gilt als wichtiger Grund zur Kündigung der von dem Rechtsanwalt als Dienstberechtigten abgeschlossenen Dienstverträge.

§ 6
Ist die Zulassung eines Rechtsanwalts auf Grund dieses Gesetzes zurückgenommen, so finden auf die Kündigung von Mietverhältnissen über Räume, die der Rechtsanwalt für sich oder seine Familie gemietet hatte, die Vorschriften des Gesetzes über das Kündigungsrecht der durch das Gesetz zur Wiederherstellung des Berufsbeamtentums betroffenen Personen vom 7. April 1933 (Reichsgesetzbl. I S. 187) entsprechende Anwendung. Das gleiche gilt für Angestellte von Rechtsanwälten, die dadurch stellungslos geworden sind, daß die Zulassung des Rechtsanwalts zurückgenommen oder gegen ihn ein Vertretungsverbot gemäß § 4 erlassen ist.

Berlin, den 7. April 1933.

Der Reichskanzler Adolf Hitler
Der Reichsminister der Justiz Dr. Gürtner

Quelle: RGBl. I, 1933, S. 188

Vorstand der Anwaltskammer Abt. I

Celle, den 11. Mai 1934
J.-Nr. 2123/34
Celle
10 H.101

An den Herrn Oberlandesgerichtspräsidenten

Betr. Zulassung des Gerichtsassessors Dr. Julius Heinemann in Celle zur Rechtsanwaltschaft bei dem Amtsgericht in Northeim
Anlagen: Personalakten

In der Angelegenheit betr. die Zulassung des jüdischen Gerichtsassessors Dr. Julius Heinemann als Rechtsanwalt bei dem Amtsgericht in Northeim spricht sich der Vorstand der Anwaltskammer gegen die Zulassung aus.
Wäre Herr Assessor Heinemann am 7. April 1933 bereits Rechtsanwalt gewesen, so hätte seine Zulassung wegen seiner nichtarischen Abstammung zwar nicht zurückgenommen werden können, weil Heinemann Frontkämpfer war, aber nach § 2 des Gesetzes über die Zulassung zur Rechtsanwaltschaft vom 7. April 1933 kann die Neuzulassung trotzdem versagt werden. Wir vertreten uneingeschränkt den Standpunkt, daß Juden nach ihrem ganzen Fühlen und Denken zur Mitwirkung an dem jetzigen Rechtsleben unseres Volkes völlig ungeeignet sind. Wir wollen auch der vorwiegend bäurischen Bevölkerung des Amtsgerichtsbezirks Northeim, die nach der Rassenlehre davon überzeugt sein dürfte, daß die Handhabung des Deutschen Rechts durch einen Juden fernerhin undenkbar sein muß, nicht zumuten, dauernd vor den Gerichten einen Juden in anwaltlicher Amtstracht und unter dem besonderen Schutze der deutschen Gerichte unter sich dulden zu müssen. Wir bitten aus diesen grundsätzlichen Erwägungen heraus die Zulassung des Assessors Heinemann in Northeim abzulehnen.

gez. Unterschrift

Quelle: Akten des OLG Celle

Die Auswirkungen der April-Gesetze in Preußen:

Oberlandes-gerichtsbezirk	Gesamtzahl der am 7.4.1933 zugelassenen Rechtsanwälte (arische und nichtarische)	waren am 7.4.1933 zugelassen	Nichtarische Rechtsanwälte sind in der Zeit vom 7.4.1933 bis 30.4.1934 ausgeschieden		Zusammen (Spalten 4 und 5)	am 1.5.1934 waren zugelassen	
			auf Grund des Ges. über die Zulassung zur Rechtsanwaltschaft vom 7.4.1933 –RGBl. I S. 188–	aus anderen Gründen (Tod, freiwillige Löschung usw.)		nichtarische Rechtswälte	arische Rechtswälte
1	2	3	4	5	6	7a	7b
Berlin	3 890	1879	569	152	721	1159	2122
Breslau	1 056	376	108	37	145	233	741
Celle	822	84	29	3	32	52	731
Düsseldorf	858	141	51	15	66	75	776
Frankfurt a. M.	607	275	105	16	121	154	344
Hamm (Westf.)	1 213	166	68	14	82	84	1168
Kassel	233	43	13	2	15	28	209
Kiel	505	34	6	7	13	21	467
Köln	919	125	54	7	61	64	858
Königsberg i. Pr.	375	90	35	12	47	43	379
Marienwerder	118	17	8	1	9	8	101
Naumburg a. S.	787	81	23	9	32	49	635
Stettin	431	59	15	5	20	39	345
zusammen	11 814	3370	1084	280	1364	2009	8876
						10 885	

Oberlandes-gerichtsbezirk	Gesamtzahl der am 7.4.1933 vorhandenen Notare (arische und nichtarische)	waren am 7.4.1933 vorhanden	Nichtarische Notare sind in der Zeit vom 7.4.1933 bis 30.4.1934 ausgeschieden			Zusammen (Sp. 10 bis 12)	am 1.5.1934 waren vorhanden	
			infolge Zurücknahme der Zulassung zur Rechtsanwaltschaft auf Grund des Ges. v. 7.4.1933 –RGBl. I S. 188–	auf Grund des Berufsbeamtengesetzes vom 7.4.1933 –RGBl. I S. 175–	aus anderen Gründen (Tod, freiwilliger Abschied usw.)		nichtarische Notare	arische Notare
	8	9	10	11	12	13	14a	14b
Berlin	2 149	1210	144	485	82	711	499	992
Breslau	679	263	35	94	25	154	109	462
Celle	483	56	8	15	1	24	32	454
Düsseldorf	187	22	4	9	2	15	7	175
Frankfurt a. M.	346	170	27	62	5	94	76	159
Hamm	673	101	18	39	9	66	35	601
Kassel	141	30	4	18	–	22	8	127
Kiel	309	25	1	9	5	15	10	306
Köln	149	1	–	1	–	1	–	151
Königsberg	309	58	9	19	5	33	25	241
Marienwerder	87	12	3	1	2	6	6	75
Naumburg	448	57	7	20	5	32	25	406
Stettin	266	46	6	17	3	26	20	215
zusammen	6226	2051	266	789	144	1199	852	4364
							5216	

Quelle: Gruchmann, Justiz im Dritten Reich, München 1988, S. 151 f.

Gesamt-Ergebnis der Durchführung des Gesetzes zur Wiederherstellung des Berufsbeamtentums vom 7. April 1933 – RG.Bl.I S. 175 –
Statistik des Preußischen Justizministeriums – I 9629/34 –

Oberlandesgerichtsbezirk	I. Am 7. 4. 1933 vorhandene									II. von den ausgeschieden auf Grund des § 3 Abs. I BBG				
	Beamte des höheren Dienstes (ausschl. Gerichtsassessoren und Referendare)			Gerichtsassessoren		Referendare		Beamte der übrigen Dienstzweige		Beamte des höheren Dienstes (Sp. 2b)	(Sp. 2c)	Gerichtsassessoren	Referendare	Beamte der übrigen Dienstzweige
	überhaupt	darunter Nichtarier überhaupt	in Beförderungs- (auch Zulagen-)stellen	überhaupt	darunter Nichtarier	überhaupt	darunter Nichtarier	überhaupt	darunter Nichtarier	überhaupt	in Beförderungs- (auch Zulagen-) stellen			
1	2a	2b	2c	3a	3b	4a	4b	5a	5b	6a	6b	7	8	9
Berlin	1500	281	89	967	117	2 308	428	5 743	14	75	18	99	385	5
Breslau	701	63	16	396	43	1 017	113	2 153	–	14	6	25	71	–
Celle	453	9	3	314	8	745	24	1 657	3	3	–	5	21	1
Düsseldorf	530	19	3	360	12	974	55	1 802	2	5	–	8	52	–
Frankfurt a. M.	320	29	3	209	16	468	80	1 190	2	8	–	10	69	2
Hamm (Westf.)	726	29	9	387	4	1 263	52	2 925	4	9	–	3	36	–
Kassel	176	2	1	105	2	332	19	736	–	1	–	2	19	–
Kiel	266	8	2	137	3	346	8	1 112	–	1	–	2	8	–
Köln	571	15	7	367	8	1 032	70	2 080	2	4	1	6	59	–
Königsberg i. P.	357	19	7	187	14	495	36	1 394	–	5	–	13	32	–
Marienwerder	98	1	1	39	1	104	8	383	–	–	–	1	7	–
Naumburg a. S.	527	14	2	265	6	769	32	2 096	1	2	–	5	24	–
Stettin	284	6	4	146	4	393	13	1 109	–	1	1	3	13	–
zusammen	6509	495	147	3879	238	10 246	938	24 353	28	128	26	182	796	8
dazu Justizministerium	51	5	5	–	–	–	–	143	–	–	–	–	–	–
insgesamt	6560	500	152	3879	238	10 246	938	24 496	28	128	26	182	796	8

Quelle: Schorn, Der Richter im Dritten Reich, Frankfurt 1959, S. 730 f.

n sind insgesamt	ausgeschieden aus sonstigen Gründen (Tod, freiw. Abschied usw., einschl. der Fälle zu Sp. 18-23)					im Dienst verblieben				III. Anzahl sämtlicher Fälle, in denen das BBG, auf Beamte (darunter in Klammern: auf Nichtarier) mit entsprechender Rechtswirkung Anwendung gefunden hat, und zwar					
	Beamte des höheren Dienstes					Beamte des höheren Dienstes				§2	§2a	§4	§5 Abs. 1	§5 Abs. 2	§6
	(Sp. 2b)	(Sp. 2c)				(Sp. 2b)	(Sp. 2c)								
überhaupt	in Beförderungs.- (auch Zulagen-) stellen	Gerichtsassessoren	Referendare	Beamte der übrigen Dienstzweige		überhaupt	in Beförderungs.- (auch Zulagen-) stellen Gerichtsassessoren	Referendare	Beamte der übrigen Dienstzweige						
	10a	10b	11	12	13	14a	14b	15	16	17	18	19	20	21	22	23
	95	28	6	32	1	111	43	12	11	8	2	–	43 (21)	83 (50)	4 (3)	66 (39)
	14	2	3	3	–	35	8	15	39	–	–	–	11 (4)	37 (13)	3 (–)	25 (7)
	2	2	3	1	–	4	1	–	2	2	–	–	3 (–)	22 (2)	1 (1)	12 (2)
	6	1	1	2	–	8	2	3	1	2	–	–	1 (–)	19 (1)	2 (–)	17 (4)
	14	1	4	10	–	7	2	2	1	–	–	1 (1)	7 (5)	7 (3)	–	9 (7)
	9	4	1	15	1	11	5	–	1	3	–	–	4 (1)	28 (6)	1 (1)	14 (4)
	–	–	–	–	–	1	1	–	–	–	–	–	2 (–)	5 (–)	–	3 (–)
	–	–	–	–	–	7	2	1	–	–	–	–	3 (–)	9 (3)	1 (–)	10 (–)
	5	2	2	4	–	6	4	–	7	2	–	–	2 (1)	20 (3)	1 (–)	12 (–)
	3	2	–	1	–	11	5	1	3	–	–	1 (–)	8 (2)	15 (4)	1 (–)	4 (–)
	–	–	–	1	–	1	1	–	–	–	–	–	2 (–)	3 (–)	–	– (–)
	4	2	1	8	1	8	–	–	–	–	–	–	8 (–)	11 (3)	–	11 (–)
	2	2	–	–	–	3	1	1	–	–	–	–	3 (–)	5 (–)	2 (1)	8 (–)
	154	46	21	77	3	213	75	35	65	17	2	2 (1)	97 (34)	264 (88)	16 (6)	191 (63)
	4	4				1	1						3 (2)	9 (–)	1 (1)	1 (1)
	158	50	21	77	3	214	76	35	65	17	2	2 (1)	100 (36)	273 (88)	17 (7)	192 (64)

Der Fall des Senatspräsidenten Dr. Katzenstein am Oberlandesgericht Celle:

– Senatspräsident beim Oberlandesgericht Celle

Oberlandesgerichtspräsident.
VII 66

OLGRat Schoe/Ha.
Celle, den 10. Juni 1933.

1.) An den Herrn Preußischen Justizminister in
Berlin.
Betr. Maßnahmen gegen den Senatspräsidenten Dr. Richard Katzenstein bei dem Oberlandesgericht in Celle aus Anlaß der Wiederherstellung des Berufsbeamtentums.
3 Anlagen.

Seine Ernennung zum Senatspräsidenten beim Oberlandesgericht in Celle ist durch Erlaß vom 5. Juni 1929 – IIe 2612 – erfolgt. Danach wäre Katzenstein grundsätzlich gemäß § 3 Abs. 2 des Gesetzes vom 7. April im Dienst zu belassen.
Es kommt indessen überhaupt nicht in Betracht, daß Katzenstein als Senatspräsident in Celle bleiben könnte. Von jeher hat hier die Ernennung eines Juden zum Richter im Bezirk des Oberlandesgerichts in Celle Befremden und Unbehagen ausgelöst. Bei Katzenstein ist hier nicht verkannt worden, daß er eine große Arbeitsleistung bewältigt und auf rechtlichem Gebiete sehr Tüchtiges geleistet hat. Gleichwohl hat seine Ernennung zum Senatspräsidenten in Celle allgemein, insbesondere auch in der Beamten- und Anwaltschaft, Unmut und Abneigung zur Folge gehabt. Die niedersächsische Bevölkerung erträgt nun einmal keinen Nichtarier als Vorsitzenden eines Senats des Oberlandesgerichts, das doch – praktisch genommen – für die große Überzahl des Volkes letzte Instanz ist.
Meines Erachtens kann Katzenstein also überhaupt nicht im Staatsdienste belassen werden.
. . .
Mindestens bitte ich, Katzenstein an einem Amtsgericht eines anderen Oberlandesgerichtsbezirks zu beschäftigen, wo er nicht hervorzutreten braucht und wo die Bevölkerung gegen nichtarische Beamte nicht in gleicher Weise eingestellt ist, wie das im Oberlandesgerichtsbezirk Celle der Fall ist. Sollte Katzenstein im Dienste, und zwar im hiesigen Oberlandesgerichtsbezirk belassen werden, so halte ich es für unabweisbar, daß er an ein Amtsgericht versetzt wird, wo er nicht als Spruchrichter hervorzutreten braucht und so zu Störungen der Ordnung keinen Anlaß bietet.

gez. von Garßen

Quelle: Akten des OLG Celle

– Amtsrichter beim Amtsgericht Harburg/Wilhelmsburg

Der Preußische Justizminister
II e 1856.
Auf den Bericht vom 10. d. Mts.
– VII 66 –

Berlin W 8, den 20. Juni 1933.
Wilhelmstr. 65
Fernsprecher: A 1 Jäger Nr. 0044

Ich habe in Aussicht genommen, den Senatspräsidenten Katzenstein in Celle gemäß § 5 des Gesetzes zur Wiederherstellung des Berufsbeamtentums vom 7. April 1933 in eine Landgerichtsrats- oder Amtsgerichtsratsstelle zu versetzen. Ich ersuche, mir eine geeignete, gegebenenfalls durch eine andere Versetzung freizumachende Stelle des dortigen Bezirks in Vorschlag zu bringen.

Im Auftrage
gez. Nadler.

An den
Herrn Oberlandesgerichtspräsidenten
in Celle

Quelle: Akten des OLG Celle

Der Preußische Justizminister.
II e 1856.

Berlin W 8, den 13. Juli 1933.
Wilhelmstraße 65

Im dienstlichen Interesse werden Sie aufgrund des § 5 des Gesetzes zur Wiederherstellung des Berufsbeamtentums vom 7. April 1933 – RGBl. I S. 175 – unter Gewährung der bestimmungsmäßigen Umzugskosten und unter Belassung Ihrer bisherigen Amtsbezeichnung und des Diensteinkommens Ihrer bisherigen Stelle zum 1. Oktober 1933 als Amtsgerichtsrat an das Amtsgericht in

Harburg-Wilhelmsburg versetzt. Ihre Beurlaubung dauert bis zu diesem Zeitpunkt fort.

In Vertretung
gez. Dr. Freisler.

An Herrn Senatspräsidenten Dr. Katzenstein
in Celle, Wildgartenstr. 3 B.

Quelle: Akten des OLG Celle

Der Oberlandesgerichtspräsident
9 K 73

OLGRat Schoe/Ka.
Celle, den 3. Oktober 1933.

1.) An den Herrn Preußischen Justizminister in Berlin.

Betr. den Amtsgerichtsrat Senatspräsidenten Dr. Katzenstein in Harburg-Wilhelmsburg.
1 Anlage.

Der Senatspräsident Dr. Katzenstein hat auf meine Veranlassung erst am 6. Oktober 1933 gegen 5 1/2 Uhr seinen Dienst als Amtsgerichtsrat in Harburg-Wilhelmsburg angetreten, um möglichst wenig Aufsehen zu erregen. Trotzdem sind Schwierigkeiten entstanden . . .
Der Amtsgerichtsdirektor berichtet unter dem 7. Oktober 1933 ferner: »Senatspräsident Dr. Katzenstein teilte mir gestern spät abends fernmündlich mit, die Polizei habe ihm aufgegeben, bis auf weiteres seine Wohnung nicht zu verlassen. Er habe dagegen aufs lebhafteste protestiert, doch ohne Erfolg. Er würde voraussichtlich in den nächsten Tagen unten diesen Umständen nicht in der Lage sein, Dienst zu verrichten. Ich habe ihm darauf erwidert, daß für seine Vertretung gesorgt werden würde . . .
Ich habe daraufhin auf Grund Ew. Hochwohlgeboren Ermächtigung Herrn Senatspräsidenten und Amtsgerichtsrat Dr. Katzenstein bis auf weiteres beurlaubt . . .
Ich bitte daher unter Billigung meiner Maßnahmen geneigtest in Erwägung zu ziehen, den Amtsgerichtsrat Senatspräsidenten Dr. Katzenstein in einem möglichst entfernten Bezirk zu verwenden, wo die Abneigung der Bevölkerung gegen Nichtarier nicht so ausgeprägt wie in Niedersachsen ist, oder ihn im Interesse des Dienstes in den Ruhestand zu versetzen . . .

Quelle: Akten des OLG Celle

Abbildung 75
225-Jahr-Feier des Oberlandesgerichts Celle am 14. Oktober 1936

– Aus rassischen Gründen in den Ruhestand versetzt aufgrund des § 6 Berufsbeamtengesetz

Der Preußische Justizminister
II e 3361.

Berlin W 8, den 25. Oktober 1933
Wilhelmstraße 65
Fernsprecher: A 1 Jäger Nr. 0044

Anlage: Abschied.

Durch den beifolgenden Abschied sind Sie auf Grund des § 6 des Gesetzes zur Wiederherstellung des Berufsbeamtentums vom 7. April 1933 – RGBl. I S. 175 – in der Fassung des Gesetzes vom 23. Juni 1933 – RGBl. I S. 389 – unter Gewährung des gesetzlichen Ruhegehalts zum 1. Februar 1934 in den Ruhestand versetzt.

Ihre Beurlaubung dauert bis zu diesem Zeitpunkt fort.
Die Höhe Ihrer Versorgungsbezüge wird Ihnen noch mitgeteilt werden.

gez. Kerrl.

An Herrn Amtsgerichtsrat Senatspräsident Dr. Katzenstein in Harburg-Wilhelmsburg.

Auf den Bericht vom 9. d. Mts.
9 K 73 –.

Anlagen: 1 Verfügung nebst Abschied f. Anlage.
4 Durchschläge.

Quelle: Akten des OLG Celle

Abschrift zur Kenntnisnahme. Ich ersuche, die beiliegende Verfügung nebst Abschied dem Beamten in einer den Empfang nachweisenden Form noch im Laufe des Oktober aushändigen zu lassen. Ich ersuche, eine Nachweisung der Versorgungsbezüge alsbald einzureichen.
Die von Ihnen getroffenen Maßnahmen werden genehmigt.

Im Auftrage gez. Dr. Nadler.

An den Herrn Oberlandesgerichtspräsidenten in Celle.

Institutionalisierter Machtmißbrauch: Das Strafrecht als politisches Kampfinstrument

Der Ausschaltung jeder Opposition dient auch das Strafrecht. Die Tatbestände werden weit gefaßt: All diejenigen werden bedroht, die dem Regime gegenüber kritisch eingestellt sind. Während Amnestien in erster Linie »nationale« Straftäter begünstigen, auch die Potempa-Mörder kommen frei, werden die Verteidigungsmöglichkeiten von sogenannten »Volks- und Staatsfeinden« in Strafverfahren nachhaltig verschlechtert.

Im März 1933 werden mit Blick auf den bevorstehenden Reichstagsbrand-Prozeß Brandstiftung, Hochverrat u. a. rückwirkend mit der Todesstrafe bedroht – und das Reichsgericht hält dies für Rechtens: Es verurteilt den holländischen Kommunisten Marinus van der Lubbe im Dezember 1933 zum Tode. Die übrigen Angeklagten werden zwar freigesprochen, aber von der Gestapo sofort in »Schutzhaft« genommen – eine offene Brüskierung des Gerichts.

Verordnung des Reichspräsidenten über die Gewährung von Straffreiheit
Vom 21. März 1933

Auf Grund des Artikels 48 Abs. 2 der Reichsverfassung wird folgendes verordnet:

§ 1
Für Straftaten, die im Kampfe für die nationale Erhebung des Deutschen Volkes, zu ihrer Vorbereitung oder im Kampfe für die deutsche Scholle begangen sind, wird Straffreiheit nach Maßgabe der folgenden Bestimmungen gewährt...

Der Reichspräsident von Hindenburg
Der Reichskanzler Adolf Hitler
Der Reichsminister des Innern Frick
Für den Reichsminister der Justiz
Der Stellvertreter des Reichskanzlers
von Papen

Quelle: RGBl. I, 1933, S. 13

Anwendung der Verordnung des Reichspräsidenten über die Gewährung der Straffreiheit

„Zur Erleichterung der Anwendung der Verordnung des Reichspräsidenten über Gewährung von Straffreiheit vom 21. März 1933 (RGBl. I S. 134) weise ich auf folgende Gesichtspunkte hin:
Die Verordnung gewährt zunächst Straffreiheit für Straftaten, die im Kampfe für die nationale Erhebung des Deutschen Volkes begangen worden sind. Ausgeschlossen von der Straffreiheit sind hiernach Straftaten, die im Kampfe gegen die na-

Von der Republik in den nationalsozialistischen Staat

Abbildung 76
Prozeß gegen die Mörder der bei Straßentumulten im Jahre 1932 vermutlich von Kommunisten erschossenen Polizeioffiziere: Die Nationalsozialisten schlachten den Prozeß gegen angeklagte KPD-Mitglieder 1934 propagandistisch aus.

tionale Erhebung begangen sind. Danach kann jedenfalls die Verordnung auf Straftaten kommunistisch gerichteter Personen niemals Anwendung finden. Die Verordnung will allen denjenigen Straffreiheit gewähren, die durch ihre Taten der nationalen Erhebung dienen wollten oder sonst aus nationalen Beweggründen gehandelt haben. Unter die Verordnung werden daher z. B. Straftaten fallen, die von Angehörigen der hinter der Regierung der nationalen Erhebung stehenden Verbände begangen sind, etwa um Angriffe von gegnerischer Seite auf Parteifreunde zu erwidern und dadurch dazu beizutragen, den Terror der Gegner zu brechen, oder um Gewalttätigkeiten von gegnerischer Seite zuvorzukommen.

Die Verordnung beschränkt sich zeitlich nicht auf Straftaten, die in der Zeit vor oder alsbald nach der Wahl des jetzigen Reichstages oder seit dem 1. Dezember 1932 (vgl. § 4 des Gesetzes über Straffreiheit vom 20. Dezember 1932 – RGBl. I S. 559) sich ereignet haben, sondern umfaßt auch solche Straftaten, die weiter – ist es auch um Jahre – zurückliegen. Dies ist durch Einbeziehung derjenigen Straftaten zum Ausdruck gebracht, die zur »Vorbereitung« des Kampfes für die nationale Erhebung begangen sind. Die Verordnung ergänzt daher nicht nur zeitlich das Gesetz über Straffreiheit vom 20. Dezember 1932, sondern erweitert es auch sachlich. Es können demnach z. B. auch solche Straftaten unter die Verordnung fallen, die nach § 8 des Gesetzes vom 20. Dezember 1932 von den Vergünstigungen dieses Gesetzes ausgeschlossen waren. Dies gilt insbesondere von Verbrechen gegen das Leben (§§ 211, 212, 214 StGB) und Verbrechen gegen § 4 der Verordnung des Reichspräsidenten gegen politischen Terror

vom 9. August 1932 (RGBl. I S. 403), wenn ein Mensch getötet oder verletzt worden ist, ferner von Verbrechen wider das Gesetz gegen den verbrecherischen und gemeingefährlichen Gebrauch von Sprengstoffen vom 9. Juni 1884 – RGBl. S. 64 (vgl. § 8 Nr. 1 und 3 des Gesetzes vom 20. Dezember 1932).

Als Straftaten, die im Kampfe für die deutsche Scholle begangen sind, werden z. B. Straftaten in Frage kommen, die im Interesse der Erhaltung bisherigen Grundbesitzes begangen sind. Gleichartige Fälle von Störungen von Verfahren zur Versteigerung von Mobilien umfaßt die Verordnung nicht; soweit auch in derartigen Fällen Straftaten aus ähnlichen Beweggründen begangen sein sollten, wird zu prüfen sein, ob die Herbeiführung eines Einzelgnadenerweises angezeigt erscheint.

Die Verordnung sieht davon ab, Ausnahmen vorzusehen, offenbar in der Erwägung, daß Straftaten, die einer Vergünstigung unwürdig erscheinen, wie insbesondere Hoch- und Landesverrat, niemals »im Kampfe für die nationale Erhebung des Deutschen Volkes« begangen sind.

Für die Prüfung der Beweggründe der Tat kommt es auf die Einstellung des Täters zur Zeit der Tat an. Sollte sich aus den Unterlagen ergeben, daß der Täter seine politische Gesinnung seit Begehung der Tat geändert hat, so ersuche ich zu berichten.

Hamburg, den 4. April 1933
Der Präses der Landesjustizverwaltung
Rothenberger Dr. 🙵

Quelle: Hamburgisches Justizverwaltungsblatt, Nr. 2, 1933, S. 59

Auszug aus dem Urteil zum Reichstagsbrandprozeß

🙵 *Die Strafe*
Die Strafe für den Angeklagten van der Lubbe ist gemäß § 73 StGB dem § 307 StGB in Verbindung mit § 5 Abs. 1 der Verordnung des Reichspräsidenten zum Schutze von Volk und Staat vom 28. Februar 1933 und § 1 des Gesetzes über Verhängung und Vollzug der Todesstrafe vom 29. März 1933 zu entnehmen. § 307 StGB in der Fassung des genannten § 5 der Verordnung vom 28. Februar 1933 droht, ebenso wie der § 81 StGB, Todesstrafe an, jedoch ohne die in § 81 vorgesehene Möglichkeit der Zubilligung mildernder Umstände. Der § 5 dieser Verordnung gilt, wie das Gesetz vom 29. März 1933 in § 1 bestimmt, auch für Taten, die in der Zeit zwischen dem 31. Januar und dem 28. Februar 1933 begangen sind. [...]
Denn nicht die Straf*barkeit* der aufrührerischen

Abbildung 77
Eröffnung des Prozesses vor dem 4. Strafsenat des Reichsgerichts in Leipzig: Blick in den Saal während des ersten Verhörs von van der Lubbe.

Brandstiftung (wie des Hochverrats) ist rückwirkend bestimmt, sondern lediglich die Strafe für die schuldhafte Verwirkung des bereits vorher strafbaren Tatbestandes erhöht. – Der § 2 Abs. 1 StGB aber kann formell durch den Gesetzgeber jederzeit auch unbeschadet seines Fortbestandes für den Regelfall – durch entgegenstehende Gesetzbestimmung im Einzelfall außer Kraft gesetzt werden und könnte das als einfaches Reichsgesetz selbst dann, wenn der Gesetzgeber nicht wie hier nach dem Gesetz vom 24. März 1933 auch zum Erlaß verfassungsändernder Reichsgesetze als Regierungsgesetze befugt war. Der Gesetzgeber ist aber auch inhaltlich nicht gehindert, für das Gebiet des Strafrechts, jedenfalls soweit die Straf*bar*keit einer Handlung zur Zeit der Tat feststand, die von ihm selbst aufgestellte Schranke, die die Änderung einer zur Zeit der Tat noch nicht angedrohten Strafe verbietet, beiseite zu schieben und an die Stelle der zur Zeit der Tat angedrohten eine schärfere Strafe zu setzen.

Ein Grundsatz der Nichtrückwirkung ist, soweit es sich nicht um die Anordnung der Strafbarkeit, sondern lediglich um eine Strafschärfung handelt, dem Strafrecht nicht wesentlich und besteht nicht. Grundsätzliche Rückwirkung findet sich in älteren – auch deutschen – wie noch geltenden Strafrechtssystemen mehrfach (Einzelheiten bei Träger »Zeitliche Herrschaft des Strafgesetzes« in der vergleichenden Darstellung des deutschen und ausländischen Strafrechts, Berlin 1908, Liebmann Allg. Teil, VI. Band §§ 3 bis 6 und 9).

Auch die deutsche Gesetzgebung der Nachkriegszeit kennt sie in der Verordnung vom 6. Februar 1924 über Vermögensstrafen und -bußen in Art. XIV Abs. 4. Rückwirkung strafschärfender Bestimmungen wird auch im übrigen – mag auch der Zweck der Generalprävention, jedenfalls soweit die abschreckende Wirkung der Norm, nicht die Strafe in Frage kommt, rückwirkend nicht mehr erreichbar sein – gerade auch vom Standpunkt des Strafrechts im nationalsozialistischen Staat mit Recht angeordnet. Ein grundsätzlicher Anspruch des Täters auf die zur Zeit der Tat angedrohte Strafe – deren Art und Höhe sein Vorsatz nicht einmal zu umfassen braucht – etwa als Gegenstück zu den wohlerworbenen Rechten des Privatrechts kann nicht anerkannt werden. Das staatliche Interesse erfordert vielmehr, daß das der vermutlich besseren Einsicht des Gesetzgebers entsprungene spätere Gesetz sofort und möglichst umfassend angewendet wird. [...]

Quelle: IfZ, Fa 100–19, Bl. 93 ff.

Die »Bewegung« steht außerhalb des Gesetzes:
Rechtsfreie Räume für SA und SS.

SA und SS beanspruchen eine Sonderstellung im Gefüge des neuen Staates. Ihre »Maßnahmen« zur Verfolgung wirklicher oder vermeintlicher politischer Gegner (Terror und Folter) sollen der Kontrolle der Justiz entzogen sein. Trotz gegenteiliger Proklamationen aus Partei und Staat setzen sie sich überwie-

Abbildung 78
»Torgler, Sie werden jetzt in die Freiheit des Dritten Reichs gesetzt – ins Konzentrationslager«.

gend durch. So verzichtet die preußische Justiz – im »Einvernehmen« mit den örtlichen SA- und SS-Stellen – bis zum Frühjahr 1934 auf die ordnungsgemäße Durchführung von ca. 2250 Verfahren gegen SA-Mitglieder und ca. 420 gegen SS-Mitglieder: partieller Stillstand der Rechtspflege – bis zur nächsten Amnestie.
Fast gänzlich entzogen sind der Justiz die brutalen Mißhandlungen und Quälereien, die »Schutzhäftlinge« in den Konzentrationslagern ertragen müssen. Die Rechtsordnung ist auf Dauer durchbrochen, der politische Gegner vogelfrei.

Abbildung 70
SA-Männer verhöhnen das jüdische Mitglied der »Kommunistischen Jugend« August Cohn.

In der Kerkern des Dritten Reiches zu Tode gefoltert

„ Gen. Gumbert, Heidenau, Koll. im Kampfbund, seit 13 Wochen in Schutzhaft. Angeblich Munition, Waffen vergraben – nichts verraten – wurde deswegen gefoltert. Starb daran.
Hinterläßt Frau und fünf Kinder im Alter von 8 bis 14 Jahren, lange arbeitslos, Akteur im Kampfbund, Gumbert ist 47 Jahre alt.

Bestand der Leiche
Untere Partie (Gesäß und Schenkel) alles kaputt, zerschlagen. Handtuch ins Gesäß gedreht.
Rückgrat gebrochen mit Gaze ausgestopft.
Hoden halb abgetreten. Leisten am rechten Schenkel aufgerissen. Am Magen mit den Stiefelabsätzen Löcher reingetreten, so das die Gedärme raus hingen. Oberarm ganz Blut unterlaufen.
Nach der Überführung von Königstein (Schutzhaftlager) am Mittwoch, den 26. 4. nach Heidenau sollte der Sarg nicht geöffnet werden. Es geschah aber trotzdem, die Leiche war in Blumen gebettet. Der Vater des Genossen Gumbert war aber mißtrauisch, nimmt die Decke mit den Blumen weg, hebt die Leiche hoch und zieht das Hemd weg und sieht die Bescherung, schreit – rennt davon und holt Arbeiter und Frauen herbei, die sich Gen. Gumbert ansehen. 100erte sind es gewesen. Die Frau des Gen. G. fährt nach Dresden zu . . . Die Leiche wird sofort beschlagnahmt. Bei verschiedenen Photographen wird Haussuchung gemacht.
. . . Der Bericht lautet: »Wer falsche Gerüchte über

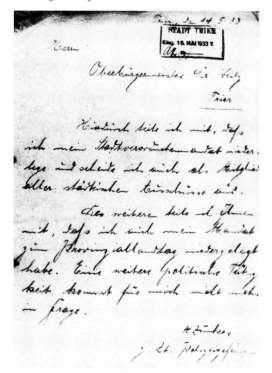

Abbildung 80
Schreiben des Provinzial-Landtagsabgeordneten der SPD und Trierer Stadtverordneten Wilhelm Zunker aus dem Polizeigefängnis an den Oberbürgermeister von Trier: Zunker teilt mit, daß er alle politischen Ämter niederlege und eine weitere politische Tätigkeit für ihn nicht in Frage komme.

die Leiche des Gen. Gumbert in den Umlauf setzt, wird bestraft«. Freitag ist die Beerdigung. S.A. mit Karabiner bewaffnet versperrt alle Zugangsstraßen ab. 3000 Heidenauer Arbeiter und Arbeiterinnen demonstrieren in geschlossenem Zuge zum Friedhof. Dort wird er von der ... mit Hilfe der Karabiner gesprengt. Nur die Angehörigen dürfen rein.
Die Grabrede mußte ein Pfaffe halten, der mit dem Hakenkreuz geschmückt war.
Überführungskosten mußten von der Frau des Gen. selbst bezahlt werden.
Ein Geldsammler wurde verhaftet.
Am Sonnabend, den 22. 4. wollte die Frau den Gen. Gumbert im Schutzhaftlager Königstein besuchen. Selbiger war aber angeblich zum ...
Am Montag, den 27. 4. erhielt sie die Nachricht, daß ihr Mann tot sei.
Die Lippen des Gen. Gumbert waren von den Qualen ganz zerbissen.

Quelle: Abschrift eines Zeugenberichts über den Zustand des 1933 in »Schutzhaft« ermordeten Mitglieds des »Kampfbundes gegen den Faschismus« Gumbert, Bildarchiv Gerstenberg

Abbildung 82
Ernst Böhm, sozialdemokratischer Oberbürgermeister von Braunschweig, wird von bewaffneter SS durch die Stadt geführt.

Abbildung 81
Rechtsanwalt Dr. Spiegel wird von SA-Männern, die als Hilfspolizisten fungieren, durch die Straßen von München getrieben, nachdem er sich bei der Polizei über einen Überfall der SA beschwert hatte.

Abbildung 83
Johannes Stelling, Mitglied des Reichstags und Vorstandsmitglied der SPD, wird am 22. Juni 1933 Opfer der Köpenicker Blutwoche.

Abbildung 84
Paul Löbe, vor 1933 sozialdemokratischer Reichstagspräsident, wird in das KZ Dürrgoy eingeliefert. Er muß mit einem Strauß Disteln in der Hand die Spaliere der vor ihm verhafteten Mitgefangenen abschreiten – eine von der SA veranstaltete Posse zur Verhöhnung ihrer Gegner. Eine aus Häftlingen gebildete Schalmeienkapelle muß dazu aufspielen.

Erlasse des Preußischen Staatsministeriums, Ministerialverfügungen und Entscheidungen der obersten Gerichtshöfe

99 Nr. 119. Rechtsordnung in Preußen. AB.d.JM. v. 4. 5. 1933 (I 3842). – JMBl. S. 138. –
In der Entschließung des Vorstandes einer Partei, die am Mittwoch, den 3. Mai 1933, angenommen wurde, ist u. a. der Satz enthalten:
»Nach dem scharfen Abwehrkampfe gegen die staatsfeindlichen Elemente muß eine feste Rechtsordnung so bald als möglich wieder hergestellt werden.«
Als Justizminister des größten deutschen Landes sehe ich mich, um jeder Legendenbildung vorzubeugen, veranlaßt, öffentlich den in diesem Satze liegenden Vorwurf, als ob nur einen einzigen Augenblick die feste Rechtsordnung in Preußen aufgehoben gewesen wäre, auf das entschiedendste zurückzuweisen. Der Kampf gegen die staatsfeindlichen Elemente bedeutet nicht die Aufhebung der festen Rechtsordnung, sondern die Überführung der bisherigen Anarchie auf dem Gebiete des Staatslebens in eine feste, den völkischen Lebensbelangen entsprechende Rechtsordnung. Dies mit aller Entschiedenheit hervorzuheben und allen irgendwie laut werdenden Meinungen, daß die Rechtsordnung in Preußen durch den Kampf gegen die staatsfeindlichen Elemente

Abbildung 85
Politische »Schutzhäftlinge« in einem wilden KZ bei Bremen

auch nur einen Augenblick ins Schwanken geraten wäre, entgegenzutreten, ist Pflicht jedes hinter der Regierung der nationalen Erhebung stehenden Bürgers und insbesondere Pflicht der Behörden meines Ministeriums, worauf ich hiermit besonders hinweise. Diese Pflicht ist umso leichter zu erfüllen, als sie lediglich dazu dient, dafür zu sorgen, daß die geschichtliche Wahrheit der unerhörten Disziplin der nationalen Erhebung nicht angezweifelt wird.

„

Quelle: DJ 1933, S. 138

Ein Beispiel für die Amnestierung von Tätern aus dem nationalen Lager:

1921 ermorden Schulz und Tillessen, Angehörige mehrerer rechtsextremistischer Organisationen, den Zentrumspolitiker Matthias Erzberger. Die Täter fliehen ins Ausland und werden 1933 amnestiert. Nach dem Krieg kommt es schließlich doch noch zu einem Strafverfahren gegen Tillessen, in dem es unter anderem auch um die Gültigkeit dieser Amnestie geht (weitere Nachweise bei Michael Stolleis, Rechtsordnung und Justizpolitik 1945–1949, in: Horn, Europäisches Rechtsdenken in Geschichte und Gegenwart, 1982, S. 397).

Der Staatssekretär Berlin, 13. April 1933
im Reichsjustizministerium

An Herrn Staatssekretär
Dr. Lammers
Reichskanzlei
persönlich!

Auf das gefällige Schreiben vom 5. April d. J.

Sehr verehrter Herr Lammers!
Dem Wunsch des Herrn Reichskanzlers zufolge habe ich mich am 7. d. M. mit dem Badischen Justizministerium in Verbindung gesetzt. Der Herr Kommissarische Justizminister Rupp hat mir dabei mitgeteilt, daß der Generalstaatsanwalt in Karlsruhe bereits bei dem zuständigen Gericht die Einstellung des Verfahrens aufgrund der März-Amnestie beantragt habe. Falls diesem Antrag nicht entsprochen werde, beabsichtige die badische Regierung die Niederschlagung des Verfahrens aufgrund des Ermächtigungsgesetzes herbeizuführen.
Nach einer inzwischen durch die Presse gegangenen Meldung (Nachtausgabe vom 11. d. M.) hat die Strafkammer des Landgerichts Offenburg bereits dem Antrag der Staatsanwaltschaft entsprochen und aufgrund der letzten Amnestieverordnung die Angeschuldigten Schulz und Tillessen außer Verfolgung gesetzt. Eine amtliche Bestätigung dieser Nachricht liegt bis jetzt nicht vor. Ich habe Rückfrage gehalten und behalte mir nach Eingang der Antwort eine Mitteilung vor.

Mit besten Grüßen
Ihr sehr Ergebener
gez. Schlegelberger

Quelle: Akten der Reichskanzlei, BA, R 43 II/1547

3. ... und dennoch: Die »nationale Revolution« wird begrüßt.

Wie in großen Teilen des deutschen Volkes, so findet die Regierung der »nationalen Konzentration« auch in der Justiz Zustimmung und Unterstützung. Ergebenheitsadressen aus den Richtervereinen – der Republikanische Richterbund löst sich zur offenen Genugtuung des Deutschen Richterbundes auf – an die neue Staatsführung, zahlreiche Beitritte zur NSDAP und ihren Gliederungen – von einer anhaltenden Beunruhigung der Richterschaft über die Ereignisse der letzten Wochen kann keine Rede sein. Unrecht und Machtmißbrauch wiegen gering angesichts der vermeintlichen Gefahr eines kommunistischen Aufstandes, die sich scheinbar in dem Reichstagsbrand manifestiert hat.

Die anfangs »lebhafte Besorgnis« des Deutschen Richterbundes, die die Frage der Unabsetzbarkeit der Richter und der Unabhängigkeit der Rechtsprechung betrifft, kann Hitler mit seiner Regierungserklärung vom 23. März zerstreuen; konkrete Garantien hinsichtlich der Unabhängigkeit der Rechtsprechung gibt er allerdings nicht. Zu gerne sind aber die Richter bereit, diese Ausführungen dahingehend zu interpretieren, daß auch die nationalsozialistisch geführte Regierung die richterliche Unabsetzbarkeit als Grundlage des Rechtswesens und damit die Unabhängigkeit der Rechtsprechung anerkennt. In diesem Sinne ist der Deutsche Richterbund auch mit dem Ergebnis einer Audienz zufrieden, die Hitler dem Präsidium am 7. April 1933 gibt, dem Tag, an dem das Gesetz zur Wiederherstellung des Berufsbeamtentums verkündet wird. Repräsentanten aus Regierung und Partei stellen im übrigen die Erfüllung einiger Wünsche in Aussicht, die die Richterschaft schon seit langem hegt, z. B. einen besonderen Ehrenschutz für Richter, Besoldungsverbesserungen, die Schaffung eines »Richterkönigtums«[2].

Es beginnt eine Art Wettlauf der Richter, sich rechtzeitig »in die gemeinsame Kampffront unter der Führung des Reichskanzlers Adolf Hitler« einzureihen.

2 Gemeint ist die Umformung der Richterschaft zu einer machtvollen Elite in Staat und Gesellschaft.

Der Rütli-Schwur

„Wir schwören beim ewigen Herrgott, wir schwören bei dem Geiste unserer Toten, wir schwören bei all denen, die das Opfer einer volksfremden Justiz einmal geworden sind, wir schwören bei der Seele des deutschen Volkes, daß wir unserem Führer auf seinem Wege als deutsche Juristen folgen wollen bis zum Ende unserer Tage."

Quelle: DRiZ 1933, S. 265, S. 272

**Auszug aus der Rede Hitlers
vor dem Reichstag vom 23. März 1933**

„Unser Rechtswesen muß in erster Linie der Erhaltung dieser Volksgemeinschaft dienen. Der Unabsetzbarkeit der Richter auf der einen Seite muß die Elastizität der Urteilsfindung zum Zweck der Erhaltung der Gesellschaft entsprechen. Nicht das Individuum kann der Mittelpunkt der gesetzlichen Sorge sein, sondern das Volk! (Bravo!)
Landes- und Volksverrat sollen künftig mit barbarischer Rücksichtslosigkeit ausgebrannt werden! (Stürmischer, sich immer wieder erneuernder Beifall.)
Der Boden der Existenz der Justiz kann kein anderer sein als der Boden der Existenz der Nation. Möge diese daher auch stets die Schwere der Entscheidungen derer berücksichtigen, die unter dem harten Zwang der Wirklichkeit das Leben der Nation verantwortlich zu gestalten haben.
(Sehr gut! bei den Nationalsozialisten)"

Quelle: Protokoll des Reichstags, 23. 3. 1933, S. 28

„Das *Präsidium des Deutschen Richterbundes* hat unterm 19. März eine Entschließung dahin bekanntgegeben:
Der Deutsche Richterbund begrüßt den Willen der neuen Regierung, der ungeheuren Not und Verelendung des deutschen Volkes ein Ende zu machen. Wir sind überzeugt, daß es dem Zusammenarbeiten aller aufbauwilligen Kräfte gelingen wird, die Gesundung unseres gesamten öffentlichen Lebens und damit den Wiederaufstieg Deutschlands herbeizuführen.
Deutsches Recht gelte in deutschen Landen! Der deutsche Richter war von jeher national und verantwortungsbewußt. Stets war er vom sozialen Empfinden erfüllt, er hat nur nach Gesetz und Gewissen Recht gesprochen. Das muß so bleiben!
Möge das große Werk des Staatsaufbaues dem deutschen Volke alsbald das Gefühl unbedingter Zusammengehörigkeit geben! Der Deutsche Richterbund bringt der neuen Regierung volles Vertrauen entgegen.
Ihm ist der *Preußische Richterverein* mit einer Erklärung vom 20. März gefolgt:
»In dem Aufbruche des deutschen Volkes sehen die preußischen Richter und Staatsanwälte den richtigen Weg, der ungeheuren Not und Verelendung unseres Volkes ein Ende zu machen. Sie sind überzeugt, daß es dem Zusammenarbeiten aller aufbauwilligen Kräfte gelingen wird, die Gesundung unseres gesamten öffentlichen Lebens und damit den Wiederaufstieg Deutschlands herbeizuführen. Deutsches Recht gelte allein in deutschen Landen! Die preußischen Richter und Staasanwälte nehmen die nationale Erneuerung Deutschlands zum Anlaß für das Bekenntnis, daß es ihr heißes Bestreben ist, auf dem Gebiete der Rechtspflege am Neubau des deutschen Rechtes und der deutschen Volksgemeinschaft mitzuarbeiten. Auch für sie gilt es, die Ehre und die Würde des durch die nationale Revolution geschaffenen neuen Staates zu unterbauen und zu stützen.«
[...]
Ferner hat das *Reichsgericht* in einer Plenarsitzung vom 29. März eine Entschließung gefaßt und dem Reichsjustizminister mit der Bitte um Übermittlung an den Reichskanzler mit einem Schreiben überreicht, in dem diesem auch der Dank ausgesprochen wird, daß er Eingriffe in die Rechtspflege verhindert habe. Die Entschließung lautet:
»Das Reichsgericht begrüßt es dankbar, daß der Herr Reichskanzler in der Regierungserklärung vom 23. März 1933 die richterliche Unabsetzbarkeit als Grundlage des Rechtswesens anerkennt. Nur das Bewußtsein seiner Unabhängigkeit kann dem Richter die innere Freiheit geben, deren er zur Führung seines hohen Amtes bedarf. In solcher Freiheit, nur dem Gesetz unterworfen, durch seine Urteilsfindung der Erhaltung der Volksgemeinschaft zu dienen, ist die wahre Aufgabe des Richters. Der Mahnung des Herrn Reichskanzlers, daß der Boden der Existenz der Justiz kein anderer sein könne als der Boden der Existenz der Nation und daß die Justiz daher auch stets die Schwere der Entscheidungen derer berücksichtigen müsse, die unter dem harten Zwange der Wirklichkeit das Leben der Nation verantwortlich zu gestalten haben, darf kein deutscher Richter sich verschließen.«"

Quelle: DRiZ 1933, Seite 122 f.

„Am 7. April d. J. ist eine Abordnung des Präsidiums des DRB von dem Herrn *Reichskanzler* empfangen worden. Der Vorsitzende sprach zunächst den Dank des DRB für die Bewilligung der Audienz und die Erklärung des Herrn Reichskanzlers im Reichstage zur Unabsetzbarkeit der Richter aus und knüpfte daran die Bitte, die Unabhängigkeit der Rechtspflege zu schützen. Er führte etwa folgendes aus: Er könne im Namen sämtlicher deutscher Richter versichern, daß sie geschlossen und mit allen Kräften an der Erreichung der Ziele mitarbeiten würden, die sich die Regierung gesetzt habe. Einmal aus der Überzeu-

Von der Republik in den nationalsozialistischen Staat

Abbildung 86
Düsseldorfer Justizbehörde am 19. April 1933 vor dem Abmarsch zum Fackelzug zu Ehren von Hitlers Geburtstag

gung heraus, daß hinter der jetzigen Regierung der Bolschewismus lauere, dann aber aus dem in jedes Richters Brust verankerten Pflichtbewußtsein, seine ganze Kraft für das Wohl und die Erhaltung des Staates aufzuwenden. Gerade aus dieser Überzeugung und diesem Pflichtbewußtsein heraus seien die deutschen Richter eine wertvolle Hilfe. Staatserhaltend sei der deutsche Richter immer gewesen und werde es bleiben. Mit Lockungen und Drohungen, mit eigens geschaffenen Organisationen wie dem Republikanischen Richterbund habe man versucht, die Politik in die Rechtsprechung hineinzutragen. Die deutschen Richter hätten dies abgelehnt und die Rechtsprechung reingehalten. Wenn sie dies gekonnt hätten, so sei das nur möglich gewesen, weil sie unabhängig gewesen seien. Diese Unabhängigkeit könnten sie nicht entbehren. Das rechtsuchende Publikum habe ein sehr feines Gefühl dafür, ob der Richter nach rechts oder links schaue. Mit dem Verluste des Vertrauens werde die Autorität der Rechtspflege geschädigt, damit aber auch die Autorität des Staates, von der die der Rechspflege nur ein Teil sei. Wir legten alles vertrauensvoll in seine Hand. Der Herr Reichskanzler war mit diesen Ausführungen offenbar einverstanden und erklärte, daß er die Unabhängigkeit der Richter aufrecht erhalten werde, wenn auch gewisse Maßnahmen notwendig seien. Wir dürfen also damit rechnen, daß die in dem Gesetz über das Berufsbeamtentum niedergelegten Bestimmungen so bald als möglich wieder in Wegfall kommen.

Zur Besprechung der Lage, wie sie insbesondere durch die Gleichschaltungsbestrebungen für den DRB geschaffen wird, war eine Vertreterversammlung für den 23./24. April nach Bad Brückenau einberufen, der am 22. April eine Sitzung des Präsidiums vorangehen sollte. Im Anschluß an den DRB hatte der Pr. RV eine eigene Sitzung geplant. Sie fand auf Veranlassung der pr. Justizverwaltung bereits am 21. April abends statt. Am folgenden Tage legten die Vertreter des Pr. RV dem Präsidium die folgende Entschließung vor:

»Der Preußische Richterverein hat das Bekenntnis abgelegt, daß es sein heißestes Bestreben ist, auf dem Gebiete der Rechtspflege am Neubau

Seite 1326　　　　　　Illustrierter Beobachter　　　　　　1933 / Folge 41

Dr. Hans Frank,
Reichsjustizkommissar, Bayerischer Justizminister,
Reichsleiter und Gruppenführer der S.A.

Der deutsche Juristentag in Leipzig

Die 4. Reichstagung des Bundes Nationalsozialistischer Deutscher Juristen

Die feierliche Eröffnung des Juristentages
Blick auf das Rednerpult während der Rede des Reichsjustizkommissars Staatsminister Dr. Frank; dahinter das Abzeichen des Bundes Nationalsozialistischer Deutscher Juristen.

Deutsches Recht über deutschen Landen ist die Sehnsucht aller Volksgenossen und Volksgenossinnen seit Bestehen des deutschen Staates. Recht und Volk, zwei Begriffe, und doch eins. Recht ist der Wille des Volkes. Diese Gedanken stehen dem „Deutschen Juristentag 1933", der in der Zeit vom 30. September bis 3. Oktober 1933 in Leipzig stattfindet, voran.

Wie auf allen anderen Gebieten, so muß der nationale Umschwung namentlich auch auf dem Gebiete des Rechts die stärksten Antriebe auslösen. Den bedeutsamen neuen Inhalten des Volks- und Staatslebens müssen vielfach auch neue Rechtsformeln gegeben werden. Das deutsche Volk, das sich wiedergefunden hat zum Bewußtsein seiner selbst, wird auch sein Recht der neuen Weltanschauung anpassen müssen, die in der Verschmelzung von nationalem und sozialistischem Geiste ihren Ausdruck gefunden hat.

Die Voraussetzung hierfür ist der Juristenstand von hoher geistiger Haltung, von achtunggebietender Tatkraft, von tadelloser Charakterbeschaffenheit. Und wenn auch diese Eigenschaften letztlich ihren Urgrund in der angeborenen Persönlichkeit besitzen, so lassen sie sich doch durch zielbewußte Verbesserungen der bisherigen Vorbildung vertiefen und vielseitiger entfalten, als es bisher geschehen ist. Die akademische Ausbildung wird künftig nicht mehr so sehr auf Vermittlung eines möglichst breiten Wissensstoffes, als vielmehr auf Herausstellung der großen leitenden Gesichtspunkte abzustellen sein, nicht bloß auf Schulung des Intellektes, sondern auch auf Stählung des Willens, auf harmonische Aus-

Die ausländischen Abordnungen von Italien, Ungarn, Polen und Österreich bei der Eröffnungsrede Franks.

Dr. Frank begrüßt den Gruppenführer v. Woyrsch. Ganz rechts: Gruppenführer Dr. Luetgebrune.

Die große Sonntagskundgebung vor dem Reichsgericht in Leipzig während des Deutschlandliedes.

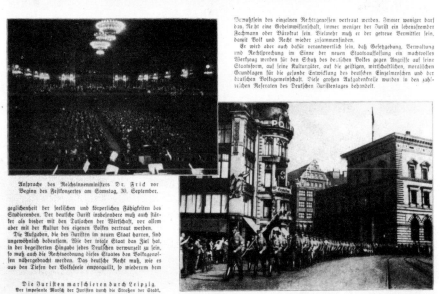

Ansprache des Reichsinnenministers Dr. Frick vor Beginn des Festkonzertes am Samstag, 30. September.

geglichenheit der seelischen und körperlichen Fähigkeiten des Studierenden. Der deutsche Jurist insbesondere muß auch stärker als bisher mit den Tatsachen der Wirtschaft, vor allem aber mit der Kultur des eigenen Volkes vertraut werden.

Die Aufgaben, die des Juristen im neuen Staat harren, sind ungewöhnlich bedeutsam. Wie der totale Staat das Ziel hat, in der begeisterten Hingabe jedes Deutschen verwurzelt zu sein, so muß auch die Rechtsordnung dieses Staates den Volksgenossen nähergebracht werden. Das deutsche Recht muß, wie es aus den Tiefen der Volksseele emporquillt, so wiederum dem

Bewußtsein des einzelnen Rechtsgenossen vertraut werden. Immer weniger darf das Recht eine Geheimwissenschaft, immer weniger der Jurist ein lebensfremder Fachmann oder Bürokrat sein. Vielmehr muß er der getreue Vermittler sein, damit Volk und Recht wieder zusammenfinden.

Er wird aber auch dafür verantwortlich sein, daß Gesetzgebung, Verwaltung und Rechtsprechung im Sinne der neuen Staatsauffassung ein machtvolles Werkzeug werden für den Schutz des deutschen Volkes gegen Angriffe auf seine Staatsform, auf seine Kulturgüter, auf die geistigen, wirtschaftlichen, moralischen Grundlagen für die gesunde Entwicklung des deutschen Einzelmenschen und der deutschen Volksgemeinschaft. Diese großen Aufgabenkreise wurden in den zahlreichen Referaten des Deutschen Juristentages behandelt.

Die Juristen marschieren durch Leipzig.
Der imposante Marsch der Juristen durch die Straßen der Stadt.

des deutschen Rechtes und der deutschen Volksgemeinschaft gemeinschaftlich mitzuarbeiten. Dieses Ziel kann nur erreicht werden, wenn die preußischen Richter und Staatsanwälte sich in die gemeinsame Kampffront unter der Führung des Reichskanzlers Adolf Hitler eingliedern. Unser Kampfabschnitt ist von dem Bund nationalsozialistischer deutscher Juristen abgesteckt und festgelegt. Deshalb fordern wir alle unsere Mitglieder auf, sich diesem Bund als Mitglieder anzuschließen. Unbedingte Geschlossenheit ist die Vorbedingung für ein Obsiegen in unserem Kampf. Nicht lange zu wägen gilt es heute. Erfolg hat nur, wer wagt und handelt.«

Die Berliner Mitglieder des engeren Vorstandes haben bereits ihren Beitritt zur Nationalsozialistischen Deutschen Arbeiterpartei und zum Reichsbund nationalsozialistischer Juristen erklärt.

Quelle: DRiZ 1933, S. 155 f.

Erklärung des Deutschen Notarvereins vom 20. März 1933

Der Deutsche Notarverein begrüßt die heute kundgegebene Erklärung des Deutschen Richterbundes und schließt sich ihr an.

Auch wir deutschen Notare sind davon überzeugt, daß es dem Zusammenarbeiten aller aufbauwilligen Kräfte gelingen wird, die Gesundung unseres gesamten öffentlichen Lebens und damit den Wiederaufstieg Deutschlands herbeizuführen.

Quelle: Z.D.Not.V. 1933, S. 202

Erklärung des Deutschen Anwaltvereins

Der Vorstand des Deutschen Anwaltvereins begrüßt die Erstarkung nationalen Denkens und Wollens, die sich im deutschen Volke vollzogen hat. Er wird seine ganze Kraft einsetzen, um der Gesundung von Volk und Reich zu dienen, den Staat in Sicherheit zu gründen und die Verbundenheit des Volkes über Stände und Berufe hinweg herzustellen.

In voller Würdigung der Tatsache, daß große Umwälzungen sich im Wege der Machtentfaltung durchzusetzen pflegen, sind wir von der Überzeugung durchdrungen, daß der Wiederaufbau des Staates sich nur vollziehen kann auf der Grundlage des Rechtes und der Gerechtigkeit mit dem Ziel, alle im Volke vorhandenen Kräfte durch gerechte Behandlung für die gemeinsame Sache zu gewinnen.

Die deutsche Anwaltschaft, der Not des Volkes verbunden, sieht in der Erfüllung ihrer Aufgabe, dem Rechte zu dienen, die Ordnung zu fördern, dem Redlichen sein Recht zu sichern und die Schwachen zu schützen, den Weg, auf dem sie das Ihrige zur Gesundung des Reiches und zur Überwindung aller Zerrissenheit beisteuern kann. In diesem Dienste am nationalen Gedanken einig und geschlossen zu bleiben, dazu rufen wir die deutsche Anwaltschaft auf.

Berlin, den 26. März 1933.

Der Vorstand des Deutschen Anwaltvereins
Dr. Rudolf Dix,
Präsident.

Quelle: Anwaltsblatt 1933, S. 89

4. Der Reichsjustizminister am Scheideweg

Mit Hilfe der SS entmachtet Hitler Ende Juni 1934 die für ihn zum politischen Ballast gewordene SA, die – so heißt es offiziell – die Macht in Partei und Staat an sich reißen will. Hitler läßt am 30. Juni und am 1. und 2. Juli 1934 eine große Zahl von SA-Führern verhaften und erschießen, unter ihnen den Stabschef der SA, Ernst Röhm. Zugleich werden offene Rechnungen beglichen und – im wesentlichen ehemalige – Gegner aus Partei, Staat und Gesellschaft liquidiert.

Die rechtliche Bewältigung der Morde an Röhm und anderen wird für die Justiz zur Stunde der Wahrheit, insbesondere für einen Reichsjustizminister, der deutschnational und nicht nationalsozialistisch geprägt ist, einen autoritären Rechtsstaat anstrebt und in der Justiz ein hohes Ansehen genießt. Selbst wenn man – wie Gürtner – an einen Putschversuch der SA glaubt und die Hinrichtung revoltierender SA-Führer ohne gerichtliches Verfahren als gerechtfertigt ansieht, bleibt die Erschießung von offensichtlich Unbeteiligten.

Dennoch: Das Gesetz über »Maßnahmen der Staatsnotwehr« vom 3. Juli 1934 trägt die Unterschrift Gürtners; keine Proteste, keine Rücktritte. Die Strafverfolgung wird vereitelt. Über Recht und Unrecht entscheiden Parteigerichte und der Führer.

Abbildung 87
Der deutsch-national geprägte Reichsjustizminister Gürtner am Scheideweg

Abbildung 88
SA-Stabschef Ernst Röhm

**Gesetz über Maßnahmen der Staatsnotwehr
Vom 3. Juli 1934**

Die Reichsregierung hat das folgende Gesetz beschlossen, das hiermit verkündet wird:

Einziger Artikel
Die zur Niederschlagung hoch- und landesverräterischer Angriffe am 30. Juni, 1. und 2. Juli 1934 vollzogenen Maßnahmen sind als Staatsnotwehr rechtens.

Berlin, den 3. Juli 1934.

Der Reichskanzler
Adolf Hitler

Der Reichsminister des Innern
Frick

Der Reichsminister der Justiz
Dr. Gürtner

Quelle: RGBl. I, 1934, S. 529

Der Politische Polizeikommandeur
der Länder
               Adjutant
            <u>B.-Kr.H 8/35 Ads.</u>
           Bei Rückantwort stets anzugeben

           Berlin GW 11, den 18. I. 1935
           Prinz-Albrecht-Straße 8
Einschreiben!

An
Frau Erna Häbich,
Stuttgart-Botnang
Neue Stuttgarter Str. 48, I.

Auf Grund Ihrer am 19. II. 1934 an den Führer gerichteten und nach hier abgegebenen Eingabe teile ich Ihnen im Auftrage des Politischen Polizeikommandeurs der Länder, Reichsführer SS Himmler, mit, daß Ihr Sohn Walther *Häbich* am 1. VII. 1934 im Zuge der Röhmrevolte standrechtlich erschossen worden ist.
Da es sich bei der Erschießung Ihres Sohnes um einen Akt der Staatsnotwehr gehandelt hat, liegt zu weiteren Erklärungen keine Veranlassung vor.

Heil Hitler
Stempel, Unterschrift (unleserlich)
Hauptmann der Landespolizei

Quelle: KZ-Gedenkstätte Dachau

Zu den Opfern außerhalb der SA gehören:

Abbildung 89
Reichswehr-Oberst von Bredow, ebenfalls Opfer der Röhm-Aktion

Von der Republik in den nationalsozialistischen Staat

Abbildung 90
Ritter von Kahr, ein weiteres Opfer der Röhm-Aktion

Abbildung 91
General von Schleicher und Gattin beim Pferderennen im Grunewald: Beide werden ebenfalls am 30. Juni 1934 ermordet.

Abbildung 92
Dr. Erich Klausener, Leiter der Katholischen Aktion in Berlin, wird im Rahmen der Röhm-Aktion von der SS ermordet.

Statt jeder besonderen Anzeige

Ergeben in den heiligen Willen Gottes, stehen wir tief erschüttert an der Bahre meines über alles geliebten Mannes und treuesten Kameraden, meines sorgenden Vaters, unseres unvergeßlichen Sohnes, Bruders, Schwagers und Onkels

Dr. Erich Klausener

Ministerialdirektor im Reichsverkehrsministerium
Vorsitzender der Katholischen Aktion
im Bistum Berlin
Komtur des St. Gregoriusordens
Ritter des Eisernen Kreuzes erster Klasse

Er wurde uns nach einem Leben der Liebe und des Opfers für Familie, Kirche und Vaterland am 30. Juni 1934 plötzlich entrissen.

Berlin W 62 und Düsseldorf.
Lutherstr. 47

    Hedwig Klausener, geb. Kay
    Erich Klausener
    Elisabeth Klausener, geb. Biesenbach
    Dr. Bruno Klausener
    Maria Klausener, geb. Springmühl.

Die Zeit des Requiems und der Beisetzung wird noch bekanntgegeben.

Abbildung 93

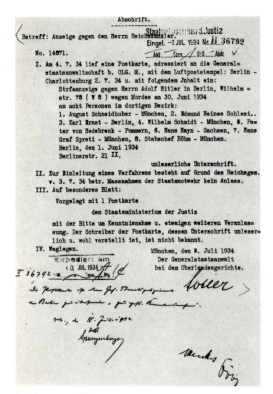

Anzeige gegen Hitler

Dritte Sitzung des Reichstags
Freitag, den 13. Juli 1934

„ Die Sitzung wird um 8 Uhr 2 Minuten abends durch den Präsidenten eröffnet.

Präsident Göring: Die Sitzung ist eröffnet.
Wir treten in die Tagesordnung ein:
Entgegennahme einer Erklärung der Reichsregierung.
Das Wort hat der Führer und Reichskanzler.

[...] Ende Juni war ich daher entschlossen, dieser unmöglichen Entwicklung ein Ende zu setzen, und zwar ehe noch das Blut von zehntausend Unschuldigen die Katastrophe besiegeln würde.
(Stürmischer Beifall)
Da die Gefahr und die auf allen lastende Spannung allmählich unerträglich geworden war und gewisse Parteistellen und Staatsstellen pflichtgemäß Abwehrmaßnahmen treffen mußten, erschien mir die eigenartige plötzliche Verlängerung des Dienstes der SA vor dem Urlaub bedenklich, und ich entschloß mich daher, Samstag, den 30. Juni, den Stabschef seines Amtes zu entheben, zunächst in Verwahrung zu nehmen und eine Anzahl von SA-Führern, deren Verbrechen klar zutage lag, zu verhaften. [...]
Meutereien bricht man nach ewig gleichem ehernen Gesetz. Wenn mir jemand einen Vorwurf entgegenhält, weshalb wir nicht die ordentlichen Gerichte zur Aburteilung herangezogen hätten, dann kann ich ihm nur sagen: In dieser Stunde war ich verantwortlich für das Schicksal der deutschen Nation und damit des deutschen Volkes oberster Gerichtsherr. [...]
Wenn aber drei Hochverräter in Deutschland mit einem auswärtigen Staatsmanne eine Zusammenkunft vereinbaren und durchführen, die sie selbst als »dienstlich« bezeichnen, und zwar unter Fernhaltung des Personals durchführen und mir durch strengsten Befehl verheimlichen,
(hört! hört!)
dann lasse ich solche Männer totschießen,
(lauter Beifall)
auch wenn es zutreffend sein sollte, daß bei einer vor mir so verborgenen Beratung nur über Witterung, alte Münzen und dergleichen gesprochen wurde.
(Erneute lebhafte Zustimmung) ...
Um zu verhindern, daß die politische Leidenschaft und Empörung an weiteren Belasteten zur Lynchjustiz greifen konnte, wurde, nachdem die Gefahr beseitigt und die Revolte als niedergebrochen gelten konnte, noch am Sonntag, dem 1. Juli der strengste Befehl gegeben, jede weitere Vergeltung zu unterlassen. Es ist damit seit Sonntag, den 1. Juli nachts der normale Zustand wiederhergestellt. Eine Anzahl Gewalttaten, die mit dieser Aktion in keinem Zusammenhang stehen, werden den normalen Gerichten zur Aburteilung übergeben ...
So wie ich bereit bin, vor der Geschichte die Verantwortung zu übernehmen, für die 24 Stunden der bittersten Entschlüsse meines Lebens, in denen mich das Schicksal wieder gelehrt hat, in banger Sorge mit jedem Gedanken das Teuerste zu umkrallen, was uns auf dieser Welt gegeben ist: das deutsche Volk und das Deutsche Reich!
(Stürmischer Beifall. – Die Abgeordneten erheben sich von den Plätzen und bringen wiederholt Heil-Rufe aus.)

Präsident Göring: Mein Führer! Kameraden! Noch stehen wir alle unter dem gewaltigen Eindruck der Ausführungen unseres Führers. Er hat Rechenschaft abgelegt vor unserem deutschen Volke, das Sie hier vertreten.
Was wir jetzt zu tun haben, mein Führer, ist für uns, für jeden einzelnen eine Selbstverständlichkeit. Wenn heute der Reichstag beschließt:

Der Reichstag billigt die Erklärung der Reichsregierung und dankt dem Reichskanzler für seine tatkräftige und entschlossene Rettung des Vaterlandes vor Bürgerkrieg und Chaos, so ist das nur der Ausdruck dessen, was das ganze Volk heute Mann für Mann und Frau für Frau erklären würde. Und wenn das Ausland, wenn die ausländische Presse glaubt, Schauerdinge über Deutschland berichten zu können, dann mögen sie draußen den kleinen Parteigenossen/die kleine Parteigenossin fragen: »Wie stehst Du zu diesem Satz?«. Ein einziger Aufschrei wird es sein: Wir alle billigen immer das, was unser Führer tut. (Brausender Beifall. – Die Abgeordneten erheben sich unter stürmischen Heilrufen.)

Die Entschließung ist angenommen. Damit ist die heutige Sitzung geschlossen.
(Die Abgeordneten singen die erste Strophe des Horst-Wessel-Liedes.)
(Schluß der Sitzung 9 Uhr 52 Minuten.)

Quelle: Auszug aus dem Protokoll des Reichstags vom 13. Juli 1934, S. 21 ff.

Abbildung 94
13. Juli 1934: Berliner hören am Wilhelm-Platz die von Lautsprechern übertragene Rede Adolf Hitlers zur Röhm-Aktion.

Resolutionsentwurf eines bayerischen Richters

Promemoria
Nach den Juni-Morden 1934 hatte ich das Gefühl, daß jetzt etwas Entscheidendes geschehen könne. Ich wußte zwar nicht, daß es schon irgendwo Widerstandskräfte gebe, aber immerhin war die Marburger Rede Papens vorangegangen, wir hatten noch vorwiegend unsere alten Beamten und Generäle und mir schien es, man könne mit irgendeinem entschlossenen Schritt selbst von verhältnismäßig unbeachteter Stelle aus die Lawine auslösen, die das Schandregime verschlingen könne. Ich war daher sehr dankbar, als der Präsident meines Gerichts in den ersten Julitagen an mich herantrat und mich bat, ihm doch etwas vorzuschlagen, womit wir diesem Unwesen entgegentreten könnten. Ich sagte ihm darauf, ich könne ihm am nächsten Tag einen solchen Vorschlag vorlegen. Demgemäß riet ich ihm am 12. Juli 1934, die Räte des Gerichts zu versammeln und ihnen folgenden Entwurf zur Beschlußfassung zu unterbreiten. Dieser Beschluß sollte dann heimlich gedruckt oder sonst vervielfältigt und, auch in Gestalt von Plakaten, an die Öffentlichkeit gebracht werden. Der Entwurf lautete folgendermaßen:

Beschluß
Die Reichsregierung hat am 2. Juli 1934 das folgende Gesetz beschlossen und in Nr. 7 des Reichsgesetzblatts I S. 529 veröffentlicht:

»Einziger Artikel
Die zur Niederschlagung hoch- und landesverräterischer Angriffe am 30. Juni, 1. und 2. Juli 1934 vollzogenen Maßnahmen sind als Staatsnotwehr rechtens.«

Unterzeichnet ist dieses »Gesetz« nicht nur von Hitler und Frick, sondern auch von dem Reichsjustizminister Dr. Gürtner. Dieses Gesetz ist rechtswidrig und ungültig. Der Gesetzgeber kann zwar unabsehbar Vieles mit Rechtswirksamkeit anordnen, aber nicht alles. Die Grenze seiner Befugnisse zu überschreiten, ist er in ruhigen Zeiten kaum je veranlaßt. So konnte in der Rechtslehre die irrige Meinung entstehen, der Gesetzgeber vermöge in Kraft zu setzen, was ihm beliebt; er sei die »Quelle« des Rechts. Der Gegenbeweis kann hier nur mittels eines Beispiels geführt werden. Gibt es einen Menschen auf der Welt, der ein Gesetz für gültig hielte, wonach jeder deutsche Staatsbürger verpflichtet wäre, sich an bestimmten Tagen des Jahres von Mördertrupps, die die Regierung aussenden werde, nach deren Gutdünken widerstandslos töten zu lassen? Ein solches Gesetz wäre ohne allen Zweifel null und nichtig. Ein solches Gesetz haben wir aber in dem oben angeführten vor uns; nur bezieht es sich auf Vergangenes, nicht auf die Zukunft.

Es gibt freilich eine Rechtfertigung von Handlungen durch Staatsnotwehr. Aber wenn Handlungen in Staatsnotwehr begangen sind, so bedarf es keines Gesetzes, um diese Rechtfertigung erst herbeizuführen. Und waren die Handlungen nicht in Staatsnotwehr vorgenommen, so kann sie kein Gesetzgeber mit Hilfe eines Stückchens bedruckten Papiers nachträglich in Staatsnotwehrakte verwandeln. Überdies kann der Verüber oder Veranlasser einer Tat zwar in Notwehr handeln, jedoch nicht selber bindend darüber entscheiden, ob er es getan hat. Hat der Gesetzgeber selbst gewisse Taten verübt oder veranlaßt, so kann auch er nicht Richter in eigener Sache sein und sich nicht durch einen Mißbrauch seiner gesetzgeberischen Gewalt selber schuldlos machen. Ein solches Gesetz ist in Wahrheit eine Art gerichtlichen Urteils, und als vom Beschuldigten selbst erlassen, nichtig.

Notwehr kann nur gegen rechtswidrige Angriffe begangen werden. Ob und wieweit solche Angriffe stattgefunden haben, entzieht sich noch heute jeder Beurteilung. Wie die vorgenommenen Tötungen beweisen, befanden sich die Verdächtigen in der Hand der Regierung. Warum hat man sie nicht zur Haft gebracht und vor Gericht gestellt? Warum hat man, wenn man schon an Richterstelle auftrat, nicht wenigstens die Taten, auf die sich das Urteil beziehen sollte, genau bezeichnet? Das Gesetz glaubt, selbst dieser Pflicht überhoben zu sein; es breitet den Mantel eines grauenvollen und gewissenlosen Verzeihens über alles, was in jenen Freinächten geschehen ist, sei es, was es mag. Alle unter dem entsprechenden Vorwand in jenem Zeitraum vorgenommenen »Maßnahmen« sollen in Bausch und Bogen rechtmäßig gewesen sein. Wie kann man eine Handlung als in Notwehr begangen hinstellen, wenn man die Handlung selbst nicht kennt und nicht zu kennen noch zu nennen wagt? Diese Art von Staatsnotwehr hat offenbar die Eigenschaft, selbst bei Urteilslosen nur dank der strengsten Geheimhaltung ihres grausigen Anwendungsbereichs einigen Glauben finden zu können. Soll es etwa ein Staatsnotwehrakt gewesen sein, daß der alte Herr v. Kahr ermordet wurde? Und wie soll dort Notwehr vorgelegen haben, wo die Mörder einen Menschen umbrachten, der nicht einmal in irgendeinem Sinne verdächtig oder verhaßt war, sondern mit einem anderen verwechselt wurde oder aus einem sonstigen Irrtum einen schrecklichen Tod erleiden mußte? Auch ein solches, wahrhaft zum Himmel schreiendes Verbrechen ist begangen worden; sein Opfer ist Dr. Willi Schmid in München. Und all das soll Notwehr gewesen sein, weil es dem Veranlasser, der zugleich Gesetzgeber ist, so beliebt? Nimmermehr! Hier zeigt sich zugleich, wohin diese Theorie und die Ausschaltung der Gerichte führt; nicht nur die Entscheidung über die Schuld derer, die man herausgriff, bleibt der unnachprüfbaren Willkür überlassen; schon daß man nicht ganz andre Menschen umbringt, als man beabsichtigte, hängt allein vom Zufall ab.

Von einem Arzt, der in Pestzeiten seine Dienste einstellt und das Weite sucht, ist nicht viel zu halten. Wir Richter des Bayerischen ... gerichts, die wir unser Leben im Dienst des Rechts verbracht haben und in Ehren grau geworden sind, wir wollen nicht einem solchen Arzte gleichen; wir wollen das Recht in der Stunde der höchsten Gefahr nicht im Stich lassen. Den Tod und die irdischen Drangsale, die man über uns verhängen mag, fürchten wir nicht; wohl aber fürchten wir die Schande und das Grauen, darein wir das deutschen Volk versinken sehen. Darum haben wir uns zusammengefunden und erklären, unseres Richtereides eingedenk, feierlich vor Gott und der Welt:

»Wenn wirklich die von der Reichsregierung verkündeten Grundsätze von nun an deutsches Recht sein sollen, so haben wir mit diesem Rechte nichts mehr gemein. Wir sind Richter, nicht Götzendiener.«

Der Präsident fand dies sehr gut, wünschte aber 24 Stunden Bedenkzeit. Am nächsten Tag erklärte er den Vorschlag für unausführbar. Zunächst fehle uns die Zuständigkeit. Ich erwiderte, es handle sich um eine außeramtliche Kundgebung; die Zuständigkeit ergebe sich aus unsrem Beruf. Dann meinte er, einige Richter (ich glaube zwei) ständen doch bekanntlich auf der anderen Seite. Ich riet ihm, diese Herren einfach nicht einzuladen. Nun kam sein eigentliches Argument: es sei zu gefährlich. Die Gefahr konnte ich nicht bestreiten, wies aber darauf hin, daß es wohl nur uns beiden wirklich an den Kragen gehen werde; wenn schon einmal gestorben werden müsse, sei das doch der schönste Tod, der für Freiheit und Recht. Übrigens sei die Partei jetzt so erschüttert, daß wir, zumal das Volk beunruhigt, ja aufgewühlt sei, einen triumphalen Erfolg haben könnten: Sturz des Schandregimes und Rückkehr zur Vernunft. Das bot ihm nicht genug Sicherheit. Darum fügte ich noch an, wenn er diesen Beschluß herbeiführe, werde sein Gericht von morgen ab das berühmteste der Welt sein. Das machte ihn nochmals stutzig, vermochte ihn jedoch von seinem Entschluß nicht mehr abzubringen. Er verbrannte meinen Entwurf vor meinen Augen und riet mir, mit meinem Konzept ebenso zu verfahren. Damit war die Sache abgetan. Meinen Entwurf aber habe ich mir aufbewahrt und hier abgeschrieben.

Quelle: VfZ 1957, S. 102 ff.

Die Justiz vollzieht den entscheidenden Schritt zu ihrer Selbstgleichschaltung, indem sie offen anerkennt, daß die Rechtsordnung des Staates unter dem Vorbehalt der Bedürfnisse der »Bewegung« steht. Die allgemeine Verbindlichkeit der Gesetze soll zwar im Grundsatz erhalten bleiben, sie darf aber aus »nationalen« Gründen durchbrochen werden. Um außergesetzliche Maßnahmen möglichst zu vermeiden, muß die inhaltliche Ausgestaltung der Gesetze den Wünschen der nationalsozialistischen Führung in vollem Umfang entsprechen.
Auf diesem Wege wird der Rechtsstaat immer stärker ausgehöhlt; nach außen bleibt eine brüchige Fassade von Recht und Gerechtigkeit. Der Inhalt der Gesetze stellt mehr und mehr nur noch eine Generalermächtigung für Willkürmaßnahmen dar. Man will die politischen Gegner und alle anderen Mißliebigen mit »barbarischer Rücksichtslosigkeit« verfolgen, aber in einem »geordneten« Verfahren.

Funkspruch!
Berlin Nr.: 110
An sämtliche Stapostellen, politische Polizeien der Länder

Betrifft: Säuberungsaktion.
Auskünfte an Angehörige und Bekannte der im Zuge der Säuberungsaktion Erschossenen oder Festgenommenen über den Grund zur Erschießung oder die erfolgte Festnahme sind nicht zu erteilen. Ich untersage es auch sämtlichen Beamten und Angestellten der Geheimen Stapo und der politischen Polizeien, amtlichen Stellen Auskünfte über den Grund der im Zuge der Säuberungsaktion getroffenen Maßnahmen zu machen. Derartige Auskünfte sind mit dem Bemerken »Hierüber herrscht Schweigepflicht« höflichst aber energischst in jedem Fall abzulehnen. Die Gesuche von Stellen der Justiz Erhebungen anzustellen widerspricht dem Gesetz der Staatsnotwehr und ist abzulehnen. Aufs strengste werde ich jeden zur Verantwortung ziehen, der Dritten gegenüber seine Wahrnehmungen über die Säuberungsaktion vorsätzlich oder fahrlässig preisgibt.
Gestapo Berlin
Pol. Polizei Kommandeur.

Staatspolizeistelle Köln, den 5. Juli 1934
für den Regierungsbezirk Köln
Z. Insp.Nr.:

Abschrift übersende ich ergebenst zur gefälligen Kenntnis und weiteren Veranlassung.
Zusatz für die Landräte:
Abdrucke für die Bürgermeister sind beigefügt.

gez. Dr. Möller.
Beglaubigt: Angestellte

An
den Herrn Polizeipräsidenten, Köln
den Herrn Oberbürgermeister, Bonn.
die Herren Landräte des Bezirks.
die Staatspolizeistelle – Abt. Köln-Stadt.

Quelle: H STA Düsseldorf, RW 18/2

Der Führer schützt das Recht
Zur Reichstagsrede Hitlers vom 13. Juli 1934

„ II. Der Führer schützt das Recht vor dem schlimmsten Mißbrauch, wenn er im Augenblick der Gefahr kraft seines Führertums als oberster Gerichtsherr unmittelbar Recht schafft: »In dieser Stunde war ich verantwortlich für das Schicksal der deutschen Nation und damit des deutschen Volkes oberster Gerichtsherr«. Der wahre Führer ist immer auch Richter. Aus dem Führertum fließt das Richtertum. [...]
III. In scharfer Entgegensetzung hat der Führer den Unterschied seiner Regierung und seines Staates gegen den Staat und die Regierungen des Weimarer Systems betont: »Ich wollte nicht das junge Reich dem Schicksal des alten ausliefern.« [...] "

Quelle: Carl Schmitt, DJZ 1934, S. 946 ff.

Göring vor den Preußischen Generalstaatsanwälten und Oberstaatsanwälten zum »Röhm-Putsch« (Auszug):

„ Damit ergibt sich für Sie, meine Herren, als die Hüter des Rechts die ganz klare Einstellung, daß Sie diesen Staat mit allen Ihren Mitteln zu verteidigen haben, daß jeder Angriff, von welcher Seite er auch immer kommen mag, als Angriff auch gegen den Führer zu betrachten ist. Die letzten Wochen und Monate waren derartig furchtbar: die allgemeine Unsicherheit war gestiegen, man war überhaupt nicht mehr instande, richtig zu arbeiten. Unter anderem lag nach meinen Begriffen auch die Justiz mehr oder weniger vollständig lahm. Fälle, die einer absoluten Verfolgung bedurft hätten, sind nicht verfolgt worden. Ich habe immer wieder Klagen über Staatsanwälte und Oberstaatsanwälte bekommen, in denen mir nachgewiesen wurde, daß eine Anklage nicht aufgenommen und nicht vertreten wurde, nicht vielleicht deshalb, weil sie nicht einer Verfolgung wert war, sondern ganz klar und eindeutig deshalb, weil sich die Klage gegen eine Person gerichtet hat, von der der Herr Staatsanwalt angenommen hat, daß er sie nicht verfolgen solle und dürfe. Meine Herren, wir kennen wirklich nicht jenen übertriebenen Satz, daß alles zusammenbrechen könne, wenn nur das Recht bleibt, sondern wir sehen das Recht auch nicht als etwas Primäres an, sondern das Primäre ist und bleibt das Volk. Erst war das Volk, und das Volk hat sich den Staat geschaffen, und erst als der Staat war, hat er das Recht geschaffen. Es ist also eine Folge des Volkes, eine Grundlage für sein Zusammenleben und Zusammenwirken. Deshalb sind wir frei von jener eigenartigen Einschätzung des Begriffs: Recht über alles hinweg. Aber das Recht zur Erhaltung des Staates und des Volkes muß selbstverständlich mit allem Nachdruck betont und vertreten werden. Zu diesem Rechtsbegriff gehört auch im gewissen Sinne, daß selbstverständlich jeder das Recht zu achten hat, gleichgültig, in welcher Lage er sich befindet. Und dieses Recht – das muß immer wieder betont werden – ist ja von uns geschaffen, und dort, wo es uns nicht paßt, wird es ja umgeändert. Es ist ganz klar und eindeutig zum Ausdruck gebracht worden, daß das Recht jetzt dem nationalsozialistischen Staat zu dienen hat. Als ich zum ersten Mal Gelegenheit hatte, vor einigen von Ihnen zu sprechen, habe ich das damals etwas scharf zusammengefaßt, weil es in jenen Anfangstagen war, um außerordentlich klar festzulegen, in welcher Richtung das Recht zu liegen hat. Ich formulierte damals den Satz: Recht ist in Deutschland der Wille des Führers, und das Recht war in Preußen mein Wille in seiner Verfolgung. Damit wollte ich nichts anderes gesagt haben, als daß der Wille gleichgeschaltet war mit den Normen des Rechts, und daß dieses Recht nicht als etwas von uns nationalsozialistischen Führern Feindliches oder Entgegenstehendes angesehen wurde, sondern daß das Recht und das Gesetz sich von da ab mit unserem Willen

deckten, den ich verantwortlich war vor dem Führer klarzulegen und der Führer vor seinem Volk und der Zukunft seines Volkes ...
Die Folgen der Zeit vom 30. Juni bis zum 2. Juli dürfen aber nicht so sein, daß nun, nachdem wir durch diese Handlung die Rechtsgrundlagen haben festlegen wollen, eine neue Rechtsunsicherheit entsteht, indem falsche Auffassungen vorherrschen. Wie gesagt: die Todesurteile, die hier ohne ein Gericht, die aus Staatsnotwehr heraus von dem verantwortlichen Lenker des Staates gesprochen worden sind, sind rechtens. Sie werden gedeckt vom Führer und in Verfolg seiner Vollmacht von mir. Jeder, der hierbei gefallen ist, sei es, daß die Exekution an ihm stattgefunden hat, sei es, daß er durch Selbstmord oder Widerstand gegen die Staatsgewalt gefallen ist, ist somit rechtens gefallen. Sie, meine Herren, geht es nicht an, ob wir hier richtig gehandelt haben, ob wir die richtigen Personen getroffen haben, Sie geht es nur an, festzustellen, welche Verurteilten es sind. Das allein muß Sie interessieren. Sie müssen also wissen: Schmidt=Breslau ist rechtens erschossen worden. Also: Hände davon; Auskünfte sind nicht einzuholen. Selbstverständlich müssen Sie das wissen, sonst könnte heute jeder Mord und Totschlag begangen werden, und es könnte immer heißen, das sei nun einmal verhängt worden. Deshalb werden jeweils den Oberstaatsanwälten und Staatsanwälten für ihren Bereich durch das Justizministerium die Namen bekannt gegeben werden, um die es sich hier handelt. Bezüglich dieser Namen hat überhaupt nichts weiter zu erfolgen, ist keine Auskunft einzuholen. Die Staatspolizeistellen sind angewiesen, keine Auskunft zu geben ...

Quelle: Akten des Reichsjustizministeriums, BA, R 22/4277

Abbildung 95
Karikatur aus dem »Manchester Guardian«: Die Zähmung der SA – jetzt grüßen sie mit beiden Armen!

2. Themenkreis:
Nationalsozialistisches Denken in Rechtsprechung, Gesetzgebung und Justizverwaltung

1. Ideologische Grundlagen des Nationalsozialismus

1.1 »Du bist nichts, dein Volk ist alles« – Die Volksgemeinschaft

Abbildung 96
Die Gemeinschaft der »Volksgenossen« (Neue Wache Berlin 1933)

Nationalsozialistisches Denken 105

„ Die ganze Vorstellungswelt der Grundrechte, der Entgegensetzung von Individuum und Staat, der Idee eines ursprünglichen und unverletzlichen Freiheitsbereiches der Einzelperson ... widerspricht der nationalsozialistischen Auffassung grundsätzlich, ...

Quelle: Scheuner, Zeitschrift für die gesamte Staatswissenschaft 1939, S. 245, 249

Es gibt kein »Individuum«, das losgelöst von der völkischen Gemeinschaft und frei von allen politischen Bindungen seinen geistigen oder materiellen Interessen allein zu leben berechtigt wäre. Es gibt keine persönliche, vorstaatliche und außerstaatliche Freiheit des Einzelnen, die vom Staat zu respektieren wäre. An die Stelle des isolierten Individuums ist der in die Gemeinschaft gliedhaft eingeordnete Volksgenosse getreten, der von der Totalität des politischen Volkes erfaßt ... ist ...

Quelle: Huber, Zeitschrift für die gesamte Staatswissenschaft 1936, S. 438, 440

Der totale Staat muß ein Staat der totalen Verantwortung sein. Er stellt die totale Inpflichtnahme des Einzelnen für die Nation dar ...
Nicht, daß der Staat bis in die kleinsten Zellen des Volkslebens hinein Gesetze und Befehle ergehen läßt, ist wesentlich, sondern daß er auch hier eine Verantwortung geltend macht, daß er den Einzelnen zur Rechenschaft ziehen kann, der sein persönliches Geschick nicht der Nation völlig unterordnet. Dieser Anspruch des Staates, der ein totaler ist und an jeden Volksgenossen gestellt ist, macht das Wesen des Staates aus ... **„**

Quelle: Forsthoff, Der totale Staat, Hamburg 1933, S. 42

Abbildung 97
Die Gemeinschaft der »Volksfeinde« (KZ Sachsenhausen)

1.2 »Mensch ist nicht gleich Mensch – Recht ist nicht gleich Recht« – Völkische Ungleichheit

Abbildung 98
Kinderhände – bei einer Wahlkampfreise Hitlers

Abbildung 99
Kinderhände – im Warschauer Ghetto

„Nur der Deutsche, der sich zur deutschen Kultur und Schicksalsgenossenschaft bekennt, kann staatsbürgerliche Rechte ausüben ... Die Rechte und Interessen der Deutschen gehen vor denen der Angehörigen fremder Völker ...

Quelle: Feder, Das Programm der NSDAP und seine weltanschaulichen Grundgedanken, München 1930, S. 32 ff.

Rechtsgenosse ist nur, wer Volksgenosse ist; Volksgenosse ist, wer deutschen Blutes ist. Dieser Satz könnte anstelle des die Rechtsfähigkeit »jeden Menschen« aussprechenden § 1 BGB an die Spitze unserer Rechtsordnung gestellt werden ...
Der Nichtrechtsgenosse ist Rechtssubjekt, er genießt eine beschränkte Rechtsfähigkeit, die ihm von der Volksgemeinschaft als Rechtsgemeinschaft in bestimmtem Umfange zugestanden wird ...

Quelle: Larenz, in: Grundfragen der neuen Rechtswissenschaft, Berlin 1935, S. 241 ff.

Nationalsozialistisches Denken

Aus der rassischen Substanz der völkischen Gleichheit ergibt sich auch die grundlegende wesensmäßige Unterscheidung des Artgleichen und des Artfremden. Eine Gleichheit zwischen ihnen kann in allen wesentlichen sozialen und rechtlichen Beziehungen nicht bestehen...
Keine Maßnahme hat so sehr wie dieser Ausbau des deutschen Rassenrechts den Wesensunterschied zwischen dem völkischen Gleichheitsdenken und der Auffassung der westlichen Demokratie ausgeprägt...
Zur Substanz der Artgleichheit gehört aber – auch darin zeigt sich die politische Natur des Begriffes – nicht nur die Gemeinsamkeit des Blutes, sondern auch der inneren Haltung und Gesinnung...

Quelle: Scheuner, Zeitschrift für die gesamte Staatswissenschaft 1939, S. 245, 273 ff.

4. Staatsbürger kann nur sein, wer Volksgenosse ist. Volksgenosse kann nur sein, wer deutschen Blutes ist, ohne Rücksichtnahme auf Konfession. Kein Jude kann daher Volksgenosse sein.
5. Wer nicht Staatsbürger ist, soll nur als Gast in Deutschland leben können und muß unter fremder Gesetzgebung stehen...

Quelle: Programm der Nationalsozialistischen Deutschen Arbeiterpartei vom 24. Februar 1920

Abbildung 100
Schild in einem Schrebergarten am Rande Berlins, das Juden den Zutritt verbietet

Abbildung 101
Diskriminierung von Juden im Nationalsozialismus: Parkbank »Nur für Arier«.

1.3 »Vollste Vollmacht, grenzenlose Kompetenz« – Das Führerprinzip

„ Gesetzgeber ist nicht die Reichsregierung oder der Reichstag, sondern allein der Führer und Reichskanzler.
Quelle: Juristisches Wörterbuch 1938

Die Amtsgewalt des Führers ist keine Kompetenz. Nicht der Führer macht das Amt, sondern der Führer gestaltet das Amt nach seiner Mission . . .
Die Amtsgewalt des Führers kennt keine Zuständigkeitslücken . . .
Die Amtsgewalt des Führers ist über aller Kompetenz . . .
Die Amtsgewalt des Führers ist total . . .
Quelle: Heckel, Deutsche Verwaltungsblätter, 1937, S. 1 ff.

Daß Führerwille und Recht inhaltsgleich sind, liegt an der Einmaligkeit der Persönlichkeit des Führers, . . .
Würde er aber das Recht brechen, so würde er mit dem Zusammenbruch des Vertrauens, mit seiner Abkehr vom Volksgeiste auch seine innere Berufung zum Führer verlieren, aus einem Führer ein Diktator werden . . .
Lange, in: Recht und Staat in Geschichte und Gegenwart, Tübingen 1934, S. 37 ff.

Der Führer wird darum Führer erst durch die Gefolgschaft, wie die Gefolgschaft erst durch den Führer Gefolgschaft wird. Führer und Gefolgschaft bilden eine Einheit, die nicht formal logisch begriffen, sondern nur erfahren werden kann . . . *„*
Quelle: Forsthoff, Der totale Staat, 2. Auflage, Hamburg 1933, S. 35

Abbildung 102
Hitler beim Erntedankfest 1934

2. Recht und Justiz aus nationalsozialistischer Sicht

Abbildung 103
Die Grundsteinlegung des Hauses des Deutschen Rechts in München. Im Anmarsch: die Universitätsprofessoren. (Illustrierter Beobachter 5. 11. 1936)

Arbeitstagung der Reichsfachgruppen Richter und Staatsanwälte und Rechtspfleger in Berlin

„Der Richter ist nicht als Hoheitsträger des Staates für den Staatsbürger gesetzt, sondern er steht als Glied in der lebendigen Gemeinschaft des deutschen Volkes. Es ist nicht seine Aufgabe, einer über der Volksgemeinschaft stehenden Rechtsordnung zur Anwendung zu verhelfen oder allgemeine Wertvorstellungen durchzusetzen, vielmehr hat er die konkrete völkische Gemeinschaftsordnung zu wahren, Schädlinge auszumerzen, gemeinschaftswidriges Verhalten zu ahnden und Streit unter Gemeinschaftsgliedern zu schlichten..."

Quelle: DJZ 1936, S. 180

Abbildung 104
Hitler während des Staatsakts zur Übernahme der gesamten Rechtspflege durch das Reich in der Staatsoper Unter den Linden in Berlin

Punkt 19 des Parteiprogramms

💬 »Wir fordern Ersatz für das der materialistischen Weltordnung dienende römische Recht durch ein deutsches Gemeinrecht.«
Das Recht des nationalsozialistischen Reiches muß somit der Ausdruck des neugermanischen Lebens- und Raumgefühls sein, es muß in seinem klaren Stilgefüge den grandiosen Bauten des Dritten Reiches entsprechen. [...] 💬

Quelle: Frank, in: Der Schulungsbrief 1939, S. 182 ff.

Abbildung 105
Ansprache von Hermann Göring während des Staatsakts

Auszüge aus der Rede Görings zur Verreichlichung der Justiz

💬 Der nationalsozialistische Staat ist und bleibt ein Rechtsstaat ...
Der Staat, den wir geschaffen haben, verdient den Titel »Rechtsstaat« vielmehr im Hinblick darauf,
daß sein Recht und seine Gesetze in der Gemeinschaft des Volkes begründet sind,
daß jeder einzelne Volksgenosse die Gewißheit hat, daß sein Anspruch auf Gerechtigkeit erfüllt wird,
daß schließlich jedem deutschen Volksgenossen, der seine Pflicht gegen die Gemeinschaft tut und der am Aufbau des Staates mitarbeitet, Lebensraum, Lebenssicherheit und Lebensfreiheit gewährleistet ist ...

Kein Terror des Rechts
Gottlob ist dieser Zustand bei uns nun ein für allemal überwunden. Mit aller Deutlichkeit will ich hier eines feststellen: So unerbittlich der nationalsozialistische Staat gegen den inneren Staats- und Volksfeind, der seinen Bestand zu erschüttern versucht, gegen Hoch- und Landesverräter einschreitet, so verabscheut er jeden Terror und jede Willkür in der Rechtsprechung. Niemals wird bei uns ein Urteil möglich sein, durch das aufrechte Männer, die der Stimme ihres Blutes treu blieben und bestehende internationale Rechtsabmachungen in nichts verletzt haben, zu drakonischen Strafen verurteilt werden ...

Unser Richterideal
Der Richter unseres Reiches steht auf höherer Warte. Der Richter muß ein lebendiger Träger der Weltanschauung des Nationalsozialismus sein ...
Unser Richterideal ist der Mann, der mit dem Volk verwurzelt ist und darum allein beurteilen kann, was dem Volk nützt und was ihm schadet ... 💬

Quelle: DJ 1935, S. 537 f.

💬 Das Parteiprogramm ist für das Rechtsdenken und die Rechtswirklichkeit des Dritten Reiches gültig, nicht als formelles Gesetz, sondern kraft schöpferischen Willens des Führers ... 💬

Quelle: Schlußansprache auf dem Deutschen Juristentag 1936, Protokoll S. 498

💬 Das nationalsozialistische Recht hat der Verwirklichung der nationalsozialistischen Weltanschauung zu dienen. Ziel dieser Weltanschauung und damit Zweck des Rechts ist Reinhaltung, Erhaltung, Schutz und Förderung des deutschen Volkes ... 💬

Quelle: DR 1937, S. 227

3. Zur Rassenideologie

3.1 »Völkische Ungleichheit« – Nürnberger Gesetze vom 15. September 1935

Abbildung 106

Die Verfassung der Freiheit

„Dieser Reichstag war etwas anderes und mehr als das Parlament eines Verfassungskompromisses, und auch seine Gesetze sind deshalb etwas anderes und mehr als die Diskussions- und Koalitionsprodukte eines Vielparteiensystems. Der auf dem Reichsparteitag versammelte Reichstag war das von der nationalsozialistischen Bewegung getragene, dem Führer Adolf Hitler folgende deutsche Volk selbst; seine Gesetze sind seit Jahrhunderten die erste deutsche Verfassung der Freiheit ...

Noch eine weitere verfassungsrechtliche Entscheidung ist auf dem Reichsparteitag der Freiheit gefallen. Der Führer hat für den Fall, daß die jetzige Regelung der Lage der Juden nicht zum Ziel führe, die Möglichkeit einer neuen Überprüfung erwähnt und hierfür in Aussicht gestellt, daß alsdann die Lösung dieser Frage durch Gesetz der Partei übertragen werde. Das ist eine ernste Warnung. Damit ist die nationalsozialistische deutsche Arbeiterpartei zum Wächter des völkischen Heiligtums, zum Hüter der Verfassung erklärt ..."

Quelle: Carl Schmitt, DJZ 1935, S. 1133 ff.

„Abschrift
Berlin, den 23. Dezember 1938

Ministerpräsident
Generalfeldmarschall
Göring
Beauftragter für den Vierjahresplan

Schnellbrief!
Geheim!

Der Führer hat auf meinen Vortrag folgende Entscheidungen in der Judenfrage getroffen:

A.
I. Unterbringung der Juden
1. a) Der Mieterschutz für Juden ist generell nicht aufzuheben. Dagegen ist es erwünscht, in Einzelfällen nach Möglichkeit so zu verfahren, daß Juden in einem Haus zusammengelegt werden, soweit die Mietverhältnisse dies gestatten.
b) Aus diesem Grund ist die Arisierung des Hausbesitzes an das Ende der Gesamtarisierung zu stellen, das heißt, es soll vorläufig nur dort der Hausbesitz arisiert werden, wo in Einzelfällen zwingende Gründe dafür vorliegen. Vordringlich ist die Arisierung der Betriebe und Geschäfte, des landwirtschaftlichen Grundbesitzes, der Forsten u. a.
2. Die Benutzung von Schlafwagen und Speisewagen ist Juden zu untersagen. Andererseits sollen keine besonderen Judenabteile bereitgestellt werden. Ebensowenig darf ein Verbot für die Benutzung von Eisenbahnen, Straßenbahnen, Vorort-, Stadt- und Untergrundbahnen, Omnibussen und Schiffen ausgesprochen werden.
3. Der Judenbann soll nur für gewisse, der Öffentlichkeit zugängliche Einrichtungen usw. ausgesprochen werden. Dazu gehören solche Hotels und Gaststätten, in denen vor allem die Parteigenossenschaft verkehrt. Beispiele: Hotel Kaiserhof, Berlin, Hotel Vierjahreszeiten, München, Hotel Deutscher Hof, Nürnberg, Hotel Drei Mohren, Augsburg etc.
Ferner kann der Judenbann für Badeanstalten, gewisse öffentliche Plätze, Badeorte nun ausgesprochen werden. Medizinische Bäder können im Einzelfall, soweit ärztlich verordnet, von Juden gebraucht werden, aber nur derart, daß kein Anstoß erregt wird.

II.
Juden, die Beamte waren und pensioniert worden sind, ist die Pension nicht zu versagen. Es ist aber zu prüfen, ob diese Juden mit einem geringeren Ruhegehalt auskommen können.

III.
Die jüdische Fürsorge ist nicht zu arisieren oder aufzuheben, damit die Juden nicht der öffentlichen Fürsorge zur Last fallen, sondern durch die jüdische Fürsorge betreut werden können.

IV.
Jüdische Patente sind Vermögenswerte und daher ebenfalls zu arisieren. (Ein ähnliches Verfahren ist im Weltkrieg seitens Amerika und anderer Staaten Deutschen gegenüber angewendet worden).

B.
Mischehen:
I.
1. *mit Kindern (Mischlinge I. Grades)*
a) Ist der Vater Deutscher, die Mutter Jüdin, so darf diese Familie in ihrer bisherigen Wohnung verbleiben. Für diese Familie ist also hinsichtlich der Unterbringung kein Judenbann auszusprechen.

Das Vermögen der jüdischen Mutter kann in solchen Fällen auf den deutschen Ehemann bzw. auf die Mischlinge übertragen werden.
b) Ist der Vater Jude und die Mutter Deutsche, so sind derartige Familien ebenfalls vorläufig nicht in jüdischen Vierteln unterzubringen. Da die Kinder (Mischlinge I. Grades) . . . sollen.
Hinsichtlich des Vermögens ist vorläufig so zu verfahren, daß es auf die Kinder ganz oder teilweise übertragen werden kann.

2. *ohne Kinder*
a) Ist der Ehemann Deutscher und die Frau Jüdin, so gilt das unter 1 a) Gesagte sinngemäß.
b) Ist der Ehemann Jude, die Frau Deutsche, so ist bei diesen kinderlosen Ehen so zu verfahren, als ob es sich um reine Juden handelt. Vermögenswerte des Mannes können nicht auf die Ehefrau übertragen werden. Beide Ehegatten können in jüdischen Häusern oder Vierteln untergebracht werden. Vor allem aber sind beide Ehegatten bei Auswanderung wie Juden zu behandeln, sobald die verstärkte Auswanderung in Gang gebracht ist.

II.
Läßt sich die deutsche Ehefrau eines Juden scheiden, so tritt sie wieder in den Blutsverband zurück, und die Nachteile für sie fallen fort.
Ich habe die Willenserklärung des Führers in diesen Fragen klar eingeholt, damit sie nunmehr als einzige Richtlinie für das Vefahren zu gelten hat. Ich ersuche alle Reichs- und Landesbehörden, sich strikt an diese Willensmeinung zu halten.
Ich verlange, daß die Richtlinien, die vorstehend festgelegt worden sind, bis zu den untersten Staatsstellen bekanntgegeben werden.
Ich habe Durchschrift an den Stellvertreter des Führers mit der Bitte gesandt, dieses Schreiben auch den Parteistellen zuzusenden.

gez. Göring

a) Den Herrn Reichsminister des Innern
b) den Herrn Reichswirtschaftsminister
c) die übrigen Herren Reichsminister

Quelle: Archiv des IfZ, NG 1821

Die endgültige Vertreibung der jüdischen Juristen aus der deutschen Justiz

Auf Grund des Reichsbürgergesetzes ausgeschiedene Rassejuden

Auf Grund des § 3 des Reichsbürgergesetzes sind bis zum 31. Dezember 1935 ausgeschieden:
Tabelle 12

Bezirk	Gerichtsassessoren	Amts- und Landgerichtsräte usw.	LGDir. OLGRäte usw.	LGPräs., SenPräs u. Vize-Präs. b. OLG RGRäte	OLGPräs., SenPräs. am RG	Staatsanwälte	Oberstaatsanwälte	Insgesamt
1	2	3	4	5	6	7	8	9
Reichsgericht	–	–	–	–	–	–	1 (Reichsanwalt)	1
R.-Patentamt	–	3	1	1	–	–	–	5
Berlin	3	42	21	3	–	2	–	71
Bamberg	–	3	3	–	–	–	–	6
Braunschweig	–	–	–	–	–	–	–	–
Breslau	5	32	5	–	–	–	–	42
Celle	–	3	–	–	–	–	–	3
Darmstadt	–	2	–	–	–	1	–	3
Dresden	–	5	–	–	–	–	–	5
Düsseldorf	–	8	2	–	–	–	–	10
Frankfurht	–	3	2	–	–	–	–	5
Hamburg	–	1	3	1	–	–	–	5
Hamm	–	9	5	–	–	–	–	14
Jena	–	2	–	–	–	–	–	2
Karlsruhe	3	5	3	–	–	–	–	11
Kassel	–	–	2	–	–	–	–	2
Kiel	–	3	2	–	–	–	–	5
Köln	–	5	4	–	–	–	1	10
Königsberg	–	9	3	–	–	–	–	12
Marienwerder	–	–	–	–	–	–	–	–
München	–	7	–	–	–	1	–	8
Naumburg	–	7	–	–	–	–	–	7
Nürnberg	–	–	–	–	–	–	–	–
Oldenburg	–	1	–	–	–	–	–	1
Rostock	–	1	–	–	–	–	–	1
Stettin	1	4	1	–	–	–	–	6
Stuttgart	–	1	–	–	–	–	–	1
Zweibrücken	–	3	–	–	–	–	–	3
Zusammen	12	159	57	5	–	4	2	239

Quelle: DJ 1939, S. 965

Die »rassischen Gruppen« nach dem Reichsbürgergesetz

Da eine naturwissenschaftliche Definition der jüdischen Rasse trotz großer Anstrengung nicht gelingt, greift der NS-Staat auf die Religionszugehörigkeit als das entscheidende Rassemerkmal zurück.
In den besetzten Gebieten Osteuropas werden diese Definitionsmerkmale nicht verwendet. Dort genügt »jüdisches« Aussehen, um jemanden als Juden zu kennzeichnen und damit der Ermordung preiszugeben.

Erste Verordnung zum Reichsbürgergesetz
Vom 14. November 1935

Auf Grund des § 3 des Reichsbürgergesetzes vom 15. September 1935 (Reichsgesetzbl. I. S. 1146) wird folgendes verordnet: ...

§ 4
(1) Ein Jude kann nicht Reichsbürger sein. Ihm steht ein Stimmrecht in politischen Angelegenheiten nicht zu; er kann ein öffentliches Amt nicht bekleiden.

(2) Jüdische Beamte treten mit Ablauf des 31. Dezember 1935 in den Ruhestand. Wenn diese Beamten im Weltkrieg an der Front für das Deutsche Reich oder für seine Verbündeten gekämpft haben, erhalten sie bis zur Erreichung der Altersgrenze als Ruhegehalt die vollen zuletzt bezogenen ruhegehaltsfähigen Dienstbezüge; sie steigen jedoch nicht in Dienstaltersstufen auf. Nach Erreichung der Altersgrenze wird ihr Ruhegehalt nach den letzten ruhegehaltsfähigen Dienstbezügen neu berechnet.

(3) Die Angelegenheiten der Religionsgesellschaften werden nicht berührt.
(4) Das Dienstverhältnis der Lehrer an öffentlichen jüdischen Schulen bleibt bis zur Neuregelung des jüdischen Schulwesens unberührt.

§ 5
(1) Jude ist, wer von mindestens drei der Rasse nach volljüdischen Großeltern abstammt. § 2 Abs. 2 Satz 2 findet Anwendung.
(2) Als Jude gilt auch der von zwei volljüdischen Großeltern abstammende staatsangehörige jüdische Mischling,
a) der beim Erlaß des Gesetzes der jüdischen Religionsgemeinschaft angehört hat oder danach in sie aufgenommen wird,
b) der beim Erlaß des Gesetzes mit einem Juden verheiratet war oder sich danach mit einem solchen verheiratet,
c) der aus einer Ehe mit einem Juden im Sinne des Absatzes 1 stammt, die nach dem Inkrafttreten des Gesetzes zum Schutze des deutschen Blutes und der deutschen Ehre vom 15. September 1935 (Reichsgesetzbl. I S. 1146) geschlossen ist,
d) der aus dem außerehelichen Verkehr mit einem Juden im Sinne des Absatzes 1 stammt und nach dem 31. Juli 1936 außerehelich geboren wird ...

§ 7
Der Führer und Reichskanzler kann Befreiungen von den Vorschriften der Ausführungsverordnungen erteilen.

Berlin, den 14. November 1935.

Der Führer und Reichskanzler
Adolf Hitler

Der Reichsminister des Innern
Frick

Der Stellvertreter des Führers
R. Heß
(Reichsminister ohne Geschäftsbereich)

Quelle: RGBl. I, 1935, S. 1333 f.

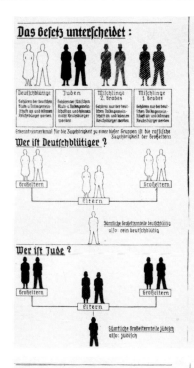
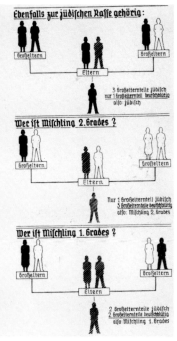

Abbildung 107

Eheverbot und Verbot außerehelichen Verkehrs zwischen Deutschen und Juden (»Rassenschande«)

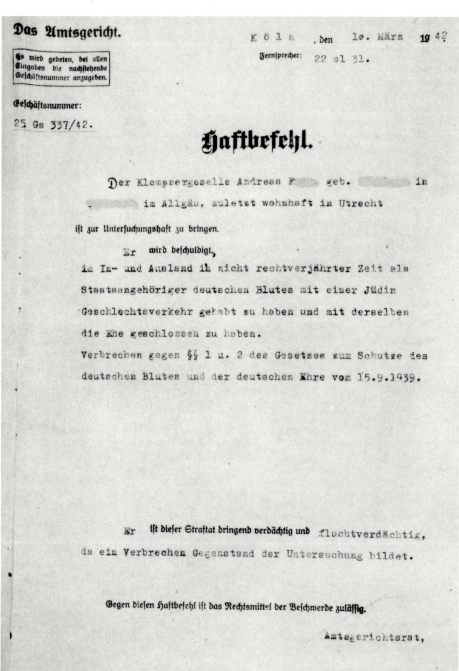

Nationalsozialistisches Denken

Der Oberstaatsanwalt
als Leiter der Anklagebehörde
bei dem Sondergericht.   Köln, den *8. 10. 1942*

<u>1 S Ls 65/42</u>

Verfügung

1.) Prüfung gemäß § 1 der Verordnung vom 11. 6. 1940 über die Vollstreckung von Freiheitsstrafen wegen einer während des Krieges begangenen Straftat.
   a) Tatzeit: Die Taten sind begangen *1937 – 8. 5. 1940*
   b) Der Täter ist Reichsangehöriger, Bl. *7 I*
      Er ist am *29. 11. 1904* in *Lechbruck i. Allgäu* geboren, Bl. *7*, war also z. Zt. der Begehung der Taten noch nicht 45 Jahre alt.
   c) Anhaltspunkte dafür, daß der Täter wehrunfähig ist, liegen nicht vor.
2.) Die Voraussetzungen des § 1 der Verordnung vom 11. 6. 1940 liegen vor.
   Die in die Zeit des Kriegszustandes fallende Vollzugszeit wird demnach in die Strafe nicht eingerechnet.
3.) Herrn Rechtspfleger zur gefl. Kenntnisnahme von Ziff. 2).

Im Auftrage:
(Unterschrift)

<u>1 S Ls 65/42</u>   Verfg.   **Muster 4a.**

1. Urteil des Sondergerichts vom 26. 9. 1942.
   Bl. 30: 2 Jahre Zuchthaus unter Anrechn. d. U.-Haft
   <u>Die Strafe ist ganz verbüßt.</u>

Verfg.

2. H.Dez.-Amnestie.
   Die Voraussetzungen des § 3 des Straffreiheitserlasses der Vorstandsbeamten des Oberlandesgerichts vom 21. 1. 1946 liegen vor.

Zu schreiben an den Verurteilten nicht möglich, da Aufenthalt nicht bekannt.
Herrn Rechtspfleger zur weiteren Veranlassung.

Köln, den 2. XII. 1946
Der Oberstaatsanwalt
Im Auftrage:

Verfg.

1. Nachricht von dem obigen Erlaß an Strafregister Kempten i. Allg. mit dem Ersuchen um Tilgung der Strafe.
2. Wegl. bis 1957.

12. XII. 1946
(Unterschrift)

<u>29 HS F 37/42</u>   Abschrift

Köln, den 7. Januar 1943
Appellhofplatz 23/25
Fernsprecher: Nr. 220651

Geheime Staatspolizei
Staatspolizeistelle Köln
Tb. Nr. IV B 4 - 902/42

<u>Urschriftlich</u> mit Akten
dem Herrn Oberstaatsanwalt
<u>in Köln.</u>
zurückgesandt.

Gegen die Eheleute F. werden von hier aus staatspolizeiliche Maßnahmen ergriffen.
Ich bitte, den Strafgefangenen Andreas F. nach Strafverbüßung der Strafpolizeistelle in Köln zu überstellen bzw. mitzuteilen, in welcher Strafanstalt F. z. Zt. einsitzt.
Über das Veranlaßte wird um Mitteilung gebeten.
In Vertretung
gez. Sch.

Quelle: HSTA Düsseldorf, Rep 122/17475

Abbildung 108
Verhöhnung eines »gemischtrassischen« Paares

Aus dem Diensttagebuch des Reichsjustizministers

💬 25. März 1936
Gh. Staatspolizei (gez. Heydrich) Rechtsprechung bei Rasseschande. Zahlreiche Verfahren und Urteile lassen erkennen, daß trotz scharfer Strafbestimmungen Änderungen in den Beziehungen zwischen Juden und Deutschblütigen nicht eingetreten. Die von den Gerichten bisher erkannten Strafen, die zwischen 6 Wochen und 1 1/2 Jahren Gefängnis liegen, haben abschreckende Wirkung verfehlt. Auf Zuchthaus in Höhe von 1 1/2 Jahren ist bisher nur in einem Falle (große Strafkammer Frankfurt gegen den Gärtner Martin W.) erkannt worden.
Anregung: Staatsanwaltschaften anzuweisen, grundsätzlich Zuchthaus zu beantragen.
Für Mitteilung Stellungnahme dankbar. 💬

Quelle: Diensttagebuch des Reichsjustizministers, BA R 22/928

Abbildung 109
Der fränkische Gauleiter Julius Streicher, Herausgeber des »Stürmer« hält im völlig überfüllten Sportpalast eine Propagandarede gegen die Juden (Text des Spruchbands: »Frauen und Mädchen! Die Juden sind Euer Verderben«).

Aus der Rechtsprechung des Reichsgerichts zum Blutschutzgesetz:
Extensive Auslegung nationalsozialistischer Gesetze
z. B.: Der »Schutz der deutschen Ehre« als Kriterium für den Begriff Geschlechtsverkehr

💬 117. Der Begriff Geschlechtsverkehr im Sinne des Blutschutzgesetzes umfaßt nicht jede unzüchtige Handlung, ist aber auch nicht auf den Beischlaf beschränkt. Er umfaßt den gesamten natürlichen und naturwidrigen Geschlechtsverkehr, also außer dem Beischlaf auch alle geschlechtlichen Betätigungen mit einem Angehörigen des anderen Geschlechtes, die nach der Art ihrer Vornahme bestimmt sind, an Stelle des Beischlafs der Befriedigung des Geschlechtstriebes mindestens des einen Teiles zu dienen.

Großer Senat für Strafsachen. Beschl. v. 9. Dezember 1936.
G.S.St. 4/36 – 1 D 365/36 u. 1 D 373/36.

I. Landgerichte Gießen und Dortmund.
Gründe: [...]

Eine weitere Auslegung ist aber auch deshalb geboten, weil die Vorschriften des Gesetzes nicht nur dem Schutze des deutschen Blutes, sondern auch dem Schutze der deutschen Ehre dienen. Diese erfordert, daß ebenso wie der Beischlaf auch solche geschlechtlichen Betätigungen – Handlungen und Duldungen – zwischen Juden und Staatsangehörigen deutschen oder artverwandten Blutes unterbleiben, durch die der eine Teil seinen Geschlechtstrieb auf einem anderen Wege als durch Vollziehung des Beischlafs befriedigen will. 💬

Quelle: RGSt 70, S. 375 ff.

z. B.: »Die unvertretbar milde Vorinstanz«

💬 49. Ist es zulässig, bei einer Verurteilung nach dem § 5 Abs. 2 BlutSchG. strafmildernd zu berücksichtigen, daß die geschlechtlichen Beziehungen schon seit längerer Zeit vor dem Inkrafttreten des Gesetzes bestanden haben?

II. Strafsenat. Urt. v. 28. März 1938 g. G. 2 D 63/38.

I. Landgericht Berlin
Aus den Gründen: [...]

Die Strafkammer hält eine milde Beurteilung u. a. deswegen für angezeigt, weil der alleinstehende alte und kranke Angeklagte auf die Fürsorge anderer angewiesen sei und es verständlich erscheine, daß er sich nur schwer an eine andere Hilfskraft gewöhnen könne; es sei dem Angeklagten bei der langen Dauer seiner Beziehungen zu der L. offenbar nicht gelungen, diese auf das erlaubte Maß zurückzuführen. Diese Begründung ist rechtlich verfehlt. Die Strafkammer berücksichtigt bei ihrer Betrachtungsweise vorwiegend die äußeren und inneren Unzulänglichkeiten des Angeklagten und den Einfluß seiner Umwelt. Sie würdigt den Täter lediglich als Einzelwesen. Das Gesetz bezweckt, die Blutsgemeinschaft des deutschen Volkes in ihrem Bestande zu sichern und rein zu erhalten. Bei der Strafzumessung muß demnach ausschlaggebend das Maß der Verantwortungslosigkeit gewertet werden, das der Täter gegenüber der Volksgemeinschaft durch Gefährdung des deutschen Blutes und der deutschen Ehre gezeigt hat. Über der Person steht das Volk. Diese für die Rechtsprechung maßgebenden Gesichtspunkte läßt das Urteil außer acht. Es ist nicht angängig, als Strafmilderungsgrund anzuführen, zwischen dem Täter und dem anderen Teile hätten schon seit längerer Zeit vor dem Inkrafttreten des BlutSchG. geschlechtliche Beziehungen bestanden. Das Gesetz verbietet die Fortsetzung solcher Beziehungen unbedingt. Verstöße gegen das Verbot können daher keinesfalls mit dieser Begründung milder beurteilt werden. Die Aufrechterhaltung eines solchen Dauerverhältnisses auch noch über den Zeitpunkt hinaus, zu dem das Gesetz in Kraft getreten ist, wird vielmehr vielfach auf eine besonders hartnäckige Auflehnung gegen die nationalsozialistische Gesetzgebung schließen lassen und, wenn das der Fall ist, als Strafschärfungsgrund herangezogen werden können. 💬

Quelle: RGSt 72, S. 148 f.

z. B.:»Grundgesetze des nationalsozialistischen Staates« gelten auch im Ausland

💬 35. Ein Jude deutscher Staatsangehörigkeit, der mit einer Staatsangehörigen deutschen Blutes im Ausland außerehelich verkehrt, ist dann nach dem Gesetze zum Schutze des deutschen Blutes und der deutschen Ehre strafbar, wenn er die deutsche Staatsangehörige veranlaßt hat, zu diesem Zwecke vorübergehend zu ihm ins Ausland zu kommen.

Großer Senat für Strafsachen. Beschl. v. 23. Februar 1938.
GSSt. 1/37 – 4 D 261/37.

I. Landgericht Breslau.
Gründe: [...]

Zwar enthält das BlutSchG. keine ausdrückliche Vorschrift darüber, wie es mit der Strafbarkeit der im Auslande begangenen Verstöße gegen das Gesetz zu halten ist. Aber das BlutSchG. ist eines der Grundgesetze des nationalsozialistischen Staates. Es soll die Reinheit des deutschen Blutes als Voraussetzung für den Fortbestand des deutschen Volkes für alle Zukunft sichern. Die Erreichung dieses Zieles würde auf das äußerste gefährdet sein, wenn nicht auch die Möglichkeit bestände, unter bestimmten Voraussetzungen den Täter auch wegen solcher Verbrechen gegen das Gesetz zur Verantwortung zu ziehen, die er außerhalb des Reichsgebietes begangen hat. 💬

Quelle: RGSt 72, S. 91, 96

z. B.: »Rassenschande« ohne körperlichen Kontakt

💬 20. 1. Rassenschande nach den §§ 2, 5 Abs. 2 BlutSchG. kann auch begangen werden, ohne daß es zu einer körperlichen Berührung zwischen den Beteiligten kommt.
2. Zur Frage der Vollendung bei dem Verbrechen der Rassenschande.

II. Strafsenat. Urt. v. 2. Februar 1939 g. J. 2 D 817/38.

I. Landgericht Berlin.

Das LG. hat den deutschblütigen Angeklagten wegen fortgesetzter vollendeter Rassenschande mit

der Volljüdin Sch. verurteilt. Er hat dagegen Revision eingelegt. Das RG. hat sie verworfen aus folgenden
Gründen: [...]
Den Begriff des »Geschlechtsverkehrs« i. S. des § 11 der ersten AusfVO. z. BlutSchG. hat die Strafkammer nicht verkannt. Sie geht dabei zutreffend von dem Beschlusse des Großen Senates des RG. für Strafsachen v. 9. Dezember 1936 (RGSt. Bd. 70 S. 375flg.) aus. Danach umfaßt der »Geschlechtsverkehr« außer dem Beischlaf auch alle geschlechtlichen Betätigungen (Handlungen oder Duldungen), die nach der Art ihrer Vornahme bestimmt sind, an Stelle des Beischlafes der Befriedigung des Geschlechtstriebes mindestens des einen Teiles zu dienen (vgl. auch RGSt. Bd. 71 S. 7 und RGUrt. v. 15. Februar 1937 5 D 824/36 = JW. 1937 S. 942 Nr. 15). Da die Betätigung nach der Art ihrer Vornahme einen Geschlechts-»Verkehr zwischen« zwei Personen verschiedenen Geschlechtes darstellen muß, genügen nicht rein einseitige Verfehlungen geschlechtlicher Natur. Um rein einseitige Betätigungen handelt es sich aber dann nicht mehr, wenn der andere Teil in irgendeiner Form wenigstens äußerlich, sei es handelnd, sei es duldend, dabei mitwirkt (RGSt. Bd. 71 S. 129, 132 und RGUrt. v. 24. Mai 1938 1 D 333/38 = JW. 1938 S. 1947 Nr. 2). Das ist regelmäßig der Fall, wenn der Täter z. B. beim Onanieren gleichzeitig den Körper einer Person des anderen Geschlechtes berührt (RGUrt. v. 28. November 1938 2 D 731/38 = JW. 1939 S. 227 Nr. 14). Ein Mitwirken in dem vorerörterten Sinn ist aber tatsächlich auch sehr wohl möglich, ohne daß eine körperliche Berührung zwischen den Beteiligten stattfindet. Eine Berührung ist auch rechtlich nicht erforderlich. Weder der Wortlaut des Gesetzes unter Berücksichtigung des Sprachgebrauches noch der Zweck der gesetzlichen Regelung können zu der Einschränkung führen, daß eine vollendete Rassenschande nur unter Berühren des Körpers des anderen Teiles begangen werden könne. Es würde dem gesunden Volksempfinden und der zielbewußten deutschen Rassenpolitik widersprechen, solche Ersatzhandlungen schlechthin straflos zu lassen und damit ein neues Mittel und einen neuen Anreiz zu schaffen, die Rassenehre des deutschen Volkes durch widernatürliches Treiben zwischen den beiden Geschlechtern zu verletzen.

Quelle: RGSt 73, S. 94 ff.

Abbildung 110
Karikatur zur Rassenschande

3.2 Aus dem Leben jüdischer Juristen in Deutschland

Abbildung 111
Dr. Felix Hecht

Dr. Felix Hecht
24. September 1883
 in Hamburg geboren. Er wächst auf als ältester Sohn eines wohlhabenden Antiquitätenhändlers, der 1892 das hamburgische Bürgerrecht erworben hat.
1903
 Abitur am Wilhelmgymnasium; anschließend Jurastudium in Göttingen und Leipzig; Promotion in Leipzig
November 1906
 Übernahme in den Referendardienst
Oktober 1913
 Zulassung zur Rechtsanwaltschaft
1915–1919
 Teilnahme am 1. Weltkrieg, als Frontkämpfer mit dem Eisernen Kreuz Zweiter Klasse ausgezeichnet.
25. Mai 1920
 Eheschließung mit Edith von Sillich; eine derartige Ehe wurde ab 1935 als »privilegierte Mischehe« bezeichnet, da Edith Hecht nach nationalsozialistischem Sprachgebrauch »deutschen Blutes« war und Felix Hecht als »Volljude« galt.
1921
 Geburt der Tochter Ingeborg
1923
 Geburt des Sohnes Wolfgang
 Mitglied im Heimschutz Groß-Hamburg, als solches Hilfspolizeibeamter

Abbildung 112: Hochzeitsfeier des Ehepaares Hecht

Übernahme in den Referendardienst

Zulassung zur Rechtsanwaltschaft

1928
Gründung einer Sozietät mit den Rechtsanwälten Dr. Eisner und Dr. Lilienfeld
1933
Ehescheidung in beiderseitigem Einvernehmen (keine politischen Gründe); es wird zunächst auch ein gemeinsamer Haushalt aufrechterhalten.
1934
Auflösung der im Aufbau befindlichen Sozietät; Dr. Lilienfeld begeht Selbstmord.
Felix Hecht muß seine Mitgliedschaft im Heimschutz aufgeben.

Abbildung 114

November 1934
Von den Einkünften als Anwalt kann die Familie nicht mehr leben. Die Mutter nimmt ihren Mädchennamen wieder an und eröffnet eine kleine Pension. Dennoch gerät die Familie in wirtschaftliche Schwierigkeiten. Ihr Haus wird zwangsversteigert.
1937
erneuter Umzug, diesmal ohne Felix Hecht
10. November 1938
Verhaftung nach der »Reichskristallnacht«; Einlieferung in das KZ Oranienburg-Sachsenhausen
30. November 1938
Die Zulassung zur Rechtsanwaltschaft wird entzogen.
17. Dezember 1938
Entlassung aus dem KZ
Januar 1939
Felix Hecht stellt als Frontkämpfer ein Gesuch auf Gewährung eines »widerruflichen Unterhaltszuschusses«.

Inge Pein   Hamburg 13, den 10. Juli 1950
            Isestr. 28

Ich erkläre hiermit wahrheitsgemäß, daß es mir bekannt ist, daß Herr Dr. Felix Hecht, Hamburg, am 10. November 1938 durch die Gestapo Hamburg verhaftet und in das Konzentrationslager Sachsenhausen/Oranienburg gebracht wurde. Dieser Tag ist mir in besonderer Erinnerung, da sein Sohn Wolfgang Hecht am darauf folgenden 11. November seinen fünfzehnten Geburtstag hatte.
Am 17. Dezember 1938 wurde Herr Dr. Hecht aus dem KZ entlassen und von seiner Gattin Frau Edith von Sillich, seiner Tochter Inge Studniczka, geb. Hecht, seinem Sohn Wolfgang in meinem Beisein auf dem Dammtor-Bahnhof in Hamburg vom Zuge aus Berlin in Empfang genommen. Herr Dr. Hecht übermittelte mir Grüße meines Vaters, Herrn Alfred Pein, der sich ebenfalls im KZ Oranienburg befand und noch nicht entlassen worden war.
Ich bin seit dem Jahre 1934 mit der Familie Hecht eng befreundet und sind mir diese Vorgänge alle auf das Genaueste bekannt.

Hamburg, den 10. Juli 1950   *gez. Inge Pein*

Quelle: Privatbesitz Ingeborg Hecht-Studniczka, Freiburg

Abschrift

Geheime Staatspolizei
Staatspolizeileitstelle Hamburg
Tgb.Nr. II B 2/5628/38

Betr. Zurücknahme der Zulassung
Hiermit bestätige ich durch meine Unterschrift den Empfang des Schreibens vom Präsidenten des Hanseatischen Oberlandesgerichts über die Zurücknahme meiner Zulassung bei dem Landgericht Hamburg, dem Amtsgericht Hamburg sowie dem Hanseatischen Oberlandesgericht mit dem 30. 11. 38.

gez. Dr. Felix Hecht

Frühjahr 1940
    Felix Hecht und seine geschiedene Frau werden wegen angeblicher Rassenschande verhaftet und drei Wochen in »Schutzhaft« genommen. Vorausgegangen war eine Anzeige der Mitbewohner der Wohnung in der Hansastraße. Edith von Sillich muß sich nach der Haftentlassung verpflichten, ihren geschiedenen Mann nicht wiederzusehen.

August 1941
    Geburt des Enkelkindes Barbara; die Tochter Ingeborg kann den Vater des Kindes nicht heiraten, weil er arischer Abstammung ist.
November 1941
    Bewilligung des Gesuchs auf Gewährung eines »widerruflichen Unterhaltszuschusses« durch die Reichsrechtsanwaltskammer

Beglaubigte Abschrift

Der Präsident der Reichs-Rechtsanwaltskammer
Ausgleichsstelle

Berlin W 35, den 4. November 1941
Admiral-von-Schröder-Straße 6
Fernsprecher: 24 94 71 M.

Dr. Felix Israel Hecht,
Hamburg,
Klosterallee 51 bei Ehrlich

In den letzten Monaten sind die bei der Ausgleichsstelle vorhandenen Mittel in steigendem Maße in Anspruch genommen worden. Um daher allen Ansprüchen gerecht zu werden, muß eine ungefähre Angleichung der einzelnen gezahlten Unterhaltszuschüsse vorgenommen werden.
Nach neuer Prüfung Ihrer Verhältnisse auf Grund des mir übersandten Fragebogens und nach Maßgabe der vorhandenen Mittel setze ich den Unterhaltszuschuß für Sie auf 170,– RM* ab 1. Dezember 1941 fest. Bei der Bemessung dieses Satzes ist dem Umstande, daß Sie Frontkämpfer waren, schon weitgehendst Rechnung getragen worden. [Auf die Unterhaltspflicht Ihren berufstätigen Kindern gegenüber können wir keine weitere Rücksicht nehmen, besonders da Ihre geschiedene Ehefrau sich in einem Alter befindet, indem es ihr möglich sein muß, auch ihrerseits zu den Unterhaltskosten der bei ihr lebenden Kinder beizutragen.] Schon jetzt mache ich darauf aufmerksam, daß eine weitere Herabsetzung Ihres Unterhaltszuschusses erfolgen muß. Die gegenwärtig festgesetzte Summe ist zur Erleichterung des Überganges bestimmt.

gez. Dr. Neubert

Anlagen zurück.

* monatlich   gez. B.

Quelle: Privatbesitz Ingeborg Hecht-Studniczka, Freiburg

Abbildung 115
Felix Hecht mit seinem Enkelkind Barbara

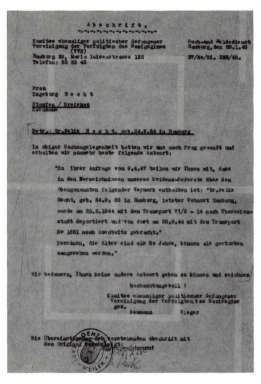

25. Juli 1943
   Letzte Begegnung mit seiner geschiedenen Frau
18. Januar 1944
   Aufforderung, sich für den Transport nach Theresienstadt am Grindelhof einzufinden
22. Februar 1944
   Deportation mit dem Transport VI/9–14 nach Theresienstadt; in Theresienstadt trifft Felix Hecht seine Schwester Alice wieder.

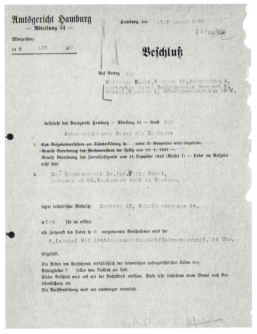

28. September 1944
   Deportation mit dem Transport EV 1651 nach Auschwitz
17. Februar 1950
   Todeserklärung durch das Amtsgericht Hamburg

Abbildung 116
Lotte Paepcke

Lotte Paepcke
26. Juni 1910
    in Freiburg im Breisgau als Tochter des jüdischen Kaufmanns Max Mayer und seiner Ehefrau Olga geboren
1929
    Abitur, anschließend Jurastudium in Grenoble, Berlin und Freiburg
Frühjahr 1933
    1. juristische Staatsprüfung
12. April 1933
    Benachrichtigung über die Nichtzulassung zum Referendardienst aus rassischen Gründen
1933
    dreiwöchige »Schutzhaft« wegen ihrer Mitgliedschaft in der »Roten Studentengruppe«; nach ihrer Entlassung muß sie eine Loyalitätserklärung für den NS-Staat abgeben.

Der Bürgermeister
als Ortspolizeibehörde
II – 231/013.

Gadderbaum, den 26. 1. 1939

An
Frau Sara Lotte Paepke
Gadderbaum
Lindenstraße 16

Auf Ihr Schreiben vom 23. 1. 1939 wird Ihnen mitgeteilt, daß Ihr Vorname in der polizeilichen Meldekartei gemäß § 2 Abs. 2 der Zweiten Verordnung zur Durchführung des Gesetzes über die Veränderung von Familiennamen und Vornamen vom 17. August 1938 durch Eintragung des weiteren Vornamens Sara bestimmungsgemäß ergänzt worden ist. Die Anmeldung des zusätzlichen Vornamens Sara hat auch an das Standesamt zu erfolgen, bei dem Ihre Geburt und Ihre Heirat beurkundet ist.

(Unterschrift)

Quelle: Privatbesitz Lotte Paepke, Karlsruhe

Herbst 1933
    Vermittlung einer Tätigkeit in einem römischen Anwaltsbüro durch ihren in Mailand lebenden Vetter
Februar 1934
    Rückkehr nach Deutschland, da das Verbot der Mischehen droht; Heirat mit Dr. Ernst August Paepcke
1935
    Geburt des Sohnes Peter.
    Die Familie Paepcke lebt aus beruflichen Gründen in den folgenden Jahren in Bielefeld, Köln und Leipzig.
    In Leipzig erkrankt Frau Paepcke an einer schweren Lungenentzündung, die eine Herzmuskelentzündung nach sich zieht. Mit Hilfe einer Ärztin gelingt es Frau Paepcke, nach Freiburg zurückzukehren.
1945
    Das Kriegsende erlebt sie mit ihrem ältesten Sohn im Kloster Stegen bei Freiburg.
    Später wohnt die Familie in Karlsruhe. Frau Paepcke arbeitet dort für Zeitungen, Zeitschriften und Rundfunk; sie veröffentlicht mehrere Bücher.

Dr. Friedrich Shlomo Perles
3. März 1909
    in Königsberg als Sohn des Rabbiners und Doktors der Philosophie Felix Perles und seiner Frau Hedwig geboren
1927
    Abitur, anschließend zunächst Studium der orientalischen und klassischen Philologie
Mai 1929
    Aufnahme des Jura-Studiums

Abbildung 117
Friedrich Shlomo Perles

25. Juli 1931
    Zulassung zum Referendardienst
21. August 1933
    Entlassung aus dem Justizdienst aufgrund § 3 des Gesetzes zur Wiederherstellung des Berufsbeamtentums

Der Oberlandesgerichtspräsident.
III 13 a.
    Königsberg Pr.,
    den 14. August 1933
    Schloßplatz 1, Postamt 1.
    Fernsprecher: Sammelnummer 342 45

An den Referendar
Herrn Friedrich Perles
in Königsberg i/Pr.
Vorstädt. Langgasse 46, I.

Gegen Empfangsschein!

Durch Erlass des Herrn Preussischen Justizministers vom 8. August 1933 – IIg 7,12/33 – sind Sie mit sofortiger Wirkung auf Grund des § 3 Absatz 1 des Gesetzes zur Wiederherstellung des Berufsbeamtentums vom 7. April 1933 (Reichsgesetzblatt I Seite 175 ff.) aus dem Justizdienst entlassen.

gez. Minde.

Beglaubigt
(Unterschrift)
Justizsekretär.

Februar 1934
    Promotion an der Universität Königsberg bei Prof. Oppikofer, der als Schweizer Widerstände im preußischen Justizministerium ausräumen konnte.
Juli 1934
    Einwanderung in Palästina
1935
    Bestehen des palästinensischen Anwaltsexamens
1937
    Zulassung zur Anwaltschaft in Palästina
1954
    nachträglich zum Landgerichtsrat a. D. ernannt,
seit 1965
    Rechtsberater der Deutschen Botschaft in Tel Aviv
1985
    Verleihung des »Goldenen Doktordiploms« der Universität Göttingen.
Dr. Friedrich Shlomo Perles ist heute der letzte in Israel praktizierende Anwalt, der noch vor 1933 sein Studium in Deutschland abgeschlossen hat.

Dr. F. S. Perles
Advocate
Tel Aviv-Jaffa. 41, Lilienblum St.
Telephone 61 28 75

653/P.   den 1. 8. 1988

An das Justizministerium,
Jerusalem

Sehr geehrte Damen und Herren!
Unter Bezugnahme auf Ihre Notiz im Anwaltsblatt vom Monat Juli 1988 zeige ich Ihnen zunächst einmal an, daß ich noch im Besitz eines Aktenstücks über meine Tätigkeit bei deutschen Gerichten in der ersten Zeit der Nazi-Herrschaft bis zu meiner Entlassung im August 1933 bin.
In diesem Akt befindet sich, zum Beispiel, die Original-Urkunde über meine Entlassung aus dem preußischen Justizdienst wegen meiner jüdischen Abstammung (§ 3 Abs. 1 des Gesetzes vom 7. 4. 1933).
Damals, im August 1933, gab es noch Beamte vom alten Schlag, die sich verpflichtet fühlten zu helfen: Als der Sekretär KRETKE im Oberlandesgericht Königsberg (Pr.) mir diese Entlassungsurkunde aushändigte, nahm er Bezug auf meine Erklärung, daß ich nach Palästina auszuwandern beabsichtige, und er sagte, ich würde gewiß einmal meine verschiedenen Zeugnisse brauchen. Daher gab er mir unaufgefordert meinen Personal-Akt, so daß ich daraus meine Zeugnisse abtippen konnte, und dann ließ er diese Abschriften von einem Gerichtsbeamten gebührenfrei beglaubigen.
Eine ganz andere Geschichte, die für das in Ihrer Notiz erwähnte Forschungsunternehmen vielleicht von Interesse ist, betrifft ein Verfahren im Landgericht Berlin, mit dem ich selbst nichts zu tun hatte, über das mir vielmehr der vormalige Berliner Rechtsanwalt MITTWOCH in Jerusalem Ende 1938 oder Anfang 1939, also nicht lange nach dem Pogrom, berichtet hatte. Seit dem Pogrom vom November 1938 waren alle bis dahin verbliebenen Zulassungen von jüdischen Anwälten (Frontkämpfer und alte Jahrgänge) entzogen worden, und nur einige wenige ehemalige jüdische Anwälte waren als »Konsulenten zur Vertretung von Juden« zugelassen, darunter auch er. Da gab es einmal die Anomalie, daß diese »Konsulenten« bei allen Gerichten in Deutschland zugelassen waren, sogar auch für Zivil-Revisionen beim Reichsgericht in Leipzig, wo es doch sonst nur eine ganz beschränkte Anzahl von zugelassenen und damit privilegierten Anwälten gab.
Er erzählte mir zunächst, daß einmal, als er im Reichsgericht auftrat, die Richter sich genierten, ihn mit »Konsulent« anzureden. Die Bezeichnung Rechtsanwalt durften sie doch nicht verwenden, und da redeten ihn diese Richter vom Reichsgericht einfach als »Herr Mittwoch« an.
Und dann berichtete er mir über den Fall seines Bruders, Professor Dr. Eugen MITTWOCH, der noch Jahre nach 1933 als unersetzbarer Spezialist das Amt des Direktors des »Seminars für Orientalische Sprachen« an der Universität Berlin innehatte. Als dann, wohl 1936 oder 1937, Professor Hans Heinrich SCHAEDER als Nachfolger von Prof. Mittwoch bestimmt war, hat Hitler persönlich und eigenhändig die Verfügung unterschrieben, daß Prof. Mittwoch zu »emeritieren« ist, d. h. daß er unter Beibehaltung des vollen Professorengehalts von seinen Amtspflichten entbunden wird. Daraufhin zog Prof. Mittwoch nach London, und sein Gehalt wurde weitergezahlt. Aber nach dem Pogrom war ein Gesetz oder eine Verordnung herausgekommen, wonach die entlassenen Juden nur noch Pension bekommen, und man begann daher, auch an Prof. Mittwoch nur noch die Pension statt des vollen Gehalts zu überweisen.
Daraufhin erhob der »Konsulent« Mittwoch für seinen Bruder beim Landgericht Berlin eine Klage gegen den Fiskus auf Zahlung des vollen Gehalts für Prof. Mittwoch. Statt in der Klage zu argumentieren, beschränkte er sich auf Zitate aus den Büchern über das Staatsrecht des Dritten Reiches, wo zu lesen war, daß ein Führerbefehl stärker sei als jedes formale Gesetz, daß also die von Hitler unterschriebene Anordnung der Emeritierung in Kraft geblieben sei und durch die neue gesetzliche Regelung nicht beeinträchtigt werden könne.
Am Tag vor der Verhandlung vor dem Landgericht telefonierte der Vertreter des Generalstaatsanwalts, daß Herr Konsulent Mittwoch die Klage zurücknehmen und der Staatsanwaltschaft seine Kostenrechnung einschicken könne, da bereits angeordnet sei, daß Prof. Mittwoch weiter das volle Gehalt bekommt. Da wollte man um jeden Preis vermeiden, daß ein Landgericht über die Frage der Machtbefugnis des »Führers« urteilen könnte, und lieber zahlte man dann.
Ich gebe diesen Brief auf Deutsch mit Durchschlag für Sie, damit Sie ihn weiterleiten können. Wenn man noch meinen Akt einsehen will, bitte ich um Verständigung; aber das kommt erst im Oktober in Betracht, da ich jetzt einen zweimonatigen Urlaub antrete.

Mit freundlichen Grüßen
Ihr ergebener gez. Perles
Dr. F. S. Perles,
Landgerichtsrat a. D.

Abbildung 118
Dr. Perles in den judäischen Bergen

Dr. F. S. Perles
Advocate
Tel Aviv-Jaffa. 41, Lilienblum St.
Telephone 61 28 75

My ref. 653/P.   den 19. 10. 1988.
        Luftpost.
Herrn Regierungsdirektor
Gerhard Fieberg,
im Bundesministerium der Justiz,
5300 Bonn 2
Heinemannstraße 6, Postfach 20 03 65

Sehr geehrter Herr Fieberg!
Gestern erhielt ich von Frau Spanic von unserem Justizministerium eine Ablichtung Ihres an sie gerichteten Briefes 1270/1 – 22 – ZI 1340/88 vom 22. August 1988. Erst aus diesem Brief lernte ich, für welchen Zweck die Informationen bestimmt waren, die ich in meinem Brief vom 1. 8. 88 gegeben hatte. Daher halte ich es für richtig, die Informationen zu ergänzen.
Ich bin selbstverständlich bereit, meine Personalakte, die sich in meinen Händen befindet, zur Verfügung zu stellen.
Sie können aber wahrscheinlich alle auf mich bezüglichen Unterlagen im Akt: – P 98 – P 30 – des Bundesjustizministeriums finden; in diesem Akt wurde mir am 2. März 1954, also einen Tag vor meinem 45. Geburtstag, die Wiedergutmachung nach dem BGWOD durch Herrn Staatssekretär Dr. Strauß zugesprochen, einschließlich des Titels Landgerichtsrat a. D.
Zur Sache selbst möchte ich einige ergänzende Angaben machen:
Schon in der Schule (Gymnasium in Königsberg, Pr.) hatte ich als Jude unter solchen Spannungen zu leiden, daß ich gegen Ende der Obersekunda, etwa im Februar 1925, meinen Vater bat, mir zu gestatten, daß ich in ein anderes Gymnasium (das Friedrichcollegium) übergehe. Mein Vater, der selbst Rabbiner und Lehrer bei der Jüdischen Gemeinde, und Honorarprofessor für neuhebräisches und aramäisches Schrifttum (womit die Wissenschaft vom nachbiblischen Judentum gemeint war) an der Albertusuniversität war, verständigte den Leiter des Gymnasiums, Herrn Oberstudiendirektor Dr. Arthur Mentz, von meinem Wunsch, woraufhin dieser der Sache nachging und für meine beiden letzten Schuljahre in der Unter- und Oberprima der Klasse einen neuen Klassenlehrer, Dr. August, bestimmte, der durch seine hervorragende Persönlichkeit einen neuen Geist in die Klasse brachte, so daß seitdem die beanstandeten Spannungen nicht mehr bestanden. Mit Dr. Mentz blieb ich noch nach dem Jahre 1945 bis zu dessen Tode in Kontakt. Meinem Vater wurde am 30. 9. 1933 die Entziehung der Lehrbefugnis zugestellt, weil er Jude war. Das war 2 Wochen vor seinem Tode.
Als Hitler zur Macht kam, war mir sofort klar, daß ich nach Palästina gehen würde. Ich kündigte auch sogleich an, daß ich hier Kurse für Erwachsene gebe, in denen ich modernes Hebräisch lehrte, und hatte natürlich erheblichen Zulauf. Ich schrieb auch nach Jerusalem an einen ehemaligen Schüler meines Vaters, der dort schon ein angesehener Anwalt war (1948 wurde er Präsident des Obersten Gerichts – Dr. M. Smoira), und fragte auch nach den Bedingungen, unter denen ich in Palästina als Jurist arbeiten könnte. Die Antwort war, daß ich das jur. Doktordiplom erwerben müsse, da ich dann ohne neues Studium nur eine Anpassungsprüfung ablegen und dann bei ihm arbeiten würde.
Im Zeitpunkt der Machtübernahme durch die Nazis war der Dekan der jurist. Fakultät in Königsberg Prof. Dr. Albert Hensel, der mir im Referendarexamen im öff. Recht die Zensur »ausgezeichnet« gegeben hatte. Als 1928 die (wohl) 5bändige Festschrift z. 50jähr. Bestehen des Reichsgerichts erschien, war der erste Beitrag im 1. Band von Prof. Hensel. Da er (selbst Protestant seit Geburt) jüdi-

scher Abstammung war, kam aus Berlin die Order, er könne nicht weiter Dekan sein; wohl sei er Frontkämpfer, und man werde ihn nachher anderweitig beschäftigen. Dazu kam es aber nicht mehr, denn er starb noch 1933 »an Hitler«. Auch seine Witwe starb später durch Verschulden der Nazis. Einer seiner Söhne gehört jetzt dem Auswärtigen Dienst der Bundesrepublik Deutschland an; er war u. a. Erster Botschaftsrat in Tel Aviv-Jaffa.

Die Fakultät gab ihrer Unzufriedenheit mit der Einmischung in ihre Autonomie Ausdruck (was damals noch möglich war), indem man zum Dekan den einzigen Professor wählte, der nicht Deutscher, sondern Schweizer war, nämlich Prof. Dr. Hans Oppikofer, der der Leiter des »Instituts für Luftrecht« war. Er hat entscheidend beim Zustandekommen der Warschauer Luftrechtskonvention mitgewirkt. Prof. Hensel riet mir, mich an Oppikofer zu wenden, und ich trug ihm mein Problem vor. Er antwortete spontan: »Was stellen Sie sich denn vor? Ich bin Schweizer und mache diesen Barbarismus nicht mit. Sie werden in meinem Institut mein Gast sein und Ihren Doktor machen. An deutsches Recht wird man Sie nicht heranlassen; also besorgen Sie sich Material aus Palästina und schreiben Sie darüber«. So entstand meine Doktorarbeit »Die Teilhaberschaft im palästinensischen Recht«. Zugleich mit mir hatte er auch einen anderen entlassenen Referendar aufgenommen, nämlich Herrn Rosenthal, Protestant, Sohn des Senatspräsidenten am Oberlandesgericht in Königsberg (Pr.) Rosenthal. Dieser Kollege hatte nur 3 »arische« Großeltern, aber da der Vater des Senatspräsidenten Jude gewesen war, flog er und arbeitete an einer Doktorarbeit über die Warschauer Konvention. Sein Vater blieb als »Altbeamter« im Amt, und ich weiß nicht, was später aus ihm geworden ist; auch das weitere Schicksal des entlassenen Referendars ist mir nicht bekannt.

Als es mit meiner Zulassung zum Doktorexamen (nach Einreichung der Dissertation) Schwierigkeiten gab, benutzte Prof. Oppikofer seinen Aufenthalt in Berlin, um im preuß. Kultusministerium zu intervenieren. So konnte ich das Doktorexamen ablegen, wie man in Berlin sagte, »um den Juden durch Auswanderung loszuwerden«. Diese Doktorarbeit wurde mir auch tatsächlich als Qualifikation zur Erlangung eines Einwandererzertifikats nach Palästina für meine Frau und mich anerkannt. Das Doktorexamen war im Febr. 1934, das Diplom bekam ich im Juni 1934, und im Juli 1934 bin ich legal in Palästina eingewandert. 1935 habe ich das paläst. Anwaltsexamen bestanden (es bestanden nur 13 von 97 Kandidaten), und im Okt. 1937 erhielt ich die Zulassung zur Anwaltschaft in Palästina. – 1985 hat mir die Univ. Göttingen das »goldene Doktordiplom« erteilt.

Prof. Oppikofer wurde bald nach 1934 an die Univ. Leipzig berufen, aber 1938 legte er dort sein Lehramt nieder, »da er in einem Unrechtsstaat nicht Recht lehren könne«. Die Enttäuschung in Zürich war groß, da er, um dort als Anwalt zu praktizieren, nochmals studieren und die vorgeschriebenen Prüfungen ablegen mußte. Dabei wurde er absurderweise von Professoren geprüft, die in ihren Vorlesungen seine Werke zitierten. Das alles hat ihn schwer mitgenommen. Zwar wurde er danach in Zürich Professor und hoher Richter, aber seine Gesundheit war untergraben, und er war noch nicht 50, als er viel zu früh starb. Wie mir seine Witwe sagte, ist er »an Hitler« gestorben.

Jetzt bin ich der letzte noch in Israel praktizierende Anwalt, der noch vor 1933 sein Studium in Deutschland abgeschlossen hat. Seit 1965 bin ich einer der Rechtsberater der hiesigen Botschaft der Bundesrepublik Deutschland.

1978 habe ich in Wiesbaden und 1980 in Berlin am Deutschen Juristentag teilgenommen.

Mein Referat auf dem Wiesbadener Juristentag führte dazu, daß im Juni 1979 in der Deutschen Zeitschrift für Arbeitsrecht meine deutsche Übersetzung des israelischen Gesetzes über Entlassungsabfindungen erschienen ist, mit Einleitung und einigen Anmerkungen von mir.

Wenn Sie noch Fragen haben, stehe ich weiter zur Verfügung.

Mit freundlichen Grüßen
gez. Perles

Dr. Horst Berkowitz
16. Januar 1898
geboren in Königsberg. Seine Mutter stammt aus einer alteingesessenen baltischen jüdischen Familie, sein Vater betreibt mit großem Erfolg ein Bauunternehmen. Er wächst in den großbürgerlichen Verhältnissen einer assimilierten jüdischen Familie auf.
1914
Nach Kriegsbeginn Notabitur, jüngster Kriegsfreiwilliger im deutschen Heer (Uniform bedeutet Gleichberechtigung).
Herbst 1915
Eisernes Kreuz II. Klasse
November 1915
schwere Kriegsverletzung: Verlust des rechten Auges, zeitweilige Erblindung des linken, Zerstörung der Schädeldecke, Granatsplitter im gesamten Körper. Verwundetenabzeichen in Gold. Nach 30 Operationen und mehrmonatigem Lazarettaufenthalt:
Sommer 1916
Aufnahme des Jurastudiums in Göttingen
Februar 1919
Promotion
Frühjahr 1920
Mitglied der Bürgerwehr in Hannover (Kapp-Putsch und Spartakistenaufstände)
März 1922
2. Staatsexamen
ab April 1922
kurzzeitig: Mitarbeiter einer renommierten Anwaltskanzlei in Hannover; dann: Sozius; Hauptarbeitsgebiet: Wirtschaftsrecht.
1928
Notariat
April 1933
Als Frontkämpfer kann Berkowitz zwar weiterhin Anwalt bleiben (Gesetz über die Zulassung zur Rechtsanwaltschaft vom 7. April 1933), aber
Juni 1933
sein deutsch-nationaler Sozius trennt sich von ihm. Neben nun beginnenden wirtschaftlichen Schwierigkeiten bleibt die tiefe menschliche Enttäuschung.
Sommer 1933
Mit Hilfe einer jüdischen Bank eröffnet Berkowitz eine eigene Anwaltskanzlei.
1935
Entziehung des Notariats (Erste und Zweite Verordnung zum Reichsbürgergesetz vom 14. November und 21. Dezember 1935)

Deutsche Reichspost
Telegramm
Berlin 8
Oberlandesgerichtspräsidenten
Celle

ersuche allen volljüdischen Notaren mit sofortiger Wirkung die Fortführung ihrer Amtstätigkeit als Notar zu untersagen.
Für Weiterführung der Geschäfte gelten gleiche Grundsätze wie bei Ausscheiden des jetzigen Notariatsinhabers.

Reichsjustizminister

Quelle: Akten des OLG Celle

An den
Herrn Reichsminister der Justiz
in Berlin

Betr. die volljüdischen Notare
Telegramm und Erlaß vom 30. September 1935
– Ia 1078/35 –

Gemäß der mir erteilten Weisung habe ich den nachstehend aufgeführten volljüdischen Notaren mit sofortiger Wirkung die Fortführung ihrer Amtstätigkeit als Notar untersagt:
1.) Rechtsanwalt und Notar Dr. Herzfeld, Celle, Schwicheldstr. 19a,
2.) Rechtsanwalt und Notar Dr. Graupe, Hann.-Münden,
3.) Rechtsanwalt und Notar Dr. Berkowitz, Hannover, Sophienstr. 1a,
4.) Rechtsanwalt und Notar Dr. Hermann van Biema, Hannover, Schillerstraße 21,
5.) Rechtsanwalt und Notar Block, Hannover, Georgstraße 14,
6.) Rechtsanwalt und Notar Dr. Ehrlich, Hannover, Nikolaistraße 12,
7.) Rechtsanwalt und Notar Fürstenheim, Hannover, Herschelstr. 1 A,
8.) Rechtsanwalt und Notar Paul Goldschmidt III, Hannover, Steintorstr. 16,
9.) Rechtsanwalt und Notar Goldstein, Hannover, Adolf-Hitler-Platz 12,
10.) Rechtsanwalt und Notar JRat Dr. Gustav Heinemann I, Hannover, Prinzenstr. 16,

Nationalsozialistisches Denken

11.) Rechtsanwalt und Notar Lichtenberg, Hannover, Herschelstr. 1 A,
12.) Rechtsanwalt und Notar Dr. Ernst Müller III, Hannover, Adolf-Hitler-Platz 12,
13.) Rechtsanwalt und Notar Philippsohn, Hannover, Yorkstraße 15,
14.) Rechtsanwalt und Notar Dr. Rose, Hannover, Georgstraße 35.

Quelle: Akten des OLG Celle

9./10. November 1938
Verhaftung im Laufe der »Reichskristallnacht«
November und Dezember 1938
KZ Buchenwald (Berkowitz: »Dantes Hölle«). Das Verwundetenabzeichen in Gold bewahrt ihn vor weiteren Mißhandlungen und bringt ihm die vorzeitige Entlassung aus der Schutzhaft.
30. November 1938
Berkowitz verliert seine Zulassung als Rechtsanwalt auf der Basis der Fünften Verordnung zum Reichsbürgergesetz vom 27. November 1938, die keine Ausnahmen mehr vorsieht.
Dezember 1938
Dr. Horst Israel Berkowitz wird als jüdischer Konsulent zugelassen, d. h., er darf jüdische Mitbürger rechtlich beraten und vor den Gerichten vertreten. Berkowitz ist der einzige Konsulent in einem Gebiet, das etwa dem heutigen Land Niedersachsen entspricht.
ab Dezember 1940
Arbeitsverpflichtet in einer Außenstelle des Konzentrationslagers Neuengamme, in der er auch sein Büro als Konsulent einrichtet.

1941
Seine Mutter wird in das KZ Theresienstadt verschleppt, wo sie später umkommt.

Abbildung 119
Postkarte aus Theresienstadt – das letzte Lebenszeichen seiner Mutter

8. April 1945
   Die Gestapo räumt das Außenlager, in dem Berkowitz arbeiten muß: Befreiung.
10. April 1945
   Kriegsende in Hannover, die Engländer übernehmen die Stadt.
Sommer 1945
   Die britische Administration möchte Dr. Berkowitz für den Wiederaufbau der Justiz in der britischen Zone gewinnen; sie bietet ihm unter anderem die Position eines Oberlandesgerichtspräsidenten an. Berkowitz will Anwalt bleiben, berät aber die Briten in Personalangelegenheiten und wirkt maßgebend am Wiederaufbau der Justiz in Hannover mit.
In den fünfziger und sechziger Jahren
   zahlreiche Ehrungen
13. Februar 1983
   verstorben in Hannover; Dr. Berkowitz war bis zu seinem Tode als Rechtsanwalt und Notar tätig.

Anwalt der Bedrängten
Dr. Berkowitz feiert Berufsjubiläum

„Im November 1915 streiften die Schatten des Todes bei Chemin de Dame den 17jährigen Horst Berkowitz. Schwerverwundet schaffte man den jungen Kriegsfreiwilligen ins Lazarett, die Ärzte hatten nur wenig Hoffnung für sein Leben. Heute feiert Dr. Berkowitz das Jubiläum seiner 50jährigen Tätigkeit als Anwalt in Hannover, und viele Freunde werden diesem tapferen und geistvollen Juristen die Hand drücken, der noch im Alter von 74 Jahren täglich vor den Gerichten für den Menschen eintritt, für den unschuldigen und für den mit Schuld beladenen.
Das Leben des Dr. Horst Berkowitz war immer überschattet von bitteren Phasen deutscher Geschichte. Aber nie hat sich dieser gezeichnete Mann – als einer der wenigen ist er Träger des goldenen Verwundetenabzeichens aus dem Ersten Weltkrieg – dem Schicksal gebeugt. »Ich wurde im Krieg schwer verletzt, verlor ein Auge und außerdem hat man mir Teile des Gehirns herausgenommen, so daß ich Jura studieren konnte«, sagt er lächelnd; es ist eines jener blitzenden Bonmots, mit denen Dr. Berkowitz bisweilen auch die trockenste Gerichtsverhandlung aufzulockern pflegt.
Damals, 1916, begann der 18jährige noch im Lazarett mit dem Jurastudium; schon vor dem Referendarexamen promovierte er mit summa cum laude, und am 26. April 1922 eröffnete er eine Rechtsanwaltspraxis in Hannover. Jahre des Erfolges zogen ins Land, rasch hatte sich der junge wortgewaltige Anwalt (der noch heute für jeden Mandanten kämpft, als wäre es sein eigener Sohn) trotz seiner schweren körperlichen Gebrechen einen Namen gemacht.
Aber wieder überdeckte das Wetterleuchten der Geschichte das kleine private und berufliche Glück. Die Nationalsozialisten kamen an die Macht. 1938 holten sie den prominenten jüdischen Anwalt und brachten ihn ins Konzentrationslager Buchenwald. Erst durch die Intervention des Generalfeldmarschalls von Mackensen für den Schwerkriegsverletzten bei Hitler persönlich kam Dr. Berkowitz wieder frei.
»Nach der Besetzung Hannovers holten mich die Engländer in einem Jeep«, erinnert er sich heute nicht ohne leise Heiterkeit. »Sie boten mir hohe Positionen an, aber ich bin ein einfacher Anwalt und wollte nur Anwalt bleiben.« Dr. Berkowitz ging sofort daran, das hannoversche Gerichtswesen wieder mit aufzubauen. Haß kannte dieser Mann nicht, dessen meiste Angehörige im Dritten Reich umgebracht worden sind.
Bis vor kurzem ist Dr. Berkowitz noch täglich mit dem Fahrrad zum Gericht gefahren, jetzt will das Herz nicht mehr recht mitmachen. Aber das Feuer ist noch nicht erloschen; noch immer kämpft Dr. Berkowitz vor Gericht für die Menschen, die Hilfe brauchen."
H. F.

Quelle: Hannoversche Allgemeine Zeitung, 26. 4. 1972

Nationalsozialistisches Denken

Hans Achim Litten

19. Juni 1903
: geboren in Halle (Saale). Sein Vater – aus einer alteingesessenen jüdischen Familie – ist Professor, Dekan der juristischen Fakultät der Universität Königsberg und mehrere Jahre deren Rektor. Seine Mutter entstammt einer schwäbischen Pastoren- und Professorenfamilie. Die politische Haltung des Elternhauses: konservativ, monarchisch gesinnt.
Während der Schulzeit gehört Hans Litten als führendes Mitglied deutsch-jüdischen Jugendgruppen mit sozialrevolutionären Ideen an (»Schwarzer Haufen«). Trotz kunstwissenschaftlicher Interessen studiert Litten auf Wunsch des Vaters Jura und wird

1929
: in Berlin als Anwalt zugelassen. Sein Schwerpunkt: Strafverteidigung. Litten arbeitet häufig für die »Rote Hilfe« und vertritt in ihrem Auftrag Kommunisten als Verteidiger oder Nebenkläger. Er versteht sich als »proletarischer Anwalt«.

1931
: findet der sogenannte »Eden-Palast-Prozeß« statt. Im November 1930 überfällt der berüchtigte SA-Sturm 33 Mitglieder des Arbeiterwandervereins »Falke«, der im Tanzpalast »Eden« eine Versammlung abhält. In dem Strafverfahren gegen Angehörige des SA-Sturms tritt Hans Litten als Nebenkläger auf und beantragt mit Erfolg die Vernehmung Hitlers zur Frage des Verhältnisses der NSDAP zur Gewaltanwendung im politischen Kampf (wenige Monate nach dem »Legalitätseid« vor dem Reichsgericht).

Abbildung 120
Hans Litten (Mitte) als Verteidiger im sogenannten Felseneck-Prozeß im Kriminalgericht Berlin-Moabit

8. Mai 1931
: Hitlers Vernehmung vor dem Kriminalgericht Berlin-Moabit: Hans Litten bringt den Zeugen Hitler durch seine Befragung in eine kritische Situation.

1931/32
: In der Folgezeit tritt Litten in mehreren Prozessen auf, in denen es um Gewalttätigkeiten der Berliner SA geht. Er sieht sich Angriffen der nationalsozialistischen Presse ausgesetzt (»Rot-Mord-Verteidiger«).

Februar 1933
Nach der Machtergreifung versucht Littens Mutter vergeblich, ihren Sohn zur Emigration zu bewegen (»Die Millionen Arbeiter können nicht heraus, also muß ich auch hier bleiben«).

28. Februar 1933
In der Nacht des Reichstagsbrands wird Hans Litten verhaftet. Ohne daß je ein Strafverfahren gegen ihn eingeleitet worden wäre, bleibt er auf Dauer in Schutzhaft – unter anderem in den Konzentrationslagern Sonnenburg und Esterwegen, Buchenwald und Dachau. Teils aus Rache, teils zur Erpressung von Informationen über seine Tätigkeit als Strafverteidiger wird Hans Litten vor allem in den ersten Monaten furchtbar mißhandelt und gequält. Seine Mutter, die über zahlreiche gesellschaftliche Verbindungen verfügt, bittet unter anderem den deutschen Kronprinzen, Reichswehrminister von Blomberg, Reichsjustizminister Gürtner, den Dirigenten Furtwängler und den späteren Reichsbischof Müller um Hilfe für ihren Sohn; selbst Freisler macht einen Versuch bei Hitler, der aber Litten mit Haß verfolgt: Er hat ihm seinen Auftritt vor Gericht am 8. Mai 1931 nicht vergessen.

5. Februar 1938
Hans Litten nimmt sich im Konzentrationslager Dachau das Leben, nachdem er keine Chance sieht, je die Freiheit wiederzuerlangen.

Abbildung 121
Zeichnung eines Mithäftlings von Hans Litten im KZ

3.3 »Rasseveredelung und körperliche Gesundung des Volkes« – Erbgesundheitsgesetz vom 14. Juli 1933

Die Anwendung des Erbgesundheitsgesetzes durch Mediziner und Juristen entspricht der nationalsozialistischen Zielsetzung, »den Volkskörper zu reinigen« und »nur dem Gesündesten das Zeugungsrecht« zu gewähren. Das hat katastrophale Folgen: Nach seriösen Schätzungen werden während des Dritten Reiches zwischen 200 000 und 350 000 Menschen sterilisiert, wobei es auch zu erzwungenden Schwangerschaftsabbrüchen kommt. Die Unfruchtbarmachung kann gegen den erklärten Willen der Opfer erfolgen, sofern nur die Erbgesundheitsgerichte (besetzt mit zwei Medizinern und einem Juristen) die oder den Betroffenen als erbkrank einstufen. Was nach der Formulierung des Gesetzes den Eindruck einer wissenschaftlich abgesicherten Entscheidung vermittelt, ist in der Medizin durchaus umstritten. Zudem erfordert der Nachweis der Erblichkeit nach streng wissenschaftlichen Grundsätzen eingehende Begutachtungen des Betroffenen und seiner Familie sowie differenzierte Bestimmungen der Krankheitsbilder. Man kann sich aber auch an den Hinweis in einem medizini-

Abbildung 122
Aus der NS-Propaganda: In der Ausstellung »Das Wunder des Lebens« warben die Nationalsozialisten für ihre Erbgesundheitspolitik.

> **Gesetz zur Verhütung
> erbkranken Nachwuchses**
> Vom 14. Juli 1933
>
> Die Reichsregierung hat das folgende Gesetz beschlossen, das hiermit verkündet wird:
>
> § 1
> (1) Wer erbkrank ist, kann durch chirurgischen Eingriff unfruchtbar gemacht (sterilisiert) werden, wenn nach den Erfahrungen der ärztlichen Wissenschaft mit großer Wahrscheinlichkeit zu erwarten ist, daß seine Nachkommen an schweren körperlichen oder geistigen Erbschäden leiden werden.
> (2) Erbkrank im Sinne dieses Gesetzes ist, wer an einer der folgenden Krankheiten leidet:
> 1. angeborenem Schwachsinn,
> 2. Schizophrenie,
> 3. zirkulärem (manisch-depressivem) Irresein,
> 4. erblicher Fallsucht
> 5. erblichem Veitstanz (Huntingtonsche Chorea),
> 6. erblicher Blindheit
> 7. erblicher Taubheit
> 8. schwerer erblicher körperlicher Mißbildung.
> (3) Ferner kann unfruchtbar gemacht werden, wer an schwerem Alkoholismus leidet ...
>
> Quelle: RGBl. I, 1933, S. 529

Volk und seine Kinder.« Im Zweifel: sterilisieren!

schen Fachblatt halten, daß es »in vielen Fällen ... gar nicht auf Erblichkeit« ankomme. Charakteristisch dürfte der Ausspruch eines Hamburger Richters sein, der 1935 auf einem rassenhygienischen Schulungskurs äußert: »Die Schlacht, die im Erbgesundheitsgericht geschlagen wird, geschieht für das ganze

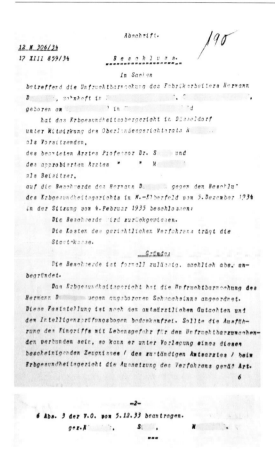

Landgerichtspräsident
VIII 1/322/49 –
Erbgesundheitsgerichte.
Vfg. 1. 2. 36. – VIII 67/A/36 –
Anlagen.

Düsseldorf, den 14. Februar 1936.

Herrn Oberlandesgerichtspräsidenten
Hier.

Anliegend überreiche ich die geforderte Übersicht in 2 Stücken. Die in Spalte 9 der Übersicht ermittelte Zahl der angeordneten Unfruchtbarmachungen verteilt sich wie folgt auf die einzelnen Erbkrankheiten:

1. Angeborener Schwachsinn 437,
2. Schizophrenie 129,
3. manisch-depressives Irresein 48,
4. erbliche Fallsucht 68,
5. erblicher Veitstanz 2,
6. erbliche Blindheit 4,
7. erbliche Taubheit 9,
8. schwere körperliche Mißbildung 3,
9. schwerer Alkoholismus 19,

insgesamt 719 (wie Spalte 9).

Tatsachen, die die Zuweisung der Bezirke irgendwie als unzweckmäßig erscheinen lassen, sind bisher nicht hervorgetreten.

gez. Kroy
Beglaubigt
Justizangestellte

Quelle: HSTA Düsseldorf, Rep 86/1328

»Der letzte Zweck«

„Unserem Volke hat die nationalsozialistische Weltanschauung die Erkenntnis vermittelt, daß in der Übernahme und Weitergabe von Anlagen, Fähigkeiten und Eigenschaften von Geschlecht zu Geschlecht blutgebunden die schicksalsmäßige Gestaltung einer Rasse, einer Nation, eines Volkes fest verankert ist. Sie hat uns gelehrt, wie sehr Schicksal und Zukunft unseres Volkes durch die Beschaffenheit seines Erbstroms bestimmt werden, welche Kraft von ihm ausgeht, wenn es rein und ungetrübt fließt, aber auch welche verderblichen Folgen für ein Volk dann eintreten müssen, wenn die kranken und minderwertigen Erbanlagen sich immer mehr ausbreiten und die gesunden Anlagen zu überwuchern drohen (so Staatssekretär Dr. Schlegelberger vor den Erbgesundheitsrichtern am 15. Juni 1936)...

Quelle: Boschan, Nationalsozialistische Rassen- und Familiengesetzgebung, Berlin 1937, S. 11

4. »Der bürgerliche Tod«

Diskriminierende Rechtsprechung gegen »rassische« Minderheiten – auch gegen das Gesetz

4.1 Zivilrecht

Im Privatrecht – also z. B. Miet-, Kauf- und Arbeitsrecht – setzt der »Siegeszug rasserechtlichen Denkens« schon 1933 ein, ohne daß ein einziges Gesetz geändert werden muß. Die Rechtswissenschaft leistet notwendige Vorarbeiten: Die Volksgemeinschaft wird als neue Rechtsidee herausgestellt, Rasse- und Volkstum werden als Rechtsquellen herangezogen. Auf dieser Basis lassen sich bestehende Rechtsbegriffe neu interpretieren und umdeuten. Nationalsozialistisches Denken kann – aber muß nicht – über gesetzliche Generalklauseln (z. B. Treu und Glauben), über unbestimmte Rechtsbegriffe (wichtiger Grund) oder über gesetzliche Merkmale, deren inhaltliche Bestimmung im wesentlichen vom politischen Vorverständnis abhängig ist (z. B. Wesen der Ehe), in die Entscheidungsfindung eingebracht werden.

Auch wenn es Richter gibt, die sich dem Zeitgeist nicht anpassen, ist die Entwicklung, die die Rechtsprechung nach 1933 nimmt, eindeutig. Ausgerechnet Roland Freisler, fanatischer Nationalsozialist und Staatssekretär im preußischen Justizministerium, sieht sich veranlaßt, bremsend in die Diskussion einzugreifen:

Der Richter habe nicht die Aufgabe, Recht zu schaffen; deshalb könne es nie seine Aufgabe sein, gegen das Gesetz zu entscheiden, auch dann nicht, wenn er das geschriebene Gesetz mit nationalsozialistischer Auffassung für unvereinbar hält.

z. B. Eherecht: ein neuer Anfechtungsgrund – das »Judesein« des Ehepartners und seine Bedeutung im »völkischen« Staat

---

1. Unter welchen Voraussetzungen kann eine arisch-jüdische Mischehe wegen Irrtums über die Rassenverschiedenheit angefochten werden?

BGB. § 1333.
IV. Zivilsenat. Urt. v. 12. Juli 1934 i. S. Ehefrau N. (Bekl.) w. Ehemann N. (Kl.) IV 94/34.

I. Landgericht Heidelberg.
II. Oberlandesgericht Karlsruhe ...

Gründe:
Nach § 1333 BGB. kann der Kläger seine Ehe anfechten, wenn er sich bei der Eheschließung über solche persönliche Eigenschaften der Beklagten geirrt hat, die ihn bei Kenntnis der Sachlage und bei verständiger Würdigung des Wesens der Ehe von der Eingehung der Ehe abgehalten haben würden. Wegen der besonderen Eigentümlichkeiten der verschiedenen Rassen *erscheint die Zugehörigkeit zu einer Rasse, insbesondere zur jüdischen Rasse, nach der natürlichen Lebensauffassung als wesentlicher Bestandteil der Persönlichkeit* eines Menschen und damit als persönliche Eigenschaft im Sinne der angegebenen Gesetzesvorschrift. Unter Eheleuten erhält die Rassenverschiedenheit besondere Bedeutung dadurch, daß die Rasseeigentümlichkeiten sich auch auf die *Nachkommen vererben* können. Hat also ein arischer Ehegatte bei der Eheschließung *nicht gewußt*, daß der andere der jüdischen Rasse angehört, so hat er sich in einem Irrtum über eine persönliche Eigenschaft des anderen befunden, der ihn beim Vorliegen der sonstigen Voraussetzungen des § 1333 zur Anfechtung der Ehe berechtigt ...

Quelle: RGZ 145, S. 1 f.

b) Bejahend: Urteil des Landgerichts in Köln – 5. R. 66/33 –.

Aus den Gründen:
Daß zu den persönlichen Eigenschaften eines Menschen seine Rassenzugehörigkeit in erster Linie gehört, ist eine Frage, die endlich in bejahendem Sinne zur allgemeinen Erkenntnis gekommen ist. Das neue Reich baut sich wesentlich auf der Zusammengehörigkeit des Volkes als Träger gemeinsamen Blutes auf. Wer fremden Blutes ist, kann nicht Volksgenosse sein. Ihm fehlt die wichtigste persönliche Eigenschaft dazu. Es ist selbstverständlich, daß bei verständiger Würdigung des Wesens der Ehe, als einer in erster Linie sittlichen und dem Fortbestande des Volkes dienenden Einrichtung, ein arischer Ehegatte die Ehe mit einem Angehörigen einer volksfremden – ja volksfeindlichen – Rasse nicht abgeschlossen haben würde, wenn ihm die Sachlage zur Erkenntnis gekommen wäre. Daß dieses nicht der Fall war, daß tatsächlich seitens des Klägers ein Irrtum im Sinne des § 1333 BGB. vorlag, ist ohne weiteres zu unterstellen. Dem Kläger ist zwar die Tatsache, daß die Beklagte Jüdin ist, bei der Eheschließung an sich bekannt gewesen. Sie bedeutete aber für ihn etwas rein Äußerliches. Die Erkenntnis des Wesentlichen fehlte ihm. Den Nachweis hierfür kann man von dem Kläger nicht verlangen, denn es ist leider unbestreitbar, daß die Bedeutung der Rasse, des Blutes und des Volkstumes bis vor kurzer Zeit nur einem verschwindend kleinen Kreise – selbst der sogenannten Gebildeten – in seiner ganzen Wichtigkeit klar geworden ist. Die liberalistische Denkweise, für deren Ausmerzung erst die Machtübernahme durch den Nationalsozialismus die Voraussetzungen geschaffen hat, betonte ja im Gegenteil die Gleichheit aller Rassen und erblickte ihr Ideal in einem Rassenchaos.
Quelle: DJ 1933, S. 819

30. Kann ein Ehegatte die Ehe mit der Begründung anfechten, daß die arische Abstammung des anderen Teils nicht feststellbar sei?

BGB. § 1333.

IV. Zivilsenat. Urt. v. 22. August 1935 i. S. Ehemann E. (Kl.) w. Ehefrau E. (Bekl.). IV 128/35.

I. Landgericht Köln.
II. Oberlandesgericht daselbst . . .

Gründe: [. . .]
Liegt bei einem Eheschließenden die nicht zu widerlegende Möglichkeit vor, daß er von seinem Erzeuger her einer fremden, insbesondere der jüdischen Rasse angehört, so geht diese ihm anhaftende Eigentümlichkeit auf die aus der Ehe zu erwartenden Kinder über. Es liegt daher jedenfalls ein von der Persönlichkeit nicht zu trennendes persönliches Verhältnis des Eheschließenden vor, das nach allgemeiner Lebensauffassung, zumal vom nationalsozialistischen Standpunkt aus, sehr wohl geeignet erscheint, den anderen Teil bei verständiger Würdigung des Wesens der Ehe von der Eheschließung abzuhalten. [. . .]
Quelle: RGZ 148, S. 193, 195

z. B. Aufgebotsverfahren: ein neues Ehehindernis

Keine Anweisung an den Standesbeamten, die Eheschließung zwischen Deutschen und Juden vorzunehmen.
LG. Königsberg, Pr., vom 26. 8. 1935 – 3 T 687/35 – [. . .]

Wo aber, wie in dem vorliegenden Falle, durch die beabsichtigte Eheschließung zwischen einer Deutschen und einem Juden gegen das Grundgesetz nationalsozialistischer Staatsauffassung – die Reinerhaltung der Rasse – verstoßen wird, ist es Aufgabe des Gerichts, die Eheschließung zu verhindern, ohne daß es überhaupt notwendig wäre, in eine Prüfung dieser vom Gesetz aufgestellten Ehehindernisse einzutreten . . .
Quelle: DJ 1935, S. 1387

Bad Sülze
70. § 11 PersStG. Der Standesbeamte ist nicht verpflichtet, das Aufgebot einer Mischehe vorzunehmen.
Der Antragsteller ist jüdischen Blutes, die Gerda H. ist Arierin. Zur Zeit besteht rein formalgesetzlich ein Verbot der Eheschließung zwischen Ariern und Nichtariern noch nicht. Trotzdem kann ein Standesbeamter nicht gezwungen werden, die Eheschließung zwischen Ariern und Nichtariern vorzunehmen, da durch eine solche arisches Blut vermischt und für alle Zukunft vom völkischen Standpunkt aus betrachtet unbrauchbar gemacht wird. Eine derartige Ehe verstößt gegen die wichtigsten Gesetze des Staates, die in der Reinhaltung und Pflege des deutschblütigen Volkes be-

stehen. Eine derartige Ehe ist daher durch und durch unsittlich. Es kann von einem Beamten nicht verlangt werden, daß er zu einer solchen Handlung seine Hand bietet.
(AG. Bad Sülze, Beschl. v. 8. Juli 1935, III 7/35.)
Quelle: JW 1935, S. 2309

Wetzlar
75. §§ 11, 48 PersStG. Die Weigerung des Standesbeamten, bei der Eheschließung eines deutschblütigen Mannes mit einer Jüdin Amtshilfe zu leisten, ist gerechtfertigt . . .
Der Einwand, daß trotz alledem solche Mischehen bisher gesetzlich noch nicht verboten seien, schlägt nicht durch. Dieser Einwand entspringt typisch jüdisch-liberalistischem Moral- und Rechtsdenken; letzteres hatte mit dem Grundsatz: »Was nicht verboten ist, ist erlaubt« deutsches Recht und deutsche Sitte bereits fast völlig instinktlos und wurzellocker gemacht. Nationalsozialistische – das ist arteigene – Rechtsanschauung hat demgegenüber wieder das artgemäße Gesetz des Sollens aufgerichtet als Anforderung an jeden einzelnen, seine innere Haltung und äußere Lebensführung allein auf das Wohl seines Volkes auszurichten und dessen Belangen sich unterzuordnen. Dieser Satz ist bindendes geltendes Recht des Dritten Reiches und, wie oben dargelegt, bereits in grundlegenden Gesetzen eindeutig zum Ausdruck gekommen. Mit diesem Rechtssatz steht die Eheschließung eines deutschblütigen Mannes mit einer Jüdin in unlösbarem Widerspruch. Eine solche Eheschließung kann daher nicht mehr zugelassen werden und der Standesbeamte hat mit Recht den Erlaß des vom Antragsteller begehrten Aufgebots abgelehnt.
(AG. Wetzlar, Beschl. v. 17. Juni 1935, 1 III 5/35.)
Quelle: JW 1935, S. 2083

z. B. Zwangsvollstreckung: Radios sind unpfändbar – doch Juden brauchen kein Radio

Juden brauchen kein Radio

„Einem Juden wurde ein Rundfunkgerät gepfändet. Der Jude erhob Einspruch mit der Begründung, daß nach den gesetzlichen Bestimmungen Rundfunkgeräte unpfändbar seien. Der Einwand des Juden schien gesetzlich begründet. Tatsächlich sind ja Rundfunkgeräte unpfändbar, weil jedem Volksgenossen die Möglichkeit gegeben werden soll, an den großen politischen Kundgebungen der Reichsregierung und der Bewegung als Zuhörer teilzunehmen.
Die Wahrnehmung dieses Rechtes, die unter Umständen auch eine Pflicht ist, muß den Interessen des Gläubigers vorgehen. Das Gesetz sagt nicht, daß Juden von dieser Bestimmung ausgenommen seien. Es ist zwar von Volksgenossen die Rede, nach den üblichen Auslegungen werden aber Ausnahmefälle für Nichtdeutsche nur dann angenommen, wenn dies ausdrücklich vermerkt ist. Anderenfalls müßten ja solche Ausnahmen auch für andere Nichtdeutsche gelten, was wohl keinesfalls beabsichtigt ist. Hätte der Richter, der hier zu entscheiden hatte, sich also schlicht an den Wortlaut des Gesetzes geklammert, so hätte der Einspruch des Juden Erfolg haben müssen.
Das Amtsgericht Berlin-Charlottenburg hat sich aber der Mühe unterzogen, dem Sinn des Gesetzes auf den Grund zu gehen. Der Einspruch des Juden wurde abgewiesen. Das vom Gesetz vorgesehene besondere Interesse, als Zuhörer an den in Deutschland stattfindenden politischen Kundgebungen teilzunehmen, bestehe für einen Volljuden nicht. Ein Grund für die Unpfändbarkeit des Rundfunkgerätes sei deshalb bei einem Juden auch nicht gegeben. Das bei ihm allein vorhandene Interesse, sich durch das Gerät Unterhaltung zu verschaffen, sei nicht so schutzwürdig, daß ihm das Interesse des Gläubigers an der Befriedigung seiner Forderung nachgehen müßte.
(22. A. 123238.)
Diese allein mögliche sinngemäße Auslegung einer gesetzlichen Bestimmung zeugt für das sichere Rechtsempfinden eines Richters. Es wird auch ihm nicht darauf angekommen sein, den Juden zu einem Menschen minderen Rechts zu stempeln, es ging einzig und allein darum, aus dem Gesetzestext das herauszulesen, was der Gesetzgeber tatsächlich gemeint hat.
Der Gesetzgeber wollte, daß die Deutschen ungehindert an den Kundgebungen teilnehmen können, die sie etwas angehen. Hat er sich dabei unklar oder unvollkommen ausgedrückt, so ist es nicht Sache des Richters, seinen hier erkennbaren Willen zu verwässern und das, was für Deutsche bestimmt werden sollte, jetzt auch auf Juden anzuwenden. Das ist alles sehr selbstverständlich, aber es werden so viele Urteile gesprochen, die nur den Wortlaut, nicht aber den Sinn eines Gesetzes berücksichtigen, daß wir Abweichungen von dieser Regel gern erfreut vermerken."
Quelle: Das Schwarze Korps, 1938, Folge 30, S. 14

z. B. Mietrecht: für Juden entfällt der Mieterschutz – das folgt aus dem Gedanken der Volksgemeinschaft

Mietrecht

22. LG. – §§ 2, 4 MietSchG. Die Anwendung des MietSchG. auf einen jüdischen Mieter ist abzulehnen. Denn der Anwendung des MietSchG. auf Mietverträge mit Juden steht die weltanschauliche Forderung entgegen, daß alle Gemeinschaftsverhältnisse mit Juden möglichst schnell beendet werden müssen. Der arische Vermieter kann also einem jüdischen Mieter das Mietverhältnis ohne weiteres aufkündigen, da für den Juden das MietSchG. nicht gilt.

Durch Vertrag v. 4. März 1935 vermietete die Kl. an die Bekl. eine Wohnung. Der bekl. Ehemann ist Jude, seine Frau arisch.

Die Kl. hat gegen die Bekl. Klage auf Mietaufhebung und Räumung erhoben, indem sie geltend macht: Die Fortsetzung des Mietverhältnisses mit einem jüdischen Mieter könne ihr nicht mehr zugemutet werden.

Die Bekl. berufen sich darauf, daß die Wohnung unter Mieterschutz stehe.

Das AG. hat die Bekl. unter sofortiger Aufhebung des Mietverhältnisses zur Räumung verurteilt.

Gegen dieses Urteil haben die Bekl. Berufung eingelegt, jedoch ohne Erfolg . . .

Das hier streitige Problem kann überhaupt nicht durch eine Auslegung des MietSchG. gelöst werden. Seine Bedeutung greift über den Rahmen des MietSchG. weit hinaus. Es handelt sich nicht um eine Frage, die durch Auslegung des MietSchG. gelöst werden kann, sondern um eine weltanschauliche Frage. Eine Gemeinschaft mit Juden wird von deutschen Volksgenossen grundsätzlich abgelehnt, und zwar sowohl das Zusammenwohnen mit Juden, wie überhaupt jede Art von Gemeinschaft. Dies ist durch die nationalsozialistische Bewegung im deutschen Volke fest verankert und nicht nur ein Programmsatz, bei dem erst bestimmt wird, wann er durchgeführt wird, sondern ein Rechtssatz, der bereits jetzt gilt. Hiervon ausgehend, ist zu erörtern, ob das MietSchG. bei jüdischen Mietern anwendbar ist. Dies ist zu verneinen.

[. . .]

Abbildung 123
Juden müssen ihre Wohnungen verlassen und in »Judenhäuser« ziehen. Das Bild zeigt das »Judenhaus« im Landkreis Hannover auf dem Gelände der ehemaligen großisraelitischen Gartenbauschule.

Es ist nicht richtig, daß die Stellung der Juden durch die Nürnberger Gesetze endgültig geregelt worden ist. Die Nürnberger Gesetze waren nur ein Anfang. Die Entwicklung ist aber noch nicht beendet. Auch die Ansicht, daß jede einzelne Maßnahme gegen die Juden nur von der Regierung angeordnet werden könne, ist nicht zutreffend. Wollte man dem beitreten, so würde eine Auslegung der Gesetze zuungunsten der Juden nicht stattfinden dürfen und die Juden hierdurch besonders geschützt sein. Es liegt auf der Hand, daß das nicht der Sinn der Sache ist. [...]

Quelle: JW 1938, S. 3242 f.

23. AG. – § 553 BGB.; MietSchG. Die Schutzbestimmungen des 1. Abschnitts des MietSchG. finden auf Mietverhältnisse mit jüdischen Mietern keine Anwendung.

Die Bekl. sind Juden. Sie sind Mieter einer Wohnung im Hause der Kl. Die Parteien habe eine vierteljährliche Kündigungsfrist vereinbart. Der Mietpreis ist monatlich 50 RM.
Mit Schreiben v. 1. Nov. 1938 kündigten die Kl. das Mietverhältnis zum 1. Febr. 1939. Die Bekl. nahmen die Kündigung nicht an, da sie Mieterschutz hätten und sich nichts zuschulden hätten kommen lassen.
Die Kl. verlangt Aufhebung des Mietverhältnisses und Räumung. [...]
Im nationalsozialistischen Staat ist das Verhältnis zwischen Vermieter und Mietern und der sämtlichen Hausbewohner untereinander in erster Linie durch den Gedanken der Hausgemeinschaft bestimmt. Eine solche Hausgemeinschaft ist mit Juden ebenso unmöglich, wie eine Gemeinschaft des gesamten Volkes mit ihnen. Jeder Deutsche findet die Anwesenheit von Juden in dem von ihm bewohnten Hause als lästig; es ist ihm peinlich, mit ihm zusammenzutreffen oder gar mit ihm in Verbindung treten zu müssen.
Diese Einstellung hat sich durch die Ereignisse der letzten Wochen ganz bedeutend verstärkt. Die Entwicklung hat gezeigt, daß ein Zusammenwohnen von Deutschen und Juden unerträglich geworden ist. Die Durchführung des Mietvertrages ist durch die Person des Mieters, durch seine Zugehörigkeit zur jüdischen Rasse gefährdet, weil sie die Bildung einer Hausgemeinschaft, die nach der heutigen Rechtsanschauung die Grundlage jedes Mietverhältnisses über eine Wohnung ist, unmöglich macht. Dem deutschen Vermieter steht daher das Recht zu, Mietverhältnisse mit Juden fristlos zu kündigen. [...]

Quelle: JW 1938, S. 3243 f.

z. B. Beruf und Wirtschaft: mit »sicherem Rechtsgefühl« – Verträge mit Juden können keinen Bestand haben.

Reichsgericht: Zivilsachen
Abdruck in der amtlichen Sammlung der Entscheidungen des Reichsgerichts

1. §§ 133, 157, 346, 347 BGB. Verfilmungsvertrag. Das auf die persönliche Verhinderung des Regisseurs abgestellte Rücktrittsrecht umfaßt auch die Eigenschaft des Regisseurs als Nichtarier. Nicht entscheidend ist, daß der Vertrag nach der Machtergreifung durch die NSDAP, aber zu einer Zeit geschlossen worden ist, wo die Wirkungen der Machtergreifung noch nicht eingesetzt hatten.

Durch Vertrag v. 24. Febr. 1933 (von den Parteien »Manuskriptvertrag« genannt) übertrug die Bekl. der Kl. alle Urheber-, Aufführungs- und Verlagsrechte, besonders das Verfilmungsrecht, an dem Werke des Regisseurs Erich L. (genannt Eric Ch.) »Die Heimkehr des Odysseus«; auch verpflichtete sie sich, der Kl. in dem von ihr gewünschten Maße die Dienste Ch.s zur Mitarbeit am ersten und zweiten (kurbelfertigen) Drehbuch zur Verfügung zu stellen. Für die Übertragung der Rechte einschließlich der Arbeit Ch.s am Drehbuche wurde eine Pauschvergütung von 130 000 RM – zu zahlen in monatlichen Teilen von 26 000 RM, beginnend mit dem 1. März 1933 – vereinbart. In Nr. 6 des Vertrags war bestimmt: Sollte der an demselben Tage zwischen der Kl. und Ch. geschlossene Regievertrag »aus dem Grunde nicht durchführbar werden, daß Ch. durch Krankheit, Tod oder ähnlichen Grund nicht zur Durchführung seiner Regietätigkeit imstande« sei, dann sei die Kl. zum Rücktritte berechtigt und die Bekl. zur Zurückzahlung der bereits empfangenen Beträge verpflichtet. Die Parteien vereinbarten für ihr Vertragsverhältnis die Geltung deutschen Rechts (Nr. 8 des Vertrags). Beim Vertragsabschlusse war ihnen bekannt, daß Ch. Nichtarier (Jude) ist. – Die Kl. zahlte am 1. März 1933 die erste Rate der Vergütung, 26 000 RM. Durch Schreiben vom 5. April 1933 trat sie unter Hinweis darauf, daß Ch. nicht in der Lage sei, seine Regietätigkeit bei ihr auszuüben, sowohl von dem Regievertrage mit ihm wie von dem Manuskriptvertrage mit der Bekl. zurück. In einem schiedsgerichtlichen Verfahren zwischen ihr und Ch. erging am 21. Juni 1933 ihrem Antrage gemäß ein Spruch, welcher feststellte: Dem Ch. stünden aus dem Regievertrage v. 24. Febr. 1933 über »Die Heimkehr des Odysseus« keinerlei Ansprüche mehr gegen sie zu.

Mit der vorl. Klage verlangt die Kl., daß ihr die Bekl. die empfangenen 26 000 RM zurückerstatte.
Die Kl. hatte in allen Instanzen Erfolg. [...]
Dieser Auslegung des KG. steht kein rechtliches Bedenken entgegen. Sie entspricht den gesetzlichen Grundregeln (§§ 133, 157 BGB.), auf die sie Bezug nimmt. Unterstützt wird sie durch die leitenden Gedanken, nach denen (seit der Machtübernahme durch den Nationalsozialismus) der Befugniskreis des einzelnen rassemäßig bedingt ist. Die frühere («liberale«) Vorstellung vom Rechtsinhalte der Persönlichkeit machte unter den Wesen mit Menschenantlitz keine grundsätzlichen Wertunterschiede nach der Gleichheit oder Verschiedenheit des Blutes; sie lehnte deshalb eine rechtliche Gliederung und Abstufung der Menschen nach Rassegesichtspunkten ab. Der nationalsozialistischen Weltanschauung dagegen entspricht es, im Deutschen Reiche nur Deutschstämmige (und gesetzlich ihnen Gleichgestellte) als rechtlich vollgültig zu behandeln. Damit werden grundsätzliche Abgrenzungen des früheren Fremdenrechts erneuert und Gedanken wiederaufgenommen, die vormals durch die Unterscheidung zwischen voll Rechtsfähigen und Personen minderen Rechts anerkannt waren. Den Grad völliger Rechtlosigkeit stellte man ehedem, weil die rechtliche Persönlichkeit ganz zerstört sei, dem leiblichen Tode gleich; die Gebilde des »bürgerlichen Todes« und des »Klostertodes« empfingen ihre Namen aus dieser Vergleichung. Wenn in Nr. 6 des Manuskriptvertrages v. 24. Febr. 1933 davon die Rede ist, daß Ch. »durch Krankheit, Tod oder ähnlichen Grund nicht zur Durchführung seiner Regietätigkeit imstande sein sollte«, so ist unbedenklich eine aus gesetzlich anerkannten rassepolitischen Gesichtspunkten eingetretene Änderung in der rechtlichen Geltung der Persönlichkeit dem gleichzuachten, sofern sie die Durchführung der Regietätigkeit in entsprechender Weise hindert, wie Tod oder Krankheit es täten.

Quelle: JW 1936, S. 2529 f.

Berlin.
Landesarbeitsgerichte.

1. § 11 ArbGG.
I. Alle Personen nicht arischer Abstammung sind grundsätzlich von jeder Mitwirkung in der Rechtspflege ausgeschlossen. [...]
Wenn demgegenüber die Bekl. einwenden, daß dies nicht der Wille des Gesetzgebers sein könne, weil er sonst dahingehend Vorschriften erlassen hätte, so ist darauf zu sagen: Eine Revolutionsgesetzgebung vermag nicht alle Einzelverhältnisse zu regeln und muß es bei vorhandenen Lücken den Gerichten und den sonst maßgeblichen Stellen überlassen, Entscheidungen zu treffen, die ihren Grundrichtlinien gerecht werden. Sodann erschien vielleicht eine gesetzliche Regelung in der hier fraglichen Richtung deshalb nicht nötig, weil nach Bildung der Deutschen Arbeitsfront es als ausgeschlossen zu gelten hat, daß von ihr bzw. ihren Unterverbänden Vertreter nichtarischer Abstammung zu den ArbGBehörden entsandt werden – möglicherweise mit Ausnahme solcher Vertreter, die die Rechtsangelegenheiten von Mitgliedern der in Aussicht genommenen Verbände nichtarischer Arbeitnehmer zu vertreten haben...

Quelle: JW 1933, S. 2788

Nr. 12 (LAG)
1. Die bisherige Rechtsprechung, daß die GewO. und das allg. Berggesetz in den §§ 123 und 82 die Entlassungsgründe erschöpfend aufzähle, läßt sich nicht aufrechterhalten. Es kann dem Betriebsführer nicht zugemutet werden, einen Arbeiter weiterzubeschäftigen, der sich in seiner Einstellung zum Staat, zum Volk und zur Betriebsgemeinschaft als Schädling erweist. [...]
Der Kl. hat Berufung eingelegt und geltend gemacht: Er sei polnisch gesinnt und Angehöriger der polnischen Minderheit; deshalb habe er sich nicht für verpflichtet gehalten, das Deutschlandlied und das Horst-Wessel-Lied bei der Begrüßungsfeier in Konstanz mitzusingen, und das Mitsingen aus diesem Grunde unterlassen. Wenn er bei der Feier den Deutschen Gruß nur in der Form erwiesen habe, daß er den Unterarm angewinkelt gehoben habe, so daß die Hand in Gesichtshöhe gewesen sei, so habe er dies für ausreichend gehalten. Er habe auch den Hut abgenommen. Bei der Schlußfeier habe er schon deshalb den Arm nicht höher heben können, weil er Sonnenbrand und heftige Schmerzen gehabt habe. Seine Berufung hatte keinen Erfolg.

Aus den Gründen:
Die frühere Rechtsprechung vertrat den Standpunkt, daß die Gewerbeordnung und das Allgemeine Berggesetz in den §§ 123 bzw. 82 die Entlassungsgründe erschöpfend aufzählten, und daß deshalb eine Entlassung nur ausgesprochen werden könne, wenn einer der gesetzlichen Tatbestände festgestellt sei.
Diese Rechtsprechung kann heute nicht mehr aufrechterhalten werden, sie widerspricht dem Volks-

empfinden, denn es kann dem Betriebsführer nicht zugemutet werden, daß er einen Arbeiter weiterbeschäftige, der sich in seiner Einstellung zum Staat, zum Volk und zur Betriebsgemeinschaft als Schädling erweist. Während die genannten Gesetze nur den »liederlichen Lebenswandel« als Entlassungsgrund anführen, muß heute dieser Begriff weiter gefaßt werden. Jeder Schädling an der Gemeinschaft muß nach den heutigen Begriffen von Staat, Volk und Betriebsgemeinschaft als ein Mensch angesehen werden, der in die Gemeinschaft des Betriebes nicht hineingehört. Daraus folgt, daß auch das Verhalten außer Dienst nicht nur einen wichtigen Grund für die Entlassung im Sinne von § 626 BGB. bilden kann – das galt schon immer –, sondern daß es auch bei Bergarbeitern und gewerblichen Arbeitern die Entlassung rechtfertigen kann, sofern es sich um einen schweren Verstoß handelt.
Eine solche schwere Verfehlung liegt vor. Die Fahrten »Kraft durch Freude« sind keine einfachen Vergnügungsreisen, sie sind vielmehr einer der Wege zur Verwirklichung des Gedankens nationalsozialistischer Volksgemeinschaft. Die oberste Leitung liegt bei der NSDAP. Wer eine solche Fahrt mitmacht, muß wissen, daß er sich so zu benehmen hat, wie es einem echten deutschen Arbeiter zukommt, der stolz auf seinen Betrieb und den darin herrschenden Gemeinschaftsgeist ist. Erregt sein Verhalten Anstoß, dann schädigt er den Betrieb und dessen Ansehen erheblich, und dies ist für den Gesichtspunkt der Entlassung das entscheidende.
Daß der Kl. Anstoß erregt hat, ist erwiesen . . . (wird näher dargetan).

Quelle: ARS 27, S. 67 ff.

4.2 Strafrecht

Auch im Alltag der Strafgerichte kommt es zu Diskriminierungen, die über die Anwendung der Rassengesetze hinausgehen. So werden u. a. Gewalttaten gegen Juden strafrechtlich nicht verfolgt oder äußerst milde abgeurteilt. Straftaten von Juden gegenüber »Ariern« hingegen werden extrem hoch bestraft.
Aus Urteilen gegen SA-Männer wegen der Schändung jüdischer Gräber:

„„Daß sie ihr Tun gegen einen Judenfriedhof gerichtet haben, konnte ihnen grundsätzlich keine mildere Beurteilung bringen. Abgelehnt wird das Judentum als solches als unerfreulicher und daher nicht erwünschter Fremdkörper innerhalb unseres Volkes. Die Zurückdrängung des einzelnen Juden kann daher nur so weit gehen, als dies zur Erreichung des Gesamtzieles, eben zur Zurückdrängung der jüdischen Einflußnahme auf das deutsche Volksleben schlechthin, erforderlich ist. Daß damit aber die Verletzung der Ruhe eines toten Juden nichts mehr zu tun hat, ja solche Verletzung geradezu geeignet ist, dem deutschen Volk größten Schaden zuzufügen, hätten auch die Angeklagten einsehen müssen. Wäre der vorliegende Fall einer gewissen Auslandspresse zur Kenntnis gekommen, würden sie gewiß nicht davor zurückgeschreckt sein, ihn gegen Deutschland feindlich auszuwerten. „„

Schöffengericht Moers, 10. 5. 1935

„„Zugute zu halten ist den Angeklagten auch, daß der Friedhof nach jüdischer Sitte vorher völlig ungepflegt war und sie darum in ihrer Trunkenheit wohl kaum das Empfinden hatten, daß Tote unter den Steinen ruhten, sondern der Zorn richtete sich hauptsächlich gegen die Steine und ihre für sie unleserlichen Inschriften . . . Ihre Schuld liegt hauptsächlich darin, daß sie, unter Einfluß des Alkohols, maßlos undiszipliniert im Übereifer zu einer unverantwortlichen Tat sich haben hinreißen lassen. „„

Schöffengericht Kleve, 24. 8. 1938
Quelle: HSTA Düsseldorf, Rep 7/963

Auszug aus dem Urteil des Sondergerichts Hannover vom 22. Juli 1940:

6 S.Ls. 67/40 5 S. I – 156/40

Im Namen des Deutschen Volkes

Strafsache gegen
1) den Städt. Aufseher Fritz W. aus Hann. Münden, geboren am . . . in . . . , z. Zt. i. d. S. i. Ger. Gef. in Hannover in U.-Haft,
2) den Kreiswart Erwin W. aus Hann. Münden, geboren am . . . in . . . , z. Zt. i. d. S. i. Ger. Gef. in Hannover in U.-Haft,
3) den Schuhmachermeister Karl H. aus Hann. Münden, geboren am . . . in . . . , z. Zt. i. d. S. i. Ger. Gef. in Hannover in U.-Haft,

4) den Wellenscherer (Dreher) Ernst Sch. aus Völklingen a. d. Saar, geboren am ... in ..., z. Zt. i. d. S. i. Ger. Gef. in Hannover in U.-Haft,
5) den Städt. Angestellten Erich K. aus Fürstenhausen bei Völklingen/Saar, geboren am ..., z. Zt. i. d. S. i. Ger. Gef. in Hannover in U.-Haft,
wegen Verbrechens gegen §§ 211, 212, 227 Ziffer I StGB.

Das Sondergericht Abt. I für den Oberlandesgerichtsbezirk Celle beim Landgericht in Hannover hat in der Sitzung vom 22. Juli 1940 ...

für Recht erkannt:
Die Angeklagten W., W., Sch. und K. sind des gemeinschaftlichen Totschlages schuldig, H. der gefährlichen Körperverletzung in Tateinheit mit Raufhandel.
Es werden bestraft:
W. mit vier Jahren Gefängnis, W. mit drei Jahren Gefängnis, Sch. und K. mit je zwei Jahren Gefängnis, H. mit einem Jahr Gefängnis.
Dem Angeklagten H. wird die Untersuchungshaft in vollem Umfange, den übrigen Angeklagten in Höhe von sechs Monaten angerechnet.
Die Angeklagten haben die Kosten des Verfahrens zu tragen.

Gründe:
Die Angeklagten W., W., Sch. und K. werden beschuldigt, in Hann. Münden in der Nacht zum 3. Oktober 1939 den Juden Erwin Israel P., dessen Leiche am 19. Oktober 1939 bei Lippoldsberg in der Weser gefunden wurde, gemeinschaftlich und vorsätzlich, die Angeklagten W., W. und K. auch mit Überlegung getötet zu haben, während dem Angeklagten H. zur Last gelegt wird, sich an dem Überfall der Mitangeklagten auf P., der zu seinem Tode geführt hat, schuldhaft aber ohne Kenntnis von ihrer Tötungsabsicht beteiligt zu haben (§§ 211, 212, 47, 227 Abs. 1 StGB.).
Die Anklage ist mit Ausnahme der zum Morde erforderlichen Überlegung, die sich nicht hat feststellen lassen, durch das Ergebnis der Hauptverhandlung in vollem Umfange bestätigt worden.
[...]

V) Strafbemessung
»Sämtliche Angeklagte waren, soweit sie hiernach des gemeinschaftlichen Totschlags schuldig sind, unter Zubilligung mildernder Umstände aus § 213 StGB. zu bestrafen.

Als mildernde Umstände sind dem Angeklagten W. die bereits angeführten Gründe zugute zu halten, die seine Überlegung bei der Tat ausschlossen, seine starke Angetrunkenheit und sein zur Erregung gesteigerter Judenhass, der gerade in P. ein geeignetes Opfer fand und der in langjährigen Kämpfen für die Bewegung seine menschliche Achtung vor dem Leben eines Juden auf ein Mindestmass herabgesetzt hatte.
Neben dieser Erbitterung auf die Juden und ihrer menschlichen Minderbewertung, die auch bei dem Angeklagten W. auf Grund seines frühen Einsatzes für die Bewegung schon in der Kampfzeit anzunehmen sind, war ein mildernder Umstand zu seinen Gunsten darin zu finden, dass er sich sowohl als Mitglied der Partei wie vor allem als Angehöriger der SA. von dem Angeklagten W. abhängig fühlte und auch auf Grund des erheblichen Altersunterschiedes ihm die Verantwortung für die von W. ausgegangene Tat glaubte überlassen zu können.
Das gleiche Gefühl der Abhängigkeit von dem Angeklagten W. bestand auf Grund ihrer Parteizugehörigkeit und mit Rücksicht auf den Altersunterschied bei den beiden Angeklagten Sch. und K., die zudem noch auf dem Quartieramt für Rückgeführte unter seiner Leitung arbeiteten. Als weiterer Milderungsgrund im Sinne des § 213 StGB. kommt bei ihnen die erhebliche Verminderung ihrer Zurechnungsfähigkeit hinzu, durch die ihr Bewusstsein der Selbstverantwortlichkeit noch mehr geschwächt werden mußte.
Alle diese Umstände waren auch bei der Bemessung der Strafhöhe zu Gunsten der Angeklagten zu berücksichtigen. Daneben kam mildernd für alle Angeklagten in Betracht, daß sie mit Ausnahme von H. bislang noch nicht bestraft sind, daß sie die Tat nicht aus persönlichen Beweggründen, sondern im Zuge des allgemeinen Kampfes gegen das Judentum begangen haben. Umgekehrt fiel aber bei allen erschwerend die ungewöhnliche Rohheit und Feigheit, mit der sie P. in den Tod getrieben haben, ins Gewicht.«

Quelle: Materialien zum Seminar »Recht im Nationalsozialismus« hrsg. von der Niedersächsischen Landeszentrale für politische Bildung

5. Strafrecht, Strafverfahren, Strafvollzug

5.1 »Im nationalsozialistischen Strafrecht kann es kein formelles Recht oder Unrecht, sondern nur den Gedanken der materiellen Gerechtigkeit geben.«

Zum Strafrechtsverständnis im Dritten Reich

> Strafe ist... einfach Aussonderung fremder Typen und artfremden Wesens...

Quelle: Alfred Rosenberg 1935 zum Strafzweck, zitiert nach Johe, Die gleichgeschaltete Justiz, Hamburg 1982, S. 39

Leitsätze
zum nationalsozialistischen Strafrecht

3. Das nationalsozialistische Strafrecht muß auf der völkischen Treuepflicht aufgebaut sein.
Die Treuepflicht ist für nationalsozialistisches und deutsches Denken höchste völkische und daher sittliche Pflicht.
Für deutsches Denken besteht Einklang zwischen sittlicher Wertung, Pflichtgefühl und Rechtsempfinden.
4. Der hohe Wert der Volksgemeinschaft verlangt die unbedingte Einhaltung der Treuepflicht und zwar sowohl der Volksgemeinschaft selbst gegenüber, als auch gegenüber allen ihren Gestaltungen, die sie, an die Vergangenheit anknüpfend, für die Zukunft schafft oder geschaffen hat. Ihre Einheit in Volksboden, Volksschicksal und -blut wird durch den Einzelangriff von Verbrechern gefährdet.
5. Der Verletzung der Treuepflicht folgt grundsätzlich der Verlust der Ehre.
[...]

III. Für die Strafen:
27. a) Ein kriminelles Unrecht macht grundsätzlich ehrlos, trifft die eine unteilbare Mannesehre...

Quelle: Frank, Nationalsozialistische Leitsätze für ein neues deutsches Strafrecht, 3. Auflage, Berlin 1935, S. 5 ff.

Lebenslauf Hans Frank

23. 5. 1900
    geboren in Karlsruhe (Baden) in einer altkatholischen Familie. Der Vater war Rechtsanwalt.
1918
    Abitur am Maxgymnasium in München
Juni 1918
    Eintritt in das Infanterieregiment »König«
1919
    Zugehörigkeit zum Freikorps »Epp«, anschl. Mitglied der Reichswehr
1919
    Beitritt zur »Thule-Gesellschaft« (1918 gegründeter logenartiger Bund mit ca. 1500 Mitgliedern, u. a. R. Heß, A. Rosenberg, G. Feder, D. Eckart)
1919
    Beitritt zur Deutschen Arbeiterpartei
1919
    Studium der Rechtswissenschaft- und Volkswirtschaft in München, Wien und Kiel
1923
    Großes juristisches Staatsexamen in München
9. 11. 1923
    Teilnahme am Marsch zur Feldherrnhalle, anschließend Flucht ins Ausland
1924
    Rückkehr nach Deutschland, nachdem das Verfahren wegen der Teilnahme am Novemberputsch gegen ihn eingestellt ist
1924
    Promotion
1925–1926
    Stellung als Anwaltsbuchhalter, Übernahme der kostenlosen Verteidigung von Parteigenossen der NSDAP
1927
    Beitritt zur NSDAP, die er allerdings im gleichen Jahr wieder, aus bis heute ungeklärten ideologischen Gründen, verläßt
1927
    Eröffnung eines Anwaltsbüros in München
1928
    Endgültiger Beitritt zur NSDAP
1928
    Gründung des »Bundes nationalsozialistischer deutscher Juristen« (später »Rechtswahrerbund«)

1930
: Leiter der Rechtsabteilung der Reichsführung bzw. des Reichsrechtsamtes der NSDAP. Er leitet diese Abteilung dann nochmals von 1934 bis 1942

1930
: Reichstagsabgeordneter

1933
: Bayerischer Justizminister

22. 4. 1933
: Reichskommissar für die »Gleichschaltung der Justiz in den Ländern und für die Erneuerung der Rechtsordnung«

1. 6. 1933
: Gründung der Deutschen Rechtsfront durch Frank

2. 10. 1933
: Wahl zum Präsidenten der »Akademie für Deutsches Recht«

1935
: Reichsminister ohne Geschäftsbereich

19. 9. 1939
: Chef der Zivilverwaltung in Polen

12. 10. 1939
: Generalgouverneur in Polen

1940
: Frank startet eine große »außerordentliche Befriedungsaktion«, der ca. 3500 Vertreter der polnischen Intelligenz zum Opfer fallen; sie werden entweder sofort erschossen oder in das gerade gegründete KZ Auschwitz eingeliefert.

1942
: Verlust aller Parteiämter, weil er mit Himmler in Streit über Zuständigkeiten und Maßnahmen in Polen gerät. Frank bleibt jedoch Generalgouverneur von Polen.

1945
: Verhaftung durch die amerikanische Armee

22. 11. 1945
: Eröffnung des Hauptkriegsverbrecherprozesses vor dem Internationalen Militärgerichtshof in Nürnberg; Frank gehört zu den Angeklagten.

1. 10. 1946
: Frank wird zum Tode durch den Strang verurteilt.

16. 10. 1946
: Im Nürnberger Justizgefängnis wird das Urteil vollstreckt.

Begründung zum Entwurf eines Deutschen Strafgesetzbuches

„Für den Nationalsozialismus ist das deutsche Volk Inhalt und Sinn aller staatlichen Maßnahmen.
[...]
Den Schutz dieser lebendigen völkischen Schicksalsgemeinschaft in ihrem Bestand, in ihrer Ehre, in ihrer Lebenskraft und äußeren Lebensordnung rückt der Nationalsozialismus an die Stelle des bisherigen Schutzes der Einzelperson und ihres wirtschaftlichen Wohlergehens.
[...]
Wer eine Straftat begeht, verletzt seine Pflichten gegenüber dieser Gemeinschaft. Bei schwersten Straftaten steigert sich die Pflichtverletzung zum offenen Treubruch. Wer seinem Volke die Treue bricht, löst sich von ihm, verliert seine Ehre und wird zum Verräter. Aufgabe des Strafrechts ist es, die Gemeinschaft vor Pflichtverletzung und Treubruch ihrer Glieder zu schützen und jeden ernsten Verstoß durch Strafe zu sühnen.
[...]
Dieser von der Gemeinschaft ausgehende und zur Gemeinschaft hinzielende sozialistische Geist spiegelt sich auch in dem Aufbau des Zweiten Buches des Entwurfs wider. In fünf Gruppen behandelt dieses
den Schutz des Volkes,
den Schutz der Volkskraft,
den Schutz der Volksordnung,
den Schutz der Persönlichkeit und
den Schutz gegenüber strafbarem Eigennutz."

Quelle: Entwurf eines Deutschen Strafgesetzbuchs mit Begründung, Sammlung BMJ 1936, S. 1, 6

„Die spezifisch politische Unterscheidung, auf welche sich politische Handlungen und Motive zurückführen lassen, ist die Unterscheidung von Freund und Feind. [...]
Die Begriffe Freund, Feind und Kampf erhalten ihren realen Sinn dadurch, daß sie insbesondere auf die reale Möglichkeit der physischen Tötung Bezug haben und behalten."

Quelle: Carl Schmitt, Der Begriff des Politischen, Berlin 1932, S. 26, 33

99 Das neue Strafrecht des Nationalsozialismus wird ein von soldatischem Geiste getragenes Recht sein, kein Recht, das abwartet, sondern ein Recht, das schon dann zum Angriff ansetzt, wenn sich nur irgendwo und irgendwie die Kräfte der Unterwelt regen, um in die Linie der Gemeinschaft einzubrechen. [...]
Es muß den einen Zweck erreichen: Geschlossenheit der Arbeitskraft und Lebenskraft des Gesamtvolkes zu sichern. Weil das nationalsozialistische Strafrecht diesen soldatischen Geist atmet, kommt endlich die Bekämpfung des Verbrechers aus ihrer Halbheit heraus. Auch das Recht des Strafprozesses wird geändert werden müssen. Es ist heute nicht mehr angängig, Staatsanwalt und Angeklagten als Person mit gleichen Rechten im Strafprozeß auszustatten. 99

Quelle: Freisler, DJ 1934, S. 396

Abbildung 124
Empfang zum Abschluß der Arbeiten am neuen Strafrecht: Der bekannte Strafverteidiger Rüdiger von der Göltz spricht, links von ihm Justizminister Gürtner, Staatssekretär Freisler, Professor Graf Gleispach.

Lebenslauf Roland Freisler

30. 10. 1893
    geboren in Celle in einer kath. Familie
    Der Vater war Diplomingenieur und Fachhochschullehrer.

1903
    Gymnasium Aachen
1908
    Gymnasium Kassel
    Studium der Rechte in Jena
4. 8. 1914
    Kriegsfreiwilliger
18. 10. 1914
    Freisler gerät in russische Kriegsgefangenschaft.
1917
    Nach intensiver Beschäftigung mit dem Marxismus wurde Freisler nach der Oktoberrevolution bolschewistischer Kommissar.
23. 7. 1920
    Rückkehr nach Kassel
1921
    Abschluß des Jura-Studiums
    Dr. jur. mit »summa cum laude«
2. 10. 1923
    Großes jur. Staatsexamen in Berlin
13. 2. 1924
    Niederlassung als Rechtsanwalt in Kassel
1924
    Zulassung als Anwalt am Reichsgericht
    Stadtverordneter in Kassel für den völkischsozialen Block
    Mitglied des preuß. Landtages
1925
    Freisler tritt mit all seinen Mandaten bei der Neugründung der NSDAP zu dieser unter der Mitgliedsnummer 9.679 über; in den Folgejahren viele Strafprozesse als Verteidiger für Parteigenossen
23. 3. 1928
    Heirat mit Marion Rossegger
1932
    Mitglied des Reichstages
Febr. 1933
    Ministerialdirektor im preuß. Justizministerium
1. 6. 1933
    Staatssekretär im preuß. Justizministerium
1. 4. 1934
    Staatssekretär im Reichsjustizministerium
20. 1. 1942
    Freisler ist Teilnehmer der sog. »Wannseekonferenz«, wo die »Endlösung der Judenfrage« beschlossen wird.
20. 8. 1942
    Freisler wird Präsident des Volksgerichtshofes.
3. 2. 1945
    Freisler kommt bei einem Bombenangriff auf Berlin um.

> Schon früher, als man das Rechtsempfinden bereits stärker in seiner Brust trug als heute, gab es so etwas, was man die Acht genannt hat. Man ächtete gewisse Elemente, machte sie vogelfrei und stellte sie damit außerhalb des Rechtes und des Gesetzes. Damit waren sie nicht nur vom Gericht abzuurteilen, sondern in diesem Fall konnte sogar der einzelne Volksgenosse eingreifen, er konnte nicht strafbar gemacht werden, weil sich der andere selber durch seine Tat und dann durch die Erklärung der Acht vogelfrei und gesetzlos gemacht hatte. [...]

Quelle: Göring, Die Rechtssicherheit als Grundlage der Volksgemeinschaft, Hamburg 1935, S. 9

> Es ist die Aufgabe unserer Zeit, dem Gerechtigkeitsbegriff einen anderen, der neuen Gesinnung entsprechenden Inhalt zu geben.

Quelle: Schaffstein, Politische Strafrechtswissenschaft, Hamburg 1934, S. 5

5.2 ». . . der Gerechtigkeit zum Siege verhelfen«
– Charakteristisches aus den Strafgesetzen

Todesstrafe als Regelstrafe
Nach 1933 setzt eine allgemeine Verschärfung des Strafrechts ein. Sühne und Abschreckung sind die primären Strafzwecke. Bei der Todesstrafe kommt es zu einer regelrechten Inflation: Während 1932 »nur« wenige Strafnormen die Todesstrafe vorsehen, ist dies Anfang der vierziger Jahre bei über 40 Delikten der Fall – mit entsprechenden Folgen!

Der verbrecherische Wille wird bestraft
Nicht der Taterfolg, z. B. der Schaden oder die Verletzung, die ein Straftäter seinem Opfer zufügt, ist für die Strafe entscheidend, sondern der verbrecherische Wille, d. h. der Entschluß, eine Straftat zu begehen. Für die Strafdrohung kann es daher dahinstehen, ob die Tat ausgeführt oder nur versucht wird: Die Bildung des verbrecherischen Willens ist vollzogen. Schon das »Unternehmen«, eine Tat zu begehen, rechtfertigt die volle Strafdrohung.

Gesetz zur Abwehr politischer Gewalttaten
Vom 4. April 1933
Die Reichsregierung hat das folgende Gesetz beschlossen, das hiermit verkündet wird:

§ 1
Mit dem Tode oder mit lebenslangem Zuchthaus oder mit Zuchthaus bis zu fünfzehn Jahren kann, soweit bisher mildere Strafen angedroht sind, bestraft werden:
1. wer ein Verbrechen gegen § 5 Abs. 1, 2 des Gesetzes gegen den verbrecherischen und gemeingefährlichen Gebrauch von Sprengstoffen vom 9. Juni 1884 (Reichsgesetzbl. S. 61) begeht;
2. wer ein öffentlichen Zwecken dienendes Bauwerk in Brand setzt oder sprengt (§§ 306 bis 308, 311 des Strafgesetzbuchs) oder wer eine Inbrandsetzung oder Sprengung in der Absicht begeht, in der Bevölkerung Angst oder Schrecken zu erregen;
3. wer ein Verbrechen gegen § 229 Abs. 2, §§ 312, 315 Abs. 2, § 324 des Strafgesetzbuchs (Giftbeibringung, Überschwemmung, Beschädigung von Eisenbahnanlagen, gemeingefährliche Vergiftung) begeht . . .

Quelle: RGBl. I, 1933, S. 162

**Gesetz zur Gewährleistung
des Rechtsfriedens**
Vom 13. Oktober 1933

Die Reichsregierung hat das folgende Gesetz beschlossen, das hiermit verkündet wird:

§ 1
(1) Mit dem Tode oder, soweit nicht bisher eine schwerere Strafe angedroht ist, mit lebenslangem Zuchthaus oder Zuchthaus bis zu fünfzehn Jahren wird bestraft:
1. wer es unternimmt, einen Richter oder einen Staatsanwalt oder einen mit Aufgaben der politischen, Kriminal-, Bahn-, Forst-, Zoll-, Schutz- oder Sicherheitspolizei betrauten Beamten oder einen Angehörigen der Wehrmacht oder der Sturmabteilungen (einschließlich des Stahlhelms) oder der Schutzstaffeln der N.S.D.A.P., einen Amtswalter der N.S.D.A.P. oder einen Angehörigen des Deutschen Luftsportverbandes aus politischen Beweggründen oder wegen ihrer amtlichen oder dienstlichen Tätigkeit zu töten, oder wer zu einer solchen Tötung auffordert, sich erbietet, ein solches Erbieten annimmt oder eine solche Tötung mit einem anderen verabredet; ...

Quelle: RGBl. I, 1933, S. 723

**Gesetz zur Änderung von Vorschriften
des Strafrechts und des Strafverfahrens**
Vom 24. April 1934

Die Reichsregierung hat das folgende Gesetz beschlossen, das hiermit verkündet wird:

Artikel I
Im Zweiten Teil des Strafgesetzbuchs wird der erste Abschnitt (§§ 80 bis 93) durch folgende Vorschriften ersetzt:

1. Abschnitt
Hochverrat

§ 80
Wer es unternimmt, mit Gewalt oder durch Drohung mit Gewalt das Reichsgebiet ganz oder teilweise einem fremden Staat einzuverleiben oder ein zum Reiche gehöriges Gebiet vom Reiche loszureißen, wird mit dem Tode bestraft.
Ebenso wird bestraft, wer es unternimmt, mit Gewalt oder durch Drohung mit Gewalt die Verfassung des Reichs zu ändern ...

§ 83
Wer öffentlich zu einem hochverräterischen Unternehmen auffordert oder anreizt, wird mit Zuchthaus bis zu zehn Jahren bestraft.
Ebenso wird bestraft, wer ein hochverräterisches Unternehmen in anderer Weise vorbereitet.
Auf Todesstrafe oder auf lebenslanges Zuchthaus oder auf Zuchthaus nicht unter zwei Jahren ist zu erkennen, wenn die Tat
1. darauf gerichtet war, zur Vorbereitung des Hochverrats einen organisatorischen Zusammenhalt herzustellen oder aufrechtzuerhalten, oder
2. darauf gerichtet war, die Reichswehr oder die Polizei zur Erfüllung ihrer Pflicht untauglich zu machen, das Deutsche Reich gegen Angriffe auf seinen äußeren oder inneren Bestand zu schützen, oder
3. auf Beeinflussung der Massen durch Herstellung oder Verbreitung von Schriften, Schallplatten oder bildlichen Darstellungen oder durch Verwendung von Einrichtungen der Funkentelegraphie oder Funkentelephonie gerichtet war oder
4. im Auslande oder dadurch begangen worden ist, daß der Täter es unternommen hat, Schriften, Schallplatten oder bildliche Darstellungen zum Zwecke der Verbreitung im Inland aus dem Ausland einzuführen.

Quelle: RGBl. I, 1934, S. 341 f.

*Weite Tatbestände,
elastisch und auslegungsfähig*
Strafgesetze müssen gegebenenfalls jedes Verhalten erfassen, das Staat und Partei mißfällt.

*Das »gesunde Volksempfinden« fordert:
»Kein Verbrechen ohne Strafe«*
Zur Verhinderung von Freisprüchen kann der Angeklagte in entsprechender Anwendung einer Strafnorm, also ohne Verletzung einer konkreten Strafvorschrift, verurteilt werden. Die Analogie als Notbremse im Strafverfahren erlangt in der Praxis zwar nur eine geringe Bedeutung. Aber dennoch: Ein weiterer, vielleicht der wesentliche Grundsatz des neuzeitlichen Strafrechts wird aufgehoben – keine Strafe ohne Gesetz.

Gesetz gegen heimtückische Angriffe auf Staat und Partei und zum Schutz der Parteiuniformen
Vom 20. Dezember 1934

Die Reichsregierung hat das folgende Gesetz beschlossen, das hiermit verkündet wird:

Artikel 1
§ 1
(1) Wer vorsätzlich eine unwahre oder gröblich entstellte Behauptung tatsächlicher Art aufstellt oder verbreitet, die geeignet ist, das Wohl des Reichs oder das Ansehen der Reichsregierung oder das der Nationalsozialistischen Deutschen Arbeiterpartei oder ihrer Gliederungen schwer zu schädigen, wird, soweit nicht in anderen Vorschriften eine schwerere Strafe angedroht ist, mit Gefängnis bis zu zwei Jahren und, wenn er die Behauptung öffentlich aufstellt oder verbreitet, mit Gefängnis nicht unter drei Monaten bestraft.
(2) Wer die Tat grob fahrlässig begeht, wird mit Gefängnis bis zu drei Monaten oder mit Geldstrafe bestraft.
(3) Richtet sich die Tat ausschließlich gegen das Ansehen der NSDAP. oder ihrer Gliederungen, so wird sie nur mit Zustimmung des Stellvertreters des Führers oder der von ihm bestimmten Stelle verfolgt.

§ 2
(1) Wer öffentlich gehässige, hetzerische oder von niedriger Gesinnung zeugende Äußerungen über leitende Persönlichkeiten des Staates oder der NSDAP., über ihre Anordnungen oder die von ihnen geschaffenen Einrichtungen macht, die geeignet sind, das Vertrauen des Volkes zur politischen Führung zu untergraben, wird mit Gefängnis bestraft.
(2) Den öffentlichen Äußerungen stehen nichtöffentliche böswillige Äußerungen gleich, wenn der Täter damit rechnet oder damit rechnen muß, daß die Äußerung in die Öffentlichkeit dringen werde.
[...]
Quelle: RGBl. I, 1934, S. 1269

Gesetz zur Änderung des Strafgesetzbuchs
Vom 28. Juni 1935

Die Reichsregierung hat das folgende Gesetz beschlossen, das hiermit verkündet wird:

Artikel 1
Rechtsschöpfung durch entsprechende Anwendung der Strafgesetze

Die §§ 2 und 2 a des Strafgesetzbuchs erhalten folgende Fassung:

§ 2
Bestraft wird, wer eine Tat begeht, die das Gesetz für strafbar erklärt oder die nach dem Grundgedanken eines Strafgesetzes und nach gesundem Volksempfinden Bestrafung verdient. Findet auf die Tat kein bestimmtes Strafgesetz unmittelbar Anwendung, so wird die Tat nach dem Gesetz bestraft, dessen Grundgedanke auf sie am besten zutrifft...
Quelle: RGBl. I, 1935, S. 839

5.3 Der »blitzartige« Strafprozeß

Die Verschärfung der Strafgesetze geht einher mit einschneidenden Veränderungen im Strafprozeßrecht. Ein möglichst kurzer Prozeß wird angestrebt. Urteil und Vollstreckung sollen unmittelbar auf die Straftat folgen. Die Rechte des Angeklagten und des Verteidigers werden ausgehöhlt.

Abbildung 125
Berliner Schwurgerichtssitzung aus dem Jahre 1939

Sondergerichte

Zur raschen Aburteilung von Widerstand und oppositionellem Verhalten werden die Sondergerichte und der Volksgerichtshof eingerichtet.

Abbildung 126
Justizminister Gürtner (links) bei der konstituierenden Sitzung des Volksgerichtshofs im ehemaligen Herrenhaus in Berlin

Im März 1933 werden die Sondergerichte eingesetzt – Notgerichte, deren sich schon die Regierung Papen 1932 bedient hat, um die gewalttätigen politischen Auseinandersetzungen der Spätphase der Weimarer Republik zu bekämpfen. Die Sondergerichte sind zunächst für politische Straftaten nach der Reichstagsbrand-Verordnung und der Heimtücke-Verordnung zuständig. Ab 1938 wird ihr Zuständigkeitsbereich auch auf eine große Zahl nichtpolitischer Delikte ausgedehnt. Seit 1940 kann die Staatsanwaltschaft praktisch jedes Delikt vor das Sondergericht bringen, wenn ihr eine schnelle Aburteilung notwendig erscheint.

Verordnung der Reichsregierung über die Bildung von Sondergerichten
Vom 21. März 1933.

§ 8
Über die Ablehnung eines Richters entscheidet das Sondergericht, dem der Abgelehnte angehört; für die Entscheidung tritt an die Stelle des abgelehnten Richters sein Vertreter. Eine Ablehnung des Vertreters ist unzulässig.

§ 9
(1) Eine mündliche Verhandlung über den Haftbefehl findet nicht statt ...

§ 11
Eine gerichtliche Voruntersuchung findet nicht statt. Ist eine Voruntersuchung beim Inkrafttreten dieser Verordnung anhängig, so sind die Akten alsbald der Anklagebehörde bei dem Sondergericht zuzuleiten.

§ 12
(1) In die Anklageschrift sind die wesentlichen Ergebnisse der stattgehabten Ermittlungen aufzunehmen ...
(4) Die Ladungsfrist (§ 217 der Strafprozeßordnung) beträgt drei Tage. Sie kann auf 24 Stunden herabgesetzt werden ...

Quelle: RGBl. I, 1933, S. 136 f.

Volksgerichtshof

Am 24. April 1934 ergeht das Gesetz zur Gründung des Volksgerichtshofs. Über die politische Funktion des Gerichts besteht von Anfang an kein Zweifel: Vom Reichsgericht – das der NS-Regierung als nicht zuverlässig gilt, weil es im Reichstagsbrand-Prozeß vier kommunistische Angeklagte freigesprochen hat – übernimmt der Volksgerichtshof die Zuständigkeit in Hoch- und Landesverratssachen. Die Auswahl seiner Richter – zwei Berufsrichter und drei Laienrichter je Senat – erfolgt vor allem nach politischen Kriterien. Die Laienrichter stammen insbesondere aus der NSDAP, der SA, der SS und der Wehrmacht. Bis 1945 sind am Volksgerichtshof und der ihm zugeordneten Reichsanwaltschaft 577 Richter und Staatsanwälte tätig: 106 Berufsrichter, 292 ehrenamtliche Richter und 179 Staatsanwälte.

Abbildung 127
Verhandlung vor dem Volksgerichtshof: Roland Freisler als VGH-Präsident

Beschränkung der Rechte des Angeklagten und der Verteidigung

Die Sondergerichte und der Volksgerichtshof entscheiden in erster und letzter Instanz. Ihre Urteile erlangen sofort Rechtskraft. Rechtsmittel (Berufung oder Revision) sind nicht zulässig.

– Beschleunigung um jeden Preis: Vor den Sondergerichten entfällt die gerichtliche Voruntersuchung. Die Ladungsfristen werden verkürzt. Die Anklageschrift muß dem Angeklagten nicht zugeleitet werden. Das Haftbefehlsverfahren wird »vereinfacht«. Das Recht des Angeklagten, Richter abzulehnen, wird drastisch eingeschränkt.

– Beweiserhebung: Die Sondergerichte sind ermächtigt, Beweise, die der Angeklagte zu seiner Entlastung vorbringen will, nicht zu berücksichtigen. Ab 1939 gilt diese Regelung auch vor den Amts-, Schöffen- und Landgerichten.

– Das »nachteilige« Rechtsmittel: Entgegen den bisherigen Grundsätzen können zugunsten des Angeklagten angefochtene Urteile seit 1935 auch »zum Nachteil des Angeklagten geändert werden«.

– Um angeblich zu milde Urteile oder unerwünschte Freisprüche zu korrigieren, werden 1939 bzw. 1940 der »Außerordentliche Einspruch« und die »Nichtigkeitsbeschwerde« eingeführt. Mit diesen Instrumenten können rechtskräftige Urteile kassiert und härtere Strafen durchgesetzt werden.

Gesetz zur Änderung von Vorschriften des Strafrechts und des Strafverfahrens
Vom 24. April 1934.

Artikel III
Volksgerichtshof

§ 1
(1) Zur Aburteilung von Hochverrats- und Landesverratssachen wird der Volksgerichtshof gebildet.
(2) Der Volksgerichtshof entscheidet in der Hauptverhandlung in der Besetzung von fünf Mitgliedern, außerhalb der Hauptverhandlung in der Besetzung von drei Mitgliedern, einschließlich des Vorsitzenden. Der Vorsitzende und ein weiteres Mitglied müssen die Befähigung zum Richteramt haben. Es können mehrere Senate gebildet werden.
(3) Anklagebehörde ist der Oberreichsanwalt.

§ 2
Die Mitglieder des Volksgerichtshofs und ihre Stellvertreter ernennt der Reichskanzler auf Vorschlag des Reichsministers der Justiz für die Dauer von fünf Jahren.

§ 3
(1) Der Volksgerichtshof ist zuständig für die Untersuchung und Entscheidung in erster und letzter Instanz in den Fällen des Hochverrats nach §§ 80 bis 84, des Landesverrats nach §§ 89 bis 92, des Angriffs gegen den Reichspräsidenten nach § 94 Abs. 1 des Strafgesetzbuchs und der Verbrechen nach § 5 Abs. 2 Nr. 1 der Verordnung des Reichspräsidenten zum Schutze von Volk und Staat vom 28. Februar 1933 (Reichsgesetzbl. I S. 83). In diesen Sachen trifft der Volksgerichtshof auch die im § 73 Abs. 1 des Gerichtsverfassungsgesetzes bezeichneten Entscheidungen.
(2) Der Volksgerichtshof ist auch dann zuständig, wenn ein zu seiner Zuständigkeit gehörendes Verbrechen oder Vergehen zugleich den Tatbestand einer anderen strafbaren Handlung erfüllt.
(3) Steht mit einem Verbrechen oder Vergehen, das zur Zuständigkeit des Volksgerichtshofs gehört, eine andere strafbare Handlung in tatsächlichem Zusammenhang, so kann das Verfahren wegen der anderen strafbaren Handlung gegen Täter und Teilnehmer im Wege der Verbindung bei dem Volksgerichtshof anhängig gemacht werden.

§ 4
(1) Der Oberreichsanwalt kann in Strafsachen wegen der in den §§ 82 und 83 des Strafgesetzbuchs bezeichneten Verbrechen der Vorbereitung zum Hochverrat und wegen der in den §§ 90 b bis 90 e des Strafgesetzbuchs bezeichneten landesverräterischen Vergehen die Strafverfolgung an die Staatsanwaltschaft bei dem Oberlandesgericht abgeben. Der Oberreichsanwalt kann die Abgabe bis zur Eröffnung der Untersuchung zurücknehmen.
(2) Der Volksgerichtshof kann in den im Abs. 1 bezeichneten Sachen die Verhandlung und Entscheidung dem Oberlandesgericht überweisen, wenn der Oberreichsanwalt es bei der Einreichung der Anklageschrift beantragt.
(3) § 120 des Gerichtsverfassungsgesetzes findet entsprechende Anwendung.

§ 5
(1) Auf das Verfahren finden, soweit nicht etwas anderes bestimmt ist, die Vorschriften des Gerichtsverfassungsgesetzes und der Strafprozeßordnung über das Verfahren vor dem Reichsgericht in erster Instanz Anwendung.
(2) Gegen die Entscheidungen des Volksgerichtshofes ist kein Rechtsmittel zulässig . . .

Quelle: RGBl. I, 1934, S. 341, 345, 346

Die lebenswichtigen Aufgaben des Volksgerichtshofes
Unter dieser Überschrift veröffentlicht der »Völkische Beobachter« einen Aufsatz des Staatssekretärs im Reichsjustizministerium Dr. Freisler zum »Gesetz über den Volksgerichtshof und über die 25. Änderung des Besoldungsgesetzes« vom 18. April 1936. Diesem Aufsatz sind folgende Ausführungen entnommen:

„Landesverrat und Hochverrat sind uns als Volksverrat schwerste Verbrechen am eigenen, dem deutschen Volk.
Zur Aburteilung dieser Verbrechen richtete das neue Deutschland mit dem gleichen Gesetz ein besonderes Gericht, den Volksgerichtshof, ein. In diesem in einem einzigen Rechtszuge urteilenden Gericht wurde eine neue Art volksgebundener

Nationalsozialistisches Denken

Rechtsfindung eingeführt. Die lebenswichtigen und damit außerordentlich verantwortlichen Aufgaben der Aburteilung der Landes- und Hochverräter vertraute das Gesetz einem Gerichtshof an, in dem neben dem fachlich geschulten Richter und mit ihm zusammen der Volksrichter – und dieser in zahlenmäßiger Überlegenheit – gemeinsam Recht sprechen. Bis zur nationalsozialistischen Machtergreifung wurde der sogenannte »Laienrichter« unter Einschaltung eines möglichst starken Zufälligkeitselementes, unter möglichstem Mitgebrauch des Loses, ausgewählt; die Furcht vor der Macht des Staates führte zur Proklamierung der unsinnigsten Richterauswahl als Palladium der Bürgerfreiheit. Der Nationalsozialismus aber wählt seine Volksrichter nach ihrer persönlichen Geeignetheit und besonderen Sachkenntnis: Auf Vorschlag des Reichsministers der Justiz ernennt der Führer die Volksrichter, die der Wehrmacht und Polizei, der NSDAP und ihren Gliederungen entnommen und somit wie niemand anders geeignet sind, das Volk selbst zum Träger der Rechtspflege zu machen.

Quelle: DJ 1936, S. 656

Abbildung 128
Einweihung des neuen Volksgerichtshofs-Gebäudes

– Der Verteidiger vor dem Volksgerichtshof: Vor dem Volksgerichtshof bedarf der Verteidiger der Genehmigung durch das Gericht. Das Gericht kann jederzeit einen anderen Verteidiger für den Angeklagten bestimmen. Nach nationalsozialistischem Verständnis ist der Verteidiger in erster Linie nicht dem Angeklagten, sondern dem Staat verpflichtet.

4046ª–1.115ᴵᴵᴵ
Merkblatt I
Für Verteidiger, die vor dem Volksgerichtshof in Sachen auftreten, die vertraulich zu behandeln sind.

1.) Die Tatsachen, die dem Verteidiger bei seiner Tätigkeit in Hochverratssachen bekannt werden, sind vertraulich zu behandeln. Das Bekanntwerden selbst solcher Tatsachen, die dem Nichtfachmann bedeutungslos erscheinen, kann wichtige öffentliche Interessen gefährden.

2.) Die Genehmigung der Wahl eines Verteidigers sowie die Bestellung eines Pflichtverteidigers bezieht sich nur auf die Person des in der Genehmigungs- bzw. Bestellungsverfügung genannten Rechtsanwalts. Dieser hat sämtliche Anwaltsgeschäfte, die durch die Verteidigung notwendig werden, selbst vorzunehmen. Er darf weder einen mit ihm in einem Sozietätsverhältnis stehenden Rechtsanwalt noch einen anderen Mitarbeiter damit beauftragen. Auch der amtlich bestellte Vertreter des zugelassenen Verteidigers darf nicht ohne besondere Genehmigung des Vorsitzenden des Gerichts tätig werden. Die erforderlichen Schreibarbeiten dürfen nur den als zuverlässig erprobten Angestellten übertragen werden. Diese sind jeweils besonders auf die vertrauliche Behandlung der Sachen hinzuweisen und über den § 353 c StGB zu belehren.

3.) Der Verteidiger hat die ihm in einer Hochverratssache zugehenden Schriftstücke unter Verschluß aufzubewahren. Die Fertigung von Abschriften der Anklageschrift ist unzulässig; diese ist nach Schluß der Hauptverhandlung unaufgefordert zurückzugeben.

4.) Falls der Verteidiger es ausnahmsweise für notwendig erachtet, im Interesse der Sache mit anderen Personen als den von ihm verteidigten Angeklagten mündlich oder schriftlich in Verbindung zu treten, darf er Mitteilungen über den Sachverhalt nur im Einverständnis mit dem Vorsitzenden des Gerichts oder (vor Einreichung der Anklageschrift) mit dem Sachbearbeiter der Reichsanwaltschaft beim Volksgerichtshof machen. Ein Schriftwechsel oder eine mündliche Besprechung mit Ausländern oder mit Personen, die im Auslande wohnen, ist ebenfalls nur mit diesem Einverständnis statthaft.

5.) Eine Verletzung der vorstehenden Anordnungen kann unter Umständen ein Strafverfahren, insbesondere wegen Vergehens gegen § 353c StGB nach sich ziehen.

6.) Soweit Verfahren als »geheim« bezeichnet werden, gelten besondere Richtlinien.

Berlin, den 24. Mai 1938.
Der Präsident des Volksgerichtshofs.
gez. Unterschrift

Quelle: Bildarchiv Gerstenberg

Abbildung 129
Das Foto, aufgenommen während einer Verhandlung vor dem Volksgerichtshof 1939 zeigt den Schriftsachverständigen, der hier während des Prozesses dem Gerichtshof und dem Verteidiger die Gleichheit der Schriftproben nachweist, die den Angeklagten überführen sollen, der des Verfassens von Hetzartikeln gegen das Dritte Reich beschuldigt wird.

5.4 Folter im Strafverfahren

Mitglieder des Widerstandes, »politisch Verdächtige«, Homosexuelle, Personen, die gegen die »Rassegesetze« verstoßen haben, u. a. werden in der Polizeihaft vor allem von der Gestapo gefoltert und zu »Geständnissen« gezwungen.

In den ersten Jahren nach der nationalsozialistischen »Machtergreifung« weigern sich jedoch einige Gerichte, diese »Geständnisse« anzuerkennen, und sprechen die Angeklagten frei. Verschiedentlich werden von den Staatsanwaltschaften Ermittlungen gegen Gestapo-Beamte wegen Aussageerpressung und Körperverletzung im Amt eingeleitet, die allerdings auf Befehl Hitlers eingestellt werden.

Auch Reichsjustizminister Gürtner lehnt zunächst körperliche Mißhandlungen von Beschuldigten ab. Nachdem Hitler aber 1936 die »verschärfte Vernehmung« eines des Mordes Beschuldigten befohlen hat, einigen sich Reichsjustizministerium und Gestapo: »Verschärfte Vernehmungen« mit bis zu 25 Stockhieben sind insbesondere gegen »kommunistische Hoch- und Landesverräter«, Bibelforscher und »Saboteure« zulässig.

Abbildung 130
Lilo Gloeden, von der Gestapo-Haft gezeichnet.

Abbildung 131
Hans-Berndt von Haeften, von der Gestapo-Haft gezeichnet

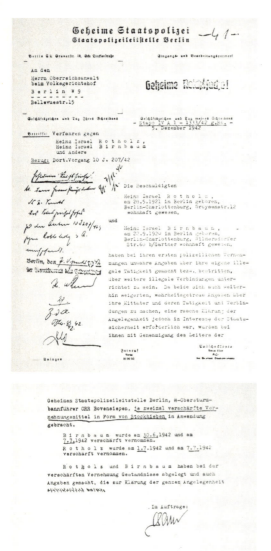

zwei Kriminalassistenten ergeben, daß Mißhandlungen der Häftlinge zur Erzwingung von Aussagen von dem damaligen Leiter der Staatspolizeistelle Reg.Dir. Ho. angeordnet wurden, daß denjenigen Beamten, die sich daran nicht beteiligen wollten, mit Entlassung gedroht wurde und daß in Aussicht gestellt wurde, man würde ein gerichtliches Vorgehen gegen sie zu verhindern wissen. Der GenStA. KG. ist der Auffassung, daß sich bei der Weiterführung der Ermittlungen und vor allem bei der späteren Hauptverhandlung eine Erörterung dieser Anweisungen nicht vermeiden lassen wird.

Von Interesse ist aus den neueren Vernehmungen die Beteiligung des Polizeihauptmanns H. an den Mißhandlungen auf dem Polizeirevier 171, wo aus Anlaß von größeren Razzien im Sommer v. J. eine große Zahl von Kommunisten, darunter auch Frauen, eingeliefert wurden. Sie wurden schon vor der Vernehmung »entsprechend behandelt«. Die Vernehmungen dauerten die Nacht durch. Die Beamten waren zum Teil betrunken, darunter auch H., der dann wieder einem eben noch mißhandelten Kommunisten Kaffee u. Kuchen angeboten haben soll und ihm das Ehrenwort abgenommen haben soll, daß er über die Mißhandlung schweigen werde. Nach der glaubhaften Bekundung zweier Kriminalassistenten ging es auf dem Pol.Revier zu wie in Wild-West. Ordnungsmäßige Vernehmungen waren überhaupt nicht mehr möglich.

H. ist entsprechend den Anweisungen der Zentral-StA. von dem Sachbearbeiter der StA. gehört worden. Er hat die ihn belastenden Angaben bestritten oder doch abgeschwächt.

30. August 1935.
2. a) GenStA. LG. Berlin 21. 8.
Durch Beschluß des AG. vom 15. 8. ist der Haftbefehl gegen J. aufgehoben worden (kein Fluchtverdacht, keine Verdunkelungsgefahr).
b) Präsidialkanzlei. 27. 8. übersendet Schreiben des Chefs der Kanzlei des Führers vom 23. 8., in dem die Bitte wiederholt wird, das Verfahren gegen M. und J. niederzuschlagen. Verhandlung vor dem Gericht müßte Staatsinteresse gefährden und der ausländischen Hetzkampagne gegen das Dritte Reich neuen Stoff zuführen. Disziplinäres Einschreiten gegen Polizeibeamte genüge als Sühne...

3. September 1935.
1. GenStA. LG. Berlin 27. 8.
In dem Ermittlungsverfahren gegen M. und Gen. wegen Mißhandlung im Amte ist der Hauptmann

Aus dem Diensttagebuch des Reichsjustizministers

❞ 29. Juli 1935.
GenStA. KG. legt Bericht GenStA. LG. Berlin in dem Verfahren gegen M. u. Gen. wegen Mißhandlung von Häftlingen im Amt vor. Es handelt sich um Mißhandlungen an kommunistischen Häftlingen, die im Jahre 1934 im Berliner Polizeipräsidium u. Berliner Polizeirevieren von Kriminal- u. Polizeibeamten begangen wurden. Dabei hat sich auf Grund einer neueren Vernehmung von

der Schutzpolizei H. auf Grund Haftbefehls vom 24. 8. in Untersuchungshaft verbracht, weil er dringend verdächtigt ist, in der Zeit vom 2.–25. 9. 34 Beihilfe zur Aussageerpressung und Körperverletzung im Amte begangen zu haben. H. scheint bei den Vernehmungen häufig angetrunken gewesen zu sein. Aus der Vernehmung eines Hauptwachtmeisters, die dem Bericht beigefügt ist, ergibt sich, daß einer der Häftlinge (A.) derart geschlagen worden ist, daß er bewußtlos vor seiner Zelle gefunden wurde. Beigefügt ist ferner die Vernehmung des Lageristen Walter S., der behauptet, nicht nur mit einem Kabelende auf Rücken und Gesäß geschlagen worden zu sein, sondern in Gegenwart von H. etwa 40 mal mit einem Jiu Jitsu-Griff rücklings zu Boden geworfen zu sein, wobei die Täter darauf bedacht waren, ihn mit dem Hinterkopf aufschlagen zu lassen. Am Boden sei er gewürgt und mit dem Kabelende zwischen die Beine geschlagen worden. Schließlich sei ihm das Ehrenwort abgenommen worden, daß er richtig aussagen werde. H. habe auch gedroht, ihn um 5 Uhr morgens in Lichterfelde erschießen zu lassen. S. gibt an, daß H. nach Alkohol gerochen habe.

GenStA. KG. 31. 8. übersendet Schreiben des Grafen Helldorf vom 30. 8., in dem erklärt wird, daß es aus staatspolitischen Gründen untragbar sei, daß H. noch länger in Haft bleibe. H. sei um die Bekämpfung des Kommunismus besonders verdient und trage infolge einer schweren Schädelverletzung, die er im Kampf mit Kommunisten erhalten habe, einen besonderen Haß gegen den Kommunismus mit sich. Die Kommune triumphiere bereits über die Verhaftung des H. Verdunkelungsgefahr sei ausgeschlossen, wenn H. das dienstliche Verbot erteilt werde, mit irgend jemand über den Gegenstand des gegen ihn schwebenden Ermittlungsverfahrens zu sprechen. Hierzu ist zu bemerken, daß die Verhaftung des H. im ausdrücklichen Einverständnis mit Helldorf erfolgt ist. OSta. ist angewiesen, Helldorf zu erklären, daß Haftentlassung nicht vertretbar, es sei denn, daß H. in Schutzhaft genommen werde.

Am 26. August 35 hat Kanzlei des Führers bei dem Sachbearbeiter der StA. angerufen (Stabsleiter B.). B. wurde vorstellig wegen eines Kuraufenthalts für M. und erklärt im übrigen, daß er dem Führer und Reichskanzler ein Gesuch um Niederschlagung einreichen werde . . .

3) Daluege 25. 9. überreicht Abschrift des an Meissner gerichteten Niederschlagungsantrags des Stabsleiters in der Kanzlei des Führers B. in der Sache M. und H.

D. tritt den Ausführungen B. in vollem Umfange bei.

Wie im Innenmin. bekannt, soll H. im November 1934 einen Kommunisten geschlagen haben und in einem 2. Fall mit M. im Herbst 1934 in betrunkenem Zustand einen Kommunisten bis gegen 5 Uhr morgens vernommen und verprügelt haben.

H. wird dienstlich hervorragend qualifiziert (Erfolg in der Kommunistenbekämpfung). Durch eine ernste Schädelverletzung bei einem Kampf mit Kommunisten hat sich sein Haß gegen den Kommunismus derart gesteigert, daß er über nichts anderes mehr sprechen könnte. Daß H. dem Alkohol zuneige, ist nicht bekannt . . .

12. Oktober 1935.
1. Bouhler (11. 10.) Am 6. 9. sprach ich bei Ihnen vor und bat, das gegen H., M. und J. eingeleitete Verfahren einzustellen und die Beschuldigten zwecks Klärung des Falles auf disziplinärem Wege ihren vorgesetzten Dienststellen zuzuweisen. Sie sagten mir damals zu, die Fälle zu prüfen, insbesondere dahingehend, ob nicht sofort wenigstens eine Haftentlassung von H. und J. verfügt werden könne. Da ich nach Verlauf weiterer 5 Wochen in der Angelegenheit nichts mehr hörte, habe ich heute dem Führer u. Reichskanzler darüber Vortrag gehalten. Der Führer hat mich beauftragt, Ihnen mitzuteilen, daß die Genannten sofort aus der Haft zu entlassen und daß die gegen sie schwebenden Verfahren einzustellen seien.

Vgl. das Schreiben Franks v. 12. 8. (293/7)
Vgl. den Niederschlagungsantrag S. u. Gen. (385/3)
Vgl. das Schreiben W. (391/2)
Vgl. 382/3 (Niederschlagungsantrag des Stabsleiters der Kanzlei des Führers B. an Meißner).
Sachverhalt 389/1 . . .

Quelle: Diensttagebuch des Reichsjustizministers, BA. R 22/1059

Der Oberstaatsanwalt
16 A. R. 26/37   Düsseldorf, den 8. Juni 1937
Vertraulich.

Betrifft: Mißhandlung politischer Häftlinge.

Herrn Generalstaatsanwalt in Düsseldorf.
Besprechung im Reichsjustizministerium
am 4. 6. 37
Mein letzter Bericht v. 1. Juni 1937
– 16 A. R. 26/37.
Die angekündigte Besprechung mit der Geheimen Staatspolizei hat am 4. Juni in Berlin (Reichsjustizministerium) stattgefunden. Es nahmen daran teil:
1. Ministerialdirektor Dr. Crohne, Reichsjustizministerium, Berlin,
2. Oberstaatsanwalt von Haake, Reichsjustizministerium, Berlin,
3. Oberstaatsanwalt Dr. Joel, Reichsjustizministerium, Berlin,
4. Ministerialrat Dr. Best, Gestapo, Berlin,
5. Oberregierungsrat Möller, Gestapo, Berlin,
6. Generalstaatsanwalt Dr. Jung, Berlin,
7. Generalstaatsanwalt Dr. Semler, Hamm,
8. Der Unterzeichnete.
Ministerialdirektor Dr. Crohne machte zunächst Ausführungen zu der Notwendigkeit einer vertrauensvollen Aussprache über Mittel und Wege zur Beseitigung aufgetretener Schwierigkeiten. Er erteilte dann dem Sachreferenten Oberstaatsanwalt von Haake das Wort, der zunächst allgemeine Gesichtspunkte und dann die für die Besprechung im Ministerium ausgearbeiteten 6 Sonderfragen vortrug. An jede Frage schloß sich eine eingehende Aussprache sämtlicher Beteiligten. Einleitend führte Oberstaatsanwalt von Haake etwa folgendes aus:
Von Seiten der höchsten Staatsführung sind verschärfte Vernehmungen für erforderlich und unerläßlich anerkannt worden. In derartigen Fällen wäre es widersinnig, die ausführenden Beamten wegen Amtsverbrechens zu verfolgen. Die Staatsanwälte müssen aber genau nach dem Gesetz handeln und haben nicht die Möglichkeit, nach freiem Ermessen von Verfahren Abstand zu nehmen. Ihnen bleiben vielmehr nur ganz beschränkte gesetzliche Möglichkeiten, wollen sie sich nicht der strafbaren Rechtsbeugung schuldig machen. Von der Strafverfolgung auf Grund des § 153 StPO abzusehen, ist unmöglich, da, falls das Amtsverbrechen bejaht wird, Verbrechenstatbestand. Ebenso untragbar, jeden einzelnen Fall durch Niederschlagung auszuräumen, da das eine unmögliche Belästigung des Führers, dem allein das Niederschlagungsrecht zusteht.
Zu helfen hier nur durch materielle Einstellung der Verfahren wegen Mangels der Rechtswidrigkeit (Staatsnotstand zu umstritten und daher zu gefährlich im Falle des § 172 StPO). Eine solche Einstellung kann man aber nur dann vertreten, wenn klare Regeln und Richtlinien für die Anwendung verschärfter Vernehmungen vorliegen. Der Staatsanwalt muß verhältnismäßig einfach erkennen und beurteilen können, ob hier ein Fall zulässiger Einwirkung, d. h. ein Fall des Mangels der Rechtswidrigkeit vorliegt oder nicht. Gegenwärtig ein völlig unhaltbarer Zustand. (Mangelndes Rechtsgefühl der Justizbeamten; unwürdiger Zustand für die Polizeibeamten, die sich durch törichtes Bestreiten zu helfen suchen.) Über die Möglichkeit derartiger Abgrenzungen zu sprechen, das sei der Zweck der Zusammenkunft vom 4. Juni 1937. Sodann wurde in die Besprechung der Einzelfragen eingetreten.

Frage 1.
Bei welchen Delikten sind »verschärfte Vernehmungen« zulässig?
Es herrschte Übereinstimmung, daß derartige Vernehmungen grundsätzlich nur in solchen Fällen vorgenommen werden dürfen, in denen der Sachverhalt unmittelbare Staatsinteressen berührt. Als solche kommen in erster Linie Hoch- und Landesverrat in Betracht. Die Vertreter der Gestapo gaben der Meinung Ausdruck, daß möglicherweise auch in Bibelforscher-, Sprengstoff- und Sabotagesachen eine verschärfte Vernehmung in Frage kommen könnte. Sie behielten sich jedoch insoweit eine Stellungnahme nach weiterer Erörterung mit dem Herrn Reichsleiter der SS vor. Einhellig war die Auffassung, daß Sachen aus § 175 StGB nicht in Betracht kommen. Bei Ausländern ist grundsätzlich eine »verschärfte Vernehmung« unzulässig. In derartigen Fällen soll die Sachlage an Hand der Akten nicht nur durch die örtlichen Stapostellen, sondern durch Gestapo selbst in Berlin geprüft werden, und zwar durch einen besonders dazu ausersehenen Beamten.

Frage 2.
Art der körperlichen Einwirkungen?
Grundsätzlich sind bei »verschärften Vernehmungen« nur Stockhiebe auf das Gesäß, und zwar bis zu 25 Stück, zulässig. Die Zahl wird von Gestapo vorher bestimmt (vgl. Frage 3). Vom 10. Stockhieb an muß ein Arzt zugegen sein. Es soll ein »Einheitsstock« bestimmt werden, um jede Willkür auszuschalten.

Frage 3.
Wer ordnet die Vornahme einer »verschärften Vernehmung« an?
Grundsätzlich nur die Gestapo in Berlin. Die örtliche Stapostelle muß vor verschärfter Vernehmung die Genehmigung in Berlin einholen. Ohne Vorliegen der Genehmigung darf eine verschärfte Vernehmung nicht vorgenommen werden.

Frage 4.
Wer führt die körperliche Einwirkung durch?
In keinem Falle darf der Beamte, der die Vernehmungen durchführt, auch die Einwirkung vollziehen. Vielmehr wird hierfür ein besonderer von den Stapostellen auszuwählender Beamter bestimmt werden.

Frage 5.
Welche Sicherungen sind gegen die Anwendung verschärfter Vernehmungsmaßnahmen bei Unschuldigen gegeben?
Die Frage wurde durch die zu Frage 3 erörterten Sicherungsmaßnahmen für erledigt erklärt.

Frage 6.
Wie werden technisch bei der Justiz die Fälle behandelt:
a) der nach vorstehendem zulässigen Einwirkungen?
Geht eine Anzeige bei der Staatsanwaltschaft ein, wendet diese sich an die Stapo und läßt die Genehmigung (durch die Gestapo Berlin) nachweisen. Wird sie nachgewiesen, ist das Verfahren einzustellen. Nur formeller Bescheid: »Nach den Ermittlungen liegt eine strafbare Handlung nicht vor.«
b) der nach vorstehendem unzulässigen Einwirkungen?
Stellt sich heraus, daß eine Genehmigung nicht vorlag, beschleunigt Ermittlungen und alsbaldiger Bericht an Zentralstaatsanwaltschaft.
c) der nach vorstehendem zweifelhaften Zulässigkeit (Grenzfälle).
Sofortige Abgabe mit Bericht an die Zentralstaatsanwaltschaft.
In der Besprechung kam die einhellige Auffassung (auch bei den Vertretern der Gestapo) zum Ausdruck, daß die bisherige Art der Anwendung verschärfter Vernehmungen nicht mehr durchgeführt werden darf. Die noch offenstehenden Fälle sollen nach der strafrechtlichen Seite hin beschleunigt einer Klärung zugeführt werden. Eine Fühlungnahme zwischen Gestapo und Reichsjustizministerium über diese Fälle ist in die Wege geleitet. Entscheidung baldigst zu erwarten.

Gestapo wird eine Niederschrift über das Ergebnis der Besprechung vom Ministerium erhalten, sodann sofort Stellung nehmen (vgl. Frage 1) und für die Stapostellen Anweisung erlassen. Reichsjustizministerium wird seinerseits alsdann an die Staatsanwaltschaften Weisung ergehen lassen.
gez. Dr. Steimer

Quelle: Beweisdokumente für die Spruchgerichte in der Brit. Zone, S. 279 f.

Ausschnitt aus einer eidesstattlichen Versicherung des Zeugen Rechtsanwalt Todsen in einem nach 1945 durchgeführten Entnazifizierungsverfahren

,,... Im Oktober 1935 bestand ich mein zweites Staatsexamen. Meine Zulassung zur Anwaltschaft erhielt ich etwa Mitte November des gleichen Jahres. Noch bevor ich ein Anwaltsbüro eingerichtet hatte, wurde ich auf Grund der automatisch erfolgten Eintragung in die Liste der Offizialverteidiger damit beauftragt, im Rahmen einer Offizialverteidigung vier Angeklagte im Oberlandesgericht zu vertreten, die u. a. wegen Hochverrats angeklagt waren. Die Verhandlung muß Ende November, Anfang Dezember 1935 stattgefunden haben, es war jedenfalls der erste Fall, in dem ich als Verteidiger in einem Strafverfahren auftrat.
... Wenn ich mich recht erinnere, hieß das Verfahren ›Linnich und Andere‹.
Außer Linnich waren von mir drei andere Mandanten zu betreuen, darunter ein Angeklagter, der bestritt, jemals der K.P.D. angehört zu haben, er bestritt auch jegliche illegale Betätigung. Das umfangreiche Aktenmaterial ergab bezüglich dieses, dem Namen nach mir nicht mehr bekannten Angeklagten im wesentlichen nur ein wirklich belastendes Indiz. Der Angeklagte sollte nämlich anläßlich einer seiner Vernehmungen durch die Polizeibeamten und zwar durch die Beamten der Geheimen Staatspolizei erklärt haben: ›Ihr könnt mit mir machen, was ihr wollt, bald brechen doch die Tage der Arbeiterherrschaft an.‹ Dieses Protokoll trug den üblichen Abschlußvermerk ›vorgelesen, genehmigt und unterschrieben‹ und die Unterschrift des Angeklagten.
Ich suchte den Angeklagten in ... auf. Er saß dort bereits seit einem Jahr in Untersuchungshaft. Anläßlich meiner Besprechung mit dem Angeklagten wies ich darauf hin, daß ein Geständnis sich für ihn bezüglich des Strafmaßes nur günstig auswirken könne; wenn er jedoch jegliche illegale Tätigkeit auch weiterhin bestreiten würde, müßte er mit einer entsprechend höheren Strafe rechnen. Dabei

betonte ich, daß das oben erwähnte Indiz vermutlich den Ausschlag zu seinen Ungunsten geben würde. Denn wenn ein Angeklagter eine derartige Äußerung zugegebenermaßen gemacht habe, müsse man davon ausgehen, daß er zum mindesten der KPD geistig sehr nahe stehe und das mache auch eine illegale Tätigkeit sehr wahrscheinlich.

Der Angeklagte bestritt daraufhin mir gegenüber die Richtigkeit des Protokolls, insbesondere bestritt er, jemals die im Protokoll festgehaltene und von mir oben zitierte Äußerung tatsächlich gemacht zu haben. Ich fragte den Angeklagten, warum er dann das Protokoll unterschrieben habe und ob er die Echtheit seiner Unterschrift bestreiten wolle. Der Angeklagte antwortete mir, daß er nur deshalb seine Unterschrift geleistet habe, weil er von den Beamten der Geheimen Staatspolizei geschlagen und erheblich mißhandelt worden sei. [...]

Am Tage der Verhandlung dauerte die Vernehmung der Angeklagten unverhältnismäßig lange ... Oberlandesgerichtsrat ..., der den Vorsitz im Oberlandesgericht führte, hatte offenbar bereits die Geduld verloren und fragte meinen Angeklagten lediglich, ob er gestehen oder leugnen wolle. Mein Mandant erwiderte darauf kurz, daß er die ihm zur Last gelegte Tat bestreite. Daraufhin erklärte Herr Oberlandesgerichtsrat ...: ›Dann können wir wohl mit der Beweisaufnahme beginnen.‹ In diesem Augenblick griff ich ein und bat, vor Eröffnung der Beweisaufnahme den Angeklagten darüber zu befragen, unter welchen Umständen er das oben zitierte Protokoll unterschrieben habe und ob er insbesondere anläßlich der Unterzeichnung dieses Protokolls von den Beamten der Geheimen Staatspolizei geschlagen worden sei.

Ich hatte die Frage kaum ausgesprochen, als der Staatsanwalt erregt aufsprang und den Vorsitzenden des Gerichts ersuchte, die Beamten der Geheimen Staatspolizei gegen derartige Angriffe der Verteidigung in Schutz zu nehmen.

Oberlandesgerichtsrat ... erhob sich seinerseits aus seinem Stuhl, stützte sich mit seinen Händen auf den Richtertisch und sagte zu mir: ›Herr Verteidiger, ich mache Sie darauf aufmerksam, daß, wenn auch die Verhandlung hier unter Ausschluß der Öffentlichkeit erfolgt, eine derartige Frage, wie Sie sie gestellt haben, dazu führen kann, daß Sie hier im Saale festgenomen und in Schutzhaft abgeführt werden. Wollen Sie die Frage aufrecht erhalten oder nicht?‹

Mir sind die Einzelheiten deshalb noch so genau im Gedächtnis, weil sie für mich außerordentlich eindrucksvoll waren. Ich habe auch später über diesen Fall immer wieder berichtet, weil er mir typisch für die nationalsozialistische Justiz zu sein schien.

In die Totenstille, die der von Oberlandesgerichtsrat ... an mich gerichteten Frage folgte, fielen zur Überraschung aller plötzlich die Worte des beisitzenden Richters Dr. ... Diese Worte habe ich noch genau im Gedächtnis, sie lauteten: ›Der Herr Verteidiger braucht seine Frage nicht aufrecht zu erhalten, ich übernehme sie von Gerichtswegen.‹

Ich weiß nicht, ob ich persönlich den Mut aufgebracht hätte, unter dem Druck der Situation und als eben zugelassener Anwalt an meiner Frage festzuhalten. Herr Dr. ... enthob mich jedoch dieser Entscheidung. Ich habe diesen Mut eines deutschen Richters aufrichtig bewundert. *Ich stand auch unter dem Eindruck, daß nur ein schwer kriegsbeschädigter Richter aus dem Kriege 1914/18 sich einen derartigen Mut ungestraft leisten konnte.*

Im weiteren Verlauf der Verhandlung wurde über die von mir angeschnittene und von Herrn Dr. ... übernommene Frage eingehend verhandelt. Die Verhandlung dauerte von morgens 9.00 Uhr bis abends halb acht Uhr. Die Beratung nahm allein ca. zwei Stunden in Anspruch. Mein Mandant wurde mangels an Beweisen freigesprochen.

Quelle: Staff, Justiz im Dritten Reich, Frankfurt 1978, S. 109 ff.

5.5 Die Moorlager im Emsland – Strafvollzug

Von 1934 bis 1945 gab es im Emsland mehrere Strafgefangenenlager unter Aufsicht des Reichsjustizministeriums. Im Laufe der Jahre werden insgesamt rund 66 000 Strafgefangene zur Kultivierung der emsländischen Moore eingesetzt, in einem Strafvollzug, der – unter unmenschlichen Bedingungen – vor allem den Zweck verfolgt, die Arbeitskraft der Strafgefangenen rigoros auszubeuten.

Der Einsatz von Strafgefangenen zur Kultivierung der Moore, der mit großem Propagandaaufwand als nationale Aufbauarbeit des Staates begrüßt wird, löst für die Justizverwaltung zwei interne Probleme: Abbau der chronischen Überbelegung der Gefängnisse und Zuchthäuser sowie Arbeitsbeschaffung für die Strafgefangenen. Strafe – Sühne – Arbeit:

Das Konzept folgt nationalsozialistischem Denken und verspricht volkswirtschaftlichen Nutzen.

Der Justiz fehlt jedoch das Personal zum Betreiben der Lager. Die SA wird mit Aufbau und Organisation der Lager betraut – unter Verantwortung der preußischen und der Reichsjustizverwaltung.

Abbildung 132
Die Moorlager im Emsland: Nachtaufnahme vom Lager III

**Aussagen früherer Lagerinsassen
in ihren Stammgefängnissen**

Brief des Gefangenen M. an Frau und Kinder:
Bin der Hölle in Esterwegen entkommen. Während meines 6wöchigen Aufenthaltes haben 24 Leute sich aus Verzweiflung Finger mit der Hand abgehackt. Übrige Geschehnisse will ich für mich behalten ...

Gefangener M. sagt aus:
Sonntag, 18. 4. 37, zwischen 9 und 10 Uhr abends, mußten 118 Insassen der Baracke 10 auf Befehl von 2-3 Beamten aufstehen, weil Baracke nicht sauber. Beamte hatten große Bulldogge »Ali« bei sich. Einer stellvertretender Platzmeister und der andere Hundebesitzer Meister von der Pumpstation. Gefangene mußten im Hemd vor dem Spind antreten. Dann kam Befehl in die Betten. Stauten sich vor der Tür, hetzten Hunde auf Gefangene. Alte Leute fielen zu Boden, jüngere gingen darüber hinweg. Hunde bissen einen älteren Mann in die Waden. Gefangene bekamen Abschürfungen und machten sich vor Angst schmutzig. Als wir Betten erreicht hatten, wiederholte sich dasselbe 2–3 Mal. Viele weinten. [...]

Gefangener Dr. sagt aus:
Bulldogge mit dunklem Streifen, die zunächst beim Pumpwerk und später beim Arrest war, wurde häufig auf Gefangene losgelassen. In Aschendorf und Esterwegen fürchterliche Mißhandlungen. Platzmeister Bl. und Hauptplatzmeister Bu. stachen Gefangene mit Seitengewehr. Einmal schoß Bu. sogar auf einen Gefangenen. Gefangener No., der sich bei St.A. beschweren sollte, wurde besonders roh behandelt. Bu. und andere Beamte schlugen ihn zu Boden. Dann wurden ihm Hände auf dem Rücken gefesselt und er wurde in den Hintern getreten, bis er wieder aufstand. No. erzählte, in Esterwegen sei er noch schlimmer behandelt worden als in Aschendorf. Er mußte wegen der Mißhandlungen später ins Hospital.
[...]

Gefangener Le. sagt aus:
War in Lager I und VII. Schon bei Ankunft auf Stube wurden wir bedroht. Wurden in politische Strafgefangene und Sittlichkeitsverbrecher eingeteilt. Politische Gefangene wurden vor unseren Augen blutig geschlagen [...]

Gefangener Ri. sagt aus:
Habe in Lager I und VII viel erlebt. Es war fürchterlich. Wurde täglich ohne Grund beim Antreten geschlagen. War auch in Strafkommando, weil ich Speisen aus einem Faß genommen hatte. Wachtmeister An. verlangte einmal, daß ich lebendiger Maus Kopf abbiß. Bekam auch Befehl nackend in Latrine zu springen. Bekam Prügel, da ich es nicht tat. In Strafkompanie erhielt ich Faustschläge, weil ich gesprochen hatte. Einmal schob ich Karre durch Durchgang im Lager. Wußte nicht, daß es verboten war. Darauf bekam ich 1 Dtz. Faustschläge ins Gesicht. Behandlung war schrecklich. Wenn Arbeitspensum nicht erfüllt, so Meldung durch Anweiser an Posten. Mußte einmal mit Grassoden in den Händen in Kniebeuge sitzen, bis ich umfiel. Ein anderes Mal mußte ich hinlegen und aufstehen üben bis zur Erschöpfung. 23 Gefangene haben sich aus Verzweiflung selbst verstümmelt. Finger oder Hand abgehackt. Häftling Fl. ließ in Lager VII seine Hand durch Moorzug abfahren. Wurde einmal nachts aus Arrest geholt zur Lagerwache, da ich nicht angeben wollte, wer mir Tabak gegeben hatte. Wurde fürchterlich geschlagen. Mußte Abschiedsbrief an meine Mutter schreiben. Wurde dann aus Lager geführt durch Hauptwachtmeister Sch. und Wachtmeister Ka. Hielten mir Pistole an die Schläfe. Bekam Befehl, ins Moor zu laufen mit den Worten: Willst Du desertieren? Man wollte mich dabei über den Haufen schiessen. Tat es nicht. Wurde darauf geschlagen und getreten. Sollte dann im Lager über Drahtverhau klettern. Tat es nicht. Dann wurde in Arrest zurückgebracht und in Fesseln gelegt. In beiden Lagern war das Leben schrecklich, in Lager VII schlimmer als in I. In Lager I keine Selbstverstümmelungen.

Quelle: Kosthorst/Walter, Konzentrationslager und Strafgefangenenlager im Dritten Reich, Bd. 3, Düsseldorf 1983, S. 2410 ff.

Es entsteht die SA-Standarte Emsland unter dem SA-Führer Werner Schäfer, zuvor schon Kommandeur des Konzentrationslagers Oranienburg. Die preußische Justizverwaltung unter Kerrl wirbt diesen Mann an – wohl gerade wegen seiner »Berufserfahrung«; der Reichsjustizminister – seit Juni 1934 auch preußischer Justizminister in Personalunion – beläßt es bei der Entscheidung.

SA-Standartenführer Werner Schäfer, zum Regierungsrat ernannt und so in die Justizverwaltung eingegliedert, bleibt »Kommandeur der Strafgefangenenlager« bis 1943. Unter seiner »Herrschaft« (»Gesetzgeber im Emsland bin ich allein«) entwickeln sich die Straflager zum rechtsfreien Raum: Bei völlig unzureichender Verpflegung, häufigen Mißhandlungen und einem brutalen Arbeitseinsatz erbringen die Strafgefangenen durchschnittlich das Dreifache des Arbeitsergebnisses der Arbeiter des Reichsarbeitsdienstes, die anfangs im Emsland auch eingesetzt werden. Es kommt zu zahlreichen Fluchtversuchen, Todesfällen und Selbstverstümmelungen, mit denen Gefangene versuchen, dem System zu entgehen.

Nach einiger Zeit entschließt sich das Reichsjustizministerium zu einem spektakulären Schritt: Nach Rücksprache mit dem Stabschef der SA wird gegen Schäfer ein Dienststrafverfahren eingeleitet, bei dem es im Kern um den Vorwurf geht, »die Lager ungenügend überwacht zu haben, so daß ... namentlich Mißhandlungen ..., Kostenziehung usw. nicht alsbald verfolgt und untersucht wurden«. Aufgrund massiver Einflußnahme der Partei endet das Verfahren jedoch mit einer totalen Niederlage der Justizverwaltung. Schäfer wird mit einem lächerlichen Verweis »bestraft«. Er bleibt Kommandeur, und in den Lagern ändert sich nur wenig. Im Sommer 1940 wird er noch zum Regierungsdirektor ernannt – »ein Akt der Wiedergutmachung« durch die Justiz.

Nachspiel: 1953 wird Werner Schäfer wegen Körperverletzung im Amt zu zwei Jahren und sechs Monaten Gefängnis verurteilt.

Im Namen des Deutschen Volkes!

In der Dienststrafsache gegen den Oberregierungsrat Werner Schäfer in Papenburg hat die Dienststrafkammer bei dem Oberlandesgericht in Celle auf die Hauptverhandlung vom 23. Mai 1938 bis 3. Juni 1938, für Recht erkannt:
Der Beschuldigte Oberregierungsrat Werner Schäfer in Papenburg wird wegen Dienstvergehens mit einem Verweise bestraft.
Er trägt von den gesamten Kosten des Verfahrens $1/10$, jedoch höchstens 200,– Reichsmark. Die übrigen Kosten werden der Staatskasse auferlegt.

Gründe [...]
Gegen den Beschuldigten ist durch Verfügung des Reichsjustizministeriums vom 29. Januar 1938 – III s^3 365/38 – das förmliche Dienststrafverfahren eröffnet unter der Beschuldigung, in und bei Ausübung der Rechtspflege
1. Staatsgelder in unzulässiger Weise bestimmungswidrig verwendet zu haben,
2. eigenmächtig vom Reichsjustizministerium erlassene Bestimmungen abgeändert zu haben,
3. die Lager ungenügend überwacht zu haben, sodaß Vorgänge innerhalb der Lager, namentlich Mißhandlungen von Gefangenen, Kostenziehung in erheblichem Umfange usw. nicht alsbald verfolgt und untersucht wurden,
4. gegen die bestehenden Vorschriften über Benutzung von Dienstkraftwagen und Gefangenenarbeit für Beamte usw. verstoßen zu haben.
Zu diesen 4 Anschuldigungspunkten ist im Laufe des Ermittlungsverfahrens als
5. die unberechtigte Entnahme von Geldern aus Kameradschaftskassen hinzugekommen.
Durch gleichzeitige Verfügung vom 29. Januar 1938 wurde der Beschuldigte vorläufig seines Dienstes enthoben ...
Nach dem Ergebnis der Beweisaufnahme hat die Dienststrafkammer keinen Zweifel daran, daß in

der Tat Gefangenenmißhandlungen in erheblichem Umfange und auch schwerer Art vorgekommen sind. Die Beweisaufnahme hat sicherlich nicht alle Fälle von Mißhandlungen erfassen können. Infolgedessen gibt sie nur einen Ausschnitt aus den gesamten Vorgängen. Gleichwohl reicht sie zu der Feststellung aus, daß viele und schwere Mißhandlungen von Gefangenen stattgefunden haben. Eben, weil sie nur einen Ausschnitt des Ganzen betrifft, kann nach allgemeiner Erfahrung angenommen werden, daß noch weit mehr Gefangenenmißhandlungen vorgekommen sind, die nicht bekannt geworden sind.

Die Würdigung der Beweismittel gerade in dieser Frage muß allerdings vorsichtig geschehen. Die Strafgefangenen sind oft genug charakterlich wertlos, deshalb nicht sehr wahrheitsliebend, viele neigen zu Übertreibungen, wenn nicht gar zu offenbarer Lüge. Andererseits streiten die Wachmänner häufig jede »Mißhandlung« ab, manchmal unter Verkennung dieses Begriffes, und unbeteiligte einwandfreie Zeugen sind regelmäßig nicht vorhanden.

Nun sind eine Reihe von Mißhandlungen Gegenstand eines strafrechtlichen Verfahrens gewesen und es ist anzunehmen, daß der Beschuldigte von ihnen Kenntnis gehabt hat. In den Jahren 1935 bis 1937 sind insgesamt etwa 104 Verfahren vor der Staatsanwaltschaft oder einem Amtsgericht anhängig geworden, die Unregelmäßigkeiten im Lager betrafen. Von diesen Verfahren richteten sich etwa 45 auf Gefangenenmißhandlungen. Von diesen 45 Strafverfahren hat nicht eines auch nur zur Erhebung einer Anklage geführt. Erst neuerdings sind zwei Anklagen gegen Papenburger Wachtmänner wegen Mißhandlung erhoben, die aber bislang noch nicht zur Hauptverhandlung gediehen sind. Die erwähnten Strafverfahren sind eingestellt, teilweise auf Grund eines Straffreiheitsgesetzes, teilweise aber auch erst nach Beschwerde. Der Beschuldigte konnte nach dem Verlauf dieser Strafsachen durchaus davon ausgehen, daß die Angaben von Strafgefangenen über Mißhandlungen übertrieben, zum Teil auch wohl erlogen waren und daß es deshalb genügen würde, die Mannschaften öfter darauf hinzuweisen, daß Mißhandlungen auf jeden Fall unterbleiben müßten. Dieser Aufforderung ist der Beschuldigte aber auch nachgekommen ...

Als Gesamtergebnis ist also festzustellen, daß der Beschuldigte seine Pflichten als Beamter bei der Anweisung der 500 RM. im Falle Bu., bei der Abweichung der Verpflegungsgrundsätze, bei der Benutzung des Dienstwagens in 2 Fällen und bei der Genehmigung von Gefangenenarbeiten für D. verletzt hat. Diese gesamten Pflichtverletzungen bilden ein einheitliches Dienstvergehen, sie sind begangen in oder bei Ausübung der Rechtspflege und im Dienststrafverfahren zu ahnden (§ 22 des Deutschen Beamtengesetzes, § 109 Reichsdienststrafordnung) ...

Auf die Frage, ob neben den in der Hauptverhandlung hervorgetretenen Mißständen in den Papenburger Lagern dort noch andere Unzulänglichkeiten vorhanden sind, die der Abhilfe bedürfen, einzugehen, ist nicht Sache der Dienststrafkammer.

Abbildung 133
Torposten am Lager VI

Quelle: Kosthorst/Walter, Konzentrationslager und Strafgefangenenlager im Dritten Reich, Bd. 3, Düsseldorf 1983, S. 2460 ff.

Aussage des Medizinalrates Teigeler
aus dem Jahre 1947

„Schon bei meinem ersten Besuch machten Lagerleiter und Lagerarzt beide auf mich den Eindruck, daß sie miteinander arbeiteten und Dinge zu verbergen hatten, die das Tageslicht scheuten. Diese Erkenntnis erhielt ich bald aus dem scheuen und ängstlichen Benehmen der Schutzhäftlinge, die nach der Ursache von Wunden und Verletzungen gefragt, zweifelsohne unwahre Angaben machten. Ich habe damals sofort einen Bericht darüber dem Justizministerium zugehen lassen. [...]
Die schwere Mißhandlung aber eines Dr. Rei. und einiger prominenter Kommunisten öffneten mir jedoch bald darauf schon wieder die Tore Esterwegens. Ich fand damals den Schutzhäftling Dr. Rei. mit zerbrochenen Rippen und schweren Weichteilverletzungen vor, ebenso nicht weniger schwer verletzt die Kommunisten. Ich nahm alle Beteiligten mit ins Krankenhaus nach Papenburg, wo sie jedoch nach geraumer Zeit von der SS wieder abgeholt wurden, ohne mich weder um Erlaubnis noch um Transportfähigkeit gefragt zu haben. Als bald darauf die Entlassung dieser Schutzhäftlinge ausgesprochen wurde, gab die SS sie nicht frei. Daraufhin erschien der Staatsanwaltschaftsrat Dr. Pf. aus Osnabrück in Begleitung einer Feldjägertruppe, um die Häftlinge mit Gewalt dem Machtbereich der SS zu entziehen. Er vermochte aber nicht, in das Lager einzudringen und bat mich um meinen Beistand. Gemeinsam gelang es uns, alsdann den beabsichtigten Zweck zu erreichen. [...]
Die unteren SA-Führer rekrutierten sich alsbald aus Elementen, die Sch. von Berlin mitgebracht hatte und die sich fast immer durch schlechte Charakterveranlagung und Minderwertigkeit auszeichneten. Diese SA-Führer wurden in der Folgezeit als Lagerleiter eingesetzt und verfügten als solche über große Machtmittel. Ihrem Chef waren sie treu ergeben, den Wachmannschaften gegenüber nachgiebig und gegen die Strafgefangenen meist übermäßig streng. Die Folge davon war, daß die schlechten Elemente unter den Wachmannschaften durch Beförderung bald die Oberhand bekamen und sadistisch veranlagte sich an den Gefangenen auslassen konnten, ohne befürchten zu müssen, zur Rechenschaft gezogen zu werden. Die Gefangenen reagierten darauf mit passivem Widerstand. Auf grobe Mißstände im Lager konnte sofort geschlossen werden, wenn die Anzahl der Selbstbeschädigungen durch Verletzung der Gliedmaßen oder Fremdkörperverschlucken anstieg. Dann war die tiefere Ursache dazu entweder in der unzureichenden Verpflegung oder in schlechter oder ungerechter Behandlung zu suchen. [...]
Kraß vor Augen steht mir noch ein Fall, bei dem der athletisch gebaute Wachtmeister Du. einen kleinen schwächlichen Juden innerhalb des Lagers erschoß. Um Notwehr zu tarnen, hatte man dem Juden ein kleinfingerdickes Stöckchen in die Hand gedrückt. Ob auf meine Meldung hin die Staatsanwaltschaft sich mit der Angelegenheit befaßt hat, vermag ich nicht zu sagen. [...]"

Quelle: Kosthorst/Walter, Konzentrationslager und Strafgefangenenlager im Dritten Reich, Bd. 3, Düsseldorf 1983, S. 2485 ff.

6. »Staatsfeind oder nicht« – Politische Erwägungen in Strafzumessungsgründen

Die Rechtsprechung in Strafverfahren mit politischem Hintergrund läßt keine einheitliche Bewertung zu. Eine eindeutige Ausrichtung zeigt nur der Volksgerichtshof – ganz seinem Auftrag entsprechend.
Die mit politischen Strafverfahren ebenfalls befaßten Oberlandesgerichte und Landgerichte (Sondergerichte) schwanken in ihrer Rechtsprechung stark. Ein gewisses Leitmotiv zeigt sich jedoch unter dem Gesichtspunkt »Staatsfeind oder nicht«:
Angeklagte aus dem linken Spektrum werden durchweg härter bestraft als andere Beschuldigte. So verurteilt das Sondergericht Düsseldorf eine Lehrerin wegen beleidigender Äußerungen über Hitler zu einer Geldstrafe von 100,– Reichsmark, während ein staatenloser litauischer Arbeiter mit KPD-Vergangenheit wegen ähnlicher Äußerungen sechs Monate Gefängnis erhält. Einem katholischen Pfarrer, der im Zusammenhang mit einer Tanzveranstaltung der nationalsozialistischen Freizeitorganisation »Kraft durch Freude« von »braunem Ungeziefer« spricht, bestä-

tigt der Amtsbürgermeister, daß er kein Staatsfeind sei. Dagegen haben Zeugen Jehovas, die als staatsfeindlich eingestuft werden, mit drakonischen Strafen zu rechnen.

Erwägungen der Strafzumessung
(aus Urteilen der Sondergerichte Düsseldorf und Köln 1935 bis 1938)

„Bei der Strafzumessung ist berücksichtigt, daß der Angeklagte bisher nicht straffällig geworden, auch politisch nicht nachteilig hervorgetreten ist. Mit Rücksicht auf den geringen Umfang seiner Entgleisung erschien eine Gefängnisstrafe von 1 Monat als ausreichende Sühne. Durch eine Geldstrafe konnte jedoch der Strafzweck nicht erreicht werden, da es immerhin erforderlich war, dem Angeklagten das Strafbare seines Verhaltens durch eine Freiheitsstrafe zum Bewußtsein zu bringen. Aus Billigkeitsgründen ist die Schutz- und Untersuchungshaft gemäß § 60 StGB angerechnet worden.
Sondergericht Düsseldorf vom 17. 2. 1938"

Quelle: HStA Düsseldorf, Rep. 114/1192

„Bei der Strafzumessung war strafschärfend zu berücksichtigen, daß es sich bei den IBV. um eine Organisation handelt, die staatsgefährliche Ideen entwickelt und Ziele verfolgt. Sie fordert ihre Anhänger zur Verweigerung des Wehrdienstes auf. Sie hat deshalb auch zahlreiche kommunistische Elemente unter sich, die glauben, in dieser Organisation am besten gegen den heutigen Staat wühlen zu können. Erschwerend fällt auch ins Gewicht, daß die Angeklagten sich nicht dadurch haben abschrecken lassen, daß verschiedene ihrer Glaubensbrüder wegen verbotener Betätigung für die IBV. bestraft worden sind. K. und W. haben ihre Tätigkeit sogar fortgesetzt, nachdem sie Gefängnisstrafen wegen ihrer früheren Betätigung in der IBV. verbüßt haben. Die Angeklagten sind offenbar derart fanatische Anhänger der IBV., daß sie sich an keinen behördlichen Anordnungen stören. Bei sämtlichen Angeklagten war auch strafschärfend zu berücksichtigen, daß sie nicht etwa nur als Mitläufer an den Veranstaltungen der IBV. teilgenommen haben, sondern daß sie durch organisatorische Tätigkeit die Ziele der IBV. besonders gefördert haben.
Sondergericht Düsseldorf vom 26. 11. 1937"

Quelle: HStA Düsseldorf, Rep. 114/1139

Abbildung 134 und 135
Szenen aus Prozessen gegen katholische Geistliche

Nationalsozialistisches Denken

Abbildung 136
Urteilsverkündung im Wuppertaler Massenprozeß: 628 Personen – darunter Sozialdemokraten, Kommunisten, Mitglieder christlicher Organisationen – wurden wegen »Beteiligung an hochverräterischen Unternehmungen« angeklagt.

„ Die Strafe mußte mit Rücksicht auf die gemeine Gesinnung des Angeklagten und den groben Mißbrauch des ihm als Staatenlosen gewährten Gastrechts sowie die Gefährdung des Arbeitsfriedens durch die Tat empfindlich ausfallen. Straferschwerend waren auch die beträchtlichen Vorstrafen. Danach erschien die erkannte Strafe erforderlich und angemessen.
Sondergericht Düsseldorf vom 29. 10. 1936 „
Quelle: HStA Düsseldorf, RW 58/42528

„ Mit Rücksicht darauf, daß der Angeklagte bisher unbestraft und nicht als Staatsfeind anzusehen ist, aber andererseits durch die Verbreitung derartiger, in hohem Maße hetzerischer Schriften das Aufbauwerk des Führers gefährdet wird, erscheint die anerkannte Strafe von 5 Monaten Gefängnis angemessen und ausreichend.
Sondergericht Köln vom 6. 12. 1935 „
Quelle: HStA Düsseldorf, Rep. 112/16600

„ Wegen der staatsgefährdenden Einstellung der Sekte, die u. a. die Wehrpflicht ablehnt und somit an den Säulen des Staats zu rütteln wagt, muß (auch aus Gründen der Abschreckung) gegen führende Mitglieder der Vereinigung, . . . , mit harten Strafen vorgegangen werden.
Sondergericht Düsseldorf vom 4. 8. 1936, Aktenzeichen 18 A Ns 38/36 „
Quelle: HStA Düsseldorf, Rep. 112/16965

„ Da der Angeklagte nicht vorbestraft ist, im Felde seinen Mann gestanden hat, zweimal verwundet ist, und der SA angehört hat, aus der er krankheitshalber ausgeschieden ist, wäre wegen der dem Angeklagten zur Last gelegten Äußerungen gemäß § 1 des Gesetzes vom 20. XII. 34 keine höhere Strafe als 1 Monat Gefängnis zu verhängen gewesen.
Sondergericht Düsseldorf vom 27. 8. 1936 „
Quelle: HStA Düsseldorf, RW 58/54749

,,Bei der Strafzumessung wirkte erschwerend, daß der Angeklagte schon einmal in ein Verfahren wegen staatsfeindlicher Äußerungen, die er in betrunkenem Zustand gemacht haben sollte, verwickelt war. Dies hätte ihm zu ganz besonderer Zurückhaltung Veranlassung geben sollen. Auch war zu berücksichtigen, daß der Angeklagte durch seine Äußerungen den Führer in besonders häßlicher und verwerflicher Weise verunglimpft hat.
Demgegenüber war jedoch strafmildernd in Betracht zu ziehen, daß der Angeklagte, der Mitglied der DAF und der NSV ist, im Kriege seine Pflicht gegenüber Volk und Vaterland besonders . . . erfüllt hat. Er ist Frontkämpfer, Inhaber des Eisernen Kreuzes II und des Ehrenkreuzes für Frontkämpfer, . . . Der Zeuge P., der Vorsitzender eines Sportvereins war, dem der Angeklagte als Mitglied angehörte, hat des weiteren bekundet, daß der Angeklagte, als innerhalb des Vereins Bestrebungen aufkamen, den Verein dem Kommunistischen Sportverband anzugliedern, sich energisch und entschieden gegen diese Absichten gewandt hat. Aus seiner ganzen Vergangenheit muß somit geschlossen werden, daß der Angeklagte nicht gegen das Dritte Reich und seinen Führer eingestellt ist.
Sondergericht Köln vom 20. 12. 1937 ,,
Quelle: HStA Düsseldorf, Rep. 112/17109

,,Bei der Strafzumessung fiel straferschwerend ins Gewicht, daß der Angeklagte neben anderen nicht einschlägigen Strafen bereits wegen Waffenmißbrauchs und unbefugten Verteilens von Flugblättern bestraft ist. Der Angeklagte, der bis zu deren Auflösung der KPD als Organisationsleiter angehört hat, ist offenbar auch heute noch in seinem Inneren ein unbelehrbarer Anhänger und Verfechter kommunistischer Ideen. Nur die Rücksicht auf die Feststellung, daß der Angeklagte sich im Zeitpunkt der Tat in stark angetrunkenem Zustand befand und dadurch in seiner klaren Überlegung beeinträchtigt war, hat das Gericht veranlaßt, es bei einer Gefängnisstrafe von 5 Monaten bewenden zu lassen.
Sondergericht Düsseldorf vom 4. 8. 1936 ,,
Quelle: HStA Düsseldorf, RW 58/60362

,,Was das Strafmaß anlangt, so war strafmildernd zu berücksichtigen, daß der bisher unbestrafte Angeklagte angetrunken war und daß er seinen einzigen Sohn kurz nach der Machtübernahme in die Hitlerjugend hat eintreten lassen. So erschien an sich eine Gefängnisstrafe von 2 Monaten als angemessene Sühne seiner Tat. Da nach Auffassung des Gerichts durch eine Geldstrafe der Strafzweck erreicht werden kann, wurde an deren Stelle gemäß § 27 b StGB auf eine Geldstrafe von 200,– RM erkannt.
Sondergericht Köln vom 8. 4. 1936 ,,
Quelle: HStA Düsseldorf, Rep. 112/16741

7. Die Ausbildung zum neuen Juristen

Verordnung über die Befähigung zum Richteramt, zur Staatsanwaltschaft, zum Notariat und zur Rechtsanwaltschaft
Vom 4. Januar 1939

[. . .]
Artikel IV
Die Anwärter für das Richteramt, die Staatsanwaltschaft, das Notariat und die Rechtsanwaltschaft werden im ganzen Reichsgebiet einheitlich ausgebildet und geprüft nach Maßgabe der folgenden

Justizausbildungsordnung.

Ziel der Ausbildung
Ziel der Ausbildung des Rechtswahrers ist die Heranziehung eines in seinem Fach gründlich vorgebildeten, charakterlich untadelhaften Dieners des Rechts, der im Volk und mit ihm lebt und ihm bei der rechtlichen Gestaltung seines Lebens ein unbestechlicher und zielsicherer Helfer und Führer sein will und kann.
Um dies zu erreichen, muß die Ausbildung den ganzen Menschen ergreifen, Körper und Geist zu gutem Zweiklang bringen, den Charakter festigen und den Willen stärken, die Volksgemeinschaft im jungen Menschen zu unverlierbarem Erlebnis gestalten, ihm eine umfassende Bildung vermitteln und auf dieser Grundlage ein gediegenes fachliches Können aufbauen.

Nationalsozialistisches Denken

Erster Teil
Die erste juristische Staatsprüfung
(Voraussetzung, Verfahren und Entscheidung)...

Voraussetzungen für die Zulassung
Gemeinschaftserziehung

§ 3
(1) Wer sich zur ersten juristischen Staatsprüfung meldet, soll mit Volksgenossen aller Stände und Berufe in enger Gemeinschaft gelebt, die körperliche Arbeit kennen und achten gelernt, Selbstzucht und Einordnung geübt und sich körperlich gestählt haben. Er soll sich im Arbeits- und Wehrdienst bewährt haben...

§ 5
(1) Im Mittelpunkt des Studiums soll eine gründliche, gewissenhafte Fachausbildung stehen.
(2) Verlangt wird aber, daß sich das Studium nicht hierauf beschränkt. Vielmehr soll der Bewerber sich als Student einen Überblick über das gesamte Geistesleben der Nation verschaffen, wie man es von einem gebildeten deutschen Mann erwarten muß. Dazu gehört die Kenntnis der deutschen Geschichte und der Geschichte der Völker, die die kulturelle Entwicklung des deutschen Volkes fördernd beeinflußt haben, wie vor allem der Griechen und Römer. Dazu gehört weiter die ernsthafte Beschäftigung mit dem Nationalsozialismus und seinen weltanschaulichen Grundlagen, mit dem Gedanken der Verbindung von Blut und Boden, von Rasse und Volkstum, mit dem deutschen Gemeinschaftsleben und mit den großen Männern des deutschen Volkes. [...]

Zweiter Teil
Der Vorbereitungsdienst

§ 34
Ziel des Vorbereitungsdienstes
Der Vorbereitungsdienst soll den Rechtskundigen befähigen, treffend und volksverständlich Recht zu sprechen, Volksschädlinge zu bekämpfen, die rechtsuchende Bevölkerung zu beraten und durch seine Tätigkeit der Volksgemeinschaft zu dienen...

§ 47
Arbeitsgemeinschaft
(1) Während der Ausbildung am Landgericht in Zivilsachen, bei der Staatsanwaltschaft, am Strafgericht, beim Rechtsanwalt und am großen Amtsgericht gehört der Referendar einer Arbeitsgemeinschaft an...

(4) Wanderungen, Besichtigungen, Vorträge und mehrtägige Fahrten sollen den Gesichtskreis der Referendare erweitern...

§ 48
Gemeinschaftslager
(1) Das Gemeinschaftslager faßt die Referendare aus allen deutschen Gauen in enger Kameradschaft zusammen.
(2) Die Referendare sollen im Lager die allgemeinen Grundlagen ihrer Arbeit vertiefen, ihr fachliches Können steigern und sich eine hohe, sittliche Auffassung von den Aufgaben ihres Berufes bilden...

Berlin, den 4. Januar 1939.

Der Reichsminister der Justiz
Dr. Gürtner

Quelle: RGBl. I, 1939, S. 5 ff.

Gemeinschaftslager der Referendare

„Am 27. März 1933 habe ich als politischer Soldat Adolf Hitlers die Leitung der preußischen Justizverwaltung übernommen...
Für mich war es um so mehr Pflicht, sofort der Ausbildung und Prüfung der jungen Richter mein Augenmerk zuzuwenden, als ich nicht die Hoffnung haben konnte, daß das derzeitige Geschlecht der Richter, wenn ihm auch der Wille nicht mangeln möchte, voll in die nationalsozialistische Staatsauffassung hineinwachsen werde. [...]

Abbildung 137
Referendarlager in Jüterbog: Die zukünftigen Richter und Staatsanwälte in Reih und Glied bei der Besichtigung durch den preußischen Justizminister Kerrl

Das Hineinwachsen in die nationalsozialistische Staatsauffassung setzt nun einmal eine völlig innere Revolution voraus, ...
Zu diesem Zwecke schaffe ich mir selbst die dazu erforderliche Einrichtung. Und diese Einrichtung ist das Gemeinschaftslager, in dem die jungen Referendare nicht als Juristen, sondern als Menschen und Kameraden nebeneinander und miteinander leben in körperlicher Ertüchtigung und in einfachsten soldatischen Verhältnissen außerhalb der Städte, in denen sonst sich notwendig ihre Ausbildung vollziehen muß ...

Verordnung über den weiteren Ausbau des Gemeinschaftslagers Hanns Kerrl
Vom 9. März 1935.

Die Vorschrift, daß der Referendar nach Abgabe der Hausarbeit den Vorbereitungsdienst bis zur mündlichen Prüfung fortzusetzen hat, und daß er in unmittelbarem Anschluß an die Beendigung des Vorbereitungsdienstes zur mündlichen Prüfung geladen wird (§§ 8, 10 der Verordnung vom 27. Februar 1935 – Reichsgesetzbl. I, S. 342), ermöglicht es, nunmehr das Gemeinschaftsleben der Referendare aus der Zeit zwischen der Abgabe der Hausarbeit und der mündlichen Prüfung vor den letzten Ausbildungsabschnitt zu legen.

Die Referendare betätigen sich in stetig zunehmendem Maße bei der SA, SS und in sportlichen Lehrgängen. Der Lagerdienst kann und soll daher in Zukunft mehr als bisher außer Gemeinschaftserziehung und Kameradschaftspflege den aus möglichst allen deutschen Gauen zusammenkommenden Referendaren geistige Anregung

Abbildung 138
Die »körperliche Ertüchtigung« war ein Bestandteil der »Ausbildung« im Referendarlager.

Bisher hatten die Referendare die acht Wochen vor der Prüfung bei Repetitoren verbracht und unnützen Gedächtniskram in sich hineingepaukt. Als bleiche und verwirrte Gestalten kamen sie in die Prüfung hinein, in eine bange Examenspsychose verfallen, und die Prüfenden waren nur in der Lage festzustellen, wie gut ihr Gedächtnis funktionierte, gewannen aber nie einen Eindruck darüber, wie sich die jungen Leute nach dem Examen bewähren würden. Heute benutzen die Referendare die letzten 8 Wochen vor der Prüfung im Gemeinschaftslager zu ihrer körperlichen Ertüchtigung und vergessen in dieser Zeit alles das, was sie sonst 8 Wochen nach der Prüfung vergessen haben würden, und kommen mit roten Backen, frisch und ausgeruht in die Prüfung, und die Prüfenden haben die Gewißheit, daß die Referendare nach der Prüfung über das Wissen verfügen, von dem sie in der Prüfung Zeugnis ablegen. ... **"**
Quelle: Kerrl, DJ 1934, S. 237 ff.

Abbildung 139
Der preußische Justizminister Kerrl im Referendarlager bei der Besichtigung des Galgens mit den daran aufgehangenen Paragraphenzeichen: links neben ihm der Lagerleiter Oberstaatsanwalt Spieler und Sturmführer Heesch.

und Schulung in Vorträgen, Schulungskursen und freier Gruppenarbeit der Referendare bieten. Insoweit soll der Lagerdienst das seine dazu beitragen, eine ernste Beschäftigung der künftigen Rechtswahrer mit den großen unser Volk bewegenden und für unser Volk bedeutungsvollen Fragen über das rein fachliche Arbeiten hinaus zu sichern und den künftigen Rechtswahrern die Beeinflussung ihrer Berufsarbeit durch die Grundfragen des Volkslebens zum Bewußtsein zu bringen. Demgemäß bestimme ich auf Grund des Artikels 5 des Ersten Gesetzes zur Überleitung der Rechtspflege auf das Reich vom 16. Februar 1934 (Reichsgesetzbl. I S. 91) folgendes:

§ 1
(1) Soweit nach den bis zur Verordnung vom 27. Februar 1935 (Reichsgesetzbl. I S. 342) in Geltung gewesenen Bestimmungen der Referendar eine Lagerdienstzeit abzuleisten hatte, bleibt diese mit der Maßgabe bestehen, daß sie auf den Vorbereitungsdienst angerechnet wird.
(2) Die Entscheidung, auf welchen Abschnitt die Lagerzeit anzurechnen ist, trifft der Oberlandesgerichtspräsident (oder der sonst die Gesamtausbildung des Referendars leitende Beamte); sie ist regelmäßig auf den vorletzten Ausbildungsabschnitt oder auf den Verwaltungsabschnitt der Vorbereitungszeit anzurechnen.

§ 2
Für die Übergangszeit tritt das Lagerleben an die Stelle des nach Abgabe der Hausarbeit noch abzuleistenden Vorbereitungsdienstes.

Berlin, den 9. März 1935

Der Reichsminister der Justiz
Dr. Gürtner

Quelle: RGBl. I. 1935, S. 357

ᛃᛃ OLG Stuttgart, 3. 8. (gez. T.) bringt die Ansicht des OLG Stuttgart zur Frage des Jüterboger Lagers zur Kenntnis. Durch Pläne einer Kommandierung süddeutscher Referendare in Jüterbog Unruhe und Mißstimmung entstanden. Zum Zweck des Lagers: Ursprüngliche Begründung des Lagerzwecks (»Kennenlernen der Volksgemeinschaft«) nicht erreicht. Ebenso abwegig sei die in dem Artikel »Das Gemeinschaftslager Hanns Kerrl« Deutsche Justiz 4. 1. 35 S. 24 gegebene Begründung, daß das Lager den Referendaren das Wissen und die Kameradschaft mit den Berufsgenossen mitzugeben habe.

Tatsächliche Handhabung des Lagerbetriebes stehe in krassem Gegensatz zur VO des RJust-Min. v. 9. 3. 35 (geistige Anregung und Schulung in Vorträgen, Beschäftigung mit den für das Volk bedeutungsvollen Fragen usw.). Lagerführung stelle als Zweck militärische Gesichtspunkte auf. Lagerbetrieb stelle überwiegend körperliche Anforderungen an die Referendare.
Die Tätigkeit der hauptamtlichen, früher der Reichswehr angehörigen Ausbilder sei reiner Selbstzweck. Durch Heranziehen möglichst vieler Referendare auf möglichst lange Zeit solle die Existenzberechtigung des Lagers und damit des militärischen Lagerführers erwiesen werden. Militärische Ausbildung Wehrmachtsache. Inanspruchnahme der akademischen Jugend für quasi militärische Zwecke. Gefährdung des Vorbereitungsdienstes bringe soziale Not mit sich. Es könne den Referendaren nicht zugemutet werden, für die Schuldentilgung des unter ungeheuren Kosten errichteten Lagers weitere Opfer auf sich zu nehmen, deren Ankündigung schon um so größere Erregung verursacht habe, als zur Zeit amtliche Erhebungen über die Not der Jungjuristen angestellt werden.

Das frühere preuß. Justizministerium »und infolgedessen auch das Reichsjustizministerium« über die Stimmung des Nachwuchses nicht im Bilde. Während nach preußischen Verlautbarungen die Referendare das Lager enthusiastisch begrüßt hatten, berichtet württ. Vertreter der Jungjuristen, daß gerade von den preußischen Referendaren das Lager einmütig abgelehnt werde. Diese Stimmung wohl deswegen nicht zum Ausdruck gekommen, weil Protestierende befürchteten, gemaßregelt oder sonst in ihrem Fortkommen geschädigt zu werden.

Lagerzeugnis. Schwerste Kritik von nat.soz. Standpunkt angebracht. Lagerkommandant steht auf dem Standpunkt, daß er in der Lage sei, durch einen 25 km-Gepäckmarsch den Charakter des Einzelnen festzustellen. Unterpersonal berichtet rein militärisch und sei auch nicht in der Lage, sich in die Stammesart der süddeutschen Referendare einzufühlen. Solche Zeugnisse dürften nicht für die juristische Befähigung irgendwie herangezogen werden. Gauführung des BNSDJ und Gauleiter Württemberg lehnten Jüterboger Lager aufs schärfste ab.
Schulung könne den württ. Referendaren mit geringsten Kosten und ebenso gut in kleineren Kursen und Schulungslagern in Württemberg vermittelt werden. Lagerschulung werde als solche für notwendig befunden, könne jedoch mit geringen

Kosten im Bezirk der einzelnen Prüfungsstellen in Verbindung mit dem Gaurechtsamt durchgeführt werden, »welches sowieso den Auftrag der Rechtsschulung hat«.
Der Bericht endet mit der Bitte, das Lager aufzulösen und seine Überführung für Zwecke der Wehrmacht ins Auge zu fassen.
Dem Bericht sind angefügt Berichte über Schulungskurse für württ. Rechtswahrer im Mombachtal, die vom 5.–12. 7. stattgefunden haben. Zweck: Nicht nur fachliches Wissen zu vermitteln, sondern neben weltanschaulicher Schulung Pflege der Kameradschaft. Nach den Berichten kam auch der Sport nicht zu kurz.
Äußere Gestaltung des Lehrgangs durchaus soldatisch.
In einem weiteren Bericht v. 6. 8. wird die dringende Bitte ausgesprochen, von der Einbeziehung der Referendare des OLGBez. Stuttgart in die Lagerdienstpflicht auch künftig absehen zu wollen. OLGPräs. wolle sein besonderes Augenmerk darauf richten, daß in den Referendararbeitsgemeinschaften im Sinne der VO. v. 9. 3. 35 gearbeitet werde. Deswegen werden die Referendare in Gruppen von 15–20 Mann an den vom Gaurechtsamt eingerichteten politischen Schulungskursen im Mombachtal teilnehmen.

Quelle: Diensttagebuch des Reichsjustizministers vom 8. 8. 35, BA R 22/1059

8. Aus dem Alltag der Justiz

Abbildung 140
Die Richterbank

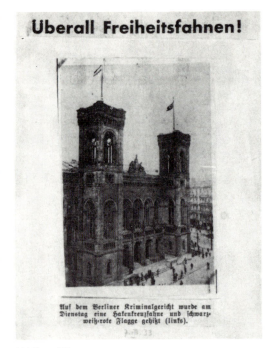

Abbildung 141
Aus einem Fotoalbum des Kriminalgerichts Moabit

Wahrung von Ordnung und Würde bei Abhaltung der Gerichtssitzungen

Zur Hebung des Ansehens der Rechtspflege und um die Bedeutung der staatlichen Rechtsprechung allen in Gerichtsverhandlungen Anwesenden vor Augen zu führen, wird angeordnet:
1. Alle im Sitzungssaal anwesenden Personen sind künftig zu veranlassen, beim Erscheinen des Gerichts zu Beginn der Sitzung von den Plätzen aufzustehen und das Gericht mit dem deutschen Gruß durch Erheben des rechten Armes zu begrüßen. Das Gericht erwidert diesen Gruß, sobald alle mitwirkenden Richter an ihren Plätzen angelangt sind.
In Strafverhandlungen haben sich alle anwesenden Personen einschließlich des Gerichts während der Verkündigung des entscheidenden Teils des Urteils von den Plätzen zu erheben.
Am Ende der letzten Verhandlung erklärt der Vorsitzende die Sitzung für geschlossen, wor-

Nationalsozialistisches Denken

auf das anwesende Publikum unter Erheben von den Plätzen das Gericht mit dem deutschen Gruß durch Erheben des rechten Armes begrüßt, das diesen Gruß in gleicher Weise erwidert.

Quelle: Hamburgisches Justizverwaltungsblatt, 1933, S. 43

Anschaffung nationalsozialistischen Schrifttums

„Die den Behördenleitern obliegende Pflicht, die Beamten zu eingehender Beschäftigung mit dem Gedankengut des Nationalsozialismus und den Grundlagen der neuen Staatsauffassung bekanntzumachen, läßt es geboten erscheinen, bei den Anschaffungen für die Behördenbüchereien das einschlägige Schrifttum zu berücksichtigen.

Wenn auch selbstverständlich nach wie vor größte Sparsamkeit zu beobachten sein wird, muß es doch als unerläßlich bezeichnet werden, zur Einführung der Beamten in die neue Anschauungswelt auch kleinere Schriften nicht unmittelbar juristischen Inhalts anzuschaffen.

Hierbei ist vor allem das Werk des Führers »Mein Kampf« zu berücksichtigen, ferner Schriften, die sich mit den Grundlagen der Rassenkunde und des ständischen Aufbaus unseres Volkes beschäftigen, wie sie namentlich auch aus der Zusammenstellung »Die Bücher des Zentralparteiverlages in der N.S.D.A.P.« ersichtlich sind.

Etwaigen in dieser Richtung aus den Kreisen der Beamtenschaft laut werdenden Wünschen ersuche ich, nach Möglichkeit im Rahmen der verfügbaren Mittel Rechnung zu tragen."

Quelle: Hamburgisches Justizverwaltungsblatt, 1933, S. 35

Abbildung 143
Übergabe der NSBO-Fahne im Reichsjustizministerium

Abbildung 142
Weihe der NSBO-Fahnen im Kriminalgericht Moabit am 20. Mai 1933

Abbildung 144
Aufmarsch der Betriebszelle Kriminalgericht Moabit am 1. Mai 1933

Hoheitszeichen an der Amtsrobe

„Am 1. Oktober haben alle Richter, Staatsanwälte und sonstige zum Tragen einer Amtstracht verpflichteten Beamten der Reichsjustizverwaltung zum erstenmal das vom Führer verliehene Hoheitsabzeichen angelegt. Aus diesem Anlaß fand um die Mittagszeit im festlich hergerichteten Plenarsaal des Oberlandesgerichts am Reichenspergerplatz eine besondere Feier statt. Als Ehrengäste waren u. a. erschienen der Dekan der juristischen Fakultät der Universität, Professor Dr. Lehmann, Kreisleiter Rechtsanwalt Dr. Krämer vom NSRB.
Oberlandesgerichtspräsident Dr. Bergmann wies in einer kurzen eindrucksvollen Ansprache darauf hin, daß an diesem Tag an allen Gerichten Deutschlands von den Beamten zum erstenmal das Hoheitszeichen angelegt werde, das der Führer verliehen habe. Damit käme auch nach außen hin zum Ausdruck, was sich im Innern der Beamtenschaft längst vollzogen habe, nämlich die Hingabe an den nationalsozialistischen Staat.
Kreisleiter Dr. Krämer sprach darauf als Vertreter des Gauleiters und in seiner Eigenschaft als Führer des NSRB (Nationalsozialistischer Rechtswahrerbund). Er betonte, daß die Bewegung gern der Einladung gefolgt sei; die Partei dokumentiere damit, welch hohe Bedeutung sie der Verleihung des Hoheitszeichens beilege.
Eine ähnliche Feier wurde Donnerstagfrüh vor Dienstbeginn am Appellhofplatz abgehalten. Hier sprach Oberstaatsanwalt Dr. Seebens, der den Dank dem Führer gegenüber Ausdruck gab und mit dem Gelöbnis der Pflichterfüllung schloß. Als Stellvertreter des Gauleiters war Kreisleiter Loevenich erschienen."

Quelle: Stadt-Anzeiger Köln, 2. 10. 1936

Abbildung 145
Justiz sammelt am Tag der nationalen Solidarität im Dezember 1937 (rechts in Uniform Staatssekretär Dr. Freisler)

Der Präsident des Hanseatischen
Oberlandesgerichts
315 – 1 a/1 –

Hamburg 36, den 12. Dezember 1938
Sievekingplatz 2

An den
Herrn Landgerichtspräsidenten
in Hamburg

1 Anlage

Die abschriftlich anliegende Verfügung teile ich mit der Bitte um Kenntnisnahme mit. Ich bitte für Ihren Geschäftsbereich entsprechend zu verfahren.

gez. Rothenberger Dr.

Der Präsident des Hanseatischen
Oberlandesgerichts
Hamburg, den 12. Dezember 1938

An die Senate bei dem
Hanseatischen Oberlandesgericht

Wie mir berichtet worden ist, ist hin und wieder die Feststellung gemacht worden, daß bis in die letzte Zeit hinein Juden sich als Zuhörer bei Gerichtsverhandlungen aufgehalten haben.
Nachdem das deutsche Volk alle Bezirke seines öffentlichen Lebens von Juden gereinigt hat, erscheint es mir untragbar, und der Würde des Gerichts nicht entsprechend, wenn die Anwesenheit von Juden als Zuhörer bei den Verhandlungen geduldet würde. Durch die Anwesenheit von Juden, die mit der verhandelten Sache nichts zu tun haben, wird die öffentliche Ordnung in den Gerichtsverhandlungen gestört.
Ich bitte daher die Herren Vorsitzenden, für die Entfernung anwesender jüdischer Zuhörer aus dem Sitzungssaal Sorge zu tragen.

gez. Rothenberger Dr.

Quelle: Akten des Hanseatischen Oberlandesgerichts

Nationalsozialistisches Denken

Der »deutsche Gruß«

Nachstehenden Erlaß des Reichs- und Preußischen Ministers des Innern vom 22. 1. 1935 – II SB 6850/17.12 – gebe ich zur Beachtung bekannt:

Das Gesetz über das Staatsoberhaupt des Deutschen Reiches vom 1. 8. 1934 (RGBl. I S. 747) und das Gesetz über die Vereidigung der Beamten und der Soldaten der Wehrmacht vom 20. 8. 1934 (RGBl. I S. 785) haben die Verbundenheit der deutschen Beamtenschaft mit dem Führer und Reichskanzler zu einem höchstpersönlichen und unlösbaren Treueverhältnis ausgestaltet, dem in besonderer Form des deutschen Grußes Ausdruck zu geben, die Beamten-, Angestellten- und Arbeiterschaft der öffentlichen Verwaltung, wie ich überzeugt bin, freudig gewillt sind. In Erweiterung des RdSchr. des RMdl. v. 27. 11. 1933 – I 6850/ 4. 7. II Ang. – ordne ich daher an, daß fortan die Beamten, Behördenangestellten und -arbeiter den deutschen Gruß im Dienst und innerhalb der dienstlichen Gebäude und Anlagen durch Erheben des rechten – im Falle körperlicher Behinderung des linken – Armes und durch den gleichzeitigen deutlichen Ausspruch »Heil Hitler« ausführen. Ich erwarte von den Beamten, Behördenangestellten und -arbeitern, daß sie auch im außerdienstlichen Verkehr in gleicher Weise grüßen.

Quelle: DJ 1935, S. 213

Dr. Thomas Dehler
Rechtsanwalt
– Bamberg –

Anz.Verz. 4 Js 15/36
Cs 129/36.

Bamberg, 24. April 1936

Zum Amtsgerichte Bamberg

Betrifft: Verfahren wegen groben Unfugs.

Bei dem im Strafbefehl angenommenen Tatbestand wird übersehen, daß ich mich bereits durch einen Gruß vom Gerichte verabschiedet hatte, bevor der Gerichtsvorsitzende den »deutschen Gruß« erwies und daß ich weder Anlaß noch Möglichkeit hatte, meinerseits auf die Erwiderung meines Abschiedsgrußes nochmals mit einem Gruß zu replicieren.
Ich habe darauf, in welcher Art der Gerichtsvorsitzende auf meinen Gruß dankte, nicht geachtet.
Was sich vorher in dem Sitzungssaal abgespielt hatte, hatte mir jede Fassung genommen. Ich bin beim Weggehen unter dem erschütternden Eindruck gestanden, daß ein deutscher Richter sich in schwerer Weise gegen seine Richterpflicht verfehlt und einen Unschuldigen verurteilt hatte. In dieser Seelenverfassung hat mich wahrlich nicht interessiert, in welcher Form dieser Richter meinen Gruß, der nicht ihm sondern dem Richterkleid galt, erwiderte. Ich habe nur den einen Wunsch gehabt, diesen Raum, in dem nach meiner Überzeugung nicht Recht sondern Unrecht gesprochen worden war, so rasch als möglich zu verlas-

sen, ohne zu zeigen, wie sehr mich das für unmöglich gehaltene Verhalten dieses Richters aufgewühlt hatte. Es kann für jeden, der nach seinen Kräften an der schweren Aufgabe der Rechtsfindung mitarbeitet, nichts Niederdrückenderes geben, als sehen zu müssen, daß böser Wille am Werke ist, daß das verpflichtende Dichterwort von dem hohen Berufe des Richters »Wem Gott verleiht des Himmels Schwert, muß heilig sein und ernst bewährt« in sein Gegenteil verkehrt ist.

Um verständlich zu machen, wie sehr das Verhalten des Gerichtsvorsitzenden jeden gerecht Denkenden erregen mußte, muß ich einige seiner schwersten Verstöße – soweit sie nicht schon in meinen Erklärungen vom 18. und 26. Februar 1936 erwähnt sind – aufzeigen.

1.) Der Gerichtsvorsitzende hatte gegen den Angeklagten L. einen Strafbefehl wegen Übertretung der ortspolizeilichen Vorschriften über öffentliche Reinlichkeit in Städten und Dörfern (Akten des Amtsgerichts Hofheim, Anz.Verz. d. A. A. HoNr. 1615/35) erlassen, obwohl
a) eine ortspolizeiliche Vorschrift für Burgpreppach nicht besteht, eine gesetzliche Grundlage für eine Bestrafung also nicht vorhanden war, obwohl jede Möglichkeit der Annahme einer Verletzung einer solchen Vorschrift, wenn eine solche bestanden hätte, gefehlt haben würde, weil
b) das leicht rot gefärbte Abwasser in der dafür bestimmten und erst kurz vorher dafür geschaffenen Rinne ordnungsgemäß abfloß, und weil
c) auf jeden Fall L. für die Handlung seiner Wäscherin, von der er nichts wußte, strafrechtlich nicht verantwortlich gemacht werden konnte.
Es ist nicht vorstellbar, daß einem objektiven, pflichtbewußten Richter bei dem Erlaß eines Strafbefehls entgeht, daß es an *allen* tatsächlichen und rechtlichen Voraussetzungen einer strafbaren Handlung fehlt.
Als in der Verhandlung vom 12. November 1935 in der Anklagesache wegen Beleidigung auf die mangelnden Voraussetzungen des Strafbefehls wegen angeblicher Verletzung einer nicht existierenden ortspolizeilichen Vorschrift hingewiesen wurde, erklärte der Gerichtsvorsitzende hämisch: »Hätten Sie doch Einspruch eingelegt«.
Und das Unfaßbare geschah: der Vorsitzende ließ seinem ersten falschen, völlig haltlosen Straferkenntnis eine noch krassere Fehlentscheidung – und diese trotz genauester tatsächlicher und rechtlicher Aufklärung des Falles – folgen.

2.) In der Anklagesache wegen Beleidigung des Polizeidieners D. (Anz.Verz. d. A. A. Ho. Nr. 1837/35) hatte ich unter eingehender Darstellung des Sachverhalts am 29. Oktober 1935 den Antrag auf Ladung der Elsa S., Paulina H., Schreinermeister Friedrich B. und dessen Ehefrau gestellt, besonders mit der Begründung, daß sie Tatzeugen sind und bei der angeblichen Äußerung des L. diesem viel näher standen als die Belastungszeugin R.
Der Gerichtsvorsitzende hat zwar den Polizeidiener D., obwohl dieser hinsichtlich der angeblichen Äußerung des L. zugestandenermaßen nichts bekunden konnte, geladen, die Ladung der vorgenannten Tatzeugen aber »als zur Erforschung der Wahrheit nicht erforderlich« abgelehnt.
Ich entnahm diesem Beschluß den fehlenden Willen zur Klärung der Angelegenheit. Dieser Eindruck verstärkte sich in der Verhandlung durch die anfängliche Weigerung, die von mir zur Stelle gebrachten vorbenannten Tatzeugen zu hören, noch mehr durch die folgende unwillige, durchaus mangelhafte Befragung der Zeugen und durch die unrichtige Bewertung ihrer Angaben.

3.) Die von dem Polizeidiener (!) D. bei seiner Vernehmung in der Verhandlung gebrachte Äußerung, wenn er die angeblich beleidigende Bemerkung des L. gehört hätte, so wäre dieser – ein 71jähriger Mann! – sofort dort gelegen und läge heute noch im Krankenhaus, fand nicht die erforderliche – mangels eigenen Eingreifens des Richters von mir ausdrücklich verlangte – Zurückweisung.

4.) Die Zeugin S., die dem Angeklagten bei dem Vorfall am nächsten stand und deswegen das beste Sachwissen haben mußte, machte bei ihrer Vernehmung den denkbar besten Eindruck. Sie war ruhig und sachlich und gab widerspruchslose, überzeugende Bekundungen.
Ich beantragte die Beeidigung der Zeugin. Der Vorsitzende erließ Beschluß, daß die Zeugin gemäß § 61 Ziff. 5 StPO. unbeeidigt bleibe. Ich wies den Vorsitzenden darauf hin, daß dieser Beschluß begründet werden müsse. Eine Begründung erfolgte nicht.

5.) Die Anklage gegen L. wegen Beleidigung war nicht aus einem sondern aus *mehrfachem* Grund haltlos,
a) weil ein hinreichender Nachweis für die von der Zeugin R. behauptete Äußerung des Angeklagten »verrückt« nicht erbracht war, vielmehr das Gegenteil erwiesen und die Aussage der R. als widerspruchsvoll dargetan war,
b) weil es – selbst wenn L. nach dem Weggang des D. das Wort »verrückt« gemurmelt hätte – an der *Kundgebung* einer Ehrenkränkung, an dem Bewußtsein, daß die 15–20 m entfernt aus dem

Fenster schauende R. diese Äußerung hören könnte, gefehlt hätte,
c) weil auf jeden Fall die Äußerung eine berechtigte Kritik des unverantwortlichen, pflichtvergessenen Verhaltens des Polizeidieners D. gewesen wäre.
Ich lege Abschrift meines Schriftsatzes vom 22. September 1935, der eine zusammenfassende Darstellung des Sachverhalts enthält, und eine Abschrift des Urteils der kleinen Strafkammer des Landgerichts Bamberg vom 31. Januar 1936, das die vorstehenden Gesichtspunkte in Übereinstimmung mit den Ausführungen des I. Staatsanwalts S. klar herausarbeitet.
Ich habe in der mündlichen Verhandlung die maßgebenden tatsächlichen und rechtlichen Fragen in ganz eingehender Weise behandelt, besonders eindringlich deswegen, weil ich während der Verhandlung die in meiner Erklärung vom 18. Februar 1936 geschilderte unfaßbare Voreingenommenheit des Vorsitzenden feststellen mußte. Mein Eintreten für den Angeklagten war derart, daß nach der Meinung des Zeugen P. die »Zuschauer gar nicht begreifen konnten, daß ein deutscher Rechtsanwalt sich in einer Art, wie sie nicht noch gesehen und nicht gehört wurde für einen Juden einsetzte.« Ich versuchte mit allen Kräften, die mir zu Gebote standen, gegenüber der Unsachlichkeit eines Richters, wie sie nach meiner Überzeugung noch nicht gesehen und nicht gehört wurde und bestimmt nicht mehr so leicht gesehen und gehört wird, für die Wahrheit und das Recht und für die Unschuld des Angeklagten einzutreten und einem drohenden krassen Fehlurteil zu begegnen.
Es war ohne Erfolg.
Man konnte an Unfähigkeit denken.
Das war abzulehnen. Der Sachverhalt war tatsächlich und rechtlich einfach und für jeden Laien klar. Es war möglich, daß der Richter in einem der vorerwähnten Punkte, auf die es bei der Entscheidung ankam, irrte. Daß er sich aber in allem und jedem zu Ungunsten des Angeklagten irrte, das war nicht denkbar. In zwei Strafverfahren verurteilte der Vorsitzende einen Unschuldigen. Da war nicht Unfähigkeit am Werke, sondern böser Wille im Spiel.
Einige Belege:
Der Amtsanwalt hatte in seinem Plädoyer festgestellt: »L. war, als D. weggegangen war, auf der Treppe gestanden und hat etwas gemurmelt; er hat gemeint, es würde niemand hören; die Zeugin R. hat es doch gehört.« Selbst der Anklagevertreter also, wenn er auch aus Rechtsunkenntnis nicht die richtige rechtliche Folgerung daraus zog, der Meinung, daß es an der Kundgebung einer Eh-

Abbildung 146
Dr. Thomas Dehler

renkränkung fehlte. Ich wies in meinen Ausführungen unter Anführung von Entscheidungen und Kommentarstellen in eindringlicher Weise auf die aus der Feststellung des Amtsanwalts zu ziehende rechtliche Konsequenz hin. Der Vorsitzende erklärte daraufhin in der Begründung seines Urteils, er wisse, daß der Amtsanwalt nicht das habe sagen wollen, was er tatsächlich gesagt hatte.
Ich hatte der Zeugin R. eine Reihe von Widersprüchen in ihrer Aussage nachgewiesen; die Einzelheiten ergeben sich aus meiner beigefügten Erklärung vom 22. November 1935 und aus dem Urteil des Berufungsgerichts. Ohne mit einem Worte darauf einzugehen, erklärte der Vorsitzende die Aussage der Zeugin als klar, widerspruchslos und glaubwürdig.
Die Aussage der Zeugin S., die durch die Aussage der Zeugen B. unterstützt wurde, war wirklich klar und widerspruchslos, es war die Bekundung einer reifen, sicheren und zuverlässigen Frau. Der Vorsitzende erklärte ohne jeden Anhaltspunkt, die Zeugin könne nicht mehr so gut hören wie ein jun-

ges Mädchen, der Angeklagte habe nicht zu der – 5 m entfernt auf der Straße stehenden! – Zeugin S. hinüber, sondern mehr zu der – 15–20 m entfernt aus dem Fenster schauenden! – Zeugin R. zu gesprochen, sie arbeite bei *sämtlichen* Judenfamilien in Burgpreppach – niemand hatte das angegeben! – und es sei möglich, daß sie deswegen den Angeklagten nicht belasten wolle – also wider besseres Wissen aussage und ihre Eidespflicht verletze! Bei jeder Einzelheit dieser Annahmen des Gerichtsvorsitzenden stellt man den peinigenden Mangel an dem Willen zur Wahrheits- und Rechtsfindung fest.

Ich hatte eindringlich darauf hingewiesen, daß die Bezeichnung »verrückt«, wenn sie wirklich gefallen wäre, sich nach Sachlage nur auf das verantwortungslose, hetzerische Verhalten des Polizeidieners D. bezogen haben könnte, der ohne jeden rechtfertigenden Anlaß einen Skandal aufschlug, so daß die Leute ringsherum auf die Straße traten, und der – wie er selbst beim Sühnetermin zugestand – L. durch den Hinweis auf das angeblich aus seinem Hause fließende Blutwasser in Beziehung zu einem vor einigen Jahren in der Gegend angeblich vorgekommenen Ritualmord bringen wollte. Der Vorsitzende stellt dem gegenüber – entgegen den eigenen Angaben des D. – fest, L. habe sich geweigert einem Auftrag des D., das Wasser wegzuschwemmen, nachzukommen und habe mit dem Worte »verrückt« sagen wollen, daß die Anordnung des D. und der Zeuge D. selbst verrückt seien. Wo bleibt hier auch nur das Mindestmaß an Objektivität?

Auf den von mir eingehend begründeten rechtlichen Gesichtspunkt der berechtigten Kritik des Angeklagten an dem Verhalten des D. ging der Vorsitzende mit keiner Silbe ein.

Jedes Wort dieser Urteilsbegründung war für mein Rechtsempfinden ein Faustschlag.

6.) Doch alle diese gehäuften Entstellungen eines Richterspruches werden noch überboten durch das Strafmaß und seine Begründung.

Im Strafbefehl war gegen den 71jährigen Mann, der auf untadeliges Leben zurückblickt und dessen Verschulden selbst bei Unterstellung der Angaben der R. denkbar gering erscheinen mußte, eine Gefängnisstrafe von einer Woche ausgesprochen worden.

In der Verhandlung waren auf jeden Fall *nur* Gesichtspunkte zutage getreten, die eine mildere Beurteilung des Vorganges, wenn man schon eine strafbare Handlung annehmen wollte, zulassen; es war das verantwortungslose Verhalten des Polizeidieners D. klargestellt worden, der böswillig einen öffentlichen Skandal unter schwerster Beschuldigung des L. hervorgerufen hatte, der beim Sühnetermin und im Gerichtssaal den Angeklagten mit schwerster körperlicher Beeinträchtigung bedroht hatte, der zugelassen hatte, daß sein Sohn den alten Mann auf offener Straße überfallen und geschlagen hatte; es war darauf hingewiesen worden, daß der gegen L. erlassene Strafbefehl wegen angeblicher Übertretung einer ortspolizeilichen Vorschrift nicht zu Recht ergangen war; es war hinreichendes Material dargetan, daß die Anschuldigung der R. als zum wenigsten grob fahrlässig falsch und ihre eidliche Aussage als unrichtig erscheinen ließ. Das Gericht hatte auf jeden Fall gegenüber der Beurteilung, die auf Grund der Anzeige beim Erlaß des Strafbefehls möglich war, nur Tatsachen erfahren, die – wenn schon nicht zu Freisprechung – zur mildesten Beurteilung des Vorfalls nötigten und äußerstenfalls eine kleine Geldstrafe zuließen.

Der Vorsitzende verdreifachte die im Strafbefehl ausgesprochene Gefängnisstrafe von einer Woche.

»Um den Juden (!) in Burgpreppach zu zeigen, daß auch sie sich den Anweisungen der Polizeibehörde zu fügen haben.«

Man kann es mir nicht verargen, wenn ich den Gerichtssaal in dem quälenden, niederdrückenden Gefühl verließ, einen Fall der Rechtsbeugung erlebt und vergeblich, ohnmächtig dagegen angekämpft zu haben.

Es hat mich in diesem Augenblick wirklich nicht bewegt, wie dieser Richter den von mir dem Richtertisch erwiesenen Gruß erwiderte.

Wenn mir der Vorsitzende den deutschen Gruß nachrief, so bestimmt nicht, um mir einen Gruß zu erweisen; dann mißbrauchte er – aus seinem schlechten Gewissen heraus – den »deutschen Gruß«, der ihm heilig sein sollte, um einen Konflikt zu provozieren.

7.) Vorsorglich bitte ich die oben bezeichneten Akten des Amtsgerichts Hofheim (Anz.Verz. d. A. A. Ho Nr. 1615/35 und 1837/35) beizuziehen. Ich benenne weiterhin vorsorglich Herrn Landgerichtsdirektor K. und Herrn 1. Staatsanwalt S. in Bamberg als Zeugen dafür, daß es sich bei dem Urteil des Amtsgerichts Hofheim vom 12. November 1935 um eine unbegreifliche, krasse Fehlentscheidung handelte.

Quelle: Nachlaß Dr. Thomas Dehler

Der Betriebsausflug

Der Oberlandesgerichtspräsident.
Nr. 16 1/27.   Stuttgart-S, den 1. Juli 1939.
                Schillerplatz 4.
                Fernruf 26646-49.

Persönlich!
An den Herrn Landgerichtspräsidenten S.
in Tübingen.

Betreff: Betriebsausflug des Landgerichts Tübingen vom 23. 5. 1939.
1 Beil.

Der Herr Oberstaatsanwalt in Tübingen hat an den Herrn Generalstaatsanwalt den abschriftlich angeschlossenen Bericht vom 29. v. Mts. über die Teilnahme des Justizassistenten S. und dessen jüdischer Ehefrau an dem Betriebsausflug der Tübinger Justizbehörden am 23. v. Mts. erstattet.
Ich ersuche Sie und den Herrn Amtsgerichtsdirektor um umgehenden Bericht, welche Stellung Sie eingenommen haben, als Ihnen die Teilnahme der Ehefrau S. bekannt wurde, und welche Gründe für Ihre Stellungnahme maßgebend waren.

gez. Dr. Küstner

Beglaubigt
Unterschrift
Kanzleiassistentin

Quelle: Akten des LG Tübingen

Abbildung 147
Betriebsausflug an die Ostsee (aus einem Fotoalbum des Kriminalgerichts Moabit)

Der Präsident   Tübingen, den 4. Juli 1939
des Landgerichts   Ruf Nr. 2741
Tübingen   No. 161/2

An den
Herrn Oberlandesgerichtspräsidenten
in Stuttgart-S.
Schillerplatz 4.

Betreff: Betriebsausflug des Landgerichts Tübingen vom 23. 5. 1939.
Auf den Erlaß vom 1. ds. Mts.
0 Beil.

Auf den heute erst eingekommenen Erlaß vom 1. ds. Mts. berichte ich folgendes:
I. Der Sommerausflug der 3 Behörden findet hier übungsgemäß unter Leitung und Vorbereitung durch den Herrn Amtsgerichtsvorstand statt. Die Feststellung der Teilnehmerzahlen ist hierbei Sache jeder einzelnen Behörde. Ich hatte demnach keinen Anlaß, die Teilnehmerlisten der andern Behörden einzusehen, zumal mir die persönlichen Verhältnisse ihrer Beamten nicht bekannt sind und mir jeder Hinweis auf besondere Vorsicht fehlte. Die Frau S. ist mir persönlich nicht bekannt ebensowenig ihre Herkunftsverhältnisse. Bei der Wandergruppe Eningen-St. Johann war S. nicht.
In St. Johann teilte mir Herr Justizsekretär R., als ich eben den bereits stark gefüllten Speisesaal aufsuchen wollte, mit, es nehmen einige Kameraden daran Anstoß, daß S. von der Staatsanwaltschaft seine Frau mitgebracht habe, die Jüdin sei, und es sei auch von B. gesagt worden, die Sache werde ins »schwarze Korps« kommen. Ich erklärte ihm darauf, ich sei zwar nicht Ausflugsleiter, S. stehe auch nicht unter meiner Dienstgewalt. Wenn die Frau S. Jüdin sei, sei ihre Anwesenheit allerdings mehr als unerwünscht und von S. ihr Mitbringen ungehörig. Meine persönliche Ansicht als Kamerad sei aber, daß im jetzigen Augenblick, wo alles zum Essen versammelt sei, zur Vermeidung einer Aufregung und im Interesse der Ausflugsstimmung, jedes Aufsehen vermieden werden sollte; wer die Frau als Jüdin kenne, solle sich von ihr weghalten, weitaus die größte Mehrzahl der über 100 Teilnehmer kenne weder sie noch ihre Rasse, und es werde dann das richtigste sein, daß S. von seinen Kameraden der nötige Wink gegeben werde, damit er sich unauffällig drücken könne. Von dieser Unterredung setzte ich auch Herrn Amtsgerichtsdirektor G. in Kenntnis, der meinen Ratschlag billigte.

Nach dem Essen in St. Johann sah ich den S. und seine Frau sich allein auf den Weg machen und nahm an, daß ihn inzwischen ein kameradschaftlicher Wink erreicht hat. Ich habe ihn später nicht mehr gesehen.

Daß eine Wegweisung S. und seiner Frau zu Beginn des Essens Aufregung hervorgerufen und bei den Teilnehmern, von welchen die weitaus meisten die Umstände nicht kannten, die harmlose Stimmung für den Rest des Tages verdorben hätte, ist sicher.

Die inzwischen angestellten Erhebungen haben ergeben, daß von einer Erregung in St. Johann über die Anwesenheit einer Jüdin schon deshalb keine Rede sein konnte, weil nur wenige Familien die Frau S. als solche kannten. Äußerlich sind der Frau Alter und Sorgen, nicht aber ihre Rasse anzusehen.

II. Der Kreisamtsleiter des Beamtenbundes, Pg. W., hatte mich heute früh telefonisch bitten lassen, von allen weiteren Schritten abzusehen. Bei seinem nachfolgenden Besuch hat er mir erklärt, B. habe bei seiner mündlichen Anzeige die Sache unter unwahrer Darstellung maßlos aufgebauscht. Er habe sich inzwischen überzeugt, daß die Angelegenheit zwar eine Ungeschicklichkeit des S. gewesen sei, aber kein böser Wille, er bitte doch möglichst gelinde mit ihm zu verfahren. B. habe ihm gegenüber erklärt, er werde die Sache ins schwarze Korps bringen, was er ihm dann energisch verboten habe. Inzwischen habe sich auch herausgestellt, daß die Frau S. nur auf Zuspruch einiger Frauen ihrer Nachbarschaft zum Mitgehen veranlaßt worden sei und so sei auch ihr Verfehlen nicht so schlimm. Er glaube, daß die Anzeige B. hauptsächlich erfolgt sei, um dem Fachschaftsleiter R. zu schaden, denn diesen habe er bei ihm im Laufe des letzten Jahres öfters angeschwärzt. Er werde gegen B. als PG. vorgehen, da auch Unregelmäßigkeiten seiner Geldverwaltung der Fachschaftskasse vorzuliegen scheinen und die Partei solche unsauberen Leute nicht brauchen könne.

Ich habe dem nur noch hinzuzufügen, daß so wenig richtig das Verhalten des (nicht sehr intelligenten) S. war (der im Zweifel seinen Vorgesetzten hätte fragen sollen) mir viel bedauerlicher noch erscheint, daß die Kameradschaft der ihm persönlich nahestehenden Mitarbeiter der Staatsanwaltschaft und von Hausnachbarn hier völlig versagt hat. Denn *diesen* war die Absicht der Frau S. bekannt, eine Warnung und ein Abreden vor dem Ausflug, selbst noch auf dem Bahnhof Tübingen wäre leicht möglich gewesen. Das trifft insbesondere auf den Anzeigeerstatter B. zu, der dadurch das ganze Ärgernis unter den Bekannten der Familie S. hätte vermeiden können und sich nun die Erbitterung aller Kameraden wegen seines mehr als unkameradschaftlichen Verhaltens zugezogen hat...

Zu dem Verfahren gegen S. dürfen wir noch bemerken: Das Verhalten des B. gegen ihn (Unterlassung jeder Warnung vor und während des Ausflugs, noch freundliches Verhalten gegen S. während des Essens trotz der Absicht einer Anzeige) ist umsoweniger verständlich, als S. ein allzeit gefälliger Kamerad ist, der bei jeder Betriebsfeier sein musikalisches Können zur Verfügung stellte, dafür Dank verdient und bei allen 3 Behörden persönlich beliebt ist. Die Bitte des mit der hier einschlägigen Verhältnissen gut vertrauten Kreisamtsleiters W. um möglichst milde Behandlung der unüberlegten Entgleisung S. halten wir daher für berechtigt.

Landgerichtspräsident

Der vorstehenden Äußerung des Landgerichtspräsidenten unter I u. III schließe ich mich als voll zutreffend an.

Tübingen, den 5. Juli 1939.
Amtsgerichtsdirektor.

Quelle: Akten des LG Tübingen

Der Oberlandesgerichtspräsident.
Nr. 16 1/27/4.   Stuttgart-S, den 10. Juli 1939.
                 Schillerplatz 4.
                 Fernruf 28456-57.

An Herrn
Landgerichtspräsident
in Tübingen.
Persönlich!

Auf den Bericht vom 4. ds. Mts. Nr. 16 1/2.
Betreff: Betriebsausflug des Landgerichts Tübingen am 23. 6. 1939.
0 Beil.

Ihr Bericht über die Teilnahme der jüdischen Ehefrau des Justizassistenten S. bei der Staatsanwaltschaft Tübingen an dem Betriebsausflug gibt mir zu folgenden Bemerkungen Anlaß:
Die Hauptschuld daran, daß die Ehefrau S. an dem Betriebsausflug teilgenommen hat, trifft den Justizassistenten S. selbst. Da er im Geschäftsbereich des Herrn Generalstaatsanwalts verwendet ist, wird dieser das Erforderliche veranlassen.

Nationalsozialistisches Denken

Abbildung 148
Gruppenbild während des Betriebsausflugs (aus einem Fotoalbum des Kriminalgericht Moabit)

Daß die Teilnahme der Ehefrau S. mindestens eine ganz grobe Ungehörigkeit und Taktlosigkeit war, mußte auch denjenigen Personen zum Bewußtsein kommen, die die Ehefrau S. zum Mitgehen veranlaßt haben. Sofern Beamte, die Ihrer Dienstaufsicht unterstehen, oder deren Ehefrauen hierbei beteiligt sein sollten, bitte ich Sie, den Beamten das Erforderliche zu bemerken.

Als die Absicht der Ehefrau S., sich an dem Ausflug zu beteiligen, auf dem Bahnhof Tübingen einigen Justizbeamten erkennbar geworden war, wäre es deren selbstverständliche, aus der Berufskameradschaft entspringende Pflicht gewesen, den Justizassistenten S. in geeigneter Weise auf die Unmöglichkeit der Teilnahme seiner Ehefrau an dem Ausflug hinzuweisen. Sofern den betreffenden Beamten das Geschick oder der Mut zu einem derartigen Hinweis gefehlt hat, wäre es das Gegebene gewesen, daß die betreffenden Beamten sich unverzüglich an einen der anwesenden Behördenvorstände oder an den Fachschaftsleiter gewendet hätten. Ich muß es aufs schärfste rügen, daß es Stunden gedauert hat, bis der – mit Recht – beanstandete Vorfall zur Kenntnis der maßgebenden Persönlichkeiten gelangt ist, und daß keiner von denjenigen, die um die Teilnahme der Ehefrau S. gewußt oder an ihr Anstoß genommen haben, das erforderliche Verantwortungsgefühl und die gebotene Entschlußkraft aufgebracht haben, sie alsbald zur Sprache zu bringen. Ein anderes Verhalten ist wenig männlich und entspricht den Grundgedanken der Berufskameradschaft nicht.

Ich bitte Sie, Herr Landgerichtspräsident, diese meine Auffassung dem – wohl engen – Kreis der in Frage kommenden, ihnen unterstellten Justizbeamten nachdrücklich bekannt zu geben.

Darin, daß es im Interesse des ungestörten und ungetrübten Verlaufs des Betriebsausflugs untunlich war, die Ehefrau S., deren Rassezugehörigkeit den wenigsten Teilnehmern bekannt gewesen zu sein scheint, aus dem nahezu vollen Speisesaal zu verweisen, stimme ich Ihnen bei. Ich billige es auch, daß Sie alsbald nach erlangter Kenntnisnahme dem Justizassistenten S. ein unauffälliges Weggehen haben nahelegen lassen; ich hätte es jedoch für zweckmäßig gehalten, wenn Sie sich möglichst bald auch über den Erfolg Ihrer Anregung hätten unterrichten lassen.

gez. Dr. Küstner
Beglaubigt
Stempel/Unterschrift
apl. Kanzleiassistentin

Quelle: Akten des LG Tübingen

3. Themenkreis: Die Justiz wird ausgeschaltet

1. Straftaten in Konzentrationslagern

Der Kampf gegen politische Gegner wird von dem NS-Regime mit allen Mitteln geführt. 1933 entstehen zahlreiche Konzentrationslager, überwiegend von SA und SS »privat« eingerichtet, in einigen Fällen auch »staatlich anerkannt«. Hier werden Regimegegner zu Tausenden gefangengehalten und zu Hunderten mißhandelt und umgebracht. Ohne das ganze Ausmaß des Terrors erkennen zu können, gibt es in Deutschland nicht wenige, die hierin zwar unerfreuliche, aber unvermeidbare Begleiterscheinungen der »nationalen Revolution« sehen. Reichsjustizminister Gürtner vertritt die Auffassung, man müsse in der gegenwärtigen revolutionären Lage flexibel reagieren, ohne den Grundsatz (Anspruch des Staates auf Strafverfolgung) aufzugeben; es gehe allein darum, diesen Zustand so bald wie möglich zu beenden.

Der staatliche Strafanspruch kann gegenüber SA und SS nicht durchgesetzt werden. Auch nach der Erklärung der nationalsozialistischen Führung, die Revolution sei beendet (Juli 1933) und jede Straftat werde nun unnachsichtig verfolgt (so Göring), ändert sich nicht viel: Die SA will sich der staatlichen Autorität nicht unterwerfen, auch wenn es sich um einen nationalsozialistisch geführten Staat handelt. Die SS baut – mit Billigung Hitlers – Zug um Zug ihr eigenes Imperium aus: den Staat im Staat. Straffreiheitsgesetze neutralisieren mehrfach angestautes Konfliktpotential – die Justiz befindet sich ständig auf dem Rückzug. Gürtners Vorstellung von der Beendigung »dieses Zustandes« erweist sich als Wunschdenken: Es gibt keine Rückkehr zu einem wie auch immer strukturierten Rechtsstaat. Zwar sind vereinzelt Erfolge zu verzeichnen, aber nur wenn Spannungen innerhalb der Bewegung dies zulassen, wenn die Justiz von der einen gegen die andere Seite unterstützt wird. Insgesamt gesehen ist die Niederlage aber eindeutig: SS und SA schaffen sich ihre eigenen Gesetze. Hitler selbst hält Terror für ein unverzichtbares politisches Instrument.

Abbildung 149
Die SA hat freie Hand: Politische Gegner werden hemmungslos mißhandelt (März 1933).

Die Justiz wird ausgeschaltet

> Für die Entstehung der Konzentrationslager gibt es keinen Befehl und keine Weisung; sie wurden nicht gegründet, sie waren eines Tages da. Die SA-Führer errichteten ›ihre Lager‹, weil sie der Polizei ihre Gefangenen nicht anvertrauen wollten oder weil die Gefängnisse überfüllt waren.

Quelle: Diels, Luzifer ante Portas, Zürich, S. 190

> *Grausamkeit imponiert.* Grausamkeit und rohe Kraft. Der einfache Mann auf der Straße läßt sich nur von brutaler Kraft und Rücksichtslosigkeit imponieren. Die Frauen übrigens auch, Frauen und Kinder. Die Leute brauchen den heilsamen Schrecken. Sie wollen sich vor etwas fürchten. Sie wollen, daß man ihnen bange macht und daß sie sich jemandem schaudernd unterwerfen ... Ich verbiete, daß etwas geschieht (gegen die Übergriffe im KL Stettin). Meinetwegen soll man ein paar Leute bestrafen, damit diese deutschnationalen Esel beruhigt sind. Aber ich will nicht, daß man aus den Konzentrationslagern Pensionsanstalten macht. Der Terror ist das wirksamste politische Mittel. Ich werde mich nicht eines solchen berauben lassen, nur weil es diesen einfältigen bürgerlichen Waschlappen einfällt, daran Anstoß zu nehmen. Es ist meine Pflicht, jedes Mittel anzuwenden, um das deutsche Volk zur Härte zu erziehen und auf den Krieg vorzubereiten ... Diese sogenannten Greuel ersparen mir hunderttausende von Einzelaktionen gegen Aufsässige und Unzufriedene. Es wird sich schon jeder überlegen, etwas gegen uns zu tun, wenn er erfährt, was ihm im Lager bevorsteht.

Quelle: Rauschning, Gespräche mit Hitler, Wien 1973, S. 81 f.

Die Justiz erhält nur in wenigen Fällen konkrete Hinweise auf Straftaten in Konzentrationslagern. »Schutzhäftlinge« können keine Anzeige erstatten und keine Informationen nach draußen bringen. Gegen die Zulassung von Rechtsanwälten sperren sich Gestapo und SS erfolgreich. Wer aus dem Lager entlassen wird, schweigt meist aus Angst. Er wird unter Androhung erneuter »Schutzhaft« dazu »verpflichtet«.
Die wenigen bekannt werdenden Verbrechen in Konzentrationslagern versucht die Justiz, strafrechtlich zu verfolgen. Unglaubliche Mißhandlungen und Grausamkeiten, dubiose Selbstmorde und angebliche Fluchtversuche mit tödlichem Ausgang führen zwar zur Einleitung von Ermittlungsverfahren, aber nur in seltenen Fällen zur Aufklärung der Tat und zur Verurteilung der Täter, die spätestens dann von Hitler begnadigt werden. Die Justiz kann weder die Verbindlichkeit der Strafgesetze wiederherstellen noch eine Änderung der Verhältnisse in den Lagern erreichen.

Abbildung 150
Selbstmord eines »Schutzhäftlings«

> Rechtsanwälte Dr. K. und S. in Dresden. S. teilt mit, daß er mit der Vertretung einiger in Schutzhaft gekommener Pfarrer beauftragt sei. Oberkirchenrat i. R. M., Vater eines Verhafteten, hat seinem Sohn die Vollmacht zur Vollziehung übersenden wollen und darauf das folgende Schreiben der Kommandantur des Konzentrationslagers Sachsenburg erhalten:
> »Sachsenburg, den 25. 4. 1935.
> Tgb. Nr. 4472/35.
> Die Kommandantur des Konzentrationslagers Sachsenburg teilt Ihnen auf Ihr Schrei-

ben vom 24. 4. 35 mit, daß es laut Befehl des Politischen Polizeikommandeurs vom 28. 1. 35 – II 1 A/M – für Schutzhaft kein formelles Beschwerderecht, sohin auch keine Vertretung durch Rechtsanwälte gibt.«
S. ist der Meinung, daß die Stellungnahme mit der Auffassung des Reichsjustizministers – Jur. Wochenschrift 1935, S. 759 in Widerspruch stehe. Er bittet, zu veranlassen, daß der Lagerkommandant angewiesen wird, entsprechend den Anweisungen des Reichsjustizministers zu handeln.

Quelle: Diensttagebuch des Reichsjustizministers vom 10. 5. 1935, BA, R 22/1056

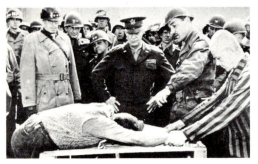

Abbildung 151
Befreite KZ-Häftlinge führen General Eisenhower die Mißhandlungsmethoden der SS im KZ Buchenwald vor.

Nur per Zufall erfährt die Justiz von Lagerordnungen, die u. a. nicht nur einen »großzügigen« Schußwaffengebrauch gestatten, sondern – neben Prügelstrafe – auch die Todesstrafe als Lagerstrafe vorsehen, so bei der Verbreitung »wahre(r) oder unwahre(r) Nachrichten« über das Leben im Konzentrationslager. Gürtners Interventionen bei Himmler bleiben ohne Erfolg.
Ein weiterer Hebel für die Bemühungen der Justiz ist § 159 StPO, der damals wie heute die öffentliche Untersuchung »nicht natürlicher Todesfälle« (z. B. Selbstmorde, auf der Flucht erschossen) sicherstellen soll. Nach einigen Konflikten zwischen Justiz und SS erreicht Himmler im Sommer 1939 die Einrichtung einer eigenen Gerichtsbarkeit für SS und Polizei. Nun steht es völlig im Belieben der SS, ob die Justiz überhaupt noch eingeschaltet wird. Der Staat im Staat ist perfekt!

Aus der Strafprozeßordnung:

§ 159. (157) Sind Anhaltspunkte dafür vorhanden, daß jemand eines nicht natürlichen Todes gestorben ist oder wird der Leichnam eines Unbekannten gefunden, so sind die Polizei- und Gemeindebehörden zur sofortigen Anzeige an die Staatsanwaltschaft oder an den Amtsrichter verpflichtet.
Die Beerdigung darf nur aufgrund einer schriftlichen Genehmigung der Staatsanwaltschaft oder des Amtsrichters erfolgen.

8. Juni 1935.
1) Meißner 7. 6. teilt mit, daß der Führer und Reichskanzler inzwischen auf ein Gesuch des früheren Ministerialdirektors N. am 10. 5. d. J. das gegen ihn und Gen. schwebende Strafverfahren niedergeschlagen habe und bittet um Mitzeichnung und weitere Veranlassung. Der Hauptverhandlungstermin gegen N. und J. am 6. 6. ist vertagt worden.
2) GenStA. Karlsruhe 6. 6. Landfriedensbruch in Kornberg. Das Vorgehen gegen Pfarrer W. entsprang einer berechtigten Empörung der Anhänger der NSDAP. Soweit einfacher Landfriedensbruch keine Bedenken gegen § 153 StPO. Schwieriger ist die Frage, wie das Verfahren gegen die des erschwerten Landfriedensbruchs überführten Teilnehmer an der Demonstration zum Abschluß gebracht werden soll.
Drei Möglichkeiten
1) sämtliche Beteiligten werden angeklagt,
2) nur die an dem erschwerten Landfriedensbruch Beteiligten werden angeklagt,
3) Niederschlagung des ganzen Verfahrens.
Reichsstatthalter von Baden wünscht Niederschlagung, GenStA. schlägt gleichfalls Niederschlagung vor. Durchführung des Verfahrens kann auch nicht im Interesse des W. liegen, da dieser hierdurch nur neue Ungelegenheiten bekommen müsse. Allerdings werde Niederschlagung in katholischen Kreisen sicherlich böses Blut machen.

3) Pol.Polizeikommandeur der Länder mit Schreiben vom 31. 5. teilt mit:

1. Schutzhäftling Willi O. am 8. 5. 35 im K.Z. Esterwegen gelegentlich eines Fluchtversuchs erschossen. Nach der dienstlichen Meldung des Lagerkommandanten hat O. während des Sandfahrens plötzlich seine Karre hingestellt und ist dem an den Sportplatz angrenzenden Walde zugelaufen. Trotz wiederholten Anrufens lief er weiter und wurde daraufhin erschossen. Übereinstimmende Zeugenaussagen von Schutzhäftlingen ergeben, daß O. bereits am Morgen ein Stück vom Platz weggelaufen war, sich hingestellt, die Arme ausgebreitet und gerufen hatte: »Erschießt mich doch.« Er sei dann auf Anruf des Postens wieder zurückgekommen. Ein Schutzhäftling gibt an, O. habe sich dann neben ihn gesetzt und gesagt: »Er könne die Arbeit nicht ausführen, sie sei ihm zu schwer, er wolle sich aufhängen.« »Als wir ihm das ausreden wollten, fragte er weiter, ob die Posten wohl schießen würden, wenn er davonliefe.« Nach der Pause lief O. plötzlich davon, stellte sich am Rande des Sportplatzes auf und rief: »Erschießt mich doch.« Als er trotz wiederholten Anrufens nicht zurückkam, schoß der Posten auf ihn. Der Schuß war tötlich.

2. Schutzhäftling R. im KZ. Esterwegen gelegentlich eines Fluchtversuchs am 3. 5. 35 erschossen. Nach einer Aussage eines SS-Mannes (F.) hat R., der an dem Tage seiner Erschießung erst im Lager eingetroffen war, sich bei der Arbeit ziemlich faul gezeigt, so daß er mehrmals verwarnt wurde, er antwortete: »Tun Sie mir den Gefallen und erschießen Sie mich, ich habe keine Lust mehr.« Er drohte dann mit Selbstmord. Am Nachmittag stellte er plötzlich seine Karre hin und lief in das freie Moor. Hierauf wurde er mit der Maschinenpistole erschossen.

1. *Selbstmord* des Schutzhäftlings K. im KZ. Dachau am 21. 5. 35 (Erhängen). Leiche vom AG. Dachau zur Beerdigung freigegeben.
2. *Selbstmord* des Schutzhäftlings Paul Sch. im KZ. Sachsenburg am 7. 5. 35 (Stich mit einem Taschenmesser in die rechte Halsseite). Leiche zur Beerdigung durch die StA. freigegeben. Lagerarzt sagt, Ursache des Selbstmordes sei Depression.
3. *Selbstmord* des Schutzhäftlings St. im KZ. Dachau am 10. 5. 35 (Erhängen). Leiche zur Beerdigung vom AG. Dachau freigegeben. St. war seit dem 25. 3. 33 in Schutzhaft. Nach einem Bericht des Lagerkommandanten war er wegen Kassiberschmuggels am 6. 5. 35 in Einzelhaft gekommen.
4. *Selbstmord* des Schutzhäftlings Franz H. im KZ. Dachau am 13. 5. 35 (Erhängen). H. war in Schutzhaft seit dem 2. 5. 34 und wurde in letzter Zeit in

Abbildung 152
»Auf der Flucht erschossen«

Einzelhaft verwahrt. Leiche zur Beerdigung vom AG. Dachau freigegeben.

4) OStA. Halle 3. 7. Mißhandlung des politischen Gefangenen U.
Gegen U. wurde ein Strafverfahren wegen Hochverrats geführt. U. weigert sich in letzter Zeit Aussagen zu machen. Er habe mit seinem Leben abgeschlossen und es sei ihm gleich, ob er infolge seiner Aussageverweigerung härter bestraft werde. Er sei bei seiner Vernehmung am 23. und 24. 3. 35 in Zeitz derart unmenschlich geschlagen worden, daß er keine Veranlassung habe, nochmals Aussage zu machen. Von den Knien bis zu den Hüften sei der ganze Körper schwarz gewesen. Er habe Selbstmord verüben wollen, sei daran aber durch die Polizei gehindert worden. Während der Mißhandlungen habe er gebeten, mit der Quälerei aufzuhören und ihn zu erschießen, worauf ihm erklärt worden sei, das sei nicht nötig, er würde sich schon von alleine aufhängen. Zum Schluß sei er von allein über den Tisch gefallen, auf dem die Mißhandlung vorgenommen worden sei. Hierauf habe ihn der vernehmende Kommissar an der Nase wieder heraufgezogen.
Der ORA. hat die Angaben des U. an die OStA. in Halle zwecks Einleitung eines Strafverfahrens gegen die verantwortlichen Beamten abgegeben. Dem Schreiben liegt ein ärztliches Attest bei »Beide Gesäßbacken stark striemig und blutunterlaufen. Am Anus fester Wehnenknoten«.

5) OLGPräs. Celle 6. 6. tritt der Beschwerde des Präsidenten des Landeskirchentages an das AG. in Uelzen bei, weil dieses den Pastor B. in einem gegen ihn laufenden Disziplinarverfahren auf Ersuchen des Landesbischofs M. vorgeladen hatte.

Der LG.Präs. hat berichtet, daß die Vorladung gemäß Art. 14 des Staatsgesetzes betr. die Kirchenverfassung der ev. luth. Kirche vom 3. 4. 34 erfolgt sei, wonach das AG. verpflichtet war, dem Rechtshilfeersuchen kirchlicher Disziplinarbehörden stattzugeben. Aus Anlaß der Bearbeitung dieses Dienstgeschäftes habe der Amtsrichter nicht zur Frage der Rechtmäßigkeit des kirchlichen Ersuchen Stellung nehmen können. Pastor B. habe sich übrigens zu seiner Vernehmung ausdrücklich bereit erklärt. Maßgebend für das Verhalten des Amtsgerichts mußte die Entscheidung des OLG Celle vom 4. 3. 35 sein (Ev. luth. Landeskirche gegen Oberlandeskirchenrat B. und Gen.), in dem das Gericht keine Einwendungen dagegen erhob, daß M. mit Duldung der Reichsregierung die tatsächliche Gewalt in der hannoverschen Landeskirche ausübt.
LG.Präs. Lüneburg bittet Verwarnung gegen die gegen das Amtsgericht erhobenen Vorwürfe einzulegen.

Quelle: Diensttagebuch des Reichsjustizministers, BA, R 22/1056

Preussische Geheime Staatspolizei
Der stellv. Chef und Inspekteur
Tgb.Nr. E 40/05104   Berlin, 6. November 1935

Bezug: Dort. Schreiben vom 16. 10. 1935 – Z.St.g 10 1294/35 –

1.) An den
Herrn Reichsminister der Justiz,
Berlin,
Wilhelmstraße.

Ich habe Ihr Schreiben vom 16. 10. sowie die Aufstellung von Todesfällen in den Konzentrationslagern gelegentlich meines Vortrages am 1. November 1935 dem Führer selbst vorgelegt.
Besondere Maßnahmen werden bei der ohnehin gewissenhaftesten Leitung der Konzentrationslager nicht als notwendig erachtet.
gez. H. Himmler

2.) An den
Herrn Preuss. Ministerpräsidenten,
Berlin W 8,
Leipziger Platz 11

mit der Bitte um Kenntnisnahme übersandt.
gez. H. Himmler.

Quelle: IfZ, MA 293, Bl. 0982

Abbildungen 153, 154
Selbstmorde im KZ

Die Justiz wird ausgeschaltet

Straftaten in Konzentrationslagern

KZ	Sachverhalt nach SS/SA		Einflußnahme auf Justiz	Ausgang des Verfahrens	Bemerkungen
		StA/Gericht			
Bredow (bei Stettin), ein SS-Lager		Mißhandlungen u. a. mit Lederpeitsche, Ochsenziemer, Peitschenstiel (25 Doppelschläge – Windstärke I – oder 50 Doppelschläge – Windstärke II.) *Außerdem:* Erpressung von »Geldspenden«	Unterstützung durch die Gestapo	Landgericht Stettin, Urteil vom 6. April 34: Die Haupttäter werden zu 13 und 5 Jahren Zuchthaus verurteilt, weitere Angeklagte zu 5 Jahren bzw. 9 und 10 Monaten Gefängnis.	1. Zur grundsätzlichen Frage der Rechtmäßigkeit der Züchtigung (= körperliche Mißhandlung) von Schutzhäftlingen ohne gesetzliche Grundlage führt das Gericht aus, diese könne sich auch aus rechtlich anerkannten Staatsnotwendigkeiten ... ergeben und auf ihr beruhen. 2. 3 der Verurteilten werden im Rahmen des »Röhmputschs« von der SS liquidiert.
Bredow		Anordnung von Mißhandlungen, Erpressungen (angeklagt werden sollte der Stettiner Polizeipräsident und SS-Oberführer Engel)	Himmler drängt auf Niederschlagung des Verfahrens.	Das Verfahren wird eingestellt.	Nach dem Krieg wird Engel zunächst zu 5 Jahren und 1 Monat Gefängnis, nach Revision zu 2 Jahren und 6 Monaten Gefängnis verurteilt.
Kemna (Wuppertal), SA-Lager		Mißhandlungen mit Gummiknüppeln, Peitschen und Stöcken, perverse Quälereien	Die Gauleitung Düsseldorf sabotiert das Verfahren; Staatssekretär Freisler hilft den Beschuldigten durch die Anweisung an die Staatsanwaltschaft, die Ermittlungsakten der Gauleitung zu überlassen, wodurch eine erhebliche Verzögerung eintritt.	Partei und SA führen ein *Partei*verfahren gegen 4 Haupttäter durch, das am 1. 4. 35 (»Aprilscherz«) mit Rücksicht »auf die außerordentlichen Verhältnisse des Jahres 1933, auf den guten Glauben der Angeschuldigten, ... und auf die Verdienste der Angeschuldigten um die Bewegung« mit Verwarnungen (!) endet. Trotz dieser Brüskierung versucht das Reichsjustizministerium, ein Strafverfahren zustande zu bringen; nach der Begnadigung der Hohnstein-Täter durch Hitler im November 35: Niederschlagung des Verfahrens.	Der ermittelnde Staatsanwalt in Wuppertal (Parteigenosse!) muß sich wegen seiner Ermittlungen vor einem Parteigericht verantworten und wird nach dem Urteil vom 1. 4. 35 abgelöst.
Esterwegen, »staatlich anerkanntes« Konzentrationslager in Händen der SS	Erschießung auf der Flucht	Ermordung	Die SS sabotiert das Verfahren, indem über den Aufenthaltsort der als Zeugen allein in Betracht kommenden SS-Bewacher keine Auskunft gegeben wird.	Einstellung	
Esterwegen (siehe oben)		schwere Mißhandlungen und Quälereien	1. Göring unterstützt die Ermittlungen. 2. Gauleiter Röver (Gau Weser/Ems) sabotiert sie.	Landgericht Osnabrück (November 1934): 15 Monate Gefängnis.	Das Verfahren wird von Hitler Ende November/Anfang Dezember 1934 offensichtlich im Zusammenhang mit Verfahren gegen das Lagerpersonal Esterwegen niedergeschlagen.

KZ	Sachverhalt nach SS/SA	StA/Gericht	Einflußnahme auf Justiz	Ausgang des Verfahrens	Bemerkungen
Hohnstein (Sachsen) SA-Lager		Mißhandlungen und Quälereien (Schläge mit Stöcken und Peitschen, Tropfapparate, Ausdrücken von Zigaretten auf der Haut von Schutzhäftlingen, Ausreißen von Bärten)	1. Unterstützung durch das geheime Staatspolizeiamt Dresden (Himmler) 2. Massive Eingriffe des Gauleiters Mutschmann (u. a. Schreiben an den Vorsitzenden des Gerichts)	Landgericht Dresden, Urteil vom 15. 5. 35 (fällt recht milde aus). Der Hauptangeklagte wird zu 6 Jahren Gefängnis verurteilt, 22 Angeklagte zu Freiheitsstrafen zwischen 10 Monaten und 3 3/4 Jahren, in 2 Fällen wird das Verfahren eingestellt.	1. Zwei Schöffen, die der NSDAP angehören, werden aus der Partei ausgestoßen. 2. Staatsanwalt (SA-Mitglied) tritt »freiwillig« aus der SA aus. 3. Gegen Gürtners Einwände begnadigt Hitler alle Angeklagten Ende November/Anfang Dezember 1935; die entscheidende Niederlage der Justiz.
Hohnstein (wie oben)		Anordnung bzw. Beteiligung an Mißhandlungen durch einen Mitarbeiter des geheimen Staatspolizeiamtes Dresden	Gauleiter Mutschmann setzt sich bei Hitler für die Niederschlagung des Verfahrens ein.	Einstellung	Hitlers Entscheidung erfolgt gegen die eindeutige Stellungnahme Gürtners.
Fuhlsbüttel (Hamburg) SA + SS		Mißhandlungen, Quälereien (Schläge mit Peitschen, Ochsenziemern, tagelange »Kreuzigungen«)	Justizsenator Rothenberger, Gauleiter Kaufmann und der Generalstaatsanwalt in Hamburg sabotieren die Ermittlungen.	Niederschlagung durch Rothenberger	1. Der ermittelnde Oberstaatsanwalt (Parteigenosse), der sich heftig gegen die Niederschlagung des Verfahrens gewehrt hatte, schaltet Parteidienststellen ein. 2. In Hamburg bestand wohl eine Absprache mit Rothenberger, daß bei »Selbstmördern« entgegen § 159 StPO die Justizbehörden nicht eingeschaltet würden.
Dachau (»staatlich anerkanntes« Konzentrationslager der SS, eingerichtet durch Himmler im März 1933)	in 2 Fällen Selbstmord, in 2 Fällen »auf der Flucht erschossen«	in 1 Fall Tod infolge von Mißhandlungen (Fettembolie), in 2 Fällen Erschießung aus nächster Nähe, im 4. Fall Erwürgen oder Erdrosseln	1. Der bayerische JM Hans Frank unterstützt die Justiz. 2. Der bayerische Innenminister Wagner (= einer der bayerischen Gauleiter) und Himmler sabotieren das Verfahren.	Einstellung der 4 Verfahren, nachdem die politische Polizei (= Gestapo in Bayern) die Akten hat verschwinden lassen.	
Dachau (wie oben)	Selbstmorde durch Erhängen	Eintritt des Todes durch Erwürgen oder Erdrosseln bzw. Fettembolie (Folge schwerer Mißhandlungen)	1. Der bayerische Justizminister Frank unterstützt die Justiz erneut. 2. Der bayerische Innenminister Wagner und Himmler beantragen die Niederschlagung der Verfahren. 3. Verzögerung der Verfahren durch Röhm und Himmler (Akten werden zurückgehalten).	Einstellung der Verfahren am 27. 9. 34	Nach dem »Röhm-Putsch«: Die ermittelnde Staatsanwaltschaft erhält die Akten und den Auftrag, gemeinsam mit der politischen Polizei in Bayern (SS!) die Ermittlungen fortzusetzen. *Aber:* Die Lagerleitung in Dachau (SS!) verweigert Auskunft und Mitarbeit.

Auszug aus dem Urteil des Landgerichts Stettin
vom 6. April 1934
zu den Vorgängen im KZ Bredow

6 K.L. 6/34.
Im Namen des Deutschen Volkes!

Strafsache
gegen
[...]
wegen Amtsverbrechens und Körperverletzung.
Die II. große Strafkammer des Landgerichts in Stettin hat in der Sitzung vom 29. März; 31. März, 3., 4. und 6. April 1934, an der teilgenommen haben:
[...]
für Recht erkannt:
Die Angeklagten werden verurteilt, und zwar:
1. Ho. wegen gefährlicher Körperverletzung in Tateinheit mit Körperverletzung im Amte in sechs Fällen, davon in zwei Fällen auch in Tateinheit mit Erpressung von Aussagen zu dreizehn Jahren Zuchthaus,
2. S. wegen gefährlicher Körperverletzung in Tateinheit mit Körperverletzung im Amte in drei Fällen zu fünf Jahren Gefängnis,
3. P. wegen gefährlicher Körperverletzung in Tateinheit mit Körperverletzung im Amte und Erpressung von Aussagen in zwei Fällen zu fünf Jahren Zuchthaus,
4. F. wegen gefährlicher Körperverletzung in sechs Fällen zu zehn Jahren Gefängnis,
5. H. wegen gefährlicher Körperverletzung in sechs Fällen zu sechs Jahren Gefängnis,
6. R. wegen gefährlicher Körperverletzung in fünf Fällen zu zwei Jahren Gefängnis,
7. T. wegen gefährlicher Körperverletzung in drei Fällen zu neun Monaten Gefängnis,
8. G. wegen Begünstigung zu 300 RM Geldstrafe, die durch die von ihm erlittene Untersuchungshaft verbüßt ist.

Den Angeklagten zu 1 bis 7 wird die erlittene Untersuchungshaft angerechnet.
Die beschlagnahmten Schlagwerkzeuge werden eingezogen. Dem Angeklagten Ho. werden die bürgerlichen Ehrenrechte auf die Dauer von fünf Jahren, P. von drei Jahren aberkannt.
Die Angeklagten haben auch die Kosten des Verfahrens zu tragen, jedoch fallen die dem Nebenkläger W. erwachsenen notwendigen Auslagen lediglich den Angeklagten F. und H., die dem Nebenkläger F. erwachsenen notwendigen Auslagen lediglich den Angeklagten Ho., S., F., H., R. und T. zur Last.

Gründe.
Der Angeklagte Ho. hat die höhere Schule in Breslau besucht und dort das Abiturientenexamen gemacht, in Berlin, Tübingen und Greifswald Rechtswissenschaft studiert und 1930 zum Dr. juris promoviert. In Greifswald schloß er sich der N.S.D.A.P. an und wurde 1931, insbesondere auf Rügen, als Redner der Partei eingesetzt. Infolge dieser Tätigkeit kam er mit dem damaligen Republikschutzgesetz in Konflikt, wurde steckbrieflich verfolgt und flüchtete nach Mittelamerika, wo er sich als Tellerwäscher, Cowboy, Zureiter und schließlich als Aufseher von Indianern in Kaffeeplantagen in Guatemala durchschlug. Nach Deutschland zurückgekehrt stellte er sich 1932 freiwillig der Polizei in Greifswald und wurde dort wegen Vergehens gegen das Republikschutzgesetz zu 100 RM Geldstrafe verurteilt.
Dann nahm er in Berlin die Stellung eines Syndikus bei einer Fleischgroßhandlung an. In Berlin gehörte er als Sturmführer der SS. dem Stabe der Gruppe Ost an, deren Führer Engel war. Als dieser im Herbst 1933 als Polizeipräsident nach Stettin kam, wurde auf seine Veranlassung der Angeklagte Ho. auf Grund des Erlasses des Preußischen Ministers des Innern vom 28. 9. 1933 mit Wirkung vom 12. 10. 1933 ab als Kriminalangestellter bei der Staatspolizeistelle (Stapo) in Stettin eingestellt.
Als solcher hatte er die Leitung der Außendienststelle III – Ad. III – der Stapo und wurde infolge dieser Tätigkeit vielfach überhaupt als Leiter der Stapo angesehen. Er bearbeitete Schutzhaftsachen, war berechtigt, die Verhängung der Schutzhaft zu verfügen und die Einlieferung der Schutzhaftgefangenen in das Konzentrationslager Bredow anzuordnen, das gleichfalls seiner Leitung und Verwaltung unterstand ...
In diesem Lager Bredow sind Schutzhaftgefangene in schwerster Weise mißhandelt worden. Diese Mißhandlungen fanden zumeist in dem sog. Bunker statt. Dieser Bunker war ein etwa 4 x 5 Meter großer im Kellergeschoß des alten Fabrikgebäudes befindlicher fensterloser und durch eine Doppeltür verschließbarer Raum. Seine äußere Tür trug – offenbar von der früheren Verwendung des Raumes her – die Aufschrift »Archiv«. Er wurde durch eine an der Decke hängende Glühbirne nur schwach erleuchtet. Der dazugehörige Lichtschalter war draußen neben der Tür angebracht. In der Mitte stand eine etwa 60 cm hohe Kiste und in der Ecke lag ein Strohsack, im übrigen war der Raum leer. In diesem Raum wurden in einer Reihe von Fällen Schutzhaftgefangenen die

sog. Windstärken verabfolgt, und zwar bedeuteten die Windstärke I = 25 und die Windstärke II = 50 Doppelhiebe mit Peitschen oder Peitschenstielen auf das entblößte Gesäß. Die Peitschen, die zum Schlagen benutzt wurden, waren dicke, mit starkem Leder bezogene Stockpeitschen oder kurze schwere Lederpeitschen, wie sie von den Fahrern der Artillerie gebraucht werden . . .
Der Angeklagte Ho. hat die ungeheure Machtfülle . . . in erschreckender Weise mißbraucht. Die Schutzhaft ist eines der Kampfmittel, vielleicht das wirksamste Kampfmittel des Staates gegen Reaktion und Bolschewismus. Das, was sich mit Wissen und Willen des Angeklagten Ho. in der »Hölle von Bredow« abgespielt hat, hat aber mit Kampf gegen Reaktion und Bolschewismus nichts mehr zu tun.

Quelle: Geh.StArch., Berlin, Rep. 90 P/11

Die Parteigerichtsbarkeit

„Wesen und Aufgabe:
Während in der Kampfzeit der Haß der anderen dafür sorgte, daß keiner zur NSDAP. stieß, der nicht von dem ehrlichen Glauben an das Ziel des Führers durchdrungen war, während damals das Bekenntnis zur Partei nur Nachteile jeder Art brachte, glaubten nach der Machtübernahme u. a. einzelne Postenjäger und Streber, daß ihnen die Parteimitgliedschaft Vorteile bringen würde, und ließen sich daher als Mitglied in die Partei aufnehmen. Die natürliche Auslese, wie wir sie insbesondere in der Kampfzeit der Bewegung vor der Machtübernahme kannten, muß nunmehr zum Teil durch eine künstliche ergänzt werden . . .
Aufgabe aller Parteigerichte ist es, nationalsozialistisches Recht zu suchen. Nationalsozialistisches Recht ist das, was dem deutschen Volk und – im engeren Rahmen – was der Bewegung dient.
[. . .]
Strafen:
Als Strafen sind vorgesehen:
1. Ausschluß aus der Partei, wenn das Parteigericht der Überzeugung ist, daß der Angeschuldigte durch sein Verhalten das Recht verwirkt hat, in der NSDAP. zu verbleiben.

2. Verwarnung, wenn das Parteigericht der Überzeugung ist, daß der Angeschuldigte durch das ihm zur Last fallende Verhalten nicht unwürdig geworden ist, in der Partei belassen zu werden. Neben der Verwarnung kann das Parteigericht als verschärfende Nebenstrafen verhängen:
a) Aberkennung der Fähigkeit zur Bekleidung eines Parteiamtes auf die Dauer von höchstens drei Jahren,
b) Aberkennung des Rechtes zum Tragen der Waffe auf die Dauer von höchstens zwölf Monaten,
c) Aberkennung der Fähigkeit zum öffentlichen Auftreten als Redner.

3. Verweis, wenn das Parteigericht der Überzeugung ist, daß das Verschulden des Angeschuldigten und die Bedeutung der ihm zur Last fallenden Handlung geringfügig sind.

4. Geld- oder Haftstrafen sind gesetzlich vorgesehen, doch hat die Parteigerichtsbarkeit von dieser Strafmöglichkeit bisher noch keinen Gebrauch gemacht.
[. . .]

Quelle: Die Organisation der NSDAP, S. 341 ff.

Die Justiz wird ausgeschaltet

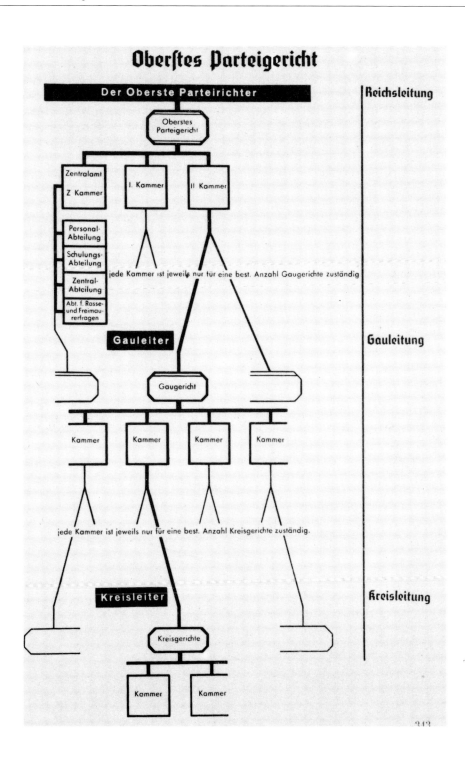

2. Der November-Pogrom

Entsprechendes gilt auch für Aktionen der Partei, wie die »Reichskristallnacht« (9. und 10. November 1938) zeigt. Die Ermittlungen führt die Gestapo in alleiniger Zuständigkeit; die Staatsanwaltschaften verlieren jede Kompetenz. Über das weitere Verfahren entscheiden allein die Parteigerichte, wobei drei Möglichkeiten bestehen: Antrag auf Niederschlagung bei Hitler, (geringfügige) Parteistrafen oder Abgabe an die ordentlichen Gerichte. Die Partei bestimmt folglich, in welchen Fällen die Strafgesetze Geltung haben sollen und in welchen nicht. An die staatlichen Gerichte kommen nicht die Morde, nicht die Brandschatzungen und auch nicht der Vandalismus, da die Parteigenossen nur »aus anständiger nationalsozialistischer Haltung und Einsatzbereitschaft über das Ziel hinausgeschossen« seien. »Unlautere Motive« – und damit Abgabe an die staatlichen Gerichte – liegen nur bei Sexualdelikten (»Rassenschande«!) und allenfalls Plündereien vor. Die Ermordung eines Deutschen jüdischer Abstammung ist eine politische Tat, aber keine Straftat. Die Rolle des Reichsjustizministeriums: Schreibdienst für die Partei; die Justizverwaltung fertigt auf Anforderung die Niederschlagungserlasse.

Abbildung 155
Nach den Ausschreitungen in der Nacht vom 9. auf den 10. November 1938 werden Juden von SS und Polizei in »Schutzhaft« abgeführt.

Die Justiz wird ausgeschaltet

Die »Bilanz« der Aktionen in der »Reichskristallnacht«

Bezugszahl:
ca. 550 000 Juden standen unter Hitlers Herrschaft

Ermordet/Todesfälle:
Mindestens 91 Juden (weitere Hunderte von Toten nach Einlieferung in Konzentrationslager)

Schwerverletzte und Selbstmorde:
36, bzw. unbekannt, darunter 2 polnische Staatsangehörige

Vergewaltigungen:
Mehrere Fälle (vom nationalsozialistischen Parteigericht als Verbrechen gewertet und den staatlichen Gerichten überstellt, da Verstoß gegen Hitlers »Nürnberger Rassen-Gesetze« von 1935)

Synagogen niedergebrannt und/oder zerstört:
Mindestens 267

Geschäfte zerstört und/oder geplündert:
7500

Jüdische Friedhöfe verwüstet:
Fast alle

Wohnhäuser in Brand gesteckt/zerstört:
Mindestens 177

Fensterscheiben eingeworfen:
Zehntausende

Glasschäden:
6 000 000 Mark (= halbe Jahresproduktion der belgischen Glasindustrie)

Sachschaden:
Mehrere hundert Millionen Reichsmark

Verhaftungen:
rund 30 000 Juden, 7 Arier, 3 Ausländer
davon verschleppt 9815 ins KZ Buchenwald, 10 911 ins KZ Dachau, 5000–10 000 ins KZ Sachsenhausen.

»Sühne«-Forderungen an Juden (»Kontribution«):
1 Milliarde Reichsmark
Beschlagnahme der Versicherungsansprüche von Juden zugunsten des Reichs und Übernahme der Kosten zur Wiederherstellung von Betrieben und Wohnungen.

Quelle: Lauber, Judenpogrom, Gerlingen 1981, S. 123 f.

Abbildung 156
Die brennende Synagoge in Baden-Baden

Abbildung 157
Ausschreitungen gegen Juden und jüdische Einrichtungen während des Novemberpogroms: Ein junger Mann kehrt zerbrochene Scheiben zusammen.

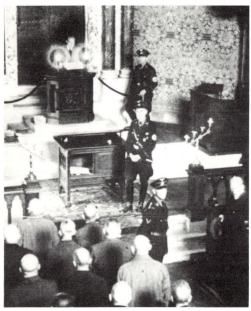

Abbildung 158
Eine Schikane besonderer Art: Dr. Arthur Flehinger, Mitglied der jüdischen Gemeinde in Baden-Baden, wird von der SS gezwungen, aus Hitlers »Mein Kampf« in der dortigen Synagoge vorzulesen.

Abbildung 159
Auf dem Marktplatz in Mosbach werden Einrichtungs- und Kultgegenstände aus der Synagoge am 10. November 1938 zu einem Scheiterhaufen aufgeschichtet.

Abbildung 160
Jüdische Häftlinge im KZ Dachau nach dem Novemberpogrom

Aus dem Protokoll des Amtsgerichts Buchen
vom 10. November 1938
(Lokaltermin im Hause der Susanna S.).
Aussagen des Adolf Heinrich F.

„[...] Ich heiße Adolf Heinrich F., bin 26 Jahre alt, ledig, Landwirt und Ortsgruppenleiter in Eberstadt.
Ich gebe zu, daß ich die in ihrem Hause hier tot vorgefundene Witwe Susanna S. geb. G. heute vormittag kurz vor 8 Uhr durch Revolverschuß getötet habe.
Ich bin heute morgen um 6 Uhr von dem Kreisleiter U. in Buchen fernmündlich angewiesen worden, eine Aktion gegen die Juden in Eberstadt durchzuführen. Der Kreisleiter erklärte mir, ich könne mit den Juden machen, was ich wolle, nur dürfe es zu keinem Hausbrand und zu keinen Plünderungen kommen. Ich habe aufgrund dieser Weisung meine politischen Leiter in Eberstadt und meine SA-Kameraden von der bevorstehenden Aktion verständigt...

Die Justiz wird ausgeschaltet

Hierauf begaben wir uns in das Haus der nunmehr getöteten Susanna S. In meiner Begleitung befanden sich der für dieses Haus zuständige Zellenleiter A. V., Landwirt in Eberstadt, der Kassenleiter C. D. in Eberstadt und der SA-Truppenführer E. F., Schreiner in Eberstadt.
Ich habe zunächst an der Haustüre geklopft. Hierauf schaute die Witwe S. zunächst durch das links neben der Haustüre liegende verschlossene Fenster. Ich habe der S. dann gesagt, sie solle die Türe öffnen. Es dauerte etwa 3–4 Minuten, bis uns von der Frau S. die Haustüre geöffnet wurde. Als mich Frau S. dann vor der Türe stehen sah, lächelte sie mich herausfordernd an, indem sie sagte: »Schon hoher Besuch heute morgen.« Ich habe darauf nichts erwidert. Frau S. drehte sich um und ging in ihr Zimmer. Ich bin ihr auf dem Fuß gefolgt bis zur Türschwelle. Ich habe nun die S. aufgefordert, sich einmal anzuziehen. Sie ist zunächst aber nur im Zimmer herumgelaufen und hat meine Aufforderung lächelnd abgelehnt. Nach etwa 2 Minuten hat sie sich in die Mitte des rechts neben der Eingangstür zum Wohnzimmer stehenden Sofas gesetzt, worauf ich sie frug, ob sie sich nicht anziehen und meiner Aufforderung nicht Folge leisten wolle. Die S. sagte mir darauf, sie ziehe sich nicht an und gehe auch nicht mit uns, wir könnten machen, was wir wollten. Wir haben nämlich beabsichtigt, die S. mit ins Rathaus zu nehmen, wohin wir sie aber mitnehmen wollten, haben wir der Getöteten nicht gesagt.

Die S. hat nun erklärt, wenn wir was von ihr wollten, sollten wir die Gendarmerie holen. Dabei hat sie aber wiederholt betont, daß sie sich nicht anziehe und nicht mitgehe. Ich habe ihr hierauf erklärt: »Ich sage Ihnen jetzt, ziehen Sie sich jetzt an und gehen Sie mit.« Sie hat darauf wieder erklärt: »Ich gehe nicht aus meinem Haus heraus, ich bin eine alte Frau.« Hierauf sagte ich ihr, mir sei bekannt, daß sie noch jeden Tag im Dorf herumlaufe und in ihren Krautgarten gehe. Ihre Weigerung, das Haus zu verlassen, sei unbegründet.

Ich habe nunmehr meine Dienstpistole aus der rechten Hosentasche genommen. Die Pistolentasche hatte ich dem Propagandaleiter N. O., hier, ausgehändigt, bevor wir in das Haus der St. ge-

Abbildung 161
Die Ermordung der Susanna S.

gangen sind. Von diesem Zeitpunkt ab trug ich die Pistole in der Hosentasche. Ich wollte nicht am frühen Morgen mit der Pistolentasche am Koppel herumlaufen und wollte jedes Aufsehen vermeiden. Insbesondere wollte ich auch nicht mit der umgeschnallten Pistolentasche zu Juden hingehen.

Nachdem ich die gesicherte Dienstpistole aus der Hosentasche genommen habe, habe ich die Frau noch 5–6 Mal aufgefordert, aufzustehen und sich anzuziehen. Darauf hat mir die S. laut und frech und höhnisch ins Gesicht geschrien, ich stehe nicht auf und ziehe mich nicht an, machen Sie mit mir was sie wollen. In dem Augenblick, als die Frau S. rief, machen Sie mit mir was sie wollen, habe ich den Sicherungsflügel der Pistole herumgedrückt und den ersten Schuß auf die Frau S. abgegeben.

Bei der Abgabe des ersten Schusses stand ich ungefähr 10 cm von der Türschwelle entfernt. Ich habe die Pistole nach der Brust der Getöteten zielend gerichtet. Auf den ersten Schuß ist die S. auf dem Sofa in sich zusammengesunken. Sie hat sich nach rückwärts gelehnt und mit beiden Händen an die Brust gegriffen. Ich habe nun unmittelbar danach den zweiten Schuß auf sie abgegeben, und zwar diesmal nach dem Kopf zielend. Die S. ist darauf von dem Sofa gerutscht und hat sich dabei gedreht. Sie lag alsdann unmittelbar vor dem Sofa, und zwar den Kopf nach links, den Fenstern zugewandt. In diesem Augenblick hat die S. noch Lebenszeichen von sich gegeben. Sie hat in kurzen Abständen geröchelt und wieder ausgesetzt. Geschrien und gesprochen hat die S. nicht.

Mein Kamerad C. D. hat nun den Kopf der vor dem Sofa liegenden S. gedreht, um nachzuschauen, wo der Schuß getroffen hat . . .

Damit ich aber ganz sicher war, daß die S. tot ist, habe ich auf die Daliegende in einer Entfernung von ungefähr 10 cm einen Schuß in die Mitte der Stirn abgefeuert.

Quelle: Akten der Staatsanwaltschaft Mosbach, Js 4558/46

Aus der Meldung der Gendarmerie-Abteilung Buchen vom 10. November 1938

. . . »Bei dem Beschuldigten handelt es sich um einen anständigen und arbeitsamen Burschen, der einen soliden Lebenswandel und einen guten Ruf in der Gemeinde genießt. Er ist der Sohn achtbarer Eltern, über die nach Angaben des Ratschreibers F. nur Gutes zu berichten ist. Vorstrafen sind keine bekannt.
Bei der Jüdin S. handelt es sich um eine vorlaute und als bekannt freche Jüdin. Es erscheint absolut glaubhaft, daß sie dem Ansuchen des Ortsgruppenleiters F., mitzukommen, in echt jüdischer Weise äußerst frech entgegengetreten ist . . .«

Einstellung des Verfahrens
Erlaß des Reichsministers der Justiz – III g 10 b – 286/399 – durch den Generalstaatsanwalt in Karlsruhe an den Oberstaatsanwalt in Mosbach vom 10. Oktober 1940 betr. Strafsache gegen F. Staatsanwaltschaft Mosbach: 1 Js 4558/46 Vermerk des Generalstaatsanwalts in Karlsruhe vom 16. Oktober 1940:
»Die Kriminalpolizeileitstelle Karlsruhe und die Staatspolizeistelle Karlsruhe habe ich entsprechend verständigt.«
Das Verfahren ist durch Erlaß des Reichsministers der Justiz – III g 10 b 1621/38 g – vom 2. Oktober 1940 niedergeschlagen.

Im Auftrag Dr. J.

Quelle: Akten der Staatsanwaltschaft Mosbach, Js 4558/46

4. Themenkreis: »Euthanasie« – Die Ermordung kranker Menschen

Unter der irreführenden Bezeichnung Euthanasie werden in der NS-Zeit Tausende pflegebedürftiger Menschen, insbesondere geistig Behinderte, ermordet. Ziel: Vernichtung von »lebensunwertem Leben«, von »Ballastexistenzen«, von »nutzlosen Essern«, die die Entwicklung des Volkes nur hemmen. Die Vernichtungsmaßnahmen haben ihren Schwerpunkt in den ersten Kriegsjahren bei größter Geheimhaltung.
Trotz aller Tarnung: Die Angehörigen der Opfer lassen sich nicht täuschen. Den Organisatoren unterlaufen peinlich makabre Fehler, in der Bevölkerung entstehen Gerüchte, es wächst die Beunruhigung, Beschwerden erreichen die Justiz, und die Kirchen werden aktiv. Als Hitler schließlich im August 1941 die Aktion abbrechen läßt, haben im Altreich zwischen 60 000 und 80 000 Menschen den Tod gefunden – die Vernichtungen in den eroberten Gebieten gehen weiter.

Die Rolle der Justiz?
In den ersten Wochen und Monaten – mit der systematischen Vernichtung wird etwa im Januar 1940 begonnen – funktioniert die Geheimhaltung noch. Im Juli 1940 erreichen erste Informationen das Reichsjustizministerium. Ein Vormundschaftsrichter aus Brandenburg/Havel, Lothar Kreyssig, schildert den ihm bekannten Sachverhalt dem Reichsjustizminister. Kurz darauf berichten die Pastoren Braunen und von Bodelschwingh von der Inneren Mission, die zahlreiche Pflegeanstalten betreibt, umfassend und eingehend über die angelaufene Aktion. Gürtners

Franz Gürtner

26. 8. 1881
  in Regensburg als Sohn eines Lokomotivführers geboren
Herbst 1891
  Eintritt in das humanistische Königlich-Neue Gymnasium Regensburg
Sommer 1900
  Reifeprüfung
Herbst 1900
  Immatrikulation an der Juristischen Fakultät der Universität München
Sommer 1904
  Universitätsabschlußexamen
  Die nachfolgende dreijährige Rechtspraktikantenzeit (unter anderem in Münchener Rechtsanwaltskanzlei) wird ab
Oktober 1904
  vom Dienst als Einjährig-Freiwilliger beim 11. Infanterieregiment »von der Tann« in Regensburg unterbrochen.
11. 2. 1908
  Leutnant der Reserve
Herbst 1908
  Staatskonkurs (2. juristische Staatsprüfung) mit sehr guten Leistungen
Januar bis Juni 1909
  Syndikus beim Bayerischen Brauverein
1. 10. 1909
  III. Staatsanwalt bei Landgericht München I unter besonderer Verwendung im Justizministerium
Anfang 1912
  Ernennung zum Amtsrichter
1914
  Teilnahme am 1. Weltkrieg
  Auszeichnung mit dem Eisernen Kreuz zweiter Klasse und dem bayerischen Militärverdienstorden 4. Klasse mit Schwertern
1915
  Gerichtsoffizier beim 11. Infanterieregiment
1916
  Stellvertretender Kriegsgerichtsrat der 6. Infanteriedivision; Auszeichnung mit dem Eisernen Kreuz erster Klasse
Anfang 1917
  Beförderung zum Hauptmann der Reserve
  Versetzung nach Palästina
1918
  Auszeichnung mit dem Türkischen Eisernen Halbmond; Auszeichnung mit dem Ritterkreuz des Hausordens von Hohenzollern; Kommandeur des Infanteriebataillons 702
1919
  Entlassung aus dem Militärdienst

15. 4. 1919
: Zweiter Staatsanwalt beim Landgericht in München I

April bis Juni 1920
: Bildungsurlaub: Bankpraxis bei der Bayerischen Vereinsbank in München

7. 7. 1920
: Heirat mit Luise Stoffel

1. 8. 1920
: Rückkehr ins Justizministerium

4. 8. 1922
: Ernennung zum Bayerischen Justizminister

September 1922
: Mitglied der Bayerischen Mittelpartei

Juni 1924
: Bayerischer Justizminister im Kabinett Held

Juni 1928
: Bayerischer Justizminister im zweiten Kabinett Held

12. 5. 1932
: Verleihung der Ehrendoktorwürde der Rechts- und Staatswissenschaftlichen Fakultät der Julius-Maximilians-Universität Würzburg

1. 6. 1932
: Reichsjustizminister im Kabinett Papen

3. 12. 1932
: Reichsjustizminister im Kabinett Schleicher

1. 2. 1933
: Reichsjustizminister im Kabinett Hitler

6. 5. 1933
: Vorsitzender der Strafrechtserneuerungskommission

30. 1. 1937
: Gürtner erhält das Goldene Ehrenzeichen der NSDAP und wird damit praktisch in die Partei eingezogen.

29. 1. 1941
: in Berlin verstorben

1. 2. 1941
: Staatsakt in der Neuen Reichskanzlei

3. 2. 1941
: Beisetzung Gürtners in seiner bayerischen Heimat

Abbildung 162
Philipp Bouhler, Reichsleiter der NSDAP, von Hitler persönlich mit der Durchführung des Euthanasie-Programms beauftragt.

Überzeugung zu diesem Zeitpunkt: Das ist Mord! Seine Forderung: gesetzliche Regelung oder Einstellung der Aktionen. Statt dessen erhält er eine Kopie des Ermächtigungsschreibens Hitlers an Bouhler und Brandt, die Organisatoren der Euthanasie-Aktion. Diesen ungewöhnlichen »Erlaß« sieht der Reichsjustizminister als Gesetzesbefehl des Füh-

Abbildung 163
Professor Karl Brandt, Begleitarzt und zweiter Euthanasie-Beauftragter Hitlers

Die Euthanasie-Ermächtigung Hitlers

Adolf Hitler   Berlin, den 1. September 1939

Reichsleiter Bouhler und Dr. med Brandt sind unter Verantwortung beauftragt, die Befugnisse namentlich zu bestimmender Ärzte so zu erweitern, daß nach menschlichem Ermessen unheilbar Kranken bei kritischster Beurteilung ihres Krankheitszustandes der Gnadentod gewährt werden kann.

gez. Adolf Hitler

Quelle: Nürnb. Dok. NO-824

rers an: Das Strafgesetzbuch ist partiell außer Kraft gesetzt.
Gürtner versucht lediglich, den Schaden für die Justiz zu begrenzen. Ausführungsbestimmungen zu dem »Erlaß«, die die formalen Abläufe regeln könnten (Personenstandsrecht, Strafrecht, Erbrecht), sollen geschaffen werden, damit das Ordnungsgefüge der staatlichen Justiz nicht unnötig von den außergesetzlichen Aktionen der Staatspartei beeinträchtigt wird. Reichsleiter Bouhler lehnt ab.

Brief des Vormundschaftsrichters Dr. Lothar Kreyssig an den Reichsjustizminister
vom 8. Juli 1940

An den
Herrn Minister der Justiz
Berlin   Brandenburg/Havel, 8. Juli 1940

Als Vormundschaftsrichter in Brandenburg/Havel berichte ich folgendes:
Vor etwa zwei Wochen wurde mir von einem Bekannten berichtet, es werde erzählt, daß neuerdings zahlreiche geisteskranke Insassen von Heil- und Pflegeanstalten durch die SS nach Süddeutschland gebracht und dort in einer Anstalt vom Leben zum Tode gebracht würden. Im Ablauf von etwa zwei Monaten bis heute habe ich mehrere Aktenstücke vorgelegt bekommen, in welchen Vormünder und Pfleger von Geisteskranken berichten, daß sie von einer Anstalt in Hartheim/Oberdonau die Nachricht erhalten hätten, ihr Pflegling sei dort verstorben. Die verwahrende Anstalt habe von »einem Kriegskommissar« oder vom »Kriegsminister« die Anweisung erhalten, den Kranken zur Verlegung in eine andere Anstalt herauszugeben, den Angehörigen aber nichts mitzuteilen. Diese würden von der aufnehmenden Anstalt benachrichtigt werden. Hierin stimmen fast alle Berichte überein. In der Angabe des Leidens, dem der Kranke in Hartheim erlegen sei, weichen sie voneinander durchaus ab. Auch ist der Inhalt der an die Angehörigen oder gesetzlichen Vertreter gegebenen Nachrichten verschieden ausführlich. Alle stimmen dagegen wieder in der Bemerkung überein, daß wegen der im Kriege herrschenden Seuchengefahr der Verstorbene sofort habe eingeäschert werden müssen. In einem Falle handelt es sich um einen wegen Geistesschwäche entmündigten Querulanten, der mehrfach bestraft war. In einem anderen Falle war der Kranke auf Kosten von Verwandten untergebracht. Hier hat der Bruder des Verstorbenen das ihm gesandte Schreiben beigefügt. Es enthält den Satz, daß es aller ärztlichen Kunst nicht gelungen sei, den Kranken am Leben zu erhalten.
Nach anderen Akten sind Anzeichen vorhanden, daß auf ähnliche Weise Kranke auch in sonstige Anstalten verbracht und dort gestorben sind.
Es ist mir kaum mehr zweifelhaft, daß die schubweise aus den Unterbringungsorten abtransportierten Kranken in der genannten Anstalt getötet worden sind. Trifft es zu, so ist zu vermuten, daß es weiterhin geschieht. Ich möchte auch nicht durch eigene Erörterungen vorgreifen. Ich berichte daher, obwohl ich bisher nur Beweisanzeichen habe...
Die Anstalt Hartheim nennt in jedem Bericht eine natürliche Todesursache, in dem einen Fall mit dem Zusatz, daß alle ärztliche Kunst nicht vermocht habe, den Kranken am Leben zu erhalten. Jeder aber weiß wie ich, daß die Tötung Geisteskranker demnächst als eine alltägliche Wirklichkeit ebenso bekannt sein wird, wie etwa die Existenz der Konzentrationslager. Das kann gar nicht anders sein.
Recht ist, was dem Volke nützt. Im Namen dieser furchtbaren, von allen Hütern des Rechtes in Deutschland noch immer unwidersprochenen Lehre sind ganze Gebiete des Gemeinschaftslebens vom Rechte ausgenommen, vollkommen z.B. die Konzentrationslager, vollkommen nun auch die Heil- und Pflegeanstalten. Was beides in der Wirkung aufeinander bedeutet, wird man abwarten müssen. Denn der Gedanke drängt sich auf, ob es denn gerecht sei, die in ihrem Irrsinn unschuldigen Volksschädlinge zu Tode zu bringen, die hartnäckig-boshaften aber mit großen Kosten zu verwahren und zu füttern.
Das bürgerliche Recht besagt nichts darüber, daß es der Genehmigung des Vormundschaftsrichters

bedürfe, wenn ein unter Vormundschaft oder Pflegschaft und damit unter seiner richterlichen Obhut stehender Geisteskranker ohne Gesetz und Rechtsspruch vom Leben zum Tode gebracht werden solle. Trotzdem glaube ich, daß »der Obervormund«, wie die volksverbundene Sprechweise den Vormundschaftsrichter nennt, unzweifelhaft die richterliche Pflicht hat, für das Recht einzutreten. Das will ich tun. Mir scheint auch, daß mir das niemand abnehmen kann. Zuvor ist es aber meine Pflicht, mir Aufklärung und Rat bei meiner vorgesetzten Dienstbehörde zu holen. Darum bitte ich.

gez. Kreyssig,
Amtsgerichtsrat.

Quelle: Klee, Dokumente zur »Euthanasie«, Frankfurt 1985, S. 201 ff.

Kreyssig erhält aus dem Reichsjustizministerium keine befriedigende Antwort. Er untersagt daraufhin den Pflegeanstalten die Verlegung von Kranken, die seiner Obhut unterstehen, ohne seine Zustimmung. Gürtner bestellt Kreyssig zu einem persönlichen Gespräch in das Reichsjustizministerium. Er zeigt Kreyssig die Kopie des Ermächtigungsschreibens Hitlers an Bouhler und Brandt und fordert ihn auf, seine Anweisung zurückzunehmen. Kreyssig lehnt ab und wird daraufhin mit Bezügen in den Ruhestand versetzt.

Dozent Dr. med. habil.   Görden,
Hans H.   den 13. Nov. 1940
Direktor der Landesanstalt
Görden-Brandenburg (Havel)

Herrn
Oberdienstleiter Viktor Brack
Berlin
Voßstr. 4

Dienstliche Äußerung
Der Vormundschaftsrichter beim Amtsgericht Brandenburg/Havel, Amtsgerichtsrat Kreyssig, hat mich am 20. 8. 1940, mittags, in der Landesanstalt Görden aufgesucht. Er hat mir eröffnet, daß er Verlegungen von Kranken, die seiner richterlichen Vormundschaft unterstehen, in andere Anstalten in Zukunft nicht mehr gestatten würde. Er behauptete, Tausende von Geisteskranken wären nach solchen Verlegungen ohne jede rechtliche Grundlage beseitigt worden. Diese Kranken seien entweder vergast worden oder durch Injektionen getötet worden. Er sei durch zahlreiche Einzelfälle, die er gesammelt hätte, über die Aktion unterrichtet. Mitbeteiligt sei eine Krankentransport-Gesellschaft, die die Verlegung der Kranken durchführe. Die Auswahl der Kranken würde völlig willkürlich getroffen. Er wisse z. B., daß Kranke im Arbeitskleid mitten aus ihrer Anstaltsarbeit heraus abtransportiert worden seien. Er hätte Grund zu der Annahme, daß auch die Landesanstalt Görden an dieser Aktion mitbeteiligt sei.
Aus allen diesen Gründen hätte er bei dem Herrn Generalstaatsanwalt Anzeige wegen Mordes gegen Unbekannt erstattet. Außerdem aber hätte er diese Angelegenheit mit Staatssekretär Freisler verhandelt und dabei erfahren, daß dieser Aktion jede legale Grundlage fehle. Sie sei vielmehr zurzeit so verfahren, daß man nur noch zwischen gänzlichem Abblasen oder Legalisierung schwanke. Die Aktion sei anscheinend ausgelöst worden auf Grund einer unrichtig verstandenen Bemerkung des Führers zu diesen Problemen, die von irgendeinem Herren der Reichsleitung zum Anlaß ihrer Durchführung benutzt worden wäre. Er, Kreyssig, wisse aber, daß erhebliche Meinungsverschiedenheiten über diese Angelegenheit, z. B. zwischen Reichsleiter Bouhler und Staatssekretär Freisler bestünden. Auch über den Widerstand bestimmter konfessioneller Kreise gegen diese angeblich illegale Aktion war K. vollkommen unterrichtet.
K. wollte ferner wissen, daß den Angehörigen der beseitigten Geisteskranken offensichtlich falsche Todesursachen mitgeteilt würden. Er gab weiter an, in einer polnischen Anstalt hätte man die geisteskranken Insassen 3 Tage lang hungern lassen. Man hätte dann die ausgebrochene Hungerrevolte zum Anlaß genommen, die Kranken zu dezimieren. In einem anderen Fall hätte sich ein Geisteskranker der Erledigung widersetzt. Man sei gezwungen gewesen, den Widerstrebenden zu erschießen, hätte aber dabei gleichzeitig und versehentlich eine Krankenschwester mitgeschossen. In einem dritten Falle sei ein mit zu verlegenden Geisteskranken besetzter Autobus mit einem anderen Kraftwagen zusammen gefahren. Es hätte Tote und Schwerverletzte gegeben. Die richterlichen Folgen dieses Unfalls seien noch gar nicht abzusehen.
Heil Hitler!
gez. H.

Quelle: Personalakte Kreyssig, BA

Geheim!
Herr AGRat Kreyssig aus Brandenburg hat zu dem Thema Heil- und Pflegeanstalten mehrmals im RJM vorgesprochen. Er wurde zunächst von Herrn StSekr. Dr. Freisler und später auch von Herrn Minister empfangen.
AGRat Kreyssig teilte bei einer dieser Besprechungen mit, daß er den Vorständen verschiedener Heil- und Pflegeanstalten seines Bezirks die Weisung erteilt habe, vor einer Verlegung von Insassen, die seiner Obhut unterstehen, seine Zustimmung einzuholen. Der Oberpräsident der Provinz Brandenburg hat darauf AGRat Kreyssig aufgefordert, diese Anweisung zurückzunehmen mit dem Bemerken, daß es seiner richterlichen Zustimmung zur Verlegung der Insassen von Heil- und Pflegeanstalten nicht bedarf.
AGRat Kreyssig ist daraufhin über den Sachverhalt von Herrn Minister mündlich unterrichtet worden. In dieser Besprechung hat Herr Minister AGRat Kreyssig darauf hingewiesen, daß es in der Tat der Zustimmung des Vormundschaftsrichters zur Verlegung der Anstaltsinsassen nicht bedürfe. Kreyssig wurde anheimgegeben, nunmehr seine Anordnung aufzuheben und diese Aufhebung etwa so zu begründen, daß er sich nach Unterrichtung über den Sachverhalt davon überzeugt habe, daß die Zustimmung des Vormundschaftsrichters zur Verlegung seiner Pfleglinge nicht erforderlich sei, daß er aber darum bitte, die Anstaltsleiter anzuweisen, die Vormundschaftsgerichte von der erfolgten Verlegung der Pfleglinge zu unterrichten, da der Vormundschaftsrichter über den Aufenthalt seiner Pflegebefohlenen unterrichtet sein müsse.
Kreyssig teilte am Mittwoch, dem 27. 11. mit, daß er sich aus Gewissensgründen nicht in der Lage sehe, seine Anordnung an die Anstaltsleiter aufzuheben. Er sei der Auffassung, daß ohne seine Zustimmung keiner seiner Pflegebefohlenen in eine andere Anstalt verlegt werden dürfe. Er sehe sich daher veranlaßt, seine Zurruhesetzung nachzusuchen. Am 30. 11. teilte Kreyssig mit, daß er beabsichtige, sein Zurruhesetzungsgesuch wie folgt zu begründen:
»Die mir in der Unterredung vom 13. 11. von Herrn Minister eröffneten Tatsachen können mich nicht davon überzeugen, daß die an den Insassen von Heil- und Pflegeanstalten vollzogenen Maßnahmen rechtmäßig seien. Ich vermag daher meine Anweisung an die Leiter der Anstalten, ohne meine Zustimmung keinen meiner vormundschaftsrichterlichen Obhut unterstehenden Insassen zum Abtransport auszuliefern, nicht zu widerrufen. Darum und im Hinblick auf den von mir ge-

leisteten Eid bitte ich, mich unter Gewährung der gesetzlichen Bezüge in den Ruhestand zu versetzen.
Die Forderung des Oberpräsidenten, die genannte Anweisung zu widerrufen, ist seit dem ... (Datum war Herrn Kreyssig im Augenblick nicht bekannt) unbeantwortet. Ich bitte daher, mich alsbald zu beurlauben.«
AGRat Kreyssig bittet um Mitteilung, ob er diese Begründung für die Einreichung des Pensionierungsgesuchs wählen könne. Ich habe ihm einen weiteren Bescheid zugesagt.

Berlin, den 2. Dezember 1940
Unterschrift

Quelle: Personalakte Kreyssig, BA

Auch im Mathematikbuch wird mit erbkranken Größen gerechnet

„Nach vorsichtigen Schätzungen sind in Deutschland 300 000 Geisteskranke, Epileptiker usw. in Anstaltspflege. Was kosten diese jährlich bei einem Satz von 4 RM? – Wieviel Ehestandsdarlehen zu je 1000 RM könnten ... von diesem Geld jährlich ausgegeben werden?« Oder: »Der Bau einer Irrenanstalt erforderte 6 Mill. RM. Wieviel Siedlungshäuser zu je 1500 RM hätte man dafür bauen können?"

Quelle: Klee, »Euthanasie« im NS-Staat, Frankfurt 1983, S. 53

Nach Gürtners Tod, Ende Januar 1941, lädt der mit der Geschäftsführung des Ministeriums beauftragte Staatssekretär Dr. Schlegelberger die OLG-Präsidenten und Generalstaatsanwälte zu einer Tagung mit »Vorträge(n) über eine für die Justiz besonders wichtige Frage« nach Berlin ein. Am 22. April 1941 werden die Spitzen der deutschen Justiz von hochrangigen Mitarbeitern der Euthanasie-Aktion über die juristischen, organisatorischen und medizinischen Aspekte der Vernichtung »lebensunwerten Lebens« informiert. Sie werden angewiesen, Strafanzeigen unbearbeitet dem Reichsjustizministerium vorzulegen. Über den Verlauf der Tagung geben die Aussagen verschiedener Teilnehmer nach dem Kriege Auskunft.

Lebenslauf Schlegelberger
23. 10. 1876
   in Königsberg in einer ev. Familie geboren. Vater Kaufmann
1885
   Besuch des Altstädtischen Gymnasiums in Königsberg
12. 2. 1894
   Ablegung der Reifeprüfung
April 1894 bis Juni 1897
   Jurastudium in Königsberg und Berlin
1. 6. 1897
   Referendarexamen in Königsberg
1. 7. 1897
   Ernennung zum Referendar
1899
   Promotion zum Dr. jur.
9. 12. 1901
   Assessorexamen mit »Gut« in Berlin und Ernennung zum Gerichtsassessor in Königsberg
14. 5. 1902
   Heirat mit Olga Kloht. Aus der Ehe gehen zwei Kinder hervor.
1. 10. 1904
   Landrichter in Lyck
1. 5. 1908
   Richter am Landgericht Berlin I
1. 10. 1909
   Hilfsrichter am Kammergericht Berlin
17. 7. 1914
   Ernennung zum Kammergerichtsrat
1. 4. 1918
   Ernennung zum Geheimen Regierungsrat und zum Vortragenden Rat im Reichsjustizamt
1919/1920
   Delegierter auf der Oberschlesien-Konferenz (Verhandlungen mit Polen über Schlesien)
28. 6. 1920
   Ernennung zum Ministerialrat

1921–1931
   Leiter der Handels- und Wirtschaftsrechtlichen Abteilung im Reichsjustizministerium
1922
   Honorarprofessor an der Juristischen Fakultät der Universität Berlin (Nebentätigkeit)
15. 12. 1926
   Verleihung des Dr. rer. pol. h. c. durch die Universität Königsberg
1. 4. 1927
   Ernennung zum Ministerialdirektor
11. 10. 1931
   Ernennung zum Staatssekretär im Reichsjustizministerium
28. 8. 1934
   Schlegelberger schwört den Eid auf Hitler.
10. 1. 1938
   Beitritt zur NSDAP unter der Mitgliedsnummer 5.501.057
29. 1. 1941 bis 20. 8. 1942
   Nach dem Tode des Reichsjustizministers Gürtner wird Schlegelberger mit der Führung der Geschäfte des Reichsministers beauftragt.
1. 12. 1942
   Auf eigenen Antrag in den Ruhestand versetzt
4. 12. 1947
   Im Nürnberger Juristenprozeß zu lebenslanger Haft verurteilt
1950
   Wegen Krankheit vorläufig aus der Haft entlassen
1951
   Endgültige Haftentlassung
   Schlegelberger wird nun sehr intensiv literarisch tätig. Er greift die Arbeit an vielen in seiner nationalsozialistischen Zeit begonnenen Büchern auf und gibt neue Auflagen heraus.
14. 12. 1970
   Schlegelberger stirbt in Flensburg.

Dr. Friedrich Jung (Jahrgang 1890), Dezember 1931 in die NSDAP eingetreten, ab dem 16. November 1933 Generalstaatsanwalt beim Reichskammergericht Berlin, ab dem 1. Januar 1943 OLG-Präsident in Breslau (zugleich Gauführer beim NS-Rechtswahrerbund), erinnerte sich:

>> Eine Diskussion nach den Vorträgen fand nicht statt. Es herrschte bei den Teilnehmern ein eisiges Schweigen, das einer Ablehnung gleichkam. **"**

Quelle: Klee, Was sie taten – Was sie wurden, Frankfurt 1986, S. 250

Der zu dieser Zeit 61jährige Präsident des Stuttgarter Oberlandesgerichts, Dr. Otto Künstner, erinnerte sich im November 1947, bei der Berliner Tagung sei »eine Diskussion ausgeschlossen« gewesen. 20 Jahre später erklärte er sein schlechtes Erinnerungsvermögen:

>> Schon zur Zeit der fraglichen Besprechung war mein Gehör auf dem einen Ohr wesentlich schlechter als auf dem anderen . . . Bei früheren Besprechungen im Saal des Reichsjustizministeriums hatte sich diese Behinderung kaum gezeigt. Hier im »Haus der Flieger« merkte ich nach der Eröffnung der Besprechung, daß ich das Gesprochene nur unvollständig verstand. Ich hatte nicht daran gedacht und saß zu weit vom Rednerpult entfernt auf der »falschen« Seite . . . Von Anfang an war ich der Überzeugung, daß die Euthanasieangelegenheit mich als Oberlandesgerichtspräsident dienstlich nicht berühre. **"**

Quelle: Klee, Was sie taten – Was sie wurden, Frankfurt 1986, S. 249

Werner Heyde, bis Ende 1941 medizinischer Leiter der Krankenmorde, hatte bereits in seiner ersten Vernehmung im Februar 1947 von dem Berliner Juristentreffen berichtet:

>> Diese Tagung war durchaus kein reiner Befehlsempfang; es wurden vielmehr eine ganze Reihe von Fragen erörtert und zur Diskussion gestellt. Auch in diesem Kreise wurde klar ausgesprochen, daß der Wille des Führers Gesetz sei. Keiner der anwesenden hohen Justizbeamten hat auch nur mit einem Worte oder einer Miene die Rechtmäßigkeit des Unternehmens als solche angezweifelt . . . Die Herren haben sich dann auf dieser Basis an der Besprechung technischer Fragen beteiligt. So erinnere ich mich z. B., daß die Frage der Standesämter angeschnitten wurde. **"**

Heyde steht mit seiner Darstellung 1947 nicht allein. Fast zur gleichen Zeit – im Februar – sagt nämlich in Nürnberg der frühere Ministerialrat im Reichsjustizministerium Dr. Wilhelm von Ammon vor den Amerikanern aus: Er habe an der Berliner Tagung »nur als Zuhörer« teilgenommen und »ganz hinten« gesessen. Er sei entsetzt gewesen. Es seien Fotografien von nackten Geisteskranken herumgezeigt worden, die »sorgfältig ausgewählt waren. Man sollte durch diese Bilder den Eindruck bekommen, sie waren es wert, daß sie beseitigt wurden.« Man habe ja – so Ammon – über die Sache reden können, »wenn, wie beim Erbgesundheitsgesetz«, genaue Vorschriften vorhanden gewesen wären: »Damals hatte ich nicht den Eindruck, daß die gesetzliche Sicherheit gegeben ist.« Es war sogar nach der Tötungsart gefragt worden: »Wenn ich mich nicht täusche, hat Schlegelberger am Schluß des Vortrages von Brack diese Frage an ihn gestellt und Brack hat Schlegelberger geantwortet, durch Gas.« Mehr als zwei Jahrzehnte später hat Ammon diese Aussage sogar noch etwas präzisiert.

Quelle: Klee, Was sie taten – Was sie wurden, Frankfurt 1986, S. 248 f.

5. Themenkreis: »Die innere Front« – Strafjustiz im Krieg

Während des Dritten Reiches werden von den zivilen Strafgerichten etwa 16 000 Todesurteile verhängt und mehr als drei Viertel hiervon vollstreckt; hinzu kommen mindestens 25 000 Todesurteile der Kriegsgerichte. Im Vergleich dazu: In der Zeit von 1907 bis 1932 werden in Deutschland insgesamt 1547 Angeklagte zum Tode verurteilt; in 393 Fällen kommt es zur Vollstreckung. Diese Zahlen umfassen die Urteile aus dem Ersten Weltkrieg ebenso wie diejenigen Entscheidungen, die in den Wirren der ersten Jahre der Weimarer Republik (1919 bis 1923) ergangen sind. Im Italien Mussolinis, das 1931 die Todesstrafe wieder eingeführt hat, werden insgesamt 156 Todesurteile verhängt und 88 vollstreckt.

Von den Todesurteilen der ordentlichen Gerichtsbarkeit stammen rund 15 000 aus den Kriegsjahren 1940 bis 1945. Ihre Basis sind Gesetze mit weiten Tatbeständen, auslegungsfähigen Formulierungen und hohen Strafandrohungen. Die als strafbar angesehene Handlung steht oftmals in keinem nachvollziehbaren Verhältnis zur verhängten Strafe – selbst wenn man wegen der Bedingungen im Krieg eine schärfere Rechtsprechung für unvermeidlich hält.

Die Todesurteile werden in ihrer Mehrzahl von den Sondergerichten und dem Volksgerichtshof verhängt. Entschei-

Nach den Aufzeichnungen des Ministerialdirektors im Reichsjustizministerium Dr. C. soll Reichspropagandaminister Dr. Goebbels am 22. Juli 1942 vor den Mitgliedern des Volksgerichtshofes folgendes ausgeführt haben:

Der Richter müsse bei seinen Entscheidungen weniger vom Gesetz ausgehen als von dem Grundgedanken, daß der Rechtsbrecher aus der Volksgemeinschaft ausgeschieden werde. Im Kriege gehe es nicht so sehr darum, ob ein Urteil gerecht oder ungerecht sei, sondern nur um die Frage der Zweckmäßigkeit der Entscheidung ... Der Zweck der Rechtspflege sei nicht in erster Linie Vergeltung oder gar Besserung, sondern Erhaltung des Staates. Es sei nicht vom Gesetz auszugehen, sondern von dem Entschluß, der Mann müsse weg.

Quelle: Hermann Weinkauff, Albrecht Wagner, Die deutsche Justiz und der Nationalsozialismus, Stuttgart 1968, S. 45

»Die innere Front«

dungen dieser Gerichte können von den Verurteilten nicht angefochten werden. Der Staatsanwaltschaft stehen dagegen Rechtsbehelfe zur Verfügung, die es erlauben, nahezu jedes abgeschlossene Verfahren erneut aufzurollen. Auf diese Weise können Urteile, die den »Anforderungen« nicht genügen, korrigiert werden.

Eine »besondere« Aufgabe erwächst den Sondergerichten und dem Volksgerichtshof ab 1942 in den sogenannten Nacht- und Nebel-Verfahren. Es handelt sich hierbei um Strafverfahren gegen ausländische Zivilisten wegen Aktionen gegen die deutsche Besatzungsmacht. Hitler ordnet an, derartige Taten nur unter der Voraussetzung vor die zuständigen Kriegsgerichte zu bringen, daß innerhalb kurzer Frist nach der Festnahme ein Todesurteil gefällt und vollstreckt wird. Andernfalls sollen die Beschuldigten spurlos verschwinden (Abschreckung!). Sie werden heimlich – bei Nacht und Nebel – nach Deutschland gebracht und dort abgeurteilt. Eine Rückkehr in ihre Heimat ist den Nacht- und Nebel-Gefangenen auf Dauer versagt: Bei Verfahrenseinstellungen, nach Freisprüchen oder nach Verbüßung von Strafhaft werden die Gefangenen der Gestapo überstellt.

Abbildung 164
Adolf Hitler am 1. September 1939, dem Tag des Einmarsches deutscher Truppen in Polen, im Reichstag

1. »Panzertruppe der Rechtspflege« (Roland Freisler) – Die Sondergerichte

Mit dem Beginn des Krieges rücken die Sondergerichte in das Zentrum der allgemeinen Strafjustiz. Während sie zunächst vor allem für politische Delikte zuständig sind (Reichstagsbrand-Verordnung, Heimtückegesetz), werden sie mit Kriegsbeginn immer stärker zur Ahndung der allgemeinen – vor allem auch kriegsbedingten – Kriminalität herangezogen. Es steht letztlich im Ermessen der Staatsanwaltschaft, ob sich ein Beschuldigter vor den traditionellen Strafgerichten oder einem Sondergericht zu verantworten hat.

Die Zahl der Sondergerichte nimmt im Verlauf des Krieges zu, während im übrigen die Gerichte ausgedünnt werden. Dies hat auch personelle Konsequenzen: Die Auswahl von Richtern für Sondergerichte kann nicht immer unter den gewünschten politischen Kriterien erfolgen – möglicherweise ein Grund dafür, daß die Rechtsprechung der Sondergerichte durchaus unterschiedliche Züge aufweist, insbesondere in der Strafzumessung.

Abbildung 165
Schutz der »äußeren Front«

Abbildung 166
Schutz der »inneren Front«

Der Oberlandesgerichtspräsident
Köln, den 1. Mai 1942
Reichenspergerplatz 1
Fernsprecher: 70 561, 70 861

An
Herrn Staatssekretär Dr. Dr. Schlegelberger
oder Vertreter im Amt
in Berlin
Reichsjustizministerium

Betr. die Allgemeine Lage.
Verfügung vom 9. 12. 1935 – Ia 11012 –
2 Anlagen.

1) Der Vorsitzende eines Sondergerichts berichtet mir Folgendes:
Die notwendige schnelle Erledigung von Strafsachen in Kriegszeiten, die außerdem unter Ersparung von Kräften erfolgen soll, bedingt, daß weniger juristisch und mehr praktisch gearbeitet wird. Es muß vermieden werden, daß sich die Ermittlungen länger als 2 Monate hinziehen, und es muß sofort nach Abschluß der Ermittlungen Anklage erhoben werden. Das gilt ganz besonders für die Verbrechen gegen die Kriegswirtschaftsverordnung. Gerade hier muß die Verurteilung schlagartig erfolgen; nur dann wird der Strafzweck der Abschreckung erreicht. Wenn nach dem Bekanntwerden von Schwarzschlachtungen, die in einem größeren Umkreis Aufsehen erregt haben, länger als 1 Jahr bis zur Anklageerhebung vergeht, wie es hier wiederholt vorgekommen ist, dann ist inzwischen im Publikum über die Sache Gras gewachsen. Schon einige Monate nach der Tat erzählt man sich, die Sache sei nicht so schlimm aufgefaßt worden, es sei »nichts danach gekommen«. Dies kann man deutlich an den Zeugen merken, die erklären, die Sache liege schon so lange zurück, sie könnten sich deshalb an Einzelheiten nicht mehr erinnern. – Daß nun die Aburteilung von Wirtschaftsverbrechen sich länger als wünschenswert hinzieht, liegt daran, daß man sich nicht damit begnügt, Anklage wegen Verbrechens gegen die Kriegswirtschaftsverordnung zu erheben, sondern daß man die Tat nun weiter juristisch zerpflückt und z. B. bei Schwarzschlachtungen auch ein Vergehen gegen die Reichsabgabeordnung, begangen durch Schlachtsteuerhinterziehung, und beim Aufkauf der Tiere über die Höchstpreise auch einen Preisverstoß feststellt. An diesen Feststellungen besteht praktisch gar kein Interesse, weil die gen. Delikte in Tateinheit mit dem Kriegswirtschaftsverbrechen begangen worden sind. Diese weiteren Feststellungen führen aber dazu, daß nun die Akten der Zollfahndungsstelle zur Stellungnahme vorgelegt werden. Ferner werden noch der Oberfinanzpräsident und der Viehwirtschaftsverband gehört, und der Regierungspräsident äußert sich über die Stellung eines Strafantrages wegen des Preisverstoßes. Allen diesen Stellen werden die Akten vorgelegt. In der Anklageschrift nehmen die für die in Tateinheit mit dem Kriegswirtschaftsverbrechen begangenen Delikte angeführten Gesetze, Verordnungen und Anordnungen oft eine ganze Seite ein und verursachen in der Verwertung ein unnützes Kopfzerbrechen und Herbeischaffen von Gesetzesblättern. – Ich bin also der Ansicht, daß man in Zukunft lediglich aus § 1 Abs. 1 der Kriegswirtschaftsverordnung Anklage erheben kann, wenn die weiter in Frage kommenden Delikte in Tateinheit hiermit begangen worden sind, ohne daß die Rechtspflege Schaden erleidet. Wegen Hinterziehung der Schlachtsteuer kann ja das Finanzamt im Verwaltungsstrafverfahren vorgehen«.

Mir erscheinen die Ausführungen sehr beachtlich und ich werde mit dem Herrn Generalstaatsanwalt ins Benehmen treten, um die hier gegebenen Anregungen zu prüfen und – soweit das im Rahmen meiner Anordnungsbefugnis liegt – Abhilfe zu schaffen ...

Quelle: Akten des Reichsjustizministeriums, BA, R 22/3374

Reichsjustizministerium
Tagung am 24. Oktober 1939.
2. Allgemeines zu Punkt II:
Volksschädlings-Verordnung.
Staatssekretär Dr. Freisler:

„[...] Die Sondergerichte müssen immer daran denken, daß sie gewissermaßen eine Panzertruppe der Rechtspflege sind. Sie müssen ebenso schnell sein wie die Panzertruppe, sie sind mit ebenso großer Kampfkraft ausgestattet. Kein Sondergericht kann sagen, daß der Gesetzgeber ihm nicht genügend Kampfkraft gegeben habe. Mehr gibt es eben gar nicht. Sie müssen denselben Drang und dieselbe Fähigkeit haben, den Feind aufzusuchen, zu finden und zu stellen, und sie müssen die gleiche durchschlagende Treff- und Vernichtungssicherheit gegenüber dem erkannten Feind haben. [...]"

Quelle: Akten des Reichsjustizministeriums, BA, R22/4158

2. »Streng, aber gerecht« (Roland Freisler) – Der Volksgerichtshof

Im Krieg gewinnt der Volksgerichtshof seine eigentliche Bedeutung als der oberste politische Strafgerichtshof des Regimes, insbesondere unter der Präsidentschaft von Roland Freisler (ab August 1942), der sich als »politischer Soldat« Hitlers versteht und die Aufgaben des Volksgerichtshofes als Landesverteidigung ansieht.

Antrittsschreiben Roland Freislers an Adolf Hitler

»Dr. jur. Roland Freisler
Präsident des Volksgerichtshofes
Preußischer Staatsrat, M.d.R.

       Berlin W 9, den 15. Oktober 1942
       Bellevuestraße 15
       Fernsprecher: 218341

Mein Führer!
Ihnen, mein Führer, bitte ich melden zu dürfen: Das Amt, das Sie mir verliehen haben, habe ich angetreten und mich inzwischen eingearbeitet.
Mein Dank für die Verantwortung, die Sie mir anvertraut haben, soll darin bestehen, daß ich treu und mit aller Kraft an der Sicherheit des Reiches und der inneren Geschlossenheit des Deutschen Volkes durch eigenes Beispiel als Richter und als Führer der Männer des Volksgerichtshofs arbeite; stolz, Ihnen, mein Führer, dem obersten Gerichtsherrn und Richter des Deutschen Volkes, für die Rechtsprechung Ihres höchsten politischen Gerichts verantwortlich zu sein.
Der Volksgerichtshof wird sich stets bemühen, so zu urteilen, wie er glaubt, daß Sie, mein Führer, den Fall selbst beurteilen würden.

Heil meinem Führer!
In Treue Ihr politischer Soldat
Roland Freisler«

Quelle: BA, Personalakte Freisler

Vor keinem anderen Gericht der NS-Zeit wird Recht und Gerechtigkeit derart pervertiert wie hier. Dies gilt insbesondere für die »Rechtsprechung« des ersten Senats unter Roland Freisler, dessen Verhandlungsführung und Urteilsfindung sogar von dem nationalsozialistischen Reichsjustizminister Thierack in Einzelfällen mißbilligt wird. Es geht weder um die Feststellung von Schuld noch um die Ermittlung eines gerechtes Strafmaßes; es geht allein um die Vernichtung der Angeklagten, und zwar in physischer und moralischer Hinsicht.

Der Reichsminister
der Justiz   Berlin, 19. Januar 1943

An
den Leiter der Parteikanzlei
z. Hd. von Herrn Ministerialdirektor Klemm
in
München 33
Führerbau

Im Nachgang zu den bereits überreichten Urteilen des 1. Senats des Volksgerichtshofs überreiche ich das Urteil gegen Max Prinz zu Hohenlohe-Langenburg vom 12. Dezember 1942.
Aus dem Urteil ist nicht ersichtlich, aus welchen gesetzlichen Bestimmungen die Verurteilung erfolgt ist. Das Urteil erinnert an den früheren gescheiterten russischen Versuch, ohne gesetzliche Bestimmung Recht zu sprechen.

Heil Hitler!
(gez.) Dr. Thierack

Quelle: BA, Personalakte Freisler

Urteile des Volksgerichtshofs

Jahr	Ange-klagte	Todes-strafen	Freiheits-strafen	Frei-sprüche	Urteile	Senate 1.	2.	3.	4.	5.	6.
1934	480				19	7	4	8			
1935	632	Keine Unterlagen vorhanden			206	10	7	12	4		
1936	708				285	13	6	10	11		
1937	618	32	422	52	264	52	66	82	64		
1938	614	17	302	54	269	64	82	58	65		
1939	477	36	390	40	291	84	61	83	63		
1940	1 094	53	956	80	556	242	106	107	97		
1941	1 237	102	1058	70	535	185	148	92	100	10	
1942	2 573	1192	1266	107	1033	368	246	126	137	148	8
1943	3 355	1662	1477	181	1326	505	177	114	186	140	190
1944	4 428	2097	1842	489	2171	744	198	403	291	118	249
1945	126	52	55	16	55	37	6	2	3	2	2
	16 342	5243	7768	1089	7010						

Die Zahlen entstammen folgenden Quelle: 1. Generalakten des Reichsjustizministeriums, 2. Bundesarchiv und 3. eigene Erhebungen. Die Gesamtzahlen ergeben sich aus den Quellen 1 und 2. Wegen des geringeren Urteilsbestandes in der Quelle 3 konnte nur ein Teil der Gesamtzahlen aufgeschlüsselt werden. Die Summen der Einzelzahlen entsprechen daher nur teilweise den Gesamtzahlen.

Quelle: Jahntz/Kähne, Der Volksgerichtshof, Berlin 1986, S. 214

3. § 5 Kriegssonderstrafrechts-Verordnung (KSSVO)

§ 5
Zersetzung der Wehrkraft

(1) Wegen Zersetzung der Wehrkraft wird mit dem Tode bestraft:
1. wer öffentlich dazu auffordert oder anreizt, die Erfüllung der Dienstpflicht in der deutschen oder einer verbündeten Wehrmacht zu verweigern, oder sonst öffentlich den Willen des deutschen oder verbündeten Volkes zur wehrhaften Selbstbehauptung zu lähmen oder zu zersetzen sucht;
2. wer es unternimmt, einen Soldaten oder Wehrpflichtigen des Beurlaubtenstandes zum Ungehorsam, zur Widersetzung oder Tätlichkeit gegen einen Vorgesetzten oder zur Fahnenflucht oder unerlaubten Entfernung zu verleiten oder sonst die Manneszucht in der deutschen oder einer verbündeten Wehrmacht zu untergraben;
3. wer es unternimmt, sich oder einen anderen durch Selbstverstümmelung, durch ein auf Täuschung berechnetes Mittel oder auf andere Weise der Erfüllung des Wehrdienstes ganz, teilweise oder zeitweise zu entziehen.

(2) In minderschweren Fällen kann auf Zuchthaus oder Gefängnis erkannt werden.

(3) Neben der Todes- und der Zuchthausstrafe ist die Einziehung des Vermögens zulässig.

RGBl. I, 1939, S. 1455

Aus Urteilen des VGH zu § 5 KSSVO

„Johannes S. hat in einem Wehrbetrieb und zwar auch Ausländern gegenüber wiederholt wehrkraftzersetzend gesprochen. Den Krieg erklärte er für von vornherein verloren, seit wir mit Sowjetrußland im Krieg seien. Die gegen den Bolschewismus gerichtete Propaganda der deutschen Regierung, die der Angeklagte mit üblen Schimpfworten belegte, erklärte er für falsch. Damit hat Johannes S. sich zum Zersetzungspropagandisten unserer Feinde gemacht. Für immer ehrlos wird er mit dem Tode bestraft."

Quelle: Anklageschrift Reimers, Bd. II, S. 342

„Walter A. ist ein gefährlicher Defaitist. Er hat um die Wende des vierten und fünften Kriegsjahres zu Volksgenossen gesagt: es sei Schluß mit dem Deutschen Reich, wir seien Schuld am Kriege, es handele sich nur noch darum, wieweit die Schuldigen bestraft würden. Durch diesen Defaitismus ist er für immer ehrlos geworden.
Er wird dafür mit dem Tode bestraft."

Quelle: Archiv Gerstenberg

Der Fall G. und die extensive Interpretation des Begriffs »öffentlich« in § 5 KSSVO

Im Namen des Deutschen Volkes
In der Strafsache gegen den Maschinenhändler und Handwerksmeister Edwin Fritz G. – zur Zeit in dieser Sache in Haft – wegen Wehrkraftzersetzung und Feindbegünstigung, hat der Volksgerichtshof, 1. Senat, auf Grund der Hauptverhandlung vom 8. September 1943, an welcher teilgenommen haben als Richter:
Präsident des Volksgerichtshofs Dr. Freisler, Vorsitzer,
Kammergerichtsrat Rehse,
SA-Obergruppenführer H.,
SA-Oberführer H.,
Kreisleiter R.,
als Vertreter des Oberreichsanwalts:
Staatsanwalt ...

für Recht erkannt:
Fritz G. hat unseren Willen zu mannhafter Wehr dadurch angegriffen, daß er erklärte, unsere Regierung müsse abdanken, es müsse kommen wie in Italien, der Reichsmarschall habe sein Geld schon ins Ausland gebracht, was der Führer denn schon geleistet habe, das Morden müsse aufhören, am Kriege sei der Führer schuld.
Er hat sich damit für immer ehrlos gemacht.
Er wird mit dem Tode bestraft.

Gründe:
Fritz G. ist ein Landmaschinenhändler in Penig in Sachsen, dem es früher »faul« ging und der heute 8000,– RM jährlich verdient, ein Mann, der, wie er selbst sagt, mit dem Deutschen Gruß nur grüßt, wenn er bei Behörden ist!!!
Am 27. 7. kam er vor seinem Geschäft mit einem ihm gut bekannten Volksgenossen ins Gespräch und führte dabei aus, jetzt sei alles aus, unsere Regierung müsse abdanken, es komme so wie in Italien, das Morden müsse aufhören; wer sei denn in Österreich, in der Tschechei einmarschiert, wer habe in Polen den ersten Schuß abgegeben? Doch wir! Was habe denn der Führer bis jetzt schon geleistet? Die frühere Zeit sei ihm lieber gewesen, jetzt hätten wir doch nur Not und Blutvergießen, früher habe der Führer gesagt, wenn die Feinde 100 Flugzeuge zu uns schicken, schicke er 200 hinüber, wenn 1000, 2000; er, G., habe von Vergeltung nichts gesehen, und Göring und Goebbels hätten ihr Geld schon ins Ausland geschafft. Das wurde nur unterbrochen von den erstaunten, so etwas ablehnenden Zwischenfragen seines Gegenübers.
Er gibt das alles zu, will aber nicht einsehen, damit etwas besonders schlimmes getan zu haben; denn er habe doch nur zu einem guten Freunde gesprochen, so wie er auch zu Hause spreche!!!
Um so schlimmer, wenn in seinem Hause so gesprochen wird! Wenn er aber damit sagen will, er habe doch nicht öffentlich geredet, so ist das schon deshalb falsch, weil der Nationalsozialismus will, daß das ganze Deutsche Volk sich mit Politik befaßt, und weil deshalb alles, was politisch geredet wird, auch grundsätzlich als öffentlich gesagt angesehen werden muß. Man muß erwarten, daß ein Volksgenosse, der solche Reden hört, sie der zuständigen Stelle in Partei und Staat mitteilt, daß sie also auch weitergelangen. Auf Vertraulichkeit kann sich ein Verbrecher nicht berufen.
Der Angeklagte hat durch seine unverantwortliche Rede nicht etwa »nur« gemeckert. Was er getan hat, ist viel mehr: Es ist der Angriff eines Dank der nationalsozialistischen Wirtschaftsführung heute viel besser als früher verdienenden Mannes auf die mannhaft soldatische Haltung unseres Volkes in unserem totalen Kriege. Ein Angriff, den er inhaltlich bis zur Behauptung, unser Führer sei am Kriege schuld, gesteigert hat (§ 3 KSSVO).
Der Volksgerichtshof muß dafür sorgen, daß Churchill keine solche Propagandisten in seinem Nervenkrieg gegen unser Volk in unserer Heimat hat. Deshalb mußte dieser für immer ehrlos gewordene Mann zum Tode verurteilt werden.
Als Verurteilter muß G. auch die Kosten tragen.

Unterschrift Freisler
zugleich auch für den verhinderten berichterstattenden Richter RGR Dr. Rehse

Quelle: Akten des Reichsjustizministeriums, BA, R 22/4694

Kritik des Reichsjustizministers Thierack, für die auch eine persönliche Animosität gegen Freisler von Bedeutung gewesen sein dürfte.

Der Reichsminister der Justiz
Berlin, den 11. September 1943

An den Herrn Präsidenten des Volksgerichtshofs
Dr. Freisler in
Berlin-W 9
Bellevuestr. 15

Sehr geehrter Herr Präsident!
In der Strafsache gegen G.
– 2 J 476/43 –
1 L 77/43 –

in der Sie mir das Urteil persönlich übersandt hatten, dürfte die Auslegung, die der 1. Senat dem Begriff der »Öffentlichkeit« gibt, zu weit gehen. Wenn alles, was politisch geredet wird, grundsätzlich als öffentlich gesagt angesehen werden sollte, würde das bewußt aufgestellte Tatbestandsmerkmal der »Öffentlichkeit« in § 5 KSSVO keinen Sinn mehr haben. Ich würde es begrüßen, wenn der Senat künftig diese Auffassung nicht mehr vertreten würde.

Heil Hitler!
gez. Thierack

Über Herrn Staatssekretär
Herrn MinDir. III, Herrn MinDir. IV
mit der Bitte um Kenntnisnahme und
evtl. Bekanntgabe an die Referenten.

Quelle: Akten des Reichsjustizministeriums, BA, R 22/4694

NSKK-Brigadeführer
Dr. jur. Roland Freisler
Präsident der Volksgerichtshofes
Preußischer Staatsrat, M. d. R.

Berlin W 9, den 28. Sept. 1943
Bellevuestraße 15
Fernsprecher 21 33 41

Sehr verehrter Herr Reichsminister!
Sie halten die Auffassung meines Senats, wann ein politisches Gespräch öffentlich geführt ist, für zu weit-gehend.
Ich habe darauf sehr ernsthaft viele Fälle, die der Volksgerichtshof zu entscheiden hatte, noch einmal durchgearbeitet.
Auch danach habe ich mich aber nicht überzeugen können, daß die Auffassung, die im Urteil gegen G. niedergelegt ist, nicht mit unserer nationalsozialistischen Auffassung von der Struktur unseres Reiches übereinstimmt. Ich glaube vielmehr, daß sie sich aus ihr ganz natürlich ergibt. Sie trägt – ohne übrigens jedes politische Gespräch ausnahmslos für öffentlich zu erklären – m. E. auch dem Sicherheitsbedürfnis des Reiches Rechnung. Und sie ermöglicht die Bestrafung von Taten als Wehrkraftzersetzung, die das gesunde Volksempfinden als solche wertet. Für mein Rechtsempfinden ist damit schon gesagt, daß diese Auffassung auch nicht im Widerspruch zum gesetzten Recht stehen kann.
Ich bin aber überzeugt, daß alle solche Fälle auch als Feindbegünstigung betrachtet werden können und werde deshalb künftig immer erst prüfen, ob die Bestrafung wegen Feindbegünstigung nicht die Sicherheit unseres Reiches ebenfalls durch ein gerechtes Urteil zu gewährleisten vermag.

Heil Hitler!
Ihr sehr ergebener
Unterschrift

Quelle: Akten des Reichsjustizministeriums, BA, R 22/4694

4. § 91 b Strafgesetzbuch
(in der Fassung des Gesetzes vom 24. April 1934)

Feindbegünstigung

§ 91 b. Wer im Inland oder als Deutscher im Ausland es unternimmt, während eines Krieges gegen das Reich oder in Beziehung auf einen drohenden Krieg der feindlichen Macht Vorschub zu leisten oder der Kriegsmacht des Reichs oder seiner Bundesgenossen einen Nachteil zuzufügen, wird mit dem Tode oder mit lebenslangem Zuchthaus bestraft.

Wenn die Tat nur einen unbedeutenden Nachteil für das Reich und seine Bundesgenossen und nur einen unbedeutenden Vorteil für die feindliche Macht herbeigeführt hat, schwerere Folgen auch nicht herbeiführen konnte, so kann auf Zuchthaus nicht unter zwei Jahren erkannt werden.

Quelle: RGBl. I, 1934, S. 344

Aus Urteilen des VGH zu § 91 b StGB

Der Angeklagte Willibald B., ein völlig asozialer Mensch und Hochstapler hat im fünften Kriegsjahr in übelster Form defaitistische Propaganda betrieben und den Kriegsfeind begünstigt. Als Zersetzungspropagandist unserer Feinde ist er für immer ehrlos und wird mit dem Tode bestraft.

Hans von R. hat gegen Ende des vierten Kriegsjahres seinem Bruder, einem deutschen Soldaten, geschrieben, der Führer sei Landesverräter, dies liege heute noch offener zutage als 1933, und ein Volk, das ihn zum Führer wähle, habe sein schweres Los verdient, es solle sich wenigstens ruhig abschlachten lassen und nicht jammern.

Mit diesen, unsere Kraft zu mannhafter Wehr schwer zersetzenden Ausführungen hat er unseren Kriegsfeinden in ihrem Kampf gegen unsere feste Geschlossenheit, die Grundlage unserer Kraft, zu siegen, geholfen. Er ist für immer ehrlos geworden und wird mit dem Tode bestraft.

Quelle: Angeklageschrift Reimers, Bd. II, S. 229, 265

Abschrift
10 J 328/43 g
2 H 99/43

Im Namen des Deutschen Volkes

In der Strafsache gegen
1.) den Arbeiter Martin Israel K. aus Berlin, geboren am ..., in ...
2.) den Eisendreher Felix Israel H. aus Berlin, geboren am ..., in ...
3.) den Arbeiter Herbert Israel B. aus Berlin, geboren am ..., in ...

sämtlich Juden, zur Zeit in dieser Sache in gerichtlicher Untersuchungshaft, wegen Vorbereitung zum Hochverrat u. a. hat der Volksgerichtshof, 2. Senat, auf Grund der Hauptverhandlung vom 29. Juni 1943, an welcher teilgenommen haben

als Richter:
Kammergerichtsrat D., Vorsitzer,
Kammergerichtsrat Dr. R.,
SS-Gruppenführer P.,
Gauinspektor A.,
Ortsgruppenleiter V.,

als Vertreter des Oberreichsanwalts:
Erster Staatsanwalt W.,

für Recht erkannt:
Die Angeklagten haben an jüdisch-kommunistischen Gruppenbildungen teilgenommen, und zwar auch noch nach Ausbruch des deutsch-bolschewistischen Krieges. Damit haben sie gleichzeitig den Feind Deutschlands begünstigt.
Sie werden deshalb zum Tode verurteilt.

Quelle: Anklageschrift Reimers, Bd. II, S. 372

5. § 1 Volksschädlings-Verordnung (VVO)
Spielräume bei der Gesetzesauslegung:

> **Verordnung gegen Volksschädlinge**
> vom 5. September 1939
>
> Plünderung im freigemachten Gebiet
> (1) Wer im freigemachten Gebiet oder in freiwillig geräumten Gebäuden oder Räumen plündert, wird mit dem Tode bestraft.
> (2) Die Aburteilung erfolgt, soweit nicht die Feldkriegsgerichte zuständig sind, durch die Sondergerichte.
> (3) Die Todesstrafe kann durch Erhängen vollzogen werden.

Quelle: RGBl. I, 1939, S. 1679

Abbildung 167
Geborgene Möbel nach einem Bombenangriff auf der Straße, Köln 1944/45

– So II 349/42 –
22 KLs. 230/42

Im Namen des Deutschen Volkes!
Strafsache
gegen den Arbeiter Fedor S., z. Zt. ohne feste Wohnung, geboren am 5. 6. 1913 in Dubonowa bei Odessa (Ukraine), ledig, ukrainischer Staats- und Volkszugehöriger, nicht vorbestraft, z. Zt. in dieser Sache in Untersuchungshaft im Gefängnis Düsseldorf-Derendorf, wegen Verbrechens nach § 1 der Verordnung gegen Volksschädlinge vom 5. 9. 1939.
Das Sondergericht, II. Kammer, bei dem Landgericht in Düsseldorf, hat in der Sitzung vom 17. Dezember 1942, an der teilgenommen haben:

Landgerichtsdirektor van M. als Vorsitzender,
Amtsgerichtsrat Dr. S.,
Landgerichtsrat S. als beisitzende Richter,
Amtsgerichtsrat Dr. M. als Beamter der Staatsanwaltschaft,

für Recht erkannt:
Der Angeklagte wird wegen Plünderns zum Tode verurteilt.
Die Kosten des Verfahrens werden dem Angeklagten auferlegt.

Gründe:
Der Angeklagte wurde in Dubenowa bei Odessa (Ukraine) geboren, er ist ukrainischer Staats- und Volkszugehöriger. Er besuchte keine Schule. Er kann daher nicht lesen und schreiben. Er kann nur mit seinem Namen unterzeichnen. Der deutschen Sprache ist er nicht mächtig. Er war, wie sein Vater, Landarbeiter. [...]
Die bombengeschädigten Häuser, die von den Bewohnern geräumt sind, sind infolge von Kriegseinwirkungen beschädigt und infolge dessen von den Bewohnern freiwillig geräumt worden. Der Angeklagte hat wahllos Sachen aus den geräumten Häusern, insbesondere den Kellern systematisch weggenommen, um sie sich anzueignen. Es handelt sich bei den weggenommenen Sachen nicht um vereinzelte, geringwertige Sachen, die nur zum alsbaldigen Verbrauch benutzt wurden, sondern um größere Mengen von Lebens- und Genußmitteln sowie Bekleidungsgegenständen. Der Angeklagte hat damit in freiwillig geräumten Räumen geplündert. Seine Handlungsweise wird auch nach der Volksauffassung als Plündern angesehen. Der Angeklagte ist auch der Typ eines Plünderers. Er ist nicht einer regelmäßigen Arbeit und Beschäftigung nachgegangen, sondern er hat es vielmehr vorgezogen, seine Arbeitsstelle in Berlin zu verlassen, sich ohne jede Berechtigung nach Düsseldorf zu begeben, und hat dort dann ohne polizeilich gemeldet zu sein, in einem Keller Unterschlupf gefunden und von hier aus die anliegenden Nachbarhäuser aufgesucht, um dort Sachen zu stehlen. Eine solche Person, wie der Angeklagte sie darstellt, ist als Plünderer zu bezeichnen.
Nach § 1 der Verordnung gegen Volksschädlinge vom 5. 9. 1939 wird mit dem Tode bestraft, wer im freigemachten Gebiet oder in freiwillig geräumten Gebäuden oder Räumen plündert. Da die Voraus-

setzungen des § 1 a. a. O. vorliegen, so ist gegen den Angeklagten zwangsläufig die Todesstrafe zu verhängen.
Das Sondergericht hat davon Abstand genommen, dem Angeklagten die bürgerlichen Ehrenrechte auf Lebenszeit abzuerkennen, weil der Angeklagte als Ausländer und Angehöriger einer nicht volksdeutschen Gruppe mit Wahrscheinlichkeit niemals in den Genuß von Staatsbürgerrechten in Deutschland kommen wird. Die Kostenentscheidung ergibt sich aus § 465 StPO.

gez. van M., S., S.

Ausgefertigt:
gez. B., Justizangestellte,
als Urkundsbeamter der Geschäftsstelle des Sondergerichts.

Quelle: HStA Düsseldorf, NW 174/11

1 S Ls 41/43
39 – 249/43

Im Namen des Deutschen Volkes!

In der Strafsache gegen
I. den Landarbeiter Marinus D. in P., geboren am 7. 12. 1921 in Niew Gastel, niederländischer Staatsangehöriger, ledig, z. Zt. in Untersuchungshaft,
II. den Landarbeiter Aaldert Marinus van M. in P., geboren am 5. 5. 1919 in Reiswiek, niederländischer Staatsangehöriger, ledig, z. Zt. in Untersuchungshaft,
wegen Verbrechens nach § 4 der Volksschädlingsverordnung usw.
Das Sondergericht 3 bei dem Landgericht in Köln hat in der Sitzung vom 26. Juni 1943, an der teilgenommen haben:

Landgerichtsdirektor S. als Vorsitzer,
Landgerichtsrat A.,
Landgerichtsrat V. als beisitzende Richter,
Staatsanwalt A. als Beamter der Staatsanwaltschaft,
Justizangestellter B. als Urkundsbeamter der Geschäftsstelle,

für Recht erkannt:
Es werden kostenpflichtig verurteilt:
Der Angeklagte D. wegen Diebstahls aus einem durch Brandbomben getroffenen Gehöft und wegen gefährlicher Körperverletzung zu einer Gesamtstrafe von 6 Jahren Zuchthaus,
der Angeklagte van M. wegen Diebstahls aus einem durch Brandbomben getroffenen Gehöft zu 7 Jahren Zuchthaus.

Die Untersuchungshaft wird auf die erkannte Strafe angerechnet.
Beide Angeklagte verlieren die Rechte aus §§ 33 u. 34 StGB. auf die Dauer von 6 Jahren.
Gründe:
[...]
Nach § 1 der Verordnung gegen Volksschädlinge vom 5. 9. 1939 wird derjenige, der in freiwillig geräumten Gebäuden oder Räumen plündert, mit dem Tode bestraft. Unter Plündern versteht die Volksmeinung im Allgemeinen einen gewissenlosen Zugriff auf fremde Rechtsgüter, bei dem der Täter eine Störung der öffentlichen Ordnung oder die Hilflosigkeit, Not, Bestürzung oder den Schrecken der Bevölkerung für die Durchführung seiner Tat ausnutzt. Dabei kommt es nicht darauf an, daß der Täter sich dessen bewußt gewesen ist, daß seine Tat als Plündern anzusehen und mit der Todesstrafe bedroht ist. Auch der Wert der entwendeten Gegenstände ist nicht entscheidend, er kann allerdings unter Umständen einen Schluß auf die Gesinnung des Täters zulassen. Bei dem von dem Angeklagten D. entwendeten Seitengewehr handelt es sich um einen Gegenstand ohne jeden Gebrauchswert, den sich der Zeuge E. als Andenken aufbewahrt hatte und den auch der Angeklagte D. als Andenken behalten wollte. Was die von den Angeklagten van M. entwendeten Rasierklingen anlangt, so kann diesen allerdings ein gewisser Gebrauchswert nicht abgesprochen werden, jedoch mußte hier in Betracht gezogen werden, daß Rasierklingen auch am Ende des vierten Kriegsjahres selbst in Köln in allen einschlägigen Geschäften, wie gerichtsbekannt, in beliebiger Menge und für wenige Pfennige leicht zu beschaffen sind. Daraus folgt, daß die beiden Angeklagten keinesfalls aus Habgier gehandelt haben. Der Sinn und Zweck des § 1 der Volksschädlingsverordnung ist aber gerade der, daß denjenigen für seine Tat die ganze Härte des Gesetzes treffen soll, der die besondere Schutz- und Hilflosigkeit der Bevölkerung nach einem Luftangriff gewissenlos dazu ausnutzt, um sich aus Habgier an dem Hab und Gut anderer Volksgenossen zu bereichern. Dafür, daß die beiden Angeklagten nicht aus Habgier gehandelt haben, spricht auch die Tatsache, daß sie sich nicht an dem sonstigen, wertvolleren Eigentum der Familie E. vergriffen haben, daß sie sich tatkräftig an den Bergungsarbeiten beteiligt haben und die Schadensstelle nicht in der Absicht aufgesucht haben, um eine günstige Gelegenheit zur Plünderung zu erkunden. Berücksichtigt man schließlich die Persönlichkeiten der beiden Angeklagten, wie sie von dem Sachverständigen zutreffend gekennzeich-

»Die innere Front«

net worden sind, ihre Jugend und ihr bisheriges straffreies Vorleben, so kann man sich der Erwägung nicht verschließen, daß die Angeklagten nach gesundem Volksempfinden nicht als Plünderer, sondern höchstens als Volksschädlinge minderen Grades anzusehen sind, die nicht todeswürdig erscheinen, sondern die mit einer weniger harten Strafe noch zur Ordnung gerufen werden können. Für eine Anwendung des § 1 der Volksschädlingsverordnung war daher im vorliegenden Falle unter Berücksichtigung der gesamten Tatumstände und bei Würdigung der Persönlichkeiten der beiden Angeklagten kein Raum.

Quelle: HStA Düsseldorf, Rg 112 d 17571

Im Namen des Deutschen Volkes

Strafsache gegen den Reichsinvaliden Kasimir P. aus Essen, . . . wegen Plünderns
Das Sondergericht Essen hat in der Sitzung vom 8. März 1943, an der teilgenommen haben:

Abbildung 168
Durchhalteparolen an einem zerbombten Haus in Mannheim

Landgerichtsdirektor G. als Vorsitzender,
Amtsgerichtsrat P.,
Amtsgerichtsrat S. als Beisitzende Richter,
Staatsanwalt G.
als Beamter der Staatsanwaltschaft,
Justizsekretär G.
als Urkundsbeamter der Geschäftsstelle,

für Recht erkannt:
Der Angeklagte wird als Plünderer zum Tode verurteilt.

Gründe:
I. Der 69jährige, angeblich unbestrafte staatenlose Angeklagte ist der Sohn eines Landarbeiters. Nach dem Tode seiner Eltern zog er noch im jugendlichen Alter von Litauen nach Westdeutschland. Hier arbeitete er bis zum Jahre 1937 als Bergmann und zeitweilig auch als Hilfsarbeiter. Seit dem Jahre 1937 ist er Reichsinvalide und bezieht eine Rente von monatlich 50,- RM. Im Hause [. . .] in Essen bewohnte er ein möbliertes Zimmer, für das er monatlich 12,- RM Miete zahlte. Der Angeklagte ist unverheiratet und hat nach seinen Angaben keine näheren Angehörigen. Er ist nur Mitglied des Reichsluftschutzbundes.
II. In den Abendstunden des 5. März 1943 griffen englische Bombenflugzeuge die Stadt Essen an. Durch die niedergehenden Spreng- und Brandbomben wurde ein großer Teil der Innenstadt in Schutt und Asche gelegt. Der größte Teil der Innenstadt ist dadurch entvölkert; es sind nur noch wenige Geschäfte erhalten. Die Verkehrsmittel verkehren nicht. Die Straßen sind zum großen Teil mit Schutt bedeckt. Auf ihnen liegen zahlreiche Gegenstände umher, die aus den zerstörten Häusern und Geschäften stammen.
Auch am Pferdemarkt sind die Häuser größtenteils zerstört und herrscht allgemein der beschriebene Zustand. Am Pferdemarkt liegt die Rückseite des großen Haushalts- und Eisenwarengeschäfts Dellbrügger Klingen. Zwischen und auf den Trümmern dieses Hauses liegen auf der Straße zahlreiche Waren dieses Geschäftes, u. a. eine große Anzahl von Eßnäpfen, die aus weißem, blankem Leichtmetall bestehen. Das Sondergericht schätzt den Preis eines solchen Eßnapfes auf etwa 1,- RM.
Der Angeklagte hatte sich während des Luftangriffs in einem öffentlichen Luftschutzkeller aufgehalten. Da auch seine Wohnung durch Bombeneinwirkung zerstört worden war, übernachtete er an den folgenden Tagen in einem Schulgebäude, das für die Zwecke zur Verfügung gestellt worden war. Dort wurde er auch verpflegt. Gegen Mittag des 3. März 1943 machte er sich auf den Weg zum Opernhaus, wo er sich als Bombengeschädigter melden wollte. Auf dem Weg dorthin kam er über den Pferdemarkt und sah dort hinter dem zertrümmerten Geschäft Dellbrügger Klingen die oben er-

wähnten Eßnäpfe liegen. Ihm kam der Gedanke, sich hiervon einige anzueignen und sie bei der Essenausgabe für sich zu benutzen. Aus der Menge der zum Teil verbeulten Näpfe suchte er drei noch neuwertige Näpfe heraus, wickelte sie in Papier und nahm sie mit sich. Dann begab er sich durch den [...] in Richtung zum Opernhaus. Im [...] sah er zwischen den Trümmern eine Milchflasche aus Glas und nahm diese auf, um sie als Trinkgefäß zu verwenden. Als er dann aber sah, daß die Flasche verschmutzt war, stellte er sie wieder dort hin, woher er sie genommen hatte. Hierbei war er durch einen Polizeibeamten beobachtet worden, der ihn daraufhin anhielt und bei ihm dann die oben erwähnten Eßnäpfe vorfand.

Dieser Sachverhalt ist durch das glaubhafte Geständnis des Angeklagten erwiesen.

III. Nach dem festgestellten Sachverhalt hat sich der Angeklagte im »geräumten Gebiet« fremde Sachen angeeignet, also geplündert (§ 1 VVO). Der geringe Wert seiner Beute steht dieser Feststellung nicht entgegen. Die völlige Zertrümmerung großer Teile des Stadtgebietes bringt eine äußerst große Gefahr für die Sicherheit der zahlreichen auf den Trümmerstellen umherliegenden Sachen mit sich. Wenn viele Personen die günstige Gelegenheit ausnutzen und jeder sich geringwertige Gegenstände aneignen würde, würden im Ganzen große Werte verlorengehen und würde die öffentliche Sicherheit auf das schwerste gefährdet sein. Diese besondere Gefahrenlage nach einem besonders schweren Feindangriff läßt jede Aneignung auch geringwertiger Sachen als besonders gefährlich und besonders verwerflich und nach gesundem Volksempfinden als Plünderung erscheinen. Der Angeklagte war daher nach § 1 VVO zum Tode zu verurteilen.

Da er dem Feinde in die Hand gearbeitet und damit ehrlos gehandelt hat, werden ihm hiermit die bürgerlichen Ehrenrechte gemäß § 32 StGB für dauernd aberkannt.

Die Kosten des Verfahrens werden hiermit nach § 465 StPO dem Angeklagten auferlegt.

gez. Unterschriften
Ausgefertigt:
Essen, den 1. März 1943.

Quelle: BA, R 22/4425

Essen, den 10. März 1943
Der Oberstaatsanwalt als Leiter
der Anklagebehörde bei dem Sondergericht
31 KLs 54/43

An den Herrn Reichsminister der Justiz
in Berlin W 8
Wilhelmstr. 65

durch den Herrn Generalstaatsanwalt
in Hamm i. Westf.

Betrifft: Strafsache gegen den wegen Plünderns zum Tode verurteilten Reichsinvaliden Kasimir P. aus Essen, fernm. Erlaß des Herrn Staatssekretärs Dr. Rothenberger vom 8. 3. 1943.
Fernm. Vorbericht vom 9. 3. 1943
an Herrn Oberregierungsrat Dr. K.
Anlagen: 2 begl. Abschriften des Urteils vom 8. 3. 1943,
2 Lichtbilderstreifen, mit je 3 Lichtbildern des Verurteilten,
2 Berichtsabschriften.

Wie ich bereits fernmündlich angezeigt habe, ist das Todesurteil des Sondergerichts Essen vom 8. März 1943 am 9. März 1943 um 9.20 Uhr ohne Zwischenfälle und besondere Ereignisse auf dem Schießstand der Polizeikaserne in Essen durch Erschießen vollstreckt worden. Die Vollstreckung leitete der Sachbearbeiter Staatsanwalt G. im Beisein des Justizinspektors P. als Protokollführer. Anwesend waren ferner der Polizeipräsident von Essen sowie ein Polizeiarzt. Die Erschießung erfolgte durch ein vom Polizeipräsidenten in Essen gestelltes Kommando der Schutzpolizei, bestehend aus einem Oberleutnant und 12 Mann.

gez. Dr. E.

Gesehen und mit den Anlagen weitergereicht.
Hamm/Westf., den 11. März 1943.
Der Generalstaatsanwalt
In Vertretung
gez. Dr. H.
Oberstaatsanwalt

6. § 4 Volksschädlings-Verordnung (VVO)

Verordnung gegen Volksschädlinge
Vom 5. September 1939

§ 4
Ausnutzung des Kriegszustandes als Strafschärfung
Wer vorsätzlich unter Ausnutzung der durch den Kriegszustand verursachten außergewöhnlichen Verhältnisse eine sonstige Straftat begeht, wird unter Überschreitung des regelmäßigen Strafrahmens mit Zuchthaus bis zu 15 Jahren, mit lebenslangem Zuchthaus oder mit dem Tode bestraft, wenn dies das gesunde Volksempfinden wegen der besonderen Verwerflichkeit der Straftat erfordert.

Quelle: RGBl. I, 1939, S. 1679

Ein unnützes Mitglied der Volksgemeinschaft
Todesstrafe für einen unverbesserlichen Tunichtgut

„Vor dem Kölner Sondergericht hatte sich der erst 18jährige Karl F. aus Düren wegen einer großen Anzahl von Diebstählen zu verantworten. Schon sein bisheriges Leben bewies deutlich, daß man es mit einem unverbesserlichen Tunichtgut zu tun hatte, bei dem bisher jedes Erziehungsmittel völlig versagt hatte. Schon mit 10 Jahren hatte er mit Diebereien begonnen und einen Klassenkameraden verführt, mit dem er gemeinsam etwa 20 Ladendiebstähle ausgeführt hatte. Im April 1939 war er wegen Diebstahls eines Kraftrades zu einer Geldstrafe verurteilt worden. Bald darauf stahl er wieder ein Fahrrad und einen Koffer. Es gelang ihm, aus der Fürsorgeerziehung zu entweichen und weiter zu stehlen. Nachts ließ er sich in einem Kaufhaus in Düren einschließen und stahl eine Armbanduhr und Lebensmittel, dann entwendete er ein Fahrrad und fuhr damit nach Aachen, wo er zwei Einbruchsdiebstähle verübte, indem er mit einem Stein Fensterscheiben einschlug, dann einstieg und Geld, Lebensmittel und Kleider an sich nahm. Als er sich wenige Tage später wieder in das Kaufhaus in Düren eingeschlichen hatte und sich in einem dort gestohlenen Koffer eine große Beute zurechtgelegt hatte, wurde er, ehe er das Geschäft verlassen konnte, gestellt und der Polizei übergeben. Wegen dieser Diebstähle wurde er Ende Oktober 1939 zu einer Gefängnisstrafe von 4 Monaten verurteilt. Im Juni 1940 verübte er wieder 3 Einbrüche, darunter 2 zur Nachtzeit. Nunmehr wurde er mit 8 Monaten Gefängnis bestraft. Im April 1941 kam er nach Verbüßung der Strafe nach Hause und wurde von seinem Vater als Arbeitsbursche in einer Lebensmittelhandlung untergebracht. Hier hielt er aber nicht lange aus. Weil ihm die Arbeit nicht zusagte, verließ er sehr bald seine Arbeitsstelle und später auch das Elternhaus und lebte von November 1941 an ausschließlich von Diebstählen. In Schulen, im Theater, auf dem Bahnhof und auf der Post in Düren stahl er Kleider, Wäsche, Mäntel, Lebensmittel, Expreßpakete und alles, was ihm in die Hände fiel. Hierbei ging er mit solcher Gerissenheit vor, daß es zunächst nicht gelang, dem Täter auf die Spur zu kommen. Insgesamt stahl er Waren im Wert von 1600 bis 2000 Mark, die er, soweit er sie nicht für sich selbst verbrauchte, verkaufte. Ende April d. J. war es endlich mit seinen Diebesfahrten zu Ende. Er hatte sich eines Abends auf dem Hofe des Postamtes Düren versteckt, stahl nachts, als es völlig dunkel war, ein dort abgestelltes Motorrad und fuhr auf demselben nach Euskirchen. Dort wurde er von der Polizei gestellt und verhaftet.
Vor dem Sondergericht war er in vollem Umfang geständig, machte aber einen außerordentlich

Abbildung 169

gleichgültigen Eindruck, so als ginge ihn die ganze Sache eigentlich gar nichts an. Diese Haltung paßte auch ganz zu dem Urteil des Psychiaters, der ihn als einen gleichgültigen, gemütskalten und sittlich völlig verdorbenen Menschen bezeichnete. Er sei zwar als leicht schwachsinnig anzusehen, sei sich aber sowohl der Schwere seiner Taten als auch der Folgen derselben vollkommen bewußt. Man müsse sogar feststellen, daß er bei all seinen Diebereien mit einer besonderen Gerissenheit vorgegangen sei, die auf eine tief verwurzelte frühkriminelle unausrottbare Neigung zurückzuführen sei. Jede Hoffnung, daß er durch eine noch so harte Freiheitsstrafe noch einmal gebessert und als nützliches Glied der menschlichen Gemeinschaft eingefügt werden könne, müsse hier aufgegeben werden! Der § 51 Abs. 2 komme hier keinesfalls zur Anwendung. Zwar sei der Angeklagte moralisch und geistig noch unreif, aber in krimineller Hinsicht zweifellos auch für die Taten, die er noch vor Vollendung des 18. Lebensjahres begangen habe, einem Menschen von über 18 Jahren durchaus gleich zu achten. Diesem Gutachten schloß sich auch das Sondergericht an. Unter Anwendung des Gesetzes vom 4. September 1941 konnte man hier nur zu dem Schluß kommen, daß sich die Volksgemeinschaft mit einem so völlig wertlosen Mitglied, bei dem auch die leiseste Hoffnung, es jemals bessern zu können, aufgegeben werden müsse, nicht länger belasten könne. Er werde immer, solange er lebe, eine Gefahr für die Allgemeinheit bilden, auch wenn er in festem Gewahrsam sei, denn er werde, wie sein bisheriges Vorleben beweise, immer wieder Mittel und Wege finden, sich zu befreien. Das Urteil lautete deshalb entsprechend dem Antrag des Staatsanwalts auf die Todesstrafe und Aberkennung der bürgerlichen Rechte auf Lebenszeit.

Quelle: HStA Düsseldorf, NW 174/233

Im Namen des Deutschen Volkes!
Strafsache
gegen die Näherin Paula W., aus Köln, ..., ledig, zur Zeit in dieser Sache in Untersuchungshaft im Gefängnis Köln wegen Verbrechens nach § 4 der Volksschädlingsverordnung vom 5. 9. 1939 in Verbindung mit den §§ 242, 246 StGB.

Das Sondergericht II bei dem Landgericht in Köln hat in der Sitzung vom 2. Juni 1942, an der teilgenommen haben:

Landgerichtsdirektor F., als Vorsitzender,
Landgerichtsrat Dr. P.,
Landgerichtsrat A., als Beisitzende Richter,
Landgerichtsrat T., als Beamter
der Staatsanwaltschaft,
Justizsekretär K., als Urkundsbeamter
der Geschäftsstelle

für Recht erkannt:
Die Angeklagte wird wegen Verbrechens nach § 4 der Volksschädlingsverordnung vom 5. 9. 1939 in Verbindung mit Diebstahl und mit Unterschlagung zum Tode verurteilt.
Die Angeklagte verliert die bürgerlichen Ehrenrecht auf Lebenszeit. Die Kosten des Verfahrens treffen die Angeklagte.

Gründe:
[...]
Hiernach hat sich die Angeklagte eines Diebstahls schuldig gemacht...
Schließlich ist die Verfehlung unter der erschwerenden Voraussetzung des § 4 der Volksschädlingsverordnung vom 5. 9. 1939 begangen worden, da die Angeklagte hier vorsätzlich unter Ausnutzung der durch den Kriegszustand verursachten außergewöhnlichen Verhältnisse gehandelt hat und die Verwerflichkeit der Tat nach gesundem Volksempfinden eine besonders strenge Bestrafung erfordert. Feindliche Fliegerangriffe, Entstehung von Gebäude- und Brandschäden sowie die Verbringung von Hausrat an andere Orte, um sie vor der Vernichtung zu schützen, sind kriegsbedingt. Diese Umstände hat sich die Angeklagte bewußt zunutze gemacht und in gewissenloser Weise für ihre hab- und gewinnsüchtigen Zwecke ausgenutzt. Solches Verhalten zum Schaden fliegergeschädigter Volksgenossen stempelt die Angeklagte ohne weiteres zum Volksschädling.
Die Angeklagte ist somit nach § 4 der Volksschädlingsverordnung vom 5. 9. 1939 in Verbindung mit den §§ 242, 246 StGB zu bestrafen. Nach dem

Charakter des § 4 als eigenständigen Verbrechens kommen den zugrundeliegenden Straftaten, die mit jenem in Gesetzeskonkurrenz stehen, keine selbständige Bedeutung zu. Die Strafe ist nur aus § 4 der Volksschädlingsverordnung zu entnehmen. Die Angeklagte hat die Verwirrung, die durch den Fliegerangriff in dem Geschädigtenhaus entstanden waren, ausgenutzt, um sich an dem Hab und Gut ihrer schwergeschädigten Hausgenossen zu bereichern. Der Umfang des gestohlenen bzw. unterschlagenen Gutes ist erheblich. Die Tat der Angeklagten ist gemein; sie hat sich mit ihr außerhalb der Volksgemeinschaft gestellt. Eine gerechte Sühne kann nur in der Todesstrafe gefunden werden; diese ist auch aus Abschreckungsgründen erforderlich, um andere Personen, die gleiche Gedanken haben und bereit sind, sich an dem Gut schwergetroffener Volksgenossen zu vergreifen, von ihrer Tat abzuhalten. Unter diesen Umständen war antragsgemäß auf die Todesstrafe zu erkennen. Die gewissen- und ehrlose Gesinnung, die die Angeklagte durch die Tat gezeigt hat, rechtfertigt es, ihr die bürgerlichen Ehrenrechte gemäß § 32 StGB auf Lebenszeit abzuerkennen.
Wegen der Kosten entscheidet § 465 StPO.

gez. Unterschriften
zugleich für den zur Zeit verhinderten
Landgerichtsrat A.

Quelle: HStA Düsseldorf, NW 174/231

7. Verbotener Umgang mit Kriegsgefangenen

Verordnung zur Ergänzung der Strafvorschriften zum Schutze der Wehrkraft des Deutschen Volkes
Vom 25. November 1939
[...]
§ 4
Verbotener Umgang mit Kriegsgefangenen
(1) Wer vorsätzlich gegen eine zur Regelung des Umgangs mit Kriegsgefangenen erlassene Vorschrift verstößt oder sonst mit einem Kriegsgefangenen in einer Weise Umgang pflegt, die das gesunde Volksempfinden gröblich verletzt, wird mit Gefängnis, in schweren Fällen mit Zuchthaus bestraft.
(2) Bei fahrlässigem Verstoß gegen die zur Regelung des Umgangs mit Kriegsgefangenen erlassenen Vorschriften ist die Strafe Haft oder Geldstrafe bis zu einhundertfünfzig Reichsmark ...

Quelle: RGBl. I, 1939, S. 2319

Entscheidung des Reichsgerichts
vom 2. Dezember 1940

515 VO. zur Ergänzung der Strafvorschriften zum Schutze der Wehrkraft des deutschen Volkes v. 25. 11. 39; VO. über den Umgang mit Kriegsgefangenen v. 11. 5. 40. Umgang mit Kriegsgefangenen, der das gesunde Volksempfinden gröblich verletzt. – RG. 2. 12. 40 – 2 D 459/40 –.

Das LG. hat die Angekl. wegen Verg. gegen § 4 WehrkraftschutzVO. v. 25. 11. 39 verurteilt. Es sieht die strafbaren Verstöße gegen den zweiten Tatbestand dieser Vorschrift darin, daß die Angekl. zu 2) bis 6) mit polnischen Kriegsgefangenen, unter denen sich auch Volksdeutsche befanden, getanzt haben und daß der Angekl. zu 1) abwechselnd mit einem polnischen Kriegsgefangenen zu diesem Tanz aufgespielt hat. Die Angekl. haben sich nach dem Urteil dahin eingelassen, daß sie ihr Tun nicht für unerlaubt gehalten und sich nichts dabei gedacht haben, zumal der beim Tanz zumeist anwesende Wachmann über die Gefangenen nicht eingeschritten sei. Das Gericht führt demgegenüber aus, daß die Angekl. gewußt haben, daß es sich um polnische Kriegsgefangene gehandelt hat. Das Tanzen mit polnischen Kriegsgefangenen, auch wenn sich darunter Volksdeutsche befänden, und das Aufspielen zu einem solchen Tanz verstoße gröblich gegen das gesunde Volksempfinden. Auch dessen seien sich die Angekl. nach der Überzeugung des Gerichts bewußt gewesen.
[...]
Die Auffassung des LG. ist entgegen der Meinung der Rev. rechtlich nicht zu beanstanden.

Quelle: Höchstrichterliche Rechtsprechung, 1941, Nr. 515

MERKBLATT

Verhalten gegenüber Kriegsgefangenen

Die Kriegswirtschaft erfordert den **Einsatz aller zur Verfügung stehenden Arbeitskräfte.** Deshalb werden die Kriegsgefangenen in vollem Umfange in den Dienst unserer Wirtschaft gestellt.

Kriegsgefangene müssen so behandelt werden, daß ihre volle Leistungsfähigkeit der Industrie und Ernährungswirtschaft zugute kommt. Voraussetzung dafür ist eine ausreichende Ernährung; dieser muß eine entsprechende Arbeitswilligkeit gegenüberstehen. Jede Arbeitsstunde, die infolge Krankheit oder Unterernährung ausfällt, geht der deutschen Volkswirtschaft verloren.

Die Behandlung muß streng, aber korrekt sein; mangelnde Arbeitswilligkeit wird durch die Wehrmacht bestraft.

Kriegsgefangene gehören nicht zur Haus- oder Hofgemeinschaft, also auch nicht zur Familie. Sie haben als Soldaten ihres Landes gegen Deutschland gekämpft, sind daher unsere Feinde. Wer sie besser behandelt als deutsche Arbeitskräfte, wird zum Verräter an der Volksgemeinschaft.

Deutsche Frauen, die in Beziehungen zu Kriegsgefangenen treten, schließen sich von selbst aus der Volksgemeinschaft aus und erhalten ihre gerechte Bestrafung. Selbst der Schein einer Annäherung muß vermieden werden.

Jedes Entgegenkommen gegenüber Kriegsgefangenen erleichtert dem Feind die Spionage und Sabotage und richtet sich damit gegen unser Volk.

Die Teilnahme an deutschen Feiern und Festen sowie kirchlichen Veranstaltungen, an denen Deutsche teilnehmen, ist den Kriegsgefangenen grundsätzlich untersagt. Der Besuch von Gaststätten und für Kriegsgefangene nicht zugelassenen Geschäften ist ebenfalls verboten. Dagegen ist es ihnen gestattet, ihre Feste unter sich zu feiern. Einzelne Kriegsgefangene, die durch besondere Leistungen sich verdient machen, dürfen sich, mit Urlaubscheinen des zuständigen Lagers ausgestattet, auch ohne deutsche Bewachung freibewegen.

Kriegsgefangene erhalten alle unbedingt notwendigen Dinge. Geringfügige Zuwendungen, als Belohnung für gute Arbeitsleistungen im Interesse der Erhaltung oder Steigerung der Arbeitsleistung, sind statthaft. Die für bestimmte Arbeiten vorgeschriebene Arbeitskleidung, wie z. B. für Grubenarbeiten, chemische oder andere Spezialberufe, ist nicht von der Wehrmacht, sondern vom Betriebsführer zur Verfügung zu stellen. Geld und andere Wertgegenstände dürfen Kriegsgefangene nicht erhalten, ebensowenig Alkohol, soweit dieser nicht zur betriebsüblichen Ernährung gehört.

Die Arbeitszeit richtet sich nach den kriegsbedingten Verhältnissen des Betriebes. Die Kriegsgefangenen haben Anspruch auf die zur Erhaltung der Leistungsfähigkeit erforderliche Ruhezeit und darüber hinaus auf eine gewisse Freizeit zur Instandhaltung der Bekleidung und der Unterkunft.

Im Umgang mit allen Kriegsgefangenen sind diese Leitsätze von jedem Deutschen unbedingt zu beachten. Sie gelten auch gegenüber französischen und belgischen Kriegsgefangenen, denen gewisse Erleichterungen gewährt sind.

Jeder Verstoß gegen diese Richtlinien sabotiert die Kriegsführung und wird streng bestraft.

Dieses Merkblatt ist aufgestellt in Zusammenarbeit Oberkommando der Wehrmacht — Reichsministerium für Volksaufklärung und Propaganda und allen Parteidienststellen auf deren Dienstwegen zugegangen. Andere Merkblätter über die Behandlung Kriegsgefangener und Zusätze zu diesem Merkblatt sind verboten. Alte Merkblätter sind einzuziehen.

Berlin, im Mai 1942.

Quelle: HStA Düsseldorf, Rep 112/18106

»Die innere Front«

Kurt K.
Bez. Köln   Bergneustadt, den 15. 12. 42

An die
Ortsgruppe der NSDAP
Bergneustadt,
z. Hd. Pg. A.
Bergneustadt

Betr. Frau Lucie K.

Meine Eltern, Fritz K. und Frau Anna geb . . . wohnhaft in der Leie 5, setzten mich vor einigen Tagen davon in Kenntnis, daß obengenannte Vgn. K. über ihre Nachbarin, die Vgn. Ilse M., geb. 11. 12. 1920 zu Bergneustadt, ledig, Fabrikarbeiterin, gesprächsweise und zu verschiedenen Zeiten folgende Angaben gemacht habe:

1) die Vgn. M. habe seit 1941 bis vor kurzem in Wiedenest mit einem kriegsgefangenen Franzosen ein Liebesverhältnis unterhalten, sie habe dem Franzosen sogar Zuwendungen verschiedener Art gemacht, z. B. Handschuhe gestrickt.
Außerdem habe sie von dem Franzosen ein Lichtbild erhalten, zum Geschenk, das ihn in Zivil darstellt. (Dieses Bild soll nach Aussagen der Mutter der Frau K., Maria S., ihrer Tochter, also Frau K., zur Aufbewahrung übergeben worden sein, »vorsichtshalber« (!). Dieses Bild haben meine Eltern durch die Maria S. zu Gesicht bekommen, allerdings ohne Wissen der Frau K.
2.) ferner habe die Ilse M. vor einiger Zeit dem in der Metzgerei Wilhelm H., In der Leie, tätigen kriegsgefangenen Franzosen eine Brief – enthaltend eine Aufforderung zum Stelldichein (!) – geschrieben und ihn ihrem jüngeren, schulpflichtigen Bruder übergeben mit der Bitte, ihn dem Franzosen zuzustellen. Jedoch soll der junge M. dem Verlangen seiner Schwester nicht nachgekommen sein.
Da hier schwerwiegende Beschuldigungen seitens der Frau K. erhoben werden, stelle ich den Antrag, zur Klarstellung des Sachverhalts, die Vgn. Frau K. zur Geschäftsstelle der Ortsgruppe der NSDAP Bergneustadt, zu laden.

Heil Hitler
Unterschrift

Quelle: HStA Düsseldorf, Rep. 112/18793

Beglaubigte Abschrift
Geschäftsnummer: 33 SLs 7/43
                  39 – 47/43

Strafsache
gegen die Fabrikarbeiterin Ilse M., . . . ledig, zur Zeit im Gefängnis in Köln in Untersuchungshaft, wegen verbotenen Umgangs mit Kriegsgefangenen.

Das Sondergericht 3 bei dem Landgericht in Köln hat am 2. März 1943 für Recht erkannt:
Die Angeklagte wird wegen verbotenen Umgangs mit einem französischen Kriegsgefangenen zu 1 Jahr 6 Monaten Zuchthaus verurteilt.
Auf die erkannte Strafe wird 1 Monat der erlittenen Untersuchungshaft angerechnet.
Die Kosten des Verfahrens treffen die Angeklagte.
Die vorstehende Abschrift der Urteilsformel wird beglaubigt. Das Urteil ist vollstreckbar.

Köln, den 13. März 1943.
Unterschrift
Justizinspektor. – Urkundsbeamter der Geschäftsstelle des Landgerichts.

Quelle: HStA Düsseldorf, Rep 112/18793

Abbildung 170
Französischer Kriegsgefangener

Abbildung 171
Foto, das vor der Verurteilung wegen verbotenen Umgangs mit Kriegsgefangenen entstanden ist

Im Namen des Deutschen Volkes!

Strafsache
gegen die Fräserin Ehefrau Hans N., Maria geborene K., verheiratet, nicht vorbestraft, z. Zt. in Untersuchungshaft, wegen verbotenen Umgangs mit Kriegsgefangenen.
Das Sondergericht in Düsseldorf hat in der Sitzung vom 23. II. 43, an der teilgenommen haben:

Landgerichtsdirektor van M. als Vorsitzender,
Amtsgerichtsrat Dr. St. und Landgerichtsrat Sp. als beisitzende Richter,
Staatsanwalt B. als Beamter der Staatsanwaltschaft,

für Recht erkannt:
Die Angeklagte wird wegen verbotenen Umgangs mit einem Kriegsgefangenen unter Anrechnung der Untersuchungshaft zu einer Zuchthausstrafe von 1 Jahr kostenpflichtig verurteilt.
Die bürgerlichen Ehrenrechte werden ihr auf die Dauer von 2 Jahren aberkannt.

Gründe:
[...]
An Stelle des eingezogenen Ehemannes der Angeklagten waren auf dem Hof ihrer Schwiegereltern seit Ende 1939 Kriegsgefangene beschäftigt. Seit Anfang 1941 war dort der franz. Kriegsgefangene Andrée B. tätig.
Nach einiger Zeit, und zwar im Laufe des Jahres 1941, traten die beiden in engere Beziehungen zu einander. Sie schenkten sich gegenseitig Zigaretten, die sie gemeinsam rauchten. Ferner ließ sich die Angeklagte von dem Gefangenen Bohnenkaffee und Schokolade schenken. Sodann tauschten sie auch Zärtlichkeiten miteinander aus. Wenn sie allein auf dem Felde arbeiteten, setzten sie sich während der Kaffeepause häufig dicht zusammen und schmiegten sich dabei eng aneinander. Dies ist von dem Schwiegervater der Angeklagten, dem Zeugen [...], mindestens sechsmal und von dem Zeugen B. ebenfalls einige Male beobachtet worden.
Auf Grund des vorerwähnten Sachverhaltes hat die Angeklagte vorsätzlich gegen eine zur Regelung des Umganges mit Kriegsgefangenen erlassene Vorschrift verstoßen. Nach § 1 der Umgangsverordnung vom 11. V. 1940 ist nämlich jeglicher Verkehr mit Kriegsgefangenen verboten, es sei denn, daß dieser durch ein Dienst- oder Arbeitsverhältnis zwangsläufig bedingt ist und das notwendigste Maß nicht überschreitet. Zwar hat die Angeklagte sich auf Grund des bestehenden Arbeitsverhältnisses täglich mit dem Gefangenen befassen müssen. Sie hat dies aber sowohl während der Arbeit als auch außerhalb dieser Tätigkeit in einer Weise getan, die weit über das notwendige Maß hinausging.
Ferner hat sie durch ihr Verhalten in grober Weise das gesunde Volksempfinden verletzt. Wenn auch gegen den einzelnen Franzosen nur wenig Haß in der Bevölkerung vorhanden sein mag und die Anbahnung besserer Beziehungen im Sinne des Führers liegt, so kann und darf aber nicht vergessen werden, welches Leid dem Deutschen Volke im Kriege mit Frankreich zugefügt worden ist. Der Stolz und die Würde des Deutschen Volkes erfordern daher, daß im Verkehr mit Kriegsgefangenen, insbesonders auch mit franz. Kriegsgefangenen, äußerste Zurückhaltung gewahrt wird. Die Angeklagte hat das Gegenteil getan und die Ehre der deutschen Frau und Mutter in den Schmutz gezogen. Wenn auch geschlechtliche Beziehungen und eine Beihilfe zur Flucht nicht nachweisbar sind, so erscheint das Verhalten der Angeklagten aber doch derart verwerflich, daß darin ein schwerer Fall erblickt werden muß.

Hiernach war die Angeklagte wegen fortgesetzten Verbrechens nach § 4 der VO. zur Ergänzung der Strafvorschriften zum Schutze der Wehrkraft des Deutschen Volkes vom 25. 11. 1939 in Verbindung mit § 1 der Umgangsverordnung vom 11. 5. 1940 – unter Annahme eines schweren Falles – zu bestrafen.
Mit Rücksicht darauf, daß die Angeklagte sich bisher straffrei geführt hat, daß geschlechtliche Beziehungen nicht bestanden haben und auch eine Beihilfe zur Flucht nicht in Frage kommt, ferner unter Berücksichtigung des Umstandes, daß die Tat der Angeklagten zum Teil darauf zurückzuführen ist, daß sie infolge des bestehenden Arbeitsverhältnisses zwangsläufig täglich mit dem Gefangenen in Berührung kam, erschien die im Gesetz vorgesehene Mindeststrafe von 1 Jahr Zuchthaus als eine ausreichende und angemessene Sühne.
Aus Billigkeitsgründen ist hierauf gemäß § 60 STGB. die erlittene Untersuchungshaft angerechnet worden.
Da die Angeklagte ehrlos gehandelt hat, mußten ihr die bürgerlichen Ehrenrechte auf die Dauer von 2 Jahren aberkannt werden.
Die Kosten des Verfahrens hat die Angeklagte gemäß § 465 StPO. zu tragen.

Quelle: HStA Düsseldorf, Rep. 114/2901

Abbildung 172
Vollstreckung von Todesurteilen des Sondergerichts Breslau wegen Schwarzhandels mit Mehl und Zucker

8. Polenstrafrechts-Verordnung

Verordnung über die Strafrechtspflege gegen Polen und Juden in den eingegliederten Ostgebieten
Vom 4. Dezember 1941
Der Ministerrat für die Reichsverteidigung verordnet mit Gesetzeskraft:

1. Sachliches Strafrecht

I.
(1) Polen und Juden haben sich in den eingegliederten Ostgebieten entsprechend den deutschen Gesetzen und den für sie ergangenen Anordnungen der deutschen Behörden zu verhalten. Sie haben alles zu unterlassen, was der Hoheit des Deutschen Reiches und dem Ansehen des deutschen Volkes abträglich ist.
(2) Sie werden mit dem Tode bestraft, wenn sie gegen einen Deutschen wegen seiner Zugehörigkeit zum deutschen Volkstum eine Gewalttat begehen.
(3) Sie werden mit dem Tode, in minder schweren Fällen mit Freiheitsstrafe bestraft, [. . .]

II.
Polen und Juden werden auch bestraft, wenn sie gegen die deutschen Strafgesetze verstoßen oder eine Tat begehen, die gemäß dem Grundgedanken eines deutschen Strafgesetzes nach den in den eingegliederten Ostgebieten bestehenden Staatsnotwendigkeiten Strafe verdient.

III.
(1) Als Strafen werden gegen Polen und Juden Freiheitsstrafe, Geldstrafe oder Vermögenseinziehung verhängt. Freiheitsstrafe ist Straflager von

drei Monaten bis zu zehn Jahren. In schweren Fällen ist Freiheitsstrafe verschärftes Straflager von zwei bis zu fünfzehn Jahren.
(2) Auf Todesstrafe wird erkannt, wo das Gesetz sie androht. Auch da, wo das Gesetz Todesstrafe nicht vorsieht, wird sie verhängt, wenn die Tat von besonders niedriger Gesinnung zeugt oder aus anderen Gründen besonders schwer ist; in diesen Fällen ist Todesstrafe auch gegen jugendliche Schwerverbrecher zulässig.
(3) Die in einem deutschen Strafgesetz bestimmte Mindestdauer einer Strafe und eine zwingend vorgeschriebene Strafe dürfen nicht unterschritten werden, es sei denn, daß sich die Straftat ausschließlich gegen das eigene Volkstum des Täters richtet.
(4) An Stelle einer nicht beitreibbaren Geldstrafe tritt Straflager von einer Woche bis zu einem Jahr.

2. Strafverfahren

IV.
Der Staatsanwalt verfolgt Straftaten von Polen und Juden, deren Ahndung er im öffentlichen Interesse für geboten hält.
[...]

VI.
(1) Jedes Urteil ist sofort vollstreckbar; jedoch kann der Staatsanwalt gegen Urteile des Amtsrichters Berufung an das Oberlandesgericht einlegen. Die Berufungsfrist beträgt zwei Wochen.
(2) Auch das Beschwerderecht steht allein dem Staatsanwalt zu; über die Beschwerde entscheidet das Oberlandesgericht.

VII.
Polen und Juden können deutsche Richter nicht als befangen ablehnen.

VIII.
(1) Verhaftung und vorläufige Festnahme sind stets zulässig, wenn dringender Tatverdacht vorliegt.
(2) Im Vorverfahren kann auch der Staatsanwalt die Verhaftung und die sonst zulässigen Zwangsmittel anordnen.

IX.
Polen und Juden werden im Strafverfahren als Zeugen nicht beeidigt; auf eine unwahre uneidliche Aussage vor Gericht finden die Vorschriften über Meineid und Falscheid sinngemäß Anwendung.

X.
(1) Die Wiederaufnahme des Verfahrens kann nur der Staatsanwalt beantragen. Über Anträge auf Wiederaufnahme des Verfahrens gegen ein Urteil des Sondergerichts entscheidet dieses.
(2) Die Nichtigkeitsbeschwerde steht dem Generalstaatsanwalt zu; über sie entscheidet das Oberlandesgericht.

XI.
Polen und Juden können weder Privatklage noch Nebenklage erheben.

XII.
Gericht und Staatsanwalt gestalten das Verfahren auf der Grundlage des deutschen Strafverfahrensrechts nach pflichtgemäßem Ermessen. Sie können von Vorschriften des Gerichtsverfassungsgesetzes und des Reichsstrafverfahrensrechts abweichen, wo dies zur schnellen und nachdrücklichen Durchführung des Verfahrens zweckmäßig ist.

3. Standgerichtliches Verfahren

XIII.
(1) Der Reichsstatthalter (Oberpräsident) kann in den eingegliederten Ostgebieten mit Zustimmung des Reichsministers des Innern und des Reichsministers der Justiz für seinen Verwaltungsbereich oder einzelne Teile davon anordnen, daß Polen und Juden wegen schwerer Ausschreitungen gegen Deutsche sowie wegen anderer Straftaten, die das deutsche Aufbauwerk ernstlich gefährden, bis auf weiteres von Standgerichten abgeurteilt werden können.
(2) Als Strafe wird von den Standgerichten die Todesstrafe verhängt. Die Standgerichte können auch von Strafe absehen und statt dessen die Überweisung an die Geheime Staatspolizei aussprechen.
(3) Das Nähere über die Besetzung der Standgerichte und ihr Verfahren regelt der Reichsstatthalter (Oberpräsident) mit Zustimmung des Reichsministers des Innern.

Quelle: RGBl. I, 1941, S. 759 ff.

Vermerk der Reichskanzlei

5850 B Berlin, den 22. April 1941

Betrifft: Strafrecht gegen Polen und Juden in den eingegliederten Ostgebieten.

1.) Vermerk:

Der Justizminister übersendet den Entwurf einer Ministerratsverordnung über die Strafrechtspflege gegen Polen und Juden in den eingegliederten Ostgebieten und in Danzig. Durch VO. vom 6. Juni 1940 ist das deutsche Strafrecht in weitestem Umfang in den Ostgebieten eingeführt worden. In einer ausführlichen Stellungnahme vom 20. November 1940 hatte der Stellvertreter des Führers dies als Fehler bezeichnet, soweit hierdurch die Polen dem deutschen Strafrecht unterstellt würden. Der Stellvertreter des Führers hatte die Schaffung eines besonderen Strafrechts und Strafprozeßrechts für Polen gefordert. Auf den Vermerk vom 26. November 1940 darf für Einzelheiten verwiesen werden.

Die Vorschläge, die der Justizminister in dem Verordnungsentwurf macht und in dem Begleitschreiben erläutert, tragen dem Wunsche des Stellvertreters des Führers weitgehend Rechnung. Der Entwurf stellt ein drakonisches Sonderstrafrecht für Polen und Juden auf, das sehr weite Tatbestände formuliert und überall die Todesstrafe zuläßt. Auch die Art der Freiheitsstrafe ist gegenüber dem deutschen Strafrecht verschärft (statt Gefängnis- und Zuchthausstrafe Straflager und verschärftes Straflager). Hinter diesem Sonderstrafrecht soll subsidiär das deutsche Strafrecht gelten (II). Strafprozessuale Vorschriften, die zur Obstruktion benutzt werden könnten, sind beseitigt (so die Berufungsmöglichkeit durch den Angeklagten, das Klageerzwingungsverfahren, die Ablehnung des Richters; vgl. auch Art. XII S. 2). Von den Anregungen des Stellvertreters des Führers weicht der Justizminister lediglich in zwei Punkten ab:

a) Der Stellvertreter des Führers hielt es seinerzeit für zweckmäßiger, wenn die Reichsstatthalter (und also auch die beiden beteiligten Oberpräsidenten) ermächtigt würden, das Sonderstrafrecht einzuführen – der Justizminister sieht eine Reichsverordnung vor.

b) Der Stellvertreter des Führers erwägt die Einführung der Prügelstrafe – der Justizminister lehnt dies ab.

Der Justizminister beabsichtigt, den Entwurf dem Ministerrat zur Verabschiedung vorzulegen. Staatssekretär Schlegelberger hat den Wunsch, die Angelegenheit zuvor mit Herrn Reichsminister zu besprechen; er möchte Herrn Reichsminister bitten, die Entscheidung des Führers über die Grundzüge der geplanten Regelung herbeizuführen.

2.) Herrn Reichsminister gehorsamst vorgelegt.

Die Angelegenheit dürfte zunächst mit Staatssekretär Schlegelberger zu besprechen sein. Nach Mitteilung von MinDir. Schäfer (RJM.) beabsichtigt StS. Schlegelberger, bei dieser Besprechung auch Mitteilungen über die Stellungnahme des Generalgouverneurs zu machen.

Quelle: Akten der Reichskanzlei, BA, R 43 II/1549

Quelle: HStA Düsseldorf, NW 174/165

Aus Urteilen zur Polenstrafrechtsverordnung

🙶 »Der Angeklagte wird wegen unerlaubten Munitionsbesitzes nach § 1 Ziff. 5 der Polenstrafrechtsverordnung zum Tode verurteilt. Die Kosten des Verfahrens fallen dem Angeklagten zur Last.«
(Urteil des Sondergerichts Zichenau vom 26. 8. 1942.)

»Die Angeklagte hat den Kriminalsekretär H. geohrfeigt. Sie wird daher wegen einer Gewalttat gegen einen deutschen Polizeibeamten aufgrund der Polenstrafrechtsverordnung zum Tode verurteilt.«
(Urteil des Sondergerichts Zichenau vom 29. Juni 1944.) 🙷

Quelle: Zentrale Stelle der Landesjustizverwaltungen, Ludwigsburg

Der Reichsminister der Justiz
Führerinformation

1942 Nr. 90
Von den 1146 im ersten Halbjahr 1942 hier vorgelegten Todesurteilen sind 530 gegen Polen ergangen. Davon wegen

a) Hochverrat	80
Landesverrat	21
Landfriedensbruch	38
b) Kriegsdelikte	161, und zwar
Rundfunkverbrechen	2
Schwarzschlachtungen	20
Schiebungen mit Kleiderkartenpunkten	2
sonstige Kriegswirtschaftsverbrechen	11
Beraubung von Feldpostsendungen	5
Begünstigung der Flucht von Kriegsgefangenen	6
staatsfeindliche Hetze	5
Amtsanmaßung	2
Sabotagehandlungen	11
unbefugter Waffenbesitz	45
Plünderungen nach Fliegeralarm	1
Brandstiftungen	4
unter Ausnutzung der Verdunkelung und der Kriegsverhältnisse begangene Einbrüche	23
Aufsässigkeiten gegen deutsche Dienstherren	14
Schädigung des Wohls des deutschen Volkes (u. a. Geschlechtsverkehr mit deutschen Frauen)	10
c) Allgemeine schwere Kriminalität	230, und zwar
Mord	42
Sittlichkeitsverbrechen	47
Raub	33
Gewaltverbrechen	38
Gewohnheitsverbrecher (meist Einbrüche und Betrügereien)	70

Berlin, den 30. Juli 1942
In Vertretung
Unterschrift

Quelle: Akten des Reichsjustizministeriums, BA, R 22/4089

9. Rundfunk-Verordnung

Verordnung über außerordentliche Rundfunkmaßnahmen
Vom 1. September 1939

Im modernen Krieg kämpft der Gegner nicht nur mit militärischen Waffen, sondern auch mit Mitteln, die das Volk seelisch beeinflussen und zermürben sollen. Eines dieser Mittel ist der Rundfunk. Jedes Wort, das der Gegner herübersendet, ist selbstverständlich verlogen und dazu bestimmt, dem deutschen Volke Schaden zuzufügen. Die Reichsregierung weiß, daß das deutsche Volk diese Gefahr kennt, und erwartet daher, daß jeder Deutsche aus Verantwortungsbewußtsein heraus es zur Anstandspflicht erhebt, grundsätzlich das Abhören ausländischer Sender zu unterlassen. Für diejenigen Volksgenossen, denen dieses Verantwortungsbewußtsein fehlt, hat der Ministerrat für die Reichsverteidigung die nachfolgende Verordnung erlassen.

Der Ministerrat für die Reichsverteidigung verordnet für das Gebiet des Großdeutschen Reichs mit Gesetzeskraft:

§ 1
Das absichtliche Abhören ausländischer Sender ist verboten. Zuwiderhandlungen werden mit Zuchthaus bestraft. In leichteren Fällen kann auf Gefängnis erkannt werden. Die benutzten Empfangsanlagen werden eingezogen.

§ 2
Wer Nachrichten ausländischer Sender, die geeignet sind, die Widerstandskraft des deutschen Volkes zu gefährden, vorsätzlich verbreitet, wird mit Zuchthaus, in be-

sonders schweren Fällen mit dem Tode bestraft.

§ 3
Die Bestimmungen dieser Verordnung gelten nicht für Handlungen, die in Ausübung des Dienstes vorgenommen werden.

§ 4
Für die Verhandlungen und Entscheidung bei Zuwiderhandlungen gegen diese Verordnung sind die Sondergerichte zuständig.

§ 5
Die Strafverfolgung auf Grund von §§ 1 und 2 findet nur auf Antrag der Staatspolizeistellen statt.

§ 6
Der Reichsminister für Volksaufklärung und Propaganda erläßt die zur Durchführung dieser Verordnung erforderlichen Rechts- und Verwaltungsvorschriften, und zwar, soweit es sich um Strafvorschriften handelt, im Einvernehmen mit dem Reichsminister der Justiz.

§ 7
Die Verordnung tritt mit ihrer Verkündung in Kraft.

Quelle: RGBl. I, 1939, S. 1683

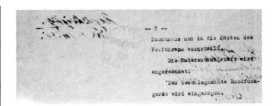

Quelle: StAB 4/89/5-5 Sond. KLs 17/41

„Geschäftsnummer: 1 Sond.KLs. 90/42.
108
Im Namen des Deutschen Volkes!

In der Strafsache gegen
1. den Milchverteiler Wilhelm S., verh., ev.-luth., nicht vorbestraft,
2. den Schmiedemeister August B., verh., ev.-luth., nicht vorbestraft,
3. den Schneidermeister Heinrich B., verh., ev.-luth., nicht vorbestraft,
4. den Arbeiter Otto D., ledig, ev.-luth., nicht vorbestraft,
5. den Bahnarbeiter Wilhelm K., verh., ev.-luth., nicht vorbestraft,
6. den Aushilfsweichensteller Hermann W., geschieden, ev.-luth., nicht vorbestraft,
sämtlich vorläufig festgenommen am 27. 7. 1942 und seit dem 8. 8. 1942 auf Grund des Haftbefehls des Amtsgerichts Braunschweig vom gleichen Tage in der Untersuchungshaftanstalt Braunschweig in Untersuchungshaft,
wegen Verbrechens gegen die Rundfunkverordnung hat das Sondergericht Braunschweig in der Sitzung vom 2. Oktober 1942, an der teilgenommen haben:

Landgerichtsdirektor Dr. L. als Vorsitzender,
Amtsgerichtsrat Dr. S.,
Landgerichtsrat Dr. G. als beisitzende Richter,
Staatsanwalt F. als Beamter der Staatsanwaltschaft,
Justizassistent G. als Urkundsbeamter der Geschäftsstelle,

für Recht erkannt:
Es werden verurteilt:
1. der Angeklagte S. wegen fortgesetzten Abhörens ausländischer Sender, zum Teil begangen in Eintat mit Verbreitung ausländischer Nachrichten zu einer Zuchthausstrafe von 3 – drei – Jahren – 6 – sechs – Monaten;
2. der Angeklagte B. wegen fortgesetzten Abhörens ausländischer Sender, zum Teil begangen in Eintat mit Verbreitung ausländischer

Der illegale Sender.

Die Verhaftung.

Abbildungen 173 und 174
Clément Moreau, Linolschnitte, um 1937

Nachrichten zu einer Zuchthausstrafe von 3 – drei – Jahren – 6 – sechs – Monaten;
3. der Angeklagte B. wegen Abhörens ausländischer Sender in 2 Fällen zu einer Gesamtstrafe von 7 – sieben – Monaten Gefängnis;
4. der Angeklagte D. wegen fortgesetzten Abhörens ausländischer Sender zu einer Zuchthausstrafe von 1 – einem – Jahr,
5. der Angeklagte K. wegen versuchten Abhörens ausländischer Sender und wegen fortgesetzten vollendeten Abhörens ausländischer Sender sowie wegen Verbreitens ausländischer Nachrichten zu einer Gesamtstrafe von 1 – einem – Jahr – 6 – sechs – Monaten Zuchthaus;
6. der Angeklagte W. wegen fortgesetzten Abhörens ausländischer Sender zu einer Gefängnisstrafe von 6 – sechs – Monaten.

Sämtlichen Angeklagten wird die erlittene Untersuchungshaft auf die erkannten Strafen angerechnet.
Die bei den Angeklagten S. und B. sichergestellten Rundfunkgeräte Marke Körting und Marke Siemens sowie der von dem Angeklagten K. benutzte Volksempfänger werden eingezogen.
Die Kosten des Verfahrens fallen den Angeklagten zur Last.

Quelle: Niedersächsisches StA Wolfenbüttel, 42 B Neu Fb. 7 NG 1067

10. Gegen »Schwätzer und Hetzer«

Gesetz gegen heimtückische Angriffe auf Staat und Partei und zum Schutz der Parteiuniformen
Vom 20. Dezember 1934

Die Reichsregierung hat das folgende Gesetz beschlossen, das hiermit verkündet wird:

Artikel 1

§ 1
(1) Wer vorsätzlich eine unwahre oder gröblich entstellte Behauptung tatsächlicher Art aufstellt oder verbreitet, die geeignet ist, das Wohl des Reichs oder das Ansehen der Reichsregierung oder das der Nationalsozialistischen Deutschen Arbeiterpartei oder ihrer Gliederungen schwer zu schädigen, wird, soweit nicht in anderen Vorschriften eine schwerere Strafe angedroht ist, mit Gefängnis bis zu zwei Jahren und, wenn er die Behauptung öffentlich aufstellt oder verbreitet, mit Gefängnis nicht unter drei Monaten bestraft.
(2) Wer die Tat grob fahrlässig begeht, wird mit Gefängnis bis zu drei Monaten oder mit Geldstrafe bestraft.
(3) Richtet sich die Tat ausschließlich gegen das Ansehen der NSDAP. oder ihrer Gliederungen, so wird sie nur mit Zustimmung des Stellvertreters des Führers oder der von ihm bestimmten Stelle verfolgt.

§ 2
(1) Wer öffentlich gehässige, hetzerische oder von niedriger Gesinnung zeugende Äußerungen über leitende Persönlichkeiten des Staates oder der NSDAP., über ihre Anordnungen oder die von ihnen geschaffenen Einrichtungen macht, die geeignet sind, das Vertrauen des Volkes zur politischen Führung zu untergraben, wird mit Gefängnis bestraft.
(2) Den öffentlichen Äußerungen stehen nichtöffentliche böswillige Äußerungen gleich, wenn der Täter damit rechnet oder damit rechnen muß, daß die Äußerung in die Öffentlichkeit dringen werde.

Quelle: RGBl. I, 1934, S. 1269

»Der Führer ist nach dem Attentat (gemeint: 20. Juli) an der Front mit Steinen beworfen worden«.
2 Monate Gefängnis, umgewandelt in Geldstrafe.
Urteil des Sondergerichts Berlin vom 7. 2. 1945.

Quelle: Staatsanwaltschaft beim Landgericht Berlin, Akte 11 K Ms 11/45.

»Laßt uns nun beten für die Juden und die armen Gefangenen in den Konzentrationslagern, vor allem auch für meine Amtsbrüder.« »Laßt euch durch diese unchristliche Gesinnung (gemeint war eine Hetzschrift gegen Juden) nicht beirren, sondern handelt nach dem strengen Gebote Jesu Christi: Du sollst deinen Nächsten lieben wie dich selbst.«
2 Jahre Gefängnis
Urteil des Sondergerichts Berlin vom 22. 5. 1942.

Quelle: Schimmler, Recht ohne Gerechtigkeit, Berlin 1984, S. 33

In Berlin sehe es böse aus. Man dürfe nicht mehr wagen, mit »Heil Hitler!« zu grüßen, weil man dann auch mit ein paar Ohrfeigen rechnen müsse. In Berlin seien auch bereits etwa 150 Personen erschossen worden, die sich gegen Maßnahmen auf dem Gebiete der Lebensmittelversorgung aufgelehnt hätten.
4 Jahre Zuchthaus
Urteil des Sondergerichts Braunschweig vom 12. 5. 1942

Quelle: Niedersächsisches Staatsarchiv Wolfenbüttel, 42 B Neu Fb. NG 1071

Abbildung 175

Abbildung 176

Erwiderung auf Heil Hitler:
»Der Mann ist nicht mehr zu heilen.«
6 Monate Gefängnis
Urteil des Sondergerichts Köln vom 27. 5. 1944
Quelle: HStA Düsseldorf, Rep. 112/18831

Der Führer habe unter Erregungszuständen zu leiden, bei denen er sich auf den Teppich werfe und in dem Teppich festkralle.
8 Monate Gefängnis
Urteil des Sondergerichts Berlin vom 5. 5. 1943
Quelle: Staatsanwaltschaft beim Landgericht Berlin, Akte 3 Sond. K Ms 36/43

»Dieses Mal (gemeint der Angriff auf die Sowjetunion) hat das Aas den Sieg aber nicht in der Tasche«.
8 Monate Gefängnis
Urteil des Sondergerichts Berlin vom 22. 7. 1942
Quelle: Schimmler, Recht ohne Gerechtigkeit, Berlin 1984, S. 60

»Es dauert nicht mehr lange, dann hängt an jedem Baum ein Nazi.« (Der Verurteilte bezog sich auf Informationen aus ausländischen Sendern.)
1 Jahr Gefängnis
Urteil des Sondergerichts Köln vom 25. 4. 1944
Quelle: HStA Düsseldorf, Rep. 112/18843

»Na, wir denken, es kann nicht mehr lange dauern, und der Engländer wird hier sein [...] Die Kölner haben die Knechtschaft [...] Hitlers satt. Ihr müßtet nur mal hören, wie über ihn geschimpft wird [...].«
1 Jahr und 2 Monate Gefängnis
Urteil des Sondergerichts Köln vom 6. 6. 1944
Quelle: HStA Düsseldorf, Rep. 112/18836

»Der Krieg ist ja sowieso verloren, denn wir liegen wirtschaftlich schon am Boden. Zu Fressen bekommen wir auch nichts mehr und mit dem Fraß, den wir kriegen, hält es ja kein Mensch aus ... Wir wollen uns doch nichts vormachen, ob Plutokraten, Demokraten oder Nationalsozialisten, es ist alles dasselbe Pack ...«
9 Monate Gefängnis
Urteil des Sondergerichts Berlin vom 1. 9. 1942
Quelle: Staatsanwaltschaft beim Landgericht Berlin, 3 Sond. K Ms 86/42

Neulich wurde ein Mann, der einen großen Rucksack trug, von einem Schupo angehalten und gefragt, was in dem Rucksack sei. Der Mann antwortete: »Die Regierung«. Daraufhin sagte der Schupo: »Machen Sie keinen Quatsch, ich will wissen, was Sie in dem Rucksack haben.« Daraufhin der Mann: »Sehen Sie doch selber nach.« Und was sah der Schupo? Lumpen, bis oben voll Lumpen.
5 Monate Gefängnis
Urteil des Sondergerichts Berlin vom 16. 2. 1945
Quelle: Staatsanwaltschaft beim Landgericht Berlin, Akte 12 KMs 7/45

»Deutschland hat allein Schuld am Kriege. Der Krieg ist eine Strafe Gottes. Es sei eine Strafe, was über uns hereingebrochen sei.«
4 Monate Gefängnis
Urteil des Sondergerichts Berlin vom 17. 4. 1941
Quelle: Schimmler, Recht ohne Gerechtigkeit, Berlin 1984, S. 50

»Hitler ist ein Gefreiter, wie kann ein Gefreiter einen solchen Krieg führen.«
1 Jahr Gefängnis
Urteil des Sondergerichts Köln vom 21. 1. 1944
Quelle: HStA Düsseldorf, Rep. 112/18794

Spottgedicht:
Komme Herr Hitler, sei unser Gast und gib uns die Hälfte von dem, was du uns versprochen hast, aber nicht Eintopf und Hering, sondern was du ißt und Göring, du nahmst uns Butter und Speck, sogar die billige Margarine weg, Volk ohne Butter, Vieh ohne Futter, Führer ohne Frau, zehn Metzger schlagen sich um eine Sau, das nennt man Aufbau, Feste feiern, Namen entschleiern, heißt Deutschland erneuern, Bonzen werden immer netter, Minister immer fetter, das Volk wird immer dürrer, das verdanken wir dem Führer, darum Hindenburg komm wieder, du edler Streiter, denn dein Gefreiter kann nicht weiter. Amen.
1 Jahr Gefängnis
Urteil des Sondergerichts Köln vom 21. 8. 1943

Quelle: HStA Düsseldorf, Rep. 112/18792

»In diesem Jahr wird mit dem Krieg Schluß sein . . . Nein, siegen können wir nicht. Es kommt genau so wie 1918 . . . Hitler reißt das Maul immer sehr weit auf, aber er widerspricht sich . . .«
3 Monate Gefängnis
Nach Nichtigkeitsbeschwerden: 1 Jahr Gefängnis
Urteil des Sondergerichts Frankfurt/Oder vom 1. 9. 1943.
Urteil des Sondergerichts Berlin vom 23. 6. 1944

Quelle: Staatsanwaltschaft beim Landgericht Berlin, 5 Sond. K Ms 15/43

»Das sind noch Sachen aus der guten alten Zeit, da war Herr Brüning noch Reichskanzler, da gab es auch noch Leinöl für 23 Pfennig, so was liefert uns der Hitler nicht.«
6 Monate Gefängnis
Urteil des Sondergerichts Köln vom 5. 6. 1944

Quelle: HStA Düsseldorf, Rep. 112/18736

»In Deutschland würden die Insassen der Konzentrationslager brutal hingemordet. Er selber habe während seines Aufenthaltes im Konzentrationslager gesehen, daß gelegentlich 7 Marterpfähle aufgestellt wurden, an die dann mehrere Insassen gebunden wurden. Die ganze Nacht hindurch hätten die Häftlinge das Schreien und Stöhnen der Opfer gehört und am anderen Morgen seien diese, nachdem sie verstorben seien, in schwarze Kisten als Leichen abtransportiert worden. Wenn Leute erschossen worden seien, habe es nachher geheißen ›auf der Flucht erschossen‹.«
1 Jahr und 6 Monate Gefängnis
Urteil des Sondergerichts Bremen vom 13. 8. 1941

Quelle: Staatsarchiv Bremen, Akte 4,89/5-5 Sond. K Ms 9/41 (lfd. Nr. 63)

11. Leben oder Tod – eine Frage der Willkür

Defätist – aber kriegswichtig
Der Fall St.

Im Namen des Deutschen Volkes!

In der Strafsache gegen
den Diplom-Ingenieur Willi St. aus Posen, geboren am ..., zur Zeit in dieser Sache in gerichtlicher Untersuchungshaft, wegen Wehrkraftzersetzung und Feindbegünstigung,
hat der Volksgerichtshof, 1. Senat, aufgrund der Hauptverhandlung vom 23. September 1943, an welcher teilgenommen haben

als Richter:
Präsident des Volksgerichtshofes Dr. Freisler,
Landgerichtsrat Dr. Sch.,
Generalarbeitsführer V.,
W-Brigadeführer B.,
Hauptgemein ... (unleserlich gemacht)

als Vertreter des Oberreichsanwalts:
Erster Staatsanwalt H.,

für Recht erkannt:
Willi St., der als Diplom-Ingenieur ein Vorbild sein sollte, hat aus seiner gemeinschaftsfeindlichen Persönlichkeit heraus Äußerungen zu einer Arbeitskameradin getan und damit unseren Kriegsfeinden geholfen.
Er ist für immer ehrlos und wird mit dem Tode bestraft.

Gründe:
Willi St. ist ein junger Diplom-Ingenieur von 28 Jahren. Alles folgende beruht auf seinem eigenen Geständnis, das er in der Hauptverhandlung abgelegt hat.
Er ist nach dem bestimmten Eindruck, den der Volksgerichtshof gewonnen hat, ein durch und durch gemeinschaftsfeindlicher Mensch. Gehört er doch trotz seiner Jugend weder der NSDAP noch einer ihrer Gliederungen an! Hat er doch erfolgreich eine berufliche Arbeit in Breslau abgelehnt, weil er da in einer Lagergemeinschaft hätte leben müssen (die Ablehnung war zwar mit gesundheitlichen Gründen getarnt, aber das Lagerleben ist nicht weniger gesund als das in Einzelwohnungen), und hat er doch von Posen aus, wohin ihn seine Firma (Telefunken) dann versetzte, in dieser Zeit der Belastung unserer Bahnen wöchentlich nach Berlin fahren wollen und war sehr verbittert, weil seine Firma ihn daran – durchaus mit Recht – hinderte.
Dieser gemeinschaftsfeindliche junge Mann hat sich nicht gescheut, einer Mitarbeiterin bei Telefunken gegenüber, der Volksgenossin Eva Maria von G., im Laufe einer Reihe von Gesprächen im Laufe dieses Jahres schwerste defaitistische Ausführungen zu machen, die nach seinem eigenen Bekenntnis unter anderem in folgendem gipfelten: Jeden Tag solche Nachrichten wie der Sturz Mussolinis und das Leben werde wieder schön! In höchstens 4 Wochen werde nun Italien Frieden haben, der Führer halte sich nicht mehr lange, noch einen Terrorangriff auf Berlin, und wir seien den Führer los, wir würden dann, vielleicht unter Himmler, eine Militärdiktatur haben, die zu einem anständigen Vergleichsfrieden komme. Das werde dann ein schönes Leben werden, arbeiten komme dann für ihn im ersten halben Jahr nicht in Frage, sie dagegen, die Vgn. von G., mit ihrer anderen politischen Ansicht sei eben politisch zu dumm!!!!
St. erklärt seine unglaublichen Ausführungen damit, er habe ihr nur imponieren wollen, und außerdem sei er durch seine Beschäftigung in Posen maßlos erbittert gewesen.
Das Erste eine dumme Rederei: deutsche Mädels lassen sich von deutschen jungen Männern nicht dadurch imponieren, daß diese feige defaitistische Reden führen. Deutsche Mädels wollen in deutschen Männern einsatzbereite Soldaten sehen. Das Zweite ein weiterer Beweis für die Gemeinschaftsfeindschaft, denn die deutsche Jugend muß auf einen Einsatz in unserem Osten stolz sein!
Im letzten Augenblick in der Hauptverhandlung hat der Angeklagte gebeten, ihm die Gelegenheit des Fronteinsatzes zu geben. Aber das konnte den Volksgerichtshof in seiner Beurteilung St. nicht beeinflussen. Mit Recht würde der deutsche Soldat ablehnen, mit solch einem Verräter an unserer Kampfmoral Soldatenkameradschaft zu teilen.
Unsere akademische Jugend hat die Erbschaft von Langemarck zu hüten. St. hatte sie schmählich verraten, er, einer derjenigen, die sich berufen fühlen sollten, in Charakter und Haltung führend zu werden! Pflichtvergessen und vaterlandsverräterisch, hat er durch seine Reden unseren Willen zu mannhafter Wehr untergraben, öffentlich, denn er mußte natürlich damit rechnen, daß die Vgn. von G. das Gehörte – wie sie auch pflichtgemäß getan hat – meldete. (§ 5 KSSVO). Er hat sich da-

mit zum Propagandisten unserer Feinde gemacht. Denn auf die Zerrüttung unserer Haltung läuft deren Propaganda hinaus. (§ 91 b StGB.). Als gebildeter Mann ist er sich dessen auch bewußt gewesen.
Durch sein Verhalten hat er sich für immer ehrlos gemacht.
Unter den Fällen der Wehrkraftzersetzung, die der Volksgerichtshof in letzter Zeit abzuurteilen hatte, ragt dieser besonders hervor. Ein Mann, der gebildet sein will, ein Mann, der in diesem Krieg bisher nichts geopfert hat, ein Mann, der sonst außerhalb unserer kämpferischen Gemeinschaft steht, hat maßloseste hetzerische und defaitistische Äußerungen zu einer Arbeitskameradin in einem kriegswichtigen Betriebe getan! Der Volksgerichtshof hat keinen Augenblick zu schwanken gehabt, daß eine solche Ehrlosigkeit nur mit der Todesstrafe bestraft werden kann.
Als Verurteilter muß St. auch die Kosten tragen.

gez. Dr. Freisler
Dr. Sch.

Quelle: Materialien zum Seminar »Recht im Nationalsozialismus« der Landeszentrale für politische Bildung Niedersachsen, S. 85 f.

Im Namen des Deutschen Volkes!

In der Strafsache gegen
den Diplom-Ingenieur Willi St. aus Posen, geboren am . . .
zur Zeit in Haft,
wegen Wehrkraftzersetzung,

hat der Volksgerichtshof, besonderer Senat, auf Grund der Hauptverhandlung vom 29. Februar 1944, auf den außerordentlichen Einspruch des Herrn Oberreichsanwalts vom 29. Januar 1944, eingegangen beim Volksgerichtshof am 7. Februar 1944, an welcher teilgenommen haben

als Richter:
Präsident des Volksgerichtshofs Dr. Freisler, Vorsitzer,
Volksgerichtsrat L.,
Generalmajor der Landespolizei a.D. M.,
General R.
Kapitän zur See S.

als Vertreter des Oberreichsanwalts:
Reichsanwalt P.,

für Recht erkannt:
Willi St. hat sich zu Arbeitskameradinnen unmittelbar nach dem Verrat an Mussolini defätistisch geäußert.

Er hat wichtige Erfindungen gemacht und war schwer verärgert, daß er weit unter seiner Vorbildung und nicht mehr forschend sondern mechanisch beschäftigt wurde. Deswegen und weil er ehrlich den Wunsch geäußert hat, als Soldat zeigen zu dürfen, daß er ein ordentlicher Kerl sei, kommt er mit 7 Jahren Zuchthaus davon. Sieben Jahre lang ist er ehrlos.

Gründe: (Auszug)
Ein Diplomingenieur, dem seine Bildung Verpflichtung bedeuten müßte, sagt so etwas zu jungen Arbeitskameradinnen, die begeistert im Kriegseinsatz in unserer Rüstung am Siege arbeiten, und macht ihnen das Herz damit schwer. Er sagt es in einem Raum, in dem auch Polen arbeiten, und im Warthegau, wo das Deutschtum in besonderem Maße vorbildliche Haltung wahren muß, um sich durchzusetzen. Kein Wort weiter zu verlieren, daß solch schwerer Defätismus ehrlos macht (§ 5 KSSVO.).
Der Herr Oberreichsanwalt hat beantragt, den Fall minder schwer anzusehen, und die Begründung hierfür aus Besonderheiten des Falles und der Persönlichkeit St. geschöpft. In der Tat war St. damals schwer verbittert, und zwar, wie er durch Briefwechselvorlage belegt hat, und wie es uns der Volksgenosse Diplomingenieur R. als Zeuge bestätigte. St. ist Spezialist auf dem Gebiete der Dezimeterwellen, also einem sehr kriegswichtigen Spezialgebiet. Auf diesem Gebiet hat er seine Diplomarbeit geschrieben und eine sehr wichtige bereits patentierte Erfindung gemacht, die bei Heeresfertigungen dauernd verwandt wird. Er arbeitete schon drei Jahre, und mit sehr gutem Erfolg, im Entwicklungslaboratorium von Telefunken in Berlin. Dies Laboratorium wurde verlegt. Er sollte mitverlegt werden. Am Verlegungsort sollte die Gefolgschaft in einem Gemeinschaftslager wohnen. Er beantragte, auf ärztliche Zeugnisse gestützt, ihm Privatwohnen und Privatverpflegung zu gestatten. Das wurde abgelehnt. Und er kam nun von seinem Laboratorium weg und wurde nach Posen versetzt, wo er nicht mehr forschend sondern mit mechanischer Prüfarbeit wie die in drei Monaten angelernten Abiturientinnen beschäftigt wurde. Das verbitterte ihn furchtbar. Er wandte sich deswegen, ohne Antwort zu bekommen, an seinen Berliner Direktor und dann an den Herrn Reichsminister für Bewaffnung und Munition. Er glaubte, ihm sei bitter unrecht geschehen, er sei strafversetzt, und seine Kenntnisse und Fähigkeiten würden nicht im Interesse der Volksgemeinschaft eingesetzt.

Hinzu kommt, daß er, wie der erste Augenschein schon zeigt, ein körperlich sehr schmächtiger, offenbar ganz ins Geistige hinein entwickelter Mensch ist, dessen Körper einen solchen seelischen Konflikt nicht tragen kann, wie uns auch der Sachverständige bestätigt hat.

Endlich kommt hinzu, daß St. heute vor Gericht offenbar ehrlich erklärt hat, er möchte gern als Soldat zeigen, daß er doch ein ordentlicher Kerl sei.

Das alles ermöglichte uns, dem Antrag des Herrn Oberreichsanwaltes entsprechend zu entscheiden, der sieben Jahre Zuchthaus beantragt hat. Mit dieser Strafe glaubten wir, in diesem Fall den Schutz des Reiches gegen Defätismus zu sichern und zugleich St., wenn die zuständigen Dienststellen das bewilligen sollten, die Möglichkeit zu geben, als Soldat wirklich noch ein Kerl zu werden.

Sieben Jahre lang ist St. durch seine Tat ehrlos geworden.

Seine Haft haben wir St. ganz auf seine Strafe angerechnet.

Weil St. verurteilt ist, muß er auch die Kosten tragen.

Dr. Freisler
L.

Quelle: Materialien zum Seminar »Recht im Nationalsozialismus« der Landeszentrale für politische Bildung Niedersachsen, S. 87 f.

Der lebensrettende Geburtstag (Aussage eines beisitzenden Richters)

„In der am 7. November 1944 stattgefundenen Hauptverhandlung gegen L. – 1 L 402/44 – seien der Vorsitzende St. und er sich einig gewesen, daß die Angeklagte zum Tode hätte verurteilt werden müssen, sie hätten sie jedoch freigesprochen, weil die Angeklagte an diesem Tage Geburtstag gehabt habe."

Quelle: Anklageschrift Reimers, Bd. II, S. 789

6. Themenkreis: Vollstreckung der Todesstrafe

1. Ohne Mitleid, ohne Gnade

Der Fall Emmy Z.

Im Namen des Deutschen Volkes

In der Strafsache gegen
die Zeitungsausträgerin Emmy Z. geborene W. aus Berlin-Gatow, geboren am . . ., zur Zeit in dieser Sache in gerichtlicher Untersuchungshaft, wegen Wehrkraftzersetzung
hat der Volksgerichtshof, 6. Senat, auf Grund der Hauptverhandlung vom 19. November 1943, an welcher teilgenommen haben

als Richter:
Volksgerichtsrat H., Vorsitzer,
Landgerichtsdirektor Dr. L.,
NSKK-Obergruppenführer O.,
Generalleutnant C.,
Oberarbeitsführer G.,

als Vertreter des Oberreichsanwalts:
Erster Staatsanwalt R.

für Recht erkannt:
Die Angeklagte Z. hat es in den Jahren 1940 bis 1942 in Berlin als Anhängerin der Vereinigung internationaler Bibelforscher unternommen, drei Wehrpflichtige, die ebenfalls dieser Vereinigung angehörten, durch Gewährung von Unterschlupf und Verpflegung der Erfüllung der Wehrpflicht zu entziehen.
Sie wird deshalb wegen Wehrkraftzersetzung in Verbindung mit landesverräterischer Begünstigung des Feindes zum Tode und zu lebenslangem Ehrverlust verurteilt.
Die Angeklagte trägt die Kosten des Verfahrens.
Diese Urteilsformel ist wiederhergestellt. Die Urschrift derselben und der Urteilsgründe ist durch Feindeinwirkung vernichtet worden.

gez. H.
Dr. L.

Frauenstrafgefängnis
Berlin NO 18, den 22. 11. 1943
Barnimstraße 10

1 J, 5643   Gnadengesuch

Herrn Oberreichsanwalt beim Volksgericht.

Sehr geehrter Herr Präsident!
Unterzeichnete wurde am 19. Nov. zu Tode verurteilt. Ich möchte auf diesem Wege um Gnade bitten. Meine Reue ist groß und bin ich mir meine Tat doch nie so bewußt gewesen. Mein Leben lang war ich ein fleißiger und ordentlicher Mensch, immer nur Gutes getan.
Meine Eltern, welche durch die Inflation alles verloren hatten, insbesondere meine Mutter als sie mit Horst-Günther ohne Ernährer dastand, habe ich unter Entbehrungen unterstützt. Die leiblichen Eltern haben sich tatsächlich bis zum 9. Lebensjahr nicht um den Jungen bemüht. So habe ich meine Jugendjahre geopfert, um ihm eine liebevolle Mutter zu geben. Es ist mir leider keine Gelegenheit gegeben für all meine Güte Beweiß anzutreten. Auf der anderen Seite durfte ich nicht beweisen wie rücksichtslos die leiblichen Eltern an dem Jungen gehandelt haben. Ich bitte höflichst um Herrn Präsidenten die Todesstrafe in eine Zuchthausstrafe umzuwandeln. Noch einmal möchte ich beweisen, wie sehr ich meine Tat bereue. So geben Sie mir bitte Gelegenheit im öffentlichen Leben wieder alles gut zu machen.

Mit freundlichem Dank
Frau Emmy Z.
Berlin NO 18
Barnimstr. 10

Gnadengesuch

„Die zum Tode verurteilte Emmy Z. führt sich gut. Sie arbeitet trotz ihrer Fesselung als Strumpfstopferin. Sie beweist in ihrer Haltung große Selbstdisziplin. Da die Urteilsgründe hier unbekannt sind, vermag ich das Gesuch nicht ausdrücklich zu befürworten."

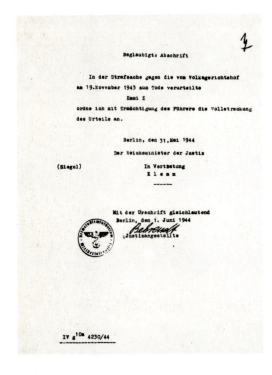

Vfg. Plötzensee

1.) Leiter der Vollstreckungshandlung:
   Landgerichtsrat R. K.
   Beamter der Geschäftsstelle:
   Justizangestellter K.
2.) Termin zur Eröffnung an – die – Verurteilte:
   Freitag, den 2. Juni 1944, ab 11.30 Uhr.
   Termin zur Hinrichtung:
   an demselben Tage, ab 13.00 Uhr.
   [...]
3.) Vorzulegen dem Sachbearbeiter, der sich sofort mit dem Vollstreckungsleiter in Verbindung zu setzen und ihm von dieser Verfügung Kenntnis zu geben hat. Dabei hat er ihm auch mitzuteilen, unter welcher Fernsprechnummer er zur Zeit der Eröffnung und in der Zeit bis zur Hinrichtung fernmündlich zu erreichen ist.

Berlin, den 5. Juni 1944
Der Oberreichsanwalt
beim Volksgerichtshof

Der Oberreichsanwalt
beim Volksgerichtshof
1 J 56/43
   Berlin-Plötzensee,
   den 9. Juni 1944
   (Richtstätte des Strafgefängnisses)

Vollstreckung des Todesurteils gegen
Emmy Z.

Gegenwärtig: als Vollstreckungsleiter:
LGR. Dr. K.
als Beamter der Geschäftsstelle:
Justizangestellter K.

Um 13.00 Uhr wurde die Verurteilte, die Hände auf den Rücken gefesselt, durch zwei Gefängnisbeamte vorgeführt. Der Scharfrichter R. aus Berlin stand mit seinen drei Gehilfen bereit.
Anwesend war ferner: der Gefängnisbeamte O.-Insp. A.
Nach Feststellung der Personengleichheit der Vorgeführten mit der Verurteilten beauftragte der Vollstreckungsleiter den Scharfrichter mit der Vollstreckung. Die Verurteilte, die ruhig und gefaßt war, ließ sich ohne Widerstreben auf das Fallbeilgerät legen, woraufhin der Scharfrichter die Enthauptung mit dem Fallbeil ausführte und sodann meldete, daß das Urteil vollstreckt sei.
Die Vollstreckung dauerte von der Vorführung bis zur Vollstreckung 7 Sekunden.

Unterschriften

»Vollstreckung der Todesstrafe

Der Vorstand des Frauenstrafgefängnisses

An den
Herrn Oberreichsanwalt
beim Volksgerichtshof

Betr. Emmy Z.
1 J. 56/43　　　　　Berlin W. 9.
6 L. 194/43.　　　　Bellevuestr. 15

Die am 9. Juni 1944 hingerichtete Emmy Z. hat in der hiesigen Anstalt folgende Gegenstände hinterlassen:
1 Mappe mit Briefsachen
1 Handtasche,
2 Haarbürsten,
9 Taschentücher,
1 Paar Handschuhe,
1 Perlkette
1 Kragen,
2 Mäntel,
1 Korsett,
2 Kleider,
4 Paar Strümpfe,
1 Spange,
2 Oberröcke,
1 Bluse,
2 Jacken,
2 Schlafanzüge,
2 Wollblusen,
4 Hosen,
3 Unterröcke,
1 Hemd,
1 Büstenhalter,
2 Handtücher,
1 Kamm.
Außerdem sind im Verwahr der hiesigen Anstalt vorhanden: 24,39 RM eigenes Geld sowie 35,70 RM Arbeitsbelohnung. Emmy Z. hat vor ihrem Tode den Wunsch geäußert, daß ihr Nachlaß an Frau Grete L. in Bentzschmühle i. Isergebirge ausgehändigt werden soll.

Ich bitte um Entscheidung, ob der Aushändigung zugestimmt wird.

I.V.
Unterschrift
Erste Oberin.

Quelle: Der Fall Emmy Z., Für immer ehrlos, Beiträge zum deutschen Widerstand, Berlin 1985

Abbildung 177
Das Fallbeil in Plötzensee

2. »Korrekt« bis in den Tod

Hinrichtung als Verwaltungsvorgang

Die Angehörigen mußten den Scharfrichter bezahlen

Reichsanwaltschaft beim Volksgerichtshof
Geschäftsnummer 4 J 777/44
– Staatsanwaltschaft –

Kostenrechnung
in der Strafsache gegen Erich K.
Gebühr gem. §§ 49, 52 SGKG für
Todesstrafe   300,–
Postgebühren gem. § 72, 1 SGKG   1,84
Gebühr gem. § 72, 6 für den als Pflicht-
verteidiger bestellt gewesenen Rechtsanwalt
Ahlsdorff, Berlin-Lichterfelde-Ost,
Gärtnerstraße 10a   81,60
für die Strafhaft vom 6. 4. 44 bis 2. 5. 44   44,–
Kosten der Strafvollstreckung:
Vollstreckung des Urteils   158,18
hinzu Porto für Übersendung
der Kostenrechnung   –,12
zusammen: 585,74

Zahlungspflichtig: Die Erben des Erich K., z. Hd. von Frau Erna K., Berlin-Tempelhof, ...

Derartige Kostenrechnungen wurden den Hinterbliebenen von zum Tode Verurteilten zugestellt.
– 1944

Quelle: Ullstein Bilderdienst

Der Fall Alois St.
Im Namen des Deutschen Volkes

In der Strafsache gegen
den Betriebsingenieur Alois St. aus Zinnowitz, ...,
zur Zeit in dieser Sache in gerichtlicher Untersuchungshaft,
wegen Landesverrats,
hat der Volksgerichtshof, 1. Senat, auf Grund der Hauptverhandlung vom 17. November 1943, an welcher teilgenommen haben

als Richter:
Präsident des Volksgerichtshofs Dr. Freisler, Vorsitzer,
Landgerichtsdirektor S.,

Abbildung 178
Helmuth Hübner, 17jährig als »Hochverräter« hingerichtet

»Vollstreckung der Todesstrafe

NSKK-Obergruppenführer O.,
SA-Gruppenführer Dr. von H.,
Ministerialrat im OKW. Dr. H.,

als Vertreter des Oberreichsanwalts:
Erster Staatsanwalt D.,

für Recht erkannt:
Alois St. hat im vierten Kriegsjahr Landesverrat begangen.
Er ist für immer ehrlos und wird mit dem Tode bestraft. [...]

Aktenzeichen: IV g^{10b} 4.44 g Rs.
Sachbearbeiter: Dr. D.

Gericht, Datum des Urteils:
Volksgerichtshof
1. Senat
Freisler – S.
17. 11. 1943

Name, Vorname, Volkstum, Beruf, Alter des Vu.:
St.
Alois
Deutscher
Betriebsingenieur, 54 Jahre alt

Persönliche Verhältnisse:
Stammt aus einer Bauernfamilie. Nach Besuch der Volksschule und mehrerer Fachschulen Ingenieur geworden. Von 1915 bis 1918 als Sanitäter am Weltkrieg teilgenommen. Von 1928 bis 1933 wegen Arbeitslosigkeit in Kanada gewesen. Seit 1933 ununterbrochen in der deutschen Rüstungsindustrie, zuletzt in den Hobuswerken in Metz. Von dort Ende Juli 1943 zum Heimat-Art.Park in Karlshagen auf der Insel Usedom dienstverpflichtet. Hier wie auch schon früher zur Geheimhaltung verpflichtet. Nach einem Luftangriff auf Karlshagen am 18. 8. 1943, bei dem auch der Arbeitsplatz des Vu. ausbrannte, kehrte er ohne Erlaubnis nach Metz zurück, stellte sich dort dem Arbeitsamt zur Verfügung und übernahm wieder alten Arbeitsplatz bei den Hobuswerken. Verheiratet, 3 Kinder von 6 bis 28 Jahren.
Vorstrafen (evtl. Strafreg. Auszug beifügen): keine

Tat:
In Karlshagen arbeitete der Vu. in einem Rüstungswerk, in dem die sogen. Vergeltungswaffe vorbereitet wird. Als er Ende August 1943 nach Metz zurückkehrte, wurde er von mehreren Arbeitskameraden über seine Arbeit in Karlshagen befragt. Er antwortete ihnen (nachdem er sich angeblich vorher wiederholt auf seine Schweigepflicht berufen hatte) wie folgt: In Karlshagen werde die Vergeltungswaffe hergestellt. Es sei eine »Zigarre, die man vielleicht schon Weihnachten rauchen könne«; sie sei 14 Meter lang und habe 1,65 m Querdurchmesser. Sie fliege mehrere 100 km weit und werde elektrisch ferngesteuert. Sie habe eine ungeheure Wirkung. Auf das Werk habe ein Luftangriff stattgefunden; dabei sei das Verwaltungsgebäude stark getroffen, die Werkhallen aber nicht oder höchstens durch Splitter beschädigt.
Nach dem Gutachten des OKW. handelt es sich bei diesen Mitteilungen um im wesentlichen zutreffende »Dinge höchsten Geheimhaltungscharakters«. Eine Gefährdung des Reichswohls sei bei der Bedeutung der Angelegenheit bereits dann anzunehmen, wenn Kenntnisse über das neue Gerät über den engsten Mitwisserkreis hinausgelangten.
Angewandtes Strafgesetz: § 89 StGB.

Begründung der Gnadenbitte:
Er habe mehr zugegeben, als er wirklich erzählt habe. Er sei erblich belastet, da in seiner Familie mehrere Fälle von Geisteskrankheit vorgekommen seien, durch den Luftangriff auf Karlshagen hätten seine Nerven sehr gelitten.

Vorschläge:
Gericht ORA.: Vollstreckung
Sachbearbeiter: Vollstreckung
Referent: Vollstreckung
Abt.Leiter:
Ergebnis:

Stellungnahme:
Die Feststellung des objektiven Sachverhalts entspricht den eigenen Angaben des Vu. im Vorverfahren und in der Hauptverhandlung. In mehreren Gnadengesuchen führt der Vu. dagegen aus, er habe bei den Vernehmungen mehr zugegeben, als er wirklich gesagt habe, weil seine Nerven durch den feindlichen Luftangriff gelitten hätten. Der ORA. hält dies mit Recht für eine nachträglich zurechtgelegte Ausrede.
Zweifelhaft ist der Fall nach der inneren Tatseite. Die Reichsanwaltschaft hat nur ein Vergehen nach § 90d RStGB. angenommen und in der Hauptverhandlung 5 Jahre Gefängnis beantragt. Gegen die Feststellung des Verratsvorsatzes wird man jedoch nichts einwenden können. Der Vu. hat sicher gewußt, daß er objektive Staatsgeheimnisse preisgab und – wenn man seine zahlreichen Verpflichtungen zur Geheimhaltung in Rechnung stellt – wohl auch damit gerechnet und in Kauf ge-

nommen, daß er durch seine Redereien dem Reich schaden könne.
Bei der Gnadenentschließung muß die Tatsache im Vordergrund stehen, daß die Erzählungen des Verurteilten Dinge betrafen, die kriegsentscheidend sein können und an deren Verwirklichung heute die Hoffnungen von Millionen Deutscher hängen. Dieser Tatsache gegenüber muß jede Rücksicht auf die Person des Täters zurücktreten. Ich schlage deshalb Vollstreckung vor.
Der Präsident des VGH. hält nach dem letzten Absatz des Urteils offenbar eine propagandistische Auswertung des Urteils geboten. Hierüber wird eine Entscheidung des Herrn Ministers herbeizuführen sein.

Berlin, den 26. Februar 1944
In der Strafsache gegen den vom Volksgerichtshof am 17. November 1943 zum Tode verurteilten Alois St. ordne ich mit Ermächtigung des Führers die Vollstreckung des Urteils an.
Berlin, den 29. Februar 1944
Der Reichsminister der Justiz
Dr. Thierack

Der Oberreichsanwalt
beim Volksgerichtshof
1 J 507/43 gRs.
    Berlin W. 9, den 14. März 1944.
    Bellevuestraße 15.

Einschreiben!
An den
Herrn Reichsminister der Justiz
zu Händen von
Herrn Ministerialrat A.
oder Vertreter im Amt
in Berlin W. 8,
Wilhelmstraße 65.

Betrifft: Vollstreckung der Todesstrafe an dem Betriebsingenieur Alois St. wegen Landesverrats.
Erlasse vom 1. und 7. März 1944 – IV g 10 b 4/44 gRs. –
Letzter Bericht vom 26. Februar 1944.
Sachbearbeiter: Erster Staatsanwalt D.
Anlage: 1 Schriftstück.

Die durch Urteil des 1. Senats des Volksgerichtshofs vom 17. November 1943 gegen den Betriebsingenieur Alois St. aus Zinnowitz erkannte Todesstrafe ist am 13. März 1944 vorschriftsmäßig vollstreckt worden. Die Hinrichtung ist ohne Zwischenfall verlaufen.
Den anliegenden Erlaß reiche ich zurück.

Todesstrafe für Landesverrat
Eindringliche Warnung an alle, die es angeht

„Welche schweren Folgen unverantwortliche Redereien über geheimzuhaltende Dinge aus einem Rüstungsbetrieb haben können, zeigt der Fall des 54jährigen Betriebsingenieurs Alois St. aus Sternhammer in Niederbayern. St., der in einem wichtigen Rüstungsbetrieb beschäftigt war, unterhielt sich mit ehemaligen Arbeitskameraden und machte hierbei nähere Angaben über die in seinem Betrieb hergestellten Waffen. Er hatte sich deshalb vor dem Volksgerichtshof wegen Landesverrats zu verantworten. Der Volksgerichtshof stellte in der Verhandlung fest, daß St., der seit vielen Jahren in der Rüstungsindustrie beschäftigt ist, mit seinen Erzählungen einem klaren Verbot zuwidergehandelt hat. Er ist bei seiner Einstellung in das Rüstungswerk durch Handschlag und schriftliche Erklärung zu unbedingter Verschwiegenheit verpflichtet worden. Hieran hätte er sich unter allen Umständen halten müssen, denn er wußte, welcher Schaden durch das Weitererzählen geheimer Dinge aus seinem Werk für die Reichssicherheit entstehen kann. Der Verteidigung des Angeklagten, er habe seine Mitteilungen »doch nur an vertrauenswürdige Personen« weitererzählt, konnte der Volksgerichtshof keine Wirkung zubilligen, denn wenn diese Ausrede gelten könnte, dann gäbe es sehr bald überhaupt kein gehütetes Geheimnis mehr. Mit Rücksicht auf die besondere Art seiner Erzählungen und die dadurch herbeigeführte schwere Gefährdung des Reichswohles mußte St. trotz seiner sonstigen Unbescholtenheit zum Tode verurteilt werden.
Das Urteil ist inzwischen vollstreckt worden. Es mag all denen eine eindringliche Warnung sein, die in der Rüstungsproduktion oder in einer sonstigen für unseren Abwehrkampf wichtigen Tätigkeit von Dingen Kenntnis erlangen, die aus Gründen der Landesverteidigung unbedingt geheimgehalten werden müssen."

Quelle: Neue Leipziger Zeitung vom 31. 5. 1944
Fall Alois St.:
Materialien zum Seminar »Recht im Nationalsozialismus« der Landeszentrale für politische Bildung Niedersachsen, S. 96 ff.

Fall Rolf R.

Reg. Bremen, den 9. Oktober 1944.

Auf fernmündliche Anfrage teilt der Justizoberinspektor der St.A. Hannover, L., mit, daß die Hinrichtung des Rolf R. am Montag, dem 16. Oktober 1944 um 16 Uhr stattfinden kann.
Eine Hinrichtung in einer Hamburger Sache ist noch nicht angemeldet worden.

Unterschrift
Justizinspektor.

Verfg.
Betr.: Rolf R.

1.) Der Reichsminister der Justiz hat durch Erlaß vom 29. September 1944 die Vollstreckung des Urteils des Sondergerichts Bremen vom 13. September 1944 gegen den Verurteilten Rolf R. angeordnet.
2.) Termin zur Eröffnung an den Verurteilten wird angesetzt auf Montag, den 16. Oktober 1944, 11 Uhr,
Untersuchungshaftanstalt Hamburg-Stadt.
3.) Termin zur Hinrichtung des Verurteilten wird angesetzt auf denselben Tag um 16 Uhr, Untersuchungshaftanstalt Hamburg-Stadt.
4.) Vertraulich!
Schreiben an:
Herrn Generalstaatsanwalt
bei dem Hans. Oberlandesgericht in Hamburg
Betr.: Vollstreckung des Todesurteils
gegen Rolf R.
In der Strafsache gegen den Schiffskoch u. Bäcker Rolf R., geboren am ... in ..., der durch Urteil des Sondergerichts Bremen vom 13. September 1944 als gefährlicher Gewohnheitsverbrecher und als Volksschädling wegen Diebstahls in 7 Fällen, von denen 4 Volksschädlingsverbrechen sind, und wegen Betruges in 2 Fällen zum Tode verurteilt worden ist, hat der Reichsminister der Justiz auf Grund der ihm vom Führer erteilten Ermächtigung die Vollstreckung des Urteils angeordnet.
Gemäß Verfügung des Reichsministers der Justiz vom 29. September 1944 habe ich die Vornahme der Hinrichtung dem Scharfrichter H./Hannover übertragen. Die Hinrichtung soll am Montag, dem 16. Oktober 1944, 16 Uhr, erfolgen. Am selben Tage wird sich der Scharfrichter H. in Hamburg bei meinem Vertreter melden. Um 11 Uhr wird dem Verurteilten die Entschließung des Reichsministers der Justiz sowie der Zeitpunkt der Vollstreckung des Todesurteils bekannt gegeben.

5.) Vertraulich!
Schreiben an:
Herrn Oberstaatsanwalt
bei dem Landgericht
in Hamburg.
Betr.: Vollstreckung des Todesurteils
gegen Rolf R.
Der durch Urteil des Sondergerichts Bremen vom 13. September 1944 als gefährlicher Gewohnheitsverbrecher und als Volksschädling wegen Diebstahls in 7 Fällen, von denen 4 Volksschädlingsverbrechen sind, und wegen Betruges in 2 Fällen zum Tode verurteilte Schiffskoch u. Bäcker Rolf R., geboren am ... in ..., soll am Montag, dem 16. Oktober 1944, 16 Uhr, in Hamburg hingerichtet werden. Am selben Tage, 11 Uhr, wird dem Verurteilten die Entschließung des Reichsministers der Justiz sowie der Zeitpunkt der Vollstreckung des Todesurteils bekanntzugeben sein.
Ich bitte zu veranlassen, daß ein Beamter der Geschäftsstelle der Staatsanwaltschaft Hamburg bei den beiden Terminen anwesend ist.
Für den Fall, daß in den nächsten Tagen bekannt werden sollte, daß in einer dortigen Strafsache am gleichen Tage eine Hinrichtung vorzunehmen ist, bitte ich um fernmündliche Mitteilung.

6.) Vertraulich!
Schreiben an:
den Vorstand der
Untersuchungshaftanstalt
Hamburg-Stadt.
Der durch Urteil des Sondergerichts Bremen vom 13. September 1944 als gefährlicher Gewohnheitsverbrecher und als Volksschädling wegen Diebstahls in 7 Fällen, von denen 4 Volksschädlingsverbrechen sind und wegen Betruges in 2 Fällen zum Tode verurteilte Schiffskoch u. Bäcker Rolf R., geboren am ..., in ..., soll am Montag, dem 16. Oktober 1944, 16 Uhr, in der dortigen Anstalt hingerichtet werden. Am selben Tage, 11 Uhr, wird dem Verurteilten die Entschließung des Reichsministers der Justiz und der Zeitpunkt der Vollstreckung des Todesurteils bekannt gegeben werden.
Ich bitte zu veranlassen, daß ein Gefängnisbeamter und der Anstaltsarzt bei den beiden Terminen anwesend sind.

Ein Anstaltsgeistlicher darf nur bei der Eröffnung der Entschließung des Reichsministers der Justiz zugegen sein.
Der Leichnam wird dem Anatomischen Institut der Universität in Hamburg zur Verfügung gestellt. Das Institut ist benachrichtigt.

7.) Vertraulich!
Schreiben an:
Herrn Direktor des
Anatomischen Instituts der Universität
in Hamburg.
In der Strafsache gegen den Schiffskoch u. Bäcker Rolf R., geboren am ... in ..., der durch Urteil des Sondergerichts Bremen vom 13. September 1944 zum Tode verurteilt worden ist, erfolgt die Hinrichtung des Verurteilten am Montag, dem 16. Oktober 1944, 16 Uhr, in der Untersuchungshaftanstalt in Hamburg.
Sofern Sie die Herausgabe des Leichnams wünschen, kann er einem Beauftragten ausgehändigt werden.

8.) Vertraulich!
Schreiben an:
Herrn Rechtsanwalt
Dr. Th. L.,
Bremen, ...
In der Strafsache gegen den Schiffskoch u. Bäcker Rolf R., geboren ... in ..., teile ich Ihnen mit, daß der Herr Reichsminister der Justiz auf Grund der ihm vom Führer erteilten Ermächtigung die Vollstreckung des Urteils des Sondergerichts Bremen vom 13. September 1944 angeordnet hat.
Ferner teile ich Ihnen mit, daß ich den Termin zur Eröffnung der Entschließung des Reichsministers der Justiz auf Montag, den 16. Oktober 1944, 11 Uhr, in Hamburg festgesetzt habe (Untersuchungshaftanstalt Hamburg).
Den Termin zur Hinrichtung des Verurteilten habe ich auf denselben Tag, 16 Uhr, festgesetzt.

9.) Vertraulich!
Schreiben an:
den Herrn Präsidenten
des Landgerichts
hier.
In der Strafsache gegen den Schiffskoch u. Bäcker Rolf R., geboren am ... in ..., der durch Urteil des Sondergerichts Bremen vom 13. September 1944 als gefährlicher Gewohnheitsverbrecher und als Volksschädling wegen Diebstahls in 7 Fällen, von denen 4 Volksschädlingsverbrechen sind, und wegen Betruges in 2 Fällen zum Tode verurteilt worden ist, findet, nachdem der Reichsminister der Justiz die Vollstreckung des Urteils angeordnet hat, am Montag, dem 16. Oktober 1944, 16 Uhr, die Hinrichtung statt. Am selben Tage, 11 Uhr, werden dem Verurteilten in der Untersuchungshaftanstalt in Hamburg die Entschließung des Reichsministers der Justiz und der Zeitpunkt der Vollstreckung des Todesurteils bekannt gegeben.

10.) Zu dem Vollstreckungsheft, das am 31. Oktober d. Js. wieder vorzulegen ist.

Bremen, den 10. Oktober 1944.
Der Oberstaatsanwalt bei dem Landgericht.
In Vertretung:
Unterschrift
Erster Staatsanwalt.

Der Oberstaatsanwalt als Leiter der
Anklagebehörde bei dem Sondergericht

Bremen, den 12. Oktober 1944.
Vertraulich!

5 Sond. K Ls. 71/1944.

Auftrag:
Der Scharfrichter H./Hannover wird beauftragt, den rechtskräftig zum Tode verurteilten Rolf R., geboren am ... in ..., mit dem Fallbeil hinzurichten, nachdem der Reichsminister der Justiz auf Grund der ihm vom Führer erteilten Ermächtigung die Vollstreckung des Urteils des Sondergerichts Bremen vom 13. September 1944 angeordnet hat.

In Vertretung:
gez. Dr. S.
Erster Staatsanwalt.

Der Oberstaatsanwalt bei dem
Landgericht.
Hamburg, den 16. Oktober 1944.

Aktenzeichen: 5 Sond. Kls 71/44

Niederschrift.
Geschehen in der Untersuchungshaftanstalt Hamburg-Stadt um 11 Uhr.
Zugegen waren:
1. Staatsanwalt Dr. P. als Beamter der Staatsanwaltschaft,

»Vollstreckung der Todesstrafe

2. Justizinspektor M. als Beamter der Geschäftsstelle der Staatsanwaltschaft,
3. Verwaltungsoberinspektor G. als Gefängnisbeamter,
4. Reg. Obermedizinalrat Prof. Dr. C. als Gefängnisarzt.

Dem Verurteilten Rolf R. wurde vom Staatsanwalt Dr. P. unter Hinweis auf seine am 13. September 1944 vom Sondergericht in Bremen erfolgte Verurteilung mitgeteilt, daß der Reichsminister der Justiz mit Ermächtigung des Führers die Vollstreckung des Urteils angeordnet habe und daß das Urteil heute um 16 Uhr vollstreckt werden würde.

Der Verurteilte R. erklärte auf Befragen, daß er alles verstanden habe.

Unterschriften.

Der Oberstaatsanwalt
als Leiter der Vollstreckungsbehörde
bei dem Landgericht Hamburg.
                Hamburg, den 16. Oktober 1944.

Aktenzeichen: 5 Sond. Kls 71/44.

Niederschrift.
Geschehen in der Untersuchungshaftanstalt Hamburg-Stadt um 16 Uhr 07 Minuten.
Zugegen waren:

1. als Beamter der Staatsanwaltschaft: Staatsanwalt V.,
2. als Beamter der Geschäftsstelle der Staatsanwaltschaft: Justizinspektor M.,
3. als Gefängnisbeamter: Justizoberinspektor G.,

Der Scharfrichter H., dem der schriftliche Vollstreckungsauftrag übergeben worden war, meldete, daß das Hinrichtungsgerät in Ordnung sei.
Der am 13. September 1944 vom Sondergericht in Bremen zum Tode verurteilte Rolf R. wurde um 16 Uhr 07 Minuten im Hinrichtungsraum vorgeführt. Der Vollstreckungsleiter Staatsanwalt V. stellte die Personengleichheit des Vorgeführten mit dem Verurteilten fest und beauftragte den Scharfrichter mit der Vollstreckung des Urteils. Dieser meldete nach 7 Sekunden, daß das Urteil vollstreckt sei.

Quelle: Fall Rolf R., Staatsarchiv Bremen, 4, 89/5-5 Sond. Kls 71/44 (lfd. Nr. 474)

7. Themenkreis: Justiz und SS/Polizei – Konkurrenz und Kooperation

Die Polizei wird im Dritten Reich mit der SS eng verbunden. Insbesondere die politische Polizei, die geheime Staatspolizei (Gestapo), erhält fast uneingeschränkte Macht. 1933 verfügt die Staatspolizei nur über wenige hundert Beamte. Gegen Ende des Dritten Reiches befehligt Heinrich Himmler als Chef der deutschen Polizei einen Apparat von rund 50 000 Mitarbeitern.

Prof. Dr. Theodor Maunz:
Ein Verklammerungs-Phänomen

„Die Verklammerung der Polizei des Staates mit der Schutzstaffel der Partei steht in der Geschichte des deutschen Polizeiwesens einzigartig da und ist darüber hinaus ein Phänomen, das sich in keine der überkommenen staatlichen Organisationstypen einfügen läßt. Auch außerhalb der Polizei ist es schwer, einen vergleichbaren Vorgang von ähnlicher Tragweite aufzuspüren.
Man könnte versucht sein, die Verklammerung von Armee und Adel im friderizianischen Staat in eine Linie damit zu setzen. [...]
Gewisse Vergleichselemente lassen sich also sicherlich herstellen ...
Dennoch handelt es sich bei der Polizei und SS um etwas anderes. Es geht hier nicht allein – wenn auch sehr wesentlich – um die »ordnungsmäßige Durchdringung« einer staatlichen Einrichtung durch Träger gleicher Weltanschauung, sondern außerdem auch um eine straffe organisatorische Verknüpfung oder Verklammerung der Einheiten, vor allem durch die gemeinsame Führung an der Spitze und in der Mittelstufe."
Quelle: Poliakov/Wulf, Das Dritte Reich und seine Denker, Berlin 1959, S. 342

Rundfunkansprache Himmlers über die Aufgaben der deutschen Polizei am 15. 1. 1937
– Auszug –

„Wie in der Vergangenheit, so sehen wir auch in der Zukunft unsere vornehmste Pflicht darin, alle böswilligen Gegner und Feinde des nationalsozialistischen Staates unschädlich zu machen. Es ist gleichgültig, wer hier Gegner ist, Kommunisten, politisierende Konfessionen oder Reaktionäre. [...]
Die deutsche nationalsozialistische Polizei ist nicht wie in früheren Jahrzehnten der Polizeidiener eines absoluten oder konstitutionellen Staates gegen das Volk, sondern aus dem Volke kommend die Polizei für dieses deutsche Volk. Sie wird immer mehr mit der Schutzstaffel zusammenwachsen, sich immer mehr in Führern und Männern aus dieser Schutzstaffel ergänzen und wird an erster Stelle ein Beispiel des Zusammenwachsens von Partei und Staat sein."
Quelle: Paul Meier-Benneckenstein, Hrsg., Dokumente der deutschen Politik, Bd. 5, Berlin 1938, S. 239

Abbildung 179
Himmler bei seiner Rundfunkansprache am 15. 1. 1937

Justiz und SS/Polizei

Abbildung 180
Göring (rechts) übergibt Himmler die Führung des Geheimen Staatspolizeiamtes.

Abbildung 181
Heinrich Himmler in seinem Arbeitszimmer in der Prinz-Albrecht-Straße 8 mit SS-Ortsgruppenführer Werner Lorenz (links), daneben SS-Gruppenführer Heydrich, rechts SS-Gruppenführer Karl Wolff.

Die Gestapo überwacht »politisch Verdächtige« und »Widerständler« und nimmt sie – vor allem seit Mitte der dreißiger Jahre – zu Tausenden in »Schutzhaft«. Diese Verhaftungen erfolgen ohne richterlichen Haftbefehl. Schutzhaftbefehle ergehen durch die Gestapo.

Abbildung 182
KZ-Häftlinge beim Appell im »Schutzhaftlager« Dachau

Abbildung 183
KZ-Häftlinge bei der Arbeit in Dachau

Abbildung 184
KZ-Häftlinge und Bewacher in Dachau

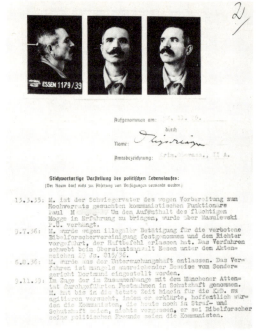

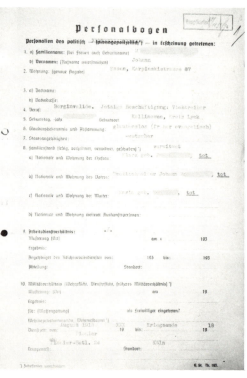

Geheime Staatspolizei
Geheimes Staatspolizeiamt

Berlin SW 11, den 6. Dezember 1939
Prinz-Albrecht-Straße 8

II D - Haft-Nr. B.7526

Schutzhaftbefehl

Vor- und Zuname: Johann M...

Geburtstag und -Ort: ... Kallinowen

Beruf: Viehtreiber

Familienstand: verw.

Staatsangehörigkeit: D.R.

Religion: glaubensl.

Rasse (bei Nichtariern anzugeben):

Wohnort und Wohnung: Essen, Karpinskistr. 87,

wird in Schutzhaft genommen.

Gründe:

Er — Sie — gefährdet nach dem Ergebnis der staatspolizeilichen Feststellungen durch sein — ihr — Verhalten den Bestand und die Sicherheit des Volkes und Staates, indem er — sie — auf Grund seiner kommunistischen Gesinnung zu der Befürchtung Anlaß gibt, daß er sich in Freiheit gegen den Staat betätigt.

gez. Heydrich

Beglaubigt:
[signature]
Kanzleiangestellte.

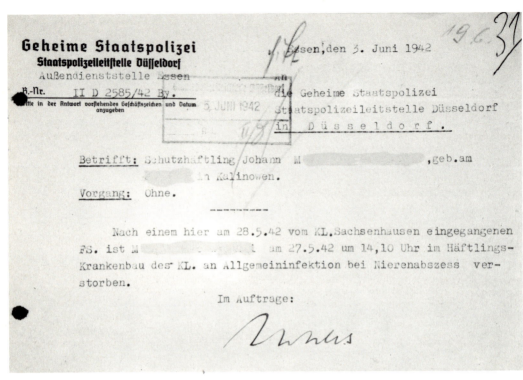

Quelle: Der Fall Johann M., HStA Düsseldorf, RW 58/66444

Über Urteile, die den Vorstellungen der Staatspolizei nicht entsprechen, berichtet Himmler dem Reichsjustizminister Gürtner. Dieser steht zwar diesen Beanstandungen kritisch gegenüber, begrüßt aber die »Fühlungnahme« zwischen Justiz und Staatspolizei. Als Reaktion auf die Interventionen Himmlers fordert das Reichsjustizministerium die Gerichte auf, die Strafen und Maßregeln gegen »Rassenschänder«, Zeugen Jehovas und »Asoziale« zu verschärfen.

Preuss. Geheime Staatspolizei
Der stellv. Chef und Inspekteur.
6. November 1935

1.) An den
Herrn Reichsminister der Justiz
Berlin W 8.
Wilhelmstraße.

Ich habe in der Angelegenheit des an uns herangetragenen Wunsches, betr. die Erteilung der Genehmigung, bei Schutzhaftfällen Rechtsanwälte einzuschalten, dem Führer und Reichskanzler am 1. 11. 1935 Vortrag gehalten. Der Führer hat die Hinzuziehung von Rechtsanwälten verboten und mich beauftragt, Ihnen seine Entscheidung zur Kenntnis zu bringen.

gez. H. Himmler

2.) Herrn
Preuss. Ministerpräsidenten Göring,
Berlin
mit der Bitte um Kenntnisnahme übersandt.

gez. H. Himmler

Quelle: IfZ, MA 293, Bl. 0980

Geheimes Staatspolizeiamt
B.Nr. 64479/35 222 II 1.
Berlin, den 26. April 1935

An
alle Staatspolizeistellen
in Preußen.

Es werden immer wieder Klagen an mich herangetragen, daß Staatsfeinde von einzelnen Gerichten nicht mit der notwendig erscheinenden Schärfe behandelt oder bestraft werden, wie ihr Tun erwarten ließ. Strafverfahren sollen ohne ausreichende Begründung eingestellt worden sein. In anderen Fällen erscheint die Strafe nach normalem Volksempfinden zu niedrig. Ebenso sollen Freisprechungen erfolgen, obwohl die Oeffentlichkeit eine Bestrafung mit Bestimmtheit erwartet und erhofft. Die Polizeibehörden klagen außerdem vielfach darüber, daß Personen, welche zur Haftfragelösung überstellt wurden, entlassen worden sind, obgleich die Voraussetzungen zur Erlassung eines Haftbefehls durchaus gegeben war. So wurden erst kürzlich in einem Falle eine Anzahl von Personen aus der Haft entlassen, welche dann später vom Gericht zu Zuchthausstrafen in Höhe bis zu 4 Jahren verurteilt wurden. Auch bei Kommunisten, die überführt und geständig waren illegal für die K.P.D. sich betätigt haben, wurde schon der Haftbefehl abgelehnt.

Die politische Polizei hat begreiflicherweise ein großes Interesse daran, daß die politischen Verbrecher durch die deutschen Gerichte der ihrem Tun angemessenen Bestrafung zugeführt werden. Sie hat keine eigene Strafbefugnis und ist daher auf die Entscheidung der Gerichte weitgehendst angewiesen. Da aber die Aufgabe der Bekämpfung der staatsfeindlichen Elemente in ihrer Hand liegt und ihr die Verantwortung, die Staatsfeinde niederzuhalten, zugeschoben ist, hat sie auch von sich aus darauf zu achten, ob die von den Gerichten getroffenen Maßnahmen auch tatsächlich zur Niederkämpfung der Staatsfeinde geeignet sind.

Die Staatspolizeistellen haben daher bis 14. Mai 1935 eine Zusammenstellung aller jener Fälle zu melden, in denen ihr ungenügende Arbeit der Gerichte bekannt geworden ist. Die Zusammenstellungen sollen enthalten:

Das erkennende Gericht,
den Täter,
den Tatbestand,
das Urteil oder die Verfügung des Gerichtes,
eine kurze Begründung des Freispruches oder einer Einstellung,
die Feststellung, ob eine zu milde gerichtliche Beurteilung etwa ihre Ursache in einer negativen Einstellung des Richters oder Staatsanwaltes zum nat. soz. Staate offensichtlich erkennen läßt.

Das Geheime Staatspolizeiamt wird von sich aus weitere Schritte unternehmen, um etwaigen Mißständen abzuhelfen. Es ist bereits in mehreren Fällen möglich gewesen, das Reichsjustizministerium zu veranlassen, Fälle mit offensichtlichen

Fehlurteilen den erkennenden Gerichten zur nochmaligen Ueberprüfung zurückzuleiten.
In Zukunft sind gleiche Fälle dem Geheimen Staatspolizeiamt sofort zu berichten. Dabei ist eine kurze Uebersicht über den jeweiligen Fall unter Hervorhebung jener Gesichtspunkte einzureichen, welche ein mangelhaftes Arbeiten des Gerichtes erkennen lassen.
gez. Heydrich.

Staatspolizeistelle
für den Regierungsbezirk Köln
II Krt 760/35.
Köln, den 1. Mai 1935.

Betrifft: Bestrafung von politischen Rechtsbrechern.
Abschrift übersende ich mit der Bitte um Kenntnisnahme und zum Bericht bis 12. Mai 1935.
Fehlanzeige erforderlich.
I.V.
gez.

An die Herren Landräte des Bezirks.

Derk. Landrat. Gummersbach, den 8. Mai 1935.
J.Nr. 1963.
Sofort!
Abschrift übersende ich mit dem Ersuchen, um Vorlage der geforderten Zusammenstellung bis zum 10. ds. Mts. bestimmt. Fehlanzeige erforderlich.
Die Verfügung ist heute hier erst eingegangen.
gez.
Beglaubigt:

An
die Herren Bürgermeister
im Kreise

Quelle: HStA Düsseldorf, RW 18/37

Chef der Sicherheitspolizei
und des SD
B.Nr. IV – 437/41 geheim
Berlin, den 19. Mai 1941
Als Geheim
an alle Staatspolizei(leit)stellen
an alle Kripo(leit)stellen
an alle SD – Leit – Abschnitte

nachrichtlich
an die Höheren SS- und Polizeiführer
an die Befehlshaber und Inspekteure der Sicherheitspolizei und des SD.

Betrifft:
Sonderfälle.
1 Anlage!

Oftmals entsprechen Gerichtsurteile insbesondere gegen Gewaltverbrecher aus den verschiedensten Gründen nicht dem gesunden Volksempfinden.
Ich ordne daher folgendes an:
In allen Fällen, in denen das Gericht statt auf eine erwartete und auch gebotene Todesstrafe lediglich auf mehrjährige oder lebenslängliche Freiheitsstrafe erkennt, ist mir mittels Schnellbriefes sofort zu berichten. Diese Berichte sind als »Geheim« grundsätzlich zu richten an das Reichssicherheitshauptamt, Amt IV, z. Hd. SS-Brigadeführer Generalmajor M.
(Zusatz für die Kripo(leit)stellen:
»Abschrift dieses Berichtes ist gleichzeitig an das Amt V, z. Hd. SS-Brigadeführer Generalmajor N. zu richten«.)
Diese Berichte haben zu enthalten:
a) eine Vorstrafenliste neueren Datums,
b) eine kurze sachliche Schilderung des Tatbestandes,
c) das Strafmaß, auf das erkannt wurde,
d) eine kurze Erörterung der etwa für den Täter sprechenden Gründe,
e) eine kurze eigene Stellungnahme.
Muster einer solchen Meldung liegt als Anlage bei.
Es ist nicht Sinn und Zweck dieses Erlasses, vor der Berichterstattung noch umfangreiche Ermittlungen zu pflegen. Das im Zuge der Aufklärung der Straftat zustandegekommene Ergebnis genügt für diese Berichterstattung. Wenn im Einzelfall darüber hinaus noch Ermittlungen erforderlich sind, wird von hier entsprechende Weisung gegeben.
Ich mache ausdrücklich darauf aufmerksam, dass von diesem Erlass keiner dritten Stelle gegenüber irgend etwas erwähnt werden darf. Für die Einhaltung dieser besonderen Verpflichtung mache ich die Leiter der Dienststellen persönlich verantwortlich.
Ich erwarte, dass sich die Leiter der Dienststellen bezw. deren beauftragte Vertreter dieser Berichterstattung vorwiegend, wenn nicht ausschließlich, annehmen.

gez. Heydrich.

Beglaubigt:
Unterschrift
Reg.Sekretärin.

Quelle: HStA Düsseldorf, RW 34/13

Preußische Geheime Staatspolizei
Der stellvertretende Chef und Inspekteur
B.-Nr. 34029/35 II 1 D
Haft-Nr. S. 362.
Berlin SW 11, den 25. Mai 1935.
Prinz-Albrecht-Straße 8

An den Herrn Reichsminister der Justiz
in Berlin.

Betrifft: Inschutzhaftnahme des Rechtsanwalts
Werner Sp., geboren am . . .
Bezug: Ohne Vorgang.

Am 20. 5. 35 hat die Staatspolizeistelle in Kiel den obengenannten Rechtsanwalt in Schutzhaft genommen, weil er in einem Kommunistenprozess in Altona in der Schwurgerichtsverhandlung am 16. 5. 35 als Verteidiger eines Kommunisten folgende Äußerungen wörtlich machte:
»Die von der Staatsanwaltschaft beantragten hohen Strafen sind unverständlich. Keiner der Angeklagten habe töten wollen. Die Anklage wegen Mordversuchs sei daher nicht zulässig. Was verschlägt es, wenn solch unklare Köpfe einen Kursus mit Pistolen 0,8 mitmachen. Die Angeklagten sind alles Kinder. Was sie bisher gemacht haben, ist Jungskram. Besonders der Fall in Ottensen am 27. 2. ist weiter nichts als dummer Jungenskram. Was soll eigentlich überhaupt geschehen sein. Niemand weiss es! Höchstens ein Klamauk. Die Sp. zeigte auf die Angeklagten — hätten nur mal einem Nazi eine Zigarette aus dem Schnabel hauen wollen. Die abschreckenden Urteile seien heute nicht mehr am Platze. Durch abschreckende Urteile wäre noch niemand gebessert worden. Durch diese Tat sei der Staat nicht gefährdet worden. Der Staat solle endlich einen Strich darunter machen. Es sei genug des grausamen Spieles. Die Kriminalbeamten prüften nicht so nach, wie die altgewiegten Verteidiger. Sie sind dem kritischen Verstand der Verteidiger nicht gewachsen.«
Da diese Äußerungen bei den anwesenden Zuhörern, die sich zu 90 % aus Kommunisten zusammensetzten, großen Beifall fanden und der Vorsitzende am Tage der Urteilsverkündung (20. 5. 35) ausführte, daß diese Äußerungen beim gesamten Schwurgericht allergrößte Empörung ausgelöst hätten, hat die Staatspolizeistelle in Kiel, der Sp. schon seit Jahren bekannt ist, die Schutzhaft gegen ihn angeordnet.
Ich habe die Schutzhaft vorläufig bis auf weiteres bestätigt und die Staatspolizeistelle in Kiel nochmals um genaue Überprüfung und Stellungnahme zur Dauer der Schutzhaft ersucht. Nach Eingang dieser werde ich unaufgefordert weitere Mitteilung machen.

I. Vertretung:
gez. Heydrich.

Dem
Herrn Preußischen Ministerpräsidenten
und Chef der Geheimen Staatspolizei
in Berlin

vorstehende Abschrift einer Mitteilung an den Herrn Reichsminister der Justiz zur gefl. Kenntnisnahme vorgelegt.

In Vertretung:
gez. Heydrich

Quelle: Geh. StArch. Berlin, Rep. 90 P Nr. 66

Der Reichsminister der Justiz
Berlin, den 28. April 1936
4606 – IIIa 15848/36

An den Reichsführer SS
Herrn Himmler

2 Anlagen

Sehr verehrter Herr Reichsführer!

Die mir am 2. März d. Js. übergebenen kritischen Bemerkungen des Geheimen Staatspolizeiamts zu einer Reihe von Gerichtsurteilen in politischen Strafsachen haben Anlaß zu einer eingehenden Nachprüfung der Fälle im Justizministerium gegeben. Das Ergebnis im Einzelnen bitte ich aus der in zwei Stücken beiliegenden Zusammenstellung zu entnehmen. Danach haben zwar die meisten Beanstandungen, wie die nachfolgenden Ausführungen ergeben, ihre Aufklärung gefunden und mir zu Rügen keine Veranlassung gegeben. Jedoch haben sie sich in verschiedenen Fällen als berechtigt herausgestellt und mich zu weiteren Maßnahmen veranlaßt. Ich darf dabei noch darauf aufmerksam machen, daß sich unter den übermittelten Entscheidungen in größerer Zahl solche aus älterer Zeit (zum Teil sogar vor Erlaß des Heimtückegesetzes und vor der Verreichlichung der Justiz) befinden, und daß auch in anderen Fällen, die grundsätzlichere Fragen berühren, gegen die aufgetretenen Mängel durch Weisungen an die nachgeordneten Behörden inzwischen für die Zukunft Abhilfe geschaffen worden ist.
Ich begrüße es, daß Ihre Vorlagen mir Gelegenheit gegeben haben, einzelnen Beanstandungen abzuhelfen oder Mißverständnisse aufzuklären, die

bei der Geheimen Staatspolizei gegenüber einigen gerichtlichen Entscheidungen bestanden, und bin überzeugt, daß solche Aussprache sich für eine verständnisvolle Zusammenarbeit zwischen Staatspolizei und Justizverwaltung nur fruchtbar auswirken kann. Ich würde es daher weiter lebhaft begrüßen, wenn diese gegenseitige Fühlungnahme fortgesetzt wird. Erwünscht wäre es jedoch, wenn für die Zukunft die Fälle, die nach Auffassung der Geheimen Staatspolizei zu Bedenken Anlaß geben, mir stets alsbald und nicht erst nach so langem Zeitablauf wie im vorliegenden Falle mitgeteilt würden, damit noch rechtzeitig für Abhilfe im Einzelfall gesorgt werden kann und gleiche Fehler für die Zukunft abgestellt werden können.

Mit Heil Hitler!
Ihr sehr ergebener
gez. Dr. Gürtner

Quelle: Akten des Reichsjustizministeriums, BA, R 22/953

Auch die sogenannte »allgemeine Verbrechensbekämpfung« nimmt die Polizei zusehends in die eigene Hand: Wer als »arbeitsscheu« und »asozial« gilt, wird »vorbeugend« verhaftet.
1939 befinden sich rund 25 000 Personen in Konzentrationslagern.
Vielfach »korrigiert« die Gestapo Urteile der Gerichte gegen »Rassenschänder«, Zeugen Jehovas, Kommunisten, Sozialdemokraten, Geistliche und andere: Hält die Gestapo das Gerichtsurteil für zu milde, wird der Angeklagte oft noch im Gerichtssaal verhaftet und in ein KZ verschleppt.

G.J. Nr. 178 Stapo/KL. 5. 8. 1937 (USA 236)

Geheime Staatspolizei
Geheimes Staatspolizeiamt
II B 2 – 1286/37 S.
                Berlin, den 5. August 1937.

An alle Staatspolizeileit- und Staatspolizeistellen – nachrichtlich den Herren Ober- und Regierungspräsidenten in Preußen und den Innenministerien der Länder außer Preußen.

Betrifft: Schutzhaft gegen Bibelforscher.
Vorgang: ohne.

Der Herr Reichsminister der Justiz hat mir mitgeteilt, daß er die verschiedentlich von den ihm nachgeordneten Behörden geäußerte Meinung, die Inschutzhaftnahme der Bibelforscher nach Strafverbüßung gefährde die Autorität der Gerichte, nicht teile. Die Notwendigkeit staatspolizeilicher Maßnahmen auch nach Strafverbüßung sei ihm durchaus verständlich. Er bitte jedoch, die Verbringung der Bibelforscher in Schutzhaft nicht unter Begleitumständen vorzunehmen, die dem Ansehen der Gerichte abträglich sein könnten. Im Zusammenhang damit hat der Herr Reichsminister der Justiz die ihm nachgeordneten Behörden angewiesen, Schutzhaft gegen Bibelforscher, soweit sie nach Strafverbüßung oder Aufhebung eines Haftbefehls verhängt worden ist, nicht mehr in gerichtlichen Strafanstalten vollstrecken zu lassen. Gleichzeitig hat er aber auf meine Anregung den Strafvollstreckungsbehörden Anweisung gegeben, einen Monat vor der Entlassung von verurteilten Bibelforschern aus der Strafhaft den jeweils zuständigen Staatspolizeistellen von der bevorstehenden Entlassung Nachricht zu geben.
Demzufolge ordne ich an:
1. Wenn ein Bibelforscher in einem Strafverfahren freigesprochen oder die erkannte Freiheitsstrafe durch die Untersuchungshaft für verbüßt erklärt wird, so hat eine auf Grund meines RdErl. vom 22. 4. 1937 – II B 2/326/37 S - etwa erforderliche Inschutzhaftnahme im Gerichtssaal selbst zunächst zu unterbleiben.
2. Wird von den Strafvollstreckungsbehörden über die bevorstehende Entlassung von Bibelforschern aus der Strafhaft Mitteilung gemacht, ist umgehend meine Entscheidung über Anordnung staatspolizeilicher Maßnahmen gemäß meinem vorbezeichneten RdErl. v. 22. 4. 37 einzuholen, damit die Überführung in ein Konzentrationslager unmittelbar im Anschluß an die Strafverbüßung erfolgen kann.
Solange die Überführung in ein Konzentrationslager nicht unmittelbar nach der Strafverbüßung erfolgen kann, sind die Bibelforscher in Polizeigefängnissen unterzubringen. In jedem Falle ist auf umgehende Berichterstattung zu achten.

Im Auftrage
gez. Müller

Geheime Staatspolizei
Staatspolizeistelle
Düsseldorf
II B/80.20 2110/1. B. V.
                Düsseldorf, den 23. August 1937.

Abschrift übersende ich zur Kenntnis und Beach-

Justiz und SS/Polizei

tung. Der unter 1. angezogene RdErl. v. 22. 4. 1937 – II B 2 – 326/37 – S – ist mit der RdVerfg. vom 12. 5. 1937 – II B/1035/37/80.20/I B. V. – Inhaltlich mitgeteilt worden.
Zusatz für die Herren Landräte: Überdrucke für die Herren Bürgermeister liegen bei.

gez. Kanstein

An die
Außendienststellen, die Herren Landräte des Bezirks, die Polizeiverwaltungen in Neuss und Viersen und II D im Hause
Für die Richtigkeit der Abschrift:

gez. Unterschrift
Angestellte.

Quelle: Beweisdokumente der Spruchgerichte in der Brit. Zone Hamburg 1947, S. 353

Staatliche Kriminalpolizei
Kriminalpolizeistelle Gleiwitz
Tgb.Nr. KP – 419/38
Gleiwitz, den 15. Juni 1938
Teuchertstr. 20

Durch Eilboten!
Sofort vorlegen!

An den
Herrn Oberstaatsanwalt
in Neisse OS.

Betrifft: Vorbeugende Verbrechensbekämpfung durch die Polizei.

Der Chef der Sicherheitspolizei des Deutschen Reiches hat im Rahmen einer großen Sonderaktion gegen asoziale Elemente (Arbeitsscheue, Landstreicher, Bettler, Zigeuner, Zuhälter, Widerstandsleister, Körperverletzer, Raufhändler, Hausfriedensbrecher usw.), in denen neben dem Berufsverbrechertum die Hauptursache für die bestehende Kriminalität erblickt wird, die Festnahme dieser Personen im ganzen Reichsgebiet und ihre Verbringung in ein Arbeitslager angeordnet, um sie dort durch Verrichtenlassen von gemeinnützigen Arbeiten im Zuge der Durchführung des Vierjahresplanes wieder zu nützlichen Mitgliedern der Volksgemeinschaft zu erziehen. Es sind in den letzten Tagen bereits eine erhebliche Anzahl zurzeit in Freiheit befindlicher Asoziale festgenommen und abtransportiert worden. Es sitzen aber erfahrungsgemäß noch eine große Anzahl dieser Personen in Gerichtsgefängnissen ein, wo sie mehr oder minder lange Haft- und Gefängnisstrafen verbüßen. Um auch ihnen die Besserungs- und Erziehungsmöglichkeiten zuteil werden zu lassen, wird gebeten, die in den dortigen Gefängnissen einsitzenden einschlägig Vorbestraften, die noch kurze Freiheitsstrafen zu verbüßen haben und in den nächsten 3 Monaten sowieso zur Entlassung kämen, im Wege der Strafaussetzung mit möglichst langer Bewährungsfrist oder der Unterbrechung der Strafvollstreckung mit gleichzeitiger Überstellung an die Kriminalpolizeistelle Gleiwitz oder an die von dieser beauftragten Polizeiorgane namhaft zu machen. Für den umgehenden Abtransport in das Arbeitslager wird von hier aus Sorge getragen.
Da ich spätestens am 20. 6. 38 die Zahl der Festzunehmenden weiter melden muß, wäre ich dankbar, wenn mir bis zum 18. 6. 38 die Namen der in Frage kommenden schriftlich oder fernmündlich (Gleiwitz 3331, Hausanschluß 361 oder 367) übermittelt würden. Ich bitte dabei gleichzeitig um Angabe des Zeitpunktes der Entlassung des Häftlings und des Haftortes.
Wegen meines Zuständigkeitsbereichs darf ich auf meine Mitteilung – KD 318/38 vom 7. 5. 38 – verweisen.

J.V.
Unterschrift

Quelle: Akten des Reichsjustizministers, BA, R 22/947

,, 3. Reichsführer SS – ges. Best – (19. 1.) überreicht den nicht veröffentlichten Runderlaß über »Vorbeugende Verbrechensbekämpfung durch die Polizei« – gez. Frick – zur Kenntnisnahme. Der Erlaß sei notwendig gewesen, damit in Zukunft die Straftaten verhütende Tätigkeit der Polizei, welcher die NS-Staatsführung eine ganz besondere Bedeutung beizumessen habe, innerhalb des Reichsgebietes einheitlich durchgeführt werden könne. Inhalt:
Auf Grund des § 1 der VO. zum Schutz von Volk und Staat vom 28. 2. 33 werde mit sofortiger Wirkung die vorbeugende Verbrechensbekämpfung einheitlich nach folgenden Grundsätzen durchgeführt:
1. Polizeiliche planmäßige Überwachung. Für Berufsverbrecher und Gewohnheitsverbrecher. Wer aus der Vorbeugungshaft entlassen werde, unter polizeiliche planmäßige Überwachung. Ist in ganz besonderen Ausnahmefällen die Überwachung zum Schutze der Volksgemeinschaft unerläßlich, so ist sie anzuordnen, auch wenn die Voraussetzungen eines Berufsverbrechers oder Gewohn-

heitsverbrechers nicht gegeben sind. Unter welchen Voraussetzungen sonst ein Berufsverbrecher oder Gewohnheitsverbrecher unter Überwachung gestellt werden kann, ist in richtigen gesetzähnlichen Tatbeständen festgelegt. So heißt es z. B.: »a) Wer das Verbrechen zu seinem Gewerbe gemacht und aus dem Erlös seiner Straftaten ganz oder teilweise lebt oder gelebt hat (Berufsverbrecher), wenn er wegen aus Gewinnsucht begangener Straftaten mindestens dreimal entweder zu Zuchthaus oder zu Gefängnis von mindestens 3 Monaten rechtskräftig verurteilt worden ist«.
2. Polizeiliche Vorbeugungshaft. Diese kann angeordnet werden z. B. für Berufs- und Gewohnheitsverbrecher, die Auflagen schuldhaft nicht erfüllt haben oder für Leute, die, ohne Berufs- oder Gewohnheitsverbrecher zu sein, »durch asoziales Verhalten die Allgemeinheit gefähren«.
Bei der Feststellung der Vorstrafen sind nicht die Gesamtstrafen, sondern die Einzelstrafen zu berücksichtigen. Die Vorbeugungshaft wird in geschlossenen Besserungs- und Arbeitslagern oder auf Anordnung des Reichskriminalpolizeiamtes »in sonstiger Weise« vollstreckt.
Sie dauert so lange, wie ihr Zweck es erfordert. spätestens nach 2 Jahren, jedoch nicht vor Ablauf von 12 Mon. ist die Frage der Fortdauer zu prüfen. Über Beschwerden entscheidet das Reichskriminalpolizeiamt und als folgende Instanz der Reichsführer SS.
– gez. Frick –

Quelle: Diensttagebuch des Reichsjustizministers vom 17. 12. 1937, BA, R 22/734

sind die Opfer dieser Strafaktionen. In den besetzten Gebieten Polens und der UdSSR, in den eingegliederten Ostgebieten und auch im gesamten Reich erobern sich Polizei und SS die »Gerichtshoheit« über die »Fremdvölkischen«.
Am Ende des Krieges befinden sich rund 750 000 Personen in den Lagern der SS: »Fremdvölkische«, Juden, politische Gefangene, »Gemeinschaftsfremde«.

Der Oberlandesgerichtspräsident.
        Hamm (Westf.), den 25. März 1941
        Fernsprecher 1780 – 1786

An
den Herrn Reichsminister der Justiz
in Berlin W 8.

Betr. Allgemeine Lage
– 3130 I –
Im Anschluß an meinen letzten Bericht.

Vor einigen Tagen hat die Gestapo in der Nähe von Dortmund im sog. Schwerter Wald einen 19 jährigen Polen aufgehängt, weil er sich an einem deutschen Mädchen vergriffen hat. Die Hinrichtung ist von zwei Polen an einem mitgebrachten Galgen vorgenommen worden. Dazu waren 300 Polen als

Seit Beginn des Krieges im September 1939 geht der Polizeiapparat mit noch größerer Macht und Brutalität vor. Angeblich zu milde Strafen der Gerichte gegen politische oder »asoziale« Angeklagte »korrigiert« man oft durch Mord, nach einer Aufstellung des Reichsjustizministeriums in der Zeit vom 6. September 1939 bis 20. Januar 1940 allein in wenigstens 18 Fällen. Die Zahl der Verhaftungen steigt. Insbesondere die »fremdvölkischen« Kriegsgefangenen und »Zivilarbeiter« aus Polen und der UdSSR, die zu Hunderttausenden in der Industrie und der Landwirtschaft arbeiten,

Abbildung 185
Urteilsverkündung durch ein nichtidentifiziertes Standgericht der Sicherheitspolizei und des SD

Justiz und SS/Polizei

Zuschauer befohlen. Der öffentliche Weg, auf welchem die Erhängung stattgefunden hat, ist während der Handlung abgesperrt worden. Die Staatspolizeistelle für den Regierungsbezirk Arnsberg in Dortmund-Hörde hat dem Landgerichtspräsidenten in Dortmund auf Anfrage die Hinrichtung als geschehen bestätigt.
Nach dem Bericht des Landgerichtspräsidenten ist die Erregung im Volke über diese »Lynchjustiz« groß.

gez. Schneider.
Beglaubigt
Justizangestellte

Quelle: Akten des Reichsjustizministeriums, BA, R 22/3367

Abbildung 186
Vergeltungsaktion im »Generalgouvernement« Polen

Plock, den 8. Februar 1940.

Standgericht:

Am 8. Februar 1940 trat auf der Dienststelle der Geheimen Staatspolizei in Plock das Standgericht zusammen:

Den Vorsitz des Standgerichtes führte:
SS-Oberführer Dr. R.
Als Beisitzer amtierten:
Krim.Sek. u. SS-Unterstuf. B.,
Krim.Ass. u. SS-Oberscharführer L.

Zur Sache:
Der Pole C. Tadeusz, geb. in . . ., Kreis Zichenau geb. verh., Plock Bahnhofstrasse Nr. 40 wohnhaft, war aktives Mitglied der P.O.W. Vom Jahre 1931 bis 1936 war er Sekretär dieser Vereinigung in Plock. Bei ihm wurden Abzeichen von verschiedenen polnischen Vereinigungen und Armbinden, sowie auch verschiedenes Propagandamaterial der P.O.W. vorgefunden. Vertraulichen Mitteilungen von hiesigen Volksdeutschen zufolge sollen auch in der letzten Zeit bei C. Zusammenkünfte von Polen stattgefunden haben.
Er gilt allgemein als polnischer Intelligenzler und es ist anzunehmen, daß er auch heute noch seine früheren Verbindungen aufrecht erhalten hat.
Der Sachverhalt wird vorgetragen. Der Besch. wird dazu gehört.
Es wird das Urteil verkündet.
Der Besch. wird zum Tode verurteilt.

SS-Oberführer.
SS-Untersturmführer.
SS-Oberscharführer

Quelle: Majer, »Fremdvölkische« im Dritten Reich, Boppard 1981, Abb. 10

odpis z odpisu
III.Kps.80/46

Blatt 3
Das Standgericht ist sich schlüssig folgende Polen zu erschiessen
1/ Nr. 1 Es handelt sich um einen massgebenden Mann aus der Stadt Kosten, als Hetzer bekannt.
2/ Nr. 2 Ein übel beleumundeter Pole
3/ Nr. 3 Jugendführer
4/ Nr. 4 Vorsitzender des Sokolverbandes übler Deutschen-Hasser
5/ Nr. 5 Berüchtigter Hetzer
6/ Nr. 6 Mitglied des Westmarkenvereins
7/ Nr. 7 Gehört zur geistigen Führerschicht
8/ Nr. 8 Gutsbesitzer, übler Hetzer
SS Untersturmführer A. erhielt den Befehl, die oben aufgeführten Polen sofort zu erschiessen.
Der zuständige Landrat Dr. L. und der Ortskommandant Hauptmann D. wurden benachrichtigt. Ebenfalls wurde der Bürgermeister S.A. Sturmführer S. Die Sitzung wurde um 13.19 Uhr unterbrochen.
Die Sitzung wurde fortgesetzt um 13.30 Uhr.
Die Sitzung wurde geschlossen um 13.35 Uhr, nachdem der Bürgermeister angewiesen worden war den zu erschiessenden 8 Polen zu eröffnen, dass sie auf Grund der in der Nacht vom 29. zum 30. 9. begangenen Ermordung eines Deutschen erschossen werden. Gleichzeitig ist der Bürgermeister angewiesen worden in der Stadt die Erschiessung bekannt zu geben.

Beisitzer
Vorsitzender
Beisitzer

Quelle: Majer, »Fremdvölkische« im Dritten Reich, Boppard 1981, Abb. 6

Liste des Reichsjustizministeriums über 18 Fälle von Erschießungen durch die Polizei in der Zeit von 6. 9. 39 bis 20. 1. 40

Lfd. Nr.	Name	Sachverhalt	Verfahren und Exekution	Stadium des Verfahrens, in dem Exekution vorgenommen	Art der Befehlsübermittlung an uns
1.	Johann Heinen Dessau – g 10b 1634/39 g	Er wude beauftragt, an einem Fliegerunterstand mitzuarbeiten, und weigerte sich mit der Begründung, daß er staatenlos sei.	Kein Gerichtsurteil. Im RJM. durch Zeitungsnotiz bekannt geworden. Erschießung am 7. 9. 39	—	—
2.	Paul Müller Halle – g 10b 1634/39 g	Vorsätzliche Brandstiftung und Sabotage. Näheres nicht bekannt.	Kein Gerichtsurteil. Im RJM. durch Zeitungsnotiz bekannt geworden. Erschießung am 15. 9. 39	—	—
3.	August Diekmann Dinslaken – g 10b 1634/39 g –	Er hat als Bibelforscher die Dienstpflicht verweigert.	Kein Gerichtsurteil. Im RJM. durch Zeitungsnotiz bekannt geworden. Erschießung am 15. 9. 39	—	—
4.	Horst Schmidt Kassel – g 10b 1634/39 g –	Er hat sich in der Uniform eines Marineoffiziers als Angehöriger eines siegreichen U-Bootes ausgegeben und zahlreiche Schwindeleien verübt.	Kein Gerichtsurteil. Im RJM. durch Zeitungsnotiz bekannt geworden. Erschießung am 6. 11. 39	—	—
5.	Israel Mondschein Kassel – g 10b 1634/39 g –	Er hat sich unter Gewaltanwendung an einem deutschen Mädchen vergangen.	Kein Gerichtsurteil. Im RJM. durch Zeitungsnotiz bekannt geworden. Erschießung am 6. 11. 39	—	—
6. 7.	Franz Brönne Anton Kropf Schutzhäftlinge Mauthausen – g 10b 1940/39 g –	Sie haben einen SS-Posten überfallen und niedergeschlagen.	Kein Gerichtsurteil. Dem RJM durch Schnellbrief des Reichsführers SS v. 9. 12. 39 bekannt gegeben. Erhängt am 8. 12. 39	—	—
8.	Spressert – IIIg 10b 1859/39 g –	Versuchtes Sittlichkeitsverbrechen an einer Halbjüdin, deren Vater Jude ist.	Kein Gerichtsurteil. Im RJM durch Zeitungsnotiz bekannt geworden.	—	—
9.	Witte – g 10b 1859/39 g –	Arbeitsverweigerung in einem kriegswichtigen Betrieb	Kein Gerichtsurteil. Im RJM durch Zeitungsnotiz bekannt geworden	—	—
10. 11.	Paul Latacz Erwin Jacobs, Berlin – g 10b 1846/39 g –	Sie haben am 30. 9. 39 die Kreissparkasse Teltow zu berauben versucht.	Durch Urteil des Sondergerichts Berlin vom 13. 10. 39 zu je 10 Jahren Zuchthaus verurteilt	Am 14. 10. 39 auf Befehl des Führers erschossen	Keine Befehlsübermittlung an RJM.
12.	Franz Potleschak Langwied – g 10b 1743/39 g –	Er hat unter Ausnutzung der Verdunkelung am 21. 9. 39 einem Mädchen die Handtasche unter dem Arm weggerissen.	Durch Urteil des Sondergerichts München vom 6. 10. 39 nach § 2 der Volksschädlings-VO zu 10 Jahren Zuchthaus verurteilt	Am 16. 10. 39 erschossen	Keine Befehlsübermittlung an RJM. Nachträgliche Unterrichtung durch Bericht d. OStA. München u. Schreiben des Reichsführers SS v. 29. 11. 39, in dem dieser mitteilt, daß die Benachricht. versehentlich unterblieben sei.

Justiz und SS/Polizei

Lfd. Nr.	Name	Sachverhalt	Verfahren und Exekution	Stadium des Verfahrens, in dem Exekution vorgenommen	Art der Befehlsübermittlung an uns
13.	Joachim Israel Joseph Berlin-Spandau – g 10b 1895/39 g –	Er hat in 6 Fällen Sittlichkeitsverbrechen an minderjährigen Mädchen im Alter von 4 bis 10 Jahren begangen.	Urteil des Sondergerichts Berlin v. 23. 10. 39 wegen Sittlichkeitsverbrechens in Tateinheit mit Rassenschande zu 6 Jahren Zuchthaus verurteilt.	Erschossen am 25. 10. 39	Brief von Bormann am 25. 10. 39 an RJM, mit der Mitteilung, daß auf Weisung des Führers der Jude der Geheimen Staatspolizei zur Erschießung herauszugeben sei
14.	Gustav Wolf Naumburg – g 10b 1931/39 g –	Er überfiel am hellen Tage ein Mädchen, raubte ihr, nachdem er ihr mehrere Stiche mit einem Messer beigebracht hatte, die Armbanduhr und versuchte ein Sittlichkeitsverbrechen.	Durch Urteil der Strafkammer Naumburg am 25. 10. 39 wegen Straßenraubes und versuchter Notzucht zu 10 Jahren Zuchthaus verurteilt	Erschossen am 1. oder 2. 12. 39 nach Rechtskraft des Urteils	Durch Oberreg.-Rat Werner vom Kriminalpolizeiamt am 1. 12. 39 fernmündlich u. schriftl. an RJM. Anweisung d. Führers (durch Reichsführer SS) durchgegeben, den Verurteilten a. d. Geheime Staatspolizei herauszugeben
15.	Fritz Bremer Breslau – g 10a 5631/39 g –	Er hat Angehörige von im Polenfeldzug gefallenen Soldaten aufgesucht u. ihnen erklärt, daß er durch seinen an der Ostfront befindlichen Neffen über den Heldentod des betreffenden Angehörigen unterrichtet sei. Er hat selbstgeschriebene Briefe seines Neffen vorgelegt u. sich schließlich seine »Fahrkosten u. sonstigen Auslagen« erstatten lassen.	Durch Urteil des Sondergerichts Breslau vom 14. 12. 39 nach § 4 der Volksschädlings-VO. zu 15 Jahren Zuchthaus verurteilt	Erschossen am 21. 12. 39	Anordnung des Führers fernmündlich und schriftlich am 21. 12. 39 durch Oberführer Schaub an OStA. Joel durchgegeben.
16.	Max Groß München – g 14. 177/40 –	Er hat am 13. 11. 39 einen dreijährigen Knaben mit sich genommen und, als dieser sich weigerte, ihn durch Ohrfeigen gefügig gemacht und sich zugestandenermaßen an ihm vergangen. Das Verbrechen wurde durch Hinzukommen der Mutter verhindert.	Durch Urteil der Strafkammer München vom 5. 1. 40 wegen Nötigung in Tateinheit mit Körperverletzung zu 6 Monaten Gefängnis verurteilt	Erschossen am 20. 1. 40, nachdem der außerordentliche Einspruch bei dem Besonderen Senat des Reichsgerichts eingelegt worden war	Befehl des Führers fernmündlich übermittelt durch Gruppenführer Schaub an OStA. Joel. Später durch Schreiben von Schaub an Joel bestätigt
17.	Viktor Meyer Berlin – g 14.225/40 g –	Er hat seinen Bruder u. eine Geschäftsfrau bestohlen (Rückfall) u. eine Sittendirne niedergeschlagen und beraubt.	Durch Urteil des Sondergerichts Berlin v. 19. 1. 40 wegen Diebstahls im Rückfall u. wegen schweren Raubes in Tateinheit mit Körperverletzung zu 12 Jahren Zuchthaus verurteilt	Erschossen am 20. 1. 40	Fernmündliche Übermittlung des Führerbefehls durch Gruppenführer Schaub an OStA. Joel. Später schriftlich bestätigt
18.	Alfred Gluth Marburg – g 5.4688/39 g –	Er hat von Februar bis Sept. 1939 in 7 Fällen vorsätzlich Gebäude, Hütten, Magazine u. Vorräte von landwirtschaftlichen Erzeugnissen in Brand gesetzt.	Durch Urteil des Sondergerichts Berlin vom 17. 11. 39 wegen vorsätzlicher Branstiftung in Tateinheit mit § 1 der Gewaltverbrecher VO zu 10 Jahren Zuchthaus verurteilt	Erschossen am 18. 11. 39	Kein Befehl an RJM. Aus Zeitungsmeldungen bekannt geworden

Quelle: VfZ 1958, 412 ff.

Berliner Illustrierte Nachtausgabe
Nr. 246 Montag, den 20. Oktober 1941

„ „ Jude hamsterte 65 000 Eier und ließ 15 000 Stück verderben.

Drahtmeldung unseres Berichterstatters
Breslau, 20. Oktober.
Eine geradezu riesige Menge von Eiern hat der 74jährige Markus L. aus Kalwarja der allgemeinen Bewirtschaftung entzogen und mußte sich nun vor dem Sondergericht in Bielitz verantworten. Der Jude hatte in Bottichen und in einer Kalkgrube 65 000 Eier verborgen, von denen bereits 15 000 verdorben waren. Der Angeklagte erhielt 2½ Jahre Gefängnis als gerechte Strafe wegen Verbrechens gegen die Kriegswirtschaftsordnung.

Der Reichsminister und Chef der Reichskanzlei
Rk. 15506
FHQ., den 25. Oktober 1941

1.)
An Herrn
Staatssekretär Prof. Dr. h. c. Schlegelberger
beauftragt mit der Führung der
Geschäfte des Reichsministers der Justiz

Berlin W 8
Wilhelmstraße 65   Eile (a. d. R.)

Sehr verehrter Herr Schlegelberger!
Dem Führer ist die anliegende Pressenotiz über die Verurteilung des Juden Markus L. zu 2½ Jahren Gefängnis durch das Sondergericht in Bielitz vorgelegt worden. Der Führer wünscht, daß gegen L. auf Todesstrafe erkannt wird. Ich darf Sie bitten, das Erforderliche beschleunigt zu veranlassen und dem Führer zu meinen Händen über die getroffenen Maßnahmen zu berichten.

Heil Hitler!
Ihr sehr ergebener (N. d. H., RMin.)

2.)
An
Herrn SS-Gruppenführer Julius Schaub
Führerhauptquartier
Betrifft: Markus L.

Sehr geehrter Herr Schaub!
Auf Ihr Schreiben vom 22. Oktober 1941 bin ich mit dem Reichsminister der Justiz in Verbindung getreten und habe ihn gebeten, das Erforderliche zu veranlassen.

Heil Hitler!
Ihr sehr ergebener (N. d. H. RMin.)

Der Reichsminister der Justiz
Mit der Führung der Geschäfte beauftragt
III g 143454/41   Berlin, 29. 10. 1941

An den Herrn Reichsminister und
Chef der Reichskanzlei
Berlin W 8
Voßstraße 6

Betrifft: Strafsache gegen den Juden L.
(nicht L . . .) Sg. 12 Js. 340/41
des OStA. in Kattowitz
– Rk. 15506 B vom 25. Oktober 1941 – 1 b

Sehr geehrter Herr Reichsminister Dr. Lammers!
Auf den mir durch den Herrn Staatsminister und Chef der Präsidialkanzlei des Führers und Reichskanzlers übermittelten Führerbefehl vom 24. Oktober 1941 habe ich den durch das Sondergericht in Kattowitz zu 2½ Jahren Gefängnis verurteilten Juden Markus L. der Geheimen Staatspolizei zur Exekution überstellt.

Heil Hitler!
Ihr sehr ergebener
Schlegelberger   „ „

Quelle: Poliakov, Wulf, Das Dritte Reich und seine Diener, Frankfurt 1983, S. 250–252

Wie verhalten sich die Gerichte und die Justizbehörden?
Gegen »Hoch- und Landesverräter«, d. h. insbesondere gegen kommunistische und sozialdemokratische Widerstandsgruppen, arbeiten die Justizbehörden und die politische Polizei eng zusammen. Reichsjustizminister Gürtner gibt z. B. den Generalstaatsanwälten die Weisung, die Staatspolizei zu benachrichtigen, wenn ein »Hoch- und Landesverräter« aus dem Zuchthaus oder dem Gefängnis frei kommt. Der Staatspolizei soll so Gelegenheit gegeben werden, für entlassene politische Gefangene »Maßnahmen« ihrer Wahl zu treffen (Überwachung oder »Schutzhaft«).

Geheime Staatspolizei
Geheimes Staatspolizeiamt
603/36 g – II 1 A –
Berlin SW 11,
den 24. November 1936.
Prinz-Albrecht-Straße 8
Fernsprecher A 2 Flora 0040.

An den Herrn Reichsminister der Justiz,
Berlin W 8,
Wilhelmstr. 65.

Betrifft: Behandlung wichtiger Strafsachen.
Bezug: Dortiges Schreiben vom 14. 6. 1935
III a 15 852/35 – i. a. 4200 Bd. 1 Bl. 52b.

[...]
Da die nach Strafverbüßung entlassenen Hochverräter das wichtigste Reservoir der staatsfeindlichen Parteien bilden, ist es im staatspolitischen Interesse unerläßlich, diese Personen nicht aus dem Auge zu verlieren, sie einer gut organisierten Nachüberwachung zu unterwerfen sowie sie schließlich in eine staatspolitische Erziehung zu nehmen.
Ich halte es daher für unumgänglich notwendig, daß die Geheime Staatspolizei rechtzeitig von jeweils bevorstehenden Entlassungen aller Arten von Hochverrätern benachrichtigt wird.
Die Notwendigkeiten der Praxis haben die einzelnen Staatspolizeistellen, Strafvollstreckungs- und Strafvollzugsbehörden veranlaßt, von sich aus Sonderabmachungen zu treffen, die jedoch wegen der häufig über das ganze Reich verteilten Unterbringungen der Gefangenen als nicht ausreichend angesehen werden können. So hat eine Umfrage bei den Staatspolizeistellen ergeben, daß zur Zeit im Reichsgebiet 21 verschiedene Regelungen vorliegen. Einige von diesen seien im folgenden in einer kurzen Aufstellung angeführt, um das Bedürfnis nach einer einheitlichen Regelung dieser für die politische Staatssicherheit höchst wichtigen Frage zu beweisen:

a) Im Bereich der Staatspolizeistelle Oldenburg wird die Entlassung der wegen Hochverrats einsitzenden Staatsfeinde nicht vorher gemeldet, wenn nicht bereits bei der Vorführung vor den Richter vorsorglich Überhaft notiert worden ist oder der Häftling aus der Schutzhaft in die Untersuchungshaft überführt wurde.
b) Die Staatspolizeistelle Darmstadt berichtet, daß in ihrem Bezirk Entlassungen der in Frage kommenden Staatsfeinde überhaupt nicht vorher gemeldet werden.
c) Die Staatspolizeistelle Dessau erhält außer der nach der Entlassung des Häftlings erfolgenden Mitteilung durch den Herrn Generalstaatsanwalt beim Kammergericht keine Meldungen.
d) Zwischen der Staatspolizeistelle Hamburg und der Hamburgischen Strafanstalt wurden am 13. 4. 33 und 17. 4. 36 Sondervereinbarungen getroffen, nach denen diese – aber auch nur diese – Strafanstalt die bevorstehende Entlassung 14 Tage vorher mitteilt.
e) Der Staatspolizeileitstelle Karlsruhe werden laut Sonderanweisung des dortigen Herrn Generalstaatsanwalts die Entlassungen gleichfalls vorher mitgeteilt.
f) Die Staatspolizeileitstelle München erhält nur von der Staatsanwaltschaft beim Oberlandesgericht München rechtzeitige Nachricht.
g) Die Staatspolizeistellen in Bremen, Lübeck und Weimar werden von den einzelnen Strafanstalten ihres Bezirkes rechtzeitig über die Entlassungen unterrichtet.
h) Bei der Staatspolizeistelle Schwerin und im Bereich der Staatspolizeileitstelle Stuttgart ist dieselbe Lösung wie zu g) getroffen.
i) Die Staatspolizeistelle in Wesermünde erhält 3 Wochen vor der Entlassung durch die Strafanstalten Nachricht und Führungszeugnis über den Häftling; es geschieht dies infolge einer Sonderanweisung der Herren Generalstaatsanwälte in Hamm und Celle.
k) Im Bereich der Staatspolizeistelle Magdeburg werden dagegen nur von der Magdeburger Strafanstalt und von dieser auch nur teilweise, Mitteilungen über bevorstehende Entlassungen gemacht.

l) Dasselbe ist im Bereich der Staatspolizeistelle Köslin der Fall.

m) Regelmäßige Meldungen berichten die Staatspolizeistellen Kiel, Kassel, Potsdam von den Strafanstalten ihres Bezirkes, während die Anstalten fremder Bezirke nicht oder nicht rechtzeitig melden.

n) Die Staatspolizeistelle Lüneburg erwähnt, daß die Strafanstalten Celle und Rendsburg sich zu einer Zusammenarbeit im angestrebten Sinne bereitgefunden haben, während von den Strafanstalten Neumünster, Lingen und Berlin-Plötzensee nur unvollständig berichtet wird. Bei Häftlingen, die in der Anstalt Berlin-Plötzensee einsitzen, wird die Entlassung durch den Herrn Generalstaatsanwalt bei dem Kammergericht nachher mitgeteilt.

o) Die Staatspolizeistelle Halle a. S. hebt hervor, daß ihr von den Strafanstalten Kassel-Wehlheiden, Herford und Gräfentonna rechtzeitig Mitteilung gemacht werde, wenn ein politischer Häftling entlassen werden solle, daß dagegen die Entlassungen der in anderen Strafanstalten, selbst der in Halle selbst Einsitzenden nicht gemeldet werde.

Quelle: Akten des Reichsjustizministeriums, BA, R 22/1143

---

d.RM.d.J   Berlin, den 18. Januar 1937
100 III a 16682/36

An
Herrn Reichsanwalt beim Volksgerichtshof,
Herrn Generalstaatsanwalt bei dem Kammergericht
die Herren Generalstaatsanwälte bei den Oberlandesgerichten

(Mit Überdrucken für die OStA und die Leiter der Anstalten.)

Betr.: Mitteilung von der bevorstehenden Strafentlassung in Hoch- und Landesverratssachen.

Unter Aufhebung der durch die RV. vom 18. Dezember 1934 – III a 25371 – zu Ziffer VI 2 D getroffenen Regelung betr. Mitteilung von der bevorstehenden Strafentlassung wird folgendes angeordnet:

In sämtlichen Strafsachen wegen Hoch- und Landesverrats (§§ 80 ff, 88 ff StGB.) ist die bevorstehende Entlassung der verurteilten Hoch- und Landesverräter aus der Strafhaft den zuständigen Staatspolizeileitstellen oder Staatspolizeistellen 1 Monat vor dem Entlassungsdatum mitzuteilen. Als zuständig gelten diejenigen Staatspolizei- oder Staatspolizeileitstellen, von denen die polizeilichen Ermittlungen geführt und alsdann die Akten mit dem üblichen Schlußbericht an das Gericht oder die Staatsanwaltschaft abgegeben worden sind. Die mit einem Bericht über die Führung des Verurteilten zu verbindende Mitteilung erfolgt durch die Strafanstalt, in der der Verurteilte einsitzt, unter Benutzung eines Vordrucks nach anliegendem Muster I.

Die Strafvollstreckungsbehörde teilt in Zukunft, um die Durchführung dieser Anordnung zu ermöglichen, bei Einleitung der Strafvollstreckung der Strafanstalt die zuständige Staatspolizeistelle oder Staatspolizeileitstelle und deren Aktenzeichen mit. Hinsichtlich der z. Zt. bereits in Strafhaft befindlichen, wegen Hoch- und Landesverrats Verurteilten, die nach dem 31. März 1937 zur Entlassung kommen, ersucht die Strafanstalt 2 Monate vor dem Entlassungsdatum die Strafvollstreckungsbehörde um Mitteilung der zuständigen Polizeistelle und deren Aktenzeichen: für die Anfrage und die Antwort sind Vordrucke nach dem anliegenden Muster zu verwenden.

Bei den bis zum 31. März 1937 zur Entlassung kommenden Verurteilten wegen Landesverrats verbleibt es bei der Regelung der RV. vom 18. Dezember 1934 – III a 25371 –.

I. A.

Quelle: Akten des Reichsjustizministeriums, BA, R 22/1143

---

200 – IIIa³ 237

l) Vermerk:
Die zwischen dem GStA. in Dresden, der Stapoleitstelle Dresden und dem Sicherheitsdienst des Reichsführers SS Oberabschnitt Elbe in Leipzig getroffenen Vereinbarungen über die Benachrichtigung der Entlassung von Hoch- und Landesverrätern nach Strafverbüßung gehen weiter als die durch die RV. v. 18. 1. 1937 angeordnete Regelung. Es handelt sich um drei wesentliche Punkte:
1) Die Benachrichtigung erfolgt bereits zwei Monate vor Entlassung,
2) die Benachrichtigung umfaßt nicht nur Hoch- und Landesverräter, sondern politische Strafgefangene schlechthin, soweit sie länger als vier Monate zu verbüßen haben.
3) Außer der Stapo wird auch der Sicherheitsdienst der SS benachrichtigt.

Nachdem diese Regelung im OLG-Bezirk Dresden bereits über 1 Jahr läuft, bestehen keine Bedenken, sie zu belassen. Nach fernmündlicher Rücksprache mit der Geheimen Staatspolizei (Regierungsrat Dr. K.) besteht auch von Seiten der Stapo kein Bedenken, im Bezirk Dresden die schon bestehende Regelung zu belassen. Für das RJM. ist diese Regelung insofern von Interesse, als die Bestrebungen der Stapo und des SDSS dahin gehen, die Dresdener Regelung ganz allgemein im Reiche durchzuführen, das RJM. aber bisher davon abgesehen hat wegen der dadurch entstehenden Mehrarbeit. Immerhin möge OLG. Dresden diese Regelung durchführen, damit für die Justiz Erfahrungen gesammelt werden können.

2) D.RMd.J.   Berlin, den 2. März 1937
(Aktz.w.o.)

An den Herrn
GStA. b. d. OLG.
in Dresden

Betr.: Verfügung v. 18. 1. 1937
über Mitteilung von der bevorstehenden Strafentlassung in Hoch- u. Landesverratssachen.
Zum Schrb. vom 22. 2. 1937

Gegen die in Ihrem Bezirk bestehende Regelung d. Mitteilung der Entlassung politischer Strafgefangener will ich, soweit sie von meiner RV. v. 18. 1. 1937 abweicht, z.Zt. Bedenken nicht erheben. Ich ersuche jedoch, die neuen Vordrucke zu verwenden.

I.A.

Quelle: Akten des Reichsjustizministeriums, BA, R 22/1143

Die Gerichte billigen der Staatspolizei einen äußerst weiten Handlungsspielraum zu. Sie erklären es in verschiedenen Fällen für Rechtens, daß die Staatspolizei unter dem Vorwand der »Kommunistenbekämpfung« auch gegen Geistliche oder gegen die Zeugen Jehovas vorgeht. Noch bevor die Staatspolizei 1936 der Kontrolle der Gerichte entzogen wird, lehnen es die Gerichte ab, Maßnahmen der Staatspolizei auf ihre Rechtmäßigkeit zu überprüfen. Reichsjustizminister Gürtner versucht, den Machtverfall der Justiz zu begrenzen. Jedoch befürwortet auch er die »Bekämpfung« der »Staatsfeinde« und »Asozialen«, wenn auch ohne Umgehung und Ausschaltung der Justiz. »Hoch- und Landesverräter«, Zeugen Jehovas und »Rassenschänder« werden mit seiner Billigung nach der Justizhaft der Staatspolizei überlassen.

Der Reichsminister der Justiz
Berlin W 8, den 5. Januar 1939.
Wilhelmstr. 65

III.a 15080.

Betrifft: Vorläufige Festnahme und Untersuchungshaft in Strafsachen wegen Hoch- und Landesverrats pp.
Überstücke.
Geheim!

Die Gemeingefährlichkeit hoch- und landesverräterischer Betätigung sowie die verfeinerten und geschickten Kampfmethoden dieser Art von Staatsfeinden finden, wie einige mir zur Kenntnis gebrachte Einzelfälle zeigen, bei den Justizbehörden nicht überall eine verständnisvolle Würdigung und Beachtung. Das dringende Staatsinteresse verlangt in der Regelfalle, daß Staatsfeinde, denen einwandfrei das Verbrechen des Hoch- oder Landesverrats oder der Vorbereitung dazu oder eine andere ähnliche Straftat nachgewiesen ist, oder gegen die ein dringender Tatverdacht in bezeichneter Richtung besteht, bis zu ihrer Aburteilung im behördlichen Gewahrsam verbleiben.

Um dies sicherzustellen, ordne ich folgendes an:
1. Lehnt ein Richter gegen einen wegen Hoch- oder Landesverrats oder ähnlicher staatsgefährlicher Verbrechen von der Polizei vorläufig festgenommenen und ihm vorgeführten Täter den Erlaß eines Haftbefehls ab, so hat er vor der Entlassung des Täters die vorführende Polizeibehörde von seinem Beschluß zu verständigen und ihr Gelegenheit zu geben, selbst Verwahrungsmaßnahmen zu treffen.

An
1. den Herrn Präsidenten des Volksgerichtshofs,
2. den Herrn Oberreichsanwalt, Zweigstelle Berlin,
3. den Herrn Kammergerichtspräsidenten und die Herren Oberlandesgerichtspräsidenten (mit Überstücken für die Oberlandesgerichte, Land- und Amtsgerichte),
4. den Herrn Generalstaatsanwalt beim Kammergericht und die Herren Generalstaatsanwälte (mit Überstücken für die Oberstaatsanwälte),
5. die Landesjustizverwaltungen,

6. den Beauftragten des Reichsministers der Justiz,
5. und 6. zur gefälligen Kenntnisnahme.

2) Erwägt in Strafsachen der bezeichneten Art ein Richter, einen Haftbefehl aufzuheben oder den Beschuldigten mit weiterer Untersuchungshaft zu verschonen, so hat die Staatsanwaltschaft, die nach §§ 33 bzw. 124 StPO vor der Aufhebung des Haftbefehls oder der Entlassung des Beschuldigten zu hören ist, vor Abgabe ihrer Erklärung entsprechend Ziff. 1 dieser RV. die zuständige Polizeistelle und, wenn diese eine weitere Festhaltung des Beschuldigten von sich aus veranlassen will, das zuständige Gerichtsgefängnis zu verständigen.

Dr. Gürtner

Quelle: Akten des Reichsjustizministeriums, BA, R 22/1074

Die richterliche Nachprüfung staatspolitischer Regierungsmaßnahmen, insbesondere solcher auf Grund der VO. v. 28. 2. 33 (Zeitungsverbote, Schutzhaft), beschränkt sich auf die Frage, ob reine Willkür vorliegt. Auf Grund der VO. v. 28. 2. 33 kann gegen alle staatsfeindlichen Bestrebungen, nicht nur solche von kommunistischer Seite, eingeschritten werden. – Entscheidung des Landgerichts Berlin vom 1. November 1933 – 276. O. 10 088/33 –.

Quelle: DJ 1934, S. 63

Abschrift von Abschrift.
Ausfertigung
So. G. 40/35.

Land Thüringen.

Im Namen des Deutschen Volkes!
Urteil.

In der Strafsache gegen
1. den Mechaniker Hermann A.,
2. Frau Minna A.,
3. den Schlosser Ernst M.,
4. Frau Lina M.,
5. den Werkzeugmacher Heinrich M.,
6. den Fleischer Hermann V.,
7. Frau Marie H.

wegen Vergehen gegen § 4 der Verordnung des Reichspräsidenten zum Schutze von Volk und Staat vom 28. Februar 1933 in Verbindung mit der Anordnung des Preussischen Ministers des Innern vom 26. April 1933,
hat das Sondergericht für den Oberlandesgerichtsbezirk Jena in Weimar in der Sitzung vom 27. August 1935 in Zella-Mehlis, an welcher teilgenommen haben:

Landgerichtsrat W., Weimar, als Vorsitzender
Landgerichtsrat Dr. L., Weimar,
Landgerichtsrat B., Weimar als Beisitzer,
Oberstaatsanw. Dr. S., Weimar als Vertreter der Anklagebehörde,
Justizinspektoranwärter A. als Urkundsbeamter der Geschäftsstelle,
für Recht erkannt:

Freigesprochen werden die Angeklagten Heinrich M. II und Marie H.
Bestraft werden wegen Vergehens gegen § 4 der Verordnung des Reichspräsidenten zum Schutze von Volk und Staat vom 28. 2. 33 in Verbindung mit der Anordnung des preuss. Ministers des Innern vom 26. 4. 1933:

der Angeklagte Herrmann A. mit 2 Jahren,
der Angeklagte Ernst M. mit 1½ Jahren,
die Angeklagten Frau Lina M. und Hermann V. mit je 6 Monaten sowie
die Angeklagte Frau Minna A. mit drei Monaten Gefängnis.

Die Kosten des Verfahrens trägt die Staatskasse, soweit sie gegen die Angeklagten, die freigesprochen worden sind, entstanden sind; im übrigen tragen sie die verurteilten Angeklagten.

Gründe:
I. Am 24. Juni 1933 hatte der Preuss. Minister des Innern auf Grund von §§ 1 und 4 der VO des Reichspräsidenten zum Schutze von Volk und Staat vom 28. Februar 1933 (RGBl. I. S. 83) die »Internationale Bibelforschervereinigung«, einschliesslich ihrer sämtlichen Organisationen im Lande Preussen aufgelöst und verboten und ihr Vermögen beschlagnahmt und eingezogen. Im September 1934 wurde die angeordnete Vermögensbeschlagnahme wieder aufgehoben, doch wurde dabei ausdrücklich festgestellt, dass die Betätigung der Vereinigung in der Herstellung von Schriften und Flugblättern sowie in der Lehr- und Versammlungstätigkeit nach wie vor verboten bleibt.
Trotz der Eingangsworte der genannten Verordnung vom 28. Februar 1933 »Zur Abwehr kommu-

nistischer, staatsgefährdender Gewaltakte« ist die Anordnung des Preuss. Ministers des Innern vom 24. Juni 1933 rechtswirksam. Dieser Einleitungssatz gibt lediglich den Anlass wieder, der zum Erlass der Verordnung geführt hat. Damals war gerade der Reichstag in Brand gesetzt worden. Die Eingangsworte beschränken den Inhalt und das Anwendungsgebiet der Verordnung nicht. Sie sind in den einzelnen Bestimmungen der Verordnung nicht aufgenommen. Sie haben daher für die einzelnen Vorschriften keine Gesetzeskraft.

Trotz der aufgetretenen Bedenken wegen der formellen Rechtsgültigkeit des Preuss. Verbots hat das hiesige Sondergericht die Anordnung vom 24. Juni 1933 als bindend angesehen. Der nationalsozialistische Staat hat durch den Preuss. Minister des Innern in seinem und durch sein Verbot seinen Willen ausdrücklich kundgetan. Daran ist der Richter gebunden. Er hat diesen Willen zu beachten und zu befolgen auch dann, wenn die Anordnung einmal nicht in der richtigen Form und nicht in der richtigen Weise bekanntgegeben sein sollte. Dazu kommt noch, dass gerade in der Verordnung vom 28. Februar 1933 wichtige Grundrechte der Weimarer Verfassung aus staatsnotwendigen Gründen aufgehoben worden sind. Wenn schon solche Bestimmungen beseitigt wurden, können natürlich auch viel weniger wichtige Vorschriften wegfallen, wie z. B. die bisher vorgeschriebene Veröffentlichung von Polizeiverordnungen in der Preuss. Gesetzessammlung.

Die Anordnung vom 24. Juni 1933 verstösst auch nicht gegen die Art. 135 – 137 der Weimarer Verfassung. Ganz abgesehen davon, ob die Verfassung des überwundenen Marxistisch-liberalistischen Zwischenreiches heute überhaupt noch Gültigkeit hat, ist die Internationale Bibelforschervereinigung keine Religionsgemeinschaft im Sinne dieses Gesetzes. Denn sie hat kein bestimmtes Glaubensbekenntnis. Das ist aber Voraussetzung für eine Religionsgemeinschaft. Als religiöse Vereinigung, wie die IBV in Wirklichkeit anzusehen ist, kann sie aber verboten werden. Den Artikel 127 der Weimarer Verfassung hat die Verordnung des Reichspräsidenten vom 28. Februar 1933 ausdrücklich aufgehoben. Die Gewissensfreiheit hat das Verbot nicht irgendwie berührt. Jedermann kann heute noch in Deutschland glauben, was er will. Er kann in der Bibel lesen, was und so oft er will. [...]

Quelle: HStA Düsseldorf, RW 18/7

Gesetz über die Geheime Staatspolizei
Vom 10. Februar 1936

Das Staatsministerium hat das folgende Gesetz beschlossen:

§ 1. (1) Die Geheime Staatspolizei hat die Aufgabe, alle staatsgefährlichen Bestrebungen im gesamten Staatsgebiet zu erforschen und zu bekämpfen, das Ergebnis der Erhebungen zu sammeln und auszuwerten, die Staatsregierung zu unterrichten und die übrigen Behörden über für sie wichtige Feststellungen auf dem laufenden zu halten und mit Anregungen zu versehen. Welche Geschäfte im einzelnen auf die Geheime Staatspolizei übergehen, bestimmt der Chef der Geheimen Staatspolizei im Einvernehmen mit dem Minister des Innern.

(2) Die Zuständigkeit der Organe der ordentlichen Rechtspflege bleibt unberührt.

§ 2. (1) Chef der Geheimen Staatspolizei ist der Ministerpräsident.

(2) Für ihn führt der von ihm ernannte stellvertretende Chef der Geheimen Staatspolizei die Dienstgeschäfte.
[...]

§ 7. Verfügungen und Angelegenheiten der Geheimen Staatspolizei unterliegen nicht der Nachprüfung durch die Verwaltungsgerichte. [...]

Berlin, den 10. Februar 1936.
(Siegel.) Das Preußische Staatsministerium.
Göring.   Frick.

Im Namen des Reiches verkünde ich für den Führer und Reichskanzler das vorstehende Gesetz, dem die Reichsregierung ihre Zustimmung erteilt hat.

Berlin, den 10. Februar 1936.
Der Preußische Ministerpräsident.
Göring.

Quelle: Werner Spohr, Das Recht der Schutzhaft, Berlin 1937, S. 61 f.

Der Reichs- und Preußische
Wirtschaftsminister
H.B. 313.
Berlin W 8, den 31. Juli 1935.
Behrenstraße 43.
Schnellbrief.
Geheim! Betrifft den Schnellbrief vom 27. Juni 1935
Nr. St. M.I.8269.
An
den Herrn Preußischen Ministerpräsidenten.
[...]
Besondere Bedenken habe ich ferner gegen den § 7 geltend zu machen. Ich halte es mit den allgemeinen Grundsätzen eines Rechtsstaats für unvermeidbar*, Verfügungen der Geheimen Staatspolizei, die für den einzelnen Staatsbürger von den einschneidendsten Folgen sein können, der Nachprüfung durch die Verwaltungsgerichte zu entziehen. Die stets gegebene Dienstaufsichtsbeschwerde an den Herrn Reichsminister des Innern vermag ich als ausreichenden Rechtsschutz nicht anzusehen. Ich muß vielmehr darauf bestehen, daß gegen die Verfügungen der Geheimen Staatspolizei ein Rechtszug an die Verwaltungsgerichte eröffnet wird. Soweit diese Verfügungen in Inhaftierungen bestehen, halte ich es für erforderlich, den 9. Abschnitt der Strafprozeßordnung über »Verhaftung und vorläufige Festnahme« (§§ 112 ff.) zur Anwendung zu bringen. Alsdann wäre die Geheime Staatspolizei unter den Voraussetzungen der §§ 127, 128 StPO. zur vorläufigen Festnahme ebenso wie die allgemeinen Polizeibehörden berechtigt, während die Verhaftung gemäß § 114 StPO. nur auf Grund eines richterlichen Haftbefehls erfolgen könnte.
[...]
Mit der Führung der Geschäfte beauftragt
gez. Dr. Hjalmar Schacht
Präsident des Reichsbank-Direktoriums.

* muß wohl heißen: unvereinbar
Quelle: Akten des Reichsjustizministeriums, BA, R 22/1462

Der Reichsminister der Justiz
V a 25681/35.
Berlin W 8, den 10. August 1935.
Wilhelmstraße 65.

An
den Herrn Preußischen Ministerpräsidenten
Auf das Schreiben vom 27. Juli
– I 8269 –.

Nachrichtlich
den Herren Preußischen Staatsministern.

Betrifft Gesetz über die Geheime Staatspolizei.

[...]
Von besonderer innen- und außenpolitischer Bedeutung ist auch die Bestimmung des § 7 des Entwurfs über den Ausschluß des Beschwerdewegs. Darauf ist bereits in der Ministerratssitzung vom 27. Juni hingewiesen worden. Ich bin der Auffassung, daß die Frage des Rechtsmittelzugs gegen Entscheidungen der Geheimen Staatspolizei ebenfalls schon jetzt reichsrechtlich geregelt werden könnte, zumal der Entwurf eines solchen Gesetzes im Reichsministerium des Innern nach den Erklärungen im Ministerrat vom 27. Juni bereits in Bearbeitung ist. Meine sachliche Stellungnahme darf ich mir für diese Regelung vorbehalten. Für die vorgeschlagene Bestimmung (§ 7) besteht im übrigen in Preußen zur Zeit kein Bedürfnis, weil nach der Rechtsprechung des Oberverwaltungsgerichts ohnehin nach dem gegenwärtigen Rechtszustand der Verwaltungsrechtsweg gegen Verfügungen der Geheimen Staatspolizei nicht gegeben ist. Ich schlage daher vor, den § 7 zu streichen.
[...]

Dr. Gürtner

Quelle: Akten des Reichsjustizministeriums, BA, R 22/1462

Otto-Georg Thierack, ein fanatischer Nationalsozialist, der den Posten des Reichsjustizministers von August 1942 bis 1945 bekleidet, öffnet der Polizei und der SS Tür und Tor. Er billigt Polizei und SS das Recht zu, die Gerichte zu überwachen, und erklärt sich damit einverstanden, angeblich zu milde Urteile durch »Vernichtung durch Arbeit nachzubessern«. Thierack tritt die Gerichtshoheit über die Juden und die rund 7,5 Millionen »fremdvölkischen« Zivilarbeiter an die SS ab. Auch ca. 15 000 »asoziale Gefangene« der Justiz werden von Ende 1942 an in die Konzentrationslager der SS überstellt. Von ihnen kommen allein bis zum April 1943 mehr als 5900 um.

Lebenslauf Otto Georg Thierack

19. 4. 1889
geboren in Wurzen (Sachsen), der Vater war Kaufmann.
15. 4. 1910
Beginn des rechtswissenschaftlichen Studiums in Marburg
20. 6. 1913
1. juristische Staatsprüfung mit »Befriedigend«
1. 8. 1913
Ernennung zum Referendar
12. 2. 1914
Promotion zum Dr. jur. in Leipzig
1914–1918
Kriegsfreiwilliger
Teilnahme am 1. Weltkrieg als Leutnant im Jäger-Bat. Nr. 13 und Auszeichnung mit dem Eisernen Kreuz II. Klasse
10. 4. 1920
2. jur. Staatsprüfung bestanden
20. 4. 1920
Ernennung zum Gerichtsassessor
10. 6. 1920
Heirat mit Evy Zumloch
1. 4. 1921
Ernennung zum Staatsanwaltsrat

1. 10. 1926
Ernennung zum Staatsanwalt
1. 8. 1932
Eintritt in die NSDAP unter der Mitgliedsnummer 1.378.794
12. 5. 1933
Sächsischer Justizminister, in dieser Funktion mit der Gleichschaltung der Justiz beauftragt
14. 10. 1934
Leiter der Zweigstelle Dresden des Reichsjustizprüfungsamts
1. 1. 1935
Beauftragter des Reichsjustizministeriums, Abt. Sachsen
1. 5. 1935
Vizepräsident des Volksgerichtshofes
1936
Präsident des Volksgerichtshofes
30. 1. 1938
Ernennung zum SA-Brigadeführer zur Verfügung der obersten SA-Führung
20. 2. 1939
Austritt aus der ev. Kirche
26. 8. 1939
Einberufung zum Wehrdienst und Einsatz als Hauptmann an der Westfront
9. 4. 1940
Wegen Unabkömmlichkeit am Volksgerichtshof aus dem Heeresdienst entlassen
1. 4. 1941
Erneute Einberufung
1. 5. 1941
Auf besonderen Wunsch Adolf Hitlers aus der Wehrmacht entlassen und Rückkehr zum Volksgerichtshof
20. 8. 1942
Ernennung zum Reichsjustizminister
20. 8. 1942
Vorsitzender des Rechtswahrerbundes und der Akademie für deutsches Recht
13. 10. 1943
Brief an Martin Bormann, Reichsleiter und Sekretär des Führers, in dem Thierack ankündigt, die Strafverfolgung gegen Polen, Russen, Juden und Zigeuner dem Reichsführer der SS zu überlassen
1945
Thierack wird von den Alliierten festgenommen und in das britische Internierungslager Eselheide bei Paderborn gebracht.
22. 11. 1946
Selbstmord im Sennelager in Paderborn

> **Erlaß des Führers
> über besondere Vollmachten
> des Reichsministers der Justiz**
> Vom 20. August 1942
>
> Zur Erfüllung der Aufgaben des Großdeutschen Reiches ist eine starke Rechtspflege erforderlich. Ich beauftrage und ermächtige daher den Reichsminister der Justiz, nach meinen Richtlinien und Weisungen im Einvernehmen mit dem Reichsminister und Chef der Reichskanzlei und dem Leiter der Partei-Kanzlei eine nationalsozialistische Rechtspflege aufzubauen und alle dafür erforderlichen Maßnahmen zu treffen. Er kann hierbei von bestehendem Recht abweichen.
>
> Führer-Hauptquartier,
> den 20. August 1942.
>
> Der Führer
> Adolf Hitler
>
> Der Reichsminister
> und Chef der Reichskanzlei
> Dr. Lammers

Quelle: RGBl. I, 1942, S. 535

Abbildung 187
Thierack und Rothenberger als Minister und Staatssekretär (beide rechts im Bild) bei Hitler im August 1942: Besprochen werden die Grundlagen einer NS-Justiz.

Besprechung mit Reichsführer SS Himmler am 18. 9. 1942 in seinem Feldquartier in Gegenwart des StS. Dr. Rothenberger, SS.Gruppenführer Streckenbach und SS.Obersturmbannführer Bender.

> 1. Korrektur bei nicht genügenden Justizurteilen durch polizeiliche Sonderbehandlung. Es wurde auf Vorschlag des Reichsleiters Bormann zwischen Reichsführer SS und mir folgende Vereinbarung getroffen:
> a) Grundsätzlich wird des Führers Zeit mit diesen Dingen überhaupt nicht mehr beschwert.
> b) Über die Frage, ob polizeiliche Sonderbehandlung eintreten soll oder nicht, entscheidet der Reichsjustizminister.
> c) Der Reichsführer SS sendet seine Berichte, die er bisher dem Reichsleiter Bormann zusandte, an den Reichsjustizminister.
> d) Stimmen die Ansichten des Reichsführers SS und des Reichsjustizministers überein, so wird die Angelegenheit zwischen ihnen erledigt.
> e) Stimmen beider Ansichten nicht überein, so wird die Meinung des Reichsleiters Bormann, der evtl. den Führer unterrichten wird, herbeigezogen.
> f) Soweit auf anderem Wege (etwa durch ein Schreiben eines Gauleiters) die Entscheidung des Führers über ein mildes Urteil angestrebt wird, wird Reichsleiter Bormann den Bericht an den Reichsjustizminister weiterleiten. Die Angelegenheit wird sodann zwischen dem Reichsführer SS und dem Reichsminister der Justiz in vorbezeichneter Form erledigt werden.
> 2. Auslieferung asozialer Elemente aus dem Strafvollzug an den Reichsführer SS zur Vernichtung durch Arbeit. Es werden restlos ausgeliefert die Sicherungsverwahrten, Juden, Zigeuner, Russen und Ukrainer, Polen über 3 Jahre Strafe, Tschechen oder Deutsche über 8 Jahre Strafe nach Entscheidung des Reichsjustizministers. Zunächst sollen die übelsten asozialen Elemente unter letzteren ausgeliefert werden. Hierzu werde ich den Führer durch Reichsleiter Bormann unterrichten.
> 3. Rechtsprechung durch das Volk.
> Diese ist Schritt für Schritt zunächst in den Dörfern und den kleinen Städten bis etwa 20 000 Einwohner möglichst bald durchzuführen. In Großstädten ist die Durchführung schwierig. Hierzu werde ich durch einen Artikel im Hoheitsträger besonders die Partei zur Mitwirkung anregen. Es besteht Klarheit darüber, daß die Gerichtsbarkeit nicht in den Händen der Partei liegen darf.

4. Verordnungen, die die Polizei und Justiz betreffen, sollen in Zukunft abgestimmt herausgegeben werden, z. B. Nichtverfolgung unehelicher Mütter bei dem Versuch der Abtreibung.
5. Reichsführer SS ist einverstanden, daß die Straftilgung auch für Polizeiangehörige nach § 8 des Straftilgungsgesetzes beim Reichsjustizmin. verbleibt.
6. Der von mir geplanten Regelung der vom Führer angeordneten Prügelstrafe stimmt Reichsführer SS in vollem Umfange zu.
7. Ich nehme auf das Gemeinschaftsfremdengesetz Bezug und melde Ansprüche der Justiz an, z. B. bei Feststellung Jugendlicher als asoziale Elemente und ihre Einweisung. Auch scheinen mir die Tatumstände, die zur Abstempelung eines Menschen als asozial dienen, nicht klar genug im Gesetz dargelegt. Reichsführer SS wartet unsere Stellungnahme ab und wird bis dahin die Vorlage des Gesetzes nicht betreiben.
8. Reichsführer SS ist mit einer Bestimmung, wonach die Strafmündigkeit auf 12 Jahre herabgesetzt und die verminderte Strafmündigkeit über 18 Jahre erweitert werden kann, für das Jugendstrafgerichtsgesetz einverstanden.
9. SS-Obersturmbannführer Bender im Stabe des Reichsführers SS wird vom Reichsführer SS als Verbindungsmann in Sachen, die eine unmittelbare Verbindung zum Reichsführer SS notwendig erscheinen lassen, bestimmt. Er ist jederzeit durch Fernschreiben im Feldquartier des Reichsführers SS zu erreichen, kommt auch monatlich einmal nach Berlin und wird sich bei mir melden. Für die anderen Sachen ist zum Verbindungsmann Hauptsturmführer Wanniger ernannt, der sich im Sicherheitshauptamt befindet.
10. Reichsführer SS weist darauf hin, daß im Strafvollzug viel mehr Spezialanstalten einzurichten sind nach dem Grundsatz, daß Nichtbesserungsfähige für sich zusammen und Besserungsfähige nach ihren Spezialverbrechen (z. B. Betrüger, Diebe, gewaltmäßig Handelnde) geschlossen unterzubringen sind. Das wird als richtig anerkannt.
11. Reichsführer SS verlangt die Führung des Strafregisters bei der Polizei. Es ist zu untersuchen, was dagegen spricht (Tilgung, Erschwerung und Herbeiziehung des Strafregisterauszugs?) Die Angelegenheit soll mit Gruppenführer Streckenbach noch durchverhandelt werden.
12. Reichsführer SS weist auf den im Felde als Major befindlichen SS-Obersturmführer Reichsgerichtsrat Altstötter und auf den Landgerichtspräsidenten Stepp positiv und auf den GenStAnw. Jung in Dresden negativ hin.

Abbildung 188
Häftlinge im KZ Neuengamme mit SS-Kommandoführern bei Betonierarbeiten im Häftlingslager

Abbildung 189
Heinrich Himmler, KZ-Kommdandant Franz Ziereis, Ernst Kaltenbrunner, im Frühjahr 1941 bei der Besichtigung des KZ Mauthausen.

13. Schließlich schneidet Reichsführer SS die Frage der Staatsanwaltschaft und ihren Übergang an die Polizei an. Ich lehnte das rundweg ab. Weiter wurde dieses Thema nicht behandelt.
14. Es besteht Übereinstimmung darüber, daß in Rücksicht auf die von der Staatsführung für die Bereinigung der Ostfragen beabsichtigten Ziele in Zukunft Juden, Polen Zigeuner, Russen und Ukrainer nicht mehr von den ordentlichen Gerichten, soweit es sich um Strafsachen handelt, abgeurteilt werden sollen, sondern durch den Reichsführer SS erledigt werden. Das gilt nicht für bürgerlichen Rechtsstreit und auch nicht für Polen, die in die deutschen Volkslisten angemeldet oder eingetragen sind.

gez. Thierack

Quelle: Akten des Reichsjustizministeriums, BA, R 22/50

Staatspolizeileitstelle Düsseldorf
– II L – C 2/-Tgb.Nr. 273/43 g –
z. Zt. Ratingen,
Mülheimerstr. 47
Fernruf: 2521/22

An die
Aussendienststellen und
Grenzpolizeikommissariate
des Bezirks,
II A, II C, II E, Abt. III und II B/II P.

Betrifft: Reaktionäre und oppositionelle Umtriebe
hier: Abgabe von Ermittlungsvorgängen in Heimtückeangelegenheiten an die Strafverfolgungsbehörde.
Vorgang: Verfügung vom 2. 8., 16. 8., 21. 8., 28. 9., 11. 11. und 6. 12. 1943 – Aktz. wie oben –.

Nach Mitteilung des Chefs der Sicherheitspolizei und des SD mehren sich die Fälle, dass Vorgänge, die Vergehen gegen das Heimtückegesetz zum Gegenstand haben, von den Staatspolizei(leit)stellen nicht an die Strafverfolgungsbehörde abgegeben, sondern in eigener Zuständigkeit mit staatspolizeilichen Mitteln erledigt werden. Dabei hat sich ergeben, dass bei nachträglicher Aburteilung solcher Fälle durch die Sondergerichte mehrfach Strafen verhängt wurden, die bei weitem über die zunächst staatspolizeilich ergriffenen Massnahmen hinausgingen. In einem Falle z. B. hatte die in Frage kommende Staatspolizei(leit)stelle 6 Monate Meckerer-Bautrupp beantragt, während der Täter in der gleichen Sache später vom Volksgerichtshof zum Tode verurteilt wurde.
Zur einheitlichen Behandlung aller Heimtückevergehen ordnet der Chef der Sicherheitspolizei und des SD deshalb an, dass alle derartigen Vorgänge grundsätzlich an die Strafverfolgungsbehörde abzugeben sind. Nur in ausgesprochen geringfügigen Fällen, in denen eine staatspolizeiliche Warnung oder die Verhängung von Sicherungsgeld ausreichend erscheint oder in Fällen, in denen nach Sachlage (Fehlen von Zeugen pp) eine gerichtliche Verurteilung mit Sicherheit nicht zu erwarten steht, kann von der Abgabe der Vorgänge an die Strafverfolgungsbehörde abgesehen werden. Sofern in den Vorgängen prominente Persönlichkeiten in Erscheinung treten, ist vor Abgabe an die Strafverfolgungsbehörde erst die hiesige Weisung einzuholen.
Ich bitte um Kenntnisnahme und genaueste Beachtung.

Im Auftrag:
gez. B.

Beglaubigt:
Geschz.-Angest.

Quelle: HStA Düsseldorf, RW 36/12

G. J. Nr. 96   Stapo., SD., SS./J., Bes. Geb., Skl. 21.4.1943 (U.S.A.497 - 701 PS)

Der Reichsminister der Justiz
4410 b — Vs 1 379/43 g
Berlin W 8, den 21. April 1943
Wilhelmstraße 65
Fernsprecher 11 00 44,
  auswärts: 11 65 16

         An
die Herren Generalstaatsanwälte,
an den Herrn Beauftragten des Reichsministers
  der Justiz für die Strafgefangenenlager im Emsland
              P a p e n b u r g (Ems)

Betrifft: Polen und Juden, die aus Vollzugsanstalten der Justiz entlassen werden.

Überstücke für die selbständigen Vollzugsanstalten.
I. Unter Bezugnahme auf die neuen Richtlinien für die Anwendung des § 1 Abs. 2 der VO. vom 11. Juni 1940 (RGBl. I S. 877) — Anlage I der RV. vom 27. Januar 1943 — 9133/2 Beih. 1 — III a 2 2629 — hat das Reichssicherheitshauptamt durch Erlaß vom 11. März 1943 — II A 2 Nr. 100/43 — 176 — angeordnet:

a) Juden, die gemäß Ziffer VI der Richtlinien aus einer Vollzugsanstalt entlassen werden, sind durch die für die Vollzugsanstalt örtlich zuständige Staatspolizei(leit)stelle auf Lebenszeit gemäß den ergangenen Schutzhaftbestimmungen dem Konzentrationslager Auschwitz bzw. Lublin zuzuführen.
Das gleiche gilt für Juden, die zukünftig nach Verbüßung einer Freiheitsstrafe aus einer Vollzugsanstalt zur Entlassung kommen.

b) Polen, die gemäß Ziffer VI der Richtlinien aus einer Vollzugsanstalt entlassen werden, sind durch die für die Vollzugsanstalt örtlich zuständige Staatspolizei(leit)stelle auf Kriegsdauer gemäß den ergangenen Schutzhaftbestimmungen einem Konzentrationslager zuzuführen.
Das gleiche gilt für Polen, die zukünftig nach Verbüßung einer Freiheitsstrafe von mehr als 6 Monaten aus einer Vollzugsanstalt zur Entlassung kommen.
Entsprechend dem Antrage des Reichssicherheitshauptamtes bitte ich, künftig allgemein

a) zur Entlassung kommende Juden,

b) zur Entlassung kommende Polen, die eine Freiheitsstrafe von mehr als 6 Monaten verbüßt haben,

für die örtlich zuständige Staatspolizei(leit)stelle zur Überhaft vorzumerken und dieser vor Strafende rechtzeitig zur Abholung zur Verfügung zu stellen.
II. Durch diese Regelung erübrigt sich die bisher angeordnete Rückführung sämtlicher in den eingegliederten Ostgebieten abgeurteilter polnischer Strafgefangener, die ihre Strafe im Altreich verbüßen. Die RV. vom 28. Juli 1942 — 4410 b Vs 1 1731 — hat ihre Bedeutung verloren. Freiheitsstrafen bis zu 6 Monaten, auf die in den eingegliederten Ostgebieten erkannt ist, sind abgesehen von Ausnahmefällen, nur in diesen Gebieten und nicht im Altreich zu vollstrecken.

                                              Im Auftrag: Dr. Eichler.

Quelle: Beweisdokumente der Spruchgerichte in der Brit. Zone, Hamburg 1947

8. Themenkreis: Die Justiz – gelenkt, bedroht und gleichgeschaltet?

1. Personalpolitik

Die personalpolitischen Forderungen der «nationalen Revolution» lauten kurz und bündig: Der deutsche Beamte muß arisch sein und rückhaltlos zum nationalen (später: nationalsozialistischen) Staat stehen.
So erfolgt die Säuberung der Beamtenschaft im Frühjahr 1933 (Berufsbeamtengesetz) unter rassischen und politischen Gesichtspunkten, gegen »Juden und Marxisten«. Als national unzuverlässig gelten insbesondere die Mitglieder linker Parteien, des Republikanischen Richterbundes, der Liga für Menschenrechte und – mit einigen Abstrichen – der DDP und des Zentrums.
In der Justiz läßt das Ergebnis der Säuberung auf eine starke politische Homogenität schließen. Im Geschäftsbereich des Reichsjustizministeriums wird nur ein Reichsgerichtsrat, der SPD angehörend, noch vor dem Inkrafttreten des Gesetzes in den Ruhestand versetzt. Auch in der bayerischen Justiz – zwischen 1922 und 1932 von Gürtner national-konservativ geprägt – sieht Justizminister Hans Frank keine Veranlassung zu größeren Umbesetzungen. Aber in Preußen, das bis zum Sommer 1932 von einer stabilen Koalition zwischen SPD, Zentrum und DDP regiert worden ist, führt der überzeugte Nationalsozialist Hanns Kerrl ein Revirement durch, das vor allem die Präsidenten der Oberlandes- und der Landgerichte sowie die Generalstaatsanwälte erfaßt. Dennoch werden selbst in Preußen zumeist aus politischen Gründen »nur« 313 bzw. 273 von insgesamt rund 45 000 Justizbeamten entlassen bzw. zwangsversetzt. Trotz der national-konservativen Ausrichtung der Justiz gibt es unter den Justizjuristen am 30. Januar 1933 nur wenige NSDAP-Mitglieder. Hanns Kerrl beklagt, daß er bei seinem Amtsantritt unter den 7000 preußischen Richtern nur rund 30 Parteigenossen vorfindet. Um so mehr bemühen sich aber Richter und Staatsanwälte nach den Märzwahlen um den Anschluß an die Partei: die »März-Gefallenen«, wie sie abschätzig genannt werden.
Nach Freisler gehören 1938 rund 54 Prozent der Richter der NSDAP oder ihren Gliederungen an. Die Organisationsdichte liegt aber z. B. in dem politisch sensiblen Bereich der Sondergerichte wesentlich höher.

Gesetz zur Änderung von Vorschriften auf dem Gebiete des allgemeinen Beamten-, des Besoldungs- und des Versorgungsrechts
Vom 30. Juni 1933

[...]
2. Hinter § 1 wird folgender § 1a eingefügt:

»§ 1a
(1) Als Reichsbeamter darf nur berufen werden, wer die für seine Laufbahn vorgeschriebene oder übliche Vorbildung oder sonstige besondere Eignung für das ihm zu übertragende Amt besitzt und die Gewähr dafür bietet, daß er jederzeit rückhaltlos für den nationalen Staat eintritt.
(2) Weibliche Personen dürfen als planmäßige Reichsbeamte auf Lebenszeit erst nach Vollendung des fünfunddreißigsten Lebensjahres berufen werden.
(3) Wer nicht arischer Abstammung oder mit einer Person nicht arischer Abstammung verheiratet ist, darf nicht als Reichsbeamter berufen werden. Reichsbeamte arischer Abstammung, die mit einer Person nicht arischer Abstammung die Ehe eingehen, sind zu entlassen. Wer als Person nicht arischer Abstammung zu gelten hat, bestimmt sich nach Richtlinien, die der Reichsminister des Innern erläßt.
(4) Wenn dringende Rücksichten der Reichsverwaltung es erfordern, kann die oberste Reichsbehörde in Einzelfällen Ausnahmen von der Vorschrift des Abs. 2 im Einvernehmen mit dem Reichsminister der Finanzen, von der Vorschrift des Abs. 3 im Einvernehmen mit dem Reichsminister des Innern zulassen.«
[...]

Quelle: RGBl. I, 1933, S. 121 f.

Abbildung 190
Feier aus Anlaß der Anlegung des Hoheitszeichens an die Roben der Richter im Kriminalgericht Moabit

Deutsches Beamtengesetz

Ein im deutschen Volk wurzelndes, von nationalsozialistischer Weltanschauung durchdrungenes Berufsbeamtentum, das dem Führer des Deutschen Reichs und Volkes, Adolf Hitler, in Treue verbunden ist, bildet einen Grundpfeiler des nationalsozialistischen Staates. Daher hat die Reichsregierung das folgende Gesetz beschlossen, das hiermit verkündet wird:
[...]

§ 25
(1) Beamter kann nur werden, wer deutschen oder artverwandten Blutes ist und, wenn er verheiratet ist, einen Ehegatten deutschen oder artverwandten Blutes hat. Ist der Ehegatte Mischling zweiten Grades, so kann eine Ausnahme zugelassen werden.
(2) Ein Beamter darf eine Ehe nur mit einer Person deutschen oder artverwandten Blutes eingehen. Ist der Verlobte Mischling zweiten Grades, so kann die Eheschließung genehmigt werden.
(3) Für die Zulassung einer Ausnahme nach Abs. 1 Satz 2 und die Genehmigung nach Abs. 2 Satz 2 ist die oberste Dienstbehörde im Einvernehmen mit dem Reichsminister des Innern und dem Stellvertreter des Führers zuständig. Dieselben Stellen können auch für den Einzelfall Ausnahmen von Abs. 1 Satz 1 und Abs. 2 Satz 1 zulassen.

§ 26
(1) Beamter kann ferner nur werden, wer
1. Reichsbürger ist oder nur deshalb noch nicht ist, weil er infolge seines Lebensalters die Voraussetzungen hierfür noch nicht erfüllt,
2. die für seine Laufbahn vorgeschriebene oder, mangels solcher Vorschriften, die übliche Vorbildung oder sonstige besondere Eignung für das ihm zu übertragende Amt besitzt und
3. die Gewähr dafür bietet, daß er jederzeit rückhaltlos für den nationalsozialistischen Staat eintritt.

(2) Ausnahmen vom Abs. 1 Nr. 1 bedürfen der Zustimmung des Reichsministers des Innern im Einvernehmen mit dem Stellvertreter des Führers oder der von ihnen bestimmten Stellen.
[...]

§ 31
Der Führer und Reichskanzler bestimmt durch Erlaß, inwieweit bei der Ernennung von Beamten der Stellvertreter des Führers oder die von ihm bestimmte Stelle zu hören ist.

Quelle: RGBl. I, 1937, S. 41, 45

Mitgliedschaft von Mitarbeitern des Reichsjustizministeriums in NS-Organisationen

Lfd. Nr.		Gesamtzahl (ohne Volksgerichtshof)	NSDAP	darunter pol. Leiter	Von der Gesamtzahl sind Mitglieder d.					
					SA	SS	NSKK	NSFK	NSV	RLB
1	Beamte	530	257 (ferner 25 Anwärter)	106	73	10 (ferner 11 fördernde Mitgl.)	14	85 (einschl. fördernde Mitgl.)	508	346
2	Angestellte	91	32	10	5	1	3	1	70	30
3	Lohnempfänger	65	6	–	4		2	–	10	9

Berlin, den 17. 12. 1938

Geschäftsstelle p[1]
gez. W.

Quelle: Akten des Reichsjustizministeriums BA, R 22/21

Im Sommer 1933 und dann umfassend im Januar 1937 werden die beamtenrechtlichen Regelungen den politischen Realitäten angepaßt: Neben der fachlichen Leistung und Befähigung sind arische Abstammung und politische Gesinnung für Einstellung und bei Beförderungen entscheidend. Die Partei prüft die politische Zuverlässigkeit der Kandidaten und stellt »politische Zeugnisse« aus. Die Mitgliedschaft in der NSDAP oder einer ihrer Gliederungen (z. B. SA oder SS) ist zwar erst ab 1939 für Einstellungen und ab August 1942 für Beförderungen (Ära Thierack) Voraussetzung, aber selbstverständlich schon vorher – insbesondere bei Beförderungen – außerordentlich nützlich. Für den angehenden Juristen macht die Justizausbildungsordnung von 1934 eine Betätigung im Umfeld der NSDAP de facto erforderlich.

An allen Personalentscheidungen ist die Partei nun beteiligt; sie fordert aber darüber hinaus den maßgebenden Einfluß (»Die Partei befiehlt dem Staat«). Mit der Verreichlichung der Justiz (1935) verlagert sich die Entscheidungskompetenz bezüglich der Richter und Staatsanwälte auf das Reichsjustizministerium und auf den Stellvertreter des Führers. Bei Konflikten entscheidet Hitler selbst. Gürtner, der das Fachbeamtenprinzip verteidigt, kann sich mit dem

Quelle: HStA Düsseldorf, Rep 126/177

Argument der besseren fachlichen Eignung öfter durchsetzen, was in der Partei auf Kritik stößt. Das Reichsjustizministerium sieht sich veranlaßt, dem Stellvertreter des Führers, Heß, eine Aufstellung über seine Beförderungspraxis zwischen 1935 und 1939 zuzuleiten: 86 Prozent der Beförderten sind Parteigenossen.

Unter Thierack orientiert sich die Personalpolitik des Ministeriums in verstärktem Maß an den Wünschen der Partei, vor allem der Gauleiter, ganz im Sinne des von Hitler erteilten Auftrags, eine »nationalsozialistische Rechtspflege« aufzubauen.

Quelle: HStA Düsseldorf, Rep 126/177

Der Reichsminister
der Justiz

Berlin W 8, den 27. Mai 1936
Wilhelmstraße 65
A 1 Jäger 0044

2010 – I a 9979

An
1) den Herrn Präsidenten des Reichsgerichts,
2) den Herrn Oberreichsanwalt,
3) den Herrn Präsidenten des Volksgerichtshofs,
4) den Herrn Reichsanwalt beim Volksgerichtshof,
5) den Herrn Präsidenten des Reichspatentamts,
6) den Herrn Präsidenten des Landeserbhofgerichts in Celle,
7) die Herren Oberlandesgerichtspräsidenten,
8) die Herren Generalstaatsanwälte bei den Oberlandesgerichten.

Betrifft: Beurteilung der politischen Zuverlässigkeit

– AV vom 14. November 1935
– Dt.Justiz S. 1656

Wenn ein Gauleiter gegen die politische Zuverlässigkeit eines Bewerbers Bedenken geltend macht, ohne daß sich diese alsbald ausräumen lassen, so ist stets unverzüglich an mich zu berichten (vgl. Abschnitt I Nr. 3 und Abschnitt II Nr. 3 meiner eingangs bezeichneten AV.). Sachgemäße Berichterstattung hat in allen Fällen dieser Art zur Voraussetzung, daß dem Bewerber hinreichende Gelegenheit zur Äußerung geboten ist. Dazu müssen ihm die Angaben, aus denen der Gauleiter seine Bedenken herleitet, im einzelnen so mitgeteilt werden, daß ihm eine gründliche Stellungnahme zu allen gegen ihn gerichteten Vorwürfen ermöglicht wird. Bei nicht ganz einfachem Sachverhalt wird meist die schriftliche Mitteilung der Vorwürfe erforderlich sein. Ich habe Anlaß, auf diesen Gesichtspunkt besonders hinzuweisen.

In Vertretung
gez. Dr. Freisler

Beglaubigt
Ministerialkanzleisekretär.

Quelle: Staatsanwaltschaft Frankfurt

Nationalsozialistische Deutsche Arbeiterpartei
Berlin-Wilhelmstr. 64
München-Braunes Haus

Der Stellvertreter   München, den 10. März 1939
des Führers

An den
Herrn Reichsminister der Justiz,
Berlin 8,
Wilhelmstr. 65.

Betrifft: Ministerialdirigent Qu., Berlin-Dahlem
Ihr Ernennungsvorschlag vom 16. 12. 38 – I p[1]
1332 –

Zu meinem Bedauern bin ich leider nicht in der Lage, der Ernennung des Ministerialdirigenten Qu. zum Ministerialdirektor zuzustimmen.
Bereits seit längerer Zeit sind für mich die sich mehrenden Ernennungen von Beamten in Spitzenstellen, die Nichtparteigenossen sind, eine Quelle ernster Besorgnis. Eine Beförderung von Beamten in Spitzenstellen halte ich nur dann für vertretbar, wenn die Beamten durch ihr Verhalten eindeutig ihre Verbundenheit mit der Bewegung und dem nationalsozialistischen Staat bewiesen haben. Wenn ich auch nach den mir vorliegenden Berichten meiner Dienststelle dem Ministerialdirigenten Qu. die politische Zuverlässigkeit nicht absprechen kann, so sind mir andererseits auch keine Tatsachen bekannt geworden, die für eine besondere Einsatzbereitschaft des Ministerialdirigenten Qu. für die Bewegung und für den nationalsozialistischen Staat sprechen. Qu. hat bisher konkrete Beweise seiner nationalsozialistischen Einstellung noch nicht erbracht. Er hat es nicht für notwendig gehalten, Mitglied der NSDAP zu werden, auch 1937 nicht. Von den Beamten in Spitzenstellen muß ich aber verlangen, daß sie ihre innere Verbundenheit zum nationalsozialistischen Staat und zur Bewegung auch dadurch äusserlich zum Ausdruck bringen, daß sie Mitglied der NSDAP werden. Da Ministerialdirigent Qu. nach dem 30. 1. 33 nicht bewiesen hat, daß er jederzeit rückhaltlos für den nationalsozialistischen Staat eintritt und ihn wirksam vertritt, kann ich die in den Reichsgrundsätzen für die Beförderung von Beamten niedergelegten Voraussetzungen bei Qu. nicht als vorliegend erachten.

Heil Hitler!
(R. Hess)

Quelle: Akten des Reichsjustizministeriums, BA, R 22/1792

Der Reichsminister
der Justiz   Berlin, den 28. März 1939

An
den Stellvertreter des Führers
Herrn Reichsminister Heß.

Lieber Herr Kollege Heß!

In Ihrem Schreiben vom 10. d. M. zu meinem Ernennungsvorschlag I p[1] 1332 führen Sie aus, bereits seit längerer Zeit seien für Sie die sich mehrenden Ernennungen von Beamten in Spitzenstellen, die nicht Parteigenossen sind, eine Quelle ernster Besorgnis. Ich vermag nicht anzuerkennen, daß die Personalpolitik des Reichsjustizministeriums diese Besorgnis rechtfertigt. Im Anschluß an unsere heutige fernmündliche Unterredung übersende ich Ihnen eine Zusammenstellung der seit dem 1. April 1935 auf Spitzenstellen der Reichsjustizverwaltung ernannten Beamten. Diese Zusammenstellung ergibt, daß 86 v. H. dieser Gesamtstellen mit Parteiangehörigen besetzt worden sind.
Demgemäß darf ich Sie bitten, meinen Antrag, der Ernennung des Ministerialdirigenten Qu. zum Ministerialdirektor zuzustimmen, einer erneuten Prüfung zu unterziehen. Wie ich mir heute bereits auszuführen erlaubte, würde die Ablehnung meines Vorschlags dahin führen, daß Qu., den ich in seiner Stellung als Leiter der Abteilung für öffentliches und Handelsrecht nicht ersetzen kann, für sein ganzes weiteres Beamtenleben die Arbeitslast und Verantwortung eines Ministerialdirektors tragen, sich mit dem Range und den Bezügen eines Ministerialdirigenten begnügen müßte. Dieses Ergebnis würde ich um so weniger für erträglich halten, als Qu. sich durch die Art seiner Amtsführung und die stets wirksame Vertretung nationalsozialistischer Rechtsanschauung in gleicher Weise um Staat und Partei hervorragende Verdienste erworben hat. Daß Qu. jederzeit rückhaltlos für den nationalsozialistischen Staat eintritt und ihn wirksam vertritt, dafür übernehme ich persönlich auf Grund langjähriger eigener Beobachtung jede Gewähr.

Mit verbindlichem Gruß und Heil Hitler
Ihr sehr ergebener
Unterschrift

Quelle: Akten des Reichsjustizministeriums, BA, R 22/1792

Die Justiz: gelenkt, bedroht und gleichgeschaltet?

Nationalsozialistische Deutsche Arbeiterpartei
Berlin-Wilhelmstr. 64
München-Braunes Haus

Der Stellvertreter
des Führers

Den 1. April 1939
2191/Ju/Q 2

An den
Herrn Reichsminister der Justiz
Berlin W. 8
Wilhelmstr. 65

Betrifft: Ministerialdirigent Qu., Berlin-Dahlem
Ihr Ernennungsvorschlag v. 16. 12. 1938 – I p¹
1332 –, dort. Schr. v. 28. 3. 1939

Auf Grund der Ausführungen in Ihrem Schreiben vom 28. 3. 1939 will ich meine Bedenken gegen die beabsichtigte Beförderung des Ministerialdirigenten Qu. zum Ministerialdirektor zurückstellen und stimme dieser nunmehr zu.
Zur Vermeidung von Missverständnissen darf ich darauf hinweisen, dass die in meinem Schreiben vom 10. 3. 1939 ausgedrückten Besorgnisse über die Ernennung von Beamten in Spitzenstellen, die Nichtparteigenossen sind, sich nicht auf die Personalpolitik Ihres Ministeriums beziehen, sondern allgemeine Bedeutung haben sollten.

Heil Hitler!
(R. Hess)

Quelle: Akten des Reichsjustizministeriums, BA, R 22/1792

Beamtengruppe	Zahl der in d. Beamtengr. s. 1. 4. 35 insges. ernannten Beamten	davon Angeh. d. NSDAP i. Zeitpunkt d. Ern. Vorschl.	Nichtparteiangeh.	Von den in Sp. 4 aufg. Beamten wurden nachträgl. in Partei aufgenommen
Reichsjust. Min. Min.Räte	10	8	2	
Reichsgericht a) SenPräs.	9	3	6	
b) Reichsgerichtsräte	38	26	12	1
Reichsanwaltschaft b. RG. a) OReichsAnw.	1	1	–	
b) RAnw.	1	–	1	
c) OStA.	1	1	–	
Volksgerichtshof a) Präsident	1	1	–	
b) Vizepräs.	1	1	–	
c) SenPräs.	2	2	–	
d) VGRäte	8	7	1	
Reichsanwaltschaft b. VGH. a) OReichsAnw.	1	1	–	
b) Reichsanw.	4	4	–	
c) OStA.	1	1	–	
OLG Präs.	9	7	2	2
GStA.	11	9	2	2
Große LGPräs. (BesGr. B 8)	23	18	5	3
Kleine LGPräs. (BesGr. A 1a)	55	46	9	2
Große OStA. (BesGr. A 1b)	17	16	1	1
Kleine OStA. (BesGr. A 2b)	45	40	5	2

Ferner schwebt zur Zeit die Ernennung von 11 Ministerialräten, zu der bereits Ihre Zustimmung vorliegt. Von diesen sind 10 Parteigenossen, nur einer gehört der Partei nicht an.

Quelle: Akten des Reichsjustizministeriums, BA, R 22/1792

Abschrift zu RK 8847
Der Reichsstatthalter in Thüringen
Weimar, den 19. Oktober 1935
Museumsplatz 4
An
den Herrn Staatssekretär und Chef
der Reichskanzlei
Berlin
Rk. 6602

Sehr verehrter Herr Staatssekretär!

Am 13. August 1935 wurde mir von der Reichskanzlei ein Gesuch des Justizinspektors Herbert E. in Heldburg mit Anlagen »mit dem Anheimstellen der weiteren Veranlassung« übersandt. E. hat als Justizinspektoranwärter noch die erste und zweite juristische Staatsprüfung abgelegt und beklagt sich darüber, daß er nicht in die Richterlaufbahn aufgenommen worden ist. Ich habe den Oberlandesgerichtspräsidenten in Jena zu den Angaben E. gehört, habe auch eine Auskunft des zuständigen Kreisleiters der NSDAP über E. beigezogen. Zu meinem größten Bedauern muß ich aber mitteilen, daß ich weder als Reichsstatthalter noch als Gauleiter auf die Personalangelegenheiten der Justiz einen Einfluß auszuüben vermag. Seit der Verreichlichung der Justiz hat sich leider das Verhältnis des Reichsstatthalters zu den Justizbehörden von Grund auf geändert.
Es gelingt nicht einmal mehr, berechtigte und selbstverständliche Personalwünsche der Partei durchzusetzen. Vielmehr sind meine Wünsche seit dieser Zeit vollkommen negiert worden. Ich bedaure daher, auch im vorliegenden Fall nichts veranlassen zu können. Ich würde es aber im Interesse der Partei für dringend notwendig erachten, wenn hier wieder eine Änderung eintreten und der Einfluß der Partei über den Gauleiter und Reichsstatthalter im Interesse des nationalsozialistischen Staates ein stärkerer sein würde. Dies ist vor allem auch der Wunsch namhafter und bewährter Juristen meines Gaues.
Ich gestatte mir, gleichzeitig in Abschrift von einem Schreiben betr. Justizpersonalnachrichten Kenntnis zu geben, das ich vor einiger Zeit unabhängig von dem Fall E. an den Stellvertreter des Führers mit der Bitte gesandt habe, es an den Herrn Reichsminister der Justiz weiterleiten zu wollen. Ich würde mich freuen, wenn auch Sie, Herr Staatssekretär, meine Wünsche unterstützen und fördern würden.

Mit Heil Hitler
Ihr gez. Fritz Sauckel.

Quelle: Akten der Reichskanzlei, BA, R 43/1505

Der Reichsminister der Justiz
1050/1 – Ia – 301   Berlin, 19. 2. 37

An die Herren
Oberlandesgerichtspräsidenten

Der Reichsstellenleiter 10 – Reichsjustizbeamte – im Hauptamt der NSDAP hat sich an den von ihm betreuten Teil der Beamtenschaft im anliegenden Aufruf gewandt, der dazu dienen soll, den Weg zu persönlicher Mitarbeit innerhalb der nationalsozialistischen Bewegung allen Beamten zu ebnen, die sich zu solcher Mitarbeit bereitfinden.
Ich begrüße diesen Schritt und erwarte, daß er innerhalb der Beamtenschaft bereitwilligem Verständnis begegnet.
In Übereinstimmung mit dem Aufruf halte ich es für notwendig, daß sich die Beamten nach besten Kräften durch persönliche Mitarbeit innerhalb der Bewegung für die Erreichung nationalsozialistischer Ziele einsetzen. Wie auch der Aufruf hervorhebt, genügt es dazu im allgemeinen nicht, daß die Beamten die Mitgliedschaft in der Partei, einer Gliederung oder einem angeschlossenen Verband erwerben, sich im übrigen aber auf die Zahlung von Beiträgen und die Teilnahme an Pflichtveranstaltungen beschränken. Vielmehr muß von allen, vornehmlich den jüngeren Beamten, erwartet werden, daß sie ihre Einsatzbereitschaft für die nationalsozialistische Bewegung durch selbstlose Mitarbeit beweisen.
Solche Einsatzbereitschaft erfordert schon die Gefolgstreue, die jeder Beamte dem Führer geschworen hat. Auf persönliche Mitarbeit ist aber auch deshalb besonderes Gewicht zu legen, weil die Betätigung innerhalb der nationalsozialistischen Bewegung die Beamten mit Angehörigen aller Volksschichten in kameradschaftliche Berührung bringt und ihnen so die beste Möglichkeit bietet, Anschauungsweise und Bedürfnisse aller Volksgenossen näher kennenzulernen und ihr Vertrauen zu gewinnen. Aus gemeinschaftlicher Arbeit erwächst ganz natürlich die Volksverbundenheit, die jeder Justizbeamte ebenso wie die Justiz in ihrer Gesamtheit zur nationalsozialistischen Rechtspflege benötigt.
Ich ersuche diese Auffassung den Beamten ihres Geschäftsbereichs in geeigneter Weise zur Kenntnis zu bringen und erwarte von allen Behördenleitern, daß sie durch kameradschaftliche Zusammenarbeit mit den zuständigen Amtsleitern des Amtes für Beamte die Maßnahmen des Reichsstellenleiters 10 unterstützen.

gez. Dr. Gürtner

Quelle: Präsident OLG Bamberg, Generalakten 1050/I Bl. 11

Aus dienstlichen Beurteilungen von Richtern des Landgerichts Dortmund:

„Weil seine Frau Jüdin ist, mußte er 1935 aus der Strafkammer abgelöst werden. Jetzt bewährt er sich als Vorsitzender einer Zivilkammer. Ein feinsinniger, lauterer Mann. Wegen seiner vor dem Umbruch klar zum Ausdruck gebrachten nationalen Haltung und der als wohltuend empfundenen Behandlung nationalsozialistischer Angeklagter besitzt er in Parteikreisen Sympathie. Seine Gesundheit ist einwandfrei.
1937. Landgericht Dortmund.

Eiserner Strafrichter. Er leitet seit 1933 das Sondergericht. Für den OLG.Bezirk Hamm in soldatisch strenger Auffassung mit unerbittlicher Strenge und Entschlossenheit zur vollen Zufriedenheit der Parteidienststellen, der Geheimen Staatspolizei und der Anklagebehörde. Da es vornehmlich ihm zu danken ist, daß das Sondergericht diese Vertrauensstellung hat, so bedaure ich um so mehr, daß seine Talente zum Vorsitzenden eines Hochverratssenats brach liegen. Er hat der Loge bis 1933 angehört. Seine Amtsführung zeigt, daß er rückhaltlos für den nationalsozialistischen Staat eintritt.
Er kennt keine Nerven, er ist gesund.
1937. Landgericht Dortmund.

Befähigung und Leistungen liegen so erheblich über dem Durchschnitt, daß er für eine Beförderung besonders geeignet ist. Seine ungemein gute Befähigung zum Vorsitz hat er in schwierigen, umfangreichen Sachen erbracht. Er vereint ruhige Sachlichkeit mit Bestimmtheit und Festigkeit. Er ist eine charaktervolle Persönlichkeit. Meine Frage nach seiner positiven Einstellung zum nationalsozialistischen Staat hat er mit einem klaren Ja beantwortet. Ich glaube ihm.
Er ist gesund.
1937. Landgericht Dortmund.

Befähigung und Leistungen befriedigend. Er ist ein braver kameradschaftlicher Mensch, freimütig und geradeaus. Er genießt das Vertrauen der Partei, in der er sich in verantwortlichen Stellen betätigt. Er setzt sich rückhaltlos für den nationalsozialistischen Staat ein.
Er ist gesund.
1937. Landgericht Dortmund.

Erfahrener Grundbuchrichter. Seine Leistungsfähigkeit genügt, sie ist durch Kränklichkeit herabgesetzt. Ein abgeklärter Charakter. In seiner politischen Haltung ist er zurückhaltend.
1937. Landgericht Dortmund.

Die Befähigung befriedigt durchaus, die Leistungen genügen. Er ist hartnäckig veranlagt und neigt zur Eigenbrödelei. Durch eine schwere Kriegsbeschädigung mit schmerzhaften Folgen und durch unverschuldetes großes Familienunglück ist seine Lebensfreude in Unordnung geraten. Seit einiger Zeit sind auch die Beziehungen zu seinen Kameraden infolge seines Verhaltens abgerissen. Obendrein wird seine politische Haltung nachhaltig mit Mißtrauen angesehen. Leider lehnt er eine Versetzung ab.
1939. Landgericht Dortmund.

Mit hoher wissenschaftlicher Befähigung ist tiefschürfende, nimmermüde Arbeitsweise durchwirkt. In Strafsachen wird seine Mitarbeit deshalb besonders geschätzt, weil er es im Griff hat, einen verwickelten Sachverhalt auch dem Laien in ein paar Sätzen klarzumachen und weil seine Urteile die Kritik des Reichsgerichts nicht zu fürchten haben. Er ist leidenschaftslos und schweigsam, wird aber entschieden, sobald er seine Meinung zu vertreten hat. Kämpferischer Einsatz in einer Gliederung der Partei liegt nicht in seiner Veranlagung. Politische Gesinnung unbedenklich. Er hat sich im September 1938 zu den Westarbeiten gemeldet. Führung ist gut, gesund.
Zum Oberlandesgerichtsrat außer der Reihe gut geeignet.
1939. Landgericht Dortmund."

Quelle: Gesammelte Regelbeurteilungen über die Richter am Landgerichtsbezirk Dortmund 1904–1939

2. Beeinflussung der Rechtsprechung

Partei, SA und SS versuchen häufig, Prozeßführung und Urteilsfindung zu beeinflussen, vor allem wenn es sich um Verfahren gegen Parteigenossen handelt; die nachhaltigste und wirkungsvollste Beeinflussung der Tätigkeit von Richtern und Gerichten kommt jedoch aus dem Reichsjustizministerium selbst. In der ersten Zeit nach der Machtübernahme glauben örtliche Partei-, SA- und SS-Stellen, mit der »reaktionären« Justiz nach Belieben umspringen zu können. Doch die Gerichtspräsidenten wenden sich zumeist gegen derartige Übergriffe. Es gelingt vielfach sogar, das Verhältnis zur lokalen Parteipresse zu entspannen.

Als Stellvertreter des Führers verfügt Heß im September 1935, daß jeder Eingriff in schwebende Verfahren und jede öffentliche Kritik an der Justiz zu unterbleiben habe. In der Folge wird »Das schwarze Korps« – Sprachrohr der SS – vom obersten Parteigericht gerügt, als es in massiver Form gegen diese Verfügung verstößt. In einem anderen Fall erreicht ein Oberlandesgerichtsrat den öffentlichen Widerruf der von der SS-Zeitschrift an ihm geübten Kritik. Ein Gauredner wird 1939 zu einer Gefängnisstrafe von zwei Monaten verurteilt, weil er die Richter eines Gerichts als

»Affen« bezeichnet; zu einer Intervention seitens der Partei kommt es, soweit ersichtlich, nicht.

Ein ständiges Ärgernis in den Augen der Partei ist die richterliche Unabhängigkeit. Richter können zwar, wie alle Beamten, aus politischen Gründen zur Ruhe gesetzt werden, der sachliche Inhalt einer richterlichen Entscheidung

Deutsches Beamtengesetz
vom 26. 1. 1937

d) Politische Gründe
§ 71
(1) Der Führer und Reichskanzler kann einen Beamten auf Lebenszeit oder auf Zeit auf einen von der obersten Dienstbehörde im Einvernehmen mit dem Reichsminister des Innern gestellten Antrag in den Ruhestand versetzen, wenn der Beamte nicht mehr die Gewähr dafür bietet, daß er jederzeit für den nationalsozialistischen Staat eintreten wird.
[...]

§ 171
(1) Für die richterlichen Beamten gelten mit Ausnahme des § 68 Abs. 2 die Vorschriften dieses Gesetzes, wenn durch gesetzliche Vorschrift nichts anderes bestimmt ist. Aufgehoben werden jedoch die Vorschriften, die § 6 Abs. 2 (Verbot der Führung der Dienstgeschäfte), § 13 (Beendigung der Nebentätigkeit), §§ 32 bis 34 (Richtigkeit der Ernennung), §§ 51 bis 56 (Ausscheiden aus dem Beamtenverhältnis), §§ 57, 59, 60, 63 bis 66 (Entlassung aus dem Beamtenverhältnis), § 68 Abs. 1, §§ 70 bis 75, 89 (Ruhestand und Ruhegehalt), § 142 Abs. 1 (Rechtsweg) widersprechen. Die Versetzung eines richterlichen Beamten in den Ruhestand nach § 71 kann nicht auf den sachlichen Inhalt einer in Ausübung der richterlichen Tätigkeit getroffenen Entscheidung gestützt werden.
[...]

Quelle: RGBl. I, 1937, S. 52, 68

kann jedoch nicht Grundlage einer solchen Maßnahme sein (§ 71 Deutsches Beamtengesetz vom 26. Januar 1937).
Wenige Monate nach Inkrafttreten des Deutschen Beamtengesetzes teilt ein Landgerichtspräsident einer Querulantin und Parteigenossin mit, auch Hitler sei nicht befugt, den Gerichten in bezug auf ihre Entscheidungen Weisungen zu erteilen. Als sich die Parteigenossin an den Führer wendet, verlangt dieser die sofortige Dienstenthebung des Richters und eine Änderung des Beamtenrechts. Gürtner kann Maßnahmen gegen den Landgerichtspräsidenten verhindern. Auch die Gesetzeslage bleibt unverändert.

Der Landgerichtspräsident.
IX. 1[75] – 1 – 111
Neisse, den 26. Oktober 1937

An Frau Anna L., verw. R.
in Groß Neundorf bei Neisse.

Aktenzeichen der Reichskanzlei La 664/37 A.
des Reichsjustizministers III g[4] 5794/37.
des Landgerichtspräsidenten IX 1[75] – 1 – 111 –.

Obwohl Sie durch die Ihnen immer wieder erteilten Bescheide und zuletzt durch das wegen Beleidigung der hiesigen Vormundschaftsrichter am 13. Mai 1937 gegen Sie ergangene Urteil des hiesigen Schöffengerichts über die Rechtslage eingehend belehrt worden sind, haben Sie am 3. d. Mts. eine Eingabe an den Führer gerichtet, aus der sich ergibt, daß Sie offenbar jeder Belehrung unzugänglich sind. Obwohl Sie ferner bei Ihrer verantwortlichen Vernehmung in der vorerwähnten Strafsache am 24. Februar 1937 erklärt haben, Sie nähmen Ihre das Vormundschaftsgericht in Neisse beleidigenden und von Ihnen bedauerten Äusserungen zurück, und obwohl Sie versprochen haben, in Zukunft in Ihren Eingaben an das Gericht keine Beleidigungen mehr auszusprechen, sprechen Sie in Ihrer Eingabe an den Führer mit Beziehung auf Ihre Verurteilung von einem Skandal, behaupten erneut, Ihre Kinder seien durch das Gericht um ihr ganzes Vermögen gekommen und bezeichnen das als ein Verbrechen des Gerichts. Es scheint also schwererer Strafen, als es die im Urteile vom 13. Mai 1937 gegen Sie verhängte war, zu bedürfen, um Sie von Wiederholung Ihrer Beleidigungen abzuhalten. Trotzdem sehe ich zunächst noch davon ab, erneut gegen Sie Strafantrag zu stellen, muß es aber mit Rücksicht auf die Ihnen in derselben Angelegenheit bereits erteilten Bescheide ablehnen, im übrigen auf Ihre (mir zur weiteren Veranlassung zugefertigte) Eingabe an den Führer einzugehen und teile Ihnen nur noch mit, daß die Bewilligung des Armenrechts ausschließlich Sache der zuständigen Gerichte ist und daß der Führer mit Rücksicht auf die Unabhängigkeit der Gerichte nicht befugt ist, den Gerichten in Ansehung ihrer Entscheidung in der Frage der Armenrechtsbewilligung Weisungen zu erteilen. Weitere Eingaben in derselben Angelegenheit werden unbeantwortet bleiben.

gez. F.

Beglaubigt.
Justizangestellte.

Quelle: Akten der Reichskanzlei, BA, R 43 II/1507

Rk.19906 B

1.) Reichsleiter Bouhler übergab mir am 4. Dez. 1937 im Auftrage des Führers die Urschrift des Schreibens des Landgerichtspräsidenten in Neisse vom 26. Oktober 1937 an Frau Anna L. in Groß Neundorf bei Neisse und übermittelte mir den Auftrag des Führers, der Reichsjustizminister möge dafür sorgen, daß der Landgerichtspräsident F. in Neisse binnen 24 Stunden seines Amtes enthoben werde.

2.) Am 6. Dezember 1937 habe ich dem Führer in der Angelegenheit Vortrag gehalten und darauf hingewiesen, daß nach den gesetzlichen Bestimmungen der Reichsjustizminister zu dieser Amtsenthebung nicht berechtigt sei, eine Entfernung aus dem Amte und auch eine vorläufige Enthebung vom Amte sei nur in dem gesetzlich vorgeschriebenen Disziplinarverfahren zulässig; der Reichsjustizminister sei aber in der Lage, den Landgerichtspräsidenten sofort zu beurlauben und das Weitere dem Disziplinarverfahren zu überlassen. Der Führer erklärt sich damit einverstanden, daß in dieser Weise verfahren werde.

3.) Am gleichen Tage suchte ich den Reichsjustizminister Dr. Gürtner auf und übergab ihm die Urschrift des zu 1 genannten Schreibens.

4.) Am 7. Dez. 1937 sprach der Reichsjustizminister bei mir vor und teilte mir mit, daß er den Landgerichtspräsidenten F. zu sich bestellt, ihn sofort beurlaubt und ihm das Verfahren nach § 71 des Reichsbeamtengesetzes in Aussicht gestellt habe.

5.) 2 Photokopien des zu 1 genannten Schreibens liegen bei.

6.) W.v. in V.M.

Berlin, am 10. Dez. 1937.

1.) Dem Führer vorgetragen.
2.) Herrn MinRat Dr. W. m. d. Bitte um Kenntnisnahme.
3.) W. v. am 20. Dez. 1937.

Berlin, am 10. Dez. 1937.

Quelle: Akten der Reichskanzlei, BA, R 43 II/1507

Nationalsozialistische Deutsche Arbeiterpartei
Gauleitung Schlesien

Der stellvertretende Gauleiter
I/170 – 01 – I/2/37
                Breslau, den 4. Dezember 1937

An den
Chef der Kanzlei des Führers
Reichsleiter Pg. Bouhler
Durch Eilboten! Berlin W. 9

Betr.: Landgerichtspräsident F., Neisse.

Sehr geehrter Herr Reichsleiter!
Bezugnehmend auf Ihren fernmündlichen Anruf überreiche ich wunschgemäss anliegend Abschrift des über den Landgerichtspräsidenten F. am 17. 7. 1937 an den Stellvertreter des Führers abgegebenen politischen Werturteils.
Wie Sie ersehen wollen, ist diese Beurteilung des F. durchaus positiv und es ist daher unverständlich, wie er dazu kommt, sich in solcher Weise zu äussern, wie Sie es mir bekannt gaben.
Ich stehe auf dem Standpunkt, dass eine solche unverfrorene Äusserung die sofortige Amtsenthebung zumindest zur Folge haben muss. Es würde damit gleichzeitig ein durchaus angebrachtes Exempel statuiert.
Ich darf mir gestatten, bei dieser Gelegenheit kurz zu bemerken, dass wir die Beobachtung machen müssen, dass insbesondere die Präsidenten der Landgerichte und Oberlandesgerichte bei jeder sich bietenden Gelegenheit eine Betonung auf die »Unabhängigkeit der Rechtssprechung« legen, die man als masslos übertrieben bezeichnen kann. Diese starke Betonung der »Unabhängigkeit der Rechtssprechung« scheint für manche Stellen der Justiz ein willkommener Grund und damit eine ausgezeichnete Möglichkeit zu sein, aber auch alle noch so berechtigten Ansinnen und Wünsche, die die Partei einmal vorzutragen hat, zurückzuweisen.

Heil Hitler !
Stempel/Unterschrift
Stellvertr. Gauleiter.

Anlage.

Quelle: Akten der Reichskanzlei, BA, R 43 II/1507

Landgerichtspräsidenten F.
Neisse O/S
die Gauleitung Schlesien der NSDAP.

Politisch:
Vor der Machtübernahme deutschnational. Sympathisierte bereits mit der NSDAP. Seit der Machtübernahme steht er einwandfrei zu Bewegung und Staat. Mitglied der SA., der NSKOV., des DLV., des RLB., des NSRB., des RDB., der NSV und des Opferrings der Kreisleitung.

Charakterlich:
Vornehmer Charakter. Nicht frei vom Standdünkel. Wohlwollender Behördenleiter.

Weltanschaulich:
Steht auf dem Boden der nationalsozialistischen Weltanschauung. Liest den Völkischen Beobachter und die nationalsozialistische Tageszeitung.

Fachlich:
Die zuständigen Stellen beurteilen ihn gut nicht nur als Behördenleiter, sondern auch als Leiter einer Arbeitszelle im NSRB hat er sein fachliches Können unter Beweis gestellt.

Abschluss:
Volksgenosse F. bietet die absolute Gewähr, sich jederzeit für den nationalsozialistischen Staat und die Bewegung Adolf Hitlers einzusetzen.

Breslau, den 17. Juli 1937

gez. B.
Gauleiter-Stellvertreter.

Quelle: Akten der Reichskanzlei, BA, R 43 II/1507

Der Reichsminister der Justiz

    Berlin W 8, den 3. Februar 1938
    Wilhelmstraße 65
    Fernsprecher: Sammel-Nummer
    A 1 Jäger 0044

An
den Führer und Reichskanzler
zu Händen des Reichsministers
und Chefs der Reichskanzlei.

Der Landgerichtspräsident F. in Neiße hatte am 26. Oktober 1937 in einer Beschwerdesache einen Bescheid erteilt, in dem er der Antragstellerin, die die Bewilligung des Armenrechts zur Geltendmachung eines Schadenersatzanspruches gegen den Staat erstrebte, u. a. mitgeteilt hat:

Die Bewilligung des Armenrechts sei ausschließlich Sache der zuständigen Gerichte; der Führer sei mit Rücksicht auf die Unabhängigkeit der Gerichte nicht befugt, den Gerichten in Ansehung ihrer Entscheidung in der Frage der Armenrechtsbewilligung Weisungen zu erteilen.

Auf Ihre mir durch Reichsminister Lammers übermittelte Weisung hin habe ich geprüft, ob die Voraussetzungen für eine Versetzung des Landgerichtspräsidenten F. in den Ruhestand nach § 71 DBG vorliegen. Diese Prüfung hatte folgendes Ergebnis:

Der im Jahre 1878 geborene Landgerichtspräsident F. ist Frontkämpfer und hat im Kriege den linken Unterschenkel verloren. Er besitzt das Eiserne Kreuz I. und II. Klasse, eine andere Kriegsauszeichnung und das silberne Verwundetenabzeichen. Er gehört der SA-Reserve seit dem 1. November 1933 und einigen angeschlossenen Verbänden der NSDAP an. Nach einem Gutachten des Stabes Ihres Stellvertreters, das ohne Kenntnis des Anlasses erstattet worden ist, steht F. unbedingt auf dem Boden der nationalsozialistischen Weltanschauung. Die Parteidienststellen bestätigen übereinstimmend, daß er ein gerechter Vorgesetzter und allgemein beliebt ist.
Der unmittelbare Vorgesetzte F., Oberlandesgerichtspräsident Freiherr von Steinäcker, spricht sich ebenfalls sehr günstig über F. aus. F. ist dem Oberlandesgerichtspräsidenten seit mehreren Jahren genau bekannt und gilt als einer seiner besten Landgerichtspräsidenten. Der Oberlandesgerichtspräsident hebt hervor, F. sei als Mensch vielleicht der wertvollste seiner Landgerichtspräsidenten; seine ihn oft und schwer beeinträchtigende Kriegsbeschädigung trage er mit tapferer und für ihn selbstverständlicher Überwindung. Häufige Gespräche mit dem Landgerichtspräsidenten haben bei dem Oberlandesgerichtspräsidenten die Überzeugung begründet, daß F. ein tadelloser Charakter und ein durch und durch überzeugter Nationalsozialist ist, der keineswegs dazu neigt, etwa Interessen des Richterstandes übermäßig zu betonen und ihnen eine größere Bedeutung beizumessen, als sie verdienen. Ich bemerke, daß Oberlandesgerichtspräsident Freiherr von Steinäcker ein alter Parteigenosse ist.
Ich habe F. selbst empfangen. Der persönliche Eindruck bestätigt das günstige Urteil des Oberlandesgerichtspräsidenten. Ich habe F. in dieser Unterredung über den Anlaß unterrichtet. Er hat sofort von sich aus erklärt, er sehe ein, daß er Ihr Vertrauen verloren habe, und bitte um seine Beur-

laubung. Diese soldatische, disziplinierte und männliche Haltung kennzeichnet ihn.
Nach alledem bin ich der Meinung, daß der beanstandete Satz zwar recht ungeschickt formuliert ist, daß es F. aber völlig ferngelegen hat, mit diesem Satz Ihre alle Gebiete des Staats- und Volkslebens erfassende Führungsmacht und -recht in Zweifel zu ziehen. F. ist davon ausgegangen, daß es Ihr eigener Wille sei, auf eine unmittelbare Einflußnahme auf die Entscheidungen der Gerichte in Privatrechtsstreitigkeiten zu verzichten. Bei dieser Sachlage kann ich aus der Fassung des Bescheides vom 26. Oktober v. Js. nicht schließen, daß F. nicht mehr die Gewähr dafür bietet, daß er jederzeit für den nationalsozialistischen Staat eintreten werde. Ich habe vielmehr die Überzeugung gewonnen, daß Präsident F. ein Ihnen und dem deutschen Volk treu ergebener Beamter ist.
Ich habe weiterhin die Stellungnahme des Herrn Reichsministers des Innern erbeten, da nach § 71 des DBG der Innenminister gemeinsam mit mir den Antrag auf Versetzung in den Ruhestand stellen müßte. Ich habe hierbei dem Herrn Reichsminister des Innern meine Meinung mitgeteilt. Er hat sich dieser Auffassung angeschlossen. Er hat hierbei vorausgesetzt, daß F. wegen seiner höchst unüberlegten Ausdrucksweise eine scharfe dienstliche Rüge erteilt wird. Ich habe veranlaßt, daß in allen Fällen dieser Art eine derart ungeschickte Ausdrucksweise in Zukunft unterbleibt. F. habe ich bereits in der Unterredung mit ihm das Nötige eröffnet.
Unter diesen Umständen kann ich Ihnen, mein Führer, nicht vorschlagen, auf F. den § 71 des DBG anzuwenden. Ich bitte vielmehr um Ihre Entscheidung dahin, daß der Landgerichtspräsident F., den ich seinem Antrage entsprechend beurlaubt habe, seine amtliche Tätigkeit wieder aufnehmen darf. Ich würde es dankbar begrüßen, wenn Sie, mein Führer, mich ermächtigen würden, dem Landgerichtspräsidenten F., einem hochverdienten Frontkämpfer, der unter dem Verluste Ihres Vertrauens schwer leidet, zu eröffnen, daß er wieder Ihr volles Vertrauen genießt.
Eine Abschrift des von F. erteilten Bescheides, ein Auszug aus seinem Personalbogen, die Abschriften des Gutachtens des Stabes Ihres Stellvertreters und des Schreibens des Reichs- und Preußischen Ministers des Innern füge ich in der Anlage bei.

Dr. Gürtner

Quelle: Akten der Reichskanzlei, BA, R 43 II/1507

Abbildung 191
Reichsjustizminister Gürtner im Kreise von Parteifunktionären bei der Einführung des Oberlandesgerichtspräsidenten Döbig und des Generalstaatsanwalts Dr. Bems in Nürnberg im Oktober 1937

Der Reichsminister und Chef
der Reichskanzlei
Rk. 2781 B   Berlin, den 2. März 1938

1./An
den Herrn Reichsminister der Justiz.

Betrifft: Landgerichtspräsident F. in Neisse.

Auf das Schreiben vom 3. Februar 1938
– I p[11] F 1056 –.

Sehr verehrter Herr Gürtner!

Der Führer und Reichskanzler hat sich auf Grund meines Vortrags vom 25. Februar d. J. damit einverstanden erklärt, daß Landgerichtspräsident F. seine amtliche Tätigkeit wieder aufnimmt. Der Führer sieht jedoch in dem von Landgerichtspräsident F. erteilten Bescheid – ganz abgesehen von der Frage, ob der Bescheid rechtlich einwandfrei ist – eine Äußerung, die in ihrer Auswirkung geeignet sein kann, das Vertrauen zur Staatsführung zu beeinträchtigen. Der Führer wünscht daher, daß dem Landgerichtspräsidenten F. eine ernste Warnung erteilt wird, die indessen nicht die Form einer Dienststrafe zu erhalten braucht. Von dem Wortlaut der Warnung wünscht der Führer vorher Kenntnis zu erhalten.

Heil Hitler!
Ihr sehr ergebener
(N. d. RMin).

Quelle: Fall F., Akten der Reichskanzlei, BA, R 43 II/1507

Das Reichsjustizministerium versucht zwar, die Gerichte vor fremden Einflüssen zu schützen, es beeinflußt selbst aber wirkungsvoll die Rechtsprechung, vor allem die der Strafgerichte, deren Tätigkeit im Brennpunkt des Interesses der Partei steht.

Mittel dieser Beeinflussung:
– Allgemein- und Rundverfügungen (»kleine Gesetzgebung« mit bindendem Charakter für Staatsanwälte, in Form der »Empfehlung« für Richter) zur Handhabung des Straf- und Strafprozeßrechts oder zur Beeinflussung der Strafzumessung durch die Gerichte

---

Reichsminister der Justiz
1121 – II a 185501/36
               Berlin W 8, den 2. April 1936
               Wilhelmstr. 65
               A 1 Jäger 0044

An
a) sämtliche Herren Generalstaatsanwälte
b) sämtliche Herren Oberstaatsanwälte

Betrifft: Handhabung des Gesetzes zum Schutze des deutschen Blutes und der deutschen Ehre vom 15. September 1935.
1 Anlage.

Meine anliegende Verfügung an den Oberstaatsanwalt in Stuttgart bringe ich zur Kenntnis. Ergänzend weise ich auf folgendes hin:
1) § 5 Abs. 2 des Gesetzes zum Schutze des deutschen Blutes und der deutschen Ehre droht bei verbotenem außerehelichen Geschlechtsverkehr zwischen Deutschen und Juden wahlweise Gefängnis oder Zuchthaus an. Nach den im Reichsjustizministerium getroffenen Feststellungen sind bisher regelmäßig Gefängnisstrafen beantragt und erkannt worden. Die Schwere der Vergehen gegen das deutsche Blut und die deutsche Ehre verlangt aber, daß – zumal nachdem nach Inkrafttreten des Gesetzes eine gewisse Zeit verstrichen ist, die Strafverfolgungsbehörden sich mit allem Nachdruck für die unbedingte Durchsetzung des Gesetzes, das für die Verwirklichung des nationalsozialistischen Rassegedankens von entscheidender Bedeutung ist, einzusetzen, und zu diesem Zwecke die Durchschnittsfälle unbedingt als schwere Fälle ansprechen, zumal hier in aller Regel Hartnäckigkeit oder offenbare Widersetzlichkeit gegen die Forderungen des nationalsozialistischen Rasseschutzes vorliegt; Zuchthaus ist daher in solchen Fällen die angemessene Strafe.
2) Besonders unangemessen ist es, wenn jüdische Eingriffe in die Reinheit des deutschen Blutes im Endergebnis dadurch durch die Strafrechtspflege minder schwer geahndet werden, daß bei deutschen Rasseschändern ihr Deutschtum als strafschärfend hervorgehoben wird, daß das dann zu Zuchthausstrafe führt, während der Jude im entsprechenden Falle womöglich mit einer Gefängnisstrafe davonkommt.
3) Schließlich erscheint es mir nicht angängig, wenn als Strafmilderungsgrund angeführt wird, es hätten zwischen dem Täter und dem anderen Teil schon seit längerer Zeit vor dem Inkrafttreten des Gesetzes geschlechtliche Beziehungen bestanden. Da das Gesetz die Fortsetzung solcher Beziehungen unbedingt verbietet, geht es nicht an, Verstöße gegen das Verbot mit dieser Begründung milder anzusehen.
Ich ersuche, bei den Anträgen zum Strafmaß auch diese Gesichtspunkte mit Nachdruck zu vertreten.

In Vertretung
gez. Dr. Freisler.

Beglaubigt
Ministerialkanzleisekretär.

Quelle: Akten des Reichsjustizministeriums, BA, R 22/50

Richtlinien für das Strafverfahren

Allgemeine Verfügung des
Reichsministers der Justiz
vom 13. April 1935

21.
Aufklärung der für die Strafzumessung bedeutsamen Umstände.
(1) Die Strafe muß nach Art und Maß dem Schutzbedürfnis der Volksgemeinschaft entsprechen. Hierbei ist vor allem der verbrecherische Wille des Täters zu beachten, wie er sich aus der Art des Angriffs auf Lebenskraft und Friedensordnung des Volkes, aus den verschuldeten Folgen der Tat und auch aus dem Verhalten nach der Tat ergibt. Soweit das Gesetz bereits fahrlässiges Handeln unter Strafe stellt, ist vor allem die Größe des Leichtsinns oder der Gleichgültigkeit maßgebend; daneben sind die Gefahr und der Schaden, die der Täter verursacht hat, zu berücksichtigen.

(2) Alle Umstände, die im Sinne des Abs. 1 für die Strafbemessung von Bedeutung sein können, bedürfen schon im vorbereitenden Verfahren der Aufklärung. Handelt es sich um politische Straftaten, so wird insbesondere die politische Einstellung und Betätigung des Beschuldigten in Vergangenheit und Gegenwart zu erforschen sein.
[...]

81.
Entlassung aus der Untersuchungshaft.
Wird ein Beschuldigter aus der Untersuchungshaft entlassen, an dessen weiterem Verbleib die Polizeibehörde ein Interesse hat, (z.B. ein Ausländer, ein Zigeuner oder eine staatsfeindliche Person), so gibt der Staatsanwalt dieser Behörde von der bevorstehenden Entlassung so rechtzeitig Kenntnis, daß sie ihrerseits die etwa erforderlichen Maßnahmen treffen kann.
[...]

137.
(1) Ein öffentliches Interesse an der Strafverfolgung wird regelmäßig bestehen, wenn das im Volke wurzelnde gesunde Rechtsempfinden eine Bestrafung verlangt. Das wird namentlich der Fall sein, wenn eine Person mit Bezug auf ihre Stellung im öffentlichen Leben oder wegen ihres Eintretens oder ihrer Arbeit für den Staat oder die Bewegung angegriffen worden ist, wenn dem Verletzten schwerwiegende Verfehlungen nachgesagt worden sind oder wenn die Tat besonders roh oder gefährlich ist oder eine verwerfliche Gesinnung verrät.
(2) Wird ein Strafantrag nach § 196 StGB. gestellt, so ist Nr. 363 zu beachten.
[...]

364.
Anträge zum Strafmaß.
Der Strafschutz gegen Beleidigung muß so wirksam sein, daß der beleidigte Volksgenosse nicht das Gefühl haben kann, seine Ehre finde nur ungenügenden Schutz, und daß er deshalb zur Selbsthilfe greift. Im öffentlichen Verfahren hat daher der Staatsanwalt der früher vielfach beobachteten Neigung der Gerichte, sich bei der Bemessung der Strafe für Beleidigungen an die untere Grenze des Strafrahmens zu halten, mit Nachdruck entgegenzutreten und darauf hinzuwirken, daß der Beleidiger eine der Schwere der Beleidigung entsprechende empfindliche Strafe erhält.
[...]

392.
Entlassung von Zigeunern aus der Strafhaft.
Zigeuner sind bei der Entlassung aus der Strafhaft (über Entlassung aus der Untersuchungshaft vgl. Nr. 81 des Allg. Teils) den Polizeibehörden durch rechtzeitige Benachrichtigung zur Verfügung zu stellen, damit diese die erforderlichen Überwachungsmaßnahmen treffen können, und damit insbesondere die Landespolizeibehörde, soweit es sich um Ausländer handelt, von ihrer Befugnis der Reichsverweisung nach §§ 4, 2 Nr. 11 des Gesetzes über Reichsverweisungen vom 23. März 1934 (RGBl. I S. 213) erforderlichenfalls Gebrauch machen kann.
[...]

E. Rechtsmittel.
I. Einlegung von Rechtsmitteln.
[...]

237.
Einlegung von Rechtsmitteln durch den Staatsanwalt.
(1) Die Tatsache allein, daß ein anderer Beteiligter bereits ein Rechtsmittel eingelegt hat, darf den Staatsanwalt grundsätzlich nicht dazu veranlassen, das Urteil gleichfalls anzufechten. Er soll vielmehr ein Rechtsmittel nur dann einlegen, wenn im Einzelfalle wesentliche Belange des Staates, der Rechtspflege oder der am Verfahren beteiligten Personen es geboten erscheinen lassen und wenn mit einiger Wahrscheinlichkeit auf einen Erfolg des Rechtsmittels zu rechnen ist.
(2) Von der Anfechtung eines Urteils ist danach in der Regel abzusehen, wenn lediglich die Verletzung einer Vorschrift über das Strafrecht oder über das Verfahren gerügt werden soll, die Entscheidung im übrigen aber der Sachlage entspricht. Die Einlegung eines Rechtsmittels, das sich nur gegen das Strafmaß wendet, wird im allgemeinen auf diejenigen Fälle zu beschränken sein, in denen die erkannte Strafe in einem offenbaren Mißverhältnis zur Schwere der Tat steht.
(3) Eine Ausnahme kann vorliegen, wenn ein Gericht in einer häufiger wiederkehrenden bedeutsamen Rechtsfrage eine nach Ansicht des Staatsanwalts unzutreffende Rechtsauffassung vertritt oder wenn es nicht nur in einzelnen Fällen, sondern allgemein die Neigung zu übergroßer Milde erkennen läßt. In solchen Fällen kann die Einlegung von Rechtsmitteln gerechtfertigt sein, um durch eine Entscheidung des höheren Rechtszuges das Gericht zu einer Änderung seiner Übung zu veranlassen.
(4) Der Staatsanwalt soll von seiner Befugnis, ein Rechtsmittel zugunsten des Angeklagten einzulegen (§ 296 Abs. 2 StPO.), dann Gebrauch machen, wenn dieser durch einen Verfahrensverstoß

oder durch einen offenkundigen Irrtum des Gerichts tatsächlich benachteiligt worden ist.

Berlin, den 13. April 1935.

Der Reichsminister der Justiz.
Dr. Gürtner

Quelle: Richtlinien für das Strafverfahren, Allgemeine Verfügung des Reichsministers der Justiz vom 13. April 1935, Berlin 1935

Der Reichsminister der Justiz
9133/2 – III a⁴ 1081.39
    Berlin W 8, den 12. September 1939
    Wilhelmstraße 65
    Fernsprecher:
    Ortsverkehr 11 00 44
    Fernverkehr 11 65 16

An die Herren
Oberlandesgerichtspräsidenten
und Generalstaatsanwälte
bei den Oberlandesgerichten

Nachrichtlich
a) den Herren Präsidenten des Reichsgerichts und des Volksgerichtshofs
b) den Herren Oberreichsanwälten beim Reichsgericht und beim Volksgerichtshof.
... Überstücke für die Landesgerichtspräsidenten und Oberstaatsanwälte.

Betrifft: Behandlung von Strafverfahren auf Grund der VO. gegen Volksschädlinge vom 5. September 1939 – (RGBl. I S. 1679) –.

Deutschland steht im Kampf um Ehre und Recht. Vorbild der Pflichterfüllung ist für jeden Deutschen heute mehr denn je der deutsche Soldat.
Wer, statt ihm nachzuleben, am Volk sich versündigt, hat keinen Platz mehr in unserer Gemeinschaft.
Zur rücksichtslosen Bekämpfung dieser Volksschädlinge hat der Ministerrat für die Reichsverteidigung die erforderlichen gesetzlichen Grundlagen geschaffen.
Von allen Richtern und Staatsanwälten erwarte ich, daß sie die Verordnung mit derselben rücksichtslosen, schnellen scharf zupackenden Entschlossenheit und Tatkraft anwenden, mit der sie erlassen wurde.

Nichtanwendung äusserster Strenge gegenüber solchen Schädlingen wäre Verrat an kämpfenden deutschen Soldaten!
Alle Beteiligten müssen zudem mitwirken, dass Tat, Anklage, Hauptverhandlung, Urteil und Vollstreckung einander auf dem Fusse folgen.
Allen beteiligten Richtern und Staatsanwälten ist diese Verfügung sofort zuzuleiten.

In Vertretung
gez. Dr. Freisler

Beglaubigt
(Unterschrift)
als Ministerialkanzleiobersekretär.

Quelle: Akten des Reichsjustizministeriums, BA R 22/6007

Nationalsozialistische Deutsche Arbeiterpartei
Reichsleitung

22. 5. 35.

Der Stellvertreter des Führers.

Rundschreiben.
(Nicht zur Veröffentlichung.)
99/35

Es ist eine bekannte Tatsache, daß sich in der Reichs-Justizverwaltung besonders wenig Beamte befinden, die schon vor der Machtübernahme Parteigenossen waren.
Die natürliche Folge ist, daß auch heute noch bei manchen Beamten der Justizverwaltung sehr wenig Verständnis für die Grundanschauungen und Auffassungen des Nationalsozialismus vorhanden ist und dass Urteile gefällt werden, die in ihrer absolut nicht nationalsozialistischen Tendenz allgemeines Befremden erregen.
Da der Herr Reichsjustizminister in Erkenntnis dieses Übelstandes entgegenkommenderweise bereit ist, besonders krasse und in unserem Sinne unverständliche Urteile von sich aus noch einmal einer Überprüfung zu unterziehen, bitte ich bekanntwerdende Fälle unter Beifügung der Unterlagen dem Pg. Ministerialrat S. in meinem Stabe zur Rücksprache mit dem Herrn Reichsjustizminister mitzuteilen.

München, den 22. 5. 35.
F. d. R.:
Unterschrift
gez.: R. Heß

Verteiler: II d.

Quelle: BA, NS 6/219

Nationalsozialistische Deutsche Arbeiterpartei

Der Stellvertreter des Führers
München, den
Braunes Haus

Rundschreiben Nr. 180.
Betrifft: Eingriffe von Parteidienststellen in die Justiz.

Ich weise erneut darauf hin, dass Einzelangriffe irgendwelcher Parteidienststellen gegen die Justiz unter allen Umständen zu unterbleiben haben. Darunter fallen nicht nur die unmittelbaren Eingriffe in schwebende Gerichtsverfahren, sondern auch z. B. die öffentliche Kritik an Gerichtsurteilen, besonders auch an noch nicht rechtskräftigen Entscheidungen.
Es ist selbstverständlich, dass die Partei von sich aus das Recht besitzt, Entscheidungen der Gerichte sowie sonstige Massnahmen der Justiz vom nationalsozialistischen Standpunkt aus einer Kritik zu unterziehen. Wie ich jedoch bereits in meinem Rundschreiben vom 22. 5. 1935 Nr. 99/35 ausgeführt habe, werden besonders krasse und in unserem Sinne unverständliche Urteile im Benehmen mit dem Herrn Reichsjustizminister nachgeprüft. In Erweiterung dieses Rundschreibens ordne ich an, dass alle fehlerhaften Gerichtsurteile künftig nur von dem Pg. Ministerialrat S. in meinem Stabe bearbeitet werden und daher auch nur von ihm eine parteiamtliche Kritik an gerichtlichen Entscheidungen abgegeben werden kann. Ich bitte daher, alle bekanntwerdenden Fälle unter Beifügung der Unterlagen, sowie der eingehenden Stellungnahme dem Pg. Ministerialrat S. in meinem Stabe vorzulegen.

München, den 3. September 35.
F. d. R.:

Heil Hitler!
gez.: I.V. M. Bormann.

Verteiler: II d.

Quelle: BA, NS 6/220

– Weisungsgebundenheit der Staatsanwaltschaften (bindende Anweisungen über Verfahrensentscheidungen, z. B. Anklage oder Einstellung, Nichtigkeitsbeschwerden und Art und Höhe der zu beantragenden Strafe, »Fühlungnahme« zwischen Gerichten und Staatsanwaltschaften erwünscht)

Der Reichsminister der Justiz
– II a 18501/36
Berlin W 8, den 2. April 1936
Wilhelmstr. 65
A 1 Jäger 0044

An
Herrn Oberstaatsanwalt bei dem
Landgericht
in Stuttgart

durch
Herrn Generalstaatsanwalt
in Stuttgart

den Randbericht vom 20. Februar 1936
– 7 II 3/3 –.

Betrifft: Strafsache gegen E. wegen Verbrechens gegen das Gesetz zum Schutz des deutschen Blutes und der deutschen Ehre vom 15. September 1935.
die Berichte vom 15. und 19. Februar 1936
– 23 Js. 3242/36 –.
Anlage: 1 Aktenheft.

Gegen die beabsichtigte Anklageerhebung habe ich keine Bedenken geltend zu machen. Allerdings ist ein Jude, der die deutsche Staatsangehörigkeit besitzt, wenn er im Ausland außerehelichen Geschlechtsverkehr mit einer Staatsangehörigen deutschen oder artverwandten Blutes gehabt hat, nach §§ 2, 5 Abs. 2 des Gesetzes zum Schutze des deutschen Blutes und der deutschen Ehre vom 15. September 1935 (RGBl. I S. 1146) im allgemeinen nur strafbar, wenn dieser Geschlechtsverkehr auch nach den Gesetzen des ausländischen Tatorts, gleichviel unter welchem Gesichtspunkt, mit Strafe bedroht ist (§ 4 Abs. 2 Nr. 3 StGB.) Eine andere Betrachtungsweise ist jedoch dann geboten, wenn ein Jude deutscher Staatsangehörigkeit und eine deutsche Frau oder ein deutscher Mann und eine Jüdin deutscher Staatsangehörigkeit sich zur Umgehung des in § 2 aaO. ausgesprochenen Verbots vorübergehend in das Ausland begeben und dort miteinander geschlechtlich verkehren. Ich stehe auf dem Standpunkt, daß nicht nur in diesen Fällen sondern auch bei anderen Straftaten auf Grund des § 2 StGB. eine Bestrafung durch entsprechende Gesetzesanwendung regelmäßig gerechtfertigt sein wird, wenn deutsche Staatsangehörige sich zur bewußten Umgehung der deutschen Gesetze vorübergehend ins Ausland begeben, um dort eine Tat zu begehen, die nach deutschem Recht strafbar, nach den Gesetzen des Tatorts aber straflos ist. Denn gerade hierbei handelt es sich um typische Versuche, durch die Maschen des Gesetzes zu schlüpfen, wie sie § 2 StGB. hat treffen wollen. Daß das gesunde Volksempfinden in derartigen Fällen Bestrafung fordert, steht außer Zweifel. Das künftige Recht sieht für solche Fälle eine ausdrückliche Regelung vor, indem es die deutschen Strafgesetze grundsätzlich auf alle Taten anwenden wird, die ein deutscher Staatsangehöriger im Inland oder im Ausland begeht (vgl. Gürtner, Das kommende Deutsche Strafrecht, Allgemeiner Teil, Zweite Auflage, Seite 221 f.). Aber auch im geltenden Recht hat dieser Gedanke bereits seinen Niederschlag gefunden. Nach § 1 Abs. 1 des Gesetzes zum Schutze des deutschen Blutes und der deutschen Ehre sind auch im Ausland geschlossene Ehen zwischen Juden und Staatsangehörigen deutschen oder artverwandten Blutes nichtig, wenn der Ort der Eheschließung nur zur Umgehung des Eheverbotes in das Ausland verlegt worden ist. In diesem Falle sind die beiden Täter nach § 5 Abs. 1 strafbar und zwar, wie nicht zweifelhaft sein kann, ohne Rücksicht auf die Gesetze des Tatorts, da § 5 jede Form der Zuwiderhandlung gegen das Eheverbot unter Strafe stellt. Ebenso liegt es, wenn eine nach § 1 des Ehegesundheitsgesetzes vom 18. Oktober 1935 (RGBl. I S. 1246) verbotene Ehe zur Umgehung des Verbotes im Ausland geschlossen wird; die Ehe ist dann nach § 3 Abs.1 S. 2 nichtig und die Verlobten sind – wiederum ohne Rücksicht auf die ausländischen Gesetze – nach § 4 strafbar. Der diesen Vorschriften zugrundeliegende Gedanke aber ist ein allgemeiner, der über diese beiden Anwendungsfälle hinaus auf Grund des § 2 StGB. bei allen derartigen Umgehungsfällen anzuwenden ist.

Ich ersuche, diese Auffassung zu vertreten und mir über den Fortgang des Verfahrens laufend zu berichten.

In Vertretung
gez. Dr. Freisler.

Beglaubigt
Ministerialkanzleisekretär.

Quelle: Akten des Reichsjustizministeriums, BA, R 22/50

411-21.6.43
Hamburg, den 21. Juni 1943
Notiz zur Mappe Direktorenbesprechung Strafrecht

„Bei der Präsidentenbesprechung am 19. Juni 1943 sind von dem Herrn Chefpräsidenten folgende Punkte erörtert:
1. Es sei bei ihm verschiedentlich Klage darüber geführt worden, daß die Fühlungnahme der Gerichte mit der Staatsanwaltschaft in Strafverhandlungen so offensichtlich betrieben werde, daß bei dem Anwalt und insbesondere aber auch beim Publikum der Eindruck entstünde, daß das Urteil des Gerichts schon vor dem Plädoyer des Staatsanwalts und des Verteidigers festgelegt sei. Für die Verteidiger entstünden dadurch sehr große Unannehmlichkeiten, weil nach außen hin es gänzlich gleichgültig sei, was sie in ihrem Plädoyer vortrügen [...]"

Quelle: Akten des Hanseatischen Oberlandesgerichts

– Tagungen und Besprechungen, vor allem mit den OLG-Präsidenten und den Generalstaatsanwälten, aber auch z. B. mit den Vorsitzenden der Sondergerichte

Ministerialdirektor Dr. C.:

„Die Gestapo hat am 22. 4. 1937 an die Stapo-Stellen einen Erlaß gerichtet. Ich lese ihn hiermit vor und bitte, ihn als vertraulich zu behandeln (der Erlaß wird verlesen). Wir hatten uns eine Abschrift dieser Anordnung deswegen geben lassen, weil verschiedene Oberlandesgerichtspräsidenten und Generalstaatsanwälte von Fällen berichtet hatten, in denen der Angeklagte in Schutzhaft genommen worden war, unmittelbar nachdem er freigesprochen oder die erkannte Strafe für durch die Untersuchungshaft verbüßt erklärt worden war. Die Herren haben berichtet, weil sie in einem solchen Vorfall eine Herabsetzung des Ansehens der Justiz erblickt haben. Wir haben uns sofort mit der Gestapo in Verbindung gesetzt und sind zu folgendem Ergebnis gekommen: Wir können, nachdem die Allgemeine Anordnung nun einmal besteht, hiergegen nichts unternehmen. Der Kampf gegen die Internationalen

Bibelforscher muß schärfer und schärfer werden. Es wurde mir bei der Gestapo gesagt, daß die Zahl der Internationalen Bibelforscher in Deutschland 5 bis 6 Millionen betrage. Ich selbst rechne mit 1 bis 2 Millionen. Da es sich bei den in der genannten Anordnung behandelten Maßnahmen lediglich um solche polizeilicher Art handelt, können wir gegen die Anordnung nichts machen. Uns wurde ausdrücklich zugesichert, daß es sich nicht um eine Kritik der Urteile handeln solle. Die Gestapo bittet, in allen Fällen vorstellig zu werden, in denen etwa einzelne Stapobeamte sich ungeschickt verhalten, insbesondere Freigesprochene sofort im Gerichtssaal verhaften sollten.

Der Reichsführer SS hat geltend gemacht, daß die Strafen gegen die Bibelforscher zu gering seien. Das Gesetz sieht Geldstrafe und Gefängnis von 1 Monat bis zu 5 Jahren vor. Der Reichsführer SS schlägt vor, in einer Novelle Zuchthaus anzudrohen. Nach dem Entwurf des Strafgesetzbuchs können die Bibelforscher in Zukunft mit Zuchthaus bestraft werden wegen Teilnahme an einer wehrfeindlichen Verbindung. Eine Novelle wird nach der Besprechung bei Herrn Staatssekretär Dr. Freisler kaum noch vor dem neuen Strafgesetzbuch in Frage kommen. Falls jedoch aus anderen Gründen eine Novelle erforderlich sein sollte, wird diese Frage in erster Linie berücksichtigt werden. Wir müssen immer wieder feststellen, daß von der Möglichkeit, in der Gefängnisstrafe bis zu 5 Jahren hinaufzugehen, wenig Gebrauch gemacht wird. Herr Staatssekretär Freisler hat kürzlich in einer Rundverfügung ausdrücklich hervorgehoben, daß hier die nötige Strenge anzuwenden sei. Nicht nur am 12. Dezember 1936, sondern auch zu Beginn dieses Jahres sind wieder umfangreiche Flugblattverteilungen durch Bibelforscher vorgekommen.

Die Höhe der erkannten Strafen ist in den einzelnen Bezirken sehr verschieden. Nur wenig Bezirke sind überhaupt bis zu 5 Jahren Gefängnis hinaufgegangen. Es sind dies die folgenden vier: Darmstadt, Dresden, Jena, Königsberg. Andere Bezirke sind auffällig milde; teilweise finden sich hier Geldstrafen. Daß eine Geldstrafe nicht mehr am Platze ist, brauche ich wohl nicht mehr hervorzuheben. Es handelt sich bei den milden Bezirken um folgende, wobei ich keine Anprangerung erreichen, sondern nur einen Hinweis geben will: Breslau, Celle, Düsseldorf, Naumburg, Stettin und Zweibrücken.

Es darf nicht mehr vorkommen, daß die Bibelforscher als eine religiöse Sekte angesehen werden. Sie sind eine absolut staatsgefährliche Vereinigung geworden, die z.T. vom Auslande aus geleitet wird. Sie haben auf ihre Fahne u. a. die Verweigerung des Wehrdienstes geschrieben, darüber hinaus aber auch die Verweigerung der Mitarbeit in den für die Wehrmacht arbeitenden Betrieben. Die Tragweite ist deutlich daraus erkennbar, daß sie z. B. auch die Tätigkeit bei der Eisenbahn und der Post im Kriegsfalle ablehnen. Dabei ist auffällig, wieviele Eisenbahn- und Postbeamte in der I.B.V. sind. Die Bibelforscher lehnen weiterhin die Eidespflicht ab sowie den Führergedanken und überhaupt jedes nationalsozialistische Empfinden. Bei den Anhängern der I.B.V. handelt es sich auch nicht etwa nur um »alte Trottel«, auch wenn sie sich vor Gericht diesen Anschein geben.

Eine Novelle ist also – wie gesagt – vorläufig nicht zu erwarten. Wir müssen von den jetzt vorgesehenen Strafen Gebrauch machen. Ich bitte, darauf hinzuwirken, daß die Weichheit in dem Vorgehen gegen die Internationalen Bibelforscher zurückgestellt wird. Wir haben von der Gestapo Nachrichten, wonach der Kommunismus mit Gewalt in die I.B.V. hineindringt. Dem können wir nur mit Strenge entgegenwirken.

Reichsjustizminister Dr. Gürtner:

Das Bild sieht in der Tat so aus: Ursprünglich war die I.B.V. eine religiöse Sekte. Jetzt wird sie mindestens vom Kommunismus für seine Zwecke benutzt. Die Schwierigkeit liegt darin, daß die Fälle verstreut auftreten und nicht als Gesamtbild gesehen werden. Wenn einer der Herren in einem Bezirk des fernsten Westens oder Ostens vielleicht Gelegenheit nehmen würde, uns das dortige Bild aufzuzeigen, so wäre das sicher nicht uninteressant.

Quelle: Akten des Reichsjustizministeriums, BA, R 22/4277

Zusammenstellung unbefriedigender Urteile aus dem Sonderreferat (Auszug)

1. Urteil des Sondergerichts Salzburg vom 5. 10. 1939
   (Einbruchsdiebstahl bei Verdunklung)

Tat:

Am 9. 9. 1939 gegen 21.00 Uhr brachen der mehrfach vorbestrafte Hilfsarbeiter F. und zwei 17jährige Mittäter in eine Hutmacherwerkstätte in der Hauptgeschäftsstraße von Salzburg unter Ausnutzung der Verdunkelung ein. Mit einer vorher hierfür entwendeten Taschenlampe und mit einem Dietrich gingen sie zu Werke, durchschlugen eine Glastür und entwendeten vier Hüte. In der Kasse fanden sie zufälligerweise nichts vor.

Urteil:
Wegen Verbrechens nach § 2 Volksschädlingsverordnung gegen F. ein Jahr Zuchthaus, gegen die beiden Jugendlichen: a) 15 Mon. Gefängnis, b) 6 Mon. Gefängnis.

Unbefriedigend:
Obgleich das Sondergericht ausdrücklich die Ausnutzung der Verdunklung feststellt, erkennt es auf Strafen, die auch in Friedenszeiten als milde anzusprechen wären.

2. Urteil des Sondergerichts Feldkirch
(Einbruchsdiebstahl eines Juden bei Verdunklung)

Tat:
Der Jude Norbert Israel B. zertrümmerte eine Schaufensterscheibe unter Ausnutzung der Verdunklung und entwendete für 1.000,– RM Photo-Apparate.

Urteil:
Wegen § 2 Volksschädlingsverordnung 6 Jahre Zuchthaus.

Unbefriedigend:
Ein Jude, der deutsche Kriegsnot und Kriegsmaßnahmen für verbrecherische Tätigkeit ausnutzt, verdient eine wirklich abschreckende Strafe.

3. Urteil der Strafkammer Leipzig vom 23. 9. 1939
(Diebstahl von Milchkonserven bei Verdunklung)

Tat:
Am 9. 9. 1939 war der mehrfach erheblich (u. a. zweimal wegen Rückfalldiebstahls) vorbestrafte Arbeiter K. einer Speditionsfirma als Bergluftschutzwache für den Bahnlagerraum eingeteilt. Zwischen 20.00 und 21.00 Uhr entwendete er, der sich nicht in Notlage befand, unter Ausnutzung von Verdunklung und der Tatsache, daß die meisten Anwohner am Radio der Übertragung der Göring-Rede zuhörten, aus dem von ihm zu bewachenden Lagerraum eine Kiste mit 40 Büchsen Milch, um sie für sich zu verbrauchen bezw. zu Geld zu machen.

Urteil:
Wegen Rückfalldiebstahls in Verb. mit Volksschädigungsverordnung 3 Jahre Zuchthaus.

Unbefriedigend:
Die ausgeworfene Strafe rechtfertigt sich allein aus dem Vorleben und der geordneten Vermögenslage des Verurteilten, die Tatsachen, daß K. die Verdunklung ausgenutzt hat, daß er das getan hat, obgleich gerade er als Luftschutzwache besondere Obhutpflichten hatte, daß er die durch das Anhören der Göring-Rede verursachte Ablenkung der anständigen Volksgenossen ausgenützt hat, und vor allem, daß er sich an den heutzutage in erster Linie den Müttern und Kindern zustehenden Milchvorräten aus reinem Eigennutz vergriffen hat, werden im Urteil zwar festgestellt, aber im Strafmaß nicht berücksichtigt.

4. Urteil des Sondergerichts Düsseldorf vom 5. 10. 1939
(Raubüberfall während der Verdunklung)

Tat:
Am 23. 3. 1939 bemerkte der 26jährige Schmied M. in einer Gastwirtschaft in Remscheid, daß ein Gast einen größeren Geldbetrag bei sich hatte. Als dieser gegen 1½ Uhr angetrunken die Wirtschaft verließ, folgte ihm der Verurteilte, umklammerte ihn von hinten, entwendete ihm die Geldbörse mit 180,– RM und entkam unter dem Schutz der völligen Dunkelheit.

Urteil:
Wegen § 250 Abs. I und II StGB in Verb. mit § 2 Volksschädlingsverordnung 2½ Jahre Zuchthaus.
Antrag der Staatsanwaltschaft: 6 Jahre Zuchthaus.

Unbefriedigend:
Das Umsichgreifen derartiger Gewalttaten würde die Verdunklung, die in den kommenden Monaten bereits am frühen Nachmittag beginnt, für die Bevölkerung unerträglich gestalten und damit dem Abwehrkampf des deutschen Volkes in den Rücken fallen. Härteste Strafen (grundsätzlich die Todesstrafe) allein können hier die erforderliche abschreckende Wirkung haben. Dem tragen das Urteil und auch der Antrag der Staatsanwaltschaft keine Rechnung. Im übrigen erscheint es bedenklich, daß das Sondergericht § 250 Abs. II StGB mildernde Umstände anwendet...

Quelle: Akten des Reichsjustizministeriums, BA, R 22/4158

– gezielte Interventionen des Ministeriums gegenüber einzelnen Generalstaatsanwälten oder OLG-Präsidenten

---

Reichsjustizministerium
Staatssekretär Dr. Freisler
    Berlin W 8, den 20. Oktober 1941.
    Wilhelmstraße 65
    Fernsprecher: 11 00 44,
    auswärts 11 65 16

An den Herrn
Oberlandesgerichtspräsidenten
in Hamm.

Sehr geehrter Herr Chefpräsident!
Ihrem Lagebericht vom 1. September 1941 entnehme ich, daß viele Richter glauben, die hohen Strafen, die von maßgebender Stelle erwartet werden, nicht vor ihrem Gewissen verantworten zu können.
Demgegenüber muß ich darauf hinweisen, daß nach meinen Beobachtungen die Richter in den anderen Bezirken Verständnis für die Bedürfnisse und Notwendigkeiten des Krieges zeigen und Strafen verhängen, die dem Schutzzweck des Strafrechts gerecht werden. Ich spreche die Erwartung aus, daß es Ihnen als dem Führer der Richterschaft Ihres Bezirkes gelingen wird, dasselbe Verständnis auch bei den Richtern Ihres Bezirks zu wecken.
Heil Hitler
Ihr
(Unterschrift)

Quelle: HStA Düsseldorf, Rep 11/1814

Der Reichsminister der Justiz
III. g 3. 1175/40
Berlin W. 8, den 10. September 1940

An den
Herrn Generalstaatsanwalt in Köln

Betr.: Rechtsprechung des Sondergerichts in Köln

Es ist seit einiger Zeit aufgefallen, daß die Rechtsprechung des Sondergerichts in Köln in Heimtückesachen und bei Verstößen gegen die Verordnung über außerordentliche Rundfunkmaßnahmen besonders milde ist.
In einer großen Anzahl von Sachen sind die Urteile auch bereits von Ihnen, Herr Generalstaatsanwalt, als zu milde bezeichnet worden, beispielsweise in den Sachen 1 SMs 11/40, 16/40, 17/40, 20/40, 24/40, 28/40, 30/40, 31/40, 30 SMs 3/40, 10/40, 12/40, 17/40, 18/40 und 31 SMs 19/40 der StA beim Sondergericht.
Da insbesondere in der Kriegszeit ein scharfes Vorgehen gegen Staatsfeinde und gegen Personen, die gegen die zur Sicherung der Kriegsführung getroffenen Maßnahmen verstoßen, eine staatspolitische Notwendigkeit ist, bitte ich Sie, Herr Generalstaatsanwalt, sich mit dem Herrn Oberlandesgerichtspräsidenten in Verbindung zu setzen, damit eine den staatspolitischen Notwendigkeiten entsprechende Rechtsprechung gewährleistet wird, notfalls durch eine Umbesetzung des Gerichts.
Ich bitte, die Rechtsprechung des Sondergerichts in Köln weiterhin zu verfolgen und mir über das Ergebnis Ihrer Rücksprache zu berichten.

Im Auftrag
gez. Dr. C.

Quelle: HStA Düsseldorf, Rep 11/1812

Diese Art der Beeinflussung wirkt eher als die groben Angriffe aus der Partei. Sie wird überwiegend akzeptiert und umgesetzt, wie das Ansteigen von Höchststrafen gegen Bibelforscher, Zuchthausstrafen gegen »Rassenschänder« nach den jeweiligen Interventionen des Ministeriums zeigt. Die Justizverwaltung gibt den Druck von SS und Gestapo weiter, ohne formal die Unabhängigkeit des Richters aufzuheben. Dieser bleibt in seinen Entscheidungen frei, er hat sich zu verantworten, für ihn sind es nur »Empfehlungen«, denen er nicht folgen muß, aber – im eigenen Interesse, im Ressortinteresse – folgen kann.

Die Justiz: gelenkt, bedroht und gleichgeschaltet?

Ein qualitativ neues Stadium wird 1942 erreicht.
Hitler zeigt im April 1942 in einer seiner seltenen – und daher sehr beachteten – Reichstagsreden deutlich seine Unzufriedenheit mit der Justiz, eine Kritik, die auf die »Rechtwahrer geradezu schockartig« wirkt. Die Justizverwaltungen intensivieren ihre Bemühungen zur Lenkung der Rechtsprechung. Der Hamburger OLG-Präsident Dr. Rothenberger führt im Mai 1942 die »Vor- und Nachschau« ein, um wichtige anstehende bzw. abgeschlossene Verfahren mit den Gerichtspräsidenten und auch den Vorsitzenden der Sondergerichte zu besprechen. Trotz Bedenken aus der Justiz gibt Rothenberger – seit August 1942 Staatssekretär im Reichsjustizministerium – den OLG-Präsidenten auf, ein derartiges System einzuführen. Ein weiteres Mittel zur Lenkung der Rechtsprechung sind die »Richterbriefe«, in denen als positiv bzw. negativ eingestufte Entscheidungen besprochen werden, ein Versuch, den Richtern Leitlinien aufzuzeigen.

Letzte Reichstagssitzung am 26. April 1942
Hitler über die Justiz:

>> Ebenso erwarte ich, daß die deutsche Justiz versteht, daß nicht die Nation ihretwegen, sondern daß sie der Nation wegen da ist,
(lebhafte Zustimmung)
das heißt, daß nicht die Welt zugrunde gehen darf, in der auch Deutschland eingeschlossen ist, damit ein formales Recht lebt, sondern daß Deutschland leben muß, ganz gleich, wie immer auch formale Auffassungen der Justiz dem widersprechen mögen. Ich habe – um nur ein Beispiel zu erwähnen – kein Verständnis dafür, daß ein Verbrecher, der im Jahre 1937 heiratet und dann seine Frau so lange mißhandelt, bis sie endlich geistesgestört wird und an den Folgen einer letzten Mißhandlung stirbt, zu 5 Jahren Zuchthaus verurteilt wird in einem Augenblick, in dem Zehntausende brave deutsche Männer sterben müssen, um der Heimat die Vernichtung durch den Bolschewismus zu ersparen, d. h. also, um ihre Frauen und Kinder zu schützen.
(Zustimmung.)
Ich werde von jetzt ab in diesen Fällen eingreifen und Richter, die ersichtlich das Gebot der Stunde nicht erkennen, ihres Amtes entheben.
(Beifall.) <<
Quelle: Protokolle des Reichstags, 26. 4. 1942

Abbildung 192
Adolf Hitler während seiner Rede im Reichstag am 26. April 1942

Alle Macht dem Führer!
Beschluß des Großdeutschen Reichstags:

„ Es kann keinem Zweifel unterliegen, daß der Führer in der gegenwärtigen Zeit des Krieges, in der das Deutsche Volk in einem Kampf um Sein oder Nichtsein steht, das von ihm in Anspruch genommene Recht besitzen muß, alles zu tun, was zur Erringung des Sieges dient oder dazu beiträgt. Der Führer muß daher – ohne an bestehende Rechtsvorschriften gebunden zu sein – in seiner Eigenschaft als Führer der Nation, als Oberster Befehlshaber der Wehrmacht, als Regierungschef und oberster Inhaber der vollziehenden Gewalt, als oberster Gerichtsherr und als Führer der Partei jederzeit in der Lage sein, nötigenfalls jeden Deutschen – sei er ein einfacher Soldat oder Offizier, niedriger oder hoher Beamter oder Richter, leitender oder dienender Funktionär der Partei, Arbeiter oder Angestellter – mit allen ihm geeignet erscheinenden Mitteln zur Erfüllung seiner Pflichten anzuhalten und bei Verletzung dieser Pflichten nach gewissenhafter Prüfung ohne Rücksicht auf sogenannte wohlerworbene Rechte mit der ihm gebührenden Sühne zu belegen, ihn im besonderen ohne Einleitung vorgeschriebener Verfahren aus seinem Amte, aus seinem Rang und seiner Stellung zu entfernen. "

Quelle: DJ 1942, S. 283

Chefpräsidentenbesprechung vom 31. März 1942

„ Staatssekretär Dr. Schlegelberger eröffnet die Sitzung mit dem Gedenken an den verstorbenen Ministerialdirigenten Dr. V. und kam dann auf die schwierige Lage der Justiz zu sprechen, die sich immer wieder aus den vielen Klagen in allen Lageberichten ergäbe. Diese Lage sei ihm besonders eindrücklich durch einen telefonischen Anruf des Führers zum Bewußtsein gekommen. Der Führer habe in größter Erregung sich über ein Urteil eines norddeutschen Gerichts aus dem Bezirk Oldenburg geäußert. Durch dieses Urteil sei ein Ehemann, der seine Ehefrau zu Tode gequält habe, mit nur fünf Jahren Zuchthaus bestraft worden. Der Führer habe erklärt, er verstände es nicht, wie in einer Zeit, in der die besten Leute an der Front fielen, derartig milde mit dem Verbrechertum umgegangen würde. Er habe, wenn dieses nicht anders würde, schärfste Maßnahmen gegen die Justiz angedroht. [...] "

Quelle: Akten des Hanseatischen Oberlandesgerichts

Der Generalstaatsanwalt
bei dem Oberlandesgericht
Gesch.-Nr. E.3131 a – Bl.61 –
      Braunschweig, den 31. Mai 1942.
      Fernruf Nr. 5393-96

Persönlich!
An den Herrn Reichsminister der Justiz
in Berlin W 8
Wilhelmstraße 65.

Betr.: Lagebericht.
RV. vom 25. 11. 1935 – III a[14] 663/35.
Letzter Bericht vom 3. 4. 1942 – E.3131 a – Bl.57 –.

[...]

Die Worte des Führers über die Justiz berühren in erster Linie die Richter und Staatsanwälte, sind aber auch von den anderen Beamten sowie von Kreisen außerhalb der Justiz stark beachtet. Ich habe wiederholt aus solchen Kreisen die Vermutung gehört, es sei wohl in der Justiz »etwas nicht in Ordnung«. Soweit Staatsanwälte und Richter die Notwendigkeit eines harten Zupackens gegen Kriegsverbrecher und andere Übeltäter während des Krieges schon bislang bejaht und diese Einstellung praktisch ausgewertet oder auszuwerten versucht haben, sehen sie in den Worten des Führers eine willkommene Bestätigung ihrer Einstellung. In den Kreisen der Richter, die bislang sich zu dieser Härte noch nicht durchgerungen hatten, hat sich im hiesigen Bezirk eine sichtbare Wandlung vollzogen. Diese Wirkung der Führerrede ist ohne Zweifel wertvoll. Trotzdem hat die Tatsache, daß die Justiz in einer öffentlichen Führerrede »getadelt« ist, niederdrückend gewirkt und zwar, was einem kameradschaftlichen Geiste innerhalb der Justizverwaltung entspricht, auch bei solchen Beamten, die (wie z.B. Kassenbeamte, Vollzugsbeamte usw.) mit der Spruchrechtspflege nichts zu tun haben oder die die Notwendigkeit harter Kriegsurteile schon bislang bejaht haben. Der Hinweis, daß einzelne, auch auf anderen Gebieten der Verwaltung, der Wirtschaft, der Staats- und Parteiführung nie völlig vermeidbare Fehler zu den Auslassungen des Führers geführt haben werden, wird dieses bedrückende Gefühl, »abgekanzelt« zu sein, nur schwer beseitigen können. Die Bereitwilligkeit der Richter, harte Urteile zu fällen, wird aber immer noch dadurch gefährdet, daß nicht unbedeutende Kreise des Volkes für die Notwendigkeit, hart zu sein, nicht die erforderliche Einsicht aufbringen. Deshalb wird die gelenkte Veröffentlichung einschneidender Gerichtsurteile sehr begrüßt.

Die Herausstellung des Gerichtsherrentums des Führers, wie sie in den Worten des Reichsmarschalls und in der Entschließung des deutschen Reichstages zum Ausdruck gekommen ist, entsprach im allgemeinen auch bislang schon der Ansicht der meisten Rechtswahrer, wenn ihnen die sich daraus ergebenden Folgerungen auch noch ungewohnt sind. Wie jede geistige Umstellung vollzieht sich auch diese Wandlung in der Ansicht von der Unabhängigkeit der Richter naturgemäß nur langsam und nicht ohne Rückschläge.

I.V.
Erster Staatsanwalt.

Quelle: Akten des Reichsjustizministeriums, BA, R 22/3357

Aus den Lageberichten des Oberlandesgerichtspräsidenten von Bamberg (1942)

„Ähnlich unzutreffend und unvollständig wie der Urlaubsfrage scheint der Führer auch der Richterfrage informiert worden zu sein. Daß Fehlurteile vorkommen, soll nicht umstritten werden und ist nie bestritten worden. Daß solche Fehlurteile sich in Ausnahmefällen als kaum verständliche Mißgriffe darstellen, ist gleichfalls unbestritten, aber eine Folge allgemein menschlicher Unzulänglichkeit. Gemessen an der überaus großen Zahl völlig einwandfreier richterlicher Erkenntnisse sind die Mißgriffe jedoch so selten, daß die Richter wenn nicht besser so jedenfalls nicht schlechter abschneiden als die Angehörigen irgendwelcher anderen Berufsgruppen, Militär und Partei eingeschlossen. Es hat daher den Richter aus tiefste verletzt, daß ihm namentlich und im Angesicht der ganzen Welt die schimpfliche Entlassung ... angedroht wurde ... die Lage für den Richter ist um so bedrückender, als, wie oben aufgezeigt, im manchen Fällen selbst schwerster Kriminalität eine klare Linie dessen, was die Staatsführung will überhaupt nicht erkennbar ist.
Alles in allem: Wer dem Führer die Informationen zum innenpolitischen Teil seiner Rede vom 26. 4. 1942 gab und ihn beriet, hat damit ihm und dem deutschen Volk keinen guten Dienst erwiesen.
Wäre dem Richter klar und deutlich und mit verständlicher Begründung gesagt worden, was im einzelnen nationalsozialistischem Denken entspricht, dann hätte dem der Richter seine Gefolgschaft nicht versagt. Obwohl es dem Richter, für den die Bindung an das Gesetz bis zum Rechtsumbruch die einzige und damit starke Bindung darstellte, nicht leichtfiel, sich an ein gelockertes Verhältnis zum Gesetz zu gewöhnen und zum Teil auch sehr allgemeine und zunächst verschwommen scheinende Vorstellungen seiner Arbeit aufzubauen, so hat er auch dies sehr schnell zu tun begonnen ... Es erscheint mir daher auch für die Mehrheit der Richter nicht zutreffend, wenn gelegentlich gesagt wird (Deutsches Recht 1942 S. 817, 1250), die Rechtswahrer seien in Neuerungen der Revolution skeptisch abwartend oder ablehnend gegenübergestanden, sondern es war so, daß eben eine weitgehende Unsicherheit bestand, ... der allergrößte Teil der Richter hatte solcher Führung mit Begeisterung und Überzeugung Gefolgschaft geleistet, wie er auch gegenüber den nicht immer sehr vollkommen neuen Strafgesetzen, insbesondere dem Kriegsstrafrecht, der Wille zur Disziplin unter Erreichung des gemeinschaftlich erstrebten Erfolges viele berechtigte rechtssystematische Bedenken zurücktraten, so daß selbst die wissenschaftliche Auseinandersetzung über verschiedene Fragen erst sehr allmählich in Gang kam [...]"

Quelle: Akten des Reichsjustizministeriums, BA, R 22/3355

Chef der Sicherheitspolizei
und des SD
Amt III

Berlin SW 11, den 30. April 1942
Prinz-Albrecht-Straße 8
für Rückfragen 12 00 38/244

Geheim – Geheim!
Persönlich – Sofort vorlegen!

Meldungen aus dem Reich
Nr. 280

Vorliegender Bericht ist nur *persönlich* für den Adressaten bestimmt und enthält Nachrichtenmaterial, das der Aktualität wegen *unüberpüft* übersandt wird.

[...]
Die scharfe Kritik des Führers an der Justiz hat nach übereinstimmenden Meldungen auch unter nationalsozialistisch zuverlässigen Rechtswahrern geradezu schockartig gewirkt. Immer wieder wird die Frage aufgeworfen, welche Gründe wohl den Führer bewogen haben könnten, den deutschen Richterstand in dieser umfassenden Form einer scharfen Kritik zu unterziehen. Wie tief sich selbst eigentlich nicht betroffene nationalsozialistische Rechtswahrer in ihrer Ehre berührt fühlten, beweist der Ausspruch eines Landgerichtsdirektors, der seit mehr als zwei Jahren keinen Urlaub in Anspruch genommen habe: »Ich bin von den Worten des Führers zutiefst erschüttert. Bisher

hatte ich geglaubt, daß ich meine Pflicht so erfüllt habe, wie sie der Führer von mir verlangt; daß ich aber vor dem höchsten Forum der deutschen Nation, ja vor aller Weltöffentlichkeit durch den Obersten Gerichtsherrn als Versager angeprangert worden bin, hat mich so in meiner Ehre getroffen, daß ich am liebsten zum Strick greifen würde. Der Führer hat nicht nur den einzelnen Richter, sondern die gesamte deutsche Justiz an den Pranger gestellt. Jeder Richter muß sein Haupt vor Scham der Öffentlichkeit verbergen«. Diese Äusserung kann nach den vorliegenden Meldungen als symptomatisch für die Wirkung der Führerworte gerade auch in politisch einwandfreien Rechtswahrerkreisen gewertet werden. Vielfach wird zugegeben, daß zweifellos in einer Reihe von Fällen nicht Recht nach nationalsozialistischer Auffassung gesprochen werde; jedoch hierzu geäussert, daß dies mit darauf zurückzuführen sei, daß zahlreiche überalterte »Juristen« noch im Dienst seien, die innerlich dem Nationalsozialismus fernstehen und nicht vermochten, sich dem Geist der neuen Zeit und der nationalsozialistischen Rechtssprechung anzupassen.

Während die harte Kritik des Führers an der Justiz und die von ihm geforderte Ermächtigung bei der breiten Masse nach wie vor begeisterten Widerhall findet, werden vielfach in bürgerlichen und intellektuellen Kreisen – vorläufig noch in vorsichtiger Form – Befürchtungen einer gewissen Rechtsunsicherheit für die Zukunft geäussert mit der Einschränkung, daß, sofern nur der Führer seinen Einfluß auf die Rechtssprechung geltend mache, keine Gefahr bestünde. Sollte jedoch der Führer bei der Vielfalt der auf ihm lastenden Aufgaben die ihm übertragenen Vollmachten an untere Instanzen abgeben, könne leicht der Fall eintreten, daß in Unkenntnis der wahren Sachlage und unter Außerachtlassung der erforderlichen Objektivität in schwebende Verfahren eingegriffen würde und ausgesprochene Fehlurteile zustande kämen....

Quelle: BA, R 58/171

Der Reichsminister der Justiz
Berlin W 8, den 13. Oktober 1942
Wilhelmstr. 65

9133 – 1a^9 – 1710 –
Vertraulich

An
1. die Herren Präsidenten des Reichsgerichts und des Volksgerichtshofs,
2. die Herren Oberreichsanwälte beim Reichsgericht und beim Volksgerichtshof,
3. die Herren Oberlandesgerichtspräsidenten und Generalstaatsanwälte.

Betrifft: Lenkung der Rechtsprechung im Kriege

I.
Im Kriege hat die Rechtsprechung wie jede Tätigkeit des Volkes in erster Linie der Erringung des Sieges zu dienen. Ihre Aufgabe ist im besonderen, sich nach den staatspolitischen Notwendigkeiten auszurichten, und durch ihre Entscheidung auf allen Gebieten den Führer im schweren Kampfe um die Freiheit Europas zu unterstützen. Das Ziel kann im Augenblick nur durch eine einheitlich maßvolle Lenkung der Rechtsprechung erreicht werden, da viele Voraussetzungen für eine einheitliche Ausrichtung der Rechtsprechung nach der geschichtlichen Entwicklung noch nicht gegeben sind.

Eine maßvolle Lenkung hat nichts mit Gängelung oder Aufhebung der Weisungsfreiheit des Richters zu tun. Sie soll dem Richter kameradschaftlich helfen. Es ist danach Aufgabe des Lenkenden, eine Lenkung so taktvoll durchzuführen, daß die Richter sich ihrer selbständigen, eigenen Verantwortung bewußt bleiben und die geleistete Hilfe dankbar anerkennen, anstatt sich gegängelt oder unfrei zu fühlen. Ihrer Natur nach muß von jeder Lenkung ausgenommen bleiben die Feststellung des Tatbestandes, die einzig und allein Aufgabe

Die Justiz: gelenkt, bedroht und gleichgeschaltet?

Abbildung 193
Amtsantritt des Reichsjustizministers Dr. Thierack und des Staatssekretärs Dr. Rothenberger (von links nach rechts) im August 1942: Staatssekretär Dr. Schlegelberger (ganz rechts) hält die Begrüßungsansprache.

des Gerichts ist. Die Lenkung kann sich nur auf die Folgen beziehen, die aus einem frei und verantwortlich vom Gericht festgestellten Tatbestand zu ziehen sind.

II.
Für die Lenkung sind nach mir in erster Linie die Präsidenten der Obersten Gerichte und die Oberlandesgerichtspräsidenten in Zusammenarbeit mit den Oberreichsanwälten und den Generalstaatsanwälten zuständig und mir verantwortlich. Sie müssen sich der Bedeutung dieser vordringlichsten Aufgabe besonders bewußt sein und sie vor die laufende Verwaltungsarbeit stellen. Es ist im Kriege nicht nötig, daß alle Berichte an mich von dem Leiter einer höheren Reichsbehörde selbst bearbeitet oder unterschrieben werden. Dessen bedarf es nur in wichtigen und grundsätzlichen Angelegenheiten. Soweit entgegenstehende Bestimmungen bestehen, sind sie während des Krieges nicht anzuwenden . . .

In Vertretung
gez. Dr. Rothenberger
Quelle: Akten des Hanseatischen OLG

Auszüge aus Besprechungsprotokollen:
VI.
LGDir. Dr. W. brachte folgende Fälle zur Erörterung:
1) W.: Aufschneiden von Mänteln und Kleidern bei Frauen und Mädchen in der Verdunkelung. Das Sondergericht Bremen denke an 3 Jahre Zuchthaus. Die Strafe wurde allgemein für zu niedrig gehalten. Herr Senator meinte, dass 5 Jahre Zuchthaus zu erwägen seien.
2) H.: Einbrüche in 254 Fällen. Es würde sicher auf Todesstrafe erkannt werden.
(16. 5. 1942)
nächste Besprechung:
2. W. habe in Bremen 4 Jahre Zuchthaus erhalten. Die Staatsanwaltschaft habe 5 Jahre Zuchthaus beantragt. Bei der Strafzumessung sei von wesentlicher Bedeutung gewesen, daß der verhaftete W. einen so beschränkten Eindruck gemacht habe, daß fast von Geistesschwache hätte gesprochen werden können.
(22. 5. 1942)

2. Zwei Urteile des Hanseatischen Sondergerichts seien vom Reichsjustizministerium beanstandet worden:
a) die Sache B., die unter dem Vorsitz von AGRat B. von der Kammer 1 des Hanseatischen Sondergerichts abgeurteilt worden sei. Es sei antragsgemäß auf 5 Jahre Zuchthaus und Sicherungsverwahrung erkannt worden. Das Reichsjustizministerium habe angefragt, warum nicht § 1 des Änderungsgesetzes angewendet worden sei.
(13. 6. 1942)

II.
LGDir. B. führt aus, daß in der Sache F. und And. 3 Jahre Zuchthaus und Sicherungsverwahrung beantragt seien. Das Gericht bedauere, in diesem Falle nicht die Todesstrafe verhängen zu können.
(13. 6. 1942)

IV.
LGRat W. referiert über die Strafsachen
1) R.: Feldpostberaubungen in 35–40 Fällen. Es ist

zweifelhaft, ob Todesstrafe ausgesprochen wird. Herr Senator erklärte, in diesem Fall keine Meinung äussern zu wollen.
2) F./T./J.: Verwendung schlechter Fische, Fischköpfe, Gedärme usw. für markenfreie Salate. Die Angelegenheit hat einen derartigen Umfang, dass Todesstrafe erwogen wird.
(16. 5. 1942)

V.
LGDir. B. berichtet lt. Anlage 2 über
1. P.,
2. J. Im Falle J. seien die Beweisführungen sehr schwierig.
Herr Senator bittet, nicht zu subtile Bedenken zu haben und nicht etwa wegen 1 % Zweifel gegen 99 % Wahrscheinlichkeit eine Bestrafung scheitern zu lassen.
(13. 6. 1942)

VI.
Herr Senator stellt die Frage, was eigentlich nach der Besprechung seitens der Präsidenten veranlaßt werde.
AGPräs. Dr. S. erwidert, daß er nach der Besprechung mündlich oder fernmündlich die Fälle mit den betreffenden Vorsitzenden anspreche und ihnen die erörterten Auffassungen nahebringe.
LGDir. Dr. R. und LGPräs. Dr. R. erklären, daß ihrerseits das gleiche geschehe.
(5. 6. 1942)

Anschließend trug Herr Direktor W. die Sondergerichtssache beim Landgericht in Bremen vor. In der Sache L. war Todesstrafe beantragt, nachdem Herr Direktor W. vor der Verhandlung mit der Staatsanwaltschaft Fühlung genommen hatte. Die Beisitzer waren jedoch nicht zu überzeugen, so dass nur 8 Jahre Zuchthaus und Sicherungsverwahrung herauskamen.
Herr Senator bat, dass zukünftig Fühlung mit der Staatsanwaltschaft erst nach der Hauptverhandlung genommen wird, und nachdem der Vorsitzende Übereinstimmung mit den Beisitzern erzielt hat.
(1. 8. 1942)
Quelle: Akten des Hanseatischen Oberlandesgerichts

Mit diesen Mitteln wird der Druck auf den einzelnen Richter erhöht, ohne daß eine »einheitliche« Rechtsprechung zu erreichen ist.
Auch die Bemühungen, die justizpolitischen Vorstellungen des Führers anhand seiner Einzelentscheidungen und Wünsche festzustellen, schlagen fehl. Dies versucht der Chef der Reichskanzlei bis Mitte 1942 – offensichtlich ohne Erfolg.
Den Richtern bleiben trotz aller Lenkungsmaßnahmen Spielräume, insbesondere im Bereich der Strafzumessung. Es gibt Gerichte, die sie im Sinne einer vertretbaren Rechtsprechung nutzen, und solche, die selbst in Richterbriefen wegen ihrer Härte kritisiert werden.

Notiz vom 21. Juni 1943

,, [. . .] 4. Der Herr Chefpräsident vertrat die Ansicht, daß eine Strafsitzung bis zu einem gewissen Grade ein Theater sei. Es müsse eine besondere Wirkung auf alle an dem Verfahren Beteiligten und auch auf das Publikum haben. Der Vorsitzende müsse daher dafür sorgen, daß die Verhandlung auch eindrucksvoll durchgeführt werde, insbesondere daß auch die Urteilsbegründungen besonders eindrucksvoll auf den Angeklagten und auf das Publikum wirken. Erforderlich sei eine größere Aufmerksamkeit auf Seiten des Gerichts. Er habe mehrere Sitzungen erlebt, in denen die Beisitzer zum mindesten den Eindruck erweckten, als wären sie an der Sache völlig unbeteiligt oder schliefen gar.

Der Landgerichtspräsident. ,,

Quelle: Akten des Hanseatischen Oberlandesgerichts

Der Reichsminister der Justiz
3110/2-IV a¹ 1902
Berlin W. 8,
den 7. September 1942
Wilhelmstraße 65
Fernsprecher: 11 00 44,
auswärts: 11 65 16

An
1.) die Herren Präsidenten des Reichsgerichts und des Volksgerichtshofs,
2.) die Herren Oberlandesgerichtspräsidenten, (außer Prag)
3.) die Herren Landgerichtspräsidenten (mit Überstücken für die Amtsgerichte)

Nachrichtlich
1.) den Herren Oberreichsanwälten beim Reichsgericht und beim Volksgerichtshof,
2.) den Herren Generalstaatsanwälten,
3.) den Herren Oberstaatsanwälten

Betrifft: Richterbriefe.

Ich will, kann und darf nicht den Richter, der zur rechtlichen Ordnung eines Vorganges berufen ist, anweisen, wie er im Einzelfall zu entscheiden hat. Der Richter muß weisungsfrei bleiben, damit er seine Entscheidungen mit eigener innerer Verantwortung tragen kann. Ich kann ihm daher eine bestimmte Rechtsauffassung nicht befehlen, sondern ihn lediglich davon überzeugen, wie ein Richter der Volksgemeinschaft helfen muß, um einen in Unordnung geratenen oder zur Ordnung reifen Lebensvorgang mit Hilfe des Gesetzes zu ordnen oder zu regeln.

Insoweit ist der Beruf des Richters dem des Arztes verwandt, der dem Volksgenossen, der sich an ihn um Hilfe wendet, auch Hilfe zu bringen oder die Gemeinschaft vor Schäden zu bewahren hat. Ebenso muß der Richter wie ein Arzt einen Krankheitsherd im Volke ausbrennen oder die Eingriffe eines Chirurgen machen können.

Diese Auffassung von der Aufgabenstellung der Rechtspflege hat sich zwar bereits heute unter den deutschen Rechtswahrern weitgehend durchgesetzt. Ihre praktischen Auswirkungen auf die Rechtspflege sind aber noch nicht restlos verwirklicht.

Um dem Richter zu helfen, seine hohe Aufgabe im Leben unseres Volkes zu erfüllen, habe ich mich daher zur Herausgabe von »Richterbriefen« entschlossen, die allen deutschen Richtern und Staatsanwälten zugehen sollen. Diese Richterbriefe werden Entscheidungen enthalten, die mir nach Ergebnis oder Begründung besonders hervorhebenswert erscheinen. An diesen Entscheidungen möchte ich aufzeigen, wie eine bessere Entscheidung hätte gefunden werden können und müssen; andererseits sollen gute, für die Volksgemeinschaft wesentliche Entscheidungen als beispielhaft hervorgehoben werden.

Die Richterbriefe sind nicht dazu bestimmt, eine neue Kasuistik zu schaffen, die zu einer weiteren Erstarrung der Rechtspflege und zu einer Bevormundung der Richter führen würde. Sie sollen vielmehr nur eine Anschauung davon geben, wie sich die Justizführung nationalsozialistische Rechtsanwendung denkt, und auf diese Weise dem Richter die innere Sicherheit und Freiheit geben, die richtige Entscheidung zu finden.

Der Inhalt der Briefe ist vertraulich; der Behördenleiter persönlich soll sie verwahren und jedem Richter oder Staatsanwalt gegen Empfangsbescheinigung von ihnen Kenntnis geben.

Für die Herausgabe der Richterbriefe bedarf es der Mitarbeit aller Richter und Staatsanwälte. Ich erwarte, daß mir aus allen Rechtsgebieten zur Bekanntgabe geeignete Entscheidungen vorgelegt werden. Bei ihrer Verwertung wird weder der Richter noch das erkennende Gericht namentlich genannt werden.

Ich bin überzeugt, daß die Richterbriefe wesentlich zu einer einheitlichen Ausrichtung der Rechtsprechung in nationalsozialistischem Sinne beitragen werden.

gez. Dr. Thierack

Beglaubigt
Unterschrift
als Ministerialkanzleiobersekretär

Quelle: Akten des Reichsjustizministeriums, BA, R 22/235

3. »Nach sorgfältiger Prüfung sehe ich mich gewissenshalber außerstande ...«

Die konsequente Haltung der Wenigen

Oppositionelles Verhalten kann sich in verschiedenen Formen konkretisieren, z. B. durch Nichtanpassung an die Erfordernisse des nationalsozialistischen Alltags in Beruf und Privatleben, durch Hilfe für Verfolgte oder durch die Weigerung, an offensichtlichem Unrecht mitzuwirken, bis hin zum aktiven Widerstand, der in einem totalitären System selbst mit Lebensgefahr für den Betroffenen – aber auch für seine Familie – verbunden ist; in besondere Gewissenskonflikte geraten die wenigen, die in der festen Überzeugung handeln, sie müßten – um das Schlimme zu mildern und um Schlimmeres zu verhüten – in ihrer beruflichen Stellung verbleiben, obwohl sie dort in unlösbare Verstrickungen geraten.

Zu dem kleinen Kreis derjenigen Justizjuristen, die dem nationalsozialistischen Staat die Loyalität von Anfang an verweigern oder später aufgekündigt haben, gehören Martin Gauger, Lothar Kreyssig und Hans von Dohnanyi.

Abbildung 194
Martin Gauger

Martin Gauger

Martin Gauger verweigert im August 1934 aus christlicher Überzeugung den Eid auf Hitler und wird daher aus dem Justizdienst entlassen. Wie mancher oppositionell eingestellte Jurist findet er im kirchlichen Bereich eine Beschäftigung. Als er 1940 zur Wehrmacht eingezogen werden soll, setzt er sich nach Holland ab: Am deutschen Angriffskrieg will er sich nicht beteiligen. In Holland gerät er nach dem Einmarsch der deutschen Truppen in die Hände der SS und wird im Konzentrationslager Buchenwald umgebracht.

Abbildung 195
Lothar Kreyssig, um 1974

Abbildung 196
Hans von Dohnanyi

Lothar Kreyssig

Lothar Kreyssig gerät wegen seines Engagements in der Bekennenden Kirche mehrfach in Konflikt mit Partei und Justiz, ohne daß es zunächst zu seiner Entlassung kommt. Als Vormundschaftsrichter erfährt er 1940 von den Euthanasieverbrechen; seine kompromißlose Haltung in dieser Frage, die er auch Staatssekretär Freisler und Reichsjustizminister Gürtner gegenüber vertritt, führt im Dezember 1940 zu seiner Beurlaubung vom Dienst. 1942 wird er schließlich – mit Bezügen – in den Ruhestand versetzt. Lothar Kreyssig lebte nach dem Krieg in der DDR und betätigt sich dort bis Anfang der siebziger Jahre in der evangelischen Kirche. Angebote der DDR für eine richterliche Tätigkeit schlägt er aus.

Hans von Dohnanyi

Hans von Dohnanyi schließt sich dem aktiven Widerstand gegen das nationalsozialistische Regime an. Der langjährige persönliche Referent von Reichsjustizminister Gürtner gehört bereits in der Sudetenkrise (Herbst 1938) zu den Verschwörern um Generaloberst Beck. Im Herbst 1939 verläßt er das Reichsgericht, wo er zwischenzeitlich als Reichsgerichtsrat tätig ist, und wechselt zum Amt Ausland/Abwehr im Oberkommando der Wehrmacht, das unter Oberst Oster eines der Zentren des militärischen Widerstandes ist.
Hans von Dohnanyi unterhält u. a. Kontakte zu Politikern und Gewerkschaftsführern, die nach einem gelungenen

Staatsstreich politische Aufgaben übernehmen sollen, ist für die Verbindung zum Vatikan mitverantwortlich und an Aktionen beteiligt, die zum Ziel haben, im Rahmen der Tätigkeit der Abwehr Juden als »Agenten« ins Ausland zu schleusen. Unglückliche Umstände führen im April 1943 zu seiner Verhaftung. Nach zweijähriger Haft findet Anfang April 1945 – also kurz vor Kriegsende – auf Weisung aus Berlin ein »standgerichtliches Verfahren« statt; Hans von Dohnanyi wird zum Tode verurteilt und umgebracht.

4. »... im übrigen hätte es auch sehr mächtiger Pressionen bedurft, den starken Unabhängigkeitssinn des Senats zu erschüttern.«

Dies schreibt 1947 ein Mitglied des Familiensenats des Reichsgerichts, der u. a. in letzter Instanz für die Scheidung gemischtrassiger Ehen zuständig war. Nein, Pressionen sind in der Regel überflüssig. Nicht nur das Reichsgericht leistet seinen Beitrag zur nationalsozialistischen Rechtsänderung freiwillig.
Ohne Zweifel: Es kommt zu Einschüchterungsversuchen aus der »Bewegung«, vor allem wenn Parteigenossen vom Verfahrensausgang betroffen sind oder die Partei ein besonderes Interesse am rechtlichen Inhalt des Verfahrens zeigt. Soweit ersichtlich: eine geringe Zahl. Richter, die den Pressionen standhalten, müssen sich auf persönliche oder berufliche Nachteile einstellen; Verhaftungen, Einweisungen in Konzentrationslager oder Hinrichtungen kommen jedoch nicht vor.
Unbestritten sind auch die häufigen Lenkungsversuche des Reichsjustizministeriums, die – mit dem Grundsatz der Weisungsfreiheit kaum vereinbar – Eingriffe in die sachliche Unabhängigkeit der Richter darstellen. Der psychologische Druck ist stark. SS und Polizei warten im Hintergrund, und Hitlers Vorstellungen von einer volksnahen Justiz sind unkalkulierbar.

Abbildung 197
Reichsjustizminister Gürtner empfängt mit dem »deutschen Gruß« die Anwaltschaft.

Dennoch: Das System läßt Möglichkeiten offen, seinen Beruf als Jurist in korrekter Weise auszuüben, ohne in ständigen Konflikten mit Partei und Staat leben zu müssen. Man kann »überwintern«, sofern man sich weniger attraktiven Rechtsgebieten zuwendet, die nicht im Blickfeld von Staat und Partei liegen. Vielleicht muß man auch eine herabwürdigende Versetzung hinnehmen oder eine Abordnung in ein Amt von niedrigerem Rang. Aber selbst wer zur Tätigkeit am Volksgerichtshof verpflichtet wird, kann seine Ablösung be-

treiben: Ein Richter läßt erkennen, daß er kein überzeugter Nationalsozialist ist und wird zurückversetzt; ein anderer erreicht dies durch bewußt schlechte Arbeitsleistung. In einem Fall stellt Freisler den Richter vor die Wahl, am Volksgerichtshof zu bleiben oder an die Front versetzt zu werden; der Richter läßt sich versetzen.
Die Mehrheit aber paßt sich dem Zeitgeist an, da sie sich »nicht von vornherein laufbahnmäßig ausschalten« will, wie es ein Hamburger Amtsgerichtspräsident aus jenen Jahren nach dem Krieg rückblickend umschreibt. Sie schaltet sich selbst gleich – als Kämpfer im Heerbann des Führers.

»... unabsetzbar, aber nicht unverletzlich«
15. April 1935.

🙶 OLG.Präs. und GStA. Kassel 11. und 12. April.
Am 4. April 1935 hat das SchG. in Kassel in der Sache Sch. und Gen. die Angeklagten wegen Beleidigung, gemeinschaftlicher Körperverletzung, schweren Hausfriedensbruchs, gefährlicher Körperverletzung usw. zu Geld- und Gefängnisstrafen (darunter den Angeklagten K. wegen gemeinschaftlicher Körperverletzung zu 6 Monaten Gefängnis) verurteilt. Dem Urteil liegen zugrunde Gewalttätigkeiten gegen den jüdischen Viehhändler Julius H. in Gudensberg, in deren Verlauf H. zu seinem eigenen Schutz in Haft genommen werden mußte. In der Haft ist H. mißhandelt worden.
Das Urteil hat nach einem Schreiben der Ortsgruppe Gudensberg der Gauleitung Kurhessen in nationalsozialistischen Kreisen ungeheure Empö-

Abbildung 198
Feier im Kriminalgericht Moabit aus Anlaß der Anlegung des NS-Hoheitszeichens an die Richterrobe

rung hervorgerufen derart, daß ein Teil der Juden aus Gudensberg geflohen ist und H. am 5. April wieder in Schutzhaft genommen werden mußte. Am 10. April vormittags rief der Gauleiter Staatsrat Weinrich den Chefpräsidenten in Kassel zu sich, gab seiner Empörung über das Urteil Ausdruck und erklärte, daß er diesen Fall zur Beleuchtung der Zustände in der Deutschen Justiz im Stürmer bekannt geben werde und daß die erregte Bevölkerung zwar nicht gegen das Gericht, wohl aber gegen den Vorsitzenden (AGR. F.) persönlich vorgehen werde, wobei die Polizei diesen nicht schützen werde. Denn Richter seien zwar unabsetzbar, aber nicht unverletzlich. Herr AGR. F. hat sich in einer dienstlichen Äußerung vom 10. April dahin ausgelassen, daß die Vorgänge rechtlich beschränkt sich als schwerer Landfriedensbruch darstellten. Wegen der Mißhandlung des Schutzhäftlings habe K. schwer bestraft werden müssen, da es bei einem Mann, den der Staat in seinen Schutz genommen habe, gleichgültig sei, ob er Jude sei oder nicht. Gerade im Interesse des Staates habe durch eine scharfe Strafe abschreckend gewirkt werden müssen, denn sonst nehmen derartige Vorgänge kein Ende. Sie sollen aber ein Ende nehmen, das will die Reichsregierung. Ich als deutscher Richter und damit gehe ich mit allen Schöffen einig, mit denen ich seit dem 1. Januar 1935 zusammenarbeite, halte es deshalb für meine Pflicht, Gewalttaten, die sich gegen wehrlose Personen richten, im Interesse des Ansehens des Staates, dem ich diene, mit Schärfe entgegenzutreten.

OLGPräs. ist der Auffassung, daß Verhalten des AGR. F. nicht zu beanstanden, ruft die Entscheidung des RM. der Justiz an.
GenStA. hält Vorwürfe gegen StA. Dr. B. (insbesondere Ausschluß der Öffentlichkeit) für unbegründet. Liegt insoweit Entscheidung der Sache dem RM. der Justiz vor.
Am 12. April Gespräch zwischen OLGPräs. und Standartenführer S. als Vertreter des Gauleiters. S. erklärt, Gauleiter habe ihn dafür verantwortlich gemacht, daß keine Eigenmächtigkeiten vorfielen. Jeder Eingriff in die Rechtspflege müsse vermieden werden.
OLGPräs. hat die Sache mit PolPräs. und Obergruppenführer der SA von P. besprochen und ihn ersucht, für die Sicherheit des Richters zu sorgen. P. erklärt, dafür gewährleisten zu können.
PolPräs. nimmt in einem Schreiben an die Gauleitung Kurhessen vom 11. April dahin Stellung, F. habe nicht den Anschein erweckt, besonders judenfreundlich oder gegen die Beschuldigten eingestellt zu sein. Schuld an Urteil treffe nicht den Richter, sondern StA., Verteidiger und Zeugenaussage des Gendarms.
OLGPräs. fügt bei Meldung des StA. Dr. B., wonach dieser am 12. April von einem Mann im Alter zwischen 18 und 19 Jahren in seiner Wohnung aufgesucht worden ist und auf die Bemerkung der Hausangestellten, daß er, B., nicht zu Hause sei, gesagt habe, er möchte ihm bestellen, die Sache von Gudensberg könnte ihn noch teuer zu stehen kommen. „"

Quelle: Diensttagebuch des Reichsjustizministers, BA, R 22/1059

Abschrift
Der Preußische Ministerpräsident.
St M.
                Berlin W 8, 3. Dezember 1935
                Leipziger Str. 9

Herrn
Landgerichtsdirektor Dr. B.
Hannover
Landgericht.

Vor mir liegt das Urteil, das Sie als Vorsitzender gegen den Tierarzt Dr. Habbo S. vor dem Sondergericht am 27. 9. 35 gefällt haben. Sie sind dabei zu einem Freispruch gekommen, gegen den ich nichts einzuwenden habe, obgleich ich persönlich mehr zu der Auffassung der Zeugen neige als zu der Darstellung des Tierarztes. Aber damit habe ich mich abgefunden!
Auf's Schärfste muß ich mich jedoch gegen den Passus in der Begründung wenden, der besagt, daß der Angeklagte selbst dann hätte freigesprochen werden müssen, wenn die Äußerungen so gefallen seien, wie sie in der Klageschrift enthalten sind. Sie stellen sich auf den Standpunkt, daß diese Äußerungen nicht als öffentlich anzusehen sind, da der Angeklagte nicht damit rechnen brauchte, daß die Bemerkungen, die er beiläufig machte, in die Öffentlichkeit getragen würden. Nach Auffassung jedes gesunden Volksgenossen besteht jedoch eine Öffentlichkeit, wenn mehr als 2 Personen zugegen sind, die nicht einem engsten Familienkreis angehören. Ich kann deshalb mein Erstaunen nicht verhehlen über die Auffassung, die Sie in dem Urteil niedergelegt haben. Ich vermag als Grund nur zu erkennen, daß Sie gar nicht wünschen, daß die heute führenden Männer in ihrer Ehre besonders geschützt werden. Ich gestehe ganz offen ein, daß mir Ihr Verhalten weit staatsgefährlicher und staatsfeindlicher erscheint, als das des Angeklagten. Lediglich die Tatsache, die Justizverwaltung nicht allzu öffentlich zu blamieren, hat mich davon abgehalten, Sie in Schutzhaft zu nehmen, wie Sie es unzweifelhaft nach dem gesunden Volksempfinden verdient hätten.

Der Preussische Ministerpräsident
gez. Göring.

Die vorstehende Abschrift stimmt nach meiner Erinnerung mit dem an Herrn Dr. B. gerichteten Schreiben überein. Ich entsinne mich deswegen des Vorgangs noch so genau, weil es mir unfassbar war, daß ein derartiger Eingriff in die Rechtsprechung überhaupt erfolgen konnte und weil Dr. B. darauf etwa 1/4 Jahr beurlaubt worden ist.

Hannover, den 8. Juni 1946.
Der Geschäftsleiter des Landgerichts.

Quelle: Landgericht Hannover, Personalakten
Görings Schreiben veranlaßt Dr. B., ein Dienststrafverfahren gegen sich selbst zu beantragen. Das Reichsjustizministerium lehnt die Eröffnung des Verfahrens ab und erreicht, daß Göring seine Vorwürfe förmlich zurücknimmt.

Aus dem Bericht des Generalstaatsanwalts in Darmstadt an das Reichsjustizministerium über die Abschiedsfeier des Landgerichtsdirektors M., der in den Ruhestand trat:

„Landgerichtsdirektor M. in Darmstadt hat der Präsidialabteilung des Oberlandesgerichts Stoff zu besorgten Empfindungen gegeben, die im Lagebericht des Vizepräsidenten ihren Niederschlag gefunden haben sollen. Deshalb ein Wort dazu. Ich habe der von etwa 30 – 40 Berufsgenossen besuchten Abschiedsfeier beigewohnt und kann mir deshalb ein Urteil erlauben. (Von der Präsidialabteilung des Oberlandesgerichts einschl. des Vizepräsidenten war niemand da.) M., mit dem ich viele Jahre in Gießen zusammengewesen bin, war ein anerkannt tüchtiger und überaus fleißiger Richter, aber innerlich nicht so unabhängig, wie er sich einbildete; er war leicht zu beeinflussen, nicht frei von Eitelkeit und gab sich gern als knorriger Westfale – damit die Richtigkeit des Satzes von Nietzsche bestätigend, wonach das Ideal einen Schluß zuläßt, auf den, der es nötig hat. Durch geschickten Appell an seine Unabhängigkeit ließ er sich namentlich in den letzten Jahren leicht zu oppositionellen Entscheidungen bewegen, auf die er sich dann viel zugute tat. Er warf die Steine, die andere ihm in die Hand gaben. Bei der Abschiedsfeier wurde zunächst in einer Rede seine vorbildliche Unabhängigkeit gerühmt. Er fing den ihm geschickt zugeworfenen Ball auf und hielt eine von starker Eitelkeit getragene mässig witzige Rede, in der er sich selbst als kernigen Westfalen feierte und die anderen Richter mit dem biblischen Jonas verglich: weil sie von der Partei vorne ausgespien würden, versuchten sie hinten hineinzuklettern. Die Rede wurde mit schwachem Gelächter aufgenommen; ein paar Oberlandesgerichtsräte, mit denen ich kurz danach wegging, hatten nur ein Achselzucken und eine gleichgültig wegwerfende Bemerkung."

Quelle: Akten des Reichsjustizministeriums, BA, R 22/3356

Auszug aus der Aufzeichnung eines Berliner Rechtsanwalts über eine Besprechung der Anwaltschaft mit dem Reichsjustizministerium im März 1943

„Bei aller Fülle fruchtbarer Gedanken, die während der gestrigen Tagung zur Sprache gekommen sind, ist mir doch ein Gefühl der Leere, um nicht zu sagen einer gewissen Beschämung zurückgeblieben. Die führenden Männer des R.M. für Justiz und die führenden Männer der grossdeutschen Anwaltschaft kommen zusammen, um sich vertrauensvoll über ihr Arbeitsgebiet und damit über ihre Verantwortung für Volk und Reich auszusprechen – und mit keinem klaren offenen Wort wird selbst in diesem Kreise der wirkliche Kern der sogenannten Justizkrise angerührt oder (bis auf die Verlesung des Führer-Erlasses vom 2. Dezember 1942) auch nur am Rande erwähnt.

Dieser Kern ist nämlich keineswegs in erster Linie der Gegensatz zwischen Statik und Dynamik, sondern im Grunde nichts anderes als das – sich vor allem auf dem Gebiet der Rechtspflege besonders verheerend auswirkende – deutsche Erbübel eines geradezu erschütternden Mangels an Civilcourage."

Quelle: Akten des Reichsjustizministeriums, BA, R 22/4722

Abbildung 199
»Kämpfer im Heerbann des Führers!«

Die Justiz und ihre NS-Vergangenheit

1. Themenkreis: Die sogenannte Stunde Null

1. Kriegsende

9. Mai 1945 – die Waffen schweigen, der Zweite Weltkrieg ist zu Ende. Millionen Tote, Soldaten und Zivilisten, Millionen Opfer eines Völkermordes, der in seiner bürokratischen Abwicklung einzig in der Geschichte dasteht.

Deutschland ist zerstört, das nationalsozialistische Regime geschlagen. Die Konzentrationslager öffnen ihre Tore – Befreiung. Entsetzliche Bilder bieten sich den alliierten Soldaten. Unglaublich für ein zivilisiertes Volk. Empörte Reaktionen in der Weltöffentlichkeit, Betroffenheit in der deutschen Bevölkerung.

Die großen Städte liegen in Schutt und Asche. Aus den Trümmern kriechen die Überlebenden. Die Menschen können aufatmen: keine Luftangriffe mehr, keine Tiefflieger. Man ist mit dem Leben davongekommen. Befreit von einer Schreckensherrschaft? Nein, im allgemeinen Bewußtsein besiegt.

Bis zum Zusammenbruch – und in einigen Bereichen auch danach – arbeitet die Justiz »pflichtgemäß«. Das Reichsgericht in Leipzig judiziert bis zur Einnahme der Stadt durch die amerikanischen Truppen, und in Berlin gehen Richter und Staatsanwälte ihrer Arbeit nach, als die Front die Stadtgrenzen schon erreicht hat. Zweifel am Endsieg ahnden Sondergerichte auch noch im Frühjahr 1945. Das letzte Aufgebot der Justiz: Standgerichte, die in »feindbedrohten Gebieten« zu bilden sind. Reichsjustizminister Thierack be-

Abbildung 200
Am Ende der Triumphstraße

Abbildung 201
Römerberg und Paulskirche in Frankfurt am Main nach der Zerstörung im Jahre 1945

gibt sich Ende Februar nach Koblenz, um das dortige Sondergericht zu inspizieren, und Todesurteile werden vollstreckt wie eh und je, sofern Scharfrichter und Hinrichtungsgerät noch erreichbar sind. Soweit das Justizpersonal nicht zum Volkssturm eingezogen worden ist, muß es Schanzarbeiten durchführen. Das Verbrennen belastender Akten und Urteile ist oft die letzte Amtshandlung.
Der 9. Mai 1945 steht aber nicht nur für eine militärische Niederlage. Anders als nach dem Ersten Weltkrieg müssen ein ideologisches System und der Staat, der auf diesem System basiert, ihre Kapitulation erklären.

Die sogenannte Stunde Null

Die von Hitler eingesetzte Regierung Dönitz wird verhaftet; die Alliierten übernehmen die oberste Regierungsgewalt unter anderem mit dem Ziel, den Nationalsozialismus für immer zu beseitigen: Deutschland soll entnazifiziert werden, die Hauptschuldigen sollen sich vor alliierten Gerichten verantworten.

Der allgemeine Rahmen für die künftige Behandlung Deutschlands wird auf der Potsdamer Konferenz niedergelegt. Den Alliierten bleibt ein erheblicher Spielraum bei der Konkretisierung ihrer Besatzungspolitik, der von den jeweiligen nationalen Interessen und Vorstellungen bestimmt ist.

Abbildung 202
Soldaten der 227. britischen Brigade haben an der Elbe einen Major und seine »Soldaten« – Kinder im Alter von 13 bis 16 Jahren – gefangen

Abbildung 203
Die Befreiung des Konzentrationslagers Dachau durch amerikanische Truppen erlöst die Häftlinge von jahrelangen, unmenschlichen Leiden.

Nationalsozialistische Kameraden
und Kameradinnen!

Mehr als ein Vierteljahrhundert kämpft unser Führer für uns!

Zwölf Jahre hält er am Ruder unseres Staatsschiffes den Kurs fest, sicher und stark durch Stürme hindurch in eine freie, schönere Zukunft hinein.

Der Sturm schwoll an zum Orkan blinden Hasses, der uns umtobt.

Jetzt heißt es:

Alle Mann an Deck! Das Letzte eingesetzt!

Es geht nun um Alles:

um Sein oder Nichtsein,
um unser Volk!

Wir denken heute an unser Gelöbnis:

Treu uns ganz hinzugeben für Volk, Führer und Reich.

Wir werden es halten, treu bis zum Letzten.

Durch Treue und Opfer hindurch zu Freiheit und Leben!

Berlin, am Tage der Machtergreifung 1945
Heil Hitler!

Der Präsident
des Volksgerichtshofs

Der Oberreichsanwalt

Die sogenannte Stunde Null

Verordnung über die Errichtung von Standgerichten. Vom 15. Februar 1945.

Die Härte des Ringens um den Bestand des Reiches erfordert von jedem Deutschen Kampfentschlossenheit und Hingabe bis zum Äußersten. Wer versucht, sich seinen Pflichten gegenüber der Allgemeinheit zu entziehen, insbesondere wer dies aus Feigheit oder Eigennutz tut, muß sofort mit der notwendigen Härte zur Rechenschaft gezogen werden, damit nicht aus dem Versagen eines einzelnen dem Reich Schaden erwächst. Es wird deshalb auf Befehl des Führers im Einvernehmen mit dem Reichsminister und Chef der Reichskanzlei, dem Reichsminister des Innern und dem Leiter der Partei-Kanzlei angeordnet:

I.
In feindbedrohten Reichsverteidigungsbezirken werden Standgerichte gebildet.

II.
(1) Das Standgericht besteht aus einem Strafrichter als Vorsitzer sowie einem Politischen Leiter oder Gliederungsführer der NSDAP. und einem Offizier der Wehrmacht, der Waffen-SS oder der Polizei als Beisitzern.
[...]

IV.
(1) Das Urteil des Standgerichts lautet auf Todesstrafe, Freisprechung oder Überweisung an die ordentliche Gerichtsbarkeit. Es bedarf der Bestätigung durch den Reichsverteidigungskommissar, der Ort, Zeit und Art der Vollstreckung bestimmt.
[...]

VI.
Die Verordnung tritt mit ihrer Verkündung im Rundfunk in Kraft.

Berlin, den 15. Februar 1945
Der Reichsminister der Justiz
Dr. Thierack

Quelle: RGBl. I, 1945, S. 30

Aus dem Urteil im Nürnberger Juristenprozeß

„Die fortschreitende Entartung in der Justizverwaltung erreichte 1944 und 1945 den Hoehepunkt. Ein Erlass Thieracks vom 13. Dezember 1944 aenderte die zwingende Bestimmung, dass ein Angeklagter durch einen Verteidiger vertreten sein muss. Es wurde dem Richter überlassen, zu entscheiden, ob ein Verteidiger er-

Abbildung 204
Durch brutale öffentliche Hinrichtungen erzwingt man das Durchhalten.

forderlich sei. Am *15. Februar 1945* wurde als eine letzte Verzweiflungsmassnahme angesichts der unmittelbar drohenden Niederlage das Gesetz zur Errichtung der *zivilen Standgerichte* erlassen. Das Gesetz bestimmte, dass das Urteil entweder Todesstrafe, Freispruch oder Überweisung an die ordentlichen Gerichte sein sollte. Aufgrund dieses Gesetzes errichtete Gauleiter Holz ein *Standgericht in Nürnberg.* Es setzte sich zusammen aus dem Angeklagten Oeschey als Vorsitzenden und Gauinspektor H. und einem Major der Wehrmacht als Beisitzer. Am 2. April 1945 wurde Karl Schroeder zum Staatsanwalt ernannt. Die Richter und der Staatsanwalt begaben sich dann auf die Gauleitung, wo der Gauleiter ihnen eine Rede hielt, in welcher er erklaerte:

»... dass es sich darum drehe, den amerikanischen Vormarsch aufzuhalten, da mit dem Einsatz neuer Waffen zu rechnen sei und er erwarte, dass das Standgericht durch schaerfstes Vorgehen der Front den noetigen Rückhalt gebe.«

Die Beamten wurden am 3. April vereidigt. Die eidesstattliche Erklaerung von Schroeder, der spaeter zum Kreuzverhör erschien, zeigt auch, daß Holz die Absicht hegte, den ersten Fall am *3. April* aburteilen zu lassen. Schroeder erklaerte, dass dies unmoeglich sei, weil er Zeit brauche, den Fall zu überpruefen. Der erste zur Verhandlung stehende Fall war der des *Grafen M.* Schroeder erklaert, daß der Fall der schwierigste in seiner ganzen Praxis gewesen sei, aber dass er abgeurteilt werden musste, »weil die Gauleitung auf eine schnelle Entscheidung in dieser Sache draengte.

Quelle: Fall 3, Juristenprozeß, S. 306

Die sogenannte Stunde Null

Abbildung 205
Konferenz von Potsdam

Mitteilung über die Dreimächtekonferenz von Berlin

„[...]
3. Die Ziele der Besetzung Deutschlands, durch welche der Kontrollrat sich leiten lassen soll, sind:
(I) Völlige Abrüstung und Entmilitarisierung...
(III) Die Nationalsozialistische Partei mit ihren angeschlossenen Gliederungen und Unterorganisationen ist zu vernichten;
[...]
4. Alle nazistischen Gesetze, welche die Grundlagen für das Hitlerregime geliefert haben oder eine Diskriminierung auf Grund der Rasse, Religion oder politischer Überzeugung errichteten, müssen abgeschafft werden...
5. Kriegsverbrecher und alle diejenigen, die an der Planung oder Verwirklichung nazistischer Maßnahmen, die Greuel oder Kriegsverbrechen nach sich zogen oder als Ergebnis hatten, teilgenommen haben, sind zu verhaften und dem Gericht zu übergeben...
6. Alle Mitglieder der nazistischen Partei, welche mehr als nominell an ihrer Tätigkeit teilgenommen haben, und alle anderen Personen, die den alliierten Zielen feindlich gegenüberstehen, sind aus den öffentlichen oder halböffentlichen Ämtern und von den verantwortlichen Posten in wichtigen Privatunternehmungen zu entfernen...
[...]
8. Das Gerichtswesen wird entsprechend den Grundsätzen der Demokratie und der Gerechtigkeit auf der Grundlage der Gesetzlichkeit und der Gleichheit aller Bürger vor dem Gesetz ohne Unterschied der Rasse, der Nationalität und der Religion reorganisiert werden..."

Quelle: Amtsblatt des Kontrollrats in Deutschland, Nr. 1–19, Ergänzungsblatt 1, S. 13 ff.

2. Die Entnazifizierung

Die Alliierten sind entschlossen, Deutschland und die Deutschen vom Nationalsozialismus zu säubern, insbesondere die öffentliche Verwaltung und die Justiz; sie wollen ein demokratisches Staatssystem aufbauen, sei es nach westlichem, sei es nach östlichem Vorbild. Der Kontrollrat setzt u. a. NS-Gesetze außer Kraft, verbietet die NSDAP, ihre Gliederungen und Verbände. Das Kernstück der Entnazifizierung ist aber die politische Überprüfung der deutschen Bevölkerung, jedes einzelnen Deutschen ab dem 18. Lebensjahr. »Ein Volk wurde in den Anklagezustand versetzt und mit Fragebogen überschüttet«, so charakterisiert ein Zeitzeuge diesen Teil der Entnazifizierung.

Die unterschiedlichen besatzungspolitischen Konzepte der Alliierten wirken sich auch hier aus: Während die Amerikaner zunächst auch unbedeutende Mitläufer erfassen, ausschalten und bestrafen wollen (Kollektivschuld-These), sehen die Franzosen und Briten das Problem von Anfang an eher pragmatisch und unter ihren speziellen nationalen Interessen. Bei denen, die für Verwaltung und Wirtschaft als unabkömmlich gelten, drückt man schon mal ein Auge zu. Ganz anders gelagert wiederum ist die Position der Sowjetunion, die die Entnazifizierung zur gesellschaftspolitischen Umstrukturierung ihrer Besatzungszone einsetzt.

In den Westzonen bilden Fragebögen die Grundlage der individuellen Entnazifizierung. Alle Deutschen haben zahlreiche Fragen zu ihrer persönlichen, beruflichen und politischen Entwicklung zu beantworten. Im Zentrum stehen Fragen nach der Mitgliedschaft in Partei und Bewegung. Wer durch solche Mitgliedschaften »formal« belastet ist, kann sich im Entnazifizierungsverfahren dadurch »entlasten«, daß er seine ablehnende Haltung gegenüber dem Regime belegt.

Gesetz Nr. 1
Aufhebung von Nazi-Gesetzen

Der Kontrollrat verordnet wie folgt:

Artikel I
1. Folgende Gesetze politischer Natur oder Ausnahmegesetze, auf welchen das Nazi-Regime beruhte, werden hierdurch ausdrücklich aufgehoben, einschließlich aller zusätzlichen Gesetze, Durchführungsbestimmungen, Verordnungen und Erlasse:
a) Gesetz zur Behebung der Not von Volk und Reich vom 24. März 1933 RGBl I/41,
b) Gesetz zur Wiederherstellung des Berufsbeamtentums vom 7. April 1933 RGBl I/175,
c) Gesetz zur Änderung von Vorschriften des Strafrechts und des Strafverfahrens vom 24. April 1934 RGBl I/341,
d) Gesetz zum Schutze der nationalen Symbole vom 19. Mai 1933, RGBl I/285,
e) Gesetz gegen die Neubildung von Parteien vom 14. Juli 1933 RGBl I/479,
f) Gesetz über Volksabstimmung vom 14. Juli 1933 RGBl I/479,
g) Gesetz zur Sicherung der Einheit von Partei und Staat vom 1. Dezember 1933 RGBl I/1016,
h) Gesetz gegen heimtückische Angriffe auf Staat und Partei und zum Schutz der Parteiuniformen vom 20. Dezember 1934 RGBl I/1269,
j) Reichsflaggengesetz vom 15. September 1935 RGBl I/1145,
k) Gesetz zum Schutze des Deutschen Blutes und der Deutschen Ehre vom 15. September 1935 RGBl I/1146,
l) Reichsbürgergesetz vom 15. September 1935 RGBl I/1146,
m) Preußisches Gesetz über die Geheime Staatspolizei vom 10. Februar 1936 G. S. 21,
n) Gesetz über die Hitler-Jugend vom 1. Dezember 1936 RGBl I/993,
o) Verordnung gegen die Unterstützung der Tarnung jüdischer Gewerbebetriebe vom 22. April 1938 RGBl I/404,

p) Verordnung über die Anmeldung des Vermögens von Juden vom 26. April 1938 RGBl I/ 414,
q) Gesetz zur Änderung der Gewerbeordnung für das Deutsche Reich vom 6. Juli 1938 RGBl I/ 823,
r) Zweite Verordnung zur Durchführung des Gesetzes über die Änderung von Familiennamen und Vornamen vom 17. August 1938 RGBl I/ 1044,
s) Verordnung über Reisepässe von Juden vom 5. Oktober 1938 RGBl I/1342,
t) Verordnung zur Ausschaltung der Juden aus dem deutschen Wirtschaftsleben vom 12. November 1938 RGBl I/1580,
u) Polizeiverordnung über das Auftreten der Juden in der Öffentlichkeit vom 28. November 1938 RGBl I/1676,
v) Verordnung über den Nachweis deutschblütiger Abstammung vom 1. August 1940 RGBl I/ 1063,
w) Polizeiverordnung über die Kennzeichnung der Juden vom 1. September 1941 RGBl I/547,
x) Verordnung über die Beschäftigung von Juden vom 3. Oktober 1941 RGBl I/675,
y) Erlaß des Führers über die Rechtsstellung der NSDAP vom 12. Dezember 1942 RGBl I/733,
z) Polizeiverordnung über die Kenntlichmachung der im Reich befindlichen Ostarbeiter und -arbeiterinnen vom 19. Juni 1944 RGBl I/147.

2. Die Aufhebung der oben erwähnten Gesetze setzt kein Gesetz in Kraft, das nach dem 30. Januar 1933 erlassen, und das durch die oben erwähnten Gesetze aufgehoben worden ist.

Artikel II
Keine deutsche Gesetzesverfügung, gleichgültig wie oder zu welcher Zeit erlassen, darf gerichtlich oder verwaltungsmäßig zur Anwendung gebracht werden in irgendwelchen Fällen, in denen ihre Anwendung Ungerechtigkeit oder ungleiche Behandlung verursachen würde, entweder dadurch, daß a) irgend jemand auf Grund seiner Verbindung mit der Nationalsozialistischen Deutschen Arbeiterpartei, ihren Formationen, angegliederten Verbindungen oder Organisationen, Vorteile genießen würde; oder b) irgend jemand auf Grund seiner Rasse, Staatsangehörigkeit, seines Glaubens oder seiner Opposition zu der Nationalsozialistischen Deutschen Arbeiterpartei oder ihren Lehren, Nachteile erleiden würde.

Artikel III
Wer irgendwelche durch dieses Gesetz aufgehobene Gesetze anwendet oder anzuwenden versucht, setzt sich strafrechtlicher Verfolgung aus.
Ausgefertigt in Berlin, den 20. September 1945.
(Die in den drei offiziellen Sprachen abgefaßten Originaltexte dieses Gesetzes sind von B. L. Montgomery, Feldmarschall, L. Koeltz, Armeekorps-General, V. D. Sokolovsky, General der Armee, und Dwight D. Eisenhower, General der Armee, unterzeichnet.)

Quelle: Amtsblatt des Kontrollrats Nr. 1-19, S. 3 ff.

Direktive Nr. 24
Entfernung von Nationalsozialisten und Personen, die den Bestrebungen der Alliierten feindlich gegenüberstehen, aus Ämtern und verantwortlichen Stellungen

Der Kontrollrat erläßt die folgende Direktive:

1. Zweck und Ziel
Die Dreimächte-Konferenz in Berlin stellte als Ziel der Besetzung Deutschlands unter anderem fest: Die Entfernung aller Mitglieder der Nationalsozialistischen Partei, die ihr aktiv und nicht nur nominell angehört haben, und aller derjenigen Personen, die den Bestrebungen der Alliierten feindlich gegenüberstehen, aus öffentlichen und halböffentlichen Ämtern und aus verantwortlichen Stellungen in bedeutenden privaten Unternehmen. Diese sind durch solche Personen zu ersetzen, die nach ihrer politischen und moralischen Einstellung für fähig erachtet werden, die Entwicklung wahrer demokratischer Einrichtungen in Deutschland zu fördern.

2. Begriffsbestimmungen
a) Als Personen, die der Partei »aktiv und nicht nur nominell angehört haben« und solche, »die den Bestrebungen der Alliierten feindlich gegenüberstehen«, sind anzusehen:
I. Personen, die als *Amtsträger oder in anderer Weise* in der Partei, von den Orts- bis hinauf zu den Reichsstellen, oder in einer der ihr angeschlossenen oder in solchen Organisationen, die militaristische Lehren fördern, aktiv tätig waren;
II. Personen, die nationalsozialistische Verbrechen, Rassenverfolgungen oder ungleichmäßige und ungerechte Behandlung gutgeheißen

oder an solchen Taten willig teilgenommen haben;
III. Personen, die offen erklärte Anhänger des Nationalsozialismus oder militaristischer oder Rassenlehren waren, oder
IV. Personen, welche freiwillig der NSDAP, deren Führern oder Hoheitsträgern wesentlichen moralischen oder materiellen oder politischen Beistand irgendeiner Art geleistet haben . . .
Personen, die aus öffentlichen Ämtern entfernt werden, haben keinen Anspruch auf Ruhegehälter oder andere Beamtenrechte . . .

10. Zwangsweise Entfernungs- und Ausschluß-Kategorien
[. . .]
b) Alle Mitglieder der NSDAP, die der Partei beitraten oder als Mitglieder aufgenommen wurden, *bevor die Mitgliedschaft in der Partei im Jahre 1937 ein Zwang wurde* oder die in anderer Weise sich mehr als nominell an der Tätigkeit der NSDAP beteiligt haben . . .

Juristen
87. Alle Personen, die zu irgendeinem Zeitpunkt eine der folgenden Stellungen innehatten oder zu entsprechender Tätigkeit verwandt wurden:
a) Akademie für Deutsches Recht: Präsident, Vizepräsident, Direktoren, Schatzmeister.
b) Gemeinschaftslager Hans Kerrl: Kommandanten und alle hauptamtlichen Leiter.
c) Volksgerichtshof: alle Richter, der Bürodirektor, der Oberreichsanwalt und alle anderen Staatsanwälte.
d) Sondergerichte: alle Vorsitzenden und sonstigen ständigen Richter und alle Staatsanwälte.
e) Partei-, SS- und SA-Gerichte: alle Richter, Staatsanwälte und Amtsträger.
f) Standgerichte: alle vorsitzführenden Richter und alle Staatsanwälte.

88. Alle Personen, die nach dem 1. März 1933 zu irgendeinem Zeitpunkt eine der folgenden Stellungen innehatten oder zu entsprechender Tätigkeit verwandt wurden:
a) Reichsgericht: Präsident, Richter des Sondersenats und alle Staatsanwälte.
b) Reichsjustizprüfungsamt: Präsident, Vizepräsident, Leiter und Mitglieder im Hauptamte der Prüfungsstelle.
c) Oberlandesgerichte: alle Präsidenten, Vizepräsidenten und Generalstaatsanwälte.
d) Landgericht: alle Präsidenten und Oberstaatsanwälte.
e) Erbhofgerichte: Präsident und Vizepräsident des Reichserbhofgerichts und der Präsident und Vizepräsident des Landeserbhofgerichts in Celle.
f) Dienststrafkammern für rechtsgelehrte Beamte: die Präsidenten von Dienststrafkammern, Mitglieder des obersten Dienststrafsenats des Reichsgerichts.
g) Reichsverwaltungsgericht: Präsident, Vizepräsident und alle Senatspräsidenten.
h) Reichsfinanzhof: Präsident und Vizepräsident.
i) Reichsarbeitsgericht: Präsident und dessen Stellvertreter.
j) Reichsversicherungsamt: Präsident und dessen Stellvertreter.
k) Reichsversorgungsgericht: Präsident und Vizepräsident.
l) Reichsehrengerichtshof: Präsident und alle Richter.
m) Kammern der freien Berufe: der Präsident, Vizepräsident und alle Beamten der Reichsnotarkammer, Reichspatentanwaltskammer und Reichsrechtsanwaltskammer; alle Mitglieder der obersten Ehrengerichtshöfe der vorgenannten freien Berufe; der Präsident der Notarkasse.
n) Beamte für Personalfragen: alle Personalreferenten bei dem Reichsjustizministerium und allen Gerichten.
o) Reichspatentamt: Präsident und Vizepräsident.

Die im folgenden Absatz aufgeführten Personen sind von ihren dienstlichen Verpflichtungen zu entbinden und nicht wieder zu beschäftigen, wenn nicht positive Beweise zu ihren Gunsten sprechen:
a) Justizministerium: alle Ministerialdirigenten (soweit sie nicht Stellvertreter von Ministerialdirektoren waren), und diejenigen Ministerialräte, die eine Abteilung geleitet haben.
b) Prüfungsämter: alle Mitglieder, die nicht unter die Bestimmungen der obigen Ziffer 88 b) fallen.
c) Dienststrafkammern für rechtsgelehrte Beamte: alle Mitglieder, die nicht unter die Bestimmungen der Ziffer 88 f) fallen.
d) Alle Rechtsanwälte, die in einem Anstellungsverhältnis zu dem Rechtsbüro der DAF standen oder zu Vertretungen vor Arbeitsgerichten 1. Instanz zugelassen waren.
e) Kammern der freien Berufe und Ehrengerichte für rechtsgelehrte Beamte: alle Mitglieder, die nicht unter die Bestimmungen der Ziffer 88 l) und m) fallen.
f) Oberstes Fideikommißgericht: Präsident und Vizepräsident.
g) Oberlandesgerichte: alle Oberstaatsanwälte.

h) Schiffahrtsobergerichte: alle Präsidenten und Vizepräsidenten.
i) Oberprisenhof: Präsident und dessen Stellvertreter.
j) Amtsgerichte: alle dienstaufsichtsführenden Richter.
k) Erbhofgerichte: alle Richter des Reichserbhofsgerichts und des Landeserbhofsgerichts in Celle, soweit sie nicht bereits unter Ziffer 88 e) fallen.
l) Reichsverwaltungsgericht: alle Mitglieder, die nicht unter die Bestimmungen der Ziffer 88 g) fallen.
m) Reichsfinanzhof: alle Senatspräsidenten.
n) Reichsarbeitsgericht: alle Senatspräsidenten.
o) Alle Personen, die entweder 1. Staatssekretäre, Ministerialdirektoren oder deren Stellvertreter waren oder 2. zwischen dem 1. Januar 1933 und dem 8. Mai 1945 eine der in obiger Ziffer 88 aufgeführten Stellungen innehatten oder zu entsprechender Tätigkeit verwandt wurden . . .

Quelle: Amtsblatt des Kontrollrats Nr. 1–19, S. 30 ff.

Gesetz Nr. 2
Auflösung und Liquidierung der Naziorganisationen

Der Kontrollrat verordnet wie folgt:

Artikel I
1. Die Nationalsozialistische Deutsche Arbeiterpartei, ihre Gliederungen, die ihr angeschlossenen Verbindungen und die von ihr abhängigen Organisationen, einschließlich der halbmilitärischen Organisationen und aller anderen Nazieinrichtungen, die von der Partei als Werkzeuge ihrer Herrschaft geschaffen wurden, sind durch vorliegendes Gesetz abgeschafft und für ungesetzlich erklärt.
2. Diejenigen Naziorganisationen, die auf der Liste im Anhang aufgeführt sind, oder solche, die außerdem zusätzlich bezeichnet werden sollten, sind ausdrücklich aufgelöst.
3. Die Neubildung irgendeiner der angeführten Organisationen, sei es unter dem gleichen oder einem anderen Namen, ist verboten.

Artikel II
Jegliche Immobilien, Einrichtungen, Fonds, Konten, Archive, Akten und alles andere Eigentum der durch vorliegendes Gesetz aufgelösten Organisationen sind beschlagnahmt. Die Beschlagnahme wird durch die Militärbefehlsstellen vorgenommen; allgemeine Richtlinien über die Verteilung des beschlagnahmten Eigentums werden durch den Kontrollrat gegeben.

Artikel III
Solange das erwähnte Eigentum nicht tatsächlich unter die Kontrolle der Militärbefehlsstellen gestellt ist, werden sämtliche Offiziere und alles andere Personal, einschließlich der Verwaltungsbeamten und aller anderen Personen, die für dieses Eigentum haftbar sind, persönlich dafür verantwortlich gemacht, alle notwendigen Maßnahmen zu ergreifen, um dieses Eigentum in unversehrtem Zustand zu erhalten und alle Befehle der Militärbefehlsstellen auszuführen, die dieses Eigentum betreffen.

Artikel IV
Jeder, der irgendeiner Bestimmung des vorliegenden Gesetzes zuwiderhandelt, setzt sich strafrechtlicher Verfolgung aus.

Ausgefertigt in Berlin, den 10. Oktober 1945.

(Die in den drei offiziellen Sprachen abgefaßten Originaltexte dieses Gesetzes sind von P. Koenig, Armeekorps-General, V. D. Sokolovsky, General der Armee, Dwight D. Eisenhower, General der Armee, und B. H. Robertson, Generalleutnant, unterzeichnet.)

Quelle: Amtsblatt des Kontrollrats Nr. 1-19, S. 19 f.

Abbildung 206
Internierungslager Darmstadt: Ein wegen nationalsozialistischer Aktivitäten Inhaftierter spricht mit dem Lagerleiter.

Gesetz zur Befreiung von Nationalsozialismus und Militarismus
Vom 5. März 1946

1. Nationalsozialismus und Militarismus haben in Deutschland zwölf Jahre die Gewaltherrschaft ausgeübt, schwerste Verbrechen gegen das deutsche Volk und die Welt begangen, Deutschland in Not und Elend gestürzt und das Deutsche Reich zerstört. Die Befreiung von Nationalsozialismus und Militarismus ist eine unerläßliche Vorbedingung für den politischen, wirtschaftlichen und kulturellen Wiederaufbau.

2. Während der vergangenen Monate, die der Kapitulation folgten, hat die Amerikanische Militärregierung die Entfernung und den Ausschluß von Nationalsozialisten und Militaristen aus der Verwaltung und anderen Stellen durchgeführt.

3. Der Kontrollrat hat am 12. Januar 1946 für ganz Deutschland Richtlinien für diese Entfernung und den Ausschluß in der Anweisung Nr. 24 aufgestellt, die für die deutschen Regierungen und für das deutsche Volk verbindlich sind.

4. Das Gesetz Nr. 8 der Militärregierung einschließlich seiner ersten Ausführungs-Verordnung hat die Befreiung auf das Gebiet der gewerblichen Wirtschaft ausgedehnt und das Vorstellungsverfahren durch deutsche Prüfungsausschüsse eingeführt.

5. Die Amerikanische Militärregierung hat nunmehr entschieden, daß das deutsche Volk die Verantwortung für die Befreiung von Nationalsozialismus und Militarismus auf allen Gebieten mitübernehmen kann. Der Erfüllung der damit dem deutschen Volk übertragenen Aufgabe dient dieses Gesetz, das sich im Rahmen der Anweisung Nr. 24 des Kontrolrates hält.

6. Zur einheitlichen und gerechten Durchführung dieser Aufgabe wird gleichzeitig für Bayern, Großhessen und Württemberg-Baden das folgende Gesetz beschlossen und verkündet.

I. Abschnitt
Grundsätze
Artikel 1.
1. Zur Befreiung unseres Volkes von Nationalsozialismus und Militarismus und zur Sicherung dauernder Grundlagen eines deutschen demokratischen Staatslebens in Frieden mit der Welt werden alle, die die nationalsozialistische Gewaltherrschaft aktiv unterstützt oder sich durch Verstöße gegen die Grundsätze der Gerechtigkeit und Menschlichkeit oder durch eigensüchtige Ausnutzung der dadurch geschaffenen Zustände verantwortlich gemacht haben, von der Einflußnahme auf das öffentliche, wirtschaftliche und kulturelle Leben ausgeschlossen und zur Wiedergutmachung verpflichtet.

2. Wer verantwortlich ist, wird zur Rechenschaft gezogen. Zugleich wird jedem Gelegenheit zur Rechtfertigung gegeben ...

Gruppen der Verantwortlichen
Artikel 4.
Zur gerechten Beurteilung der Verantwortlichkeit und zur Heranziehung zu Sühnemaßnahmen werden folgende Gruppen gebildet:
1. Hauptschuldige,
2. Belastete (Aktivisten, Militaristen, Nutznießer),
3. Minderbelastete (Bewährungsgruppe),
4. Mitläufer,
5. Entlastete...

Quelle: Bayerisches Gesetz- und Verordnungsblatt 1946, S. 146

Anlage zum Gesetz zur Befreiung von Nationalsozialismus und Militarismus

Diese Anlage beruht auf den Richtlinien Nr. 24 des Kontrollrates, die für die deutsche Regierung und das deutsche Volk verbindlich sind. Die Anlage bildet einen Bestandteil dieses Gesetzes.

Teil A.
(Klasse I und Klasse II)
Klasse I umfaßt die Personen, die auf Grund widerlegbarer Vermutung in die Gruppe der Hauptschuldigen einzureihen sind.
Klasse II umfaßt die Personen, die auf Grund widerlegbarer Vermutung in die Gruppe der Belasteten einzureihen sind ...

N. Juristen
Klasse I.
1. Präsident und Vizepräsident der Akademie für Deutsches Recht.
2. Kommandanten und alle hauptamtlichen Leiter des Gemeinschaftslagers Hanns Kerrl.
3. Alle Richter, der Oberreichsanwalt und alle Staatsanwälte sowie Bürodirektor des Volksgerichtshofes.
4. Alle Richter, Staatsanwälte und Beamte der Partei, SS- und SA-Gerichte.
5. Präsident und Vizepräsident des Reichsjustizprüfungsamtes.
6. Präsidenten
    a) des Reichsgerichts,
    b) des Reichsarbeitsgerichts,
    c) des Reichserbhofgerichts,
    d) des Reichserbgesundheitsgerichts,
    e) des Reichsfinanzhofs,
    f) des Reichsverwaltungsgerichts,
    g) des Reichsehrengerichtshofs,
    h) der Reichsrechtsanwaltskammer,
    i) der Reichsnotarkammer,
    k) der Reichspatentanwaltskammer,
    l) der Reichskammer der Wirtschaftsprüfer.
7. Präsidenten der Oberlandesgerichte, die seit 31. 12. 1938 hierzu ernannt wurden.
8. Oberreichsanwälte, Reichsanwälte und Generalstaatsanwälte bei den Oberlandesgerichten, soweit sie nach dem 31. 3. 1933 ernannt wurden.
9. Vizepräsidenten
    a) des Reichsarbeitsgerichts,
    b) des Reichserbhofgerichts,
    c) des Reichserbgesundheitsgerichts,
    d) des Reichsverwaltungsgerichts.
10. Vorsitzender
    a) des Sondersenats beim Reichsgericht,
    b) Personalreferenten des Reichsjustizministeriums.

Klasse II.
1. Direktoren und der Schatzmeister der Akademie für Deutsches Recht.
2. Vorsitzende, sonstige ständige Richter und die ständigen Leiter der Anklagebehörden der Sondergerichte.
3. Vorsitzende, Richter und Staatsanwälte der Standgerichte.
4. Präsidenten und Vizepräsidenten
    a) des Reichspatentamts,
    b) des Reichsversicherungsamts und Reichsversorgungsgerichts,
    c) des Landeserbhofgerichts in Celle.
5. Vizepräsidenten des Reichsgerichts und Senatspräsidenten beim Reichsgericht, die seit 31. 12. 1930 hierzu ernannt wurden, ferner die ständigen Mitglieder des obersten Dienststrafsenats beim Reichsgericht.
6. Vizepräsidenten
    a) des Reichserbgesundheitsgerichtes,
    b) des Reichsfinanzhofs,
    c) der Reichsrechtsanwaltskammer,
    d) der Reichsnotarkammer,
    e) der Reichspatentanwaltskammer,
    f) der Reichskammer für Wirtschaftsprüfer, ferner alle ständigen Mitglieder der obersten Ehrengerichtshöfe für Rechtsanwälte, Patentanwälte, Notare und Wirtschaftsprüfer.
7. Präsidenten der Oberlandesgerichte und Generalstaatsanwälte, soweit sie nicht unter Klasse I fallen, sowie die Vizepräsidenten der Oberlandesgerichte.
8. Präsidenten der Dienststrafkammern für richterliche Beamte.
9. Präsidenten der Landgerichte.
10. Oberstaatsanwälte bei den Landgerichten.
11. Personalreferenten der Gerichte.
12. Hauptamtliche Leiter und ständige Mitglieder der Prüfungsstellen des Reichsjustizprüfungsamts.
13. Präsidenten der Rechtsanwaltskammern, Notarkammern und Patentanwaltskammern in den Oberlandesgerichtsbezirken.
14. Präsidenten und Vizepräsidenten
    a) des obersten Fideikommißgerichts,
    b) des Schiffahrtsobergerichts,
    c) des Oberprisenhofs.
15. Präsidenten und Vizepräsidenten sowie die ständigen Mitglieder der Ehrengerichte der freien Berufe in der Reichs- und Gauinstanz.

Quelle: Bayerisches Gesetz- und Verordnungsblatt 1946, S. 162, 171, 172

Konjunktur haben daher umgedichtete Lebensläufe und falsche Angaben, vor allem aber sogenannte Persilscheine, Bescheinigungen, in denen man sich versichern läßt, daß man trotz formaler Anhaltspunkte (wie der Parteimitgliedschaft) dem Regime ablehnend gegenübergestanden hat.

Zur Entnazifizierung von Verwaltung und Justiz verfügen die Alliierten Entlassungen. Wer der Partei aktiv und nicht nur nominell angehört hat, verliert sein Amt ohne Anspruch auf Ruhegehalt. Die »wohlerworbenen Beamtenrechte« werden mit einem Federstrich beiseite geschoben. Eine mehr als 200 Jahre alte Tradition des öffentlichen Dienstes, die mehrere Staatsformen und Verfassungen überlebt hat, scheint ihr Ende zu finden.

Auf Drängen der Amerikaner werden die Richtlinien weit gefaßt. Als Aktivität gilt jede ehrenamtliche Tätigkeit in der Partei, und verdächtig sind auch Organisationen wie die »NS-Volkswohlfahrt« und die »Deutsche Jägerschaft«. Die Entlassungen erfolgen ohne Prüfung der individuellen Verhältnisse, die dem weiteren Entnazifizierungsverfahren vorbehalten bleibt. Ihre Zahl beläuft sich in der amerikanischen Zone auf mehr als 300 000, in der sowjetischen Zone auf über 500 000. Die Entlassungen treffen zunächst alle gleichermaßen. Fanatische und überzeugte Nationalsozialisten, Karrieristen und Opportunisten, diejenigen, die zur Sicherung ihrer Familien der Partei beigetreten sind, und auch die sogenannten kleinen Parteigenossen. Schuldige, weniger Schuldige und Unschuldige werden in eine Solidargemeinschaft gedrängt.

Die Entscheidung über eine Wiederverwendung hängt von den Alliierten ab. Im Westen spielt hierbei der Ausgang des weiteren Entnazifizierungsverfahrens eine maßgebliche Rolle. Die Sowjets vollziehen dagegen einen personellen Austausch im öffentlichen Dienst; ihre Entlassungen sind zumeist endgültiger Natur. Die Betroffenen suchen überwiegend in den Westzonen einen beruflichen Neuanfang.

Abbildung 207
Beantwortung der 132 Fragen des Alliiertenfragebogens

Landgerichtsdirektor Adolf L.

SUPPLEMENTARY QUESTIONAIRE
to Judges, Prosecutors, Notaries and Lawyers.
ERGÄNZUNGS-FRAGEBOGEN
für Richter, Staatsanwälte, Notare und Rechtsanwälte.

1. Waren Sie jemals Mitglied des »Volksgerichtshofes«?
In welcher Eigenschaft? *nein*

1. Were you ever a member of the »Volksgerichtshof«?
In what capacity?

Von wann bis wann

From to

2. Welche Funktionen haben Sie in Strafsachen ausgeübt?
als Untersuchungsrichter: *keine*
von — bis —

2. What positions you did hold in Criminal courts:
As examining magistrate
from to

als Richter von *ca 1923* bis *ca Juni 33* As judge from to
(genaue Angaben: als Vorsitzender der Strafkammern, als Beisitzer bei Schöffengerichten usw.) (precise statements are wanted: as president of a court, member of a court, judge ect.)

1) *Ermittlungs- Schöffen- Privatklägerichter bis 1931*
2) *Beisitzer beim Schwurgericht, erweiterten Schöffengericht, großer Strafkammer, Vorsitzender der kleinen Strafkammer bis 6.33.*
3) *Amtsanwalt bis im Hauptamt in Schwandorf von ca Oktober 1913 bis 16.7.1919*

als Staatsanwalt As Public Prosecutor
(ebenfalls genaue Angaben) from to
(precise statements)

3. Haben Sie an Sitzungen teilnehmen müssen, in denen Deutsche verurteilt wurden, weil sie ausländische Radiosendungen abgehört hatten?

nein

In welcher Eigenschaft haben Sie solche Fälle zu bearbeiten gehabt?

nicht zutreffend

Wie vieler Fälle können Sie sich erinnern?

3. Have you ever participated in cases against Germans for listening to foreign radionews?

In what capacity?

How many cases can you remember?

4. Haben Sie an Rechtsfällen teilnehmen müssen, in denen jüdisches Eigentum beschlagnahmt oder enteignet wurde?

nein

In welcher Eigenschaft haben Sie solche Fälle zu bearbeiten gehabt?

———

4. Have you decided any case in connection with jewish property?

If so, in what capacity?

———

5. Haben Sie an Straf-Voruntersuchungen teilnehmen müssen, wo der Beschuldigte der Gestapo überantwortet wurde, da ein strafrechtliches Verschulden nicht zu beweisen war?

nein

5. Did you ever issue any warrant of arrest following instructions from the Gestapo for crimes that could not be established?

6. Welche beruflichen und privaten Verbindungen und Beziehungen hatten Sie mit Beamten der Gestapo?

keine

Namen der betreffenden Gestapo-Beamten, die Ihnen bekannt waren:

———

6. What have been your professional or private relations and connections with Gestapo officials?

Names of the officials of the Gestapo known to you:

———

7. Waren Sie mit Beamten der Gestapo verwandt oder enger befreundet?

nein

Wenn ja, wen?

———

7. Had you any relatives or friends in the Gestapo?

If so, who were they?

———

8. Haben Sie in den letzten Jahren Prozesse wegen Hoch-, Landesverrats, Sabotage usw. durchführen müssen?

nein

Welche Fälle?

———

In welcher Eigenschaft haben Sie teilgenommen?

———

8. Have you participated in cases of high-treason, sabotage etc. in the last years?

What cases?

In what capacity?

9. Wie können Sie die Tatsache erklären, daß ehrbare Menschen wie Richter und Juristen jeder Art, die geschworen hatten, das Recht und die Gesetze zu verteidigen, das deutsche Volk vor Unrecht und Willkür zu schützen, ohne Protest zu Hitlers und Himmlers »Gestapo-Justiz« übergingen?

9. How can you explain the fact that honest men who as Judges and Jurists had sworn to defend justice to protect the German people against injustice sanctioned the »Gestapo justice« without any protest?

Auswirkungen des diktatorischen Führerregimes.

10. Haben Sie persönlich irgendwelchen Protestversuch gemacht, Ihr Amt niedergelegt, Ihre Praxis eingestellt? (Genaue Ausführungen erbeten.)

10. Did you ever tender your resignation as a member of the judiciary, as a protest to such actions? (detailed explanations are wanted.)

Ich wurde schon ca. Juni 1933 aus der Strafjustiz entfernt und als Zivilrichter verwendet. Als solcher hatte ich zu Protesten keinen Anlaß, sondern ich hielt mich nach wie vor nur an das Gesetz. (Siehe Urteile: Dr. Herzfelder, Schweizer Verlag, ...)

Wie hoch war Ihr Einkommen in den Jahren 1930—33, dann Ihr Einkommen in den Jahren 1934—45?

Show your annual income in 1930—33, then in 1934—45?

Von 1930–33 Gehalt eines Amts- u. Landgerichtsrates (Endgrundgehalt 8400 RM). Ab 1933 bis 1.1.38 ebenso. Ab 1.1.38 Endgrundgehalt des Landgerichtsdirektors mit 9700 RM. Dazu jährlich 250 RM Zinsen

11. Wie oft haben Sie Ihrer Erinnerung nach Sicherungsverwahrung aussprechen müssen?

11. Did you ever decide or participate in a »Sicherungsverwahrung« (meaning that a person after having being released from imprisonment was taken to a Concentration Camp)?

nie.

12. Name: *Adolf*

13. Address: *München*
(Ständiger Aufenthaltsort)

Adolf
Signature
(Unterschrift)

Quelle: IfZ, Sp. 10/2

Aus Entnazifizierungsakten von Justizjuristen

1. Erläuterungen zum Parteibeitritt:
»Ich habe mich erst 1940 auf Druck des Reichsjustizministeriums dazu beigelassen, die Aufnahme in die Partei zu beantragen.«

»Ich bin im Jahre 1937 durch den Ortsgruppenleiter Sälzle und den Verlagsbuchhändler Brunnemann zum Eintritt in die Partei aufgefordert worden, nachdem zuvor schon wiederholte Aufforderungen von anderer Seite, insbesondere von seiten des Obersten Braun, des Führers der Gruppe 14. NSFK, der ein Schulfreund von mir war, ergangen waren . . .
Ich habe mich durch meinen Eintritt in die Partei nicht gewandelt. Ich bin als Richter und als Mensch derselbe geblieben.«

»Gleich nach der Machtergreifung im Jahre 1933 wurde ich zum damaligen Justizminister Frank gerufen, der mir vorhielt, daß ich im Jahre 1919 Vorstand des Demokratischen Vereins Schwandorf und Umgebung gewesen sei. Ich mußte diese Tatsache bejahen, worauf mir Frank versprach, daß mir deswegen nichts geschehen werde. Frank hatte mich damals in freundschaftlichem Ton entlassen. Ich wurde aber dann deshalb aus der Strafkammer entlassen und von der Liste derjenigen, welche für das Sondergericht bestimmt waren, gestrichen. Dennoch war ich durch diese Tatsache beunruhigt und habe daraus die Konsequenzen gezogen und trat der Partei aus Sorge um meine Existenz und mein berufliches Weiterkommen bei. Als man später die Folgen der nationalsozialistischen Politik erkannte, war ich bei meinen beruflichen Verhältnissen nicht in der Lage, aus der Partei auszutreten.«

»Ohne eigenes Zutun auf Vorschlag des NS-Rechtswahrerbundes.«

»Partei und Regierung schienen mir damals identisch. Die Regierung wünschte den Beitritt der Beamten. Erwartung, daß die damals ganz verfahrene Lage sich durch die Partei bessern werde.«

»Aus Begeisterung und um meinem Volke zu nützen, trat ich daher unter dem Eindruck des Staatsaktes in der Potsdamer Garnisonkirche und des vom Reichstag bewilligten Ermächtigungsgesetzes unter Zurückstellung mancher Bedenken spontan am 1. Mai 1933 der Partei bei. Schon wenige Jahre später hätte ich es nicht mehr getan . . .«

2. Antworten zu der Frage 9 des Ergänzungsfragebogens: (auszugsweise)
Wie können Sie die Tatsache erklären, daß ehrbare Menschen wie Richter und Juristen jeder Art, die geschworen hatten, das Recht und die Gesetze zu verteidigen, das deutsche Volk vor Unrecht und Willkür zu schützen, ohne Protest zu Hitlers und Himmlers »Gestapo-Justiz« übergingen?

»Die ›Gestapo-Justiz‹ wurde mir erst durch den Nürnberger Prozeß bekannt. Wie Richter daran teilnehmen konnten, ist mir nicht erklärlich.«

»Ich selbst hatte mit der ›Gestapo-Justiz‹ nichts zu tun, auch nicht während meiner geringfügigen Tätigkeit als stellvertretender Vorsitzender des Sondergerichts.«

»Ich habe als Richter die bestehenden Gesetze unparteiisch ohne Willkür angewendet. Eine ›Gestapo-Justiz‹ habe ich nicht betrieben.«

»Ich habe immer nach meinem Gewissen Recht gesprochen. Richter, die anders urteilten, waren keine ›ehrbaren Männer‹.«

»Mutmaßlicher Beweggrund: Furcht vor Existenzvernichtung.«

»Auswirkungen des diktatorischen Führerregimes.«

»Die Richter, die ›zur Gestapo-Justiz übergingen‹, sind meines Erachtens nicht besonders ›ehrbar‹ oder sie fürchteten für ihre und ihrer Familie Existenz.«

»Polizei ist Verwaltung und hat mit ›Justiz‹ so wenig zu tun, wie Entscheidungen aus Erwägungen der ›Zweckmäßigkeit‹ oder aus Gründen des ›Rechts‹.«

»Ebenso zu erklären wie Weltuntergangsstimmungen, . . . und Hexenprozesse. Dazu kam die Undurchsichtigkeit der Verhältnisse und die glänzende Propaganda.
Schließlich das schrittweise Absinken der Rechtswege. Ich selbst bin niemals zur ›Gestapo-Justiz‹ übergegangen. Meinen Eid, das Recht zu schützen, habe ich in meinem ganzen Leben niemals verletzt.«

»Nach der Machtübernahme wurden die Richter offiziell vereidigt und mußten die von ihm erlassenen Gesetze, die nun für sie bindend waren, anwenden. Es blieb nur die einzige Möglichkeit für einen verantwortungsbewußten Richter, die nun einmal bestehenden Gesetze möglichst milde und großzügig anzuwenden.«

3. Antworten zu der Frage 10 des Ergänzungsfragebogens: (auszugsweise)
Haben sie persönlich irgendwelchen Protestversuch gemacht, ihr Amt niedergelegt, ihre Praxis eingestellt?

»Ich bin als Sondergerichtsvorsitzender am 1. September 1943 auf Befehl der Parteikanzlei abgesetzt worden, da meine Urteile in politischen Strafsachen dauernd nicht entsprochen haben, insbesondere zu milde waren.«

»Ich habe es abgelehnt, mich in Strafsachen verwenden zu lassen.«

»Ich habe im Jahre 1943 dreimal die Übernahme des Vorsitzes beim Sondergericht abgelehnt.«

»Ich wurde schon ca. Juni 1933 aus der Strafjustiz entfernt und als Zivilrichter verwendet. Als solcher hatte ich zu Protesten keinen Anlaß, sondern ich hielt mich nach wie vor nur an das Gesetz ...«

»Als Heeresrichter habe ich mich nicht an die Weisungen des OKH und des Gerichtsherrn bezüglich des Strafmaßes gehalten, sondern stets meine richterliche Unabhängigkeit gewahrt. Ich wurde deshalb auf Vorschlag des O. Kriegsgerichtsrates Wex am 10. 1. 1943 von der Wehrmacht entlassen.«

»Protest gegen das Verbot, die Bibel zu zitieren.«

»Mein Amt habe ich nicht niedergelegt, da es dann nur ein gefügigeres Werkzeug eingenommen haben würde. Ich hielt mich für verpflichtet, meinen Platz zu behaupten. Protestiert habe ich mehrfach und sehr deutlich ...«

»Entsprechend der in der Antwort zu Frage 9 dargelegten Auffassung habe ich mich aufrecht bemüht, dem Recht zu dienen. Beispielsweise verweise ich auf Einzelheiten in dem dem großen Fragebogen beigefügten Bericht.«

»Ich habe in Landshut wiederholt gegen Maßnahmen und Aktionen der Partei meine ablehnende Einstellung öffentlich bekanntgegeben und wurde deshalb auch am 10. November 1938 von einer Rotte SA- und SS-Leuten im Zuge durch die Stadt geschleift und mußte in dieser Nacht Landshut heimlich verlassen.«

Quelle: IfZ, Sp. 10/2

Hier bereitet die Durchführung der Entnazifizierungsverfahren mehr und mehr Schwierigkeiten. Ihre Zahl ist kaum zu bewältigen. Millionen von Fragebögen sind durchzusehen und zu bewerten; in Millionen von Fällen müssen die individuellen Verhältnisse in Verfahren vor Spruchkammern (US-Zone) bzw. Entnazifizierungsausschüssen und Spruchgerichten (britische Zone) überprüft werden. Ziel der Belasteten ist ihre Einstufung als entlastet, was soviel bedeutet wie »frei von Beschränkungen« für die weitere berufliche und persönliche Entwicklung. Um die »kleinen Parteigenossen« schnell wieder in das soziale und wirtschaftliche Leben einzugliedern, werden Verfahren gegen die wirklich Belasteten zunächst zurückgestellt – mit der fatalen Folge, daß diese recht milde behandelt und zumeist als »Mitläufer« – Kategorie IV – eingestuft werden, als im Zuge des Kalten Krieges auf alliierter Seite das Interesse an der Entnazifizierung merklich nachläßt.

Die Entnazifizierung scheitert. Ihr Anknüpfungspunkt ist unter Berücksichtigung der Verhältnisse in einem totalitären Staat wenig tragfähig; dies zeigt sich gerade bei den Justizjuristen. Besser als die Mitgliedschaft in Partei und Bewegung lassen Urteile, Anklageschriften, Entwürfe von Verordnungen und Gesetzen sowie die Fachliteratur das jeweilige Maß an Anpassung oder Zustimmung erkennen. Auch als Nichtmitglied kann man dem NS-Staat treue Dienste leisten, während mancher Parteibeitritt nach 1933 einer persönlichen Konfliktlage entsprungen ist.

Die Entnazifizierung ist auch ein politisch-psychologischer Fehlschlag. Die »Revolution auf dem Papier« bringt Gesinnungsschnüffelei und Denunziantentum mit sich, führt zu einer falschen Solidarisierung und hinterläßt den unguten Eindruck, auch hier seien die Kleinen gehängt worden und die Großen davongekommen.

Persilscheine

Eidesstattliche Versicherung
Zur Person:
Dr. Max B., geboren am ... in München, verheiratet, Oberregierungsrat ..., wohnhaft in München, ..., unbelastet.
Das Wesen der eidesstattlichen Versicherung und die Folgen einer Verletzung der Eidespflicht sind mir bekannt.

Zur Sache:
Ich kenne Herrn Landgerichtsdirektor L. bereits seit dem Jahre 1902, unserer Universitätszeit, und war mit ihm ständig in Fühlung.
Sowohl vor als auch nach dem letzten Weltkrieg habe ich aus Gesprächen mit ihm festgestellt, daß er weder rassenfeindlichen noch sonst nazistischen Ideen gehuldigt hat, vielmehr der nationalsozialistischen Bewegung innerlich abhold gegenüberstand. Den Krieg und seine Verlängerung lehnte er ebenfalls nachdrücklichst ab, desgleichen die Maßnahmen gegen die Juden; dies umso mehr als er selbst jüdische Freunde besaß (darunter Bundesbrüder), mit welchen er bis zur letzten Möglichkeit die Verbindung aufrecht erhielt. Wir haben uns auch oft über die unhaltbaren Zustände in der Justiz, insbesondere der Strafjustiz unterhalten. Hierbei habe ich festgestellt, daß L. stets einen durchaus rechtlich gesunden Standpunkt eingenommen hat.
Ich weiß auch – nach L. Schilderung – daß er nach dem Umbruch zu Justizminister Frank gerufen wurde und daß ihm dieser die Frage vorlegte, ob es richtig sei, daß er früher Vorstand des Demokratischen Vereins Schwandorf und Umgebung gewesen ist. Im Verfolg dieser Unterredung entschloß sich L. nach seiner Mitteilung, der Partei beizutreten, da er für seine und seiner Familie Existenz Bedenken hegte. Seine Parteimitgliedschaft hat er stets drückend empfunden.

München, den 14. September 1946.

(Dr. Max B.)
Oberregierungsrat

Quelle: IfZ, Sp 10/2

Abbildung 208
Eröffnung der ersten vier Spruchkammern für das Land Südwürttemberg-Hohenzollern im Festsaal der Universität Tübingen: Ansprache des Staatskommissars für politische Befreiung, Trabert

Wolfratshausen, den 16. 2. 1947

Erklärung

Ich erkläre an Eidesstatt:
Gelegentlich der Aufnahme des Dr. M. in die NSDAP im Mai 1937 äusserte der damalige Ortsgruppenleiter Jost sich abfällig über seine polit. Einstellung und stellte seine polit. Zuverlässigkeit in Zweifel.
Aus wiederholten Gesprächen mit Dr. M. habe ich die Überzeugung gewonnen, dass dieser ein ausgesprochener Gegner des Nationalsozialismus war.

gez. Unterschrift

Quelle: IfZ, Sp 10/2

Franzosen beschleunigen Entnazifizierung

„*Baden-Baden* (NZ) Die französische Militärregierung hat am 21. November durch die Verordnung Nr. 133 gesetzliche Bestimmungen für einen beschleunigten Abschluß der Entnazifizierung in ihrer Zone erlassen. Danach werden die Länderregierungen angewiesen, in erster Linie Mitglieder der durch den internationalen Militärgerichtshof in Nürnberg für verbrecherisch erklärten Organisationen und die aktiven Mitglieder der NSDAP und ihrer angeschlossenen Organisationen zur Verantwortung zu ziehen. Ferner dürfen in Zukunft keine Säuberungsmaßnahmen gegen nominelle Angehörige der NSDAP und der ihr angeschlossenen Verbände ergriffen werden, sofern diese darin weder Titel noch Amt inne hatten. Personen, die unter die neuen Begünstigungsvorschriften fallen, gegen die jedoch bereits Sühnemaßnahmen ausgesprochen worden sind, treten wieder in den Genuß ihrer politischen und bürgerlichen Rechte und können sich in Zukunft um alle öffentlichen und privaten Stellungen bewerben. Für die schon ergangenen Entscheidungen erfolgt die Feststellung dieser Vergünstigungen durch den Staatskommissar für politische Säuberung, der die getroffenen Entschlüsse der Militärregierung übermittelt."

Quelle: Die Neue Zeitung, Nr. 94 vom 24. 11. 47

Abbildung 209
Erste Sitzung der Spruchkammer in Frankfurt am Main

MITTEILUNGSBLATT
des Bayerischen Staatsministeriums für Sonderaufgaben

Nummer 11   München, den 19. November 1946   1. Jahrgang

Beschleunigte Durchführung der Verfahren gegen Hauptschuldige und Belastete

Generalleutnant Lucius Clay, der stellvertretende Direktor des Amtes der Militärregierung für die amerikanische Zone, hat am 5. November in einer eindringlichen Rede vor dem Länderrat in Stuttgart dargelegt, daß die Durchführung des Befreiungsgesetzes vom 5. März 1946 noch nicht die Entschlossenheit erkennen lasse, diese dem deutschen Volke übertragene höchste Aufgabe schnell und unter tatkräftiger Bestrafung der Hauptschuldigen und Belasteten zu erfüllen. Im Verhältnis zu der großen Zahl von jetzt arbeitenden Spruchkammern und den bis zum 31. Oktober gefällten mehr als 40 000 Spruchkammerentscheidungen, ist die Zahl der behandelten Anklagen nach Klasse I und II des Gesetzes, Hauptschuldige und Belastete, viel zu klein. Die Spruchkammern haben bisher zu sehr ihre Aufmerksamkeit den Fällen von Personen zugewendet, denen entweder Dringlichkeit zuerkannt war oder die aus örtlichen Gesichtspunkten heraus als örtlich wichtig angesehen wurden. Unter den gegebenen Umständen hat es sich als notwendig erwiesen, nachstehende Anordnung an alle Spruchkammern zu erlassen:

1. Mit sofortiger Wirksamkeit sind bei allen Spruchkammern vor einer Sitzgruppe (Öffentlicher Kläger, Vorsitzender und die vorschriftsmäßige Zahl von Beisitzern nur Fälle zu behandeln, bei denen der Öffentliche Kläger Anklage auf Grund der Zugehörigkeit des Betroffenen zu Klasse I (Hauptschuldige) Anhang zum Befreiungsgesetz oder zu Klasse II (Belastete) erhoben hat.

2. Diese Anordnung gilt auch dann, wenn bei einer Spruchkammer nur ein Vorsitzender und ein Öffentlicher Kläger vorhanden ist, so daß keine zwei Sitzgruppen gebildet werden können.

3. Wenn durch bisherige Zuerkennung von Dringlichkeiten die Durchführung dieser Anordnung erschwert wird, so gelten die Dringlichkeiten als widerrufen.

4. Wenn bei einer Spruchkammer zwei oder mehr Sitzgruppen tätig sein können, können diese zusätzlichen Sitzgruppen bisher genehmigte Dringlichkeiten weiter bearbeiten.

5. Auch die Dringlichkeit des Verfahrens gegen Betroffene, denen bisher eine vorläufige Arbeitsgenehmigung auf Grund von Artikel 60 des Gesetzes zuerkannt war, gelten als widerrufen, wenn sie nicht vor einer zweiten Sitzgruppe der Spruchkammer behandelt werden können.

6. Spruchkammern, die aus irgendeinem Grunde im Augenblick nicht arbeiten können, melden die bei ihnen vorliegenden Fälle, bei denen die Anklage als Hauptschuldiger oder als Belasteter in Betracht kommt, sofort an die Berufungskläger. Die Berufungskläger werden gegebenenfalls die Zuteilung an eine andere Spruchkammer vornehmen. Bei der Meldung ist genau anzugeben, wieweit die Vorbereitung der Anklage gediehen ist.

7. Den Vorsitzenden und Öffentlichen Klägern der Kammern wird dringend nahegelegt, dafür zu sorgen, daß alle Spruchkammern — soweit noch nicht vorhanden — mindestens eine zweite Sitzgruppe bilden, und daß diese mit der Arbeit raschestens beginnen. Die Vorsitzenden und Kläger der Berufungskammern werden dabei nach Möglichkeit behilflich sein.

Neben den Parteien und angesehenen unbelasteten Personen, die nicht parteipolitisch gebunden sind, sind insbesondere die Gewerkschaften um ihre Mitwirkung anzugehen.

München, den 16. November 1946.

Staatsministerium für Sonderaufgaben
Dr. Anton Pfeiffer
Staatsminister

Aus der Rede des Generalleutnants Clay vor dem Länderrat am 5. November 1946

Generallt. Lucius D. Clay, der stellvertretende amerikanische Militärgouverneur, übte in seiner Stuttgarter Rede scharfe Kritik an der Handhabung des Säuberungsgesetzes durch die deutschen Behörden und führte dabei u. a. aus:

„... Vor sieben Monaten traf ich in München mit Ihnen bei einer feierlichen und würdevollen Versammlung zusammen. Der Zweck jenes Treffens war, von Ihnen das Gesetz für die Befreiung von Nationalsozialismus und Militarismus entgegenzunehmen und es zu genehmigen. Es war ein Gesetz, das bestimmt ist, als Grundlage für die Rückübertragung der Selbstregierung an das deutsche Volk zu dienen. Es war auch ein Prüfstein, der beweisen sollte, daß das deutsche Volk tatsächlich das Verlangen nach dem Sieg der Demokratie hat.

Die Größe der Aufgabe wurde weder damals noch heute unterschätzt. Die Registrierung von 11 Millionen Menschen war eine Aufgabe von erheblicher Größe. Die Sichtung dieser registrierten Personen erforderte genaue Nachprüfung all dieser Meldungen sowie die Untersuchung und die Durchführung eines Spruchverfahrens für schätzungsweise 2½ Millionen Leute. Technisch war besonders im Hinblick auf die offenkundigen physischen Schwierigkeiten bei der Beschaffung von Personal, von technischen Hilfsmitteln und Beweismaterial der Fortschritt zufriedenstellend.

Ich wünschte, ich könnte dasselbe sagen von den Ergebnissen des Verfahrens, das „Sie durchgeführt haben. Ich kann nur sagen, daß wir bis heute von den Ergebnissen bitter enttäuscht sind

Aufgliederung der Entnazifizierung in den Ländern der Westzonen

Land	Zahl der bearbeiteten Fälle	Eingruppierung durch die Entnazifizierungsbehörden:						Jugendamnestie	Verfahren eingestellt wegen:		
		Hauptschuldige Gr. I	Schuldige Belastete Gr. II	Minderbelastete Gr. III	Mitläufer a) m. Maßnahmen b) Begünstigte i. Si. d.Vo. 133/165 Gr. IV	Entlastete Gr. V			a) Heimkehreramnestie b) Weihnachtsamnestie	Vom Gesetz nicht betroffen: Unbelastet	aus anderen Gründen
1	2	3	4	5	6	7		8	9	10	11
Bayern	453 957	743	11 040	52 940	215 585	8 828		33 544	b) 116 165	–	15 112
Bremen	18 532	34	360	815	14 640	959		158	b) 1 221	–	345
Hessen	234 974	416	5 350	28 208	133 722	5 279		20 471	b) 34 963	–	6 565
Württ.-Baden	242 663	461	5 372	24 459	121 110	3 388		35 599	b) 42 389	–	9 885
Amerik. Zone insgesamt:	950 126	1654	22 122	106 422	485 057	18 454		89 772	b) 194 738	–	31 907
Hamburg	327 157	–	–	1 084	15 052	131 119		–	–	179 902	–
Niedersachsen	496 612	–	–	610	40 250	166 962		–	–	201 122	87 668
Nordrhein-Westfalen	811 265	–	–	23 266	100 226	687 773		–	–	–	–
Schleswig Holstein	406 420	–	–	2 217	66 500	206 076		–	–	131 627	–
Britische Zone insgesamt:	2 041 454	–	–	27 177	222 028	1 191 930		–	–	512 651	87 668
Baden	239 639	6	387	10 653	a) 19 154 b) 71 332	267		24 321	–	113 516	–
Rheinland-Pfalz	299 562	5	440	4 840	a) 18 474 b) 139 478	711		42 309	–	89 476	3 829
Württ.-Hohenzollern	129 870	2	111	1 333	a) 11 241 b) 39 110	2 511		5 269	a) 1 908	67 160	1 225
Französische Zone insgesamt:	669 068	13	938	16 826	a) 48 869 b) 249 920	3 489		71 899	a) 1 908	270 152	5 054
Bundesrepublik insgesamt:	3 660 648	1667	23 060	150 425	a) 755 954 b) 249 920	1 213 873		161 671	196 646	782 803	124 629

Quelle: Fürstenau, Entnazifizierung, Berlin 1969, S. 228

3. »Der Dolch des Mörders war unter der Robe der Juristen verborgen«

Der Nürnberger Juristenprozeß

Nicht zuletzt unter dem Eindruck der Bilder, die sich den Alliierten in den Konzentrationslagern bieten, beginnen die Besatzungsmächte sofort mit der Strafverfolgung von Kriegsverbrechern und anderen NS-Straftaten. Hierbei können sie auf die in allen zivilisierten Staaten geltenden Strafnormen für Freiheitsberaubung, Körperverletzung, Totschlag, Mord etc. zurückgreifen. Die Hauptschuldigen aber sollen sich vor besonderen Gerichtshöfen und in besonderen Strafverfahren verantworten müssen, auch gedacht als Leitlinien für die Fortentwicklung des Völkerrechts.

Neben dem Nürnberger Prozeß gegen die Hauptkriegsverbrecher (Göring u. a.) gibt es weitere zwölf Verfahren, die vor amerikanischen Militärgerichtshöfen in Nürnberg geführt werden. Unter anderem: der Fall III – der Juristenprozeß. Verhandelt wird gegen 14 Justizjuristen, drei ehemalige Staatssekretäre, Ministerialbeamte, Reichsanwälte und Richter.

Abbildung 210
»Spruchkammervorsitzende, die im Geiste von 1945 urteilten, sollten sich aus Sicherheitsgründen für den Rest ihres Lebens hinter schützenden Mauern zurückziehen.«

Dieses Verfahren ist der einzige gerichtliche Versuch in der Nachkriegszeit, die Justiz des Dritten Reiches als Ganzes, als System unter strafrechtlichen Gesichtspunkten aufzuarbeiten, ihren Beitrag zur Realisierung des nationalsozialistischen Unrechtsregimes strafrechtlich zu bewerten. Den Unrechtscharakter der Justiz macht der Militärgerichtshof an der Gesetzgebung und Rechtsprechung zum Hoch- und Landesverrat, gegen Polen und Juden und an der Durchführung des Nacht- und-Nebel-Erlasses fest. Der Gerichtshof zeigt in seinem Urteil auf, wie die Justiz zu einem willfährigen Instrument des NS-Terrorregimes wird, ein staatlich organisiertes System zur Vernichtung politischer Gegner und rassischer Minderheiten. Die Teilnahme der Angeklagten an diesem »Programm« ist der Kern des Vorwurfs, der zu den Verurteilungen führt.

Im Gegensatz zu den üblichen Strafverfahren stehen daher nicht einzelne Taten, individuelle Fälle von Mord, Totschlag oder Freiheitsberaubung im Zentrum der Gerichtsverhandlung; auf solche Einzelfälle greift der Militärgerichtshof nur zurück, um die Beteiligung der Verurteilten an dem verbrecherischen Handeln zu belegen.

In vier Fällen verhängt der Gerichtshof lebenslängliche, in weiteren sechs Fällen zeitige Freiheitsstrafen. Vier Angeklagte werden freigesprochen.

Abbildung 211
Der Juristenprozeß: Verhandlung im Justizpalast; auf der Anklagebank (jeweils von links) in der ersten Reihe: Josef Altstötter, Wilhelm von Ammon, Paul Barnickel, Hermann Cuhorst, Karl Engert, Günther Joel, Herbert Klemm, Ernst Lautz; in der zweiten Reihe: Wolfgang Mettgenberg, Günther Nebelung, Rudolf Oeschey, Hans Petersen, Oswald Rothaug, Curt Rothenberger, Franz Schlegelberger.

Gesetz Nr. 10

Bestrafung von Personen, die sich Kriegsverbrechen, Verbrechen gegen den Frieden oder gegen die Menschlichkeit schuldig gemacht haben.

Um die Bestimmungen der Moskauer Deklaration vom 30. Oktober 1943 und des Londoner Abkommens vom 8. August 1945, sowie des im Anschluß daran erlassenen Grundgesetzes zur Ausführung zu bringen, und um in Deutschland eine einheitliche Rechtsgrundlage zu schaffen, welche die Strafverfolgung von Kriegsverbrechern und anderen Missetätern dieser Art – mit Ausnahme derer, die von dem Internationalen Militärgerichtshof abgeurteilt werden, – ermöglicht, erläßt der Kontrollrat das folgende Gesetz:

Artikel I
Die Moskauer Deklaration vom 30. Oktober 1943 »betreffend die Verantwortlichkeit der Hitleranhänger für begangene Greueltaten« und das Londoner Abkommen vom 8. August 1945 »betreffend Verfolgung und Bestrafung von Hauptkriegsverbrechern der Europäischen Achse« werden als untrennbare Bestandteile in das gegenwärtige Gesetz aufgenommen. Die Tatsache, daß eine der Vereinigten Nationen den Bestimmungen des Londoner Abkommens beitritt, wie dies in seinem Artikel V vorgesehen ist, berechtigt diese Nation nicht, an der Ausführung des gegenwärtigen Gesetzes in dem Hoheitsgebiet des Kontrollrates in Deutschland teilzunehmen oder in seinen Vollzug einzugreifen.

Artikel II
1. Jeder der folgenden Tatbestände stellt ein Verbrechen dar:
a) Verbrechen gegen den Frieden. Das Unternehmen des Einfalls in andere Länder und des Angriffskrieges unter Verletzung des Völkerrechts und internationaler Verträge einschließlich der folgenden den obigen Tatbestand jedoch nicht erschöpfenden Beispiele: Planung, Vorbereitung, Beginn oder Führung eines Angriffskrieges oder eines Krieges unter Verletzung von internationalen Verträgen, Abkommen oder Zusicherungen; Teilnahme an einem gemeinsamen Plan oder einer Verschwörung zum Zwecke der Ausführung eines der vorstehend aufgeführten Verbrechen.
b) Kriegsverbrechen. Gewalttaten oder Vergehen gegen Leib, Leben oder Eigentum, begangen unter Verletzung der Kriegsgesetze oder -gebräuche, einschließlich der folgenden den obigen Tatbestand jedoch nicht erschöpfenden Beispiele: Mord, Mißhandlung der Zivilbevölkerung der besetzten Gebiete oder ihre Verschleppung zur Zwangsarbeit oder zu anderen Zwecken; Mord oder Mißhandlung von Kriegsgefangenen oder Personen auf hoher See; Tötung von Geiseln; Plünderung von öffentlichem oder privatem Eigentum; mutwillige Zerstörung von Stadt oder Land; oder Verwüstungen, die nicht durch militärische Notwendigkeit gerechtfertigt sind.
c) Verbrechen gegen die Menschlichkeit, Gewalttaten und Vergehen, einschließlich der folgenden den obigen Tatbestand jedoch nicht erschöpfenden Beispiele: Mord, Ausrottung, Versklavung, Zwangsverschleppung, Freiheitsberaubung, Folterung, Vergewaltigung oder andere an der Zivilbevölkerung begangene unmenschliche Handlungen; Verfolgung aus politischen, rassischen oder religiösen Gründen, ohne Rücksicht darauf, ob sie das nationale Recht des Landes, in welchem die Handlung begangen worden ist, verletzen.
d) Zugehörigkeit zu gewissen Kategorien von Verbrechervereinigungen oder Organisationen, deren verbrecherischer Charakter vom Internationalen Militärgerichtshof festgestellt worden ist . . .

Quelle: Amtsblatt des Kontrollrats Nr. 1–19, S. 22 f.

Anklageschrift

Die Vereinigten Staaten von Amerika erheben durch den ordnungsgemäß zur Vertretung der erwähnten Regierung bei der Verfolgung von Kriegsverbrechen ernannten Generalstaatsanwalt für Kriegsverbrechen Telford Taylor die Beschuldigung, daß die hier Angeklagten an einem gemeinsamen Vorhaben oder einer Verschwörung zur Begehung von Kriegsverbrechen und Verbrechen gegen die Menschlichkeit, wie sie in den am 20. Dezember 1945 vom Alliierten Kontrollrat rechtmäßig beschlossenen Kontrollratsgesetz Nr. 10 bezeichnet sind, teilgenommen haben und solche Verbrechen begangen haben. Diese Verbrechen umfaßten Morde, Brutalitäten, Grausamkeiten, Folterungen, Greueltaten, Plünderung von Privateigentum und andere unmenschliche Taten, wie dies in Anklagepunkt I, II und III dieser Anklageschrift ausgeführt ist. Gewisse Angeklagte werden weiterhin beschuldigt, Mitglieder einer verbrecherischen Organisation gewesen zu sein, wie dies in Angeklagepunkt IV dieser Anklageschrift ausgeführt ist.

Die nachfolgenden Personen sind als dieser Verbrechen schuldig angeklagt und dementsprechend in diesem Prozeßverfahren als Angeklagte bezeichnet:

Josef Altstötter – Ministerialdirektor und Leiter der Abteilung VI (Bürgerliches Recht und bürgerliche Rechtspflege) des Reichsjustizministeriums und Oberführer in der SS.

Wilhelm von Ammon – Ministerialrat in der Abteilung IV (Strafrechtspflege) des Reichsjustizministeriums und Sachbearbeiter von Verfahren gegen Ausländer auf Grund von Vergehen gegen die deutsche Besatzungsmacht im Auslande.

Paul Barnickel – Reichsanwalt beim Volksgerichtshof, Sturmführer in der SA.

Hermann Cuhorst – Senatspräsident beim Sondergericht in Stuttgart; Präsident des ersten Strafsenats beim Landgericht in Stuttgart; Mitglied des Führerkorps der NSDAP auf der Gauleitungsstufe, förderndes Mitglied der SS.

Karl Engert – Ministerialdirektor und Leiter der Abteilung V (Strafvollzug) und der Abteilung XV (Häftlingsverlegung) des Reichsjustizministeriums; Oberführer der SS; Vizepräsident des Volksgerichtshofs; Ortsgruppenleiter im Führerkorps der NSDAP.

Günther Joel – Referent des Reichsjustizministers in Strafverfolgungsfragen; Generalstaatsanwalt von Westfalen in Hamm; Obersturmbannführer in der SS; Untersturmbannführer im SD.

Herbert Klemm – Staatssekretär im Reichsjustizministerium; Ministerialdirektor und Leiter der Abteilung II (Ausbildung und Fortbildung) im Reichsjustizministerium; stellvertretender Leiter des NS-Rechtswahrerbundes; Obergruppenführer in der SA.

Ernst Lautz – Oberreichsanwalt des Volksgerichtshofes.

Wolfgang Mettgenberg – Ministerialdirigent der Abteilung IV (Strafrechtspflege) des Reichsjustizministeriums, besonders betraut mit der Überwachung von Vergehen gegen die deutsche Besatzungsmacht in den besetzten Gebieten.

Günther Nebelung – Präsident des vierten Senats des Volksgerichtshofes; Sturmführer in der SA; Ortsgruppenleiter im Führerkorps der NSDAP.

Rudolf Oeschey – Landgerichtsrat beim Sondergericht in Nürnberg und Nachfolger des Angeklagten Rothaug als Landgerichtsdirektor beim gleichen Gerichtshof; Mitglied des Führerkorps der NSDAP auf der Gauleitungsstufe (Gauhauptstellenleiter); kommissarischer Leiter des NS-Rechtswahrerbundes.

Hans Petersen – Laienrichter des ersten Senates des Volksgerichtshofes; Laienrichter des besonderen Senats des Volksgerichtshofes; Obergruppenführer in der SA.

Oswald Rothaug – Reichsanwalt beim Volksgerichtshof; ehemaliger Präsident des Sondergerichts in Nürnberg; Mitglied des Führerkorps der NSDAP auf der Gauleitungsstufe.

Curt Rothenberger – Staatssekretär beim Reichsjustizministerium; stellvertretender Präsident der Akademie des Deutschen Rechts; Gauführer im NS-Rechtswahrerbund.

Franz Schlegelberger – Staatssekretär; stellvertretender Reichsjustizminister.

Carl Westphal – Ministerialrat der Abteilung IV (Strafrechtspflege) des Reichsjustizministeriums und offiziell verantwortlich für Fragen des Strafverfahrens und des Strafvollzuges innerhalb des Reiches; Ministerialbearbeiter für Nichtigkeitsbeschwerden gegen gefällte Urteile.

[...]

Anklagepunkt II – Kriegsverbrechen

8. Zwischen September 1939 und April 1945 haben alle hier Angeklagten auf ungesetzliche Weise, vorsätzlich und wissentlich Kriegsverbrechen, wie sie im Kontrollratsgesetz Nr. 10 definiert sind, dadurch begangen, daß sie Haupttäter, Mittäter, Anstifter, Vorschubleistende waren, ihre Zustimmung gaben zu und in Verbindung standen mit Plänen und Unternehmungen, die das Begehen von Greueltaten und Verbrechen gegen Personen und Eigentum einbegriffen, einschließlich, aber nicht beschränkt auf Plünderung von Privateigentum, Mord, Folterung und ungesetzliche Einkerkerung und Brutalitäten, Greueltaten und andere unmenschliche Taten gegen Tausende von Personen. Diese Verbrechen umfaßten die Tatbestände, die in Paragraph 9-18 dieser Anklageschrift angeführt sind, ohne sich jedoch auf diese zu beschränken, und wurden begangen gegen Zivilpersonen aus den besetzten Gebieten und Mitglieder von Nationen, die mit dem Deutschen Reich damals im Kriegszustande waren und die vom Deutschen Reich in Ausübung seines Kontrollrechtes als kriegführende Macht in Haft gehalten wurden.

9. Außerordentliche Sondergerichte, dem ordentlichen Gerichtssystem aufgezwungen, wurden von allen Angeklagten zum Zwecke der Aufrichtung einer Schreckensherrschaft zur Unterdrückung der politischen Gegner des nationalsozialistischen Regimes benutzt und erreichten tatsächlich diesen Zweck. Dies wurde hauptsächlich mit Hilfe des Volksgerichtshofes und verschiedener Sondergerichte erreicht, die Zivilpersonen in den besetzten Ländern verbrecherischem Mißbrauch

von Zivil- und Strafprozessen aussetzten. Dies schloß ein: wiederholte Verfahren wegen derselben Beschuldigung, Mißbrauch der Amtsgewalt, ungerechtfertigte Auferlegung der Todesstrafe, vorherige Verständigung über das Urteil zwischen Richtern und Staatsanwälten, »Sonderbehandlungen« im Prozeß und andere verbrecherische Maßnahmen, die sämtlich Morde, Brutalitäten, Grausamkeiten, Folterungen, Greueltaten, Plünderungen von Privateigentum und andere unmenschliche Taten zur Folge hatten.

10. Sondergerichte haben Juden aller Nationalitäten: Polen, Ukrainer, Russen und andere Staatsangehörige der besetzten Gebiete, die unterschiedslos als »Zigeuner« eingereiht wurden, unterschiedlichen und besonderen Strafgesetzen und -verfahren ausgesetzt, und jegliche Spur eines gerichtlichen Verfahrens wurde ihnen vorenthalten. Diese Personen, die infolge Verschwörung und Vereinbarung zwischen dem Justizministerium und der SS willkürlich als »asozial« bezeichnet worden waren, wurden von dem Justizministerium sowohl während als auch nach Verbüßung der Gefängnisstrafe der SS übergeben, damit sie sich zu Tode arbeiteten. Vielen solcher Personen wurde die summarische Travestie eines Prozeßverfahrens vor außerordentlichen Gerichten gewährt, und nachdem sie die ihnen auferlegte Strafe abgebüßt hatten, wurden sie der Gestapo zur »Schutzhaft« in Konzentrationslagern ausgeliefert. Juden, die aus dem Gefängnis entlassen wurden, wurden der Gestapo zur endgültigen Verwahrung in Auschwitz, Lublin und anderen Konzentrationslagern übergeben. Die oben beschriebenen Verfahren hatten Mord, Folterung und Mißhandlung von Tausenden solcher Personen zur Folge. Die Angeklagten von Ammon, Engert, Klemm, Schlegelberger, Mettgenberg, Rothenberger und Westphal werden besonderer Verantwortlichkeit für und der Teilnahme an diesen Verbrechen beschuldigt.

11. Durch eine Reihe von Erweiterungen und Verdrehungen des Justizministeriums haben die deutschen Strafgesetze zum Zweck der Ausrottung der Juden und anderer Staatsangehöriger der besetzten Länder schließlich passiven Defätismus, geringfügige Vergehen und unbedeutende Äußerungen als Hochverrat klassifiziert. Anklageschriften, Prozesse und Verurteilungen waren durchsichtige Handhaben für ein System der mörderischen Ausrottung, und die Todesstrafe wurde eine alltägliche Strafe. Die Gültigkeit des deutschen Strafrechtes wurde auf die ganze Welt ausgedehnt, um Taten von Nichtdeutschen als auch von Deutschen, die außerhalb des Reiches lebten, zu erfassen. Nichtdeutsche Staatsangehörige wurden wegen »Hochverrat«, der angeblich gegen das Reich begangen sein sollte, verurteilt und dafür hingerichtet. Die oben beschriebenen Verfahren hatten Mord, Folterung, ungesetzliche Einkerkerung und Mißhandlung Tausender von Personen zur Folge. Die Angeklagten Barnickel, Cuhorst, Klemm, Lautz, Mettgenberg, Oeschey, Petersen, Rothaug, Rothenberger, Schlegelberger und Westphal werden besonderer Verantwortlichkeit für und der Teilnahme an diesen Verbrechen beschuldigt.

12. Das Justizministerium half und lieferte die Rechtsmittel zur ungesetzlichen Annexion und Besetzung der Tschechoslowakei, Polens und Frankreichs. Sondergerichte wurden geschaffen, um die Ausrottung von Polen und Juden und die Unterdrückung politischen Widerstands im allgemeinen durch die Anwendung summarischer Verfahren und die Durchführung drakonischer Strafgesetze zu erleichtern. Urteile waren auf Verurteilung zum Tode oder Auslieferung an die SS zum Zwecke der Liquidierung beschränkt. Das Volksgericht und die Sondergerichte wurden in diesen Ländern eingeführt, regelwidrige und abträgliche Bestimmungen und Methoden wurden ohne vorherige Bekanntmachung angewandt, und das sogar unter Verletzung des deutschen Strafgesetzes, dessen Geltung ungesetzlich auf andere besetzte Gebiete ausgedehnt worden war. Urteile wurden vorher vereinbart, und Verhandlung und Hinrichtung folgten innerhalb weniger Stunden nach der Aushändigung der Anklageschrift. Die oben beschriebenen Verfahren hatten Mord, Mißhandlung und gesetzliche Einkerkerung Tausender von Personen zur Folge. Die Angeklagten Klemm, Lautz, Mettgenberg, Schlegelberger und Westphal werden besonderer Verantwortlichkeit für und der Teilnahme an diesen Verbrechen beschuldigt.

13. Das Justizministerium hat mit dem OKW und der Gestapo an der Durchführung von Hitlers »Nacht-und-Nebel«-Erlaß zusammengewirkt, vermittels welchem Zivilpersonen in den besetzten Gebieten, die des Verbrechens, des Widerstands gegen die Besatzungsmacht beschuldigt waren, zur geheimen Aburteilung (durch gewisse Sondergerichtsverfahren des Justizministeriums innerhalb des Reiches) verschleppt wurden, in deren Verlauf der Aufenthaltsort, der Prozeßort und die darauffolgende weitere Behandlung des Opfers vollkommen geheim gehalten wurden, um gleichzeitig den Doppelzweck der Terrorisierung der Familie und der Kameraden des Opfers zu dienen und Zugang zu jeglichen Beweisstücken,

Zeugen oder Verteidigern unmöglich zu machen. Der Angeklagte wurde nicht über die Erledigung seines Falles verständigt, und in fast allen Fällen wurden diejenigen, die freigesprochen worden waren oder ihre Strafe verbüßt hatten, vom Justizministerium der Gestapo zur »Schutzhaft« auf Kriegsdauer übergeben. Im Verlaufe der oben geschilderten Vorgänge wurden Tausende von Personen ermordet, gefoltert, mißhandelt und ungesetzlicherweise eingekerkert. Die Angeklagten Altstötter, von Ammon, Engert, Joel, Klemm, Mettgenberg und Schlegelberger werden der besonderen Verantwortlichkeit für und der Teilnahme an diesen Verbrechen beschuldigt.

14. Hunderte von Nichtdeutschen, die in den vom Reichsjustizministerium verwalteten Strafanstalten gefangengehalten wurden, wurden ungesetzlich hingerichtet und ermordet. Todesurteile wurden ohne die erforderlichen Vollstreckungsbefehle und während des Schwebens von Gnadengesuchen vollstreckt. Viele wurden hingerichtet, die nicht zum Tode verurteilt worden waren. Angesichts des Vorrückens der alliierten Streitkräfte wurden sogenannte »minderwertige« oder »asoziale« Gefängnisinsassen auf Befehl des Ministeriums ohne Rücksicht auf die Strafen, die sie verbüßten, hingerichtet. In vielen Fällen wurden diese Strafanstalten in einer Weise verwaltet, die sich in keiner Weise von derjenigen der Konzentrationslager unterschied. Die Angeklagten Engert, Joel, Klemm, Lautz, Mettgenberg, Rothenberger und Westphal werden der besonderen Verantwortlichkeit für und der Teilnahme an diesen Verbrechen beschuldigt.

15. Das Justizministerium wirkte an dem nationalsozialistischen Rassenreinheitsprogramm mit, in dessen Folge Sterilisations- und Kastrationsgesetze zur Ermöglichung der Ausrottung von Juden, »Asozialen« und gewissen Angehörigen der besetzten Gebiete zurechtgebogen wurden. Im Verlaufe dieses Programmes wurden Tausende von Juden sterilisiert. Geisteskranke, alte und kranke Einwohner der besetzten Gebiete, die sogenannten »unnützen Esser«, wurden systematisch ermordet. Im Verlaufe der oben beschriebenen Vorgänge wurden Tausende von Personen ermordet und mißhandelt. Die Angeklagten Lautz, Schlegelberger und Westphal werden der besonderen Verantwortlichkeit für und der Teilnahme an diesen Verbrechen beschuldigt.

16. Das Justizministerium gewährte Straffreiheit und Straferlaß nach erfolgter Strafverfolgung und Verurteilung solchen NS-Parteimitgliedern, die schwere Verbrechen an Einwohnern der besetzten Gebiete begangen hatten. Parteigenossen, die auf Grund nachgewiesener Straftaten verurteilt worden waren, wurde Straferlaß gewährt. Andererseits wirkten sich rechtsungleiche Bestimmungen gegen Juden, Polen, »Zigeuner« und andere als »Asoziale« Bezeichnete in scharfen Strafmaßnahmen und Todesurteilen aus und darin, daß sie des Rechtes der Privatklage, des Berufungsrechts, des Begnadigungsrechts, des Rechts auf Gnadengesuche, des Rechts auf einen Verteidiger beraubt wurden, [ferner] in der Einführung von Sonderstrafgesetzen, die für alle Verbrechen und Vergehen die Todesstrafe zuließen und schließlich in der Auslieferung an die Gestapo zur »Sonderbehandlung« in allen Fällen, in die Juden verwickelt waren. Die Angeklagten von Ammon, Joel, Klemm, Rothenberger und Schlegelberger sind der besonderen Verantwortlichkeit für und der Teilnahme an diesen Verbrechen beschuldigt.

17. Durch Erlasse, die vom Reichsjustizminister und anderen unterzeichnet worden waren, wurden alle Juden in Böhmen und Mähren der Staatsbürgerschaft bei Wechsel des Wohnsitzes infolge Deportation oder anderer Ursachen für verlustig erklärt, und bei Verlust des Bürgerrechts wurde ihr Vermögen automatisch vom Reich eingezogen. Rechtsnachteilige Gesetzesänderungen im Familien- und Erbrecht wurden vorgenommen, wonach jüdisches Vermögen im Todesfall ohne Entschädigung der jüdischen Erben dem Reich verfiel. Die Angeklagten Altstötter und Schlegelberger sind der besonderen Verantwortlichkeit für und der Teilnahme an diesen Verbrechen beschuldigt.

18. Das Justizministerium wirkte durch Aussetzung und Niederschlagung von Strafverfahren an Hitlers Programm der Aufhetzung der deutschen Zivilbevölkerung zur Ermordung von im Reichsgebiet zwangsgelandeten alliierten Fliegern mit. Die Angeklagten Klemm und Lautz sind der besonderen Verantwortlichkeit für und der Teilnahme an diesen Verbrechen beschuldigt.

19. Die genannten Kriegsverbrechen stellen Verletzungen internationaler Abmachungen dar, insbesondere der Artikel 4, 5, 6, 7, 23, 43, 45, 46 und 50 der Haager Bestimmungen von 1907 und der Artikel 2, 3 und 4 der Genfer Konvention über die Behandlung von Kriegsgefangenen (Genf, 1929), des Kriegsrechts und der Kriegsgebräuche, der allgemeinen Grundsätze des Strafrechts, wie sie aus den Strafgesetzen aller Kulturnationen hervorgehen, der internen Strafgesetze der Länder, in denen solche Verbrechen begangen wurden, und des Artikels II des Kontrollratsgesetzes Nr. 10.

Anklagepunkt III – Verbrechen gegen die Menschlichkeit

20. Zwischen September 1939 und April 1945 begingen sämtliche hier Angeklagten auf ungesetzliche Weise, vorsätzlich und wissentlich Verbrechen gegen die Menschlichkeit, wie sie in Artikel II des Kontrollratsgesetzes Nr. 10 definiert sind, indem sie Haupttäter, Mittäter, Anstifter, Vorschubleistende waren, ihre Zustimmung gaben zu und in Verbindung standen mit Plänen und Unternehmungen, die die Ausübung von Grausamkeiten und Straftaten betrafen, einschließlich, aber nicht begrenzt waren auf: Mord, Ausrottung, Versklavung, Deportation, ungesetzliche Einkerkerung, Folterung, Verfolgung aus politischen, rassischen und religiösen Gründen und Mißhandlung und andere unmenschliche Akte gegen deutsche Zivilpersonen und Staatsangehörige besetzter Gebiete.

21. Außerordentliche Sondergerichtshöfe wurden von allen Angeklagten dazu verwandt, eine Schreckensherrschaft zu schaffen, zur Unterdrückung der politischen Opposition gegen das Deutsche Reich, im Verlauf deren deutsche Zivilpersonen und Staatsangehörige besetzter Länder verbrecherischen Mißbräuchen von Zivil- und Strafprozessen ausgesetzt waren, die Mord, Brutalitäten, Grausamkeiten, Folterungen, Greueltaten, Plünderung von Privateigentum und andere unmenschliche Taten zur Folge hatten. Diese Verbrechen sind in Einzelheiten im Paragraph 9 dieser Anklageschrift angeführt, der hierdurch zu einem Bestandteil dieses Paragraphen gemacht wird.

22. Sondergerichte haben gewisse deutsche Zivilpersonen und Staatsangehörige besetzter Länder unterschiedlichen und besonderen Strafgesetzen und Verfahren ausgesetzt und ihnen jegliche Spur eines gerichtlichen Verfahrens vorenthalten. Verurteilte deutsche Zivilpersonen und Staatsangehörige anderer Länder, die zu politischen Gefangenen gestempelt worden waren, und als »asozial« bezeichnete Verbrecher wurden dem Sicherheitsamt (RSHA) zur Liquidierung in Konzentrationslagern ausgeliefert. Diese Verbrechen sind in Einzelheiten im Paragraph 10 dieser Anklageschrift angeführt, der hierdurch zu einem Bestandteil dieses Paragraphen gemacht wird. Die Angeklagten von Ammon, Engert, Klemm, Mettgenberg, Rothenberger und Westphal sind der besonderen Verantwortlichkeit für und der Teilnahme an diesen Verbrechen beschuldigt.

23. Die deutschen Strafgesetze wurden durch eine Anzahl von Zusätzen, Erweiterungen und Verdrehungen seitens der Angeklagten eine machtvolle Waffe zur Unterdrückung des deutschen Volkes und zur Ausrottung gewisser Angehöriger der besetzten Länder. Dieses Programm hatte Mord, Folterung, ungesetzliche Einkerkerung und Mißhandlung Tausender von Deutschen und Angehörigen der besetzten Länder zur Folge. Diese Verbrechen sind in Paragraph 11 dieser Anklageschrift einzeln angeführt, auf den hier Bezug genommen wird. Die Angeklagten Barnickel, Cuhorst, Klemm, Lautz, Mettgenberg, Nebelung, Oeschey, Petersen, Rothaug, Rothenberger, Schlegelberger und Westphal sind der besonderen Verantwortlichkeit [für] und der Teilnahme an diesen Verbrechen beschuldigt.

24. Durch den Volksgerichtshof und gewisse Sondergerichte half das Justizministerium und lieferte [es] die Rechtsmittel zur ungesetzlichen Annexion und Besetzung der Tschechoslowakei, Polens und Frankreichs. Diese Verbrechen sind in Einzelheiten in Paragraph 12 dieser Anklageschrift angeführt, der hierdurch zu einem Bestandteil dieses Paragraphens gemacht wird. Die Angeklagten Klemm, Lautz, Mettgenberg, Schlegelberger und Westphal sind der besonderen Verantwortlichkeit für und der Teilnahme an diesen Verbrechen beschuldigt.

25. Das Justizministerium wirkte an der Durchführung des Nacht-und-Nebel-Erlasses mit, vermittels welchem gewisse Personen, die sich gegen das Reich oder die deutschen Streitkräfte in den besetzten Gebieten vergangen hatten, heimlich von der Gestapo nach Deutschland verbracht und den Sondergerichten zur Aburteilung und Bestrafung ausgeliefert wurden. Dieses Programm hatte Mord, Folterung, ungesetzliche Einkerkerung und Mißhandlung Tausender von Personen zur Folge. Diese Verbrechen sind in Einzelheiten in Paragraph 13 dieser Anklageschrift angeführt, der hierdurch zu einem Bestandteil dieses Paragraphens gemacht wird. Die Angeklagten Altstötter, von Ammon, Engert, Joel, Klemm, Lautz, Mettgenberg und Schlegelberger sind der besonderen Verantwortlichkeit für und der Teilnahme an diesen Verbrechen beschuldigt.

26. In Strafanstalten, die vom Reichsjustizminister verwaltet wurden, waren Hunderte deutscher Zivilpersonen und Angehörige anderer Länder Ermordungen, Brutalitäten, Grausamkeiten, Folterungen, Greueltaten und sonstigen unmenschlichen Handlungen ausgesetzt. Diese Verbrechen sind in Paragraph 14 dieser Anklageschrift aufgeführt, der hierdurch zu einem Bestandteil dieses Paragraphen gemacht wird. Die Angeklagten Engert, Joel, Klemm, Lautz, Mettgenberg, Rothenberger und Westphal sind der besonderen Verant-

wortlichkeit für und der Teilnahme an diesen Verbrechen beschuldigt.

27. Erbgesundheitsgerichte verdrehten eugenische und Sterilisationsgesetze oder Richtlinien betreffs deutscher Zivilpersonen und Angehöriger anderer Länder, was systematischen Mord und Mißhandlung Tausender von Personen zur Folge hatte. Tausende deutsche Zivilisten und Angehörige anderer Länder, die Irrenanstalten überwiesen worden waren, wurden systematisch ermordet. Diese Verbrechen sind in Paragraph 15, Punkt 2, dieser Anklageschrift einzeln aufgeführt, der hierdurch zu einem Bestandteil dieses Paragraphens gemacht wird. Die Angeklagten Lautz, Schlegelberger und Westphal sind der besonderen Verantwortlichkeit für und der Teilnahme an diesen Verbrechen beschuldigt.

28. Nach der gerichtlichen Verfolgung und Verurteilung von Parteimitgliedern wegen gegen Zivilpersonen in besetzten Gebieten begangener schwerer Verbrechen gewährte das Justizministerium Straffreiheit und Straferlaß. Parteimitglieder, die der Begehung von Straftaten überführt und dafür verurteilt worden waren, wurden begnadigt. Rechtsungleiche juristische Verfahren wurden andererseits gegen sogenannte »asoziale« deutsche Staatsangehörige und Zivilpersonen der besetzten Länder angestrengt. Diese Verbrechen sind in Paragraph 16, Punkt 2, dieser Anklageschrift im einzelnen angeführt, der hierdurch zu einem Bestandteil dieses Paragraphens gemacht wird. Die Angeklagten von Ammon, Joel, Klemm, Rothenberger und Schlegelberger sind der besonderen Verantwortlichkeit für und der Teilnahme an diesen Verbrechen beschuldigt.

29. Rechtsungleiche Änderungen der deutschen Familien- und Erbgesetze zum ausschließlichen Zwecke der Konfiszierung jüdischen Eigentums wurden vom Justizministerium in die Praxis umgesetzt. Alles jüdische Eigentum war im Todesfall

Abbildung 212
Auf der Richterbank (von links): James T. Brand, C. T. Marschall (Vorsitzender), M. B. Blair, W. Harding (Ersatzrichter)

Abbildung 213
Dr. Robert Kempner, Jurist, preußischer Ministerialbeamter bis 1933, als Jude entlassen und zur Emigration gezwungen, Ankläger in Nürnberg; Rechtsanwalt in den USA und in der Bundesrepublik

dem Reich verfallen. Juden und Polen, in Deutschland sowohl als in den besetzten Gebieten, wurden ihrer Staatsangehörigkeit für verlustig erklärt, ihr Eigentum wurde beschlagnahmt und eingezogen, und sie wurden vom Staate, von Parteigliederungen und von einzelnen Parteimitgliedern jeder Möglichkeit zum Lebensunterhalt beraubt. Diese Verbrechen sind in Einzelheiten in Paragraph 17 dieser Anklageschrift angeführt, der hierdurch zu einem Bestandteil dieses Paragraphens gemacht wird. Die Angeklagten Altstötter und Schlegelberger sind der besonderen Verantwortlichkeit für und der Teilnahme an diesen Verbrechen beschuldigt.

30. Das Justizministerium wirkte durch Aussetzung und Niederschlagung von Strafverfahren an Hitlers Programm zur Aufhetzung der deutschen Zivilbevölkerung zur Ermordung von im Reichsgebiet zwangsgelandeten alliierten Fliegern mit. Dieses Programm hatte Mord, Folterung und Mißhandlung vieler Personen zur Folge. Diese Verbrechen sind in Einzelheiten in Paragraph 18 dieser Anklageschrift angeführt, der hierdurch zu einem Bestandteil dieses Paragraphen gemacht wird.

31. Die erwähnten Verbrechen gegen die Menschlichkeit stellen Verletzungen internationaler Abmachungen dar, einschließlich Artikel 46 der Haager Bestimmungen vom Jahre 1907, des Kriegsrechts und der Kriegsgebräuche, der allgemeinen Grundsätze des Strafrechts, wie sie aus den Strafgesetzen aller Kulturnationen hervorgehen, der internen Strafgesetze der Länder, in denen solche Verbrechen begangen wurden, und des Artikels II des Kontrollratsgesetzes Nr. 10.

Quelle: Ostendorf, S. 103 ff.

Verurteilt werden am 3. und 4. Dezember 1947 in Nürnberg:

Angeklagter	Funktion	verurteilt nach den Anklagepunkten	zu:	Haftentlassung
1. Klemm, Herbert	Staatssekretär im RJM (1944/45)	II und III	lebenslänglich	Anfang der 50er Jahre
2. Oeschey, Rudolf	Vorsitzender des Sondergerichts Nürnberg und Standgerichts Nürnberg (Februar 45)	III und IV*	lebenslänglich	Anfang der 50er Jahre
3. Rothaug, Oswald	Vorsitzender des Sondergerichts Nürnberg, später Reichsanwalt	III	lebenslänglich	1956
4. Schlegelberger, Franz	Staatssekretär im RJM (1932–1942)	II und III	lebenslänglich	1950 (vorläufige Haftentlassung wegen Haftunfähigkeit)
5. Ammon, Wilhelm von	Ministerialrat im RJM	II und III	10 Jahre	Januar 1951
6. Joel, Günther	Ministerialrat im RJM, später Generalstaatsanwalt Hamm	II, III, IV*	10 Jahre	Januar 1951
7. Lautz, Ernst	Oberreichsanwalt beim VGH (ab 1939)	II, III	10 Jahre	Januar 1951
8. Mettgenberg, Wolfgang	Ministerialdirigent im RJM	II, III	10 Jahre	(1950 verstorben)
9. Rothenberger, Curt	Oberlandesgerichtspräsident, später Staatssekretär im RJM (1942/43)	III	7 Jahre	1950
10. Altstötter, Josef	Reichsgerichtsrat, später Ministerialdirektor im RJM (ab 1943)	IV*	5 Jahre	1950

Die übrigen Angeklagten werden freigesprochen.
* IV entspricht Art. II 1d von Gesetz Nr. 10.

Aus dem Urteil im Nürnberger Juristenprozeß

„[...] Schlegelberger fuehrt eine interessante Verteidigung, die zu einem gewissen Grade alle Angeklagten fuer sich in Anspruch nehmen. Er versichert, dass die Juristenverwaltung dauernden Angriffen von seiten Himmlers und anderer Verfechter des Polizeistaates ausgesetzt war. Dies trifft zu. Er behauptet, dass, wenn die gesetzlosen Kraefte unter Hitler und Himmler die Funktionen der Justizverwaltung an sich gerissen haetten, der Zustand im Volk schlimmer gewesen waere, als er so war. Er fuerchtete, dass bei seinem Ausscheiden ein Schlimmerer seine Stelle einnehmen wuerde. Wie die Ereignisse beweisen, ist auch in dieser Behauptung viel Wahrheit enthalten. Unter Thierack hat die Polizei die Funktionen der Justizverwaltung an sich gerissen und ungezaehlte Tausende von Juden und politischen Gefangenen ermordet. Diese einleuchtend klingende Behauptung der Verteidigung haelt, wenn naeher betrachtet, weder Wahrheit noch der Logik oder den Umstaenden stand.

Das Beweismaterial ergibt schluessig, dass, um das Justizministerium bei Hitler in Gnaden zu erhalten und um seine voellige Unterwerfung unter Himmlers Polizei zu verhindern, Schlegelberger und die anderen Angeklagten, die diese Rechtfertigung fuer sich in Anspruch nehmen, die schmutzige Arbeit uebernahmen, die die Staatsfuehrer forderten, und das Justizministerium als ein Werkzeug zur Vernichtung der juedischen und polnischen Bevoelkerung, zur Terrorisierung der Einwohner der besetzten Gebiete und zur Ausrottung des politischen Widerstandes im Inland benuetzten. Dass ihr Programm einer rassischen Vernichtung unter dem Deckmantel des Rechts nicht die Ausmasse annahm, die durch die Pogrome, Verschleppung und Massenmorde durch die Polizei erreicht wurden, ist ein schwacher Trost fuer diejenigen, die dieses »Rechts«-Verfahren ueberlebten und eine fadenscheinige Entschuldigung vor diesem Gerichtshof. Die Preisgabe des Rechtssystems eines Staates zur Erreichung verbrecherischer Ziele untergraebt diesen mehr als ausgesprochene Greueltaten, welche den Talar des Richters nicht besudeln. ...

Die oben genannten Bestimmungen geben ausreichend, wenn auch nicht vollstaendig Antwort auf die Behauptung der Angeklagten.

Das Argument, das eine Befolgung der deutschen Gesetze eine Verteidigung gegen die Beschuldigung darstellt, beruht auf einer irrigen Auffassung von der grundlegenden Theorie, die unserem gesamten Verfahren zugrunde liegt. Die Nuernberger Gerichtshoefe sind keine deutschen Gerichte.

Sie setzen nicht deutsches Recht durch. Die Beschuldigungen gruenden sich nicht auf eine Verletzung des deutschen Rechts durch die Angeklagten. Im Gegenteil, die Jurisdiktion dieses Gerichtshofes gruendet sich auf internationaler Autoritaet. Er setzt das Recht durch, dass im Statut und im K.R. Ges. 10 niedergelegt ist; im Rahmen der Grenzen, der ihm uebertragenen Macht setzt er das Voelkerrecht als jedem deutschen Gesetz oder Erlass ueberlegenes Recht durch. Es ist wohl richtig, wie die Angeklagten behaupten, dass die deutschen Gerichte im Dritten Reich dem deutschen Recht Folge leisten mussten (das heisst, dem Ausdruck des Willens von Hitler), selbst wenn es dem Voelkerrecht widersprach. Aber eine derartige Beschraenkung kann fuer diesen Gerichtshof nicht gelten. Wir haben hier das oberste materielle Recht und dazu einen Gerichtshof, der ermaechtigt und verpflichtet ist, es ungeachtet der damit unvereinbaren Bestimmungen innerstaatlicher deutscher Gesetze anzuwenden. Der Kern der Anklage in diesem Fall besteht ja gerade darin, dass die Gesetze, die Hitler-Erlasse und das drakonische, korrupte und verderbte nationalsozialistische Rechtssystem als solche in sich selbst Kriegsverbrechen und Verbrechen gegen die Menschlichkeit darstellen und dass eine Teilnahme an dem Erlass und der Durchfuehrung dieser Gesetze verbrecherische Mittaeterschaft bedeutet. Wir haben darauf hingewiesen, dass Teilnahme von seiten der Regierung ein materielles Tatbestandselement des Verbrechens gegen die Menschlichkeit ist. Nur wenn offizielle Organe der Hoheitsgewalt an den Greueltaten und Verfolgungen teil hatten, nahmen derartige Verbrechen internationales Ausmass an. Man kann kaum sagen, dass Regierungsteilnahme, deren Nachweis fuer eine Verurteilung erforderlich ist, auch eine Verteidigung gegenueber der Beschuldigung darstellen kann.

Es ist wesentlich, die folgenden Tatsachen offen zu erkennen. Die gesetzgeberischen Erlasse des Kontrollrates, die Form der Anklageschrift und das Rechtsverfahren, das diesem Gerichtshof vorgeschrieben wurde, werden nicht von den ueblichen Bestimmungen des amerikanischen Strafgesetzes und Strafverfahrens beherrscht. Obwohl sich dieser Gerichtshof aus amerikanischen Richtern zusammensetzt, die im System und den Regeln des Common Law geschult sind, tagt er doch aufgrund internationaler Autoritaet und kann sich nur von den breiten Grundsaetzen von Gerechtigkeit und Billigkeit leiten lassen, die jeder zivilisierten Auffassung von Gesetz und gesetzlichem Verfahren zugrunde liegen.

Keiner der Angeklagten ist in der Anklageschrift der Ermordung oder der Misshandlung irgendeiner bestimmten Person beschuldigt. Waere dies der Fall, dann wuerde die Anklageschrift ohne Zweifel das angebliche Opfer nennen. Einfacher Mord und Einzelfaelle von Greueltaten bilden nicht den Klagepunkt fuer die Beschuldigung. Die Angeklagten sind solch unermesslicher Verbrechen beschuldigt, dass blosse Einzelfaelle von Verbrechenstatbestaenden im Vergleich dazu unbedeutend erscheinen. Die Beschuldigung, kurz gesagt, ist die der bewussten Teilnahme an einem ueber das ganze Land verbreiteten und von der Regierung organisierten System der Grausamkeit und Ungerechtigkeit unter Verletzung der Kriegsgesetze und der Gesetze der Menschlichkeit, begangen im Namen des Rechts unter der Autoritaet des Justizministeriums und mit Hilfe der Gerichte. Der Dolch des Moerders war unter der Robe des Juristen verborgen

[...]

Quelle: Fall 3, Juristenprozeß, S. 183 f.

Die deutschen Juristen sehen das Verfahren mit gemischten Gefühlen. Justizjuristen als Kriminelle?

Die fachliche Kritik konzentriert sich im wesentlichen auf folgende Punkte:
– Grundlage der Anklage bilden weder deutsche noch amerikanische Strafgesetze, sondern vier Tatbestände des Kontrollratsgesetzes Nr. 10, die von den Alliierten nach dem Krieg geschaffen und nun mit rückwirkender Geltung angewandt werden, obwohl im Militärregierungsgesetz Nr. 1 das Rückwirkungsverbot ausdrücklich bestätigt wird. Die einschlägigen Tatbestände »Kriegsverbrechen« und »Verbrechen gegen die Menschlichkeit« enthalten zwar teilweise Gedanken, die im allgemeinen Völkerrecht schon verankert sind (insbesondere im Tatbestand Kriegsverbrechen), wollen jedoch zugleich in Teilen völlig neues Völkerstrafrecht formulieren.
– Den Angeklagten wird die Möglichkeit genommen, sich auf die Geltung von NS-Gesetzen und -Verordnungen zu berufen, die sie nur »angewandt hätten«, ohne das Unrecht selbst zu erkennen (ein Argument, das die bundesdeutschen Strafverfahren gegen NS-Richter später wesentlich bestimmen sollte). Der Gerichtshof verweist auf den Vorrang des Völkerrechts gegenüber einzelnen nationalen Rechten, das auch im Verhältnis zu dem einzelnen »staatlichen Befehlsträger« Geltung haben müsse, da ansonsten die Kraft völkerrechtlicher Normen nicht durchsetzbar sei. Im übrigen zeige das Argument der Angeklagten, man habe nur Schlimmeres verhüten wollen, daß sie sich des begangenen Unrechts sehr wohl bewußt gewesen seien.

Angesichts des immensen, für jedermann erkennbaren Unrechts, das der Gerichtshof unter die Tatbestände Kriegsverbrechen und Verbrechen gegen die Menschlichkeit subsumiert, fällt es jedoch schwer, den rechtsstaatlichen Bedenken gegen das Gericht und das Kontrollratsgesetz entscheidendes Gewicht beizumessen. Das Urteil wird jedenfalls in der Fachpresse überwiegend als »Gerechtigkeitslösung« akzeptiert, in seinen Strafaussprüchen teilweise auch für zu milde gehalten.

Ende der vierziger, Anfang der fünfziger Jahre ändern sich die politischen Rahmenbedingungen. Die Amerikaner verzichten auf weitere Verfahren vor ihren Militärgerichtshöfen, begnadigen fast alle, die sie verurteilt haben, während sich die bundesdeutsche Justiz gern mit dem Gedanken beruhigt, mehr als die Alliierten brauche man selbst auch nicht zu tun.

Die Hoffnung der Amerikaner, die Nürnberger Prozesse würden neue Maßstäbe setzen, erfüllt sich nicht – weder in Deutschland noch international.

> Die Bestrafung der Humanitätsverbrechen dient einem hohen und dringenden ethischen Ziele, das auch jeder gute Deutsche bejahen muß, einem Menschheitsziele. Daß seine ersten Verwirklichungen mit Einseitigkeiten und Mängeln behaftet sind, läßt seine Idee in ihrem Wert unangetastet. Auch so noch werden diese Prozesse in ihren klärenden, entsühnenden, präventiven Wirkungen im deutschen Volke einen Fortschritt für Ethos und Menschlichkeit bedeuten, und wir hoffen, daß sie für die anderen Völker einmal richtungweisend werden ...

Quelle: Wimmer, SJZ 1947, S. 132

> Will man daher das Abkommen vom 8. August 1945 nicht überhaupt als Willkürakt, sondern als Rechtsakt betrachten, so wird man doch nicht leugnen können, dass es ein Rechtsakt auf Grund *revolutionären Rechtes* ist, eines Rechtes, das sich die Signatare mit Zustimmung der beigetretenen neunzehn Nationen aus eigener Machtvollkommenheit genommen haben, eines Rechtes, das aus dem bis dahin geltenden Völkerrecht nicht ableitbar ist. Das Neue und Unerhörte ist, dass eine Mächtegruppe sich als überstaatlicher Gesetzgeber konstituiert, der in autoritärer Weise seine Strafgerichtsbarkeit aufrichtet und ein Strafgesetz erlässt ...
> Waren bisher nur die Staaten völkerrechtsunmittelbar, wird es jetzt auch der Einzelne. Das ist für ihn eine untragbare Last. Denn nun steht er unter zwei verschiedenen Rechtsordnungen, deren Ansprüche möglicherweise auseinandergehen, unter Umständen einander direkt widersprechen und die ihn beide mit schweren Sanktionen bedrohen. Die Tragik, die darin für den Einzelnen liegt, wird gerade im Nürnberger Prozess vollkommen deutlich ...

Quelle: Rittler, Schw. ZfStr. 1949, S. 144, 146

> Eine Unzahl furchtbarer Taten war begangen worden. Sollte es der Menschheit versagt sein, diese Taten zu bestrafen und von den Schuldigen Sühne zu fordern? Jedes Rechtsgefühl bäumt sich dagegen auf. Dieses Verlangen nach höherer Gerechtigkeit soll gestillt werden, auch wenn man dabei über das bei der Begehung der Taten geltende Recht hinausgehen müßte ...

Quelle: Ehard, SJZ 1948, S. 365

... Der französische Hauptanklagevertreter F. de Menthon hat in seiner Anklagerede erklärt:

> Juristische Einwände mögen scheinbar gegen die strafrechtliche Festlegung des Tatbestandes sprechen. Die grauenhafte Anhäufung und Unübersehbarkeit der Verbrechen gegen die Menschheit umfaßt und überschreitet zu gleicher Zeit alle präzisen juristischen Begriffe des Verbrechens gegen den Frieden und des Kriegsverbrechens. Ich glaube jedoch, daß die Gesamtheit der Verbrechen gegen die Menschheit tatsächlich nichts anderes darstellt als Verbrechen gegen das gemeine Recht: Raub, Plünderung, Mißhandlung, Versklavung, Mord und Totschlag – alles Verbrechen, die vom Strafgesetz sämtlicher zivilisierten Länder als solche behandelt und bestraft werden ...

Quelle: Güde, DRZ 1946/47, S. 113

> Während der Prozesse wurde ein sorgfältig angelegter juristischer Angriff gegen die Kompetenz der Militärgerichte geführt mit der Begründung, daß die angewandten Rechtsnormen erst nach der Tat geschaffen worden seien, und daß die Angeklagten, die nach deutschem Gesetz handelten, nicht gewußt hätten, daß man sie auf Grund solcher Rechtsnormen zur Verantwortung ziehen werde. Es liegt nicht in unserer Befugnis, diese Materie zu überprüfen; da wir es jedoch unternommen haben, einige allgemeine Feststellungen über die Prozesse zu machen, ist es angebracht, zu bemerken, daß von einer Schaffung von Rechtsnormen nach der Tat bei diesen Prozessen keine Rede sein kann. Grundgesetze der Menschheit, darunter elementare Gesetze über Kriegführung, die Behandlung von Gefangenen, Vergeltungsmaßnahmen und Geiseln, waren bereits lange Zeit, ehe der nazistische Kriegsapparat ins Rollen gebracht wurde, herkömmliches Völkerrecht und ebenso Bestandteil des deutschen Kriegs- und bürgerlichen Rechts. Als diese Angeklagten sämtliche Grundsätze des Völker- und Naturrechts verletzten, befolgten sie kein deutsches Gesetz, es sei denn, daß sie gerade die Gesetzlosigkeit der nazistischen Weltanschauung, die deutsches Recht ebenso wie Völkerrecht mißachtete und aufhob, als Gesetz bezeichnen wollen. Im Grunde genommen besteht diese juristische Anfechtung lediglich in der Berufung auf »höheren Befehl«. So tritt erneut die Behauptung auf, diesmal in juristischem Gewand, daß Militärs und Beamte berechtigt gewesen seien, alles zu tun, was

> ein Führererlaß anordnete, auch wenn es den auf der ganzen Welt geltenden Rechtsvorstellungen und den Geboten der Menschlichkeit widersprach...

Quelle: Landsberg, Bericht des Beratenden Ausschusses für die Begnadigung von Kriegsverbrechern an den amerikanischen Hochkommissar für Deutschland, S. 26

> [...] Es kann dabei gleichbleiben, ob das Statut und der Spruch von Nürnberg neues Völkerrecht schaffen oder ob das bestehende Völkerrecht nur eine Klärung erfahren hat. Jedenfalls bedeutet die unmittelbare Wirksamkeit des Völkerrechts auf den Einzelmenschen einen begrüßenswerten Einbruch in die Souveränität der Einzelstaaten. Nur durch Abbau dieser Souveränität kann eine kollektive Gesamtordnung geschaffen werden, die allen Staaten und Menschen Sicherheit und Frieden garantiert...

Quelle: Lüders, SJZ 1946, S. 217

> [...]

VI. Fazit

Dass die Nürnberger Richter von dem »sense of right and wrong«, vom Naturrecht in der zitierten Formulierung des Lord Wright durchdrungen waren, zeigt besonders eindrucksvoll die Begründung des Freispruchs Cuhorsts im Juristenprozess, der in der Hitlerzeit das Suum cuique zwar falsch ausgelegt, aber seine Überzeugung mutig vertreten hatte: »Dieser Gerichtshof hält sich nicht für berechtigt, das Gewissen eines Mannes abzuurteilen, oder einen Mann allein wegen eines Verhaltens zu verurteilen, das seinen eigenen Rechtsbegriffen fremd ist.«...

Quelle: Haensel, Schw.ZfStr. 1950, S. 289

> [...] Diese Fortbildung des Völkerrechts durch die Nürnberger Prozesse betonte auch der Militärgouveneur von Württemberg-Baden Mr. Lafollette in seinem Vortrag über den Nürnberger Juristenprozeß. In überzeugender Weise legte Lafollette die Rechtsgrundlagen dieses Verfahrens und die sich daraus ergebende Strafwürdigkeit der Verurteilten dar...
>
> Wäre es deutschen Juristen überlassen worden, die unter dem Schein des Rechts begangenen Verbrechen und die damit ihnen angetane Schmach zu sühnen, wäre das Urteil in manchen Teilen vielleicht strenger gewesen. In dieser Ansicht über den Prozeß und das Urteil stimmten alle Diskussionsredner, unter lebhafter Zustimmung der Versammlung vorbehaltlos überein. Der von Mr. Lafollette ausgesprochenen Warnung, die in Nürnberg Verurteilten zu Märtyrern zu erheben, bedurfte es deshalb in diesem Kreise nicht...

Quelle: SJZ 1948, S. 338 f.

> [...] Jetzt besteht erneut die Gefahr, daß unter der Einwirkung politischer Gesichtspunkte, vor allem der Wirkung des gerade erlebten Zusammenbruchs und seiner Folgen, insbesondere von Personen und Kreisen, die aus erklärlichen und menschlich verständlichen Gründen, vielleicht wegen politischer Verfolgung in der Nazizeit, bewußt oder unbewußt von Gefühlen der Vergeltung erfüllt sind, die Verhängung drakonischer Strafen verlangt wird, die einer objektiven Betrachtung der Sachlage nicht gerecht weden...

Quelle: von Hodenberg, SJZ 1947, S. 120

> ... Das KRG 10 ist nun mal ein auf verschiedenen ausländischen Rechtssystemen beruhendes siegerstaatliches Zweckgesetz, das dazu noch alle Anzeichen einer in stürmischsten Zeiten der Weltgeschichte geschaffenen internationalen Kompromißlösung trägt ...

Quelle: Behling, JR 1949, S. 504

Zur Frage der Anwendbarkeit des Kontrollratsgesetzes Nr. 10 im Falle einer Denunziation

> Hingegen sieht die Kammer in Übereinstimmung mit der Auffassung des Amtsrichters durchgreifende Bedenken gegen den Erlaß des beantragten Haftbefehls in der Unvereinbarkeit der Anwendung des Kontr. Ges. Nr. 10 auf den vorliegenden Fall mit dem geltenden Grundsatz »nullum crimen sine lege« ...
> Die Kammer hat vielfache Gründe erwogen, – sie liegen im wesentlichen auf der Linie der Ausführungen von Dr. Freiherr von Hodenberg in SJZ 1947 S. 113 ff –, die es ihr gerade jetzt, da in Deutschland wieder eine rechtsstaatliche Entwicklung angestrebt wird, angezeigt erscheinen ließen, den Grundsatz »nullum crimen sine lege« zu achten. Auch hat sie sich von der Erwägung leiten lassen, daß bei Nichtbeachtung dieses Grundsatzes jede Veränderung der politischen Anschauungen in Zukunft eine neue Welle von Verfahren wegen Denunzierungen zur Folge haben müßte, was einer Perpetuierung der Unruhe und Rechtsunsicherheit gleichkäme, da der besagte Grundsatz, einmal durchbrochen, damit stets der Gefahr neuer Durchbrechungen ausgesetzt sein würde. Die Kammer ist aber auch der Überzeugung, daß sie sich mit ihrer Auffassung in Übereinstimmung mit den Gesetzen und Vorschriften der Militärregierung und des Kontrollrats befindet ...

Quelle: LG Siegen, MDR 1947, S. 203 f.

Beschluß des OLG Hamm

> Auf Grund weiterer Beschwerde der Staatsanwaltschaft hat das Oberlandesgericht Hamm die Beschlüsse des Amtsgerichts und Landgerichts aufgehoben und angeordnet, H. zur Untersuchungshaft zu bringen.
> Gründe:
> [...] Das Landgericht verkennt dabei aber, daß auch schon vor 1933 der in Artikel 116 der Weimarer Verfassung verankerte Grundsatz »Nulla poene sine lege« zumindest für bestimmte Ausnahmefälle durch ein verfassungsänderndes Reichsgesetz durchbrochen werden konnte. Seine Auffassung, daß dieser Grundsatz ein unabdingbares Naturrecht sei, entbehrt der tatsächlichen Grundlage. Vielmehr hat er Rechtsgeltung erst durch eine schriftliche Fixierung und einen besonderen Schutz durch Aufnahme in die Verfassung erlangt. Daraus folgt, daß er nur durch ein verfassungsänderndes rechtsgültiges Gesetz durchbrochen werden kann. Es gibt aber keine Bestimmung, daß ein derartiges Grundrecht mit einem noch höheren Wirkungsgrad ausgestattet sei (vergl. Anschütz: Die Verfassung des Deutschen Reiches 10. Aufl., Seite 456, 482; Kiesselbach in Monatsschrift für Deutsches Recht 1, S. 2). An ein derartiges verfassungsänderndes Gesetz – und ihm stehen Gesetze des Kontrollrats als dem Träger der höchsten Regierungsgewalt in Deutschland gleich – ist der deutsche Richter grundsätzlich gebunden, wobei dahingestellt bleiben kann, ob etwa anderes dann zu gelten hat, wenn der Inhalt des neuen Gesetzes den Sittengesetzen widerspricht und deshalb verwerflich ist. Denn es bedarf keiner Ausführung, daß diese Voraussetzungen auf das KRGes Nr. 10, das im Interesse der materiellen Gerechtigkeit die Bestrafung offenbaren Unrechts erstrebt, nicht zutreffen. Ebenso selbstverständlich ist es aber, daß der Kontrollrat auch von ihm früher erlassene Gesetze aufheben oder für den Einzelfall durchbrechen kann.

Quelle: MDR 1945, S. 205

2. Themenkreis: Das Leben geht weiter

Allgemeinpolitische und justizpolitische Rahmenbedingungen nach der »Stunde Null«

Der 8. Mai 1945 setzt keine breite Diskussion über die Ursachen der NS-Herrschaft, über persönliche Verstrickung und persönliche Schuld in Gang. Im Gegenteil: Der Auseinandersetzung mit der eigenen Vergangenheit gehen die Deutschen in ihrer Mehrheit leider konsequent aus dem Weg. Die meisten schreiben ihre persönliche Geschichte einfach um; sie wollen die NS-Zeit vergessen, wie einen bösen Traum.

Die Verdrängungsprozesse werden durch die Lebensumstände begünstigt: Die Versorgungslage ist schlecht. Viele müssen hungern, in die zerstörten Städte drängen Hunderttausende von Flüchtlingen und Vertriebenen auf der Suche nach einer Bleibe, während die Besatzungstruppen intakten Wohnraum requirieren. Im Zentrum des Denkens stehen die Bewältigung des nächsten Tages und die Sorgen um Väter und Söhne in der Kriegsgefangenschaft – falls sie überhaupt den Krieg überlebt haben. Immer mehr Deutsche sehen sich nun selbst als Opfer des Nationalsozialismus.

Der politische Neubeginn wird in allen Besatzungszonen von der Entnazifizierung geprägt, die letztlich die Mechanismen der Verdrängung verstärkt, statt die Deutschen zur individuellen Selbstbesinnung zu veranlassen.

1947/48 ändern sich die politischen Verhältnisse zunehmend. Die wachsenden Konflikte zwischen den Alliierten lassen die besondere Bedeutung Deutschlands im Zentrum Europas in den Vordergrund treten: West und Ost betrachten die von ihnen besetzten Gebiete als wichtige Be-

Abbildung 214
Im Herbst 1946 wird auf dem zerbombten Nürnberger Markt wieder Gemüse angeboten.

standteile ihres Einflußbereiches. Integration und Aufbau ist nun die Devise. Die Deutschen sollen in das jeweilige politische Lager eingebunden werden.

Für die westdeutsche Bevölkerung bringen die Berlin-Blockade und die alliierte Luftbrücke (1948/49) die psychologische Wende: Aus den Siegern von gestern sind die Beschützer von heute geworden.

Wirksame Anstöße zu einer Auseinandersetzung mit dem Nationalsozialismus kommen in den fünfziger Jahren auch nicht mehr aus den Reihen der demokratischen deutschen Politiker, obwohl diese zu einem guten Teil selbst Opfer des nationalsozialistischen Regimes gewesen sind.

Abbildung 215
Frauen beseitigen die Trümmer der im Zweiten Weltkrieg zerstörten Häuser, Berlin im Jahr 1946.

Das Leben geht weiter

Abbildung 216
Berlin 1945: Nach ihrem Sieg übernehmen die Aliierten in ihren jeweiligen Sektoren die Verwaltung. Im sowjetischen Sektor werden die Straßenschilder zusätzlich mit russischen Namen versehen.

In ihrem Bemühen, eine Mehrheit der deutschen Bevölkerung für ihre politischen Auffassungen zu gewinnen, müssen sie Rücksicht nehmen auf eine große Zahl von Wahlberechtigten, die noch wenige Jahre zuvor die parlamentarische Demokratie für die Ausgeburt der »jüdisch-bolschewistischen Dekadenz« gehalten hat. Zugleich spielt auch die Furcht vor einem erneuten Aufkommen rechtsradikaler Tendenzen in der deutschen Bevölkerung mit entsprechenden außenpolitischen Konsequenzen eine entscheidende Rolle: Um die Integration der ehemaligen Nationalsozialisten in den neuen demokratischen Staat nicht zu gefährden, setzen sich jedenfalls Politiker aller demokratischen Parteien sogar für die Begnadigung von Massenmördern ein, so für die Einsatzgruppenführer Ohlendorf und Blobel, die die Ermordung von vielen tausend Menschen im Osten zu verantworten haben. Sinnfällig in diesem Zusammenhang sind die sprachlichen Differenzierungen, die selbst im Deutschen Bundestag zu hören sind. Ziemlich oft wird von »Kriegsverurteilten« und von sogenannten Kriegsverbrechern gesprochen, wie auch in der Öffentlichkeit die Nürnberger Prozesse pauschal als »Siegerjustiz« denunziert werden. Dem Drängen der Deutschen auf Begnadigung geben die Alliierten schließlich in vielen Fällen nach – mit Folgen für die justizpolitische Diskussion.

Justizpolitische Anstöße in frühen Landesverfassungen

Einen justizpolitischen Neuanfang suchen die wieder entstehenden Länder in der unmittelbaren Nachkriegszeit. Richterwahl, Lebenszeiternennung nach mehrjähriger Bewährung und Richteranklagen dokumentieren die negativen Erfahrungen demokratischer Politiker mit der Justiz in Weimar und danach.

Abgeordneter Hertel (SPD)

,,... Die Epoche der Weimarer Republik ist uns in besonders unangenehmer Erinnerung. Wir brauchen nur daran zu denken, daß die Justiz doch verpflichtet gewesen wäre, die junge, wachsende Demokratie zu schützen. Dabei ist die Tatsache uns noch hinreichend in Erinnerung, daß die beiden Hochverräter Kapp und Lüttwitz vom damaligen Reichsgericht ihre Pensionen zugebilligt bekamen. Dazu kommt die Tatsache, daß der frühe Tod des ersten Reichspräsidenten Ebert gewissermaßen durch einen Justizmord erfolgte. (Sehr richtig!) Wir erinnern uns auch noch sehr lebhaft, daß die Justiz in voller Verkennung der ihr im demokratischen Staat gestellten Aufgabe es fertig gebracht hat, das Republikschutzgesetz denen zum Schutz werden zu lassen, die die Republik unterwühlt und gemeuchelt haben. (Sehr richtig!) Alle diese Erfahrungen in der Vergangenheit tragen dazu bei, daß wir im heutigen schicksalsvollen Zeitpunkt des Neuaufbaues des demokratischen Landes der Justiz mit besonderer Vorsicht gegenübertreten. Die Erfahrungen lösen Nachdenklichkeit in uns aus, insbesondere in der Richtung, daß ja die Justiz aus lebendigen Menschen besteht, aus Persönlichkeiten, die in der Art, wie sie ihre Aufgabe lösen, das Ansehen der Justiz verkörpern. In unserer Fraktion waren sehr ernst zu nehmende Bedenken erhoben worden, ob wir die Unabsetzbarkeit der Richter nach den gemachten Erfahrungen überhaupt für tragbar betrachten. Ich sehe ganz davon ab, im einzelnen das grauenhafte Bild der Verworfenheit zu kennzeichnen, das der gegenwärtig in Nürnberg durchgeführte Prozeß aller Welt bezüglich der Hauptträger der Justiz in der vergangenen Epoche offenbart. Noch niemals und keine Einrichtung innerhalb des deutschen Volkes hat sich im Dritten Reich so prostituiert, wie die Justiz, und trotzdem hat sie es dem größenwahnsinnigen Hitler noch nicht gut genug gemacht. „

Quelle: Die Beratungen des Verfassungsentwurfs in der Beratenden Landesversammlung, in: Die Entstehung der Verfassung für Rheinland-Pfalz, Boppard 1978, S. 307

Rheinland-Pfalz

V. Abschnitt: Die Rechtsprechung

Artikel 121
Die richterliche Gewalt üben im Namen des Volkes unabhängige, allein der Verfassung, dem Gesetz und ihrem Gewissen unterworfene Richter aus.

Artikel 122
Die planmäßigen Richter der ordentlichen und der Verwaltungsgerichte werden auf Lebenszeit bestellt; die Vorschrift des Art. 126 Abs. 1 findet Anwendung ...

Artikel 126
Berufsbeamte werden in der Regel auf Lebenszeit ernannt, nachdem sie sich während mindestens 5 und höchstens 10 Jahren fachlich bewährt und Treue zur demokratischen Verfassung bewiesen haben ...

Artikel 132
Verletzt ein Richter vorsätzlich seine Pflicht das Recht zu finden oder verstößt er im Amt oder außerhalb desselben gegen die Grundsätze der Verfassung, so kann der Ministerpräsident den Generalstaatsanwalt anweisen, Anklage vor dem Verfassungsgerichtshof zu erheben.
Die Entscheidung des Verfassungsgerichtshofes ist richterliche Entscheidung im Sinne des Art. 122.

Quelle: Verfassung für Rheinland-Pfalz, S. 24 ff.

Hessen

In der Überzeugung, daß Deutschland nur als demokratisches Gemeinwesen eine Gegenwart und Zukunft haben kann, hat sich Hessen als Gliedstaat der Deutschen Republik diese Verfassung gegeben:
[...]
VII. Die Rechtspflege
Art. 126 Die rechtsprechende Gewalt wird ausschließlich durch die nach den Gesetzen bestellten Gerichte ausgeübt.
Die Richter sind unabhängig und nur dem Gesetz unterworfen.
Art. 127 Die planmäßigen hauptamtlichen Richter werden auf Lebenszeit berufen.
Auf Lebenszeit berufen werden Richter erst dann, wenn sie nach vorläufiger Anstellung in einer vom Gesetz zu bestimmenden Bewährungszeit nach ihrer Persönlichkeit und ihrer richterlichen Tätigkeit die Gewähr dafür bieten, daß sie ihr Amt im Geiste der Demokratie und des sozialen Verständnisses ausüben werden.
Über die vorläufige Anstellung und die Berufung auf Lebenszeit entscheidet der Justizminister gemeinsam mit einem Richterwahlausschuß.
Erfüllt ein Richter nach seiner Berufung auf Lebenszeit diese Erwartungen nicht, so kann ihn der Staatsgerichtshof auf Antrag des Landtages seines Amts für verlustig erklären und zugleich bestimmen, ob er in ein anderes Amt oder in den Ruhestand zu versetzen oder zu entlassen ist. Der Antrag kann auch vom Justizminister im Einvernehmen mit dem Richterwahlausschuß gestellt werden. Während des Verfahrens ruht die Amtstätigkeit des Richters.
Die Bestimmungen der Absätze 1 bis 4 gelten nicht für Laienrichter. Das Nähere regelt ein Gesetz, das auch auf die bereits ernannten Richter Anwendung findet.

Quelle: Verfassung des Landes Hessen, S. 1, 24

Bremen

Erschüttert von der Vernichtung, die die autoritäre Regierung der Nationalsozialisten unter Mißachtung der persönlichen Freiheit und der Würde des Menschen in der jahrhundertealten Freien Hansestadt Bremen verursacht hat, sind die Bürger dieses Landes willens, eine Ordnung des gesellschaftlichen Lebens zu schaffen,
in der die soziale Gerechtigkeit, die Menschlichkeit und der Friede gepflegt werden,
in der der wirtschaftlich Schwache vor Ausbeutung geschützt und allen Arbeitswilligen ein menschenwürdiges Dasein gesichert wird.
[...]

5. Abschnitt
Rechtspflege

Artikel 134
Die Rechtspflege ist nach Reichs- und Landesrecht im Geiste der Menschenrechte und sozialer Gerechtigkeit auszuüben.

Artikel 135
Die richterliche Gewalt wird durch unabhängige, nur dem Gesetz unterworfene Gerichte ausgeübt. An der Rechtspflege sind Männer und Frauen aus dem Volk zu beteiligen. Ihre Zuziehung und die Art ihrer Auswahl wird durch Gesetz geregelt.

Artikel 136
Die rechtsgelehrten Mitglieder der Gerichte werden von einem Ausschuß gewählt, der aus 3 Mitgliedern des Senats, 5 Mitgliedern der Bürgerschaft und 3 Richtern gebildet wird. Das Nähere bestimmt das Gesetz.
Die rechtsgelehrten Richter werden auf Lebenszeit berufen, wenn sie nach ihrer Persönlichkeit und ihrer bisherigen juristischen Tätigkeit die Gewähr dafür bieten, daß sie ihr Amt im Geiste der Menschenrechte, wie sie in der Verfassung niedergelegt sind, und der sozialen Gerechtigkeit ausüben werden.
Erfüllt ein Richter nach seiner Berufung auf Lebenszeit diese Bedingung nicht, so kann ihn der Staatsgerichtshof auf Antrag der Bürgerschaft oder des Senats seines Amtes für verlustig erklären und zugleich bestimmen, ob er in ein anderes Amt oder in den Ruhestand zu versetzen oder zu entlassen ist. Der Antrag kann auch von dem Justizsenator im Einvernehmen mit dem Richterwahlausschuß gestellt werden. Während des Verfahrens ruht die Amtstätigkeit des Richters ...

Artikel 138
Richter, die vorsätzlich ihre Pflicht, das Recht zu finden, verletzt haben, können auf Antrag der Bürgerschaft oder des Senats vor den Staatsgerichtshof gezogen werden, wenn dies zum Schutze der Verfassung oder ihres Geistes gegen Mißbrauch der richterlichen Gewalt erforderlich erscheint.
Der Staatsgerichtshof kann in solchen Fällen auf Amtsverlust erkennen und zugleich bestimmen, ob ein solcher Richter in ein anderes Amt oder in den Ruhestand zu versetzen oder zu entlassen ist.

Quelle: Landesverfassung der Freien Hansestadt Bremen, S. 1, 6

Beratung der Großen Anfrage der Fraktion der Deutschen Partei und Genossen betreffend Lösung der »Kriegsverbrecher«-Frage (Nr. 3477 der Drucksachen).

Ewers (DP): Ich werde mich so kurz wie möglich fassen. Ich bitte aber, wenn es geht, mich nicht zu unterbrechen, wenn ich etwa um drei Minuten überschreite, weil das unglaublich stört.
(Heiterkeit).

„Meine sehr geehrten Damen und Herren! Darf ich die Debatte auf unsere Große Anfrage und die Beantwortung durch den Herrn Bundeskanzler zurückführen! Der Herr von der SPD hat gemeint, das Junktim zwischen dem Thema der Kriegsverurteilten – ich bitte doch, das Wort »Kriegsverbrecher« allgemein zu vermeiden; es sind ja im wesentlichen keine Verbrecher, sondern unschuldig Verurteilte – und dem Generalvertrag und dem EVG-Vertrag sei lästig. Ich und meine Freunde finden es nicht nur lästig, wir finden es abscheulich! Aber wir sind nun einmal in internationalen Beziehungen, die sich nicht nur durch das Kriegsverurteilten-Problem kennzeichnen, sondern die unendlich weitläufig sind. Wir müssen alle Probleme lösen und möglichst alle im Zusammenhang, und daher kommt dann das, was man – nicht gerade sehr schön, aber in der Diplomatensprache üblich – »Junktim« nennt ...

Quelle: Protokoll des Dt. BT. vom 17. 9. 1952, S. 10492, 10505

„Hier muß zunächst noch eine Bemerkung eingeschoben werden, die mit der Feststellung des Charakters der Nürnberger Gerichte im engsten Zusammenhang steht. Zwar ist es rechtlich unbestreitbar zulässig, Angehörige einer fremden kriegführenden Macht unter den geschilderten Voraussetzungen durch Gerichte aburteilen zu lassen, die ausschließlich mit Angehörigen des eigenen Staates besetzt sind. Aber in gewissen Fällen haftet den Urteilen eines solchen Gerichtes ein Makel an, der zunächst kein rechtlicher ist. Die ausschließliche Besetzung eines Gerichts mit Angehörigen der siegreichen Nation kann dazu führen, daß seine Schuldsprüche als willkürliche Machtsprüche des glücklichen Gewinners empfunden werden, daß die von ihm gepflegte Gerechtigkeit den peinlichen Charakter einer Gerechtigkeit des Siegers, victor's justice, erhält ...

Quelle: Knieriem, Nürnberg, 1953, S. 114

„Wie kommen wir aber über den Widerspruch hinweg, dass es ein unabdingbarer Satz des Strafrechtes ist, den Täter nur für rechtswidriges Verhalten zur Verantwortung zu ziehen, dass aber bei den zur Ausmerzung des Nationalsozialismus neu geschaffenen politischen Deliktstypen bewusst davon abgesehen wird? Ich glaube, die Lösung liegt in folgendem. Bei diesem neuen politischen Strafrecht handelt es sich nicht um echtes Strafrecht mit dem Ziel der Bewährung einer missachteten Rechtsordnung; es dreht sich vielmehr um ein andersartiges eigenes Recht, das ich Vergeltungsrecht nennen möchte ...
So scheint mir auch das Nürnberger Urteil im wesentlichen ein Vergeltungsurteil und nicht ein Strafurteil zu sein ...

Quelle: Rittler, Schw.ZfStr. 1949, S. 161 f.

Justizpolitische Signale setzen auch Straffreiheitsgesetze und Verjährungsdebatten.
Einer offenen und rückhaltlosen Auseinandersetzung mit der NS-Zeit ist die bundesdeutsche Gesellschaft von Anfang an aus dem Weg gegangen. Zumindest für die fünfziger und sechziger Jahre läßt sich ihr Verhältnis zum Dritten Reich mit den Vokabeln umschreiben: vergessen, verdrängen, verschweigen.

Das Leben geht weiter

Abbildung 217
Sieben in den Nürnberger Kriegsverbrecherprozessen Verurteilte werden vorzeitig am 25. 8. 1950 aus der Haft in Landsberg entlassen: Von links nach rechts der frühere I. G. Farben-Direktor ter Meer, Wehrmachtsrichter Lehmann, Rothenberger, früherer Staatssekretär im Reichsjustizministerium, der ehemalige Mitarbeiter Himmlers Rasch, der nationalsozialistische Agrarpolitiker Darré und der Industrielle Flick.

„Die Unzulänglichkeiten der strafrechtlichen Auseinandersetzungen sind ohne die Politik der Jahre nach dem Zusammenbruch des Unrechtsstaates nicht zu verstehen. Die weitgehende Passivität der Rechtspflege spiegelt die Innen- und Außenpolitik der Bundesrepublik wider.

[...]

Als am 8. Juni 1951 einige der des schwersten Massenmordes überführten Einsatzgruppenführer wie etwa Ohlendorf von den Amerikanern hingerichtet wurden, protestierte der Vizekanzler der Bundesregierung. Staatsanwaltschaften und Gerichte glaubten bis Mitte der fünfziger Jahre, hieraus den Schluß ziehen zu dürfen, nach der Auffassung von Gesetzgebung (Parlament) und Exekutive (Regierung) sei die juristische Bewältigung der Vergangenheit abgeschlossen..."

Quelle: Bauer, In unserem Namen, S. 308 f.

Gesetz über die Gewährung von Straffreiheit
Vom 31. Dezember 1949

[...]
§ 10
(1) Für Straftaten, die zwischen dem 10. Mai 1945 und dem Inkrafttreten dieses Gesetzes zur Verschleierung des Personenstandes aus politischen Gründen begangen wurden, wird, auch wenn sie nach dieser Zeit fortdauern, Straffreiheit ohne Rücksicht auf die Höhe der zu erwartenden Strafe gewährt, wenn der Täter bis spätestens 31. März 1950 bei der Polizeibehörde seines Wohnsitzes oder Aufenthaltsortes freiwillig seine unwahren Angaben widerruft und bisher entgegen gesetzlicher Vorschrift unterlassene Angaben nachholt.
(2) Dies gilt nicht für Straftaten nach den §§ 211 bis 213 StGB. und nicht für Verbrechen, die aus Grausamkeit, aus ehrloser Gesinnung oder aus Gewinnsucht verübt worden sind...

Quelle: BGBl. I, 1949, S. 37 f.

Gesetz über den Erlaß von Strafen und Geldbußen und die Niederschlagung von Strafverfahren und Bußgeldverfahren (Straffreiheitsgesetz 1954).
Vom 17. Juli 1954.

§ 6
Taten während des Zusammenbruchs

Für Straftaten, die unter dem Einfluß der außergewöhnlichen Verhältnisse des Zusammenbruchs in der Zeit zwischen dem 1. Oktober 1944 und dem 31. Juli 1945 in der Annahme einer Amts-, Dienst- oder Rechtspflicht, insbesondere auf Grund eines Befehls, begangen worden sind, wird über die §§ 2, 3 hinaus Straffreiheit gewährt, wenn nicht dem Täter nach seiner Stellung oder Einsichtsfähigkeit zuzumuten war, die Straftat zu unterlassen, und keine schwerere Strafe als Freiheitsstrafe bis zu drei Jahren und Geldstrafe, allein oder nebeneinander, beim Inkrafttreten dieses Gesetzes rechtskräftig verhängt oder zu erwarten ist ...

§ 9
Ausschluß von der Straffreiheit

(1) Ausgeschlossen von der Straffreiheit nach diesem Gesetz sind
Hochverrat (§§ 80 bis 84 des Strafgesetzbuchs),
Staatsgefährdung (§§ 89 bis 94, 96 des Strafgesetzbuchs),
Landesverrat (§§ 100 bis 100 f des Strafgesetzbuchs),
Beteiligung an verbotenen Vereinigungen (§§ 49 b, 128, 129, 129 a des Strafgesetzbuchs),
Flucht bei Verkehrsunfällen (§ 142 des Strafgesetzbuchs),
Mord und Totschlag (§§ 211 bis 213 des Strafgesetzbuchs),
jedoch Totschlag nicht in den Fällen des § 6, ...

Quelle: BGBl. I, 1954, S. 203 ff.

Die Richter und die Henkerärzte

„ Knapp 50 Jahre nach der Ermordung von zigtausend geistig Behinderten durch NS-Henkerärzte sind zwei von ihnen wegen Beihilfe rechtskräftig verurteilt worden. Wie die Dinge sich entwickelt haben, verdient es schon Erwähnung, daß der Bundesgerichtshof den unsäglichen, ursprünglich in Frankfurt verhandelten Prozeß nach fast 30 Jahren überhaupt zu Ende gebracht hat. Besseres läßt sich über den Karlsruher Spruch denn auch nicht sagen. Ausgerechnet durch zynische Rechenspiele mit Todeszahlen glaubten die Richter den Schein einer rational begründbaren Strafzumessung aufrechterhalten zu müssen, wo menschliches Bemühen um Gerechtigkeit ohnehin versagen mußte.
Weil sie im Fall Dr. Ullrich nur die Beihilfe zu 2340 statt zu 4500 Morden und im Fall Dr. Bunke nur zu 9200 statt zu 11 000 Mordfällen für nachgewiesen hielten, senkten sie das ohnehin milde Urteil des Frankfurter Landgerichts von je vier Jahren Gefängnis noch einmal um ein Jahr auf die gesetzliche Mindeststrafe ab. Bei dem einen habe sich schließlich die Zahl der Mordfälle »um fast die Hälfte ermäßigt«, beim anderen »immerhin um über 16 Prozent«, schrieben diese merkwürdigen Statistikkünstler im Richtergewand. Im Ergebnis haben sie also für jeweils knapp 2000 Ermordete gerade ein Jahr Freiheitsstrafe angesetzt – auf Beihilfe zu einem einzigen Mord stehen mindestens drei Jahre.
Die ganze Maßlosigkeit dieser makabren Strafmaß-Begründung offenbart sich auch darin, daß die Verurteilten bisher zusammen gerade 25 Tage hinter Gittern verbringen mußten und daß es dabei wohl auch bleiben wird. Dauer, Verlauf und Ergebnis des Prozesses belegen noch 1989 das Versagen der Nachkriegsjustiz vor den Verbrechern der Nazizeit. "

Quelle: Süddeutsche Zeitung vom 10. 2. 1989

3. Themenkreis: Der Rechtsanspruch auf Wiedereinstellung

Die personelle Kontinuität in der bundesdeutschen Justiz

1. Deutsche Justiz unter alliierter Aufsicht

»Alle deutschen Gerichte ... werden bis auf weiteres geschlossen«, heißt es in der Proklamation Nr. 1, die General Eisenhower als Oberkommandierender der alliierten Streitkräfte erläßt, als seine Truppen im Herbst 1944 die Grenzen des Deutschen Reiches überschreiten. Stillstand der Rechtspflege in den besetzten Gebieten – eine außergewöhnliche Maßnahme, Ausdruck des alliierten Mißtrauens in die Gerichte des Dritten Reiches, das in Justizkreisen auf Unglauben und Unverständnis stößt. Man lebt in der Fiktion des fortbestehenden Dienstbetriebes, dessen Wiederaufnahme durch Aufräumungsarbeiten in den Gerichtsgebäuden und notdürftige Wiederherstellung von Büroräumen vorbereitet wird. Völlig unbegreiflich für die Justizangehörigen sind die rigorosen Entlassungen im Sommer 1945. Ca. 90 Prozent des Justizpersonals verlieren ihre Anstellung. Je höher die Besoldungsgruppe, desto dichter ist die Verknüpfung von Justiz und Partei: In Bremen finden die Amerikaner nur zwei Richter, die ihren Richtlinien genügen, und im Oberlandesgerichtsbezirk Bamberg werden im August 1945 von 302 Richtern und Staatsanwälten nur sieben wieder zugelassen, da alle anderen der NSDAP angehört haben.

Die alliierten Militärregierungen setzen zunächst eigene Gerichte ein, die die Rechtspflege (vor allem Strafrecht) notdürftig aufrechterhalten; zugleich suchen sie einen Neuanfang in der deutschen Justiz.

Militärregierung – Deutschland
Kontroll-Gebiet des obersten Befehlshabers
Proklamation Nr. 1

An das deutsche Volk:

Ich, General Dwight D. Eisenhower, Oberster Befehlshaber der Alliierten Streitkräfte, gebe hiermit folgendes bekannt:

I
Die Alliierten Streitkräfte, die unter meinem Oberbefehl stehen, haben jetzt deutschen Boden betreten. Wir kommen als ein siegreiches Heer, jedoch nicht als Unterdrücker. In dem deutschen Gebiet, das von Streitkräften unter meinem Oberbefehl besetzt ist, werden wir den Nationalsozialismus und den deutschen Militarismus vernichten, die Herrschaft der Nationalsozialistischen Deutschen Arbeiterpartei beseitigen, die NSDAP auflösen sowie die grausamen, harten und ungerechten Rechtssätze und Einrichtungen, die von der NSDAP geschaffen worden sind, aufheben. Den deutschen Militarismus, der so oft den Frieden der Welt gestört hat, werden wir endgültig beseitigen. Führer der Wehrmacht und der NSDAP, Mitglieder der Geheimen Staatspolizei und andere Personen, die verdächtig sind, Verbrechen und Grausamkeiten begangen zu haben, werden gerichtlich angeklagt und, falls für schuldig befunden, ihrer gerechten Bestrafung zugeführt.

II
Die höchste gesetzgebende, rechtsprechende und vollziehende Machtbefugnis und Gewalt in dem besetzten Gebiet ist in meiner Person als Oberster Befehlshaber der Alliierten Streitkräfte und als Militärgouverneur vereinigt. Die Militärregierung ist eingesetzt, um diese Gewalten unter meinem Befehl auszuüben. Alle Personen in dem besetzten Gebiet haben unverzüglich und widerspruchslos alle Befehle und Veröffentlichungen der Militärregierung zu befolgen. Gerichte der Militärregierung werden eingesetzt, um Rechtsbrecher zu verurteilen. Widerstand gegen die Alliierten Streitkräfte wird unnachsichtlich gebrochen. Andere schwere strafbare Handlungen werden schärfstens geahndet.

III
Alle deutschen Gerichte, Unterrichts- und Erziehungsanstalten innerhalb des besetzten Gebietes werden bis auf weiteres geschlossen. Dem Volks-

gerichtshof, den Sondergerichten, den SS-Polizeigerichten und anderen außerordentlichen Gerichten wird überall im besetzten Gebiet die Gerichtsbarkeit entzogen. Die Wiederaufnahme der Tätigkeit der Straf- und Zivilgerichte und die Wiedereröffnung der Unterrichts- und Erziehungsanstalten wird genehmigt, sobald die Zustände es zulassen.

IV
Alle Beamte sind verpflichtet, bis auf weiteres auf ihren Posten zu verbleiben und alle Befehle und Anordnungen der Militärregierung oder der Alliierten Behörden, die an die deutsche Regierung oder an das deutsche Volk gerichtet sind, zu befolgen und auszuführen. Dies gilt auch für die Beamten, Arbeiter und Angestellten sämtlicher öffentlichen und gemeinwirtschaftlichen Betriebe sowie für sonstige Personen, die notwendige Tätigkeiten verrichten.

Dwight D. Eisenhower,
Oberster Befehlshaber
der Alliierten Streitkräfte.

Quelle: Amtsblatt der amerikanischen Militärregierung, S. 1

Proklamation Nr. 3
Grundsätze für die Umgestaltung
der Rechtspflege

Mit der Ausschaltung der Gewaltherrschaft Hitlers durch die Alliierten Mächte ist das terroristische System der Nazizeit abgeschafft worden. An seiner Stelle muß eine Rechtspflege treten, die sich auf die Errungenschaften der Demokratie, Zivilisation und Gerechtigkeit gründet. Der Kontrollrat verkündet die folgenden Grundsätze für die Wiederherstellung der Rechtspflege. Sie haben für ganz Deutschland Geltung.

I
Gleichheit vor dem Gesetz
Alle Personen sind vor dem Gesetz gleich. Niemandem, was immer seine Rasse, Staatsangehörigkeit oder Religion sei, dürfen die ihm gesetzlich zustehenden Rechte entzogen werden.

II
Gewährleistung der Rechte des Angeklagten
1. Niemandem darf das Leben, die persönliche Freiheit oder das Eigentum entzogen werden, es sei denn auf Grund von Recht und Gesetz.
2. Strafbare Verantwortlichkeit besteht nur für Handlungen, welche das Recht für strafbar erklärt hat.
3. Kein Gericht darf irgendeine Handlung auf Grund von »Analogie« oder im Hinblick auf das sogenannte »gesunde Volksempfinden« für strafbar erklären, wie es bisher im deutschen Strafrecht der Fall war.
4. In jedem Strafverfahren müssen dem Angeklagten die folgenden Rechte zustehen, wie sie die demokratische Rechtsauffassung anerkennt: Unverzügliches und öffentliches Gerichtsverfahren, Bekanntgabe von Grundlage und Art der Anklage, Gegenüberstellung mit den Belastungszeugen, gerichtliche Vorladung von Entlastungszeugen und Hinzuziehung eines Verteidigers. Strafen, die gegen das gerechte Maß oder die Menschlichkeit verstoßen und solche, die das Gesetz nicht vorsieht, dürfen nicht verhängt werden.
5. Verurteilungen, die unter dem Hitler-Regime ungerechterweise aus politischen, rassischen oder religiösen Gründen erfolgten, müssen aufgehoben werden.

III
Abschaffung der Hitlerschen Ausnahme- und Sondergerichte
Der Volksgerichtshof, die Gerichte der Nationalsozialistischen Deutschen Arbeiterpartei und die Sondergerichte sind aufgehoben. Ihre Wiederherstellung ist verboten.

IV
Unabhängigkeit des Richters
1. In der Ausübung seiner richterlichen Tätigkeit ist der Richter frei von Weisungen der ausführenden Gewalt. Er ist nur dem Gesetz unterworfen.
2. Der Zugang zum Richteramt steht ohne Rücksicht auf Rasse, gesellschaftliche Herkunft oder Religion, allen Personen offen, sofern sie die Grundsätze der Demokratie anerkennen. Beförderung des Richters erfolgt ausschließlich nach Maßgabe seiner Leistung und juristischen Befähigung.

V
Schlußbestimmung
Ordentliche deutsche Gerichte nach Maßgabe ihrer Rangordnung werden im Einklang mit dieser Proklamation in Deutschland die Rechtspflege ausüben.

Ausgefertigt in Berlin, den 20. Oktober 1945
(Die in den drei offiziellen Sprachen abgefaßten Originaltexte dieser Proklamation sind von P. Koenig, Armeekorps-General, G. Schukow, Marschall der Sowjetunion, Dwight D. Eisenhower, General der Armee, und B. H. Robertson, Generalleutnant, unterzeichnet.)

Quelle: Amtsblatt des Kontrollrats Nr. 1, S. 22

Gesetz Nr. 4
Umgestaltung des Deutschen Gerichtswesens

Artikel IV
Zwecks Durchführung der Umgestaltung des deutschen Gerichtswesens müssen alle früheren Mitglieder der Nazipartei, die sich aktiv für deren Tätigkeit eingesetzt haben, und alle anderen Personen, die an den Strafmethoden des Hitlerregimes direkten Anteil hatten, ihres Amtes als Richter und Staatsanwälte enthoben werden und dürfen nicht zu solchen Ämtern zugelassen werden.

Quelle: Amtsblatt des Kontrollrats in Deutschland, Nr. 1–19, S. 8ff.

Der Neuaufbau der Gerichte in Nordbayern, vor allem in Ober- und Unterfranken
(Oberlandesgerichtsbezirk Bamberg).

I.
Allgemeine Übersicht.
Am Freitag, den 13. April 1945 gegen Abend wurde Bamberg durch die amerikanischen Truppen eingenommen. Die Einnahme geschah ohne Kämpfe ernstlicher Art; wohl die Hälfte der Schäden in der Stadt gehen zurück auf die, allgemeinen Zorn unter der Bevölkerung auslösenden mit dem mildesten Worte als gewissen- und hilfslos zu bezeichnenden Befehle der Deutschen Heeresleitung, die an den Eingängen dieser mit Lazaretten und Flüchtlingen überfüllten Stadt Panzersperren und in der Stadt selbst Sprengung aller Brücken, selbst der 1 m breiten Holzstege befohlen hatte . . .

Gerichte.
3) Am 1. Mai trat die Militärregierung an Rechtsanwalt *Dr. Dehler* und mich um Rat heran wegen der Wiedereröffnung der Gerichte, zunächst des Amtsgerichts. Der Legalofficer der Militärregierung, Leutnant *Fruits,* selbst lawyer, ein Mann von großer juristischer Bildung und Verständnis für die allgemeine Lage, nahm alle unsere Vorschläge bzw. des Personals des Amtsgerichts an, wie er uns stets seine Hilfe lieh und leiht in Freimachung der Gerichtsgebäude von Einquartierungen und dgl. Das *Amtsgericht Bamberg* wurde dann auch am 28. Mai 1945 als erstes aller deutschen Gerichte rechts des Rheins (zunächst noch unter Ausschluß von Grundbuchsachen) mit einer besonderen Feierlichkeit eröffnet, bei der Oberlandesgerichtspräsident *Dürig* und Leutnant *Fruits* Ansprachen hielten und *Fruits* insbesondere die als äußerst taktvoll empfundene Geste machte, nach Ableistung des Eides der Richter diese sofort zu sich auf die Richterbank zu berufen und gemeinsam mit ihnen den Rechtsanwälten den Eid abzunehmen.
Oberlandesgerichtspräsident *Dürig,* den der nationalsozialistische Justizminister *Thierack* wegen seiner mannhaften Haltung gegenüber ungebührlichen Zumutungen an die Rechtspflege und wegen seines allgemeinen Mangels an Sympathie für den Nazismus strafweise nach Leitmeritz abkommandiert hatte, hatte inzwischen infolge der Kriegsereignisse in Böhmen ebenfalls zu Fuß den Heimweg nach Bamberg angetreten, von wo sein von Thierack eingesetzter Vertreter *Bauer* schimpflich entflohen war. Dehler und ich stellten ihn Herrn Fruits vor, der ihm erklärte, wegen der von höherer Seite ergangenen Bestimmungen (insbes. wegen der Suspendierung aller Richter der Oberlandesgerichte) ihn zwar noch nicht offiziell als Präsidenten des OLG. erachten zu können, ihn aber ausdrücklich bat, einstweilen alles auch bezgl. der Landgerichte des Bezirks und des Oberlandesgerichts vorzubereiten.
Der Neuaufbau des gesamten Behördenorganismus in Bamberg (Stadt, Bezirk und Gerichte; auch der Vorstand des Finanzamts Bamberg Oberregierungsrat *Hagens* wurde im Amte belassen) schien daher glücklich voranzuschreiten. Da traten auf einmal *Stockungen* ein.
[. . .]

3) Parteizugehörigkeit
Als das schwerste Hindernis für den Aufbau eines Rechtssystems erweist sich aber die – anscheinend erst neuerdings erlassene oder verschärfte – Vorschrift der Besatzungsangehörigen, wonach *grundsätzlich kein Richter belassen werden darf, der jemals als Parteimitglied in den Listen stand.*
Für Rechtsanwälte und mittleres und unteres Gerichtspersonal scheinen die Vorschriften milder zu sein. Näheres entzieht sich bisher meiner Kenntnis.
Soll diese Vorschrift in voller Strenge durchgeführt werden, so können wir der Justiz in Bayern einen Grabstein setzen.

Auszug aus einer »Privataufzeichnung« des von den Amerikanern eingesetzten Präsidenten des OLG Bamberg, Dr. Krapp, über den Wiederaufbau der Justiz.
Quelle: Akten des OLG Bamberg

Einen klaren Bruch mit den bisherigen Traditionen vollzieht die Sowjetunion vor dem Hintergrund ihrer gesellschaftspolitischen Zielsetzung: Eine Wiederverwendung der – zumeist – bürgerlichen Justizjuristen, die sich dem Dritten Reich angepaßt haben, kommt nicht in Betracht. Die personellen Lücken werden vorübergehend mit »Volksrichtern« ausgefüllt, politisch unbelasteten Personen, die in Kurzlehrgängen auf ihre juristische Tätigkeit als Richter und Staatsanwälte vorbereitet werden. Einige Jahre später bilden die Universitäten auch wieder Juristen aus – unter den veränderten Bedingungen einer sozialistischen Gesellschaft.

In den Westzonen vollzieht sich dagegen der Wiederaufbau auf der Basis des traditionellen Justizjuristen. Die Alliierten suchen zunächst vertrauenswürdige Personen, die sie als Präsidenten von Oberlandes- und Landgerichten sowie als Generalstaatsanwälte einsetzen können. Es handelt sich überwiegend um ältere Juristen konservativen Zuschnitts, die in der Kaiserzeit und in der Weimarer Republik ihre Prägung erhalten haben, »ein starkes Stück Kontinuität deutscher Politik«, auf das die Alliierten bewußt setzen. Es überrascht daher nicht, wenn einer der neuen OLG-Präsidenten als Konsequenz aus dem Desaster des Dritten Reiches eine »Entpolitisierung« der Justiz fordert und die Frage diskutiert wird, ob einem Richter das passive Wahlrecht überhaupt zugestanden werden soll.

Ende Mai/Anfang Juni 1945 stimmen die Alliierten der Wiedereröffnung der ersten Gerichte in den Westzonen zu. Die Personaldecke ist äußerst knapp. Ruheständler werden reaktiviert, Rechtsanwälte müssen für eine Tätigkeit in der Justiz gewonnen werden. Als ein Amtsgericht in Berlin mit neuem Personalbestand eröffnet wird, ist der jüngste Richter 74 Jahre alt. Es wird schnell deutlich, daß der gewollte Wiederaufbau der deutschen Justiz unmöglich ist, wenn ehemalige Mitglieder der NSDAP grundsätzlich nicht mehr als Richter oder Staatsanwälte beschäftigt werden können. Hinzu kommt die Kritik an den Grundlagen der Entnazifizierungsverfahren, die auch von ausgewiesenen Gegnern des Nationalsozialismus geübt wird. Die britische Militärregierung ändert im Herbst 1945 als erste ihre Personalpolitik: Statt ihrer generellen Ausschaltung wird belasteten Juristen der Zugang zur Justiz wieder eröffnet, gegebenenfalls mit Zurückstufung oder sonstigen Laufbahnnachteilen. Es entsteht das sogenannte »Huckepack-Verfahren«: Mit einem unbelasteten darf zugleich ein formell belasteter Jurist (z. B. Parteigenosse) in den Justizdienst wieder eingestellt werden.

Die Rechtspflege muß entpolitisiert werden!

„... Welches sind nun die Mittel der Entpolitisierung der Rechtspflege? Es ist klar, daß sie beim Richter selbst beginnen muß. Es genügt nicht, daß ihm nach dem Vorbilde der durch die englische Kontrollkommission für die britisch besetzte Zone erlassenen Anordnung vom 31. Januar 1946 (mitgeteilt durch Verfügung der Oberlandesgerichtspräsidenten dieser Zone vom 15. März 1946), die ihre Entsprechung in der für die gleiche Zone geschaffenen Trennung der geschäftsführenden Stadt- und Kreisverwaltungen von ihren politischen Exponenten hat, die Teilnahme an politischen Versammlungen, die Übernahme parteipolitischer Ämter und das Eintreten für Parteien in Wort und Schrift verboten wird. Er muß auch auf das aktive und passive Wahlrecht verzichten. Diese völlige politische Abstinenz wird als weithin sichtbares Opfer des Richterstandes zur Steigerung seines Ansehens und seiner Autorität beitragen. Die Richterschaft möge die gewiß schwerwiegende Preisgabe ihrer wichtigsten staatsbürgerlichen Rechte als ein Gelübde politischer Keuschheit darbringen, das im besonderen Maße zur Läuterung und Verinnerlichung aufruft. Jeder, der diesem Stande beitritt, soll immer wieder auf seine besonderen Pflichten hingewiesen werden, damit er sich prüfe, ob er dem Orden der Diener und Hüter des Rechts mit starkem Willen und reinem Gewissen angehören kann. Es mögen Weihe und Würde ausgehen von diesem Opfer, auf daß die heilige Flamme des Rechts reiner und leuchtender brenne in der Düsternis unserer Tage. Richter sollen wieder, wie in alten Zeiten, Priester sein, die um der Idee willen, für die leben, Hohes einsetzen! Der politische Zölibat macht unantastbar. Alte Religionen, die aus der Summe menschlicher Erfahrungen von Jahrhunderten schöpfen, wissen, warum sie ihren geistigen Gehalt und die Führung ihrer Anhänger Mönchen anvertrauen und Priestern, die als Verzichtende stärker sind und als Geweihte den Weg bahnen zu höheren Zielen. Laßt uns, Richter, die wir, wie wir zu unserer Beschämung bekennen müssen, die Fahne des Rechts zu schnell vor dem Nationalsozialismus gestrichen haben, aus heißem Glauben an Wahrheit und Recht in sichtbarer Gemeinschaft einen Neubau wagen, in dem das Menschliche nach all der Schutzlosigkeit und Verfolgung endlich würdig geborgen ist!"

Quelle: Rotberg, DRZ 1947, S. 107 f.

Auszug aus der Rede des OLG-Präsidenten von Hodenberg bei der Wiedereröffnung des OLG Celle am 16. März 1946

„»Galten diese Grüße des Gedenkens bisher den Lebenden ..., so gilt es, darüber hinaus in Dankbarkeit und Treue der Toten zu gedenken, der Opfer, die Justiz und Anwaltschaft des Oberlandesgerichtsbezirks Celle im Kriege gebracht haben.

Es sind gefallen:
52 Richter, Staatsanwälte und Assessoren,
20 Rechtsanwälte,
1 Strafanstaltspfarrer,
17 Referendare,
24 Rechtspfleger,
5 Bürobeamte,
21 Angestellte und
17 Wachtmeister.

Alle unsere Toten haben es nicht verhindern können, daß die Heimat, für die sie gekämpft haben, zusammengebrochen ist. Viele werden meinen, ihr Tod sei vergeblich gewesen; aber in Wahrheit ist kein Opfer vergebens, und die Flamme der Trauer, die in unseren Herzen brennt um sie und unser zerstörtes Vaterland, kann vielleicht dazu helfen, die Schlacken auszubrennen, die die hinter uns liegenden dunkelsten Jahre deutscher Geschichte in der Seele unseres Volkes zurückgelassen haben. Wir neigen uns in Ehrfurcht vor dem Opfer unserer Toten.

Zu einer ernsten Feierstunde haben wir uns heute hier versammelt. Denn sie ist überschattet von der tiefen Tragik unseres deutschen Schicksals.

Die Tatsache, daß an diesem Gericht fast ein Jahr kein Recht gesprochen, daß solange Zeit Unrecht nicht gesühnt, gestörter Rechtsfrieden nicht wiederhergestellt werden konnte, ist ein besonders eindrucksvolles Zeichen für die Größe des Zusammenbruchs, unter dessen Eindruck wir stehen.

Die Feier fand ihr Ende mit dem eindrucksvollen Vortrage des Goetheschen Gedichts, dessen Schlußworte hier wiedergegeben sein mögen:

»Allen Gewalten
zum Trutz sich erhalten,
nimmer sich beugen,
kräftig sich zeigen,
rufet die Arme der Götter herbei.«"

Quelle: 250 Jahre Oberlandesgericht Celle, Festschrift, S. 141 f.

Auch diese Regelung erweist sich noch als zu eng; ab Juli 1946 können alle in den Justizdienst zurückkehren, die im Entnazifizierungsverfahren als »entlastet« eingestuft werden. Infolge der zunehmend liberaleren Entnazifizierungspraxis 1947/48 wird nahezu allen Entlassenen des Jahres 1945 der Weg in die Justiz wieder ermöglicht: In Solidarität mit den Belasteten werden Planstellen freigehalten, bis auch die letzten Entnazifizierungsverfahren abgeschlossen sind, indem »beauftragte« Richter vorübergehend Beschäftigung finden.

Es handelt sich oftmals um Flüchtlinge aus den Ostgebieten, aber auch um Unbelastete, für die keine Planstelle mehr frei ist. Das Ergebnis dieser Entnazifizierungspolitik veranlaßt den Redaktionsausschuß des Parlamentarischen Rates 1948, eine Nachentnazifizierung der Richter und Beamten der britischen Zone vorzuschlagen, zu der es aber nicht kommt.

Ähnliche Ergebnisse hat auch die Entnazifizierung in der amerikanischen Zone. Diese wird zwar bürokratischer durchgeführt, aber hier hilft man sich mit Amnestien, insbesondere nachdem sich die amerikanische Besatzungspolitik ändert.

Das Ergebnis insgesamt: Die Führungs- und Repräsentationsebene der Justiz wird in den Westzonen ausgewechselt; unterhalb dieser Ebene ändert sich nicht allzu viel.

Abbildung 218
Eröffnung des Gerichtshofs in Hamburg durch den Kommandeur des 8. britischen Korps, Generalleutnant Parker

Abschrift.
Der Oberlandesgerichtspräsident
Geschäfts-Nr.: 31 31 I.
    Celle, den 6. November 1945.
    Fernsprecher:
    Sammelnummer 3551

An HQ.Mil.Gov.
Hanover, Region.

1 Anlage.

In der Besprechung vom 2. November wurde mir mitgeteilt, dass von den Richtern und Staatsanwälten künftig nicht mehr als 50 % Mitglieder der NSDAP. gewesen sein dürfen.
Die daraufhin von mir angeordnete Nachprüfung der Personalakten hat ergeben, dass von den vorhandenen 469 Richtern und Staatsanwälten des Oberlandesgerichtsbezirks Celle 409 Mitglieder der Partei waren, ausserdem 11 Mitglieder einer Gliederung (SA oder SS).
Danach waren also etwa 90 % parteigebunden und nur 10 % frei von äusseren Bindungen zur Partei. Die jetzt aufgestellte Forderung müsste also dazu führen, dass ohne Rücksicht auf die Ergebnisse der politischen Prüfung jedes einzelnen Beamten 40 % Richter und Staatsanwälte des Bezirks entlassen werden müssten, um an deren Stelle Nichtparteigenossen einzusetzen...

Quelle: HStA Düsseldorf, Rep. 86/169

Abschrift.
Der Oberlandesgerichtspräsident
5112 I.
    Celle, den 15. Januar 1946

An Legal Division Main HQ.
durch HQ. Mil.Gov.
Hanover Region.

Betrifft: Verwendung früherer Mitglieder der NSDAP. im höheren Justizdienst.
– 7 Anlagen –

In der Besprechung der Oberlandesgerichtspräsidenten der britischen Zone am 5. 12. 45 in Bad Pyrmont sind die neuen Richtlinien der brit. Militärregierung, nach welchen höchstens 50 % aller Richter, Staatsanwälte und Rechtsanwälte Mitglieder der NSDAP. gewesen sein dürfen, eingehend erörtert worden. Im Anschluß an meinen kurzen Vortrag in dieser Angelegenheit vor Herrn Oberst Rathbone bin ich von den übrigen Oberlandesgerichtspräsidenten beauftragt worden, die zahlenmäßigen Folgerungen aus der 50 %-Regel in einer Eingabe niederzulegen. Hierzu führe ich unter Bezugnahme auf eine inzwischen stattgehabte Besprechung mit Squadron Leader Carton folgendes aus
[...]
Wenn eine Erhöhung des Prozentsatzes nicht möglich ist, würde eine gewisse Erleichterung dadurch geschaffen werden können, daß
1) Beamte des höheren Justizdienstes, die ausschließlich in *Justizverwaltungssachen* beschäftigt werden, bei der Feststellung der Prozentzahlen nicht mitrechnen,
2) folgende Gruppen von Personen nicht als Parteigenossen gezählt werden:
a) Personen, die erst nach dem 1. 4. 1933 die große Staatsprüfung bestanden haben, –
Für die jungen Juristen war der Beitritt zur Partei oder einer Gliederung Voraussetzung für ihr berufliches Fortkommen. Er wurde von ihnen durchweg von ihren dienstlichen Vorgesetzten auf Grund von Weisungen des Reichsjustizministeriums ausdrücklich gefordert.
b) Frontkämpfer, –
Bei Männern, die als Angehörige der Wehrmacht im Kampfe ihren Mann gestanden haben, kann nach den gemachten Erfahrungen vorausgesetzt werden, daß die Bindungen zur NSDAP. lediglich noch formaler Natur geblieben sind, der Schmelztiegel des Krieges aber alle etwaigen Schlacken nationalsozialistischer Gesinnung ausgebrannt hat.
c) Personen, die als Minderjährige (vor Vollendung des 21. Lebensjahres) aus der H. J. in die Partei überführt worden sind.
Diese kann man für ihr Verhalten nicht voll verantwortlich machen, zumal es sehr schwierig, ja fast unmöglich war, nachträglich aus der Partei auszuscheiden.
Eine zweite Ausfertigung dieser Eingabe füge ich für die dortigen Akten bei.

gez. Dr. Frhr. v. Hodenberg.

Quelle: HStA Düsseldorf, Rep. 86/169

Abschrift. Anlage 2

Gesamtübersicht
Über den Fehlbedarf wegen Mangels an Nicht-Parteigenossen beim Aufbau des höheren Justizdienstes, der Rechtsanwaltschaft und des Notariates mit höchstens 50 % Mitgliedern der NSDAP.
Stand: 25. 11. 1945.

Oberlandes-gerichtsbezirk:	1 Braunschweig	2 Celle	3 Düsseldorf	4 Hamburg	5 Hamm	6 Kiel	7 Köln	8 Oldenburg	Gesamtzahlen
I. Bedarf an a) Richtern und Staatsanwälten einschl. Gerichtsassessoren	124	514	701		975		378	182	2874
b) Rechtsanwälten und Notaren einschl. Anwalts- und Notariatsassessoren	150	510	700	Zahlen liegen nicht vor.	1289	Zahlen liegen nicht vor.	560	226	3435
c) Gesamtzahl a) und b)	274	1024	1401		2264		938	408	6309
II. Fehlstellen wegen Mangels an Nicht-Parteigenossen 1. zahlenmäßig zu a) zu b) zu c)	46 46 92	140 −20 120	528 −134 394		544 Anm. 1		184 64 248	84 66 150	1526
2. prozentual (von I) zu a) zu b) zu c)	37 % 31 % 34 %	27 % − 23 %	75 % − 28 %		56 %		50 % 12 % 26 %	46 % 30 % 38 %	53 %

Quelle: HStA Düsseldorf, Rep. 86/169

2. Gesetz zu Artikel 131 Grundgesetz

Trotz des beginnenden Wiederaufbaus findet eine große Zahl ehemaliger Beamter, Angestellter und Arbeiter zunächst keine Beschäftigung im öffentlichen Dienst. Behörden werden verkleinert, zahlreiche Ämter und Dienststellen, insbesondere auf Reichsebene, existieren nicht mehr; hinzu kommen die Angehörigen der Wehrmacht und Ströme von Flüchtlingen und Vertriebenen aus den Ostgebieten. Die Nachfrage ist groß, die Zahl der Stellen weiterhin gering. Für die aus dem öffentlichen Dienst »Verdrängten« stellt sich die Frage, welche dienstrechtlichen Konsequenzen der 8. Mai 1945 für sie hat: Sind die Beamtenverhältnisse erloschen? Haben sie einen Anspruch auf Wiederbeschäftigung? Können Versorgungsansprüche realisiert werden? Der Parlamentarische Rat, der 1948/49 das Grundgesetz für die Bundesrepublik erarbeitet, beschäftigt sich auch mit diesem Problem, ohne zu einem abschließenden Ergebnis zu kommen. Starke politische Kräfte wollen die von den Alliierten verfügten Entlassungen festschreiben. Aber der Vorschlag, denjenigen, die »Hitlers Beamte« waren, im Grundgesetz ausdrücklich ein Recht auf Wiedereinstellung zu versagen und versorgungsrechtliche Ansprüche durch Bundesgesetz »neu« regeln zu lassen, findet keine Mehrheit; eine Wiederverwendungsgarantie will der Parlamentarische Rat aber auch nicht geben. Unter Ausklammerung des politischen Kernproblems heißt es daher schließlich in Artikel 131, die »Rechtsverhältnisse« der betroffenen Personen seien durch Bundesgesetz zu regeln. Später kommentiert ein Kritiker, die Staatsdiener seien die einzige vom Grundgesetz mit einer Entschädigungsaussicht bedachte Opfergruppe gewesen.

Im Deutschen Bundestag werden mögliche Konsequenzen nach den Verstrickungen und Belastungen des öffentlichen Dienstes im Dritten Reich nicht mehr diskutiert. Alle relevanten politischen Kräfte wollen die Integration der Betroffenen in Staat und Gesellschaft; es gilt, politische Akzeptanz für den neugegründeten Staat zu schaffen.

Dennoch können nicht alle Wünsche erfüllt werden: Die finanziellen Möglichkeiten sind beschränkt. Im Mai 1951 verabschiedet der Bundestag einstimmig mit zwei Enthaltungen – also mit Zustimmung von ganz links bis ganz rechts – das Gesetz zu Artikel 131 Grundgesetz, das praktisch allen ein Recht auf Wiederverwendung im öffentlichen Dienst zubilligt. Ausnahmen bestehen im wesentlichen nur für die wenigen, die in den Entnazifizierungsverfahren für den öffentlichen Dienst als untragbar eingestuft worden sind, also Hauptschuldige und Belastete.

Artikel 131 Grundgesetz
(Rechtsverhältnisse ehemaliger Angehöriger des öffentlichen Dienstes)
Die Rechtsverhältnisse von Personen einschließlich der Flüchtlinge und Vertriebenen, die am 8. Mai 1945 im öffentlichen Dienste standen, aus anderen als beamten- oder tarifrechtlichen Gründen ausgeschieden sind und bisher nicht oder nicht ihrer früheren Stellung entsprechend verwendet werden, sind durch Bundesgesetz zu regeln. Entsprechendes gilt für Personen einschließlich der Flüchtlinge und Vertriebenen, die am 8. Mai 1945 versorgungsberechtigt waren und aus anderen als beamten- oder tarifrechtlichen Gründen keine oder keine entsprechende Versorgung mehr erhalten. Bis zum Inkrafttreten des Bundesgesetzes können vorbehaltlich anderweitiger landesrechtlicher Regelung Rechtsansprüche nicht geltend gemacht werden.

Zur Vorgeschichte des Artikels 131 Grundgesetz (Aus dem Urteil des Bundesverfassungsgerichts vom 17. 12. 1953)

,, Der Redaktionsausschuß des Parlamentarischen Rates schlug mit der Drucksache Nr. 374 vom 16. Dezember 1948 eine Bestimmung vor, die ein Recht auf Wiedereinstellung ausdrücklich versagte und die Regelung der vermögensrechtlichen Ansprüche einem Bundesgesetz überließ.
Das gesamte Problem wurde ausführlich in der 30. Sitzung des Organisationsausschusses vom 13. Januar 1949 erörtert. Hierbei wies der Abgeordnete Dr. Dehler (S. 54) zur ratio des Entwurfs darauf hin, daß der Beamte einen doppelten Anspruch, auf das Amt und auf das Gehalt, habe. Es solle ganz allgemein geklärt werden, daß »niemand, der am 8. Mai 1945 Beamter und am Ende Beamter Hitlers war, ... einen Anspruch auf das Amt« habe, daß »aber seine vermögensrechtlichen Ansprüche ... auf diesem Wege irgendwie geregelt werden« sollten. Der Abgeordnete Mücke sprach sich dahin aus, daß man von einer »Wiedereinstellung« nicht reden könne, da die Beamtenrechte in der Regel nicht untergegangen seien. Auf seinen Vorschlag einigte man sich dahin, durch eine Rahmenvorschrift im Grundgesetz die Regelung der Rechtsverhältnisse einem Bundesgesetz zu überlassen, jedoch die Frage der Wiedereinstellung nicht ausdrücklich zu erwähnen. Dementsprechend legte ein Unterausschuß einen Entwurf vor, der im wesentlichen der endgültigen Fassung entsprach und in den folgenden Beratungen durch Berücksichtigung der Flüchtlinge, der Angestellten und Arbeiter sowie durch Aufnahme einer Sperrvorschrift für die gerichtliche Geltendmachung ergänzt wurde.
In der folgenden 40. Sitzung des Hauptausschusses vom 14. Januar 1949 betonte der Abgeordnete Dr. Lehr (StenBer. S. 493), daß zu der in der Beamtenschaft entstandenen Beunruhigung kein Anlaß vorliege, daß die vorgesehene Fassung jedoch auf die Vermeidung einer untragbaren finanziellen Belastung des Bundes Rücksicht nehme. Der Sachverständige Dr. Ringelmann hob hervor, daß die von der Militärregierung aus dem Dienst entfernten Personen in der amerikanischen Besatzungszone keinen Anspruch auf Wiedereinstellung hätten, da sie nach der Kontrollrats-Direktive Nr. 24 aller ihrer Rechte verlustig gegangen seien und die Militärpersonen auf Grund des Kontrollratsgesetzes Nr. 34 ihre Rechtsansprüche verloren hätten. Der Abgeordnete Zinn wies insbesondere darauf hin, daß die Beamten vor dem 8. Mai 1945 in einem persönlichen Treueverhältnis zu Hitler gestanden hätten, so daß ein Anspruch auf Wiedereinstellung nicht anerkannt werden könne und in vermögensrechtlicher Hinsicht nur ein Ausgleich in Betracht komme.
Für die dritte Lesung des Hauptausschusses empfahl der Allgemeine Redaktionsausschuß (Drs. 543 vom 25. Januar 1949) erneut, ein Recht auf Wiedereinstellung ausdrücklich zu versagen und andere Ansprüche aus einer Beschäftigung im öffentlichen Dienst vor dem 8. Mai 1945 durch Bundesgesetz »neu« regeln zu lassen. Hiermit seien alle auf eine Beschäftigung im öffentlichen Dienst vor dem 8. Mai 1945 gegründeten Ansprüche erfaßt, gleichgültig, ob das Dienstverhältnis am 8. Mai 1945 oder vor diesem Zeitpunkt erloschen sei. Entgegen diesem Vorschlag verblieb es im Ergebnis bei der ursprünglichen Fassung des Organisationsausschusses ... ,,

Quelle: BVerGE, 3, Nr. 10, S. 77 ff.

Dr. Dr. Heinemann, Bundesminister des Innern:

,, Bei den Personen, die unter den Art. 131 fallen, handelt es sich um Menschen, denen auch ich in vollem Maße zubillige, daß sie ein Leben der Pflichterfüllung im öffentlichen Dienst geführt haben. Weder den Beamten noch den Angehörigen der Wehrmacht wird dies seitens der Bundesregierung abgesprochen. Die Bundesregierung war und ist daher bestrebt, diesen Personen nach besten Kräften zu helfen und ihnen zuzuwenden, was ihnen nur zugewendet werden kann. ,,

Quelle: Protokoll des Dt. BT. vom 13. 9. 1950, S. 3142

Der Rechtsanspruch auf Wiedereinstellung

Land	Anzahl der wiederverwendeten Richter bzw. Staatsanwälte des VGH	Zeitpunkt des Ausscheidens	Status	Land	Anzahl der wiederverwendeten Richter bzw. Staatsanwälte des VGH	Zeitpunkt des Ausscheidens	Status
Baden-Württemberg	1	−28.02.1972	AGDir	Niedersachsen	1	−31.12.1967	
	1	−04.06.1964	AGR		1	−31.03.1976	
	1	−20.11.1964	OStA		1	−15.11.1960	
	1	−30.06.1969	AGDir		1	−31.07.1950	
	1	−31.01.1971	OLGRat		1	−31.12.1964	
	1	−31.10.1962	LGRat		1	−31.01.1969	
	1	−30.11.1967	LGDir		1	−31.10.1962	
	1	−28.02.1962	LGRat	Nordrhein-Westfalen	2	−1961	
	1	−30.06.1974	LGDir		2	−1962	
	1	−31.10.1975	AGDir		4	−1963	
	1	−30.06.1974	OLGRat		3	−1964	
	1	−20.07.1960	LGRat		2	−1966	
Bayern	8	−1962−1971			3	−1967	
	3	−1972, 1973, 1976			1	−1968	
Berlin	1	−31.03.1960	StA		2	−1969	
	1	−31.03.1960	OStA	Rheinland-Pfalz	1	−1.07.1960	OLGRat
	1	−31.12.1961	LGR		1	−1.02.1969	EStA
	1	−31.07.1969	OStA		1	−1.10.1955	LGDir
	1	−31.03.1979	KGRat	Saarland	1	−31.07.1962	LGDir
Bremen	1	−31.10.1968	OStA		1	−30.11.1963	SenPräs
Hamburg	1	−30.11.1971	OStA	Schleswig-Holstein	1	−25.06.1954	StA
	1	−30.04.1965	LGDir		1	−01.06.1959	StA
	1	−31.10.1962	OStA		1	−08.02.1951	StA
Hessen	1	−30.08.1964	LGD		1	−31.12.1956	Hilfsrichter
	1	−31.07.1966	OStA	Bund	1	−30.04.1972	SenPräs beim BPatG
	1	−31.03.1966	LGR				
	1	−01.04.1959	AGR				

Quelle: Akten des BMJ

Präsident Dr. Ehlers:

„Meine Damen und Herren, ich würde vorschlagen, daß diese Frage nicht hier, sondern unmittelbar in Verbindung mit dem Bundesfinanzministerium erörtert wird. Oder wünscht der Herr Bundesfinanzminister eine Erklärung dazu abzugeben? – Das ist nicht der Fall.
Ich komme zur Abstimmung über den Entschließungsantrag der Fraktion der FDP Umdruck Nr. 142. Ich bitte die Damen und Herren, die dieser Entschließung zuzustimmen wünschen, eine Hand zu erheben. – Ich bitte um die Gegenprobe. – Die Entschließung ist angenommen.

Meine Damen und Herren, damit komme ich zur Schlußabstimmung über den Entwurf eines Gesetzes zur Regelung der Rechtsverhältnisse der unter Art. 131 des Grundgesetzes fallenden Personen. Ich bitte die Damen und Herren, die dem Gesetzentwurf in seiner Gesamtheit zuzustimmen wünschen, eine Hand zu erheben. – Ich bitte um die Gegenprobe. – Enthaltungen? – Ich stelle fest, daß das Gesetz einstimmig bei zwei Enthaltungen angenommen worden ist ..."

Quelle: Protokoll des Dt. BT. vom 10.4.1951, S. 5110

Damit geht das Gesetz erheblich über die auf Länderebene bestehenden Regelungen hinaus, die im Grundsatz nur Nichtbetroffenen, allenfalls den Entlasteten einen Anspruch auf Wiedereinstellung zubilligen. Von den Justizjuristen fällt wohl kaum einer unter die Ausnahmen des Gesetzes: Selbst Staatssekretär a. D. Schlegelberger – in Nürnberg zu lebenslänglicher Gefängnisstrafe verurteilt – oder Richter des Volksgerichtshofs gehen aus den Entnazifizierungsverfahren als »entlastet« hervor; sie können – falls noch gewünscht und erforderlich – Rechte aus dem Gesetz zu Artikel 131 Grundgesetz in Anspruch nehmen, insbesondere in den Justizdienst zurückkehren.

So bezieht u. a. Schlegelberger aufgrund des G 131 »ganz normal« sein Ruhegehalt als Staatssekretär a. D. Das Nürnberger Urteil gibt offensichtlich keine Veranlassung zu dienstrechtlichen Maßnahmen. Erst 1959 entschließen sich die zuständigen schleswig-holsteinischen Behörden nach parlamentarischen Anfragen und öffentlicher Kritik zum Handeln: Schlegelberger soll kein weiteres Ruhegehalt beziehen. Durch drei Instanzen geht der Rechtsstreit zwischen Schlegelberger und dem Land Schleswig-Holstein. Vor dem Bundesverwaltungsgericht kommt es zu einem Vergleich: Schlegelberger verzichtet auf seine Rechte aus dem G 131 und wird finanziell entschädigt.

Das G 131 bildet den Schlußstein im Wiederaufbau der bundesdeutschen Justiz. Die personelle Kontinuität, die die Entnazifizierung hat verhindern wollen, findet nun hier ihre rechtliche Absicherung. Die »131er« überrunden endgültig die »45er«, wie es in der Sprache der Zeit heißt.

Weh dir, Staatsbürger...

„... daß du kein Nazi warst. Oberbürgermeister von Hitlers Gnaden müßte man halt gewesen sein. So hat dieser Tage das Verwaltungsgericht Frankfurt dem 125er Pg Dr. Helmuth Schranz, während der 12 Hitlerjahre Oberbürgermeister der Stadt Offenbach, zum Siege nach dem 131er Gesetz verholfen: Ein Übergangsgehalt mit Rückwirkung ab April 1951, prächtige Nachzahlungen in sich schließend, und vom 65. Lebensjahr an eine Ministerialratspension; das ist die Ausbeute für Herrn Schranz, der inzwischen längst als DP-Abgeordneter den Bundestag schmückt.

Man könnte dem Fall beliebig noch krassere an die Seite stellen: etwa den gemeingefährlichen NS-Staatssekretär aus dem weiland Reichsjustizministerium Dr. Curt Rothenberger, der vorher schon in Hamburg als Justizsenator die Rechtspflege zu einem Exerzierplatz der Willkür gemacht hatte und beispielsweise einen aufrechten Landgerichtsrat, der darauf bestand, ein Strafverfahren gegen einen Parteiführer über die Bühne gehen zu lassen kurzerhand aus dem Amt feuern ließ. Heute bezieht Herr Rothenberger monatlich 2.073,- Mark Pension und hat seit 1950 insgesamt 190.726,48 Mark aus dieser Einnahmequelle der Demokratie und ihren Steuerzahlern abgezapft. Sein weiland Amtsbruder Schlegelberger aus dem Reichsjustizministerium, ebenfalls zutiefst für die Rechtlosigkeit des Dritten Reichs mitverantwortlich, stellt sich immerhin auch auf 2.050,- Mark Monatspension, während der blutrünstige Ankläger von Freislers Volksgerichtshof, Oberreichsanwalt Lautz, schon fast eine Art politisch Verfolgter ist, hat man doch seine Pension von 1.347,- Mark auf lächerliche 1.000,- Mark monatlich herabgesetzt.

Insgesamt sind diese Dinge – wir haben uns nur auf ein paar Beispiele beschränkt – mehr als nur ein Skandal, wenn auch ein durch das Gesetz gedeckter.

Im Einzelfall ist oft nur schwer auseinanderzuhalten, was bedenklicher ist: Die Weitmaschigkeit des 131er-Gesetzes oder manche richterliche Praxis bei seiner Anwendung.
M.-M. jr."

Quelle: Süddeutsche Zeitung vom 22. Mai 1959

Kleine Anfrage
der Fraktion der SPD

betr. **Schlegelberger**

Wir fragen die Bundesregierung:

1. Warum hat die Bundesregierung nicht unverzüglich die Einleitung eines förmlichen, mit der Einbehaltung von Ruhegehaltsbezügen verbundenen Disziplinarverfahrens gegen Schlegelberger veranlaßt, obwohl bekannt war, daß er aus berechtigten Gründen zu lebenslänglicher Strafhaft verurteilt worden ist und obwohl die Bundesregierung ausweislich ihrer Antwort vom 20. April 1959 – Drucksache 1022 – über sein in der Kleinen Anfrage – Drucksache 951 – wiedergegebenes Schreiben vom 29. Oktober 1941 unterrichtet war?

2. Wie hoch sind Schlegelbergers Bruttobezüge im Monat?

3. Welcher Gesamtbetrag an Ruhegehalt ist bisher an Schlegelberger ausgezahlt?

4. Wie gedenkt die Bundesregierung sicherzustellen, daß aus allgemein bekannten Geschichtstatsachen, wie der Mitverantwortung von Schlegelberger und Lautz für nationalsozialistische Bluttaten, alsbald von Amts wegen die dienstrechtlichen Folgerungen gezogen werden?

5. Ist sich die Bundesregierung nicht bewußt, daß es die Rechtsstaatlichkeit und das Ansehen der Bundesrepublik Deutschland beeinträchtigt, wenn solche dienstrechtlichen Maßnahmen jeweils erst verspätet und nur nach öffentlicher Kritik getroffen werden?

6. Wird die Bundesregierung darauf hinwirken, daß die Beamten, die es versäumten, die gesetzlich zulässigen und begründeten Maßnahmen des Disziplinarrechts zu treffen, für den daraus entstandenen Schaden ersatzpflichtig gemacht werden?

Bonn, den 5. Mai 1959

Ollenhauer und Fraktion

Schlegelberger wird Einspruch einlegen

„Flensburg, 10. September (dpa). – Der 83jährige Dr. Franz Schlegelberger, ehemaliger Staatssekretär und zeitweiliger geschäftsführender Reichsjustizminister (1941/1942), wird Einspruch gegen die Aberkennung seiner Pension erheben.

Dies teilte sein Sohn, der Flensburger Landrat Dr. Hartwig Schlegelberger, der als CDU-Landtagsabgeordneter auch Vorsitzender des Finanzausschusses des schleswig-holsteinischen Landesparlaments ist, auf die Entscheidung des schleswig-holsteinischen Finanzministers, Schäfer, mit. Der Minister hatte dem ehemaligen Staatssekretär die Pensionsrechte nach dem 131er-Gesetz aberkannt. Schlegelberger erhielt seit April 1951 eine Pension von monatlich rund 2000 Mark."

Quelle: Frankfurter Neue Presse vom 11. September 1959

3. Das Nachhutgefecht

Das G 131 wird zwar den Vorstellungen der Betroffenen weitgehend gerecht, in einigen Bereichen sind aber dennoch Schlechterstellungen nicht zu vermeiden. Dem Wunschbild vieler, so zu tun, als habe es den 8. Mai und seine Vorgeschichte nicht gegeben, entspricht das Gesetz daher nicht. Zu den finanziellen Einbußen kommt die Enttäuschung, daß der Bundestag die Kontinuität der Beamtenverhältnisse eben nicht ausdrücklich bestätigt hat. Liegt daran vielleicht ein versteckter Vorwurf, eine gewisse Zurückhaltung gegenüber dem öffentlichen Dienst?

Vor diesem Hintergrund kommt es zu einer ganzen Zahl von Verfassungsbeschwerden gegen das Gesetz und einer in der Justizgeschichte der Bundesrepublik Deutschland einmaligen Konfrontation zwischen dem Bundesverfassungsgericht und dem Bundesgerichtshof.

Die Verfassungsbeschwerden – ebenso wie der Bundesgerichtshof – gehen stets davon aus, daß die Beamten- und Versorgungsverhältnisse den Zusammenbruch des Dritten Reichs unberührt überdauert hätten und die Bundesrepublik wegen rechtlicher Identität mit dem Deutschen Reich aus jenen Rechtsverhältnissen verpflichtet sei. Die Schlechterstellungen, die das G 131 vorsieht, seien daher verfassungswidrig.

Im Gegensatz zum Parlamentarischen Rat, der ersten Bundesregierung und dem damaligen Bundestag weicht das Bundesverfassungsgericht der Beantwortung der politischen Kernfrage nicht aus. In seiner ersten Entscheidung zu diesem Problemkreis setzt sich das Gericht ausführlich mit der »politisch historischen und ... staatsrechtlichen Bedeutung« der Ereignisse vom Mai 1945 für den öffentlichen Dienst auseinander. Es kommt zu dem ungewöhnlichen Ergebnis, daß alle Beamtenverhältnisse am 8. Mai 1945 erloschen sind – eine absolute Mindermeinung in Literatur, Rechtsprechung und politischer Diskussion. Schon dieser Urteilsausspruch mit bindender Wirkung für die übrigen Verfassungsorgane des Bundes und der Länder sowie alle Gerichte und Behörden wird als Angriff auf die Beamtenschaft verstanden. Noch gravierender sind aber die Gründe, die das Gericht auf rund 100 Seiten für seine Entscheidung anführt. Im Gegensatz zu der mit eindeutiger Tendenz geführten Diskussion, inwieweit Maßnahmen der Alliierten (vor allem: Kontrollratsdirektive Nr. 24) auf den Bestand von Beamtenverhältnissen eingewirkt haben könnten, stellt das Verfassungsgericht nicht auf alliiertes Handeln ab. Nach seiner Auffassung hat das Beamtenverhältnis im Dritten Reich vor allem durch die Zerstörung seiner parteipolitischen Neutralität und die gleichzeitige Ausrichtung an der NS-Ideologie, durch das besondere Vertrauensverhältnis jedes einzelnen Beamten zu Hitler und seiner Verpflichtung, den Willen des von der NSDAP getragenen Staates zu vollstrecken, eine derart »tiefgehende, sein Wesen berührende Umgestaltung« erfahren, daß die Beamtenverhältnisse insgesamt mit dem Zusammenbruch des NS-Staates erloschen seien. Das Gericht läßt das Argument nicht gelten, 1945 habe es sich – wie 1918 – um einen bloßen Wechsel in der Staatsform gehandelt, und hält auch den Hinweis nicht für überzeugend, im Deutschen Beamtengesetz von 1937 sei der Zusammenbruch des Staates nicht als einer der Beendigungsgründe für ein Beamtenverhältnis aufgeführt.

Der Rechtsanspruch auf Wiedereinstellung

Auszug aus dem Urteil des Bundesverfassungsgerichts vom 17. Dezember 1953

Nr. 10
1. [...]
2. Alle Beamtenverhältnisse sind am 8. Mai 1945 erloschen.
3. Art. 129 WRV hat im nationalsozialistischen Staat seine Verfassungskraft verloren und sie auch später nicht wiedererlangt...
4. [...]

Urteil des Ersten Senats vom 17. Dezember 1953 – 1 BvR 147/52 in dem Verfahren über die Verfassungsbeschwerden des Ersten Staatsanwalts z. Wv. Dr. Ke. und 33 anderer Beschwerdeführer (Beamte und Versorgungsempfänger) gegen das Gesetz zur Regelung der Rechtsverhältnisse der unter Art. 131 GG fallenden Personen vom 11. Mai 1951 (BGBl. I. S. 307)
Entscheidungsformel:
Die Verfassungsbeschwerden werden zurückgewiesen.

Quelle: BVerGE 3, S. 58, 60

Abbildung 220
Der Präsident des Bundesgerichtshofs, Hermann Weinkauff

Abbildung 219
Der erste Präsident des Bundesverfassungsgerichts, Hermann Hoepker-Aschoff

Abbildung 221
Der Präsident des Bundesverfassungsgerichts, Josef Wintrich

Das Bundesverfassungsgericht setzt Maßstäbe in einer Diskussion, die mit großem Engagement am politischen Kern vorbeigeführt wird. Da sein Urteil die herrschende Auffassung vom Fortbestand der Beamtenverhältnisse schlicht verwirft und zudem die Grundlagen des Berufsbeamtentums kritisch würdigt, ist mit Beifall kaum zu rechnen. Dennoch überrascht die massive Kritik, die das Urteil in der interessierten Öffentlichkeit erfährt. Die Kritiker werfen dem Gericht vor allem vor, es habe die Verhältnisse während der NS-Zeit zumindest hinsichtlich des Berufsbeamtentums in rechtlicher und tatsächlicher Hinsicht unzutreffend gewürdigt; insbesondere seien »nationalsozialistische Zierate« im Beamtenverhältnis überbetont worden. An der Spitze der Kritik steht der Bundesgerichtshof, dessen Großer Senat für Zivilsachen unter dem damaligen BGH-Präsidenten Weinkauff die bindende Rechtsauffassung des Bundesverfassungsgerichts nicht akzeptieren will. Der Bundesgerichtshof bestreitet eine tiefgreifende Wesensveränderung des Beamtentums unter der NS-Herrschaft, sieht eine »großen Teilen der Beamtenschaft terroristisch aufgezwungene ... Verpflichtung auf Hitler und Partei« und wirft dem Bundesverfassungsgericht vor, auf die unsichere Grundlage eines geschichtlichen Werturteils mit einer Fülle von Unsicherheitsfaktoren »eine so ungeheuer weittragende Rechtsfolge wie das Erlöschen aller Beamtenverhältnisse gestützt zu haben«.

Mit den Argumenten seiner Kritiker setzt sich das Bundesverfassungsgericht in einer weiteren Entscheidung ausführlich auseinander. Vor allem aber belegt es die parteipolitische Ausrichtung und die Bedeutung der »nationalsozialistischen Zierate« im beruflichen Alltag des Beamten. Mit einer in ihrer Dichte beeindruckenden Darstellung von Unrecht in der »Alltagspraxis des Rechtslebens« zeigt das Gericht schließlich auf, daß die Beamtenschaft selbst in einem »immerhin beachtlichen Umfang die Pflicht zu jederzeitigem Eintreten für den Nationalsozialismus als gesetzliche Pflicht aus ihrem Beamtenverhältnis auch von sich aus ernst genommen und bejaht« hat.

Das Bundesverfassungsgericht bleibt weiterhin ein einsamer Rufer. Eine ehrliche Diskussion lösen seine Beschlüsse auch in der Justiz nicht aus. Die personelle Kontinuität ist stärker.

Der Bundesgerichtshof will die Entscheidung des Bundesverfassungsgerichts nicht akzeptieren; in einem Beschluß des Großen Senats für Zivilsachen vom 20. Mai 1954 heißt es u. a.:

> I.
> Ein automatisches Erlöschen der Beamtenrechtsverhältnisse kann jedoch weder für die am 8. Mai 1945 noch im Dienst gewesenen Beamten noch für diejenigen Personen angenommen werden, die in diesem Zeitpunkt bereits beamtenrechtliche Versorgungsempfänger waren ...
>
> II.
> Gleichwohl kommt das Bundesverfassungsgericht zu dem Ergebnis, daß diese Rechtsverhältnisse den Zusammenbruch Deutschlands nicht hätten überdauern können, und zwar im wesentlichen deshalb, weil das Beamtenverhältnis selbst im nationalsozialistischen Staat »eine tiefgehende, sein Wesen berührende Umgestaltung erfahren« habe.
> [...]
> 1. Dazu ist zu bemerken: Der Satz, das Beamtenverhältnis überdauere den Wechsel der Staatsform, gilt um deswillen, weil das Rechtsverhältnis zwischen dem Staat als solchem, unabhängig von seiner Staatsform, und dem Beamten besteht, der sich dem Staate gegenüber für sein ganzes Leben bindet und ihm lebenslang alle seine Kräfte zur Verfügung stellt, wofür ihm der Staat wiederum lebenslange Treue und die lebenslange Gewährung ausreichenden Unterhalts für ihn und seine Familie schuldet. Der Satz beruht auch darauf, daß das Beamtentum verwaltende und rechtsprechende, nicht aber im eigentlichen Sinne politische Funktionen hat, also Funktionen, die der Staat als solcher immer übt und die weitgehend unabhängig sind von seiner wechselnden Erscheinungsform und den in diesem Wechsel sich ausdrückenden politischen Kräften. Deswegen ist der Staat als solcher, nicht der Staat in irgendeiner bestimmten organisatorischen Verfassung, gebunden. Das ist der rechtliche Kern des Beamtenrechtsverhältnisses. [...]
> a) Die sogenannte »Entrechtung« der Beamten konnte jedenfalls die Rechtsfolge nicht herbeiführen, daß auf Grund ihrer alle Beamtenrechtsverhältnisse mit dem Niederbruch des Nationalsozialismus automatisch endeten. Soweit die Beamtenschutzrechte in ihrer positivrechtlichen Form (etwa Art. 129 WeimRVerf) vom Staat lediglich rechtswirksam abgeschwächt wurden, konnte diese Beeinträchtigung der Beamtenrechte die wesensmäßige Bindung der beiden Träger des Beamtenrechtsverhältnisses nicht berühren. Denn diese Bindung wäre vorhanden und müßte fortdauern, solange die Träger des Beamtenrechtsverhältnisses fortbestehen, selbst wenn Art. 129 WeimRVerf niemals als Verfassungsnorm gegolten hätte.
> Soweit die Entrechtung der Beamten jedoch weiterging und gegen sog. echte Grundrechte, also gegen übergeordnetes Recht verstieß, das auch der nationalsozialistische Gesetzgeber rechtlich nicht antasten konnte, entbehrten diese Maßnahmen, selbst soweit sie in das äußere Gewand von Rechtsnormen gekleidet waren, jeglicher Rechtsgültigkeit und damit der Eignung, in irgendeiner Weise auf den Rechtsgehalt oder gar den Bestand der Beamtenrechtsverhältnisse einzuwirken. Diese Grenze war z. B. bei der Reichstagsrede Hitlers vom 26. April 1942, die es unternahm, die Beamten völlig rechtlos zu stellen, sowie bei zahlreichen anderen Maßnahmen überschritten, insbesondere bei allen jenen, die unter der Drohung der wirtschaftlichen Existenzvernichtung oder unter der offenen oder latenten Drohung des Konzentrationslagers Gesinnungszwang übten (Verstoß gegen das Grundrecht der menschlichen Selbstbestimmung) oder persönliche, für die Aufrechterhaltung der Existenz unentbehrliche Vermögensrechte entzogen (Verstoß gegen die übergesetzliche Eigentumsgarantie). Die tatsächliche Durchsetzung ungültigen und verbrecherischen »Rechts« hatte zwar einen Zustand dauernder unrechtmäßiger Gewaltausübung hervorgebracht. Unrecht, gekleidet in das formale Gewand von Gesetzesbestimmungen, kann aber auch durch eine sog. »soziologische« Geltung (d. h. wohl durch seine tatsächliche, eine gewisse Zeit hindurch fortgesetzte Durchsetzung und ihre tatsächlichen Folgen) nicht zu Recht werden. Nackte Gewalt setzt nicht Recht und zerstört auch nicht Recht. Ex iniuria non oritur ius.
> Daß die gegenteilige Auffassung nicht Rechtens sein kann, beweist allein schon die sich hieraus ergebende Konsequenz: Die von dem Terror Betroffenen, hier die Beamten in ihrer großen Mehrheit, müssen die Folgen von Unrechtsmaßnahmen tragen, obwohl sie gerade die Opfer dieser Maßnahmen waren. Das führt im praktischen Ergebnis zu einer mit rechtsstaatlichem Denken unvereinbaren Kollektivhaftung, die sich sogar auf versorgungsberechtigte Frauen und Kinder erstrecken würde. Es führt weiter dazu, daß schließlich das Ausmaß des Terrors über Bestand oder Nichtbestand von Rechten entscheidet. Denn die Terroristen verlieren umso eher ihre Rechte, je stärker der Terror war, der gegen sie ausgeübt wurde. Sie behalten aber ihre Rechte, wenn sie

nur einem geringeren Grad von Terror ausgesetzt waren (vgl. das sog. Soldatenurteil BVerfGE 3.288/305 ff).
b) Für seine Auffassung, daß der deutsche Beamte im nationalsozialistischen Staat völlig »gleichgeschaltet«, d. h. wenn auch vielleicht nicht immer rechtlich, so doch tatsächlich allein auf den »Führer« und seine Partei ausgerichtet worden sei, und daß diese veränderte Grundpflicht des Beamten dem Beamtenverhältnis nunmehr das besondere rechtliche Gepräge gegeben habe, stützt sich das Beamtenurteil auf zahlreiche Aussprüche des Führerstaates, die sich teils in Gesetzen, Verordnungen, Anordnungen, teils aber auch in Führererlassen sowie in dem Reichstagsbeschluß vom 26. April 1942 finden. Diese Äußerungen spiegeln sich wieder in Auslassungen des beamtenrechtlichen Schrifttums der damaligen Zeit (z. T. auch in der Praxis einiger Disziplinargerichte), die das Urteil im einzelnen anführt. Bei dieser Beurteilung handelt es sich nicht um ein rechtliches, sondern um ein geschichtliches Werturteil, eine historische Rückschau, die äußerst schwierig und mit einer Fülle von Unsicherheitsfaktoren belastet ist. Auf eine so unsichere Grundlage kann eine so ungeheuer weittragende Rechtsfolge wie das Erlöschen aller Beamtenverhältnisse (dann aber folgerichtiger Weise auch das Erlöschen aller Versorgungsverhältnisse) nicht gestützt werden.

Nach Auffassung des Großen Senates kann dem historischen Werturteil des Bundesverfassungsgerichts nicht beigepflichtet werden. Der überwiegende Teil der deutschen Beamten fühlte sich nach wie vor trotz des schimpflichen, rechtswidrigen Druckes, der auf ihm lastete, in erster Linie dem Staate und seinen legitimen Aufgaben verpflichtet und nahm sein Amt in dieser Gesinnung wahr. Die Bindung an Hitler persönlich konnte zu Anfang und eine gewisse Zeit hindurch als eine Bindung an das oberste Staatsorgan verstanden werden, zumal das geltende Beamtengesetz den Beamten ausdrücklich auch auf den Staat verpflichtete, die Bindung an die Partei zunächst als die Respektierung einer politischen Mehrheitsentscheidung der Nation.

Als sich aber die verbrecherischen Ziele und Methoden des Nationalsozialismus allmählich immer mehr enthüllten, wurde diese aufgezwungene Bindung überwiegend nur unwillig, unter scharfer innerer Ablehnung und unter schärfstem Terror ertragen. Die einseitige Vorstellung, ja das Wunschbild, das die nationalsozialistischen Machthaber vom deutschen Beamten hatten und das sie in ihren Anordnungen und Praktiken gewaltsam und rechtswidrig durchzusetzen suchten, stand überwiegend im Widerspruch zur Wirklichkeit.

Indessen kommt es auf diese Unterschiede in der historischen Beurteilung der tatsächlichen Lage nicht entscheidend an, weil selbst unter Zugrundelegung des vom Bundesverfassungsgericht angenommenen Sachverhaltes den rechtlichen Folgerungen, die hieraus gezogen werden, keinesfalls beigetreten werden kann. Das automatische Erlöschen des Beamtenrechtsverhältnisses mit dem Fortfall des nationalsozialistischen Regimes wäre höchstens dann gerechtfertigt, wenn eine wesensmäßige Entartung des Berufsbeamtentums als Institution eingetreten wäre, d. h., wenn es dem damaligen Träger der Staatsgewalt tatsächlich gelungen wäre, das Beamtentum als Ganzes in einer echten, von ihm innerlich frei bejahten Weise statt auf den Staat als solchen und auf seine legitimen Aufgaben völlig auf ihn persönlich, seine vom Recht mißbilligten und weithin verbrecherischen Ziele und Zwecke und auf das nur ihm und seinen Zielen dienende Machtinstrument der NSDAP zu verpflichten und auszurichten, sowie diesen Zustand eine nicht unbeträchtliche Zeit hindurch aufrecht zu erhalten. Dann könnte man in der Tat die Frage aufwerfen, ob die Institution des Beamtentums als solche in ihrem Wesenskern zerstört worden wäre mit der Folge, daß es den Zusammenbruch des Deutschen Reiches nicht hätte überleben können. Von einem solchen Tatbestand geht aber das Bundesverfassungsgericht selbst nicht aus. Es betont vielmehr, daß nicht entfernt alle Beamten innerlich mit dem Nationalsozialismus sympathisierten, daß – abgesehen von den überzeugten Nationalsozialisten und den bewußten Opportunisten – zahlreiche Beamte nur deshalb »positiv« mitgearbeitet hätten, weil sie glaubten, sich der Entwicklung der politischen Verhältnisse aus übergeordneten Gesichtspunkten heraus nicht entgegenstellen zu dürfen oder weil sie aus besonderem Pflichtgefühl heraus »Schlimmeres zu verhüten« meinten. Neben nationalsozialistischen Schädlingen hätten zahlreiche Beamte ihren Dienst in treuer und sachlicher Arbeit zum wirklichen Wohl der Allgemeinheit geleistet, während wieder andere im Rahmen des Möglichen dem Nationalsozialismus sogar Widerstand entgegenzusetzen versuchten. Muß aber von einer solchen tatsächlichen Lage ausgegangen werden, so erscheint es rechtlich unvertretbar, aus der großen Teilen der Beamtenschaft terroristisch aufgezwungenen, äußeren, persönlichen Verpflichtung auf Hitler und die Partei eine innere Umgestaltung des Beamtenrechtsverhältnisses als solchem anzunehmen und daraus eine wesensmäßige Entartung der ganzen Institution zu folgern. Im Sinne des Rechtes blieben sich der Staat, dessen legitime Aufgaben fortbestanden und der in diesem wahren, inneren Kern von dem nationalsozialistischen Terror nicht berührt wurde, und das Beamtentum, soweit es sich innerlich und in Erfüllung dieser legitimen Staatsaufgaben dem Terror nicht beugte, weiterhin gegenseitig verpflichtet. Aus dem Mißbrauch der Staatsgewalt gegenüber den Beamten kann nicht das Erlöschen aller Beamtenverhältnisse gefolgert werden. Vielmehr kann eine solche mißbräuchliche Handhabung der Staatsgewalt nur zur Folge haben, daß diejenigen Einzelnen, die sich mißbrauchen ließen, nun persönlich für ihr Verhalten einzustehen haben und zur Rechenschaft gezogen werden können. Die Unrechtsmaßnahmen der nationalsozialistischen Führung vermochten nicht eine – ihre Existenz in Frage stellende – Entartung des Beamtentums als Institution herbeizuführen; diese Rechtsinstitution konnte bei der geschilderten Sachlage nur durch gültige Rechtsetzung, nicht aber durch tatsächliche Unrechtsmaßnahmen in ihrem rechtlichen Gehalt umgeformt werden. Die gegenteilige Ansicht muß zwangsläufig zur Annahme einer Rechtsverwirkung aus dem Gedanken der Kollektivschuld führen. Das aber ist mit rechtsstaatlichem Denken nicht vereinbar.

War hiernach das Beamtentum als Institution nicht zerstört oder in seinem Wesensgehalt berührt, so hatte der neu geformte demokratische Staat allerdings das Recht, aber auch nur das Recht, zu prüfen, ob der einzelne Beamte durch sein eigenes Verhalten unter dem Nationalsozialismus seinen Beamtenstatus verwirkt hat. Er konnte in einem rechtsstaatlich geordneten Verfahren untersuchen, ob der einzelne Beamte während der nationalsozialistischen Herrschaft gegen seine auch unter diesem Regime fortdauernden wahren Beamtenpflichten verstoßen hatte und konnte zu diesem Zweck auch entsprechende beamtenrechtliche Entlassungstatbestände schaffen. Er konnte sich aber nicht auf den Standpunkt stellen, alle Beamtenverhältnisse seien automatisch erloschen.

2. Der Große Senat kommt daher zu dem Ergebnis, daß der These von dem automatischen Erlöschen aller Beamtenrechtsverhältnisse infolge des Zusammenbruches des Deutschen Reiches nicht zugestimmt werden kann.
[...]

Der Große Senat hat nach alledem beschlossen, die ihm vorgelegte Frage des III. Zivilsenats unter Aussetzung des Verfahrens nunmehr gemäß Art. 100 Abs. 1 GrundG, § 80 BVerfGG dem Bundesverfassungsgericht zur Entscheidung vorzulegen. „

Quelle: BGHZ 13, S. 265, 292 ff.

Auszug aus dem Urteil des Bundesverfassungsgerichts vom 19. 2. 1957

„Wenn also der Richter bei der sachlichen Auswahl von Armenanwälten die von der Sache her gebotene Berücksichtigung einer bestimmten Personengruppe, nämlich der jüdischen Anwälte unterläßt, im Wege enger Zusammenarbeit mit der Polizei den sogenannten fremdvölkischen Angeklagten der Gestapo überweist, statt gegen ihn das Strafverfahren durchzuführen, bei der Spruchstelle über Ansprüche von Juden aus ihren besonderen Arbeitsverhältnissen entscheidet, in einem Geheimverfahren mit besonderen Beweisvorschriften über die nach dem Nacht- und Nebel-Erlaß verschleppten Personen urteilt, wenn der Staatsanwalt nahezu jede Strafverfolgung der Untaten bei den Judenpogromen vom Jahre 1938 innerhalb des gesamten Deutschen Reiches unterläßt, in Westfalen-Niederrhein die Verfolgung des Arbeitsvertragsbruchs unterläßt, da die Gestapo die betreffenden Ausländer verfolgt, wenn die Justizbehörde anstelle der Mitteilung an das Strafregister die Verurteilung von Nacht- und Nebel-Gefangenen in besonderen Geheimlisten zusammenfaßt, die Briefe der Nacht- und Nebel-Gefangenen nicht absendet, sondern in Verwahrung nimmt, den Angehörigen der Nacht- und Nebel-Gefangenen jede Auskunft verweigert, eine Benachrichtigung der Angehörigen vom Tode der Angeklagten unterläßt, die Leichname der Angeklagten der Gestapo übergibt, den Nachlaß der Angeklagten »bis auf weiteres« in Verwahrung nimmt, ...

so mag das alles, für sich betrachtet, im Rahmen »normaler« Staatstätigkeit, ordnungsmäßiger Erledigung der Geschäfte gelegen haben; ja, der einzelne Beamte mag sogar im Einzelfalle nach Kräften um Milderung drückender Unrechtsbestimmungen bemüht gewesen sein, der Richter des Sondergerichts mag in vielen Fällen milder geurteilt haben, ja freigesprochen haben. Alles das ändert nichts an folgender Überlegung:

Hätten die mit dem Vollzug solcher Bestimmungen betrauten Beamten die beamtengesetzlichen Bestimmungen über ihre Verpflichtung gegenüber dem Nationalsozialismus wirklich nur als bloße nationalsozialistische »Zierate« in einem sonst rechtsstaatlichen Beamtengesetz angesehen, also angenommen, daß sie auch im »Dritten Reich« kraft des Beamtengesetzes und somit durch den nationalsozialistischen Gesetzgeber selbst zur Treue ausschließlich gegenüber Volk und Staat als solchen verpflichtet gewesen seien, dann hätten sie sich gesetzlich für verhindert halten müssen, im Rahmen eines rechtsstaatlichen Beamtenverhältnisses an solchen Maßnahmen mitzuwirken, dann hätten sie ihrem Dienstherrn, also dem Staate gegenüber, vor jeder entsprechenden Amtshandlung darauf hinweisen müssen, daß hier ein unlösbarer Widerspruch in der Gesetzgebung vorhanden sei, sie insbesondere durch Erlasse und Verordnungen dazu veranlaßt werden sollten – auch soweit es sich nicht um unmittelbare Unrechtsbehandlungen handelte –, fortgesetzt gegen ihre gesetzliche Beamtenpflicht zu verstoßen.

Es wäre natürlich unbillig, ein solches Verlangen ernsthaft an die Beamten stellen zu wollen, aber doch nur deshalb, weil sie ihre beamtengesetzliche Pflicht – soweit sie nicht unmittelbar zu Unrechtshandlungen genötigt wurden – damals gar nicht anders auslegen konnten, als sie es durch Mitwirkung in der für nationalsozialistische Zwecke pervertierten Verwaltung getan haben. [...]

Gegenüber diesen Darlegungen, die die Annahme der Effektivität der nationalsozialistischen Prägung des Berufsbeamtenverhältnisses im »Dritten Reich« auf objektiv vorliegendes und nachprüfbares Material, nämlich auf die positiven Bestimmungen, ihre Auslegung in Theorie und Rechtsprechung, auf die Praxis der Verwaltung gegenüber den Beamten und auf die Amtsführung der Beamten selbst im Rahmen einer im ganzen rechtsstaatsfremden Verwaltung stützen, bleiben Betrachtungen am Rande des Problems, die, ohne sich auf mehr als auf allgemeine »Erscheinungen« oder »Eindrücke« aus der damaligen Zeit berufen zu können, darauf hinweisen, daß zwischen der »Beamtenschaft« einerseits und »den Funktionären der NSDAP« andererseits ein zäher Kampf bestanden habe, daß »die Beamten« sich »weitgehend« bemüht hätten, sich unmittelbaren Einwirkungen von Parteifunktionären auf ihre Tätigkeit zu entziehen, und daß »weite Kreise der Beamtenschaft« sich in ihrer Stellung im nationalsozialistischen Regime höchst unglücklich gefühlt hätten. Wenn die Kritik zu Gunsten der Beamtenschaft ausführt, daß viele Beamte »in neue Organisationsbereiche – Vierjahresplan, Todt, Speer – ausgewichen« seien (vgl. oben S. 146), so wird eben dadurch bewiesen, wie weit die Politisierung der »klassischen« Verwaltungen schon fortgeschritten war, denn diese Beamten waren offenbar zu der resignierenden Einsicht gelangt, daß eine Amtsführung aus reiner Staatsgesinnung heraus im Bereiche der »alten« Verwaltungen schlechterdings nicht mehr möglich war. Das Wunschbild Hitlers, alle Beamte sollten überzeugte Nationalsozialisten sein, ist in der Tat Wunschbild geblieben. Das Maß der Anhänglichkeit an nationalsozialistische Ideen mag innerhalb der verschiedenen Verwaltungszweige und auch – je nach den äußeren Erfolgen des Systems – in den einzelnen Zeitabschnitten der nationalsozialistischen Herrschaft sehr verschieden gewesen sein. Die Absicht aber, die Institution des Beamtentums gesetzlich und effektiv an den Staat in seiner Verschränkung mit dem Nationalsozialismus zu binden, hat Hitler durchgesetzt. Danach aber muß sich das Schicksal der Institution nach dem Zusammenbruch des Systems bemessen.

[...] Allerdings mag dem Urteil des Bundesverfassungsgerichts ein gewichtiges Präjudiz entnommen werden können, aber eben nur dahin, daß der trotz Wechsels der Staatsform identische Staat nicht schon deshalb auch für alle Zukunft einem Staatsfunktionär gegenüber verpflichtet ist, weil dieser unter der früheren Verfassung für denselben Staat rechtsprechende oder verwaltende Tätigkeit ausgeübt hat; vielmehr kommt es entscheidend darauf an, ob das konkrete Rechtsverhältnis, auf Grund dessen jener tätig war, sich in den Rahmen der neuen Verfassung einfügen läßt. Das aber ist für das nationalsozialistische Beamtenrechtsverhältnis, auf Grund dessen rechtsprechende und verwaltende Funktionen ausgeübt wurden, innerhalb der freiheitlich-demokratischen Grundordnung nicht der Fall.

Quelle: BVerGE, 6, S. 132, 193 ff.

4. Zum Beispiel: Generalbundesanwalt Fränkel

Im März 1962 wird Wolfgang Fränkel zum Generalbundesanwalt ernannt, ein ausgezeichneter Jurist mit guten Examina und überdurchschnittlichen Beurteilungen. Während der NS-Zeit ist er für einige Jahre als Hilfsarbeiter an die Reichsanwaltschaft beim Reichsgericht abgeordnet, das heißt an die oberste Anklagebehörde des Dritten Reiches. Hier bearbeitet er unter anderem Nichtigkeitsbeschwerden, jene Rechtsbehelfe, die 1940 eingeführt werden, um rechtskräftige Strafurteile der Amts-, Land- und Sondergerichte nachträglich korrigieren zu können. Zuständig für die Erhebung einer Nichtigkeitsbeschwerde ist der Oberreichsanwalt, dem das Reichsjustizministerium Weisung erteilen kann; über den Bestand des Urteils entscheidet das Reichsgericht. Häufig geht es um Leben und Tod: Hat zum Beispiel ein Sondergericht auf Todesstrafe erkannt, so können dem Verurteilten nur noch ein Gnadengesuch oder die Nichtigkeitsbeschwerde helfen; also appellieren Verteidigung und Verurteilter an die Reichsanwaltschaft, von dieser Möglichkeit Gebrauch zu machen. Ist aber ein Sondergericht »zu milde«, so kann z. B. die zuständige Staatsanwaltschaft beim Oberreichsanwalt die Erhebung der Nichtigkeitsbeschwerde anregen; entsprechende Anweisungen kommen auch vom Reichsjustizministerium. Es gehört zum Aufgabenbereich von Wolfgang Fränkel, Urteile zu bewerten und seinen Vorgesetzten Entscheidungsvorschläge zu unterbreiten.
Einige dieser Verfahren werden nun – nach seiner Ernennung zum Generalbundesanwalt – von der DDR veröffentlicht. Die Dokumente sind echt, und sie zeigen einen angepaßten Juristen. In den publi-

Abbildung 222
Am 30. März 1962 führt Bundesjustizminister Stammberger (links) den neuen Generalbundesanwalt Fränkel (rechts) feierlich in sein Amt ein.

zierten Fällen votiert er stets für Strafverschärfung (gleichbedeutend mit Todesstrafe) bzw. gegen die Erhebung der Nichtigkeitsbeschwerde zugunsten eines Todeskandidaten, was in einem Fall selbst von Freisler nicht für vertretbar angesehen wird.
Presse und öffentliche Meinung in der Bundesrepublik reagieren gereizt. Wolfgang Fränkel wird in den einstweiligen Ruhestand versetzt, »aus politischen Gründen«. Ein besonderes Gremium des Bundestages prüft die Dokumente und kommt zu dem Ergebnis, Fränkel habe seine Rechtspflichten nicht verletzt.

Abbildung 223
Aus: Christ und Welt vom 27. 7. 1962

[...]
**Artikel V
Nichtigkeitsbeschwerde des Oberreichsanwalts**

§ 34
Voraussetzungen der Nichtigkeitsbeschwerde

Gegen rechtskräftige Urteile des Amtsrichters, der Strafkammer und des Sondergerichts kann der Oberreichsanwalt beim Reichsgericht binnen einem Jahr nach Eintritt der Rechtskraft Nichtigkeitsbeschwerde erheben, wenn das Urteil wegen eines Fehlers bei der Anwendung des Rechts auf die festgestellten Tatsachen ungerecht ist.

§ 35
Entscheidung über die Nichtigkeitsbeschwerde

(1) Die Nichtigkeitsbeschwerde wird beim Reichsgericht schriftlich eingelegt. Dieses entscheidet über sie auf Grund einer Hauptverhandlung durch Urteil; es kann mit Zustimmung des Oberreichsanwalts auch ohne Hauptverhandlung durch Beschluß entscheiden.

(2) Das Reichsgericht kann einen Aufschub oder eine Unterbrechung der Vollstreckung anordnen. Es kann bereits vor der Entscheidung über die Nichtigkeitsbeschwerde Haftbefehl oder Unterbringungsbefehl erlassen. Außerhalb der Hauptverhandlung entscheidet hierüber vorbehaltlich der Vorschrift des § 124 Abs. 3 der Reichsstrafprozeßordnung der Strafsenat in der Besetzung von drei Mitgliedern mit Einschluß des Vorsitzers.

(3) Entscheidet das Reichsgericht auf Grund einer Hauptverhandlung, so gelten die §§ 350, 351 der Reichsstrafprozeßordnung entsprechend. Der Vorsitzer kann das persönliche Erscheinen des Angeklagten anordnen.

(4) Hebt das Reichsgericht das angefochtene Urteil auf, so kann es in der Sache selbst entscheiden, wenn die tatsächlichen Feststellungen des angefochtenen Urteils dazu ausreichen; sonst verweist es die Sache zu neuer Verhandlung und Entscheidung an das Gericht, dessen Urteil aufgehoben wird, oder an ein anderes Gericht zurück.

§ 36
Verfahren vor dem unteren Gericht

Das Gericht, an das die Sache zurückverwiesen ist, verhandelt neu in der Sache. Bei seiner Entscheidung ist es an die rechtliche Beurteilung gebunden, auf die das Reichsgericht die Aufhebung des angefochtenen Urteils gestützt hat.

§ 37
Nichtigkeitsbeschwerde gegen Strafbefehle und Beschlüsse

Die Nichtigkeitsbeschwerde ist auch gegen rechtskräftige Strafbefehle und Beschlüsse zulässig. Die §§ 34 bis 36 gelten entsprechend.

Quelle: RGBl. I, 1940, S. 410

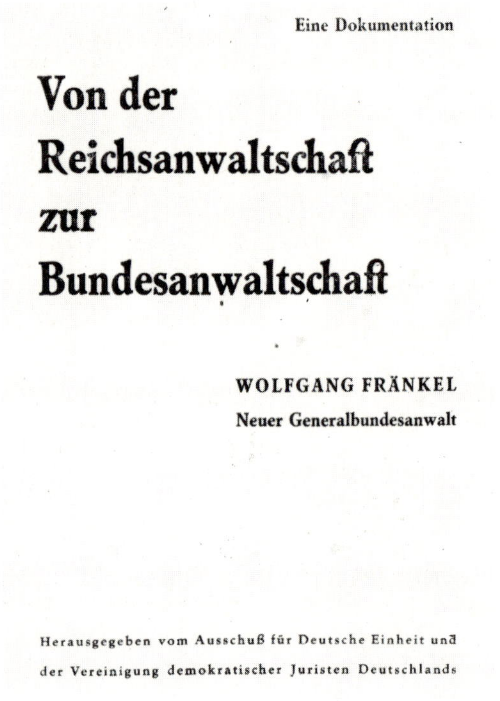

Eine Dokumentation

Von der Reichsanwaltschaft zur Bundesanwaltschaft

WOLFGANG FRÄNKEL
Neuer Generalbundesanwalt

Herausgegeben vom Ausschuß für Deutsche Einheit und der Vereinigung demokratischer Juristen Deutschlands

Abbildung 224
DDR-Publikation zu Fränkel

Der Fall V.

Sachverhalt:
Der nicht vorbestrafte und nach Auffassung eines Sachverständigen offensichtlich nur vermindert schuldfähige Angeklagte nimmt drei Frauen ihre Handtaschen weg (ohne Gewaltanwendung) und erbeutet dabei 11,67 Reichsmark. Er wird von dem Schleswig-Holsteinischen Sondergericht in Kiel am 14. Januar 1942 zum Tode verurteilt.

Fränkel votiert unter anderem:
»Die Würdigung der Tat als einer ›besonders schweren‹ im Sinne des § 2 VschVO mag bei einem bisher nicht vorbestraften Täter zwar zunächst auffallen, zumal der Angeklagte keine Gewalt angewendet und auch keinen größeren sachlichen Schaden angerichtet hat. Aber man wird es gelten lassen können, daß derartige Angriffe gerade gegen Frauen besonders gefährlich und strafwürdig erscheinen (UA S. 18). Hinzu kommt, daß der Angeklagte auch seiner Persönlichkeit nach, mag er auch noch nicht vorbestraft sein, ein ›wenig wertvoller Volksgenosse ist‹ (UA S. 14, 18) ...
Ich bin nach alledem nicht geneigt, gegen das Urteil die NB (= Nichtigkeitsbeschwerde) zu erheben.«

Fränkels Vorgesetzter, Dr. Kirchner (später Senatspräsident beim BGH) setzt hinzu:
Vermerk: Ich halte das Urteil, so wie es begründet worden ist, nach wie vor für mangelhaft. Namentlich scheint mir das Strafmass über das Ziel hinauszuschiessen. Daß dieser Fall ein ›besonders schwerer‹ sein soll, will mir nicht einleuchten. Wie soll dann ein normaler Fall aussehen? Auch die Ausführungen zu § 51 sind sehr bedenklich. Die gerichtlichen Sachverständigen sind bekanntlich nur in ganz klaren Fällen geneigt, die Hand zur Anwendung des § 51 zu bieten. Die Widerlegung des Gutachtens ist sehr schwach und setzt sich mit der massgebenden Frage gar nicht auseinander. Auf eine Revision würde das Urteil sicher aufgehoben werden.

L, den 3./2. 12.
Dr. Kirchner

Letztlich entscheidet der Staatssekretär Freisler: Die Nichtigkeitsbeschwerde zugunsten des Angeklagten soll durchgeführt werden.

Quelle: Von der Reichsanwaltschaft zur Bundesanwaltschaft, S. 48

Fall H.

Sachverhalt:
Der wegen Diebstahls vorbestrafte Angeklagte begeht erneut mehrere Diebstähle, unter anderem zu Lasten seiner Schwester und seiner Schwägerin. Das Sondergericht Kassel verurteilt ihn am 11. 12. 1942 zu 8 Jahren Zuchthaus.
Der Oberstaatsanwalt in Kassel regt an, Nichtigkeitsbeschwerde zu erheben.
Fränkel hält dies angesichts der Rechtsprechung des zuständigen Senats des Reichsgerichts für wenig erfolgversprechend, wie er – mit dem Ausdruck des Bedauerns – dem Oberreichsanwalt mitteilt:

»Herrn Oberreichsanwalt durch Herrn Reichsanwalt Dr. Kirchner zur Entscheidung vorgelegt, ob NB. zuungunsten des Angeklagten erhoben werden soll. Nach den ständigen Mißerfolgen beim 3. Strafsenat (erst heute ist wieder ein Antrag auf Todesstrafe nicht durchgedrungen – 3 C 93/43) bin ich außerstande, im voraus auch nur einigermaßen sicher zu beurteilen, wann der Senat selbst bei einem unverbesserlichen Gewohnheitsverbrecher (wie hier ausdrücklich festgestellt ist) die Todesstrafe nicht für angebracht hält. In der heute verhandelten Sache will der Senat Äußerungen der Strafanstalten einholen, in denen der Angeklagte in den letzten Jahren Strafe verbüßt hat. Offenbar will der Senat, wenn die Äußerungen – wie zu erwarten – günstig für den Angeklagten ausfallen, die NB. verwerfen. Auch in 3 C 93/43 hatte das Sondergericht – ebenso wie in der jetzt vorliegenden Sache – die Todesstrafe hauptsächlich deshalb abgelehnt, weil der Angeklagte in der Strafhaft nützliche Arbeit leisten werde. Mit dieser Erwägung würde man in den meisten Fällen von der Todesstrafe absehen können.
In dem beiliegenden Urteil ist die Persönlichkeit und vor allem das Vorleben des Angeklagten (Vorstrafen nach Tatzeit, Gegenstand, Beweggrund usw.) nur sehr lückenhaft geschildert. Aus dem Strafregisterauszug ergibt sich, daß einige Vorstrafen sehr weit zurückliegen und daß der Angeklagte sich von 1932 bis 1937 völlig straffrei geführt hat. Trotzdem würde ich ihn nach meinem eigenen Maßstab für todeswürdig halten. Ich glaube aber, daß der Senat sich gerade an diese 5 straflosen Jahre und daran klammern würde, daß der Angeklagte an sich ›ein tüchtiger Arbeiter‹ ist.

Eine Besprechung, die ich heute im Anschluß an die Sitzung mit RGRat Dr. H. hatte, hat mir keine Klarheit darüber gebracht, welche Richtlinien beim Senat für und gegen die Verhängung der Todesstrafe nun eigentlich maßgebend sind. Unverkennbar ist der 3. Senat aber wohl auffallend milder als die anderen Senate.«

Das Reichsgericht verwirft die Nichtigkeitsbeschwerde.

Quelle: Von der Reichsanwaltschaft zur Bundesanwaltschaft, S. 102 f.

Fall K.

Sachverhalt:
Ein 20jähriger vorbestrafter Tscheche hat mehrere Einbrüche verübt. Er wird vom Sondergericht Prag zu 6 Jahren Zuchthaus verurteilt.

Fränkel zu dem Urteil:
»M. E. ein völliges Fehlurteil. K. hat sich durch seine Taten in schwerster Weise gegen die öffentliche Ordnung in Prag aufgelehnt. Das Leben dieses, freilich noch jungen, Menschen ist offensichtlich das eines geborenen Schwerverbrechers. Ich würde unbedenklich die Todesstrafe aus § 2 VschVO verhängen... An welches Gericht soll man zurückverweisen?
Die Sondergerichte in Prag und Brünn versagen leider auffallend häufig, obwohl die dortigen Richter durch ihr tägliches Erleben eigentlich ein besonders starkes Empfinden dafür haben müßten, in welcher Weise die Verbrecherwelt des Protektorats bekämpft werden muß.«

Quelle: Von der Reichsanwaltschaft zur Bundesanwaltschaft, S. 30

Fall VI.

Sachverhalt:
Das Landgericht Mährig-Schönberg verurteilt den 18jährigen tschechischen Landarbeiter VI. wegen Notzucht zu 16 Monaten Gefängnis. Es berücksichtigt, daß der Angeklagte nicht vorbestraft, teilweise geständig und erst 18 Jahre alt ist.

In der Begründung der Nichtigkeitsbeschwerde schreibt Fränkel unter anderem: »Das Landgericht hat offensichtlich nicht die ungeheuerliche Unverfrorenheit berücksichtigt, die darin liegt, daß ein Tscheche ein deutsches Mädchen genotzüchtigt hat. Das ist ein Rechtsfehler.«

Quelle: Von der Reichsanwaltschaft zur Bundesanwaltschaft, S. 34, 36

Ein neuer »Fall«
Untersuchung gegen Fränkel

„Bonn, im Juli
Generalbundesanwalt Fränkel hat seine Dienstgeschäfte bis auf weiteres niedergelegt. Eine unabhängige Untersuchungskommission soll die gegen ihn erhobenen Vorwürfe genau prüfen. Erst dann soll entschieden werden, ob er den Dienst als Generalbundesanwalt wieder aufnehmen wird. Das Rücktrittsangebot, das Fränkel an den Bundesjustizminister gerichtet hat, wurde von Stammberger nicht akzeptiert.
Die Vorwürfe gegen Fränkel kommen aus der Sowjetzone. Das gleiche Terrorregime, das den bloßen Anflug einer politischen Kritik mit harten Zuchthausstrafen beantwortet, heuchelt moralische Empörung über den ihm artverwandten Justizterror Hitlers. Doch woher die Vorwürfe auch kamen – Stammberger hatte recht, als er eine Untersuchung anordnete. Es war ihm vor der Ernennung Fränkels bekannt, daß dieser als Hilfsarbeiter bei der ehemaligen Reichsanwaltschaft in dem Senat tätig war, der Nichtigkeitsbeschwerden zu bearbeiten hatte. Auch andere, zum Teil hervorragende Juristen sowie einwandfrei antinazistische Politiker aller Parteien hatten sich mit der Tätigkeit Fränkels in der Nazizeit befaßt. Sie alle waren der Meinung, er habe damals keine Schuld auf sich geladen, die ihn für das Amt des höchsten Anklägers der Bundesrepublik ungeeignet erscheinen ließe.
Kürzlich kam nun aber die 130 Seiten umfassende »Dokumentation« aus der Zone, mit Photokopien von Urteilen und Beschwerden, an denen Fränkel mitgearbeitet haben soll. Da er nur »Hilfsarbeiter« war, wird zu klären sein, wieweit seine Mitverantwortung ging. Sollte sich allerdings herausstellen, daß die belastenden Photokopien, die Pressevertretern in Bonn vorgelegt wurden, keine Fälschungen sind, dann allerdings wäre Fränkel, auch wenn ihn keine unmittelbare Schuld an diesen Urteilen träfe, auf dem Posten des Generalbundesanwalts fehl am Platze.
R. S."

Die Zeit vom 6. 7. 1962

Fränkels Schuld

„Generalbundesanwalt Fränkel hat sich sein Geschick selbst zuzuschreiben. Dieser Vorwurf bezieht sich noch nicht auf seine frühere Tätigkeit bei der Reichsanwaltschaft in Leipzig, die gegenwärtig noch durchleuchtet wird. Es gilt dem Verhalten Fränkels im März dieses Jahres, als der damalige Bundesanwalt von Bundesjustizminister Stammberger das Amt des Obersten Anklagevertreters in Karlsruhe angetragen bekam. Damals hätte Fränkel sagen müssen, was er erst am vergangenen Montag sagte: daß die Besetzung dieses hohen Postens mit ihm, Fränkel, nachteilige Wirkungen für die Bundesregierung und die Bundesjustiz haben könnte. Es bedurfte erst der Publikation von Reichsgerichtsakten, um Fränkel zu dieser Einsicht zu bestimmen. Nach allem, was bisher bekannt wurde, hat Fränkel im vergangenen Frühjahr im Bundesjustizministerium zumindest den frisch ins Amt gekommenen Minister Stammberger getäuscht. Wäre das nicht so, dann hätte der Inhalt der Originaldokumente über Fränkel, deren Bekanntwerden jetzt zu seiner vorläufigen Beurlaubung geführt hat, in Bonn längst bekannt sein müssen – durch Fränkel selbst. An der Echtheit der vorgelegten Akten ist bisher kein Zweifel geäußert worden. Daß ein Mann, der ein Unrechtsinstrument der NS-Justiz-Ära, die Nichtigkeitsbeschwerde, zu handhaben hatte, kein glaubwürdiger Generalbundesanwalt sein kann, braucht nicht näher erläutert zu werden. Die Ironie des Schicksals wollte es, daß das Ende der Frist für den freiwilligen Rückzug belasteter Richter und Staatsanwälte mit dem Beginn der Affäre Fränkel zusammenfiel. Die deutsche Justiz hat Schaden genommen, der hätte verhindert werden können."

Quelle: Deutsche Zeitung vom 7./8. Juli 1962

Aus Briefen an die Redaktion

„Es wird heute viel das Wort von »unserem Rechtsstaat« gebraucht. Aber der Fall Fränkel zeigt einmal mehr, wie weit wir davon noch entfernt sind. Diesen Fall als einen politischen Fall hinzustellen, welcher nicht mit der Elle der Formaljuristik gemessen werden kann, ist blamabel – nicht nur für unseren Staat. Es ist eine einfallslose Entschuldigung, wie sie einfallsloser nicht sein kann.

Hätte ein Beamter des mittleren oder höheren Dienstes so gehandelt, so wäre die Strafverfolgung (Disziplinarverfahren) wahrscheinlich schon gegen ihn in Gang gesetzt worden. Seit wann schützt ein hohes öffentliches Amt, politischer Einfluß oder Genius vor Nachsicht, gleich in welchem Falle? Wir können es uns nicht leisten, den mühsam erworbenen Kredit des Vertrauens in unseren »Rechtsstaat« durch solche Begebenheiten aufs Spiel zu setzen. Wir werden, wie von Ihnen geschrieben, so lange nicht zur Ruhe kommen, solange man Personen mit düsterer politischer Vergangenheit die Möglichkeit bietet, in ein hohes und höchstes öffentliches Amt zu gelangen beziehungsweise es heute noch zu bekleiden."

Heinz Wenning, Oberhausen-Sterkrade

Quelle: Die Welt vom 20. Juli 1962

„Nach Kriegsende 1945 sah man so manchen die Straße kehren: Bürgermeister, Studienräte, Lehrer und Angehörige anderer Berufe, die sonst mit der Straßenreinigung nichts zu tun hatten. Es waren kleine Pgs, Mitläufer, die sich nichts anderes hatten zuschulden kommen lassen, als mehr gezwungen denn freiwillig der NSDAP beizutreten. Viele wurden auch zu... längerer oder kürzerer Zeit von der Ausübung ihres Berufs zurückgestellt. Nur die Juristen hatten es besser, denn Richter waren und sind ja auch jetzt noch unabsetzbar.

In zahlreichen Verfahren werden diejenigen, denen man Morde in den während des Krieges besetzten Ländern oder in Konzentrationslagern nachzuweisen vermag, zu mehr oder minder hohen Zuchthausstrafen verurteilt. Ist derjenige weniger schuldig, der Hinrichtungen verfügt, Hinrichtungen für Lapalien, die zuletzt dann doch ebenfalls nur als Morde bezeichnet werden können? In vielen Fällen kann dem jetzt aus seinem Amt entlassenen Generalbundesanwalt Fränkel die Verschärfung von milderen Urteilen zum Todesurteil nachgewiesen werden. Fränkel aber erhält keine Strafe. Er wird vielmehr lediglich in den Ruhestand versetzt und kann ohne Sorgen wenn auch nicht von der Pension des Generalbundesanwalts, so doch immerhin von der Pension eines Bundesanwalts leben, die gar nicht so gering ist.

Einem Mann des Rechts, angeblich prädestiniert für den höchsten Posten in der Justiz der Bundesrepublik, soll das Bewußtsein für Unrechtsurteile gefehlt haben? Dann gute Nacht, deutsche Justiz. Schämt man sich denn nicht einer solchen Rechtfertigung?

Wissentlich hat Fränkel sein unheilvolles Wirken in Leipzig, seine Urteile, die, was kaum zuviel gesagt ist, bewußt Justizmorde waren, verschwiegen, hat sich die Stellung eines Generalbundesanwalts somit erschlichen und die Bundesrepublik vor aller Welt in Mißkredit gebracht. Seine Pension aber erhält er trotzdem.

Dr. H.-K. Gspann, Lübeck

Quelle: Die Welt vom 20. Juli 1962

Tragische Verstrickung?
Der Fall Fränkel in größeren Zusammenhängen gesehen/
Die Ministerialbeamten haben es leichter
Von unserem Redaktionsmitglied Ernst Müller-Meiningen jr.

München, Ende Juli
»Tragische Verstrickung« und ähnliche Vokabeln sind im Zusammenhang mit Deutschlands dunkelsten Jahren im bundesdeutschen Sprachgebrauch zu ärgerlichen Schlagwörtern verflacht, mit denen so ziemlich alles heute unter die Fittiche großzügigen Verstehens und Verzeihens genommen wird, was an Opportunismus, Schwäche und Feigheit, aber auch an willfähriger Hilfsbereitschaft während des Dritten Reiches in großen und kleinen Schaltstellen des Unrechtsstaates praktiziert wurde.

»Schicksal, nicht Schuld«, so sagte Thomas Dehler von Fränkels Vergangenheit, »Rechtsingenieur« zwar, auch allenfalls Opfer des »Rechtspositivismus«, jedoch: »Rechtspflichten hat er nicht verletzt«, und – welches Kleinod an unfreiwilligem Doppelsinn –: er, Fränkel, habe »peinliche Korrektheit« geübt. Die »tragische Verstrickung«, die dieser Tage wörtlich einem Hamburger Staatsanwalt amtlich ausdrücklich bescheinigt wurde, der während des Dritten Reiches für den Diebstahl eines Paars Winterhandschuhe aus einer Wintersammlung erfolgreich auf Todesstrafe plädiert hatte, ist als Begriff in einer Weise handelsüblich geworden, daß man schon bald mehr Mitgefühl für die Richter und Staatsanwälte als für die Gehenkten und Geköpften aufbringen zu müssen sich anschicken muß.

Kein Zweifel freilich, daß es tragische Verstrickung in mannigfacher Form tatsächlich gegeben hat und unter jedem terroristischen System stets geben wird. Man braucht nur an zahlreiche Blutzeugen des 20. Juli zu denken, die ja vielfach überhaupt erst aus ihrer Mitwirkung in der Apparatur heraus eine Chance hatten, Hitlers Schreckensherrschaft zu beseitigen. Wogegen jedoch Einspruch anzumelden ist, das ist die willkürliche oder unwillkürliche Verniedlichung des Tuns all jener, die das Soll an Unrecht, das die Machthaber von ihnen verlangten und erwarteten, auf Heller und Pfennig erfüllt haben, die nicht im geringsten die Chance nutzten, im Rahmen selbst noch der Unrechtsgesetze, wo es irgend möglich war – und es war unendlich oft möglich – etwa die mildere Maßnahme statt der härteren je nach Position zu befürworten oder zu treffen, ja die vielfach über das von oben verordnete gesetzliche Unrecht noch hinaus unter dem Mantel etwa des »gesunden Volksempfindens« unendliches weiteres Unrecht und grenzenloses Leid schufen.

Hier gibt es Grenzen, jenseits derer die Entschuldigungsfloskel »tragische Verstrickung« mit großem Ernst abzulehnen ist, jene aufweichende Betrachtsweise, die, wenn vielleicht auch nicht ausdrücklich, darauf hinausläuft, alles verstehen, heiße alles verzeihen.

Es müßte auch jede Verniedlichung der Vergangenheit strikt vermieden werden. Wenn beispielsweise Dr. Dehler jüngst im Zusammenhang mit dem Fall Fränkel den Standpunkt vertrat, auch die Sondergerichte, deren Urteile bevorzugt Gegenstand eben jener »Nichtigkeitsbeschwerden« waren, die Fränkel zu bearbeiten hatte, hätten sich im

Abbildung 225
Aus: Süddeutsche Zeitung vom 28./29. Juli 1962

Gegensatz zum Volksgerichtshof ausschließlich mit rein kriminellen und nicht mit politischen Handlungen befaßt, so läuft eine solche Behauptung den Tatsachen zuwider: ein unvorsichtiges Wort über den »Führer«, die sogenannte »Rassenschande«, ein mutiges Wort von der Kanzel – erinnert sei, nur als Beispiel, an Pater Rupert Mayer –, führte vor die von Dehler als unpolitisch qualifizierten Sondergerichte. Und daß selbst rein kriminelle Tatbestände vor den Sondergerichten höchst »politisch« eingefärbt wurden, braucht das noch eigens gesagt zu werden?

Untauglich zum Richteramt
Man sollte zwar in Gottes Namen die kompromittierten Rechtsdiener von einst in die persönlich oft gewiß nicht verdiente Pension schicken; man sollte auch dort, wo ungleich mehr »Schuld« als »Schicksal« gegeben erscheinen muß, nur kriminelles Unrecht – und auch nur da, wo es ganz eindeutig erscheint – dingfest machen; aber man sollte unerbittlich darin sein, vor allem auf dem Gebiet des Rechtswesens, jenseits feinsäuberlich auseinandergeklaubter Schuld oder Nichtschuld jene »tragisch Verstrickten« der Robe zu entkleiden. Strafrechtlich erfaßbare Schuld ist hier gar nicht einmal das Kriterium, sondern die Unangreifbarkeit unserer Rechtspflege.
Freilich sind dabei gerade Richter und Staatsanwälte in einer vergleichsweise besonders ernsten Situation. Von ihnen nämlich, soweit sie auch heute wieder in Amt und Würden sind, erwartet man zu Recht bedingungslos die uneingeschränkte Garantie demokratischer Rechtsstaatlichkeit. Es ist für das Rechtsempfinden schlechthin unerträglich, als sein Recht suchender Staatsbürger vor Richter oder Staatsanwälte treten zu müssen, die dem vorangegangenen Unrechtsstaat bis in das gesetzliche Verbrechen hinein gefolgt sind, ja nicht selten bis selbst ins ungesetzliche Verbrechen.
Dabei sind Unterschiede wie der, ob jemand etwa bloß als »Hilfsarbeiter« der Reichsanwaltschaft oder als formell verantwortlicher Reichsanwalt im Dritten Reich gewirkt hat, dann ziemlich unerheblich, wenn aus den persönlichen dienstlichen Verlautbarungen eine mit rechtsstaatlichen Vorstellungen unvereinbare Gesinnung deutlich wird.
Selbst wenn in diesem oder jenem Einzelfall wirklich mehr Schicksal als Schuld im Spiele gewesen sein sollte – darin geht ja wohl auch Dehler mit uns einig –, möchten wir die gleichen Leute im demokratischen Rechtsstaat nicht mehr am Werke sehen. In diesem Zusammenhang sollte doch auch einmal mit aller Klarheit ausgesprochen werden,
daß genauso, wie nachweislich nicht ein einziger SS-Mann Schaden an Leib oder Leben nahm, weil er sich von Judenerschießungen wegmeldete, auch kein einziger Richter in Lebensgefahr geriet, weil er milde Urteile fällte.

Niemand war gezwungen
Der vormalige Generalbundesanwalt Max Güde erklärte auf eine entsprechende Frage hierüber vor einiger Zeit wörtlich: »Ich kenne keinen Fall, in dem einem Richter deswegen ein Schaden an Leib und Leben zugefügt worden wäre.« Güde erinnerte an den Fall des Senatspräsidenten am Reichsgericht, Vogt, der sich geweigert hatte, bestimmte Wünsche des Reichsjustizministers zu erfüllen. Vogt wurde deshalb 1944 in den Ruhestand versetzt. Sonst geschah ihm nichts.
Auf der anderen Seite sind natürlich auch, um ein Beispiel zu nennen, Reichsanwälte, von denen nach Kriegsende gerühmt wurde, sie seien scharfe Gegner des NS-Systems gewesen, für hohe Richter- und Staatsanwaltspositionen der demokratischen Ära schon kraft ihrer einstigen Position ungeeignet, abgesehen davon, daß Hitler und Freisler politische Gegner bestimmt nicht in diesen Positionen bis zum Ende weiter amtieren hätten lassen, wenn sie nicht, im großen gesehen, Order pariert und doch weithin ihre gegnerische Gesinnung auf ängstlich behütete Gespräche im Familien- und Freundeskreis beschränkt hätten. »Gemeckert«, um im Sprachgebrauch von Goebbels es auszudrücken, haben auch Millionen anderer »Volksgenossen«.
Die vergleichsweise besonders undankbare Situation der ehemaligen Richter und Staatsanwälte, soweit sie heute wieder in gleichartiger Funktion im Dienste sind, liegt nicht zuletzt darin, daß auf allen anderen Sektoren des öffentlichen Lebens, beispielsweise in den verschiedensten Ministerialressorts, im besonderen auch in den Justizministerien von Bund und manchen Ländern, noch oder wieder nicht wenige Personen in hohen und höchsten Rängen sitzen, die in der Vergangenheit womöglich ungleich mehr ins Zwielicht gerückt waren als eben jene Richter und Staatsanwälte, über denen sie heute, bestens »verwaltend«, Gesetze bastelnd, Personalaufsicht führend, thronen, ganz nebenbei auch meist mit höheren Gehaltsbezügen als Richter und Staatsanwälte, deren Funktion für die Allgemeinheit ungleich wichtiger ist.
Sie, diese Ministerialen, befinden sich aber in aller Behaglichkeit außerhalb der Schußlinie, weil sie es einzurichten vermochten, sich nach Kriegsende auf den opportuneren Amtsstuhl zu hieven.

Da gibt es beispielsweise als Ministerialdirektor im Bundesjustizministerium einen Mann, der neben vielen anderen Hinrichtungen als sogenannter Vollstreckungsstaatsanwalt auch solche an rein politischen Überzeugungstätern wahrzunehmen hatte; und einen anderen Ministerialdirektor, der in der Obersten Heeresleitung an strafrechtlichen und strafprozessualen Bestimmungen des Kriegsstrafrechts mitarbeitete; ferner einen Ministerialdirigenten, der vor ein paar Jahren, damals noch Ministerialrat, nicht weniger als dreimal wie saures Bier dem Richterwahlausschuß als Bundesrichter angeboten worden war, jedoch derart belastet gewesen ist, daß die Bewerbung zurückgezogen werden mußte, was wiederum, wie gesagt, nicht hinderte, daß er später zum Ministerialdirigenten avancierte; ein anderer Ministerialdirigent, bis dahin völlig unbehelligt, hatte das Ungeschick, sich ausgerechnet zum Präsidenten des Politischen Strafsenats des Bundesgerichtshofes küren zu lassen, woraufhin er sofort peinlichsten Angriffen wegen seiner einstigen Tätigkeit als Generalrichter in besetztem Gebiet ausgesetzt war.
So gesehen, ist Fränkel schier ein armer Teufel, der spektakulär geopfert wird, während seine Vorgesetzten und Nebenleute von gestern und heute im wohltuenden Halbdunkel bleiben. Da hilft Fränkel auch das bescheidene Glück nur wenig, daß ihm der ehemalige Justizminister Thomas Dehler seine »tragische Verstrickung« bescheinigte, indem er, Dehler, zugleich das Paradoxon zuwege brachte zu behaupten, die Berufung Fränkels als Bundesanwalt sei in Ordnung gewesen – damals, 1951, als Dehler zufällig Justizminister war –, hingegen die Berufung 1962, zum Generalbundesanwalt, ein schwerer Fehler und »unweise« jetzo, 1962, wo Dehlers Parteifreund Stammberger Chef der Justiz ist. Den Reim möge sich ein jeder selbst machen.

Tragische Verstrickung hin, tragische Verstrickung her: Wir wollen endlich klare Verhältnisse, ohne auf Schritt und Tritt Freiwild der Sowjetzone zu sein. Und wir wollen, zum anderen, kein Lamento mehr, unsere Justiz würde durch die Nennung, zuweilen auch durch die schonungslose Nennung harter Tatsachen und unerfreulicher Personalien aus unseren eigenen Reihen einer »Krise« ausgesetzt. Das hieße Ursache und Wirkung in bizarrer Weise verwechseln. Wer die Krankheit verschweigt, verhindert die Heilung. **„**

Quelle: Süddeutsche Zeitung vom 28./29. Juli 1962

BPA Abt. Nachrichten
Rundfunkaufnahme,
Deutsche Gruppe West

Hessischer RF/4. 7. 62/18.10/he

Anhang II

Bundesjustizminister Stammberger

Über das Rücktrittsgesuch von Generalbundesanwalt Fränkel

Sprecher: (Werner Ernenputsch)
Herr Minister, der Generalbundesanwalt, Herr Fränkel, wird bis auf weiteres seine Dienstgeschäfte nicht wahrnehmen. Aus der Zone sind gegen Herrn Fränkel erhebliche Vorwürfe erhoben worden. Es heißt, er habe in der Nazizeit an Todesurteilen mitgewirkt. Herr Minister, können Sie uns sagen, was Herrn Fränkel nun konkret zur Last gelegt wird?

Stammberger:
Ja, ich kann Ihnen nur sagen, daß uns eine Reihe von Fotokopien übersandt worden sind vor einigen Tagen aus Akten, bei denen Fränkel in dem Verfahren mitgewirkt haben soll. Wir müssen das natürlich noch überprüfen; denn wir können keinesfalls das Material, das uns von dort übersandt wird, nach vier Jahren übersandt wird, nun ohne weiteres akzeptieren.

Sprecher:
Herr Minister, Sie sagten, wir müssen überprüfen. Wer überprüft nun?

Stammberger:
Ja, es handelt sich hier um einen – ich möchte ganz offen sagen – zu durchsichtigen politischen Zwecken unternommenen Angriff eines Unrechtsregimes, der uns letzten Endes alle betrifft. Unabhängig davon muß natürlich eine objektive Prüfung vorgenommen. Sie muß aber nach meiner Ansicht von dem Ganzen unseres politischen Gemeinwesens erfolgen, d. h. von Exekutive und Legislative zusammen, und zwar jenseits jeglicher Parteigrenzen. Diese meine Auffassung wird übrigens auch vom Bundeskabinett und von allen drei Fraktionen des Deutschen Bundestages geteilt... **„**

Quelle: Auszug aus einem Mitschnitt des Bundespresseamtes

> **Güde über Fränkels Abgang**
>
> Bielefeld (dpa)
> Der ehemalige Generalbundesanwalt und jetzige Bundestagsabgeordnete Max Güde warnte in Bielefeld davor, das Problem Justiz und Nationalsozialismus »zu neurotisch« zu behandeln. An seinem Nachfolger Fränkel, über den die Öffentlichkeit ein Scherbengericht gehalten habe, und der »wie ein Verbrecher« aus dem Amt gejagt worden sei, zeige sich diese Neurose erschreckend deutlich. Bis heute sei aber über Schuld und Unschuld seines Nachfolgers noch nicht entschieden.
>
> Quelle: Süddeutsche Zeitung vom 29. April 1963

5. Zum Beispiel: Ministerialrat Maßfeller

Franz Maßfeller kommt 1929 als Gerichtsassessor an das Preußische Justizministerium. Sein besonderes Interesse gilt dem Familienrecht. Dieses Rechtsgebiet erlangt ab 1933 eine enorme politische Bedeutung. Seine Grundlagen werden im nationalsozialistischen Geist neu bestimmt: Statt der einzelnen Familie und der individuellen Familienmitglieder stehen das Volk und die Verbesserung seiner rassischen Substanz im Vordergrund des Interesses. Wer im völkischen Sinne keinen Nutzen bringt oder gar schadet (vor allem: Behinderte, Erbkranke, Zigeuner, Juden), hat keinen Platz in der neuen Gesellschaft. Dies findet seinen Niederschlag in Gesetzen wie dem zur Verhütung erbkranken Nachwuchses (1933), dem Blutschutzgesetz (Nürnberg 1935) und dem Ehegesundheitsgesetz (ebenfalls 1935) mit ihren zahlreichen Ausführungs- und Durchführungsverordnungen. Franz Maßfeller bleibt nach 1933 in der preußischen Justiz und wird mit der Verreichlichung in das Reichsjustizministerium übernommen. Auch sein Aufgabengebiet bleibt: Bis 1943 gehört er zu den maßgeblichen Justizjuristen für das neue Familienrecht.

Andererseits: Er tritt weder aus der katholischen Kirche aus noch in die NSDAP ein, was ihm eine verspätete Beförderung einbringt. Im Frühjahr 1943 stellt ihn das Reichsjustizministerium – unter Thierack – für den Kriegsdienst frei; er ist offensichtlich für den Aufbau einer »nationalsozialistischen Rechtspflege« (Auftrag Hitlers an Thierack) nicht geeignet. Die zahlreichen Aufsätze zu Fragen der Erbpflege und Erbgesundheit, die Maßfeller neben seiner Tätigkeit als Ministerialbeamter – also aus eigenem Antrieb – veröffentlicht, lassen eine Distanz zu den völkischen und rassischen Vorstellungen des Nationalsozialismus nicht erkennen. Er gehört u. a. auch zu den Herausgebern eines Kommentars zum Blutschutzgesetz.

Von 1950 bis 1964 ist er im Bundesjustizministerium tätig; Fachgebiet: Familienrecht.

> Die allgemeine Lockerung der sittlichen Anschauungen, die nach dem Krieg einsetzte, ließ Mitglieder angesehener Geschlechter auf den Gedanken kommen, ihren alten deutschen Namen um Geld oder Geldeswert zu verschachern. Zwei Möglichkeiten bot ihnen das Gesetz: Die Ehe und die Annahme an Kindes Statt.
> Diesen Zustand konnte der nationalsozialistische Staat, der in Ehe und Familie wieder wertvolle und heilige Güter des Volkes sieht, nicht länger dulden ...
>
> Quelle: Maßfeller, DJ 1933, S. 752

💬 Daß sich unter den Namenserwerbern auffallend viele Angehörige der jüdischen Rasse befanden, ist allgemein bekannt. Der nationalsozialistische Gesetzgeber hielt es mit Recht für notwendig, die Namenserwerbungen durch »Scheinadoption« nicht nur für die Zukunft in Deutschland unmöglich zu machen, sondern auch die seit dem Umsturz des Jahres 1918 erfolgten Scheinadoptionen als unsittlich zu brandmarken und ihre Nichtigkeit in einem besonderen gerichtlichen Verfahren feststellen zu lassen. Art. V § 1 des Gesetzes vom 23. November 1933 dient also der Wiederherstellung der Ehre des deutschen Namens ... 💬

Quelle: Maßfeller, DJ 1934, S. 701

💬 Der Erbkranke erfüllt, wenn er den Antrag auf Unfruchtbarmachung stellt, eine Pflicht gegen sich selbst und gegen die Gemeinschaft, in der er lebt...
»Das Primäre für uns ist nicht der Einzelne, sondern die Gemeinschaft aller Volksgenossen. Deshalb nennen wir uns Sozialisten... Zuerst ist dagewesen das Volk, und das Volk schuf einen Staat, und der Staat schuf das Recht für die Gemeinschaft des Volkes. Daraus leitet sich letzten Endes auch die Bedeutung ab, daß immer und überall das Primäre das Volk ist... Es ist eine unerbittliche und unabwendbare Folge des Gesetzes der Gemeinschaft, daß bisweilen auch der anständige und gute Einzelne leiden muß um des Wohles der Gesamtheit willen« (Reichsminister und Preußischer Ministerpräsident Hermann Göring vor der Akademie für Deutsches Recht). Das Wohl der Gemeinschaft bestimmt das Recht der Gemeinschaft, und diesem Recht der Gemeinschaft muß sich das einzelne Glied der Gemeinschaft beugen. Je lebensnotwendiger eine Forderung für das Wohl der Gemeinschaft ist, desto zwingender ist für den Einzelnen die Pflicht, sich dieser Forderung zu fügen... 💬

Quelle: Maßfeller, DJ 1934, S. 1580

💬 Zu den ersten Maßnahmen der nationalsozialistischen Regierung auf dem Gebiete der Bevölkerungspolitik gehört das Gesetz zur Verhütung erbkranken Nachwuchses vom 14. Juli 1933. Daß dieses Gesetz erlassen wurde, noch bevor ein halbes Jahr seit der Übernahme der Macht durch Adolf Hitler vergangen war, zeigt deutlich, welche Bedeutung die nationalsozialistische Regierung gerade dem Problem der negativen Bevölkerungsauslese beimißt. In der Tat war die Lage, vor die sich die neue Regierung Anfang 1933 gestellt sah, besorgniserregend. Nicht nur war die Geburtenzahl von Jahr zu Jahr immer weiter gesunken, von zwei Millionen Geburten um die Jahrhundertwende auf etwa die Hälfte im Jahre 1932. Zu noch ernsteren Bedenken gab Anlaß die Beschaffenheit des Nachwuchses unseres Volkes. Während die erbgesunde Familie allmählich zum Zwei- und Einkindersystem übergegangen war, pflanzten sich die Minderwertigen und mit schweren Erbleiden Belasteten immer weiter hemmungslos fort. Der minderwertige Nachwuchs drohte die wertvolle Schicht unseres Volkes zu überwuchern. Noch drei Geschlechterfolgen, und diese Überwucherung wäre Tatsache gewesen. Höchste Werte standen auf dem Spiele; es ging um die Zukunft unseres Volkes... 💬

Quelle: Maßfeller, DJ 1935, S. 401

💬 ... Die Erb- und Rassenpflege (einschließlich der Eheberatung) ist eine der vornehmsten Aufgaben des Gesundheitsamts; sie überragt an Bedeutung und Wichtigkeit vielleicht alle anderen Arbeitsgebiete, so wichtig und bedeutungsvoll auch diese sein mögen.
Erb- und Rassenpflege ist heute nicht mehr ein Wissenschaftsgebiet, das dem Biologen, Mediziner und Rasseforscher ausschließlich vorbehalten ist; das ganze deutsche Volk muß mit den Grundsätzen der Erb- und Rassenpflege, wie sie der nationalsozialistische Staat in Erfüllung des Partei-

> programms verfolgt, vertraut werden, auch der deutsche Rechtswahrer. Bei ihm muß man sogar ein besonderes Interesse für diese Fragen voraussetzen; denn dadurch, daß ihm gestattet ist, an der Durchführung des ErbkrNachwGes. an maßgebender Stelle mitzuarbeiten, hat der Staat einen bedeutungsvollen Ausschnitt aus dem Gebiete der Erb- und Rassenpflege ihm zur Betreuung überwiesen. Schon diese Tatsache zwingt ihn, der Erb- und Rassenpflege seine Aufmerksamkeit zuzuwenden.

Quelle: Maßfeller, JW 1935, S. 2105

> ... Während das Gesetz zum Schutze des deutschen Blutes und der deutschen Ehre in erster Linie die artwidrige Vermischung deutschen und jüdischen Blutes verhindert, verwirklicht das Gesetz zum Schutze der Erbgesundheit des deutschen Volkes die Grundsätze einer gesunden Erbpflege auf dem Gebiete des Rechts der Eheschließung ...

Quelle: Maßfeller, JW 1935, S. 3066

> 1. Der durch das Verbot der Rassenmischehe erstrebte Erfolg, die weitere Vermischung deutschen und artfremden Blutes zu verhindern, kann nur erreicht werden, wenn gleichzeitig auch der rassenschänderische außereheliche Verkehr verboten wird. Dieses Verbot enthält § 2 Blutschutzges. Er bestimmt: »Außerehelicher Verkehr zwischen Juden und Staatsangehörigen deutschen oder artverwandten Blutes ist verboten.«
> Das Verbot erstreckt sich nicht auf den gesellschaftlichen und geschäftlichen Verkehr; es bleibt dem Rassenbewußtsein jedes Volksgenossen überlassen, den Verkehr dieser Art mit Juden zu unterlassen ...

Quelle: Maßfeller, JW 1935, S. 429

> ... Ergibt die Intelligenzprüfung nur wenige schwere Ausfälle, die eine Entscheidung, ob es sich um Schwachsinn oder nur um Dummheit handelt, nicht ohne weiteres ermöglichen, so ist die Lebensbewährung des betreffenden Menschen zu prüfen. Hier gibt die ersten Anhaltspunkte die Berufsleistung. Wer nur imstande ist, mechanische Arbeiten zu verrichten, die kein selbständiges Denken erfordern, und auch keine Bestrebungen zeigt, über diese Stufe hinaus zu gelangen, wird, wenn auch nicht unerhebliche Ausfälle bei der Intelligenzprüfung hinzukommen, regelmäßig als schwachsinnig anzusehen sein.
> Ein weiteres Erkennungsmerkmal für die Lebensbewährung ist die soziale Eingliederungsfähigkeit. Wessen Verstand nicht ausreicht, um sich selbst im Leben zu behaupten und sich in das Gemeinschaftsleben einzupassen, ist, wenn auch Intelligenzdefekte vorliegen, als schwachsinnig anzusehen.

Quelle: Maßfeller, DJ 1936, S. 1849

Reichsjustizministerium
Oberlandesgerichtsrat
Maßfeller					Berlin, den 24. März 1938

An
Herrn Oberlandesgerichtsrat
Dr. V.
Karlsruhe
Hoffstr. 10

Sehr geehrter Herr Dr. V.!
Auf Ihr gefl. Schreiben vom 23. 2. 1938, das ich am 26. 2. erhalten habe, darf ich Ihnen kurz folgendes mitteilen:
Ich halte es weder für richtig noch für zweckmäßig, im Rahmen des Gesetzes zur Verhütung erbkranken Nachwuchses zu unterscheiden zwischen
a) einem »klinischen« Schwachsinn ohne »Lebensbewährung« und
b) einem »klinischen« Schwachsinn mit »Lebensbewährung« mit der Folge,
daß im Falle a) die Unfruchtbarmachung angeordnet, im Falle b) abgelehnt würde. Wir brauchen im Rahmen des Gesetzes zur Verhütung erbkranken Nachwuchses einen einheitlichen Begriff des Schwachsinns, und zwar den erbpflegerischen Begriff »Schwachsinn«, . . . dem der Schwachsinnsbegriff unserer deutschen psychiatrischen . . . ganz übereinstimmt. Ich kann mich also Ihren Ausführungen in dem Schreiben an Herrn AGRat H. in Freiburg i. Br. vom 17. 2. 1938 nur anschließen.
Die beiden Fälle, die der Amtsarzt in Pforzheim in dem an Sie gerichteten Schreiben vom 15. 2. 1938 anführt, sprechen nicht gegen diese Ansicht. Man wird kaum behaupten können, daß ein vielfach vorbestrafter »Schwachsinniger«, der in den straffreien Zwischenzeiten beim Straßenbau gearbeitet hat, oder daß ein Analphabet, der Mist gefahren hat, seine Bewährung im Leben dadurch bewiesen habe. Wer das annimmt, verkennt den Begriff der »Bewährung im Leben«.

Mit Hitler Heil!
Ihr sehr ergebener
gez. Unterschrift

Vor Abgang
Herrn MD IV
KRG. F.
zur gefl. Kenntnis.

Quelle: Freislers Geist in Bonns Gesinnungsstrafrecht, S. 31

Der Fall Sch.
Eine 24jährige Frau wird sterilisiert und stirbt an den Folgen der Operation. Der Vater der jungen Frau wendet sich an das Reichsjustizministerium. Maßfeller bearbeitet die Eingabe.

Abschrift
					Mannheim, den 22. 4. 1935

An den Herrn
Reichsjustizminister
Berlin

Am 10. 3. 35 richtete ich folgendes Schreiben an Herrn Minister des Innern in Karlsruhe:
»Alle meine Beschwerden und Einwände, sowie die meiner Tochter, haben keinen Erfolg gehabt. Am 9. 2. 35 ist meine Tochter von zwei Sittenpolizistinnen geholt worden, damit sie unfruchtbar gemacht wird. Tags nach dem Eingriff war meine Tochter eine Leiche. Wer trägt jetzt die Verantwortung? Wer?
Ich beantrage eine strenge Untersuchung, damit die Schuldigen bestraft werden. Meine Tochter war doch in ärztlicher Behandlung. Warum hat man kein Gutachten angefordert von der betreffenden Ärztin?
Ich bestreite nach wie vor, daß meine Tochter an Epilepsie litt, kein Mensch wird das behaupten können, der meine Tochter gekannt hat, es waren nur leichte Ohnmachtsanfälle und nur sekundenlang.
Ich bin überzeugt, daß sie in kurzer Zeit von diesem Leiden befreit wäre, auch nach Aussagen der Ärztin.«
Auf Antwort warte ich heute noch.
Vom Staatsanwalt wurde mir der Bescheid, daß die Papiere vom Befund der Sektion meiner Tochter in Berlin sind. Welche Schritte muß ich unternehmen, damit das Verbrechen gesühnt wird, das an meiner Tochter begangen ist?
Meine Tochter war groß und kräftig (75 kg), geb. 8. 10. 10, war früher in Stellung und hat noch kurz vorher (Januar) eine kranke Frau gepflegt und deren Haushalt versorgt.
Wer trägt die Beerdigungskosten und Grabeinfassung?
Weitere Ansprüche und Schadenersatz behalte ich mir vor, da meine Tochter eine Stütze im Haus-

halt war und meine Frau vier Operationen durchgemacht hat.
Um baldige Antwort bittet

gez. Karl Sch.
Mannheim

Quelle: Zentrales Staatsarchiv der DDR, Potsdam

Oberlandesgerichtspräsident
– Verwaltungsabteilung –
? der Generalstaatsanwaltschaft
Nr. 2637

Karlsruhe (Baden),
den 20. Mai 1935
Herrenstr. 1

Tod der Sch.
in Mannheim.

? Erlaß vom 27. April d. Js.
i 2 11137/35 Anlagen-Rv.

Unter Wiedervorlage der Vorstellung des Karl Sch. in Mannheim
22. April d. Js. (Anlage 1) beehren wir uns zu berichten: . . .

Danach scheint festzustehen, daß die Sch. nicht an erblicher Fallsucht gelitten hat, sondern daß die epileptischen Anfälle auf einer vor Jahren erlittenen Schädelverletzung beruhen. Die Sch. hätte deshalb nicht wegen erblicher Fallsucht sterilisiert werden dürfen. Wegen aller Einzelheiten gestatten wir uns auf die beiliegenden Akten der Staatsanwaltschaft Mannheim zu verweisen (Anlage V). Der Medizinalreferent im Ministerium des Innern hat sich gutachtlich dahin geäußert, daß ein Verschulden der Ärzte des Städt. Krankenhauses nicht vorliegt.
Der Gesuchsteller hat sich in gleicher Weise beschwerdeführend an den Herrn Reichsminister des Innern gewandt, dem der Herr Badische Minister des Innern zu berichten hat. Es wird deshalb um möglichst baldige Rückgabe der Akten gebeten.

(Unterschriften)

Quelle: Privatarchiv Dr. Biesold, Bremen – Aus dem Bestand »Reichsjustizministerium« im Zentralen Staatsarchiv der DDR, Potsdam

---

Abschrift
Der Reichsminister der Justiz
IV a 435 a/1573.   Berlin, den 23. Juli 1935

1.) An
Herrn Karl Sch.
Mannheim,

Eilt sehr!
Daß Ihre Tochter Ella nach der Operation am 13. Februar 1935 verstorben ist, ist gewiß sehr bedauerlich . . . (unleserlich). Es sind eingehende Ermittlungen darüber angestellt worden, ob etwa eine Person ein Verschulden an dem Tode Ihrer Tochter trifft. Dies ist jedoch, wie einwandfrei festgestellt worden ist, nicht der Fall. Auch Ihre Annahme, daß das Erbgesundheitsgericht und Erbgesundheitsobergericht vor (unleserlich) auf Unfruchtbarmachung Ihrer Tochter lautenden Beschlüsse den Sachverhalt nicht sorgfältig genug geprüft hätten, trifft nicht zu. Der Herr Präsident des Reichsgesundheitsamtes hat in einem eingehend begründeten Gutachten dargelegt, daß das Verfahren der Gerichte vom ärztlichen Standpunkt nicht zu beanstanden ist.
Die Kosten der Beerdigung Ihrer Tochter hat diejenige Stelle zu tragen, die die Kosten der Unfruchtbarmachung trägt. Ich stelle Ihnen deshalb anheim, sich an diese Stelle zu wenden . . . (unleserlich).
Weitere Ansprüche können, so sehr ich auch den Tod Ihrer Tochter bedaure, nicht anerkannt werden, insbesondere besteht auch kein Schadensersatzanspruch gegen den Staat, da eine Pflichtverletzung von Beamten nicht vorliegt.

Vor Abgang
an Herrn Reichs- und Preuß. Minister des Innern mit der Bitte um Erklärung des Einverständnisses.

Einverstanden! Abschrift erbeten.
Berlin, den 21. Juli 1935.
Der Reichs- und Preußische Minister des Innern
Im Auftrag
(Unterschrift)

2.) An
den Herrn OLG-Präsidenten und den
Herrn Generalstaatsanwalt
in Karlsruhe.

Abschrift übersende ich
zur gefl. Kenntnis
I. A.

Quelle: Freislers Geist in Bonns Gesinnungsstrafrecht, S. 27

Aus dem Vorwort eines Kommentars zum Blutschutzgesetz

„Die Machtübernahme durch den Nationalsozialismus am 30. Januar 1933 ist nicht zu vergleichen mit dem Wechsel einer Regierung in einem demokratisch-parlamentarisch regierten Land, sondern sie bedeutet den Sieg einer völkischen Weltanschauung.
Volk, Rasse und Familie sollen nach den wesentlichen Programmpunkten der Nationalsozialistischen Deutschen Arbeiterpartei im Mittelpunkt aller Staatspolitik stehen! Diesem Ziel haben uns die am 15. September 1935 in Nürnberg angenommenen Gesetze, das Reichsbürgergesetz und das Gesetz zum Schutze des deutschen Blutes und der deutschen Ehre, wie das am 18. Oktober 1935 von der Reichsregierung erlassene Gesetz zum Schutze der Erbgesundheit des deutschen Volkes einen gewaltigen Schritt nähergebracht.
Die gleiche Ausrichtung von Volk und Staat ist durch diese Gesetze wiederhergestellt worden. Deutscher Reichsbürger kann nur der deutsche Staatsangehörige werden, der deutschen oder artverwandten Blutes ist und der durch sein Verhalten bewiesen hat, daß er gewillt und geeignet ist, in Treue dem Deutschen Volk und Reich zu dienen. Der Reichsbürger ist der alleinige Träger der vollen politischen Rechte und Pflichten.
Das Ehegesundheitsgesetz und das Blutschutzgesetz verbieten die nicht im Sinne einer artgemäßen Erb- und Rassenpflege liegenden Ehen; denn Reinheit des deutschen Blutes und Erbgesundheit des deutschen Volkes sind die Voraussetzungen für den Bestand des deutschen Volkes. Während das Reichsbürgergesetz eine Scheidung fremden und deutschen Blutes nach politischen Gesichtspunkten ermöglicht, wollen diese Gesetze die Zukunft der Nation in volksbiologischer Hinsicht auf Geschlechter hinaus sichern!
Die Herausgeber
[...]

IV. Auflösung bestehender Mischehen
Die Erkenntnis, daß eine wahre eheliche Lebensgemeinschaft nur zwischen rassegleichen Personen möglich ist, war im deutschen Volke gefühlsmäßig immer vorhanden. Wäre es anders gewesen, so müßte unser Volk völlig bastardiert sein. Das ist aber nicht der Fall. Nur verhältnismäßig wenige Volksgenossen haben – insbesondere unter den Einwirkungen der Strömungen der Nachkriegszeit – ihrem innersten Wesen zuwider sich mit Rassefremden, insbesondere mit Juden, ehelich verbunden. Viele haben, belehrt über das Wesen der Rasse und die Gefahren der Rassevermischung, ihren Fehltritt bald als solchen erkannt und bitter bereut. Aus einem inneren Bedürfnis heraus suchten sie deshalb die Lösung ihrer Ehe zu erreichen. Daß nicht immer edle Beweggründe entscheidend waren, daß auch Geschäftstüchtigkeit und Konjunkturrittertum und andere eigensüchtige Motive die Trennung als wünschenswert erscheinen ließen, soll sicherlich nicht verkannt werden. Das aber durfte nicht dazu führen, auch jenen wertvollen Volksgenossen die Möglichkeit zu nehmen, einen Fehltritt rückgängig zu machen...
Verboten und damit strafbar ist, wie durch § 11 S. 1 der 1. AusfVO. noch besonders hervorgehoben wird, nur der Geschlechtsverkehr. Unter Geschlechtsverkehr ist zu verstehen einmal der natürliche Geschlechtsverkehr (die Vereinigung der Geschlechtsteile); ferner aber auch der widernatürliche Geschlechtsverkehr wie überhaupt alle beischlafsähnlichen Handlungen (auch die gegenseitige Onanie). Nicht strafbar sind Küsse, Umarmungen, erotische Berührungen...
5. Ist die Tat im Ausland begangen, so kann im Hinblick auf § 4 StGB. eine Strafverfolgung in Deutschland grundsätzlich nicht stattfinden. Eine Strafverfolgung könnte nur auf § 4 Abs. 2 Nr. 3 StGB. gestützt werden...
Eine andere Betrachtungsweise ist jedoch dann geboten, wenn ein Jude deutscher Staatsangehörigkeit und eine deutsche Frau oder ein deutschblütiger Mann deutscher Staatsangehörigkeit und eine Jüdin sich zur Umgehung des § 2 des Gesetzes vorübergehend in das Ausland begeben und dort miteinander geschlechtlich verkehren. Man wird den Standpunkt vertreten müssen, daß in diesen Fällen wie auch bei anderen Straftaten auf Grund des § 2 StGB. eine Bestrafung durch entsprechende Gesetzesanwendung regelmäßig gerechtfertigt sein wird, wenn deutsche Staatsangehörige sich zur bewußten Umgehung der deutschen Gesetze vorübergehend ins Ausland begeben, um dort eine Tat zu begehen, die nach deutschem Recht strafbar, nach den Gesetzen des Tatortes aber straflos ist. Denn gerade hierbei handelt es sich um typische Versuche, durch die Maschen des Gesetzes zu schlüpfen, also um Tatbestände, wie sie § 2 StGB. hat treffen wollen. Daß das gesunde Volksempfinden in derartigen Fällen Bestrafung fordert, steht außer Zweifel."

Quelle: Gütt, Linden, Maßfeller, Blutschutz- und Ehegesundheitsgesetz, München 1936

Abschrift!

Geheime Reichssache!

20 Ausfertigungen
3. Ausfertigung

Besprechungsniederschrift
An der am 6. 3. 1942 im Reichssicherheitshauptamt, Referat IV B 4. stattgefundenen Besprechung über die Endlösung der Judenfrage haben teilgenommen:

Oberreg.Rat C. und Dr. Sch.-B.
Reichsministerium für Volksaufklärung und Propaganda

O.L.Rat Massfeller
Reichsministerium der Justiz

Reg.Rat Dr. F.
Reichsministerium des Innern

Oberreg.Rat Dr. B.
Reichskanzlei

Amtsgerichtsrat Dr. W.
Reichsministerium für die besetzten Ostgebiete

O.R.R. R. und O.R.R. A.
Parteikanzlei

Stadtrechtsr. Dr. H.
Amt des Generalgouverneurs

O.R.R. Dr. B.
Reichssicherheitshauptamt

Amtsger.Rat L.,
Rechtsanwalt und Notar P.
Beauftragter für den Vierjahresplan

SS-Stuf. P. und SS-O.Stuf. Dr. G.
Rasse- und Siedlungshauptamt

Reg.Rat R.
Auswärtiges Amt

Die Besprechung zeitigte nachstehendes Ergebnis.

1./ Mischlinge.
Eingangs der Besprechung wurde der Vertreter des Reichsinnenministeriums gebeten, den Vorschlag des Staatssekretärs Dr. Stuckart in der Staatssekretärbesprechung vom 20. 1. 1942 alle Mischlinge zu sterilisieren, näher zu erläutern und insbesondere zu folgenden Fragen Stellung zu nehmen:
1./ Personenkreis, der unter die Sterilisierung fällt.
2./ Rechtsgrundlage der Sterilisierung;
3./ Rechtliche Stellung der Mischlinge nach erfolgter Sterilisierung;
4./ Verwaltungsmäßige Durchführung der Sterilisierung.

Die einzelnen Punkte wurden dann jeweils eingehend durchgesprochen.
Dabei ergab sich folgendes:

Zu 1./
Nach Mitteilung von Reg.Rat. Dr. F. hat sich Staatssekretär Dr. Stuckart eindeutig dahin ausgesprochen, daß eine Zwangssterilisierung nur der Mischlinge I. Grades beabsichtigt sei. Hierüber herrsche Einigkeit, wenn auch eine biologisch völlige ...

Quelle: Freislers Geist in Bonns Gesinnungsstrafrecht, eine Dokumentation, S. 33

SED greift Bonner Ministerialrat an

„R-Parlamentsredaktion
ky Bonn, 24. Juli. Neue Angriffe gegen Beamte des Bundesjustizministeriums hat die Sowjetzonenpresse gestartet. Als Zielscheibe dient jetzt Ministerialrat Maßfeller, der im Justizministerium Familienrechtsfragen bearbeitet.
Die Vorwürfe gipfeln in der Feststellung, Maßfeller habe an der sogenannten Wannsee-Konferenz am 20. Januar 1942 teilgenommen, bei der unter Beteiligung des Gestapo-Chefs Heydrich und des kürzlich in Israel hingerichteten SS-Sturmbannführers Eichmann die Vernichtung der europäischen Juden beschlossen wurde. Im Bundesjustizministerium betont man, man sehe den neuen Angriffen gelassen entgegen. Die Vergangenheit Maßfellers sei bis ins kleinste Detail bekannt. Er habe an der Wannsee-Konferenz nur als Beobachter des Reichsjustizministeriums teilgenommen."

Quelle: Bonner Rundschau vom 25. 7. 1962

dpa 180 id
justizministerium verteidigt ministerialrat massfeller

„bonn, 27. Juli 62 dpa – die sowjetischen behoerden haben mit einer neuen propagandakampagne angebliche dokumente ueber die taetigkeit des ministerialrats massfeller vom bundesjustizministerium waehrend der nationalsozialistischen zeit veroeffentlicht. darin heisst es, der ministerialrat habe an der beruechtigten wannseekonferenz zur endloesung der judenfrage am 20. januar 1942 teilgenommen.

aus kreisen des bundesjustizministeriums wurde dazu am freitag mitgeteilt, dass der beamte, der damals referent fuer familienrecht im reichsjustizministerium war, an der erwaehnten konferenz nicht teilgenommen habe. dagegen sei massfeller an zwei besprechungen am 6. Maerz und am 27. oktober 1942 beteiligt gewesen, bei denen es um die scheidung von mischehen durch verwaltungsakt und die sterilisation von halbjuden durch entscheidungen der erbgesundheitsgerichte ging. diese beiden von den nationalsozialisten geplanten vorhaben seien nicht verwirklicht worden. es bestehe begruendeter anlass zu der annahme, dass vor allem die taetigkeit massfellers dazu beigetragen habe, diese plaene nicht zu realisieren. Der ministerialrat, der ueberzeugter katholik sei, habe schon im preussischen justizministerium als sachverstaendiger fuer familienrecht gearbeitet und sei 1943 vom damaligen reichsjustizminister thierack abgeschoben worden.

in bonn wurde darauf hingewiesen, dass sich zahlreiche prominente widerstandskaempfer sehr positiv ueber die taetigkeit massfellers im reichsjustizministerium geaeussert haetten."

Quelle: dpa 180 hp v. 27. Juli 62, 21479

8. Maßfeller, OLGRat
1) Rechtserneuerung auf dem Gebiete des Personenstandrechts und Verwirklichung des Sippegedankens im Recht
2) Laufende Arbeiten:
a) Personenstandssachen,
b) Korref. für Jugendwohlfahrt und Fürsorgeerziehung (Ref. D.)
c) Verhütung erbkranken Nachwuchses
d) Ehegesundheitssachen
e) Gesetzgebung zum Schutze des deutschen Blutes sowie die weitere Rassegesetzgebung (Vertretung von MinRat Dr. F.)
f) Familienrechtliche Befreiungen, Ehelichkeitserklärungen usw.
g) Internat. Familienrecht

Quelle: Geschäftsverteilungsplan des Reichsjustizministeriums, Stand Frühjahr 1941, BA R 22/56, 57, 58

Abbildung 227
Die Rosenburg, erster Sitz des Bundesjustizministeriums

Abbildung 226
Das Reichsjustizministerium in der Wilhelmstraße 66, Berlin

Abteilung I

I 3 Maßfeller
– Familienrecht;
– Personenstandsrecht;
– Jugendwohlfahrtsrecht;
– Mündelsicherheit;
– internationales Familienrecht.

Quelle: Geschäftsverteilungsplan des Bundesjustizministeriums 1952

4. Themenkreis: Unrecht wird bestätigt – die Unfähigkeit zur Korrektur

Fall Dr. Waldemar G.

Dr. G. ist beisitzender Richter des Sondergerichts III in Posen, das am 24. April 1942 den polnischen Gärtner Ludwig B. zum Tode verurteilt. B. wird gehängt. Sein Verbrechen: Er hat einem englischen und zwei russischen Kriegsgefangenen auf deren Flucht geholfen. »Einem derartigen, das Wohl und Ansehen des deutschen Volkes schädigenden Verhalten der Polen muß mit den schärfsten Strafen begegnet werden«, heißt es in dem Urteil des Sondergerichts.

Die Einleitung eines Ermittlungsverfahrens gegen Dr. G. lehnt der Generalstaatsanwalt beim Kammergericht am 19. Februar 1960 ab, da der Verdacht einer strafbaren Handlung nicht begründet sei. Im übrigen heißt es in dem Bescheid unter anderem:

»In Ihrer Anzeige gehen Sie davon aus, daß der Angeklagte B. seinerzeit zum Tode verurteilt worden ist, ›weil er in zwei Fällen flüchtende Kriegsgefangene durch Unterschlupfgewährung oder Abgabe von Lebensmitteln (einige Stücke Brot) unterstütze‹. Diese Darstellung ist unvollständig. Wie aus den Gründen des Urteils hervorgeht, hat B. ferner einem russischen Kriegsgefangenen seine Militärhose gegen eine Zivilhose eingetauscht. Er hat außerdem den Gefangenen Ratschläge für den Fluchtweg gegeben. Schließlich hat er die Gefangenen darauf aufmerksam gemacht, daß sich in der Stadt Posen ein lohnendes Ziel für die russische Luftwaffe befinde, nämlich die Munitionsfabrik Cegielski.

Die Tat des B. stellt auch ohne die Anwendung der Polenstrafrechtsverordnung ein Verbrechen nach dem Strafgesetzbuch dar. § 91 b des damals geltenden Strafgesetzbuches bedrohte jeden mit dem Tode oder lebenslangem Zuchthaus, der ›es unternimmt, während eines Krieges der feindlichen Macht Vorschub zu leisten oder der Kriegsmacht des Reiches einen Nachteil zuzufügen‹. Im vorliegenden Fall hat der Angeklagte diesen Tatbestand des § 91b StGB verwirklicht. Zu prüfen bleibt nur noch, ob dadurch schwere Folgen als ein ›unbedeutender Vorteil‹ für die feindliche Macht herbeigeführt werden konnten (§ 91 b Abs. 2 StGB). Diese Frage ist nach dem festgestellten Sachverhalt zu bejahen . . . Besonders erschwerend kommt noch hinzu, daß B. sich nicht darauf beschränkt hat, den Gefangenen weiterzuhelfen; er hat ihnen obendrein eigene Wahrnehmungen für die feindliche Macht anvertraut, indem er ihnen eine von den Deutschen als Munitionsfabrik benutzte Maschinenfabrik in Posen als Bombenziel nannte. Es bedarf keiner näheren Erklärung, daß ein solcher Fingerzeig an den Feind im Kriege für die Zerstörung oder Schädigung von Rüstungsbetrieben der eigenen Kriegsmacht einen erheblichen Nachteil zufügen und der feindlichen Macht Vorschub leisten konnte. Die Voraussetzungen für die Milderungsmöglichkeit des Absatzes 2 des § 91 b StGB, der eine Zuchthausstrafe (nicht unter 2 Jahren) für minderschwere Fälle zuläßt, haben daher nicht vorgelegen.«

Der Journalist G. entzieht sich seiner Hinrichtung.

Ein wegen Fahnenflucht zum Tode Verurteilter kann sich durch Flucht der Hinrichtung entziehen und in der Schweiz in Sicherheit bringen. Bei der Flucht verletzt er einen Polizeibeamten schwer. Als er 1946 nach Hamburg zurückkehrt, wird er wegen versuchten Totschlags und schwerer Körperverletzung unter Zubilligung mildernder Umstände zu fünf Monaten Gefängnis verurteilt. Der Angeklagte geht in die Revision: Da der von Deutschland begonnene Krieg völkerrechtswidrig gewesen sei, seien auch alle Durchführungshandlungen nach deutschem Recht rechtswidrig, einschließlich der Maßnahmen der Beamten zur Vollstreckung des Urteils. Er habe nur von seinem Notwehrrecht Gebrauch gemacht.
Das Oberlandesgericht Hamburg bestätigt am 22. Januar 1947 die Verurteilung des Angeklagten durch die Vorinstanz, unter anderem mit folgenden Begründungen:
- »Die Völkerrechtswidrigkeit des Krieges beseitigte hier nicht die Rechtmäßigkeit der Amtsausübung des Vollzugsbeamten.«
- »Die Illegalität der Hitlerregierung ist ebenfalls hier (d. h. für den konkreten Fall) ohne Bedeutung.«
- »Die verbrecherische Betätigung des Hitlerstaates ist für den vorliegenden Fall unerheblich.«
- »Entscheidend ist nach Auffassung des Senats aber folgendes: Die Amtstätigkeit eines Vollzugsbeamten ist bei pflichtgemäßer Vollstreckung immer rechtmäßig.«
- »Dafür (= Aufrechterhaltung des Rechtsfriedens) muß das geringere Übel in Kauf genommen werden, daß nämlich in Ausnahmefällen auch fehlerhafte Urteile vollstreckt werden... Die Berufung auf Putativnotstand ist ausgeschlossen, soweit eine Rechtspflicht zur Duldung besteht.«

Fall Ernst R.

Das Sondergericht Leslau, dem R. als Beisitzer angehört, verurteilt am 11. September 1942 den polnischen Landarbeiter Josef K. aufgrund der Polenstrafrechtsverordnung zum Tode. Sein Verbrechen: Er will die Enteignung seines Bauernhofes (NS-Siedlungspolitik im Osten) nicht einfach hinnehmen. Es kommt zu einer harmlosen Rangelei mit deutschen Beamten (ohne Körperverletzung), in deren Verlauf der Angeklagte flüchtet. Die Staatsanwaltschaft beim Landgericht Bamberg stellt am 12. Juli 1960 die Ermittlungen gegen R. unter anderem mit folgender Begründung ein:
»Nach dem damals geltenden Recht läßt sich bei Berücksichtigung der damaligen Kriegsverhältnisse auch nicht feststellen, daß die ausgesprochene Strafe nicht vertretbar war und die Annahme aufdrängt, sie sei von den Richtern gegen eine bessere Überzeugung ausgesprochen worden. Die Polenstrafrechtsverordnung kannte als Regelstrafe nur die Todesstrafe. Auf Freiheitsstrafe konnte nur erkannt werden, wenn ein ›minderschwerer Fall‹ vorlag. Die Annahme eines minderschweren Falles war aber nach der damals herrschenden Meinung nur zulässig, wenn der Fall schon äußerlich besonders milde lag.
Die Feststellung des damaligen Gerichts, die Gewalttätigkeiten des K. seien von ernster und hartnäckiger Art gewesen, zumal der Angeklagte auch in der polnischen Bevölkerung wegen seines jähzornigen zu Gewalttätigkeiten neigenden

Charakters bekannt und gefürchtet gewesen sei, schloß die Annahme eines minder schweren Falles aus.«

Der Fall Dr. B.

Dr. B. ist als Assistenzarzt im Rahmen der »Euthanasieaktion« in der Tötungsanstalt Sonnenstein bei Pirna (Sachsen) eingesetzt und an der Tötung von mindestens 6652 Geisteskranken beteiligt.
Angeklagt wegen Beihilfe zum Mord, wird der Arzt vom Schwurgericht in Frankfurt freigesprochen. Die Tötung der Geisteskranken sei zwar Mord (heimtückisch und aus niedrigen Beweggründen, denn Nützlichkeitserwägungen), wozu der Angeklagte objektiv Beihilfe geleistet habe (er ist also selbst nicht Täter, sondern nur Gehilfe). Die »subjektive« Kenntnis von der heimtückischen Tötungsweise und den niedrigen Beweggründen der Haupttäter sei ihm jedoch nicht nachzuweisen (Beihilfe zum Totschlag war schon verjährt).
Der Bundesgerichtshof bestätigt die Entscheidung. In seinem Urteil heißt es unter anderem:
- »Das Urteil (gemeint das Urteil des Schwurgerichts) kommt zu dem Ergebnis, ein nicht unerheblicher Teil der Geisteskranken ... sei zu geistigen Regungen mit der Möglichkeit der Erfassung und Anteilnahme an ihrer Umgebung imstande gewesen. Dennoch hält es dem Angeklagten zugute, daß er die Täuschungsfähigkeit dieser Patienten nicht erkannt hat ... Dieses Beweisergebnis ist möglich und widerspricht nicht der Lebenserfahrung.«
- »Ebensowenig ist es mit allgemeiner Erfahrung unvereinbar, daß der Angeklagte ... geglaubt hat, die Täuschung der Angehörigen der Geisteskranken als schutzbereite Personen erfolge in guter Absicht, nämlich um ihnen die Gewissensentscheidung der Zustimmung zu der ihnen erwünschten oder gleichgültigen Tötung zu ersparen.«
- »Schließlich ist nicht zu beanstanden, daß das Schwurgericht das Vorbringen des Angeklagten für nicht widerlegt hält, er habe nicht gewußt, daß sich die für die Tötung Hauptverantwortlichen in erster Linie von Nützlichkeitserwägungen leiten ließen.«

Deportation von Zigeunern

Im April 1940 ordnet Himmler die Deportation von 2500 Zigeunern aus den westlichen Grenzgebieten des Deutschen Reiches nach dem Generalgouvernement an. Einer der Betroffenen klagt in den fünfziger Jahren auf eine Entschädigung nach dem Bundesentschädigungsgesetz (Deportation als rassische Verfolgungsmaßnahme). In der Revisionsentscheidung des Bundesgerichtshofs vom 7. Januar 1956 heißt es unter anderem: »Der Würdigung, die der Berufungsrichter dem Schnellbrief des Reichsführers SS und Chefs der deutschen Polizei vom 27. 4. 1940 ... angedeihen läßt, durch den die Umsiedlung von 2500 Zigeunern aus dem westlichen Grenzgebiet nach dem Generalgouvernement in Polen angeordnet wurde und der auch die Ausführung dieser Umsiedlung in Einzelheiten regelte, kann nicht zugestimmt werden. In dem Berufungsurteil wird diese Verfügung in die Kette der gegen die Zigeuner als Rasse getroffenen Maßnahmen gestellt, die nach Ansicht des Berufungsrichters schon mit dem Runderlaß vom 8. 12. 1938 ... beginnen und mit der Anordnung über die Beschäftigung von Zigeunern vom 13. 3. 1942 ... fortgeführt werden,

durch die die Zigeuner arbeitsrechtlich den Juden gleichgestellt werden, und die in dem berüchtigten Auschwitz-Erlaß des Reichsführers SS vom 16. 12. 1942 gipfeln. Faßt man zunächst den Runderlaß des Reichsführers SS und Chefs der deutschen Polizei vom 8. 12. 1938 . . . , dem der Berufungsrichter eine ausschlaggebende Bedeutung beimißt, ins Auge, dann läßt gerade er jedoch erkennen, daß trotz des Hervortretens rassenideologischer Gesichtspunkte nicht die Rasse als solche der Grund für die darin getroffenen Anordnungen bildet, sondern die bereits erwähnten asozialen Eigenschaften der Zigeuner, die auch schon früher Anlaß gegeben hatten, die Angehörigen dieses Volkes besonderen Beschränkungen zu unterwerfen. Es wird einleitend nicht nur auf die rassenbiologischen Erkenntnisse, sondern auch auf die bei der Bekämpfung der *Zigeunerplage* gesammelten Erfahrungen hingewiesen, die es angezeigt erscheinen ließen, die Regelung der Zigeunerfrage aus dem Wesen dieser Rasse heraus in Angriff zu nehmen.
[. . .]
Die nach dem Erlaß vorgesehenen Maßnahmen können ihrem Wesen nach nicht als spezifisch rassenverfolgende angesehen werden, sondern halten sich noch im Rahmen polizeilicher Vorbeugungs- und Sicherungsmaßnahmen.
[. . .]
Das zeigt mit hinreichender Deutlichkeit, daß die Behandlung der Zigeuner trotz der auch rassenideologischen Begründung lediglich die durch die Zigeuner hervorgerufenen Mißstände auf einer einheitlichen Basis bekämpfen will.
[. . .]
Daß die Umsiedlungsaktion rechtsstaatlichen Grundsätzen widerspricht und die Art der Durchführung als grausam und unmenschlich bezeichnet werden muß,
darf nicht dazu verleiten, schon aus diesem Grund in der Umsiedlungsaktion eine *rassische* Verfolgungsmaßnahme zu sehen. Die natsoz. Gewalthaber haben ungezählte unmenschliche Gewaltakte begangen, die die Grundsätze des Rechtsstaates außer acht ließen, die aber nicht auf den in § 1 BEG ausgeführten Gründen beruhten und deshalb keine Entschädigungsansprüche nach dem BEG für die davon Betroffenen begründen können. Die Feststellung des Berufungsrichters, daß die Umsiedlungsaktion 1940 aus Gründen der Rassenpolitik der natsoz. Gewalthaber angeordnet und durchgeführt worden ist, beruht somit auf rechtlich unzutreffenden Erwägungen.«

Abbildung 228
Aus: Der Spiegel, Nr. 28/1961

Der Wiederholungstäter

In einem politischen Strafverfahren gegen einen Kommunisten führt der Staatsanwalt aus: »Straferschwerend kommt hinzu, daß der Angeklagte bereits wegen solcher Tätigkeiten hart bestraft ist.« (Gemeint: zwei Verurteilungen aus den Jahren 1933 und 1940.)
Max Güde, Generalbundesanwalt von 1956 bis 1962, über die politische Justiz der Bundesrepublik: »Die heutige politische Justiz judiziert aus dem gleichen gebrochenen Rückgrat heraus, aus dem das Sondergerichtswesen zu erklären ist.«

Der Kaufvertrag über ein Grundstück

Die erforderliche Genehmigung des Kaufvertrages über ein Grundstück verweigerte der zuständige Regierungspräsident am 7. März 1943 mit folgender Begründung: »N. (der klägerische Ehemann) ist nach meinen Feststellungen im Juli 1942 wegen Umgangs mit Juden festgenommen und einem Konzentrationslager zugeführt worden. Durch dieses artfremde Verhalten hat er bewiesen, daß er nicht restlos gewillt ist, sich restlos den nationalsozialistischen Grundsätzen unterzuordnen, weshalb ihm in politischer und weltanschaulicher Beziehung die Zuverlässigkeit nicht zuerkannt werden kann. Der Genehmigung des Kaufvertrages steht somit ein öffentliches Interesse entgegen, das hier im gesunden Volksempfinden begründet liegt. Diese Entscheidung ist endgültig.«
Nach dem Krieg klagen die Käufer des Grundstücks auf Erfüllung des Vertrages; sie vertreten unter anderem die Auffassung, daß die Entscheidung des Regierungspräsidenten nichtig sei. Ihre Klage auf Erfüllung des Vertrages bleibt ohne Erfolg. Das Oberlandesgericht Saarbrücken vertritt in letzter Instanz unter anderem folgende Auffassung:
– »Es kann keinem Zweifel unterliegen . . ., daß die Bescheide vom 31. 12. 1942 und 7. 3. 1943 nicht etwa ein absolutes Nullum – vergleichbar den Urteilen der Arbeiter-und-Soldaten-Räte aus dem Jahre 1918/19 – darstellen, da diese Verwaltungsakte von den zuständigen Behörden im Rahmen ihrer Kompetenz und in der gehörigen Form erlassen worden sind.«
– »Mangels einer . . . ausdrücklichen gesetzlichen Regelung (absolute Nichtigkeit von Hoheitsakten mit rückwirkender Kraft) vermag sich der Senat im Hinblick auf die ansonst aufs höchste gefährdete Verkehrs- und Rechtssicherheit wegen des verwerflichen Inhaltes allein nicht zu der Auffassung zu bekennen, daß ein derartiger Hoheitsakt ein absolutes Nullum darstellt.«

Es bleibt also bei der Entscheidung des Regierungspräsidenten vom 7. März 1943.

Die Verweigerung des Kriegsdienstes

Ein 25jähriger Dreher verweigert 1939 aus Gewissensgründen den Wehrdienst und wird von einem Kriegsgericht zu 3½ Jahren Festungshaft verurteilt. Zu einer Strafeinheit versetzt, verweigert er erneut jede Mitwirkung im Krieg (Minenlegen) und wird nochmals zu 1½ Jahren Festungshaft verurteilt.
Nach dem Krieg macht er einen Entschädigungsanspruch nach dem Bundesentschädigungsgesetz geltend, durch alle Instanzen, ohne Erfolg. In der Entscheidung des Bundesgerichtshofs heißt es unter anderem:
»Ein gegen eine bestehende Unrechtsherrschaft geleisteter Widerstand kann nur dann . . . als sinnvoll und demgemäß eine diesen Widerstand ahndende staatliche Maßnahme nur dann als Unrecht im Rechtssinne angesehen werden, wenn die Widerstandshandlung nach ihrer Art und ihrem Gewicht wenigstens eine gewisse Aussicht bietet, in bezug auf die Übel der bestehenden Unrechtsherrschaft eine wirksame Wendung zum Besseren herbeizuführen.«
Das heißt: Wer sich im Rahmen seiner persönlichen Möglichkeiten dem NS-Staat verweigert, leistet keinen Widerstand; Maßnahmen der Verfolgung treffen ihn zu Recht!

Der Kriegsverrat

Am 16. April 1945 versucht ein Polizeioffizier, Düsseldorf in militärisch aussichtsloser Lage den amerikanischen Truppen kampflos zu übergeben. Er wird verhaftet, wenige Stunden später von einem militärischen Standgericht zum Tode verurteilt und hingerichtet.
1952 spricht der Bundesgerichtshof den Vorsitzenden des Standgerichts endgültig frei. In seiner Entscheidung heißt es unter anderem:
»Daß die von ihm geplante Übergabe der Stadt an den Gegner möglicherweise der feindlichen Macht Vorschub leisten oder der Kriegsmacht des Reiches einen Nachteil zufügen konnte, ist nicht ohne weiteres auszuschließen. Zwar war, wie das Schwurgericht als erwiesen erachtet hat, die militärische Lage Düsseldorfs damals aussichtslos und mit der Eroberung der Stadt durch den Gegner über kurz oder lang zu rechnen. Die Strafwürdigkeit des Kriegsverrats... war aber nicht davon abhängig, ob eine weitere Verteidigung sinnvoll oder sinnlos war. Die Aufrechterhaltung der militärischen Ordnung konnte trotz unmittelbar bevorstehenden Zusammenbruchs wichtig, vielleicht sogar gerade von besonderer Bedeutung sein... Selbst wenn also hier alle Einsichtigen darüber im klaren waren, daß eine weitere Verteidigung Düsseldorfs aussichtslos war, so brauchte es im Hinblick auf die allgemeine militärische Lage nicht sinnlos zu sein, dem Feinde noch einige Zeit die Vorstellung zu erhalten, daß Düsseldorf weiter verteidigt werde... Jedenfalls kann unter diesen Voraussetzungen die Annahme des Schwurgerichts nicht als rechtsirrig bezeichnet werden, der Angeklagte habe bei dem Vorgehen (des Polizeioffiziers) den Tatbestand des Kriegsverrats für gegeben erachtet und ihm habe daher das Bewußtsein, das Recht zu beugen, gefehlt.«

Ungesetzliche Sterilisation – aber keine Entschädigung

Aufgrund eines Beschlusses eines Erbgesundheitsgerichtes wird der Kläger 1940 sterilisiert. Der Beschluß wird 1949 aufgehoben, da die Voraussetzungen für die Anordnung der Sterilisation 1940 nicht vorgelegen hätten (selbst nach der damaligen Gesetzeslage).
Der Kläger verlangt nun von der Bundesrepublik eine Entschädigung, die ihm verwehrt wird. Die abschließende Entscheidung des Bundesgerichtshofs hat unter anderem folgenden Leitsatz:
»Eine durch ein Erbgesundheitsgericht angeordnete Unfruchtbarmachung gewährt nicht schon um deswillen einen Aufopferungsanspruch, weil die gesetzlichen Voraussetzungen für die Maßnahme objektiv nicht vorlagen.«
Hierzu heißt es in einer Anmerkung unter anderem: »Sie (die Entscheidung) ist bedeutsam und aufschlußreich als Symptom einer beklagenswerten Insuffizienz, nämlich des von Zeit zu Zeit immer wieder sichtbar werdenden Unvermögens der bundesdeutschen Rechtsprechung gegenüber dem von einem verbrecherischen Regime gesetzten Recht einen eindeutigen und unverrückbar festen Standort zu gewinnen.«

5. Themenkreis: Der Korpsgeist in der Justiz

1. Verteidigungsstrategien

Auch wenn die Entnazifizierung glimpflich verläuft und beim Wiederaufbau der Justiz Brüche in der Tradition zu vermeiden sind, läßt sich die Frage nach der Verantwortung für die schnelle und nahezu widerstandslos erfolgte Pervertierung des Rechts nach 1933 nicht so einfach beiseite schieben. Es bleibt ein Unbehagen über die Rolle der Juristen – insbesondere der Richter – im Dritten Reich. Ein Unbehagen, das nicht so sehr innerhalb der Justiz als vielmehr durch eine interessierte Öffentlichkeit artikuliert wird. Auf die Frage nach der Verantwortung findet sich recht schnell eine unverfängliche Antwort. Neben »Terror« und »unerhörtem Druck« sei insbesondere der Rechtspositivismus schuld, die vor 1933 herrschende Rechtslehre, die den Richter ausschließlich an das positive (das heißt vor allem: das gesetzte/geschriebene) Recht bindet. Kurzformel: Gesetz ist Gesetz. Verfassungsrechtliche oder ethische Erwägungen seien nicht Sache des Richters; die jeweils ordnungsgemäß zustande gekommene Gesetzgebung des Staates sei die allein verbindliche Leitlinie – unabhängig von ihrem Inhalt.

Ohne Zweifel hat es diese Rechtsauffassung den Justizjuristen leichtgemacht, NS-Unrecht als geltendes Recht anzusehen. Aber die vermeintliche Pflicht gegenüber einem zu allem berechtigten Staat ist nur eine – und keineswegs die gravierendste – Ursache für die zahllosen Unrechtsurteile. Extensive Auslegung von NS-Gesetzen, brutale Strafaussprüche, vorauseilender Gehorsam und eilfertige Übernahme der NS-Ideologie zeigen Seiten der Rechtsfindung, die einer strikten Bindung an das Gesetz überhaupt nicht entsprechen.

Dennoch bildet der Hinweis auf den Rechtspositivismus den Kern der Verteidigungsstrategie, die mit der unfreiwilligen Hilfe eines unverdächtigen und sehr angesehenen Rechtslehrers schon 1946 entwickelt wird. Gustav Radbruch, sozialdemokratischer Reichsjustizminister der Weimarer Zeit und einer derjenigen, die im Frühjahr 1933 ihren Lehrstuhl verlieren, veröffentlicht 1946 unter dem bezeichnenden Titel »Gesetzliches Unrecht und übergesetzliches Recht« einen Aufsatz, der sich unter anderem mit der strafrechtlichen Verantwortlichkeit von Richtern für Todesurteile auseinandersetzt. Seines Erachtens ist die Strafbarkeit eines Richters in diesen Fällen davon abhängig, ob sich der Richter mit dem Todesurteil einer vorsätzlichen Rechtsbeugung schuldig gemacht hat. Basiert das Todesurteil auf nationalsozialistischem »Recht« (gemeint etwa: die Polenstrafrechtsverordnung), so liege objektiv Rechtsbeugung vor; »aber«, so Radbruch, »konnten Richter, die von dem herrschenden Positivismus so weit verbildet waren, daß sie ein anderes als das gesetzte Recht nicht kannten, bei der Anwendung positiver Gesetze den Vorsatz der Rechtsbeugung haben?«

Zur positivistischen Ausrichtung der Rechtswissenschaft in Weimar

>> Der Staat ist – rechtlich – allmächtig. Was manche Verfassungsurkunden vom Monarchen sagen, das gilt in Wahrheit vom Staate: er kann nicht Unrecht thun. <<

Quelle: Verwaltungsarchiv, Zeitschrift für Verwaltungsrecht und Verwaltungsgerichtsbarkeit, 1896, S. 14

>> Die Rechtswissenschaft, rein immanent wie sie ist, gefangen und befangen in einer bestimmten Rechtsordnung, deren Sinn zu ermitteln ihre einzige Aufgabe ist, kann die Geltung einer Rechtsordnung immer nur an ihrem eigenen Geltungsanspruch messen ...
Ja, sie wäre sogar unfähig, den Imperativen eines Paranoikers, der sich König dünkt, mit zwingenden Gründen die Geltung abzusprechen. <<

Quelle: Radbruch: Rechtsphilosophie, 1932, S. 77

>> Dabei ist zu beachten, daß – da die staatliche Rechtsordnung das menschliche Verhalten nicht nach allen seinen Richtungen bindet – eine Grenze zwischen der rechtlichen Gebundenheit und der Freiheit besteht. Die Bindung reicht genau so weit, als die positivrechtliche Norm das menschliche Verhalten ergreift. Unter der Voraussetzung, daß die staatliche Rechtsordnung überhaupt abänderbar ist, kann die Grenze gegen die Freiheit des Menschen beliebig verschoben werden. Es gibt keine juristisch a priori feststellbare Grenze für den Grad, bis zu welchem die Rechtsordnung das Verhalten der Menschen erfassen kann, keine absolute Schranke, die die Freiheit des Individuums gegen die Eingriffe des Staates schützt. Der Idee nach kann die staatliche Zwangsordnung das gesamte Verhalten des Menschen ergreifen, kann sie den Menschen nach jeder Richtung hin binden. Nur soweit dies nicht geschehen ist, bleibt der Mensch frei. <<

Quelle: Kelsen: Allgemeine Staatslehre, 1925, S. 151

Aus der Praxis nach 1933: vom Rechtspositivismus weit entfernt

>> Eines allerdings kann der Richter schon heute machen, er kann im Rahmen des geltenden Rechts mit den ihm auch bisher zustehenden Mitteln der Gesetzesauslegung vorbereitend mithelfen an dem großen Ziel der neuen Rechtsschaffung. Überall, wo die Gesetze dem Richter einen freien Spielraum lassen – es gibt hier auch nach dem bestehenden Recht außerordentlich viele Möglichkeiten – kann er diesen Spielraum sich auswirken lassen im Geiste der neuen Zeit, der das ganze Volk und auch den Richter ergriffen hat. So kann auch der unabhängige gesetzesunterworfene Richter zu seinem Teil beitragen am Aufbau des neuen deutschen Rechts. <<

Quelle: Lühr, DRiZ 1934, S. 35

>> Der Richer hat bei den Gesetzen, die vor der Machtergreifung erlassen worden sind, zu prüfen, ob nicht die in Frage kommende Gesetzesbestimmung durch die gesamte nationalsozialistische Entwicklung überwunden und als aufgehoben zu betrachten ist, ohne daß es einer audrücklichen Aufhebung durch Gesetz bedurfte. <<

Quelle: Eichhorn, DRiZ 1935, S. 322

>> Als Höchstforderung, die kaum zu erfüllen, aber anzustreben ist, ist aufzustellen, daß der Richter jeden Rechtsfall – ohne Paragraphenkrücken – in wirklich nationalsozialistischem Geiste richtig zu lösen vermag. <<

Quelle: Beyer, DR 1938, S. 226

>> Dem Richter freilich, der in einem alten Kommentar zum BGB. nachschlägt, was man unter »Treu und Glauben« zu verstehen hat, ist nicht zu helfen.
Grundlage für die Auslegung aller Rechtsquellen ist die nationalsozialistische Weltanschauung, wie sie im Parteiprogramm und den Äußerungen des Führers ihren Ausdruck findet. Sie erfüllt die Generalklauseln und dehnbaren Begriffe mit neuem Inhalt und sie bindet den Richter da, wo der Gesetzgeber ihm Ermessensfreiheit gewährt. <<

Quelle: Moser v. Filseck, DR 1936, S. 223

>> Unter Berücksichtigung der vom Führer geforderten organischen Entwicklung auch der Rechtspflege müssen vielmehr die Entscheidungen der deutschen Gerichte in Einklang mit den berechtigten Forderungen des Nationalsozialismus gebracht werden. <<

Quelle: Bergenroth, DR 1937, S. 51 f.

> Durch das MietSchG. wird dem Mieter ein besonders geschütztes Wohnrecht verliehen. Diesen Schutz verliert der Mieter nur bei bestimmten Tatbeständen, die im Gesetz einzeln aufgeführt sind; während ein nicht unter Mieterschutz stehendes Mietverhältnis durch einfache Kündigung beendet werden kann, auch wenn den Mieter kein Verschulden trifft oder sonst Gründe für die Aufhebung des Mieterschutzes nicht vorliegen. Die Auflösung der Mietverträge mit Juden wird also durch das MietSchG. erschwert und in gewissen Fällen unmöglich gemacht. Dies aber steht der weltanschaulichen Forderung entgegen, daß alle Gemeinschaftsverhältnisse mit Juden möglichst schnell beendet werden müssen. Die Anwendung des MietSchG. auf jüdische Mieter ist deshalb abzulehnen.

Quelle: LG Berlin, JW 1938, S. 3242

Nach 1945

> Die Strafbarkeit der Richter wegen Tötung setzt die gleichzeitige Feststellung einer von ihnen begangenen Rechtsbeugung (§§ 336, 344 StGB) voraus. Denn das Urteil des unabhängigen Richters darf Gegenstand einer Bestrafung nur dann sein, wenn er gerade den Grundsatz, dem jene Unabhängigkeit zu dienen bestimmt war, die Unterworfenheit unter das Gesetz, d. h. unter das Recht, verletzt hätte. Wenn an der Hand der von uns entwickelten Grundsätze festgestellt werden kann, daß das angewandte Gesetz kein Recht war, das angewandte Strafmaß, etwa die nach freiem Ermessen erkannte Todesstrafe, jedem Willen zur Gerechtigkeit Hohn sprach, liegt objektiv Rechtsbeugung vor. Aber konnten Richter, die von dem herrschenden Positivismus soweit verbildet waren, daß sie ein anderes als das gesetzte Recht nicht kannten, bei der Anwendung positiver Gesetze den Vorsatz der Rechtsbeugung haben? Auch wenn sie ihn hatten, bleibt ihnen als letzter, freilich peinlicher, Rechtsbehelf die Berufung auf die Lebensgefahr, die sie selbst durch die Auffassung nationalsozialistischen Rechts als gesetzlichen Unrechts über sich herabbeschworen hätten, die Berufung auf den Notstand des § 54 StGB – peinlich, da das Ethos des Richters auf Gerechtigkeit um jeden Preis, auch den des Lebens, gerichtet sein sollte.

Quelle: Radbruch: Gesetzliches Unrecht und übergesetzliches Recht, SJZ 1946, S. 105

> Eine andere Frage ist jedoch, ob ein Richter nun auch, weil er ungerechte, naturrechtswidrige Gesetze angewandt hat und dabei anderen Menschen Schaden zugefügt, evtl. sogar ihren Tod verursacht hat, nach dem Sturz der Regierung, der er diente, wegen Mordes, Körperverletzung oder Freiheitsberaubung im gewöhnlichen Strafverfahren vor Gericht gestellt werden kann. Freilich: rein von der Tatbestandsseite aus gesehen, könnte man zu diesem Ergebnis kommen, denn wenn das Gesetz, das der Richter angewendet hat, als unsittlich oder naturrechtswidrig wegfällt, ist seine Handlung Anstiftung zur Tötung, Freiheitsberaubung usw. oder mittelbare Täterschaft dieser Delikte. Aber rein von der Tatbestandsseite her lassen sich diese Fälle nicht lösen. Vielmehr hängt die Entscheidung von der grundsätzlichen Frage ab, ob der Staat berufen ist, Verstöße gegen die Sittlichkeit und das Naturrecht, verstanden als eine Summe allgemein gültiger Rechtsgrundsätze, im Strafverfahren abzuurteilen.
> [...]
> Der deutsche Richter wurde also, worauf Radbruch schon hingewiesen hat, von der politischen Entwicklung gänzlich unvorbereitet getroffen; die Rechtstheorie gab ihm keine Waffen an die Hand, mit denen er sich wehren konnte.
> Das Gewicht der allgemeinen Gründe, die in diesem Fall für die Aufrechterhaltung des Satzes »nulla poena sine lege« sprechen, wird also durch erhebliche Gründe aus der konkreten Situation verstärkt. Er muß daher m. E. hier praevalieren.
> Danach wären also die Richter, die naturrechtswidrige Gesetze angewendet haben, nicht zu bestrafen. Dies Ergebnis entspricht auch, soweit ich sehe, der Lehre des rationalen Naturrechts des 18. Jahrhunderts. Es hat aus dem Naturrecht gegenüber dem positiven Recht wohl Widerstandsrechte und Rechte zur Gehorsamsverweigerung, aber keine Strafbarkeit abgeleitet.

Quelle: Coing, SJZ 1947, Sp. 61 f.

> Man beginnt zu begreifen, wenn man Stimmen hört, Hitler habe das Staatsganze in den Dienst des Unrechtes gestellt, seine Despotie sei das Verbrechen schlechthin gewesen, die sogenannte Rechtsordnung des Dritten Reiches könne demnach nicht als Recht anerkannt werden. Ich

verstehe die Empörung über den Inhalt vieler Satzungen des Dritten Reiches und teile sie. Aber ich halte es für ein unmögliches Beginnen, ihren Rechtscharakter zu bestreiten. Gewiss: sie haben vielfach den Anforderungen der abendländischen Sittlichkeit aufs schärfste widersprochen. Doch Recht und Sittlichkeit fallen nicht zusammen. Im Lauf der geschichtlichen Entwicklung haben sich die ethischen Mächte – Religion, Sittlichkeit, Recht –, die ursprünglich alles in einem waren, voneinander getrennt und verselbständigt. So ist ein Widerspruch zwischen den Normen des Rechtes und der Sittlichkeit durchaus möglich. Es gibt unsittliches Recht.

Quelle: Rittler, SchwZfStr. 1949, S. 158

Die Verknüpfung von »rechtspositivistischer Verbildung« mit der Notwendigkeit eines Rechtsbeugungsvorsatzes ist für belastete Richter ein Geschenk und wird von der Rechtsprechung auch sogleich aufgegriffen.

Sie erweist sich als wirksames Mittel gegen straf- oder dienstrechtliche Konsequenzen aufgrund von Todesurteilen.

Auch das nicht akzeptierte alliierte Kontrollratsgesetz Nr. 10 (Grundlage des Nürnberger Juristenprozesses) kann auf diese Weise umgangen werden, bis die Alliierten 1951 auf deutschen Wunsch hin die bundesdeutschen Gerichte »endlich« von der Verpflichtung befreien, nach diesem Gesetz Recht zu sprechen.

Der Rechtspositivismus dient auch in folgendem Verfahren als Entlastung: Anfang April 1945 werden Hans von Dohnanyi, Admiral Canaris, Pastor Bonhoeffer und andere Mitglieder des Widerstandes auf Anweisung aus Berlin in den Konzentrationslagern Sachsenhausen und Flossenbürg »standgerichtlich« zum Tode »verurteilt« und umgebracht. Das Verfahren gegen den Ankläger, den Juristen und SS-Standartenführer Huppenkothen, sowie gegen einen der beiden Standgerichtsvorsitzenden, den Chefrichter beim SS- und Polizeigericht München, Dr. Thorbeck, ziehen sich über Jahre hin und beschäftigen insgesamt dreimal den Bundesgerichtshof, dessen Revisionsentscheidungen durchaus unterschiedliche Akzentuierungen erkennen lassen. 1956 spricht der Bundesgerichtshof schließlich den Angeklagten Dr. Thorbeck in letzter Instanz frei: Der Nachweis eines rein befehlsmäßigen Scheinverfahrens lasse sich nicht führen, und einem Richter könne bei einem Urteil gegen einen Widerstandskämpfer nicht vorgeworfen werden, wenn er »angesichts seiner Unterworfenheit« unter die damaligen Gesetze »nicht der Frage nachgegangen sei, ob den Verurteilten nicht ein übergesetzliches Widerstandsrecht zur Seite gestanden habe«.

Dagegen bestätigt der Bundesgerichtshof die Verurteilung des Angeklagten Huppenkothen zu sechs Jahren Zuchthaus wegen Beihilfe zum Mord, aber auch nur, weil der Angeklagte es versäumt hat, vor der Hinrichtung der Verurteilten die Bestätigung des Urteilsspruchs durch den Gerichtsherrn (hier: Kaltenbrunner, Chef des Reichssicherheitshauptamtes, Nachfolger Heydrichs) einzuholen.

Der Oberstaatsanwalt
bei dem Landgericht Bamberg

2 Js 76/60   Bamberg, den 12. Juli 1960

Auf Ihre Anzeige gegen Oberlandesgerichtsrat R. beim Oberlandesgericht Bamberg wegen Mitwirkung bei dem Todesurteil des Sondergerichts Leslau vom 11. 9. 1942 (SG I 297/42) gegen Josef K. teile ich Ihnen mit, daß ich das Verfahren gegen den Beschuldigten aus folgenden Gründen eingestellt habe:

K. ist seinerzeit wegen eines fortgesetzten gewalttätigen Verhaltens gegen deutsche Behördenangehörige zum Tode verurteilt worden.
Ein Richter eines damaligen Sondergerichts, der an einem Todesurteil mitgewirkt hat, konnte sich nur dann eines Tötungsverbrechens schuldig machen, wenn er gleichzeitig auch eine Rechtsbeugung im Sinne des § 336 StGB beging (BGHSt Bd. 10 S. 295).
Der Tatbestand einer Rechtsbeugung wurde aber nicht schon dadurch erfüllt, daß der Richter die Polenstrafrechtsverordnung überhaupt anwandte. Denn nach der damals allein herrschenden Meinung konnte der Richter nur nachprüfen, ob das anzuwendende Gesetz ordnungsgemäß erlassen und verkündet worden war. Eine weitere Nachprüfung des Gesetzes auf seine Rechtmäßigkeit war ihm versagt. Diese Auffassung bestand schon vor dem Jahre 1933.
Der Tatbestand der Rechtsbeugung konnte danach in einem solchen Falle nur dann erfüllt werden, 1. wenn der festgestellte Sachverhalt die Anwendung der Strafvorschrift nicht rechtfertigte, 2. wenn das Verfahren ein Scheinverfahren war, um eine bereits fest beschlossene Tötung zu bemänteln oder 3. wenn der Richter unter bewußter oder gewollter, nicht zu rechtfertigender Ausnutzung eines weitgespannten Strafrahmens wider seine bessere Überzeugung übermäßig hohe Strafen aussprach (BGHSt Bd. 10 S. 294, 301). Diese Voraussetzungen lagen hier nicht vor. Der im Urteil festgestellte Sachverhalt rechtfertigte die Anwendung der Polenstrafrechtsverordnung. Es handelte sich auch um kein Scheinverfahren.

Quelle: Ungesühnte Nazijustiz, Karlsruhe 1960, S. 55 f.

Der Oberstaatsanwalt
Geschäftsnummer 1 Js 112/60
          Braunschweig, am 23. Mai 1960
Betrifft: Ermittlungsverfahren gegen Amtsgerichtsrat K. in Wolfenbüttel wegen Rechtsbeugung in Tateinheit mit Totschlag.
Auf Ihre am 19. 1. 1960 eingegangene Strafanzeige . . .

Eine Rechtsbeugung kann auch nicht darin gesehen werden, daß die Polenstrafrechtsverordnung überhaupt angewendet worden ist. Amtsgerichtsrat K. hat sich in diesem Zusammenhang darauf berufen, daß er dem positiven Recht, das von den damals zuständigen staatlichen Stellen gesetzt worden war, unbedingten Gehorsam geschuldet habe. Das entsprach der bis 1945 durchaus herrschenden Meinung. Ich habe daher keinen Anlaß, dieses Vorbringen als nicht glaubwürdig anzusehen.
Gegen den Angeklagten M. ist in dem Verfahren KLs 44/42 (= Urteil 66) auf die Todesstrafe erkannt worden, weil das Sondergericht in ihm einen gefährlichen Gewohnheitsverbrecher im Sinne des § 20 a StGB gesehen hat. Diese Würdigung steht in Einklang mit der damals herrschenden Rechtsprechung. § 1 des Gesetzes zur Änderung des RStGB vom 4. 9. 1941 (RGBl. I S. 549) schrieb für gefährliche Gewohnheitsverbrecher die Todesstrafe vor, wenn der Schutz der Volksgemeinschaft und das Bedürfnis nach gerechter Sühne es erforderten. Aus der Tatsache, daß der Angeklagte einen nicht besonders schweren Diebstahl begangen hatte, ist allein noch nicht auf ein Mißverhältnis zwischen seiner Schuld und der verhängten Strafe zu schließen. Nach den Urteilsgründen hat das Sondergericht der gesamten Lebensführung des Angeklagten, der als haltloser Trinker in ungeordneten Verhältnissen lebte und der wiederholt von polnischen Gerichten bestraft worden war, entscheidende Bedeutung beigemessen. Bei dem weiten Spielraum, den § 1 des Gesetzes vom 4. 9. 1941 dem richterlichen Ermessen einräumte, läßt die Strafzumessung keinen Verstoß gegen das sachliche Recht erkennen. Daß Amtsgerichtsrat K. die Tat milder beurteilt und trotzdem für die Todesstrafe gestimmt hat, kann nicht festgestellt werden . . .

Quelle: Ungesühnte Nazijustiz, Karlsruhe 1960, S. 62 ff.

Aus dem Urteil des Schwurgerichts Kassel vom 28. Juni 1950:

„Den Angeklagten wird zur Last gelegt, daß sie sich einer Rechtsbeugung schuldig gemacht haben, indem sie dieses Todesurteil ausgesprochen haben. In Tateinheit damit wird ihnen zur Last gelegt, einen Totschlag begangen zu haben. Bei der Prüfung der Frage, ob das Todesurteil des Sondergerichts von damals eine Rechtsbeugung im Sinne des § 336 StGB darstellt, ist zu untersuchen, ob die gesetzlichen Vorschriften, die damals bestanden, ordnungsgemäß angewandt worden sind. Dabei sind nicht die heutigen, sondern die damaligen Verhältnisse zugrundezulegen. Die Gesetze, die damals galten, waren verbindlich für die Gerichte, ihre Anwendung kann für sich noch keine Rechtsbeugung darstellen.
Holländer ist einmal der Rassenschande in vier Fällen für schuldig befunden worden. Die Anwendung des Blutschutzgesetzes ist damals ohne Zweifel zu Recht erfolgt."

Quelle: Staatsarchiv Marburg, Bestand: 274 Kassel Nr. 127

„Die Anwendung solcher Gesetze bedeutete objektiv gesehen für den Richter eine Rechtsverletzung, denn die Anwendung führte zu schwerem Unrecht. Dies zu leugnen, wäre wahrheitswidrig. Damit ist aber die Frage der Schuld des Richters nicht entschieden; sie ist unbedenklich zu bejahen, wenn ein Richter dort, wo das Gesetz als Strafarten neben der Todesstrafe auch Zuchthaus oder Gefängnis vorsah, ohne ernsteste Prüfung brutal und hart auf die Todesstrafe erkannte, wiewohl der Schuldgrad solche Strafe nicht rechtfertigte. Mit solchem Urteil unterstützte der Richter zugleich die NS-Gewaltherrschaft (so mit Recht Müller-Hill in Frankfurter Allgemeine Zeitung vom 31. 12. 1958, Nr. 302).
Man wird aber vielen Richtern lediglich auf Grund der Anwendung der NS-Strafgesetze den guten Glauben dann nicht absprechen können, wenn sie so geurteilt haben, wie sie glaubten, nach dem, was sie für Recht hielten, urteilen zu müssen. Dieser »gute Glaube« war allerdings nach Güde (Frankfurter Allgemeine Zeitung vom 29. 10. 1958, Nr. 251) ein »beklagenswerter, da ihm eine so ganz verarmte Vorstellung vom Recht zugrunde lag«, der aber wieder nur in der durch den Rechtspositivismus geschaffenen Verbildung seine Mitursache hatte."

Quelle: Schorn, Der Richter im Dritten Reich, Frankfurt 1959, S. 31

Abbildung 229
Der Angeklagte Dr. Otto Thorbeck, Chefrichter beim SS- und Polizeigericht München

Abbildung 230
Der Angeklagte Walther Huppenkothen, ehemaliger SS-Standartenführer, mit seinem Anwalt

> Daß dann der Nationalsozialismus den Versuch machte, das Reichsgericht durch seine Personalpolitik und durch seinen Terror politisch, menschlich und rechtlich zu zersetzen, daß ihm dieser Versuch teilweise gelang, daß er innerhalb des Gerichts besondere zusätzliche Rechtsprechungsgremien bildete, die er durch Personalnachschub linientreu zu besetzen suchte und daß ihm auch das teilweise gelang, daß schwere Schatten auf die Rechtsprechung dieser Gremien fielen, daß damals ein unerhörter Druck und die schimpflichsten Spitzelmethoden auf dem Gericht lasteten, daß sich in ihm eine lähmende Atmosphäre der Furcht, des Mißtrauens, der Erbitterung, ja der Verzweiflung ausbreitete, das alles ist bekannt. Das Reichsgericht war damals nicht mehr es selbst. Zwar ergingen weitaus die meisten Entscheidungen auch jetzt noch in dem alten ehrenhaften richterlichen Geist – ein Strafsenat wurde damals bekanntlich aufgelöst, weil er Eingriffe in seine Rechtsprechung abgewiesen hatte –, und doch war dem Gericht die Lebensluft der Freiheit und Unabhängigkeit genommen. Nichts aber wäre falscher und ungerechter, als dem heute in der Haltung eines billigen Pharisäismus gegenüberzutreten. Hier gilt vielmehr das Wort: »Wer unter euch ohne Sünde ist, der werfe den ersten Stein auf sie.« Vor allem aber gilt es zu erkennen, wie das kam, und dafür zu sorgen, daß es so nicht mehr kommen kann.

Quelle: Weinkauff, DRiZ 1954, S. 252

2. Dokumente aus dem Osten

Urteile der Sondergerichte und des Volksgerichtshofs befinden sich im Westen und im Osten. In der Bundesrepublik wird ihre Existenz nur ungern und zögernd zur Kenntnis genommen.

Dennoch läßt sich die Vergangenheit nicht ganz verdrängen. Dafür sorgt schon Ende der fünfziger Jahre die DDR – wenn auch nicht aus den edelsten Motiven. Im Zuge des kalten Krieges und der heftigen, geradezu haßerfüllten Auseinandersetzungen zwischen den beiden deutschen Staaten, die mit dem Mauerbau 1961 ihren Höhepunkt erreicht, will die DDR die Bundesrepublik als naziverseuchten Staat international an den Pranger stellen. Mit großem propagandistischem Aufwand publiziert sie Jahr für Jahr Broschüren über bundesdeutsche Justizjuristen, in denen deren Tätigkeit während der NS-Zeit an Sondergerichten, dem Volksgerichtshof etc. aufgeführt wird. Über tausend Richter, Staatsanwälte und Ministerialbeamte werden namentlich genannt. In einigen prominenten Fällen werden auch Dokumente veröffentlicht, zumeist Auszüge aus Todesurteilen. Die Dokumente sind echt, zu Fälschungen besteht keine Notwendigkeit, denn die DDR, Polen und die Tschechoslowakei verfügen über genügend belastendes Material.

Trotz der durchsichtigen propagandistischen Aufmachung verfehlen die Fakten ihre Wirkung nicht, auch nicht im westlichen Ausland. Die bundesdeutschen Politiker sehen sich in einer unangenehmen Lage; es geht nicht nur um die Justiz, es geht um die demokratische Glaubwürdigkeit des jungen Staates. Dennoch: Das politische Umfeld ist nicht dazu angetan, die erhobenen Vorwürfe mit kühlem Kopf zu prüfen und gegebenenfalls Konsequenzen zu ziehen. »Schotten dicht« charakterisiert die Stimmungslage, in der von Hetze, Diffamierung und staatszersetzender Propaganda die Rede ist und in der sich außerdem eine Aufrechnungsmentalität (Menschenrechtsverletzungen in der DDR) breitmacht.

Eine neue Qualität bekommt die innenpolitische Diskussion durch die 1960 anstehende Verjährung von Totschlagsdelikten, die in der NS-Zeit begangen worden sind. Mit Ablauf des 8. Mai 1960 kann nur noch Mord strafrechtlich verfolgt werden; bei anderen Tötungsdelikten kommt es darauf an, ob bis zu diesem Stichtag eine wirksame Unterbrechung der Verjährung erfolgt ist.

Dies setzt natürlich voraus, daß die Straftaten bekannt sind und gegen die Täter ermittelt wird. Angesichts der Publikationen der DDR stellt sich in der Öffentlichkeit schon die Frage, ob sich die Justiz mit den Justizverbrechen des Dritten Reiches intensiv genug beschäftigt hat. Eine klare Antwort erteilt insoweit eine Ausstellung, die ein Student des SDS trotz erheblicher Schwierigkeiten unter anderem in Karlsruhe und München, in Amsterdam und London unter dem Titel »Ungesühnte Nazijustiz« zeigt. Reinhard Strecker belegt mit mehr als 100 Todesurteilen die Verstrickung amtierender Richter und Staatsanwälte in die NS-Justiz und erstattet in zahlreichen Fällen Anzeige.

Der Generalbundesanwalt begutachtet das Material und zeigt sich beeindruckt; die Medien fordern Aufklärung.

In rund 180 Fällen wird den Beschuldigungen gegen amtierende Richter und Staatsanwälte nachgegangen, ohne strafrechtliche und – soweit ersichtlich – auch ohne dienstrechtliche Konsequenzen.

Internationale Anklage gegen das Bonner Regime
600 Blutrichter in hohen Justizstellen /
Neue Enthüllungen /
Nationaler Notstand in der Westzone

„Berlin (EB). Internationale Anklage erhob der Ausschuß für Deutsche Einheit am Dienstag vor Pressevertretern des In- und Auslandes gegen den Bonner Unrechtsstaat. Er legte der Öffentlichkeit eine fünfte Liste von weiteren 200 Kriegs- und Naziverbrechern vor, die in Adenauers Staat schon wieder hohe und höchste Ämter bekleiden. Es handelt sich um damalige Kriegs- und Sonderrichter, Vertreter von Standgerichten und sogenannten Volksgerichtshöfen, die in den von den Nazis okkupierten Gebieten schwerste Verbrechen begangen haben. An der Zusammenstellung des Materials haben Institutionen Polens, der CSR und Dänemarks mitgewirkt.

Die Pressekonferenz wurde geleitet vom Vorsitzenden des Ausschusses, dem Stellvertreter des Vorsitzenden des Ministerrates Dr. Hans Loch. Den einleitenden Bericht erstattete das Mitglied des Politbüros des ZK der SED, Prof. Albert Norden. Ehemalige Widerstandskämpfer aus Polen, der CSR und Dänemark übergaben weitere, den Bonner Staat schwer belastende Materialien und erklärten, ihre Völker könnten es einfach nicht begreifen, daß ein Staat wie Bonn Anspruch darauf erheben könne, ein Rechtsstaat zu sein, wenn er diese Blutrichter nicht zur Rechenschaft zieht, sondern sie im Gegenteil beschäftigt und in höchste Ämter befördert.

Prof. Norden teilte u. a. mit, daß von den nunmehr bekannten 600 verbrecherischen Juristen im Adenauer-Staat 153 als Staatsanwälte fungieren, 159 an Amtsgerichten und 147 an Oberlandesgerichten tätig sind. 93 bekleiden höchste Stellen, vielfach im Bonner Justizministerium. »Die besten Söhne und Töchter der Völker starben durch die Hand deutscher, faschistischer Blutrichter, die das Todesurteil sprachen und unterzeichneten und die heute wieder in Westdeutschland die Spitzen des Justizapparates besetzen«, sagte er.

»Es ist nationaler Notstand, wenn das braune Netz sich wieder über deutsches Land spannt. Die Verbrecher sitzen über die Unschuldigen zu Gericht. Hitlerfaschisten kerkern die Gegner des Faschismus ein. Wir erheben Klage und Anklage um des deutschen Namens willen.«

Prof. Norden wies auch auf den engen Zusammenhang hin, der zwischen der täglichen Kriegserklärung von Adenauer und Strauß gegen die DDR und dem Wirken der Blutrichter besteht, den Richtern nämlich, die den lebhaften Widerstand des westdeutschen Volkes gegen die Bonner Kriegspolitik lähmen sollen.

Während die Mehrzahl der Konferenzteilnehmer von den Ausführungen und dokumentarischen Materialien tief beeindruckt war, während Vertreter der demokratischen Presse durch Fragen ihr Interesse bekundeten, saßen die von der westdeutschen und Westberliner Presse entsandten Journalisten mit betretenem Schweigen da. (Ausführl. Bericht s. S. 4)"

Quelle: Berliner Zeitung (Ost) vom 22. 10. 1958

Abschrift zu 9166/1 I – 1176/57

Der Bundesminister der Justiz
– 4000/6 – 0 – 20 512/57 –
Bonn, den 19. August 1957

An den
Herrn Bundesminister des Auswärtigen
Bonn

Betr.: Hetzschriften der DDR;
hier: Schriften des sog. »Ausschusses für Deutsche Einheit«
Bezug: Schreiben vom 2., 15. und 27. Juli 1957
– 202 – 80.11 –

Sehr geehrter Herr Kollege!
Die Behauptungen in den beiden Schriften des sog. »Ausschusses für Deutsche Einheit« vom 23. Mai und 14. Juni 1957 geben mir keinen Anlaß, die Durchführung von Ermittlungen anzuordnen oder bei den Landesjustizverwaltungen anzuregen. Die Richter und Beamten im Bundesjustizdienst sind überprüft worden. Sie unterstehen praktisch einer Kontrolle durch das Parlament; die Bundesrichter sind unter Mitwirkung der Volksvertretung gewählt worden, die Angehörigen des Bundesjustizministeriums arbeiten eng mit dem Rechtsausschuß und den anderen Ausschüssen des Bundestages und des Bundesrates zusammen. Soweit in den Veröffentlichungen Bundesbedienstete benannt sind, kann ohne weiteres festgestellt werden, daß die erhobenen Vorwürfe nicht begründet sind. Hieraus lassen sich leicht Rückschlüsse auf die Zuverlässigkeit der Angaben über die anderen verdächtigen Personen ziehen. Ich bin überzeugt, daß die beiden Veröffentlichungen zu den üblichen östlichen Verleumdungen zu zählen sind, die nach der Absicht ihrer Urheber die staatliche Ordnung der Bundesrepublik untergraben sollen.
Behauptungen in derartigen Hetzschriften darf m. E. nur dann nachgegangen werden, wenn unabhängig von der sowjetzonalen Quelle Anhaltspunkte für ein vorwerfbares Verhalten bekannt werden. Die Frage, ob im Einzelfalle ein Strafverfahren durchzuführen ist, ist von den zuständigen Strafverfolgungsbehörden der Länder zu prüfen, auf deren Entscheidungen ich bekanntlich keinen Einfluß nehmen kann.
Schon mit Rücksicht auf die Fürsorgepflicht des Bundes erscheint es nicht vertretbar, allein aus außenpolitischen Erwägungen auf Grund der Behauptungen in den Veröffentlichungen gegen die dort genannten Richter und Beamten vorzugehen.

Die Entscheidung hierüber ist im übrigen eine ausschließlich innere Angelegenheit der Bundesrepublik. Innenpolitische Gründe können aber – besonders im gegenwärtigen Zeitpunkt – keinesfalls dafür sprechen, östlichen Hetzschriften mehr Bedeutung beizumessen als sie verdienen.

Mit kollegialen Grüßen
Ihr sehr ergebener
gez. Dr. von Merkatz

Quelle: Akten des BMJ

NS-Richter
Auf Photokopien

„Nur mit zwiespältigen Gefühlen konnten zahlreiche bundesdeutsche Richter und Staatsanwälte die Feiertagsruhe genießen, mußten sie doch kurz vor Jahresende die fatale Erkenntnis gewinnen, daß einer speziellen Aktion des Pankower SED-Regimes gegen die bundesrepublikanische Justiz doch noch ein zwar später, dafür aber um so eklatanterer Erfolg beschieden sein werde: Von Ostberlin eingeschleustes Belastungsmaterial – hauptsächlich Photokopien von Todesurteilen – über die frühere Tätigkeit westdeutscher Rechtsdiener bei Sondergerichten und beim Volksgerichtshof, das lange Zeit als »Lüge«, »Diffamierung« und »durchsichtige Aktion« abgetan worden war, beschäftigt neuerdings Landtage und Justizverwaltungen.
Die Beschwichtigungsversuche bisheriger Art konnten nichts mehr fruchten, nachdem ein prominenter Jurist der Bundesrepublik ebenso überraschend wie folgeträchtig einräumte, daß an der Echtheit der Pankower Photokopien nicht zu zweifeln sei. Der Generalbundesanwalt Dr. Max Güde erklärte nämlich: »Ich habe Urteile gesehen unter dem Material, das ich im übrigen für echt halte, Photokopien, ich glaube von richtigen, echten Urteilen, ich habe Urteile gesehen, über die ich erschrocken bin.«
Während es der Verfassungsausschuß des Bayerischen Landtags noch vor einigen Wochen stolz ablehnte, aufgrund solch »unbestätigten« Materials östlicher Provenienz gegen bayerische Justizdiener vorzugehen, beschloß nun der Ständige Ausschuß des Landtags von Baden-Württemberg die Gründung einer »unabhängigen Sachverständigen-Kommission« – aus den Präsidenten der Oberlandesgerichte Stuttgart und Karlsruhe sowie einem Strafrechts-Professor – zur Überprüfung ehemaliger Nazi-Richter und Nazi-Staatsanwälte, die jetzt im Justizdienst Baden-Württembergs ihre Pensionen ersitzen.

Für diese Überprüfung, die Landesjustizminister Dr. Haußmann »keinesfalls als Wiederholung der Entnazifizierung« betrachtet wissen will, kommen in Südwestdeutschland immerhin 66 von 1470 höheren Justizbediensteten in Betracht. 62 Richter, Anklagevertreter oder Ministeriale waren bei Sondergerichten, vier beim berüchtigten Volksgerichtshof in Amt und Würden. Überdies amtieren 23 ehemalige Kriegsgerichtsräte in der Rechtspflege Baden-Württembergs.

Wiewohl gegen ein paar Richter und Staatsanwälte schon einmal – im Frühjahr 1959 – nach einer Landtags-Intervention des SPD-Abgeordneten Fritz Helmstädter aufgrund ihrer Vergangenheit staatsanwaltschaftlich ermittelt worden war, blieb es einer obskuren Veranstaltung in der »Residenz des Rechts«, in Karlsruhe, vorbehalten, die Stuttgarter Justizverwaltung nachhaltig aufzuscheuchen und manchen altgedienten Ankläger oder Verurteiler mit Unruhe zu erfüllen.

Im Kleinen Saal der Karlsruher Stadthalle veranstaltete der Westberliner Student Reinhard Strecker namens des Sozialistischen Deutschen Studentenbundes (SDS) eine Ausstellung im Rahmen der SDS-Aktion »Ungesühnte Nazijustiz«. Während sich Student Strecker noch über das dürftige Interesse der Karlsruher Bevölkerung wunderte und Student Wolfgang Koppel, Vorsitzender der Karlsruher SDS-Hochschulgruppe, von der SPD mit einem Verfahren auf Parteiausschluß – als Strafe für die provozierende Ausstellung – bedacht wurde, fanden Streckers 100 Ordner und Schnellhefter höheren Orts die gebührende Beachtung: Enthielten sie doch eine lange Reihe anstößiger Todesurteile – aus der Zeit vor 1945 –, beantragt und verhängt von derzeit amtierenden Staatsanwälten und Richtern.

Der höchste deutsche Anklagevertreter, Generalbundesanwalt Dr. Max Güde, ließ sich den Aussteller nebst den Ausstellungsstücken zu einer mehrstündigen Unterredung ins Amt kommen, und der Landesjustizminister Dr. Haußmann gestand ein, daß sich der Kreis betroffener Beamter aufgrund des (vom Ostberliner »Ausschuß für Deutsche Einheit« stammenden) Materials »etwas erweitert« habe – ein Zugeständnis, zu dem sich die Justizminister anderer Bundesländer wohl ebenfalls durchringen müssen, soll doch die Aktenschau als »Wanderausstellung« noch andere Städte erreichen.

Nun ist es freilich kein Geheimnis, daß in der Bundesrepublik Staatsanwälte anklagen und Richter Recht sprechen, die ehedem an nationalsozialistischen Sondergerichten dienten. Schon die Urteils-Bilanz dieser speziellen NS-Gerichte weist aus, daß zum Zustandekommen solch stattlicher Ziffern eine erhebliche Mitarbeiterzahl notwendig gewesen sein muß: Sondergerichte und Volksgerichtshof verhängten rund 45 000 Todesurteile. Allein im Zweiten Weltkrieg wurden im zivilen Bereich Deutschlands und der besetzten Gebiete 16 000 Menschen »im Namen des deutschen Volkes« zum Tode verurteilt.

Die Richter, deren Urteile in der Aktion »Ungesühnte Nazijustiz« angeprangert wurden, hatten keineswegs gleich dem Medizinmann Heyde alias Sawade unter falschem Namen in der Bundesrepublik gearbeitet. Gab der Minister Haußmann zu: »Es ist nicht ein einziger Fall bekannt, in dem ein Beamter oder Richter seine frühere Tätigkeit beim Volksgerichtshof, bei Militär- oder Sondergerichten verschwiegen hätte.«

[...]

Ein Reporter des Süddeutschen Fernsehens hatte Dr. Güde aus Anlaß der Karlsruher Ausstellung vor die Kamera geholt. Freilich wurde die Sendung nur von der regionalen Abendschau übertragen, auch machte sich keine einzige Zeitung die Mühe, Güdes bis dahin unerhörte Feststellungen wiederzugeben.

Zunächst bemerkte der Generalbundesanwalt, daß auch durchaus korrekte Urteile ergangen seien: »Urteile gegen Gewaltverbrecher zum Beispiel, die zu jeder Zeit hätten ergehen können. Deswegen sage ich ganz allgemein: ... es kommt darauf an, ob die Urteile sich uns als gerecht darstellen oder als grob ungerecht. Das muß man prüfen.«

Reporter: »Wenn man aber an den Volksgerichtshof und an die Sondergerichte denkt, denkt man in jedem Fall eigentlich an ungerechte Urteile dieser Gerichte ... Können Sie mir sagen: wie kann man die Rechtsprechung dieser Gerichte mit der Rechtsprechung normaler Gerichte vergleichen?«

Güdes Antwort ließ keinen Zweifel daran, daß zumindest ehemalige Mitglieder des Volksgerichtshofs nach seiner Ansicht wenig geeignet sind, in einem demokratischen Rechtsstaat – etwa in Baden-Württemberg – anzuklagen, Recht zu sprechen oder die Juristen ministeriell zu beaufsichtigen. Güde: »Der Volksgerichtshof war von vornherein ein politisches Instrument. Als solches war er geschaffen worden, als solches war er ausgebildet worden, in ihm saßen grundsätzlich nur dem Regime ergebene Juristen zusammen mit hohen Funktionären von Partei, SA und SS. Wer konnte von einem solchen Gericht Gerechtigkeit erwarten?«

Güde schilderte sodann, was ihm einer der maßgebenden Beamten des Volksgerichtshofs, nämlich der Oberreichsanwalt, einmal gesagt habe: Aufgabe des Volksgerichtshofes sei es nicht, Recht zu sprechen, sondern die Gegner des Nationalsozialismus zu vernichten.
[...]
Stuttgarts Justizminister Haußmann verwahrte sich vor dem regionalen Abendschau-Publikum, so gut er es nach Güdes Enthüllungen noch vermochte: »Man kann wirklich nicht sagen, daß bei der Überprüfung ... von Richtern und Staatsanwälten leichtfertig vorgegangen wurde.«
Während der Besatzungszeit sei für Einstellungen die Genehmigung der Militärregierung erforderlich gewesen, und vorher sei die politische Säuberung der Justiz-Aspiranten erfolgt. Haußmann: »Das Spruchkammerverfahren hat auch die richterliche und staatsanwaltschaftliche Tätigkeit ... einer besonderen Überprüfung unterzogen.«
Den Personalakten der ehemaligen Mitglieder von Sondergerichten lagen allerdings keineswegs Kopien oder gar Originale der Urteile bei, die sie im Dritten Reich sprachen, so daß die Beurteilung zwangsweise lückenhaft bleiben mußte. Die Auswirkungen der damaligen Richter- und Anklägertätigkeit werden erst jetzt sichtbar – durch das Material, dessen Prüfung der Generalbundesanwalt für angebracht hält.
Haußmann mußte sich zu dem Versprechen bequemen, daß Verfahren eingeleitet würden, wenn die Unterlagen ausreichten. Außerdem könnten »Maßnahmen anderer Art, so die Nicht-Weiterverwendung der Betreffenden«, verfügt werden.
Solche Maßnahmen erwiesen sich in Baden-Württemberg und einigen anderen Bundesländern bereits als notwendig: Gegen mehrere Richter und Beamte des höheren Justizdienstes in Baden-Württemberg wurden Ermittlungen eingeleitet. Und zwei Tage vor Weihnachten teilte der Berliner Justizsenator Kielinger mit, daß aufgrund des Ost-Materials vier Berliner Richter, die an Todesurteilen mitwirkten, vorzeitig in den Ruhestand abtreten. Gegen fünf Richter und zwei Staatsanwälte seien die Ermittlungen noch im Gange.
Justizminister Haußmann sieht die Pankower Diskriminierungs-Offensive jetzt in positivem Licht: »Bei den übermittelten Photokopien dürfte es sich im wesentlichen um keine Fälschungen handeln. Wir gehen diesem Material ... nach.«

Quelle: Der Spiegel Nr. 3/1960

Spät – aber noch nicht zu spät

„Justitia, die Göttin der Gerechtigkeit, trägt eine Binde vor den Augen – um nicht zu sehen, wie die Gewichte auf den Waagschalen verteilt werden – was gut ist. Sie kann aber auch nicht sehen, wer diese Gewichte in die Waagschale wirft – was mitunter bedenklich erscheint. Da Justitia nur »blind«, nicht aber taub ist, mußte sie sich wohl beruhigt fühlen durch die immer wiederholten Versicherungen aller bundesdeutschen Justizminister, daß ihre Dienerschaft im Hinblick auf die »tausendjährige Vergangenheit« zu keinerlei Bedenken Anlaß gebe. Dennoch wollte das Gemunkel nie aufhören, daß trotz Überprüfung bei den nachkriegsdeutschen Rechtssprechern doch so einiges nicht im Lot wäre. Justitia, die naturgemäß in Karlsruhe, der »Residenz des Rechts«, ansässig ist, entschloß sich daher nach einigem Zögern, einmal selbst den Kleinen Saal der Karlsruher Stadthalle aufzusuchen. Dort hatte nämlich ein Student aus Westberlin, Reinhard Strecker, eine recht merkwürdige Ausstellung aufgebaut. Gar kein bißchen attraktiv – denn sie bestand nur aus gut hundert Ordnern und Schnellheftern. Aber als Justitia vorsichtig unter ihrer Binde hervorlugte, erschrak sie doch sehr: Was hier zusammengetragen worden war, war schrecklich. Fast jedes Blatt – es waren Fotokopien – enthielt ein Todesurteil, beantragt von Staatsanwälten und gefällt von Richtern des Volksgerichtshofes und der Sondergerichte im Hitlerstaat ..."

Quelle: Oberfränkische Volkszeitung vom 19. 1. 60

Die Justiz bleibt weiterhin im Zwielicht

„Der Beschluß der Länderjustizminister vom 12. Februar in Wiesbaden, wonach die sowjetzonalen Vorwürfe gegen aus der Nazizeit belastete Richter und Staatsanwälte geprüft werden sollen, konnte i. Bonn nicht allgemein befriedigen. Die Minister teilen mit, einige Richter und Staatsanwälte seien freiwillig aus dem Amt geschieden. Wer? Wie viele? Und was lag geg. sie vor?
Die Zone hatte zuerst gegen 800, später nochmals gegen 200 in der Bundesrepublik tätige Juristen unter Namensnennung und Veröffentlichung ihrer damaligen »Bluturteile« sehr exakte Angaben veröffentlicht.
Eine abschließende klare Stellungnahme, die in jedem Fall begründet, warum der Betreffende in

seinem heutigen Amt keine Belastung für das Ansehen unserer Justiz bedeutet, wäre hocherwünscht. Ja, sie ist notwendig – ob nun die Zonenbehörden das bei ihnen befindliche Aktenmaterial aushändigen oder nicht."

Quelle: Welt der Arbeit vom 19. 2. 60

Anschuldigungen gegen Bonn und Washington

"Der »Amerikanische jüdische Kongreß« erklärte am Dienstag (9. 2. 60), zwischen dem Staatsdepartement und Westdeutschland bestehe eine stillschweigende Übereinkunft, Informationen über die Rolle von ehemaligen Nazis im Bonner Regime zu unterdrücken. In einem Schreiben an Staatssekretär Herter protestierte der Kongreß dagegen, daß die amerikanischen Behörden in Westberlin den Zugang zum Dokumentenzentrum verwehrten, das eine der wenigen umfassenden Kartotheken über die nationalsozialistischen Organisationen enthalte. Man müsse darauf schließen, die amerikanische Regierung scheine ebenfalls versuchen zu wollen, Informationen über die moderne deutsche Geschichte und insbesondere über die Vergangenheit deutscher Beamter zu verheimlichen.

Die freie Welt könne es aber nicht zulassen, daß ehemalige Naziführer in hohen Stellungen verblieben und vor dem Bekanntwerden ihrer Vergangenheit geschützt würden."

Quelle: Neue Zürcher Zeitung vom 11. 2. 60

3131/1 – IIa 3366
Kurzprotokoll
über
die Justizministerkonferenz
Vom 8. April 1960
in Wiesbaden

I.
Der Erfahrungsaustausch über die Behandlung und Erledigung von Vorwürfen gegen Richter und Staatsanwälte wegen ihres Verhaltens in der nationalsozialistischen Zeit wurde fortgesetzt.

II.
Der Entwurf eines Gesetzes über die Berechnung strafrechtlicher Verjährungsfristen wurde erörtert. Im Anschluß an die Erörterungen ist folgende Presseerklärung abgegeben worden.

»Die Landesjustizminister und -senatoren haben bei ihren Maßnahmen zur Verfolgung nationalsozialistischer Verbrechen schon seit Jahren in Rechnung gestellt, daß solche Verbrechen, soweit sie mit mehr als zehn Jahren zeitiges Zuchthaus bedroht sind, spätestens im Frühsommer 1960, und solche Verbrechen, die mit lebenslangem Zuchthaus bedroht sind, im Jahre 1965 verjähren. Demgemäß haben sie eine nachdrückliche Verfolgung dieser Verbrechen durch ihre Staatsanwaltschaften sichergestellt und darüberhinaus durch die der Öffentlichkeit bekannte Errichtung der zentralen Stelle der Landesjustizverwaltungen in Ludwigsburg die Voraussetzungen dafür geschaffen, daß die bis dahin ungesühnt gebliebenen nationalsozialistischen Gewaltverbrechen systematisch, umfassend und rechtzeitig vor Eintritt der Verjährung aufgeklärt werden können. Es ist dieser Stelle durch ihre unermüdliche und zielstrebige Arbeit gelungen, die Masse der großen Vernichtungsaktionen der nationalsozialistischen Gewaltherrschaft so zu erfassen und vorbereitend aufzuklären, daß die Verantwortlichen, soweit sie noch nicht abgeurteilt sind, in absehbarer Zeit ihrer gerechten Strafe zugeführt werden, ohne daß die Verfahren durch Verjährung beeinträchtigt sind. Die Landesjustizminister und -senatoren sind bei ihren Erwägungen davon ausgegangen, daß die Verjährungsfrist wegen Mordes erst in fünf Jahren abläuft.«

Quelle: Akten des BMJ

---

dpa 205 id
schaeffer kuendigt ueberpruefung von sowjetzonenurteilen an

"nuernberg, 18. maerz 60 dpa – bundesjustizminister fritz schaeffer kuendigte am freitag in nuernberg vor der presse an, dass er als antwort auf die oestlichen beschuldigungen gegen richter und staatsanwaelte im bundesgebiet kuenftig auch urteile ueberpruefen lassen werde, die von gerichten der sowjetzone gefaellt worden sind. es sei offensichtlich, dass die kommunistische aktion gegen angebliche nazirichter im bundesgebiet den zweck verfolge, das ansehen der bundesdeutschen justiz in der welt zu schaedigen und die bundesrepublik innerlich zu zerstoeren. schaeffer wies darauf hin, dass es in der sowjetzone keine unabhaengigen richter mehr gebe. das material ueber urteile von sowjetzonen-gerichten wolle er zunaechst nur sammeln und sich vorlegen lassen, um »im notfalle davon gebrauch machen zu koennen.«

Quelle: dpa 205 2144 18/3/60 hck

Bonn: Kein politisch belasteter Bundesrichter im Amt

Antwort auf die Unterhausdebatte
Von unserem Korrespondenten
v. F. Bonn, 21. November

Im Bundesjustizministerium sieht man in der Debatte des englischen Unterhauses keinen Anlaß für eine neue Überprüfung der Richter im Bundesdienst. »Soweit sich die im Unterhaus erhobenen Vorwürfe wegen nationalsozialistischer Betätigung auf Beamte der Bundesjustizverwaltung erstrecken, sind alle Fälle bereits überprüft«, erklärte ein Sprecher des Bundesjustizministeriums.

Nach dem Grundgesetz liegt die Justizhoheit bei den Ländern. Die Richter in den Ländern werden auch von den Ländern ernannt. Es ist daher im wesentlichen Sache der Länderjustizverwaltungen, in ihrem Bereich die entsprechenden Maßnahmen gegen die Wiederbeschäftigung ehemaliger nationalsozialistischer Richter zu ergreifen.

Bundesjustizminister Schäffer hatte die Länder bereits auf der Konferenz der Länderjustizminister im Oktober in Bad Harzburg um einen Bericht über die Tätigkeit ehemaliger profilierter nationalsozialistischer Richter gebeten. Dieser Bericht ist bisher nur von wenigen Ländern erstattet worden. Bis die Unterlagen nicht vollständig in Bonn eingegangen sind, will das Bundesjustizministerium daher keine Stellung nehmen.

Auf der Konferenz in Bad Harzburg war außerdem die Errichtung einer zentralen Ermittlungsstelle für ehemalige nationalsozialistische Verbrecher beschlossen worden. Diese Stelle soll die notwendigen Unterlagen über begangene Verbrechen sammeln und die Strafverfolgung koordinieren. In Bonn betrachtet man den von den Länderjustizministern gefaßten Beschluß als einen Beweis, daß es die Bundesrepublik mit der Sühne der nationalsozialistischen Untaten ernst nimmt.

Am 5. November hatte die britische Botschaft in Bonn im Hinblick auf die bevorstehende Debatte des Unterhauses beim Auswärtigen Amt vorgesprochen und um Auskunft über die Maßnahmen der Bundesregierung gegen eine Wiederbeschäftigung belasteter Richter gebeten. Auch das Auswärtige Amt mußte die Botschaft jedoch an die Länder verweisen.

Die im englischen Unterhaus zur Sprache gebrachten Fälle stammen nach der Auffassung des Bundesjustizministeriums aus der bereits vor längerer Zeit von dem sowjetzonalen Staatssekretär Girnus (SED) herausgegebenen Liste. »Diese Liste ist von einzelnen britischen Abgeordneten offenbar völlig unüberprüft übernommen worden«, stellt man dazu im Justizministerium fest.

Als Beweis wird der Fall des Präsidenten des Dritten Strafsenats am Bundesgericht in Karlsruhe, Kanter, angeführt. Sein Name ist ebenfalls in der von Girnus aufgestellten Liste enthalten. Kanter war während des Krieges Oberkriegsgerichtsrat in Dänemark. Er gehörte zur Widerstandsgruppe um Canaris und Oster. Schon dadurch wird nach Auffassung des Justizministeriums der Verdacht einer nationalsozialistischen Betätigung weitgehend entkräftet.

Kanter wurde sogar nach 1945 von den Engländern als oberster Richter für die in Schleswig-Holstein internierten deutschen Soldaten eingesetzt. Dem Bundesjustizministerium liegt außerdem ein Schreiben des Chefs der dänischen Reichspolizei vor, in dem ausdrücklich bestätigt wird, daß auch von dänischer Seite gegen Kanter keine Vorwürfe erhoben werden.

Quelle: Die Welt vom 22. November 1958

Aus der Rede des niedersächsischen Justizministers Dr. Arvid v. Nottbeck anläßlich der Einführung des neuen Präsidenten des OLG Celle am 27. Mai 1960

„Der neue Oberlandesgerichtspräsident übernimmt sein Amt in einem Augenblick, in dem unsere Richterschaft sich schweren Angriffen ausgesetzt sieht. Diese Angriffe werden aus Ländern gesteuert, die wirklich nicht berufen sind, sich als Hort der Rechtsstaatlichkeit und Humanität aufzuspielen. Ich brauche dieses Thema hier nicht zu vertiefen, da ich mich in den letzten Monaten vor der Öffentlichkeit wiederholt dazu geäußert habe. Auch der Herr Bundesjustizminister und Justizminister anderer Bundesländer sind der Verunglimpfung des Richterstandes entgegengetreten. Daß wir verpflichtet sind, im Interesse des Ansehens und der Glaubwürdigkeit der Justiz und im Interesse der angegriffenen Richter und Staatsanwälte konkreten Vorwürfen sorgfältig und ernsthaft nachzugehen, ist eine Selbstverständlichkeit. Im Interesse des Ganzen müssen wir uns bemühen, die unqualifizierbaren Anwürfe gegen die Richterschaft und den Rechtsstaat in die Untersuchung von gravierend erscheinenden Einzelfällen aufzulösen. Hierzu will ich sagen: Wir müssen als Tatsache registrieren, daß die deutsche Öffentlichkeit sich nicht geneigt gezeigt hat, sich in breiter Front nur deshalb vor angegriffene Personen zu stellen, weil die Angriffe von feindlicher

Seite kamen; im Gegenteil, es war die deutliche Tendenz spürbar, von belastet erscheinenden Personen so lange abzurücken, bis eine Aufklärung erfolgt. Man kann darüber diskutieren, ob eine umgekehrte Reaktion der Öffentlichkeit besser gewesen wäre, aber wir müssen eine gegebene Tatsache feststellen. Daher muß – wer ernsthaft angegriffen wird – sich selbst verteidigen; er kann keine Verteidigung durch ein Kollektiv erwarten.

Quelle: von Nottbeck, Niedersächsische Rechtspflege, 1960, S. 122

Neue Attacken aus Ostberlin

Bundestagsabgeordnete erbaten Material in der DDR, behauptet Norden

Von unserer Berliner Redaktion
Berlin, 21. März

Abgeordnete des Bundestags sollen sich, wie SED-Politbüromitglied Albert Norden am Donnerstag auf einer Pressekonferenz in Ostberlin behauptete, an verschiedene Stellen der DDR gewandt haben, um Material über die politische und dienstliche Vergangenheit von Persönlichkeiten des westdeutschen Verwaltungsapparats zu erhalten.
Die Abgeordneten beabsichtigten, sagte Norden, im Bundestag die Einsetzung eines Untersuchungsausschusses zu beantragen, der die Vergangenheit einiger Persönlichkeiten, über die neues Material von den DDR-Behörden zutage gefördert worden sei, aufs neue durchleuchten solle. Die Namen der Bundestagsabgeordneten verschwieg Norden.
In seiner großangelegten Anklage legte Norden den Schwerpunkt auf die Staatssekretäre der Bundesregierung. Von 25 Bonner Staatssekretären sind nach seiner Versicherung 15 belastet. Gegen Staatssekretär Globke erhob Norden, angeblich gestützt auf »neues, bisher unbekanntes Material«, den Vorwurf, das Hitlersche Reichsermächtigungsgesetz für Preußen formuliert und kommentiert zu haben. Unter anderem habe Globke – den Norden als »Totengräber der Weimarer Republik« bezeichnete – geschrieben, »daß diese Gesetze weder vom Landtag im ordentlichen Gesetzgebungsverfahren noch durch einen Volksentscheid geändert oder aufgehoben werden können«.
Auf die Frage eines Journalisten, ob das in einer der letzten Ostberliner Pressekonferenzen in Aussicht gestellte Verfahren gegen Globke mit Juristen aus verschiedenen Ländern in Gang kommen werde, entgegnete Norden, die »Internationale Vereinigung demokratischer Juristen« beschäftige sich bereits mit der Angelegenheit. »Globke kommt sicher nicht ungeschoren davon.« Die Vereinigung demokratischer Juristen steht, wie der Westberliner Untersuchungsausschuß freiheitlicher Juristen auf Rückfrage mitteilte, unter Leitung des britischen Kronanwalts Pritt, hat aber ihren Schwerpunkt in den Ostblockstaaten.
Gegen die Staatssekretäre Hopf, Vialon, Thedieck, Anders, Cartellieri, Hettlage, Westrick, Müller-Armack, Clausen, von Eckardt und andere brachte Norden verschiedene mehr oder weniger schwerwiegende Anklagen vor. Dabei verfolgte er immer die gleiche Methode: er stellte die ehemalige Dienststellung des Angegriffenen fest und erklärte ihn jeweils für alles verantwortlich, was damals in seinem Dienstbereich geschah, ganz so, als ob es im Dritten Reich keine geheime Staatspolizei oder andere Dienststellen mit Sondervollmachten gegeben hätte.
Den zweiten Angriff richtete Norden auf das Bundesverwaltungsgericht, das in Westberlin amtiert. Am schwersten belastete er den Bundesrichter im 1. Senat, Eugen Hering. Norden führte einen Film vor, der unter dem Titel »Protokoll eines Verbrechens« am Donnerstagabend auch im kommunistischen Fernsehen gesendet wurde. Darin tritt Hering als Landrat von Saybusch in Erscheinung. Polnische Zeugen versichern, sie hätten ihn am 2. April 1942 auf dem Marktplatz gesehen, als er einer Hinrichtung von Polen beiwohnte, denen er das Todesurteil vorgelesen habe. Außerdem habe Hering im März 1945 in Saybusch »mit der eigenen Maschinenpistole« einen Jungen erschossen, weil dieser Waschpulver im Wehrmachtsmagazin gestohlen habe.
Bundesrichter Hering dementierte beide Behauptungen auf Rückfrage. Die Hinrichtung auf dem Marktplatz in Saybusch habe zwar stattgefunden, aber gegen den Einspruch des damaligen Landrats. Er habe sogar den Angehörigen seines Amtes ostentativ verboten, dieser von der Gestapo angeordneten Hinrichtung beizuwohnen, und sich natürlich an seine eigene Anordnung gehalten. Der Vorfall mit dem jungen Polen, der Waschpulver gestohlen und deshalb auf der Straße erschossen worden sein soll, ist Bundesrichter Hering völlig unbekannt.

Quelle: Süddeutsche Zeitung vom 22. März 1953

Mitschrift einer Meldung des RIAS (LW)
vom 26. März 1963:

> Als Kommentator solcher Enthüllungen befindet man sich in der unangenehmen Lage, daß einem Enthüller und Enthülltes gleichermaßen zuwider sind. Gewisse Eröffnungen der jüngsten Vergangenheit, es sei nur an den Fall Fränkel erinnert, machen es jedem, dem an der Entfernung ehemaliger Nationalsozialisten aus unserem öffentlichen Leben gelegen ist, unmöglich, in das pauschale Dementi von Bundespressechef v. Hase einzustimmen, der zu den Beschuldigungen Nordens nur meinte, es handle sich um Propagandaroutine. Allerdings ist es ebenso unmöglich, in dem, was Norden zum Besten gab und in der Veröffentlichung des Ausschusses für deutsche Einheit mehr zu sehen, als ein Stück schlecht geschneiderter Propaganda.

Einer aus 11 000:
Zuschriften aus dem Leserkreis
Angriffe auf die Justiz

> ... Sie schreiben mir schließlich, daß außer meiner Zuschrift keiner der etwa 11 000 Leser der DRiZ den Abdruck einer Veröffentlichung des früheren Staatssekretärs Schlegelberger beanstandet hat. Wundert Sie das? Es läßt ja auch die Reaktion des Richtervereins auf die Tatsache, daß im Schörner-Prozeß vier hohe Richter wegen Verdachts der Teilnahme an dem Verbrechen des Angeklagten nicht vereidigt worden sind, heute noch auf sich warten. In der Richterzeitung stand jedenfalls bisher nichts davon. Man kann auch nicht gut die Richterschaft immer wieder in toto gegen den Vorwurf verteidigen, ein Teil ihrer Mitglieder sei wegen seiner Tätigkeit in der Nazizeit nicht wert, Richter zu sein. Solche Pauschalverteidigungen sind nicht sehr überzeugend, wenn man danebenhält, daß jetzt nach Pressemitteilungen allein in Berlin gegen mehr als 10 Richter und Staatsanwälte wegen ihrer Betätigung in der Nazizeit Ermittlungsverfahren eingeleitet worden sind, darunter gegen zwei ehemalige Staatsanwälte des Volksgerichtshofes. Es wäre nach meiner Ansicht dem Ansehen der Richter und Staatsanwälte, das mir, das darf ich versichern, ebenso am Herzen liegt wie jedem anderen Kollegen, mehr damit gedient, wenn man sich deutlich distanzierte und über diese Dinge laufend berichtete, statt so zu tun, als wenn alles in bester Ordnung wäre. Es wäre darüber hinaus dringend notwendig, daß der Richterbund und mit ihm die Richterzeitung den ganzen Komplex, für den der Fall Schlegelberger nur symptomatisch ist, offen erörterte und damit zu seiner Bereinigung beitrüge, ehe ihm die äußeren Umstände diese Erörterung aufzwingen. Schließlich geht es dabei – darüber kann niemand im Zweifel sein – um den Kern unseres demokratischen Ansehens und damit des Vertrauens zur Richterschaft. Mit Deklamationen ist dabei nichts zu gewinnen ...

Quelle: Kelwing, DRiZ 1959, S. 216

DEUTSCHE RICHTERZEITUNG

ORGAN DES DEUTSCHEN RICHTERBUNDES

BUND DER RICHTER UND STAATSANWÄLTE IN DER BUNDESREPUBLIK DEUTSCHLAND E. V.

CARL HEYMANNS VERLAG KG

37. JAHRGANG HEFT 4 APRIL 1959

Um die Ehre der Richter und Staatsanwälte

Das Präsidium des Deutschen Richterbundes hat sich in seiner Sitzung vom 20. Februar 1959 mit den Angriffen auf die Richterschaft und die Rechtspflege befaßt, die in letzter Zeit in zunehmendem Maße in der Bundesrepublik stattgefunden haben, und die folgende Entschließung gefaßt, die durch Presse und Rundfunk verbreitet worden ist*.

Der Deutsche Richterbund hat sich bisher an diesen Auseinandersetzungen in der Öffentlichkeit nicht beteiligt. Er glaubt jedoch, daß inzwischen ein hinreichender Abstand zu den Ereignissen eingetreten ist, um nunmehr mit einer eigenen Stellungnahme hervortreten zu können.

Der Deutsche Richterbund wendet sich nicht gegen eine sachlich fundierte und verantwortungsbewußte Kritik an der Justiz und ihren Organen; denn auch hierbei handelt es sich um Menschen und menschliche Einrichtungen. Gerade dem Richter wird dies bei seinem Bemühen um eine gerechte Entscheidung in täglicher Arbeit immer wieder von neuem bewußt. Die Kritik aber muß förderlich sein und in einer der Justiz gemäßen Form geschehen. Der Deutsche Richterbund lehnt daher eine Kritik ab, die ungewisse Ergebnisse noch schwebender Verfahren vorwegnimmt, die Einzelfälle grob verallgemeinert und sogar Organe der Rechtspflege grundlos verdächtigt. Der Deutsche Richterbund bedauert, daß ein Teil der Presse durch die Art der Berichterstattung über Vorgänge in der Justiz die Öffentlichkeit unzutreffend unterrichtet hat. Dadurch waren nicht nur die unmittelbar Beteiligten, sondern die ganze Rechtspflege unbegründeten Vorwürfen ausgesetzt, die trotz späterer Klarstellung nicht berichtigt wurden.

Immer wieder wird auch der Kollektivvorwurf erhoben, daß noch Richter und Staatsanwälte tätig seien, die während der nationalsozialistischen Gewaltherrschaft im Amt waren und damit die Berechtigung verloren hätten, im heutigen demokratischen Staat an der Rechtsprechung teilzunehmen. Der Deutsche Richterbund weist erneut darauf hin, daß er sich niemals schützend vor Einzelne stellt, die wirklich Unrecht begangen haben sollten. Aber er wendet sich mit allem Nachdruck gegen die Tendenz, unter einseitiger Auswertung und Verallgemeinerung von Einzelfällen ein abwertendes Urteil über den heutigen Richterstand zu fällen und damit das Vertrauen in die Rechtsprechung zu zerstören.

Der Deutsche Richterbund begrüßt es, daß sich bei der Justizdebatte im Deutschen Bundestag am 22. Januar 1959 Bundesjustizminister und Sprecher aller Parteien darin einig waren, daß ungeachtet der Kritik an Einzelfällen das Vertrauen in die deutschen Richter gerechtfertigt ist.

* Vgl. schon DRiZ 1958, 330.

Deutscher Richterbund
Bund der Richter und Staatsanwälte
in der Bundesrepublik Deutschland e. V.
Tgb.Nr. 1838/58

München 35, den 3. November 1958
Justizgebäude Pacellistraße
Ruf Nr. 5 59 71 NSt. 92 47

An
Herrn Bundeskanzler
Dr. Konrad Adenauer
Bonn
Bundeskanzleramt

Hochverehrter Herr Bundeskanzler!
In zunehmendem Umfang werden in der deutschen Öffentlichkeit Richter und Staatsanwälte, meist unter Namensnennung, wegen ihres beruflichen Wirkens in der Zeit vor dem Zusammenbruch von 1945 geschmäht und verleumdet. Diese Angriffe beruhen zum großen Teil auf der kritiklosen Übernahme der gesteuerten sowjetzonalen Propaganda, deren Ziel es ist, das Vertrauen in die Rechtspflege der Bundesrepublik planmäßig zu untergraben. Das alles gefährdet das Ansehen der Rechtspflege und beunruhigt schwer die Betroffenen sowie die Gesamtheit der Richter und Staatsanwälte, so daß auf die Dauer Rückwirkungen auf ihre Amtsführung nicht ausbleiben können.

Die Staatsführung hat bei dem sorgfältigen Neuaufbau des Gerichtswesens die Richter und Staatsanwälte in ihre Ämter berufen und den Richtern die Vollmacht erteilt, im Namen des Volkes Recht zu sprechen. Der Deutsche Richterbund hat das Vertrauen zur Staatsführung, daß sie sich schützend vor die Organe der Rechtspflege stellt, soweit ihnen Unrecht geschieht oder die öffentliche Meinung irregeführt wird.
Wir bitten daher die Bundesregierung, die nötigen Schritte zur Erhaltung des öffentlichen Vertrauens zu tun, dessen die Rechtspflege zum Wohle des Staatsganzen bedarf.
Ein gleichlautendes Schreiben haben wir an sämtliche Landesregierungen gerichtet und gleichzeitig nachrichtlich dem Bundesjustizministerium und allen Landesjustizverwaltungen übersandt.
Genehmigen Sie, hochverehrter Herr Bundeskanzler, den Ausdruck unserer vorzüglichsten Wertschätzung.

gez. Dr. Großer
Amtsgerichtspräsident
Vorsitzender
des Deutschen Richterbundes

gez. Dr. Unterholzner
Oberlandesgerichtsrat
Schriftführer
des Deutschen Richterbundes

Quelle: Akten des BMJ

Deutscher Richterbund
Bund der Richter und Staatsanwälte
in der Bundesrepublik Deutschland e. V.
Tgb.Nr. 623/59

München 35, den 6. April 1959
Justizgebäude an der Pacellistraße
Ruf Nr. 5 59 71 NSt. 92 47

An den
Herrn Bundesminister der Justiz
Bonn
Rosenburg

Betrifft: Angriffe ostzonaler Stellen auf Richter und Staatsanwälte in der Bundesrepublik.

Sehr geehrter Herr Bundesjustizminister!
Die ständigen Angriffe ostzonaler Stellen auf Richter und Staatsanwälte in der Bundesrepublik wegen angeblicher Verfehlungen in den Jahren 1933 bis 1945 und wegen angeblicher Unterstützung der nationalsozialistischen Gewaltherrschaft haben vor kurzem durch die Veröffentlichung der Schrift: »Wir klagen an« einen neuen Höhepunkt erreicht. Die Schrift hat in der Bundesrepublik erhebliche Beachtung gefunden und bedauerlicherweise zu verallgemeinernden Anwürfen in der Presse auf die heutige Justiz geführt. Diese verallgemeinernden Vorwürfe auf die Justiz haben bei den Richtern und Staatsanwälten erhebliche Beunruhigung ausgelöst, weil hierdurch dem Bestreben der ostzonalen Machthaber, das Vertrauen der Bevölkerung der Bundesrepublik in die Organe der Rechtspflege zu untergraben, in die Hand gearbeitet worden ist.
Die Richterschaft verkennt keineswegs, daß aufgrund der zu einem Teil mit konkretem Material belegten Beschuldigungen gegen einzelne Richter und Staatsanwälte – soweit die zum Vorwurf gemachten Handlungen nach rechtsstaatlicher und demokratischer Auffassung sich als Verfehlungen darstellen – die Notwendigkeit bestand,

Untersuchungen einzuleiten. Vorwürfe gegen Einzelne dürfen aber nicht auf die Gesamtheit der Organe der Rechtspflege übertragen werden.

Wegen dieser Verallgemeinerungen wäre es nun für die Standesorganisation der Richter und Staatsanwälte von großer Bedeutung zu wissen, wieviele Untersuchungsverfahren gegen Angehörige der Justiz in der Bundesrepublik auf Grund der bezeichneten ostzonalen Veröffentlichungen oder auf Grund sonstiger Vorgänge derzeit im Lauf sind. Der Geschäftsführende Vorstand des Deutschen Richterbundes unterbreitet deshalb die Bitte, ihm von den entsprechenden Zahlen in Ihrem Amtsbereich Kenntnis zu geben. Falls es gewünscht wird, würde diese Mitteilung selbstverständlich vertraulich behandelt werden.

Um jede Mißdeutung unserer Absichten hintanzuhalten, betonen wir, daß die Standesorganisation durch diese Anfrage in keiner Weise versuchen möchte, in den Gang der einzelnen Untersuchungsverfahren einzugreifen.

Genehmigen Sie, sehr geehrter Herr Bundesminister, den Ausdruck unserer vorzüglichsten Wertschätzung

Ihr sehr ergebener
(Dr. Großer)

Ihr sehr ergebener
(Dr. Unterholzner)

Quelle: Akten des BMJ

3. Das noble Angebot: § 116 Deutsches Richtergesetz

Nach jahrelangen Vorarbeiten wird im Sommer 1961 das Deutsche Richtergesetz verabschiedet. Das Grundgesetz, das die verfassungsrechtliche Stellung der Justiz verstärkt hat, aber auch zur Sicherung der richterlichen Loyalität gegenüber dem demokratischen Staat neue Wege gegangen ist, und das Richtergesetz, das die Unabhängigkeit des Richters im einzelnen gewährleistet, stehen für eine dem demokratischen Rechtsstaat verpflichtete Justiz. Deren Glaubwürdigkeit ist jedoch zwischenzeitlich erheblich angeschlagen. Nach dem Willen aller Parteien soll daher das Richtergesetz eine Zäsur gegenüber der NS-Justiz markieren, »einen neuen Anfang machen«, so der Bundestag. Also muß das Problem der belasteten Justizjuristen endgültig gelöst werden. Da sich in der Zwischenzeit gezeigt hat, daß die Justiz zu einer Selbstreinigung nicht bereit ist, muß der Gesetzgeber eingreifen. Im Rechtsausschuß wird an eine Änderung des Grundgesetzes gedacht; letztlich entschließen sich die Politiker zu einem weniger spektakulären, aber immer noch außergewöhnlichen Schritt: In das praktisch fertiggestellte Richtergesetz wird überraschend eine Vorschrift eingefügt, nach der belastete Richter und Staatsanwälte auf eigenen Antrag in den Ruhestand versetzt werden können – mit entsprechenden Bezügen. Der Deutsche Bundestag verbindet das großzügige Angebot mit einer deutlichen Drohung: Wer sich als Belasteter nicht pensionieren lasse, müsse mit dem zwangsweisen Verlust seines Amtes rechnen.

Als ein Jahr später der Bundesjustizminister dem Bundestag berichtet, sind – nur – 149 Richter und Staatsanwälte in den Ruhestand getreten. 14 weitere, von denen es »erwartet wurde«, haben keinen Antrag gestellt – und bleiben im Dienst, da der Bundestag seine Drohung nicht wahrmacht.

Es kann daher nicht überraschen, daß die mit § 116 verbundenen Erwartungen sich nicht erfüllen. Die Diskussion um die NS-Vergangenheit der bundesdeutschen Justiz geht weiter, auch in der Folgezeit kommen immer wieder Unrechtsurteile zu Tage, an denen amtierende Richter und Staatsanwälte mitgewirkt haben.

Deutsches Richtergesetz

§ 116. Eintritt in den Ruhestand in Sonderfällen.
(1) Ein Richter oder Staatsanwalt, der in der Zeit vom 1. September 1939 bis zum 9. Mai 1945 als Richter oder Staatsanwalt in der Strafrechtspflege mitgewirkt hat, kann auf seinen Antrag in den Ruhestand versetzt werden.
(2) Der Antrag kann nur bis zum 30. Juni 1962 gestellt werden.

Zu § 111 a (= § 116 DRiG)
In den beiden letzten Jahren hat sich herausgestellt, daß sich in der deutschen Gerichtsbarkeit einige Richter und Staatsanwälte im Amt befinden, die in der Zeit des Dritten Reiches bei Todesurteilen mitgewirkt haben, die auch bei voller Würdigung der damaligen Verhältnisse, besonders der damaligen, von den Richtern und Staatsanwälten nicht allein zu verantwortenden Denkweise und des Kriegszustandes jedes gerechte Maß der Sühne überschritten haben, obwohl auch nach den z. Z. der Urteilsverkündung geltenden Gesetzen eine mildere Strafe möglich gewesen wäre. Die Zahl dieser Richter und Staatsanwälte ist so gering, daß sie das Ansehen der deutschen Rechtspflege und des Standes der deutschen Richter und Staatsanwälte nicht beeinträchtigen kann. Sie beträgt noch nicht 1 v. H. der im Dienste stehenden Richter und Staatsanwälte der ordentlichen Gerichtsbarkeit. Strafrechtliche und disziplinäre Ermittlungs- und Untersuchungsverfahren sind im Gange oder schon durchgeführt. Rechtsgründe haben bisher in den meisten Fällen zur Einstellung geführt. Die vorzeitige Versetzung in den Ruhestand ist auch mit dem Einverständnis des betroffenen Richters oder Staatsanwalts nach den geltenden Bestimmungen nur möglich, wenn Dienstunfähigkeit vorliegt. Nach so gut wie einstimmiger Meinung der Rechtsausschüsse des Bundestages und des Bundesrates wäre auch eine Änderung des Grundgesetzes notwendig, wenn durch Gesetz die Möglichkeit geschaffen werden sollte, wegen der Mitwirkung an einem exzessiven Todesurteil durch Verfügung der obersten Dienstbehörde einen Richter ohne sein Einverständnis in den Ruhestand zu versetzen oder andere Maßnahmen zu treffen. Eine gesetzliche Regelung, die sich nur auf Staatsanwälte bezöge, wäre nicht tunlich.
Der Rechtsausschuß hat dieses Problem bereits in einer Sitzung vom 21. Oktober 1959 aufgegriffen, und die Rechtsausschüsse des Bundestages und des Bundesrates haben darüber in mehreren vertraulichen Sitzungen beraten. Als Ergebnis dieser Beratungen hat der Ausschuß in seiner Sitzung vom 30. Mai 1961 den § 111 a beschlossen. Mit dieser Bestimmung soll für die in Betracht kommenden Fälle das Erfordernis der Dienstunfähigkeit beseitigt und den betroffenen Richtern und Staatsanwälten der Weg eröffnet werden, aus eigenem Entschlusse durch Versetzung in den Ruhestand aus dem aktiven Dienste auszuscheiden. Die Bestimmung beruht auf einem Vorschlage des Justizministers von Niedersachsen und auf Anregungen des Deutschen Richterbundes. Der Ausschuß suchte in eingehender Beratung eine Fassung, die jede diskriminierende Bezugnahme auf den Anlaß der Versetzung in den Ruhestand vermeidet. Mit einer gleichzeitigen Entschließung, deren Annahme er dem Bundestage empfiehlt, hat der Ausschuß zum Ausdruck gebracht, daß diese Möglichkeit, aus eigenem Entschluß aus dem aktiven Dienste auszuscheiden, »gerade auch den Richtern und Staatsanwälten zu gewähren ist, die schicksalhaft in Gefahren verwickelt wurden, die ihre Kräfte überstiegen«. Die Entscheidung stellt ferner klar, daß die freiwillige und vorzeitige Versetzung in den Ruhestand nur Richtern und Staatsanwälten eröffnet werden soll, die wegen ihrer Beteiligung an exzessiven Todesurteilen mit begründeten Vorwürfen rechnen müßten. Der Ausschuß war sich einig, daß in der Anwendung des § 111 a nicht jedes Ermessen der obersten Dienstbehörden ausgeschlossen sein soll und diese Behörden die Versetzung in den Ruhestand ablehnen können, wenn ein Richter oder Staatsanwalt als Anlaß seines Antrages nur seine Mitwirkung in der Strafrechtspflege während der Zeit vom 1. September 1939 bis zum 9. Mai 1945 anführen kann.
Der Ausschuß erwartet, daß auf diese Weise ohne weitere gesetzliche Regelungen und ohne Änderung des Grundgesetzes eine befriedigende Lösung des Problems erreicht wird, wozu die Verabschiedung des Richtergesetzes einen besonderen Anlaß bietet. Der Bundestag soll jedoch mit der Annahme der vorgelegten Entschließung auch bekunden, daß er zur Änderung des Grundgesetzes und zu weiterer Gesetzgebung entschlossen ist, wenn die Erwartung sich nicht erfüllt. Aus diesem Grunde soll die Möglichkeit, den Antrag auf Versetzung in den Ruhestand nach § 111 a zu stellen, bis zum 30. Juni 1962 befristet werden. Das Richtergesetz soll am 1. Juli 1962 in Kraft treten.
Es wird Aufgabe der Justizverwaltungen sein, nach der Verabschiedung des Richtergesetzes die einzelnen Fälle auf Grund der neuen Rechtslage in geeigneter Weise zu prüfen. Richter und Staatsanwälte, die wegen ihrer Mitwirkung an ei-

nem Todesurteil in den Kreis der Betroffenen einbezogen wurden, deren Urteile aber bei voller Würdigung der damaligen Verhältnisse, besonders der Kriegsverhältnisse und des gesteigerten Schutzbedürfnisses der Bevölkerung, verständlich bleiben, sollten dabei bis zum Ablauf der Antragsfrist die Gewißheit erlangen, daß sie keinen Anlaß haben, ihre Versetzung in den Ruhestand zu beantragen ...

Quelle: BTDS Nr. 2785, S. 24

B. Antrag des Ausschusses

Der Bundestag wolle beschließen,

1.
den Gesetzentwurf – Drucksache 516 – in der aus der anliegenden Zusammenstellung ersichtlichen Fassung anzunehmen.

2.
folgendem Entschließungsantrag zuzustimmen:
Der Bundestag hat zur Kenntnis genommen, daß sein Rechtsausschuß gemeinsam mit dem Rechtsausschuß des Bundesrates sich in vertraulichen Sitzungen mit den personalpolitischen Problemen einer Anzahl von Richtern und Staatsanwälten befaßte. Die Beratungen wurden durch Vorkommnisse im Strafverfahren gegen Schörner veranlaßt. Diese warfen die Frage auf, in welcher Weise Folgerungen aus Vorwürfen zu ziehen sind, die wegen des Verhaltens eines Richters oder Staatsanwalts in der Vergangenheit nachträglich neu bekannt werden. Im Rechtsausschuß des Bundestages ist diese Frage aus eigener Verantwortung am 21. Oktober 1959 aufgegriffen worden, bevor sie von unberufener Seite mißbraucht wurde, um allgemeinen Verdächtigungen zu rechtsfremden Zwecken zu dienen.
Die Ermittlungen, die von den Justizbehörden der Bundesrepublik in ständiger und enger Fühlungnahme mit dem Rechtsausschuß des Bundestages angestellt sind, haben ergeben, daß die weitaus meisten Richter und Staatsanwälte von diesen Vorwürfen nicht betroffen werden. Soweit eine Verstrickung in den Mißbrauch der Justiz durch die nationalsozialistische Gewaltherrschaft bekannt war, sind ehemalige Richter und Staatsanwälte nach dem 8. Mai 1945 nicht wieder in den Staatsdienst berufen worden. Seither sind jedoch Urkunden entdeckt und durch die eigenen Nachforschungen der Behörden aufgefunden worden, aus denen sich gegen eine sehr kleine Anzahl wiederernannter Richter und Staatsanwälte der Verdacht ergibt, daß sie an Todesurteilen beteiligt waren, die nicht verantwortet werden können und jede weitere Tätigkeit als Richter oder Staatsanwalt in einem freiheitlich-demokratischen Rechtsstaat ausschließen. Deswegen eingeleitete Verfahren sind im Gange.
Die sichere Aufklärung der Wahrheit, insbesondere die einwandfreie Feststellung, inwieweit die Verdächtigen eine persönliche Schuld trifft, begegnet wegen der inzwischen verstrichenen Zeit außerordentlichen Schwierigkeiten.
Das Richtergesetz eröffnet daher zunächst die Möglichkeit, daß Richter und Staatsanwälte wegen ihrer möglichen Verstrickung in Geschehnisse der Vergangenheit sich selber entschließen, aus dem Dienst auszuscheiden. Diese Möglichkeit ist auch gerade den Richtern und Staatsanwälten zu gewähren, die schicksalhaft in Gefahren verwickelt wurden, die ihre Kräfte überstiegen.
Das Richtergesetz soll einen neuen Anfang machen.
Der Bundestag erwartet, daß jeder Richter und Staatsanwalt, der wegen seiner Mitwirkung an Todesurteilen mit begründeten Vorwürfen aus der Vergangenheit rechnen muß, sich seiner Pflicht bewußt wird, jetzt aus dem Dienst auszuscheiden, um die klare Trennung zwischen der Vergangenheit und der Gegenwart zu sichern. Die rechtsstaatliche Justiz kann sich um der Glaubwürdigkeit der Justiz unter der neuen Ordnung des freiheitlich-demokratischen Rechtsstaates willen unter keinen Umständen mit den Verfehlungen der nationalsozialistischen Zeit in Verbindung bringen lassen. Der Bundestag nimmt mit Befriedigung zur Kenntnis, daß der Richterbund und seine Landesverbände ihre guten Dienste zur Verfügung stellen, um im Einzelfalle zu gerechten Lösungen zu kommen.
Der Bundestag wird, wenn es notwendig ist, eine grundgesetzliche Entscheidung treffen, daß jeder Richter und Staatsanwalt, der ein unverantwortliches und unmenschliches Todesurteil mitverschuldete, sein Amt verliert. Der Bundestag erwartet hierzu binnen Jahresfrist den Bericht der Bundesregierung, ob zu besorgen ist, daß ein Richter oder Staatsanwalt, demgegenüber diese Maßnahme geboten sein kann, sich noch im Amte befindet.

Bonn, den 9. Juni 1961

Der Rechtsausschuß

Hoogen
Vorsitzender

Schlee
Berichterstatter

Quelle: BTDS Nr. 2785, S. 27

„ Der Rechtsausschuß des Bundestages hat dann nach vielen Beratungen in den Fraktionen in mehreren Sitzungen doch die Erkenntnis gewonnen, daß ihm der Grundsatz der Unabhängigkeit und Unabsetzbarkeit des Richters so hoch stehen sollte, daß er Ausnahmen davon nicht ohne Not bewilligen sollte. Deswegen haben wir im Rechtsausschuß des Bundestages und in Übereinstimmung damit auch im Rechtsausschuß des Bundesrates einstweilen davon abgesehen, die Verfassungsergänzung weiterzuberaten. Vielmehr soll versucht werden, das Problem des Ausscheidens der durch untragbare Urteile belasteten Richter so zu lösen, wie es § 111 a vorsieht.
In der Entschließung heißt es, daß mit dem Gesetz ein neuer Anfang gemacht wird. Herr Kollege Dr. Arndt hat soeben ausgeführt, was damit gemeint ist. Das präzise ist die Auffassung des Rechtsausschusses. Die rechtsstaatliche Justiz kann sich um der Glaubwürdigkeit der Justiz unter der neuen Ordnung des freiheitlich-demokratischen Rechtsstaates willen unter keinen Umständen mit Verfehlungen der nationalsozialistischen Zeit in Verbindung bringen lassen. Der Rechtsausschuß bittet infolgedessen das Hohe Haus, zum Ausdruck zu bringen, daß es, wenn notwendig, entschlossen ist, eine grundgesetzliche Entscheidung zu treffen dahingehend, daß jeder Richter und Staatsanwalt, der ein unverantwortliches und unmenschliches Todesurteil mitverschuldete, sein Amt verliert. Das ist der Kernsatz der Entschließung, die wir Ihnen vorlegen und um deren Annahme ich Sie namens des Rechtsausschusses bitte.
(Beifall.) „

Quelle: Hoogen, MdB, Protokoll des Dt. Bt. vom 14. 6. 1961, S. 9379 f.

4. Das Schweigen der Justiz zu Massentötungen bleibt ohne Folgen

Einen für die Bedeutung des Korpsgeistes in der Justiz bezeichnenden Verlauf nahm das Ermittlungsverfahren gegen »Schlegelberger u. a. wegen Beihilfe zum Mord«.
Der Hintergrund: die schon erwähnte Tagung der Generalstaatsanwälte und Oberlandesgerichtspräsidenten am 23. und 24. April 1941 im »Haus der Flieger« in Berlin, auf der der damalige Staatssekretär im Reichsjustizministerium, Professor Dr. Schlegelberger (als geschäftsführender Minister), die Spitzen der Justiz über die Ermordung von Behinderten im Rahmen der sogenannten Gnadentodaktion informieren läßt. Schlegelberger erteilt u. a. die Weisung, Strafanzeigen unbearbeitet dem Reichsjustizministerium vorzulegen.
Keine Bedenken, kein Widerspruch, kein Rücktritt. Die Weisung Schlegelbergers wird vielmehr umgesetzt.
Dieser Sachverhalt ist seit dem Nünberger Ärzteprozeß (1947) bekannt, ohne daß es zunächst zu Ermittlungsverfahren gegen die beteiligten Justizjuristen kommt. Erst die Verhaftung von Dr. H., einem der hauptverantwortlichen Mediziner in der »Euthanasie-Aktion«, bringt den Stein ins Rollen: H. beruft sich zu seiner Verteidigung auf das Ergebnis dieser Tagung, auf der er selbst die Reichsjustiz über die »Euthanasie-Aktion« informiert hat. Der hessische Generalstaatsanwalt Fritz Bauer nimmt sich der Sache an. Das von ihm betriebene Ermittlungsverfahren hat folgenden Verlauf:

22. April 1965 (und später)
Anträge auf Eröffnung der Voruntersuchung (Beihilfe zum Mord) gegen Schlegelberger, elf Oberlandesgerichtspräsidenten, fünf Generalstaatsanwälte und drei weitere hohe Justizjuristen.
Der Untersuchungsrichter hat Bedenken. Daher muß die übergeordnete Strafkammer entscheiden.

21. Dezember 1966
Die Strafkammer lehnt die Eröffnung der Voruntersuchung gegen Schlegelberger ab: Seine Strafverfolgung sei wegen der Verurteilung im Nürnberger Juristenprozeß unzulässig.

26. Januar 1967
Im übrigen weist die Strafkammer den Untersuchungsrichter an, die Voruntersuchung gegen 16 Beschuldigte zu eröffnen.

30. Juni 1968
Generalstaatsanwalt Fritz Bauer stirbt.

28. Juli 1968
Der Untersuchungsrichter schließt die Voruntersuchung. Anschließend führt die Staatsanwaltschaft beim Oberlandesgericht Frankfurt ergänzende Ermittlungen durch.
Zwischenzeitlich sind sechs der Beschuldigten wegen Todes und vier wegen dauernder Verhandlungsunfähigkeit aus dem Verfahren ausgeschieden.

31. März 1970
Die Staatsanwaltschaft beantragt, das Verfahren gegen zwei weitere Angeschuldigte vorläufig einzustellen, da deren Aufenthalt nicht zu ermitteln ist (möglicherweise Selbstmord bei Kriegsende), und die vier verbliebenen Angeschuldigten außer Verfolgung zu setzen.

27. Mai 1970
Die 1. Strafkammer des Landgerichts Limburg folgt den Anträgen der Staatsanwaltschaft, auf deren Begründung sie pauschal Bezug nimmt.

Aus dem Antrag des Hessischen Generalstaatsanwaltes auf Eröffnung der Voruntersuchung gegen Schlegelberger u. a. vom 22. April 1965

„Noch vor Beginn der Tagung hatte der Angeschuldigte Dr. Schlegelberger in einem an die Oberlandesgerichtspräsidenten und Generalstaatsanwälte gerichteten Schreiben vom 22. 4. 1941 angeordnet:
»Betr.: Vernichtung lebensunwerten Lebens.
Sachen, in denen die Frage der Vernichtung lebensunwerten Lebens eine Bedeutung haben kann, bitte ich in Ihrem Bezirke in jedem Einzelfall zur Vortragssache bei Ihnen zu erklären.«
Je ein Stück dieses Erlasses war den Teilnehmern der Tagung offenbar bei ihrem Eintreffen in Berlin ausgehändigt worden."

Quelle: Ermittlungsverfahren Js 20/63, Generalstaatsanwalt Frankfurt

Aus dem Vernehmungsprotokoll Prof. Dr. H.

„... Dagegen weiß ich mit aller Sicherheit, daß der Erlaß vom 1. 9. 1939 von Schlegelberger ganz im Anfang seiner einführenden Worte vorgelesen worden ist und daß er dem Sinne nach dabei erklärt hat, dies sei die rechtliche Grundlage, denn in einem autoritären Staatssystem sei der Wille des Staatsoberhauptes Gesetz. Unrichtig ist auch, daß überhaupt keine Diskussion stattgefunden haben soll. Ich weiß vielmehr mit Bestimmtheit, daß eine ganze Reihe von Herren aus dem Gremium Fragen stellten, die aber nicht den Erlaß oder seine Rechtsgrundlage betrafen, sondern praktische Dinge der Euthanasie, soweit sie in den juristischen Bereich hineinragten, zum Beispiel Standesämter, Vormundschaftsgerichte und dergleichen. Diese meine Darstellung, daß eben doch eine Diskussion stattgefunden hat, wird ja auch bekräftigt durch die im Sonderband II, Blatt 402 wiedergegebene Aussage des Oberlandesgerichtspräsidenten B. Denn wenn er formuliert:
»Eine eigentliche Diskussion war überhaupt kaum möglich«, so ergibt sich daraus doch deutlich mindestens, daß es unrichtig ist, wenn behauptet wird, daß überhaupt gar keine Diskussion stattgefunden hätte. Und aus der Tatsache, daß diese höchsten beamteten Juristen des Reiches zwar zu einzelnen Dingen der Euthanasiemaßnahmen sprachen, bzw. Fragen stellten, dagegen kein einziger sich etwa erhob und sagte, er könne den Erlaß vom 1. 9. 1939 nicht als Rechtsgrundlage ansehen und könne deshalb weder für sich selbst, noch die ihm unterstellten Juristen die Zusage machen, daß die Maßnahmen nicht strafrechtlich verfolgt werden, alles dies mußte doch in mir als jursistischem Laien den Eindruck erwecken, daß diese hohen Justizbeamten eben keine Einwendungen gegen die Legalität der Maßnahmen hatten.
V.: Die Aussagen der Zeugen B. und Schlegelberger sind Ihnen bekannt. Aus der Bekundung des Zeugen Schl. ist doch deutlich zu entnehmen, daß eine Diskussion über die Rechtsgrundlage nicht gewünscht und auch nicht stattgefunden hat, denn bei seiner Vernehmung am 26. Juni 1961 hat er auf Seite 6 des Protokolls im 4. Absatz erklärt: »Es

ist... durchaus zutreffend, wenn Dr. B. zu Protokoll gegeben hat, daß eine Stellungnahme nicht erwartet wurde und auch gar nicht in Frage kam«. Es ist durchaus naheliegend, daß die Anwesenden diesen Wunsch und diese Absicht deutlich genug gespürt und deshalb Fragen zur Legalität nicht gestellt haben. Entscheidend war schließlich aber gerade eine etwaige Diskussion zur Legalität und nicht zu Einzelheiten der Euthanasie selbst. Es ist also durchaus denkbar, daß durch das Schweigen der Juristen in keiner Weise eine Hinnahme der Maßnahmen bestätigt worden ist, sondern daß ein stillschweigender Vorbehalt gegeben war. Im übrigen möchte ich noch die Frage stellen, ob nicht aus den Mienen der Teilnehmer ein stiller Protest oder jedenfalls ein Vorbehalt deutlich genug spürbar war. Außerdem weise ich noch darauf hin, daß wohl allen Teilnehmern klar geworden war, daß die Eu Maßnahmen bereits seit rund ein einhalb Jahren im Gange waren, so daß nunmehr nicht mehr allzuviel zu retten war.

A.: Ich kann natürlich nicht wissen, ob etwa Schlegelberger vor meiner, N. und B. Anwesenheit im Saal den Juristen etwa irgendwelche Andeutungen über ein Nichterwünschtsein einer Grundsatzdiskussion gemacht hat. In unserer Anwesenheit hat er das mit aller Sicherheit nicht getan. Ich weise übrigens auch auf die zweifellos überarbeitete Fassung des Wortlauts von Schlegelbergers einführenden Worten hin, wie sie auf Blatt 397 und 398 im Sonderband II wiedergegeben sind. Selbst in dieser revidierten Fassung heißt es in der 8. Zeile von oben »... aber irrtümlich für illegal halten ...«. Daraus ergibt sich doch klar, daß Schlegelberger die Maßnahmen als legal erklärt hat. Ich kann weiter nur sagen, daß eben auch aus den Mienen der Anwesenden, soweit sie für mich erkennbar waren, eben nicht eine innere Ablehnung der Legalität ersichtlich war. Ich konnte auch aus der ganzen »Atmosphäre« nicht den Eindruck gewinnen, daß eine Diskussion unerwünscht war oder unterbunden worden wäre. Davon kann gar keine Rede sein. Wenn es sich – juristisch gesehen – um eine so flagrante Rechtsverletzung gehandelt hätte, wie sie in den verschiedenen Strafurteilen und zuletzt noch im Revisionsurteil des Bundesgerichts in Sachen Sch. genannt worden ist, dann hätte ich doch als juristischer Laie erwarten müssen, daß wenigstens einer der versammelten Juristen trotz der damals herrschenden Diktaturatmosphäre hätte den Mut haben müssen, sein juristisches Gewissen laut werden zu lassen und seine Mißbilligung deutlich zu erkennen zu geben. Abschließend kann ich zu diesem Punkt nur sagen, daß mir der Verlauf dieser Tagung nicht nur keinen Zweifel an der Legalität der Maßnahmen erregen konnte, sondern daß ich sie als eine Bestätigung der Legalität auffassen mußte... **,,**

Quelle: Ermittlungsverfahren Js 20/63, Generalstaatsanwalt Frankfurt

Abbildung 231
Der Abgeordnete Hirsch als Redner in der Debatte vom 10. 3. 1965

„Ich möchte mich nicht der Sünde eines Eingriffs in ein schwebendes Verfahren schuldig machen und möchte mich daher nicht über die Anklage gegen die Krankenschwestern in München äußern. Aber eines möchte ich schon sagen. Mich wundert diese Anklage, solange nicht auch ein Verfahren gegen die Generalstaatsanwälte und Oberlandesgerichtspräsidenten eröffnet worden ist, die damals gefragt worden sind, die nichts gegen die Euthanasiemorde unternommen haben und die sich meines Erachtens dadurch mindestens der Beihilfe zum Mord durch Unterlassung schuldig gemacht haben.
(Beifall bei der SPD sowie bei Abgeordneten der CDU/CSU und der FDP.)
Wir dürfen uns nicht dem Verdacht aussetzen, daß wir die Kleinen hängen und die Großen laufen lassen.
(Beifall bei der SPD und bei Abgeordneten der CDU/CSU.)"

Quelle: Hirsch, MdB, Protokoll des Dt. Bt. v. 10. März 1965, S. 8529

Aus dem Antrag der Staatsanwaltschaft auf Eröffnung der gerichtlichen Voruntersuchung vom 22. April 1965

„Diese Personen schuldige ich an, am 23./24. 4. 1941 und später in Berlin und anderen Orten des damaligen Reichsgebietes den Tätern einer als Verbrechen mit Strafe bedrohten Handlung, nämlich der sowohl mit Überlegung begangenen als auch heimtückischen Tötung von Menschen aus niedrigen Beweggründen durch Rat und Tat wissentlich Hilfe geleistet zu haben.
Der Angeschuldigte Dr. Schlegelberger unterrichtete als damals amtierender Reichsjustizminister am 23./24. 4. 1941 bei einer Besprechung der Oberlandesgerichtspräsidenten und Generalstaatsanwälte in Berlin die Teilnehmer über das nationalsozialistische »Euthanasie«-Programm und seine Durchführung und wies sie an, die nachgeordneten Gerichte und Behörden ebenfalls zu unterrichten und alle die Euthanasie betreffenden Eingaben oder Strafanzeigen unbearbeitet dem Reichsjustizministerium vorzulegen.
Die übrigen Angeschuldigten nahmen als Teilnehmer der Besprechung diese Weisung, durch die

ihnen angesonnen wurde, die Tötung von Geisteskranken zu decken, widerspruchslos an. Sie bestärkten dadurch die Hauptverantwortlichen aus der »Kanzlei des Führers« in ihrem Entschluß, die Tötungen fortzusetzen.
Darüber hinaus besteht der begründete Verdacht, daß diese Angeschuldigten nach der Besprechung entsprechend den ihnen erteilten Weisungen verfuhren.
– Verbrechen nach § 211 alter, zur Tatzeit geltender und neuer Fassung,
§ 49 StGB –.

Quelle: Ermittlungsverfahren Js 20/63, Generalstaatsanwalt Frankfurt

Es geht um Euthanasie-Entscheidung
Justiz im Wettlauf mit Altersschwäche
NS-Juristen sollen aussagen
Von dpa-Korrespondent Wolf Lehmann

Frankfurt/Limburg (dpa). Noch herrscht keine Klarheit darüber, ob der von Frankfurts Generalstaatsanwaltschaft angestrebte Prozeß gegen den 89 Jahre alten früheren geschäftsführenden Reichsjustizminister Dr. Franz Schlegelberger in Flensburg und die noch lebenden Generalstaatsanwälte und Oberlandesgerichtspräsidenten aus dem Jahre 1941 stattfinden wird. Staatsanwalt Dr. Manfred Reißfelder (Frankfurt) als Beauftragter des Generalstaatsanwalts und der zuständige Landgerichtsrat Diehl (Limburg) befassen sich gegenwärtig mit rechtlichen Fragen, die der Prozeßeröffnung entgegenstehen könnten. Möglicherweise muß auch die Altersschwäche der Angeschuldigten berücksichtigt werden.
Auf »Beihilfe zum Massenmord an Geisteskranken« lautet die Beschuldigung gegen Schlegelberger und die einst maßgebenden Juristen des Reiches. Denn auf Einladung des nach Dr. Gürtners Tod die Geschäfte des Reichsjustizministers führenden Staatssekretärs Dr. Franz Schlegelberger haben, wie Staatsanwalt Dr. Reißfelder argumentiert, die Generalstaatsanwälte und Oberlandesgerichtspräsidenten an einer Besprechung in Berlin am 23. und 24. April 1941 teilgenommen. Dabei sei ihnen die Weisung gegeben worden, die »vom Führer angeordnete« Tötung der Geisteskranken zu dulden. Durch ihr Schweigen haben sich nach Ansicht der Generalstaatsanwaltschaft die hohen Juristen der Beihilfe an den »Euthanasie-Morden« schuldig gemacht. Keiner von ihnen soll auf »die rechtliche Unhaltbarkeit« hingewiesen haben.
Wie der mit der Prüfung der Rechtsfragen beauftragte Limburger Landgerichtsrat Diehl erläutert,
haben die angeschuldigten Generalstaatsanwälte und Oberlandesgerichtspräsidenten übereinstimmend betont, daß bei jener Berliner Besprechung »keine Gelegenheit zur Diskussion der ausgegebenen Weisung« gewesen sei.
Landgerichtsrat Diehl betonte, daß die vor einem Jahr von der Generalstaatsanwaltschaft beantragte Einleitung der Voruntersuchung gegen die Angeschuldigten nicht verschleppt worden sei. Er habe zunächst ein Urteil des Bundesgerichtshofes über den »Verbrauch der Strafklage« abwarten müssen. Nachdem der Bundesgerichtshof im Frühjahr entschieden habe, daß niemand wegen der gleichen Tat von einem deutschen Gericht verurteilt werden könne, der bereits nach Kriegsende von einem alliierten Kriegs- oder Militärgericht verurteilt worden sei, müsse jetzt im Fall Schlegelberger geprüft werden, ob er von den Amerikanern 1947 »auch wegen seines Beitrages zur Ermöglichung der Euthanasie« eine Strafe erhalten habe. Dr. Schlegelberger wurde damals zu lebenslänglichem Zuchthaus verurteilt, 1951 aber als krank aus der Strafanstalt entlassen.
Von den ursprünglich in den Kreis der Angeschuldigten einbezogenen 13 ehemaligen Generalstaatsanwälten und Oberlandesgerichtspräsidenten sind inzwischen zwei gestorben. Zwei sind nicht auffindbar. Von den restlichen Angeschuldigten reichten inzwischen sieben ärztliche Atteste ein, in denen ihnen bescheinigt wird, aus Altersgründen weder vernehmungs- noch verhandlungsfähig zu sein. Der älteste Angeschuldigte ist Schlegelberger mit 89 Jahren, der jüngste ist 63 Jahre alt. Er nahm an der Berliner Besprechung nur als Vertreter eines Generalstaatsanwalts teil.

Quelle: Bonner Rundschau vom 27. 7. 1966

Auszug aus dem Antrag der Staatsanwaltschaft vom 31. März 1970 auf Einstellung des Verfahrens

Zu 2: Dr. H. ist mit 64 Jahren der jüngste Angeschuldigte. Nach bestandenem Assessorexamen (Dezember 1931) wurde er zunächst als Hilfsrichter beschäftigt. Am 1. 10. 1932 kam er zur Staatsanwaltschaft bei dem Landgericht und am 1. 10. 1933 zur Staatsanwaltschaft bei dem Oberlandesgericht in Braunschweig. Hier wurde er am 20. 4. 1935 zum Amtsgerichtsrat und am 1. 5. 1935 zum Staatsanwalt ernannt. Die Ernennung zum Ersten Staatsanwalt erfolgte am 20. 4. 1936. In dieser Dienststellung blieb der Angeschuldigte

Dr. H. bis zum Zusammenbruch im Jahre 1945. Zum Wehrdienst wurde er nicht herangezogen. Vergl. Nebenakte Nr. 6 Bl. 108/109 Bd. VIII und Bl. 137–139 Bd. V dA.
[...]
Der Angeschuldigte bestreitet, sich strafbar gemacht zu haben (Bl. 137–145 Bd. V, Bl. 1–4, Bl. 119–123 Bd. VII und Bl. 107–116 Bd. VIII dA). An der Tagung der Vorstandsbeamten in Berlin (23./24. 4. 1941) habe er als Vertreter des Generalstaatsanwalts in Braunschweig teilgenommen.
[...]
Wenn der Angeschuldigte Dr. H. seine Bedenken gegen die Gnadentod-Aktion bei der Justizkonferenz nicht offen zum Ausdruck gebracht hat, so liegt darin noch keine strafrechtlich erhebliche Unterlassung. Dem Angeschuldigten ist nicht zu widerlegen, daß die Eröffnungen der Konferenz für ihn – wie für viele Tagungsteilnehmer – von bestürzender Neuheit waren. Da eine Diskussion nicht möglich war und lediglich Fragen an die Referenten zugelassen wurden, kann Schweigen nicht ohne weiteres als Zustimmung ausgelegt werden. Allein aus seiner Zurückhaltung lassen sich bei dem damals 35jährigen Ersten Staatsanwalt, der nur stellvertretend für den Generalstaatsanwalt der Versammlung der höchsten Repräsentanten der deutschen Justiz beiwohnte, nachteilige Schlüsse nicht ziehen.
[...]
In der Unterrichtung des Ersten Staatsanwalts B. und des Staatsanwalts Dr. L. über das Ergebnis der Berliner Konferenz kann objektiv eine Förderung der Haupttat erblickt werden. Die Zweifel zur inneren Tatseite lassen sich aber nicht ausräumen, zumal davon auszugehen ist, daß der Angeschuldigte unschlüssig und zu einem Tatbeitrag nicht bereit war. Seine Einlassung, er habe erst tätig werden wollen, wenn er vor eine Entscheidung im Einzelfall gestellt worden wäre (was ihm erspart geblieben sei), ist nach dem Beweisergebnis nicht zu widerlegen. Erster Staatsanwalt B. ist tot. Der Zeuge Dr. L. bestätigt, daß er dem Angeschuldigten Euthanasie-Vorgänge nicht vorgelegt und über derartige Fälle auch nicht Vortrag gehalten hat (Bl. 127/129 Bd. XIV der Akten). Weitere Zeugen oder urkundliche Beweismittel stehen nicht zur Verfügung.
Es erscheint daher angezeigt, den Angeschuldigten Dr. H. aus tatsächlichen und rechtlichen Gründen außer Verfolgung zu setzen.
Zu 3: Der Angeschuldigte Dr. J. wurde nach bestandenem Assessorexamen (1921) als Hilfsrichter bei verschiedenen Gerichten der Provinz Hannover beschäftigt und im Jahre 1926 zum Amtsgerichtsrat in Hagen (Bezirk Bremen) ernannt. Im Jahre 1931 erfolgte die Ernennung zum Amts- und Landgerichtsrat in Hildesheim. Am 1. 12. 1931 trat Dr. J. der NSDAP bei. Bald nach der Ernennung zum Landgerichtsdirektor in Hildesheim (Oktober 1933) wurde er zum Generalstaatsanwalt bei dem Kammergericht in Berlin ernannt, wo er Mitte November 1933 den Dienst antrat. Am 26. 8. 1939 wurde der Angeschuldigte als Hauptmann d. R. zum Wehrdienst einberufen und als Bataillonskommandeur an der Westfront eingesetzt. Im Spätsommer 1940 wurde er in seinem Zivilberuf für »unabkömmlich« erklärt und konnte am 9. 9. 1940 den Dienst als Generalstaatsanwalt wieder aufnehmen. Am 20. 5. 1942 wurde Dr. J. erneut einberufen und als Major d. R. im Oberkommando des Heeres verwendet. In dieser Eigenschaft tat er zeitweise auch an der rückwärtigen Ostfront Dienst. Um die Jahreswende 1942/1943 wurde der Angeschuldigte unter Freistellung vom Wehrdienst zum Oberlandesgerichtspräsidenten in Breslau ernannt, wo er am 5. 1. 1943 eingeführt wurde und am 19. 1. 1943 sein neues Amt antrat. Während der Dienstzeit im OKH hatte Dr. J. Eingang in einen Widerstandskreis gefunden, der sich den Sturz Hitlers zum Ziel gesetzt hatte. Diese Verbindung hielt er auch als Oberlandesgerichtspräsident in Breslau aufrecht. Im Januar 1945 übernahm der Angeschuldigte die Führung einer Einheit des Volkssturms, mit der er am 6. 5. 1945 in russische Gefangenschaft geriet. Ein russisches Militärgericht verurteilte ihn zu 25 Jahren Zwangsarbeit. Im Oktober 1955 amnestiert kehrte er in die Bundesrepublik zurück. Da er die Altersgrenze erreicht hatte, wurde er als Unterbringungsteilnehmer nach dem Gesetz zu Art. 131 GG in den Ruhestand versetzt.
Der Angeschuldigte tritt dem Vorwurf der Mordbeihilfe entgegen (Bl. 126–168 Bd. IX, Bl. 2/3, Bl. 95 – Bl. 155, 156, Bl. 165 Bd. X dA):
Bis zur Tagung der Vorstandsbeamten in Berlin am 23./24. 4. 1941 habe er sich mit dem Problem der »Euthanasie« nicht beschäftigt. Von der Gnadentodaktion habe er nicht einmal gerüchtweise gehört.
[...]
Nach den Vorträgen von B. und H. habe er den Eindruck gehabt, daß die Aktion bereits im Gange sei. In seinen Augen sei das von den Referenten geschilderte Vorgehen »glatter Mord« gewesen, auch wenn nur die schwersten Krankheitsfälle erfaßt werden sollten. Deshalb habe er dem Kammergerichtspräsidenten H. (†), der neben ihm gesessen habe, zugeflüstert: »Jetzt möchte ich den sehen, der vor Scham nicht rot

wird.« Den Hitler-Erlaß vom 1. 9. 1939, der von Hand zu Hand gegangen sei, habe er für eine ungeheuerliche Gemeinheit gehalten.

»Ich habe nicht widersprochen, weil die Angelegenheit für mich völlig neu war und mir derart plötzlich bekanntgemacht wurde, daß ich entsetzt war und erst Überlegungen anstellen mußte, wie ich mich verhalten sollte. Ich dachte damals, was man sage, müsse überlegt sein.

Auch von den anderen Herren ist nach meiner Erinnerung Widerspruch nicht erhoben worden« (Bl. 97 Bd. X dA).

Im Anschluß an die Tagung (den genauen Zeitpunkt könne er nicht mehr angeben) habe er sich zum Minister begeben und ihm erklärt, daß er aus religiösen und rechtlichen Gründen eine Mitwirkung ablehne und die ihm erteilten Weisungen nicht durchführen könne. Staatssekretär Dr. Schlegelberger habe seine Erklärung (ohne weitere Ausführungen) zur Kenntnis genommen. Kammergerichtspräsident H. habe, wie er bei einer späteren Unterredung festgestellt habe, seine Auffassung geteilt.

Dementsprechend habe er keine Weisungen an die ihm unterstellten Staatsanwaltschaften in der vom Ministerium gewünschten Form erteilt. Lediglich seinen ständigen Vertreter und den politischen Dezernenten habe er unterrichtet.

Von den Leumunds- und Entlastungszeugen, die der Angeschuldigte benannt hat, sind in der Voruntersuchung vernommen worden:
Staatssekretär a. D. Dr. Schlegelberger (Bl. 37, 38, 59/60, 75 Bd. X dA)

Dr. Schlegelberger hat ausgesagt:

»Ich kann mich an Dr. J. nicht erinnern. Ich weiß auch nicht mehr, ob er mich nach der Tagung vom 23./24. April 1941 aufgesucht hat. Denkbar wäre dies. Wenn er mich dienstlich aufgesucht und Bedenken gegen die Euthanasieaktion geltend gemacht hätte, hätte ich wahrscheinlich einen Vermerk gemacht.

Herr Dr. J. hat sich niemals an mich im Zusammenhang mit diesem Strafverfahren gewandt.«

Der Angeschuldigte hat demgegenüber darauf hingewiesen, er sei bereits vor dem zweiten Weltkrieg in kleinem Kreis Gast in der Privatwohnung des Zeugen gewesen und bei dienstlichen Besprechungen im Laufe der Zeit oft mit Dr. Schlegelberger zusammengetroffen (Bl. 156 Bd. X dA). Bei dieser Beweislage läßt sich ein Tatverdacht gegen den Angeschuldigten Dr. J. nicht mehr aufrechterhalten. Es ist erforderlich, ihn aus tatsächlichen Gründen außer Verfolgung zu setzen.

Quelle: Ermittlungsverfahren Js 20/63, Generalstaatsanwaltschaft Frankfurt

6. Themenkreis: »Was damals Recht war, kann heute doch nicht Unrecht sein.«

Richter vor Gericht

1. § 336 StGB – Rechtsbeugung

Insbesondere nach der Veröffentlichung belastender Dokumente durch die DDR, Polen und die Tschechoslowakei kommt es zu Dutzenden von Anzeigen gegen Richter wegen Todesurteilen aus der NS-Zeit. Dutzende von Strafverfahren werden pflichtgemäß eingeleitet und – eingestellt. Selbst wenn das Todesurteil als Unrecht angesehen wird, kann den beteiligten Richtern daraus kein strafrechtlicher Vorwurf gemacht werden. Dieses überraschende Ergebnis folgt aus der Tatsache, *daß*, und aus der Art und Weise, *wie* die Gerichte den § 336 StGB auf die Rechtsprechung der NS-Zeit angewandt haben. § 336 StGB ist sozusagen das Gegengewicht zur richterlichen Unabhängigkeit, die ein Rechtsstaat seinen Richtern verbürgt. Der nur an Gesetz und Recht gebundene Richter soll dann strafbar sein, wenn er seine Unabhängigkeit mißbraucht, indem er zum Beispiel als Strafrichter in einem Strafverfahren die Tatsachen (Sachverhalt) verfälscht, die Gesetze falsch anwendet oder bei der Festlegung der Strafe (Strafzumessung) seinen Entscheidungsspielraum (Ermessen) mißbraucht. Hierbei muß der Richter vorsätzlich handeln, worunter zu verstehen ist, daß der Richter die Rechtsbeugung für möglich hält und billigend in Kauf nimmt (bedingter Vorsatz). Ebenso wie ein Einbrecher, der bei seiner Flucht auf seine Verfolger schießt, sich wegen Körperverletzung bzw. (versuchten) Totschlags oder Mordes zu verantworten hat, so ist auch ein Richter verantwortlich, der mit der Fehlerhaftigkeit seiner Entscheidung rechnet und sich dennoch – aus welchen Gründen auch immer – mit ihr abfindet.

An sich eine klare Strafvorschrift, die helfen soll, die Unparteilichkeit der Rechtsprechung sicherzustellen.

Schon in den zwanziger Jahren gerät die Vorschrift in die rechtspolitische Diskussion: Angesichts der politischen Justiz in Weimar wird gefordert, auch die fahrlässig begangene Rechtsbeugung unter Strafe zu stellen, während andere Autoren die Auffassung vertreten, der bedingte Vorsatz reiche nicht aus, der Richter müsse wissentlich eine Rechtsbeugung begehen (bestimmter Vorsatz). Eine Novellierung des § 336 StGB wird diskutiert; die Vorschrift bleibt jedoch unverändert.

In der Nachkriegszeit durchläuft sie eine überraschende Entwicklung: Sie wird zu einem Justizprivileg, einem ständischen Schutzschild uminterpretiert. Obwohl der Bundesgerichtshof zunächst den bedingten Vorsatz für ausreichend hält, vollzieht die Rechtsprechung in den fünfziger Jahren einen Schwenk: Da die Vorschrift vor allem die Entscheidungsfreiheit des Richters schütze, mache sich ein Richter wegen eines Fehlurteils nur dann strafbar, wenn er mit bestimmtem Vorsatz handele. Dieses »Richterprivileg« dreht die Verhältnisse um:

Nun braucht ein angeklagter Richter nur noch zu behaupten, er habe sein Urteil für Rechtens gehalten, um einer Strafverfolgung zu entgehen oder einen Freispruch zu erreichen. Kein anderer Angeklagter, dem wegen seiner Tätigkeit in der NS-Zeit Mord, Totschlag oder Freiheitsberaubung vorgeworfen wird, kann sich vor

Gericht erfolgreich mit der Behauptung verteidigen, er habe sein Handeln für Rechtens gehalten.

Diese Rechtsprechung wirkt sich auch auf die Ermittlungstätigkeit der Staatsanwaltschaften aus. Nur gegen fünf Richter des Volksgerichtshofs, der Sondergerichte und der übrigen Strafgerichte (ausgenommen also Militärjustiz und Standgerichte) wird wegen ihrer Beteiligung an Todesurteilen überhaupt Klage erhoben. In keinem Fall kommt es zu einer rechtskräftigen Verurteilung.

Abbildung 232
Fritz Bauer, Generalstaatsanwalt in Frankfurt, 1961

Rechtsbeugung

336 Ein Beamter oder Schiedsrichter, welcher sich bei der Leitung oder Entscheidung einer Rechtssache vorsätzlich zu Gunsten oder zum Nachteil einer Partei einer Beugung des Rechts schuldig macht, wird mit Freiheitsstrafe von einem Jahr bis zu fünf Jahren bestraft.

Quelle: § 336 StGB alte Fassung

1. § 336 StGB erfordert bestimmten, nicht nur bedingten Vorsatz.
2. Wer wegen seiner Tätigkeit als Beamter oder Schiedsrichter bei der Leitung oder Entscheidung einer Rechtssache zur Verantwortung gezogen wird, kann auch nach anderen Vorschriften als § 336 StGB (insbesondere nach §§ 211 f., 239 StGB) nur dann verurteilt werden, wenn ihm eine Rechtsbeugung im Sinne des § 336 StGB nachgewiesen ist.

Quelle: BGHSt 10, S. 294, Urteil vom 7. 12. 1965

„Kein Mensch wird heute aus der Bewußtseinsspaltung der Juristen klug. In den Entnazifizierungsakten lesen wir, daß alle samt und sonders »dagegen« waren. Sollen aber Staatsanwälte und Richter etwa wegen exzessiver Todesurteile zur Rechenschaft gezogen werden, so beteuern sie, seinerzeit in ungetrübter Übereinstimmung mit ihrem Gewissen verfolgt und gerichtet zu haben, womit nach herrschendem Juristenrecht Rechtsbeugung und Totschlag entfallen."

Quelle: Bauer, Bestandsaufnahme – Eine deutsche Bilanz, 1962, S. 227

Braunschweiger Gericht lehnt Verfahren gegen drei ehemalige Richter ab

„Braunschweig, 16. Dezember (NZ.) – Der Strafsenat des Oberlandesgerichtes Braunschweig hat in einem ausführlich begründeten Beschluß endgültig die Anordnung eines Hauptverfahrens gegen den ehemaligen Landgerichtspräsidenten Hugo Kaiweit und die Gerichtsräte Günther Seggelke und Rudolf Grimpe abgelehnt und damit auch die wegen der früheren Ablehnung des Hauptverfahrens von der Staatsanwaltschaft eingelegte Beschwerde auf Kosten der Staatskasse zurückgewiesen.

Die drei früheren Richter waren angeklagt worden, im August 1942 den aus Helmstedt stammenden Ziegelarbeiter jüdischen Glaubens, Moses Klein, wegen eines Sittlichkeitsdeliktes und Verbrechens gegen das nazistische Blutschutzgesetz zweimal zum Tode verurteilt zu haben, obwohl die Delikte nach Ansicht der Staatsanwaltschaft mit einer befristeten Gefängnis- oder Zuchthausstrafe hätten gesühnt werden können. Die Anklage stützte sich u. a. auch auf das Kontrollratsgesetz Nr. 10 (Verbrechen gegen die Menschlichkeit), das inzwischen vor deutschen Gerichten nicht mehr in Anwendung gebracht werden darf.

Erstmalig lehnte das Landgericht in Braunschweig die Hauptverhandlung mit der Begründung ab, man könne heute nicht mehr feststellen, ob einer der drei im Urteil gegen Klein tätig gewordenen Richter (und gegebenenfalls welcher) nicht doch gegen das Strafmaß gestimmt habe und somit heute die Gefahr bestehe, daß einer der Angeklagten unschuldig verurteilt würde. Der Strafsenat des Oberlandesgerichtes Braunschweig hatte nunmehr zu entscheiden, ob der hinreichende Verdacht bestehe, daß die Angeklagten sich einer strafbaren Handlung nach deutschem Recht schuldig gemacht hätten. Dabei kamen nur der § 336 StGB (Rechtsbeugung) oder die §§ 211 und folgende (Verbrechen wider das Leben wie Mord und Totschlag) in Frage. Dazu erklärte der Senat, eine Verletzung des § 336 habe nicht festgestellt werden können, da nicht nachzuweisen sei, daß die Angeklagten wider ihr besseres Wissen und ihre Überzeugung gehandelt hätten. Die 1942 ausgesprochene Strafe habe den damals anzuwendenden Gesetzen auch im Strafmaß nicht entgegengestanden. Es sei auch nicht nachweisbar, daß die Angeklagten in der Urteilsfindung von einer antisemitischen Haltung beeinflußt gewesen seien, und zwar weder bei der Feststellung des Tatbestandes noch bei der Strafzumessung, da beides dem eigenen Pflichtermessen der Richter unterlegen habe. Zwar erklärte der Senat weiter, halte er selbst die ausgesprochene Todesstrafe nach Wertung aller vorhanden gewesenen Umstände für vollkommen unangemessen, doch lasse sich nicht nachweisen, daß die Richter sich dessen damals bewußt gewesen seien.

Da im Falle der Rechtsbeugung eine bewußte Verletzung der Gesetze nicht nachzuweisen sei, müsse das gleiche gelten in Bezug auf ein Verbrechen wider das Leben. Da auch hier keine Schuld der Angeklagten feststellbar sei, müsse eine Hauptverhandlung ganz zwangsläufig abgelehnt werden."

Quelle: Neue Zeitung vom 17. Dezember 1951

Abschrift
Der Generalstaatsanwalt bei dem Kammergericht
AZ: 1 Js 421/60
Berlin, den 27. Juni 1960

Auf Ihre Strafanzeige vom 5. Mai 1960 gegen Amtsgerichtsrat W. wegen Mitwirkung an zwei Todesurteilen des Sondergerichts bei dem Landgericht in Berlin:
Die in Ihrer Anzeige genannten Urteile des Sondergerichts bei dem Landgericht Berlin sind bereits vor Monaten von mir überprüft worden. Die Akten dieser Strafverfahren befinden sich nämlich nicht, wie Sie annehmen, bei der Staatsanwaltschaft im sowjetischen Sektor von Berlin, sondern im Archiv der Staatsanwaltschaft bei dem Landgericht Berlin in Moabit. Die Überprüfung hat ergeben, daß dem Amtsgerichtsrat W. wegen seiner Mitwirkung an beiden Todesurteilen kein strafrechtlicher Vorwurf gemacht werden kann, und zwar aus folgenden Gründen: [...]

2. Todesurteil des Sondergerichts VII bei dem Landgericht Berlin vom 2. Februar 1944 gegen St., van G. und R. – 5 P KLs 706/43 (= Urteil 86)

Auch in diesem Falle waren die Angeklagten Holländer. Sie befanden sich zum Arbeitseinsatz in Deutschland und waren bei einer Firma in Berlin-Wittenau tätig. Im Sommer 1943 verübten sie in der näheren Umgebung ihres Lagers gemeinsam mit anderen Angeklagten teils einfache, teils schwere Diebstähle. St. und R. entwendeten am 31. August 1943 zur Nachtzeit durch drei selbständige Einsteigediebstähle fünf Kaninchen und einen Hahn. R. stahl ferner im Juli 1943 eine Ente. In der Nacht zum 17. Oktober 1943 begingen St., van G. und zwei weitere zu Freiheitsstrafen verurteilte Angeklagte einen Einbruchdiebstahl in eine Bäckerei, wobei Raucherkartenabschnitte und eine nicht festgestellte Anzahl Roggen- und Weizenbrotmarken entwendet wurden. Der Angeklagte van G. war schließlich mit anderen Mitverurteilten im Oktober 1943 an zwei weiteren Diebstählen zur Nachtzeit beteiligt, bei denen acht Kaninchen und ein Zentner Äpfel gestohlen wurden. Die Verurteilung erfolgte nach den §§ 2 und 4 der Volksschädlingsverordnung. Die Todesstrafen sind durch Erlaß des Reichsjustizministers vom 16. August 1944 in Zuchthausstrafen von je zehn Jahren umgewandelt worden.

Gegen den Schuldspruch, insbesondere die Anwendung der erwähnten Strafbestimmungen – die bei »Ausnutzung der zur Abwehr von Fliegergefahr getroffenen Maßnahmen« (Verdunkelung) und bei »Ausnutzung der durch den Kriegszustand verursachten außergewöhnlichen Verhältnisse« die Todesstrafe vorsahen – sind keine Bedenken zu erheben. Die Taten der nicht vorbestraften Angeklagten waren allerdings keineswegs derartig schwerwiegend oder besonders verwerflich, daß sie die Ablehnung der Verhängung einer Freiheitsstrafe hätten rechtfertigen können. Die ausgesprochene Todesstrafe war somit rechtsfehlerhaft und zugleich rechtswidrig.

Gegen Amtsgerichtsrat W. kann aber aus subjektiven Gründen kein strafrechtlicher Vorwurf erhoben werden. Nach ständiger Rechtsprechung des Bundesgerichtshofes (vgl. BGH St 10, S. 294 ff) kann ein Richter im Zusammenhang mit seiner Berufsausübung wegen eines Tötungsdeliktes nur dann bestraft werden, wenn er sich zugleich der Rechtsbeugung schuldig gemacht hat. Nach der in Rechtsprechung und Schrifttum einheitlich vertretenen Auffassung gehört zu einer Verurteilung wegen Rechtsbeugung aber der Nachweis des direkten Vorsatzes. Bedingter Vorsatz ist nicht ausreichend (vgl. den Aufsatz des Landgerichtspräsidenten Dr. Hans Neidhard, Stuttgart: »Die Vorwürfe gegen die sogenannten ›Naziblutrichter‹« in ›Deutsche Richterzeitung‹ 1960, Heft 4, S 100 ff) [ ]

Quelle: Ungesühnte Nazijustiz, Karlsruhe 1960, S. 65 f.

Ws 368/63 München, den 25. Juni 1963
VII – 1111/60 Gen.StA. bei dem OLG. München

Beschluss
des Oberlandesgerichts München – Strafsenat –

in dem Ermittlungsverfahren gegen Kammergerichtsrat Hans-Joachim Rehse, Schleswig, Magnussenstr. 10, und Landgerichtsrat Otto R., Landshut, wegen Verbrechen wider das Leben u. a.,
hier: Antrag des Rechtsanwalts Dr. Robert M. W. Kempner in Frankfurt vom 15. 5. 1963 namens des Antragstellers Pater Gebhard (Franz) H. in Neumarkt/Oberpfalz, Karmeliterkloster auf gerichtliche Entscheidung gemäss § 172 StPO und Gesuch um Bewilligung des Armenrechts zur Durchführung des Klageerzwingungsverfahrens:

I. Dem Antragsteller wird das Armenrecht zur Durchführung des Klageerzwingungsverfahrens verweigert.
II. Der Antrag auf gerichtliche Entscheidung wird als unbegründet kostenfällig verworfen.

Gründe:
[...]
Stünde aber fest, daß der Beschuldigte Rehse für die Todesstrafe gestimmt hat, müßte ihm nachgewiesen werden, daß er mit *bestimmtem Vorsatz* das Recht gebeugt und ein Verbrechen wider das Leben begangen hat (vgl. BGH MDR 1952, 693; BGHSt 10, 294). Dieser Nachweis ist nicht zu erbringen. Der Beschuldigte war dem damaligen Rechtsdenken verhaftet. Nach seiner Überzeugung konnte der objektive und subjektive Tatbestand des § 5 Abs. 1 Ziff. 1 KSSVO und des § 91 b StGB als erfüllt angesehen werden, zumal der festgestellte Sachverhalt die Anwendung dieser Bestimmungen rechtfertigte. Angesichts der Unterworfenheit unter die damaligen Gesetze, die er als verbindliches Recht ansah und die er infolge Verblendung für richtig hielt, kann dem Beschuldigten ein bestimmter Vorsatz nicht nachgewiesen werden (vgl. auch BGH vom 19. 6. 1956 – 1 Str. 50/56 –). Ebenfalls kann dem Beschuldigten nicht nachgewiesen werden, daß er bewusst ge-

gen die Grundsätze der Beweiswürdigung verstossen und eine Strafe verhängt hat, die in keinem Verhältnis zur Schwere der Tat und der Schuld stand. Wie aus den Gründen des Urteils zu entnehmen ist, war die Zersetzungsabsicht straferschwerend. Auch spielte der Abschreckungsgedanke eine wesentliche Rolle (vgl. DRiZ 1960, 171 und 172). [...]

Der Bundesgerichtshof in einem Verfahren gegen einen Richter, der Anfang der fünfziger Jahre in der DDR Zeugen Jehovas zu sehr hohen Freiheitsstrafen verurteilt hat:
»Der Angeklagte ist Volljurist, von dem erwartet werden kann, daß er ein Gefühl dafür hat, ob eine Strafe in unerträglichem Mißverhältnis zur Schwere der Tat und zur Schuld des Täters steht.« Aus einem Urteil vom 16. 2. 1960.

Quelle: NJW 1960, S. 974

2. »Ein typisches Zeichen jüdischer Frechheit«

Der Fall Hassencamp/Keßler

Im April 1943 verurteilt das Sondergericht Kassel den 29jährigen ungarischen Diplomingenieur Werner Holländer wegen Rassenschande in vier Fällen zum Tode. Holländer, der erst im Alter von 27 Jahren erfährt, daß er jüdischer Abstammung ist, und dies nicht zum Anlaß nimmt, seine Beziehungen zu »arischen« Frauen einzuschränken, wird Opfer einer »gewagten« rechtlichen Konstruktion:
Da das Blutschutzgesetz »nur« Gefängnis bzw. Zuchthaus vorsieht, wird der Angeklagte als »gefährlicher Gewohnheitsverbrecher« (§ 20 a StGB) eingestuft, was aber immer noch nicht für die Todesstrafe ausreicht. Dazu bedarf es noch der Anwendung des Gesetzes vom 4. September 1941, demzufolge gefährliche Gewohnheitsverbrecher der Todesstrafe verfallen, wenn der Schutz der Volksgemeinschaft oder das Bedürfnis nach gerechter Strafe es erfordern. Zu verantworten haben das Urteil der Vorsitzende des Sondergerichts, Hassencamp, und der Berichterstatter Dr. Keßler, der auch das Urteil absetzt. Dem zweiten Beisitzer des Gerichts, der gegen die Todesstrafe votiert, erklärt Keßler: »Es tut uns leid, daß wir Ihnen nicht folgen können, das Volk würde es nicht verstehen.« Die schriftliche Urteilsbegründung läßt an Deutlichkeit wenig zu wünschen übrig.
Werner Holländer wird Ende Mai 1944 hingerichtet.
1950 muß sich das Landgericht Kassel zum zweiten – aber noch nicht zum letzten – Mal mit dem Fall Holländer beschäftigen. Angeklagt diesmal: die Richter Hassencamp und Keßler. Das Urteil stellt zwar fest, daß es sich bei der Entscheidung des Sondergerichts um ein »Fehlurteil« handele, aber nur in bezug auf den Strafausspruch. Das Sondergericht habe insoweit seine Feststellungen »sehr leichtfertig« getroffen.
Die Angeklagten Hassencamp und Keßler werden dennoch freigesprochen:
Als überzeugten Nationalsozialisten sei ihnen eine wissentliche und willentliche Rechtsbeugung nicht nachzuweisen. Dabei bleibt es auch nach einer zunächst erfolgreichen Revision der Staatsanwaltschaft. Ende März 1952 gehören Hassencamp und Keßler wieder zu den unbescholtenen Juristen: Sie werden erneut freigesprochen, diesmal rechtskräftig.

Das Reichsstrafgesetzbuch wird wie folgt geändert und ergänzt:

§ 1
Der gefährliche Gewohnheitsverbrecher (§ 20 a des Strafgesetzbuchs) und der Sittlichkeitsverbrecher (§§ 176 bis 178 des Strafgesetzbuchs) verfallen der Todesstrafe, wenn der Schutz der Volksgemeinschaft oder das Bedürfnis nach gerechter Sühne es erfordern.
[...]

Quelle: RGBl. I, 1941, S. 549

Kassel, den 20. 4. 43
Lieber Hans!
Heute war der Hauptverhandlungstag von Werner, wo ich als Zeuge erscheinen mußte. Ich bin noch sehr aufgeregt und möchte Dir nur kurz schreiben, daß Werner mit Todesstrafe bestraft worden ist, wogegen keine Berufung eingelegt werden kann. Werner sah furchtbar aus und als das Todesurteil gesprochen wurde, hat er geweint. Er selbst hat mit einer so harten Strafe nicht gerechnet, aber die
[...]

Brief einer Freundin Werner Holländers an einen gemeinsamen Freund

Urteil des Sondergerichts beim Oberlandesgericht in Kassel vom 20. April 1943 (Auszug)

Im Namen des Deutschen Volkes!

Strafsache
gegen den Diplom-Ingenieur Werner Holländer in Kassel [...], geboren 2. 8. 1914 in Köln, ledig, evangelisch, jüdischer Rasse, in dieser Sache in Untersuchungshaft in Kassel
wegen Verbrechens gegen das Gesetz zum Schutze des deutschen Blutes. Das Sondergericht für den Oberlandesgerichtsbezirk Kassel in Kassel hat in seiner Sitzung vom 20. April 1943, an der teilgenommen haben:

Landgerichtsdirektor Hassencamp als Vorsitzender,
Oberlandesgerichtsrat Dr. B.,
Kammergerichtsrat Dr. Keßler als beisitzende Richter,
Staatsanwalt Dr. W. als Beamter der Staatsanwaltschaft,
Justizsekretär S. als Urkundsbeamter der Geschäftsstelle,

für Recht erkannt:

Der Angeklagte wird als gefährlicher Gewohnheitsverbrecher wegen Rassenschande in vier Fällen zum Tode verurteilt.
Er trägt die Kosten des Verfahrens.

Gründe
Der 28jährige Angeklagte ist Volljude ungarischer Staatsangehörigkeit. Von seiner jüdischen Abstammung hat er aber erst Ende Februar 1941 sichere Kenntnis erlangt. Er wurde in Köln geboren. In 1920 ließen ihn seine Eltern christlich taufen. (Nachdem er an der Technischen Hochschule Darmstadt das Abschlußexamen als Diplom-Ingenieur bestanden hatte und vorübergehend in Köln beschäftigt gewesen war) nahm er zum 1. März 1941 eine Stelle als Ingenieur bei der Firma Henschel & Sohn an, wo er bis zuletzt tätig war. Im Zusammenhang mit dieser Stellenbewerbung stellte der Angeklagte auch seine jüdische Herkunft Ende Februar 1941 einwandfrei fest. Er beschaffte sich damals in Paßangelegenheiten eine am 27. 2. 1941 ausgestellte Taufbescheinigung der Evangelischen Gemeinde in Köln, auf der beide Elternteile als Israeliten bezeichnet waren. Hierdurch erhielt er Gewißheit darüber, daß er Volljude ist. Trotz dieser Kenntnis berichtigte der Angeklagte nicht den für die Firma Henschel & Sohn ausgefüllten Fragebogen, auf dem er angegeben hatte, daß der Arier-Paragraph bei ihm erfüllt sei.
[...]
Für Verbrecher dieser Art kann es aber nur eine Strafe geben, die Todesstrafe. Und das muß auch gelten, wenn man dem Angeklagten zugute hält, daß er erst Anfang 1941 über seine jüdische Abstammung volle Klarheit erhielt. Sicher ist hierdurch seine ganze Entwicklung und Lebenshaltung aufs schwerste erschüttert worden. Trotzdem war der Angeklagte aber in der Lage und auch verpflichtet, sich dieser neuen Lebenslage anzupassen und von den deutschen Frauen zurückzuhalten. Sein hoher Bildungsgrad und seine erhebliche Intelligenz sind hierbei von maßgeblicher Bedeutung. Auch muß in diesem Zusammenhang berücksichtigt werden, daß der Angeklagte schon vor 1941 begründete Zweifel an seiner arischen Abstammung haben mußte, so daß die Tatsache des Volljudentums für ihn auch nicht völlig neu war. Den Ausschlag gibt aber der Umstand, daß der Angeklagte seine Verbrechen im zweiten und dritten Kriegsjahr begangen hat. Also zu einer Zeit, als der Kampf Deutschlands mit dem Weltjudentum, wie auch der Angeklagte sehr wohl wußte, seinen Höhepunkt erreicht hatte. Daß der Angeklagte, der in Deutschland Gastrecht genoß, trotz der Kriegszeiten und trotz dieser Auseinan-

dersetzung die Stirn hatte, derartige Verbrechen zu begehen, läßt die Taten nach gesundem deutschen Volksempfinden todeswürdig erscheinen. Es ist nach deutschem Rechtsempfinden ein Gebot gerechter Sühne, daß der Angeklagte, der während eines Krieges Deutschlands mit den Anhängern des Weltjudentums die deutsche Rassenehre in den Schmutz zu treten wagte, vernichtet wird. Hierzu zwingt auch die beispiellose Gemeinheit und Skrupellosigkeit wie der schnöde Vertrauensbruch, mit der der Angeklagte als ein typischer Vertreter der jüdischen Rasse im Falle Wd. vorgegangen ist.
Der Angeklagte war deshalb zum Tode zu verurteilen (§§ 1, 10 des Gesetzes zur Änderung des Reichsstrafgesetzbuches vom 4. September 1941).
Die Kostenentscheidung beruht auf § 465 der Strafprozeßordnung.
Beglaubigt (Unterschrift)
[. . .]

Quelle: Noam/Kropat, Justiz und Judenverfolgung I, Wiesbaden 1975, S. 168 ff.

Der Oberstaatsanwalt
als Leiter der Anklagebehörde
bei dem Sondergericht
S 3a KLs 13/43 (Not)   Kassel, den 30. Mai 1944
Verfg.

1. Vermerk:
   Der Geistliche wurde bei der Verkündung des ministeriellen Erlasses vom 12. 5. 44 nicht zugelassen, da der Verurteilte Rassejude ist und es für unwürdig empfunden wird, wenn er von einem deutschen Geistlichen im amtlichen Auftrag betreut werden sollte.
2. Vermerk:
   Die Beförderung anliegenden Abschiedsbriefes des Verurteilten Holländer wird nicht genehmigt, da seine Eltern in Argentinien leben – feindliches Ausland – und der Inhalt des Briefes auch bei nur inhaltlicher Weiterleitung an die Eltern durch Konsulent Brixi von dem Weltjudentum zu Propagandazwecken zum Nachteil des Reiches missbraucht werden könnte.
3. Anl. Brief in feste Hülle zum VH. nehmen.
4. Weitere Verfg. besonders.
5. Herrn OStA. z. K.
6. Herrn Rechtspfleger.

(Unterschrift)
Staatsanwalt

Quelle: Archiv Landgericht Kassel

Schreiben des Vizepräsidenten i. R. S. vom 18. April 1949 an den Untersuchungsrichter beim LG Kassel

„[. . .] Die Polizei in Kassel hatte, wie ich meine, 1941 oder 1942 dem Oberlandesgerichtspräsidenten in Stettin angezeigt, daß in dem Notizbuch eines wegen Rassenschande verhafteten jüdischen Ingenieurs (oder Chemikers) aus Kassel neben anderen Frauennamen der Name der Tochter eines Landgerichtspräsidenten des Oberlandesgerichtsbezirks Stettin sich befinde und daß der Verdacht bestehe, daß beide Rassenschande begangen hätten. Die betreffende Dame hatte den Geschlechtsverkehr mit dem Ingenieur (oder Chemiker) aus Kassel während ihres Aufenthalts in einer Lungenheilanstalt zugegeben, aber bestritten, gewußt zu haben, daß es sich um einen Juden gehandelt habe. Die betreffende Dame war mit einem Gerichtsassessor aus dem Kammergerichtsbezirk verheiratet, der als Kriegsteilnehmer im Felde stand. Deshalb hat der Oberlandesgerichtspräsident in Stettin dem Kammergerichtspräsidenten in Berlin von dem Vorfall Kenntnis gegeben. Mir ist der Sachverhalt damals von dem Sachbearbeiter für Personalangelegenheiten, dem Kammergerichtsrat und späteren Senatspräsidenten R., vorgetragen worden. [. . .]
Sollte meine Annahme richtig sei, daß es sich auch in diesem Falle um den von dem Sondergericht in Kassel verurteilten jüdischen Diplomingenieur Holländer gehandelt hat, und damit nachträglich bewiesen werden, daß Holländer mit der Ehefrau eines Kriegsteilnehmers ehebrecherische Beziehungen unterhalten hat, würde der Vorwurf, daß eine Verurteilung als gemeingefährlicher Gewohnheitsverbrecher zu Unrecht erfolgt sei, aus objektiven Gründen nicht aufrechterhalten werden können."

(Unterschrift)

Quelle: Moritz/Noam, Justiz und Judenverfolgung II, S. 307 f.

Schwurgericht sprach „NS-Sonderrichter" frei, verurteilte sie moralisch

Kassel (gm) Am dritten Verhandlungstage des Schwurgerichts gegen die Richter des Sondergerichts von 1943, Fritz Hassencamp und Dr. Edmund Keßler, beantragte Oberstaatsanwalt Borbein fünf und sechs Jahre Zuchthus sowie Ehrverlust. Um 20 Uhr verkündete Landgerichtspräsident Scharnitzky: „Die Angeklagten werden auf Kosten der Staatskasse freigesprochen." Im Saal entstand Unruhe. Die Urteilsbegründung brachte zum Ausdruck, daß das Sondergericht seine Pflicht nicht erfüllt habe und leichtfertig vorgegangen sei. Von der moralischen Schuld am Tode Holländers könne das Schwurgericht die beiden Angeklagten nicht freisprechen.

Zu Beginn des letzten Verhandlungstages verlas Hassencamps Verteidiger den Prozeßbericht einer Nachrichten-Agentur, der u. a. die Formulierung enthielt: „Uebereinstimmend sagten die Zeugen aus, daß Hassencamp seine Verhandlungen immer unsachlich geführt habe." Er kennzeichnete diese Berichterstattung als „schamlos".

Landgerichtspräsident Scharnitzky erklärte, daß die Veröffentlichung in dieser Form nicht den Tatsachen entspreche. Das Gericht werde sich in keiner Weise durch sie beeinflussen lassen.

In seinem Plädoyer führte Oberstaatsanwalt Borbein u. a. aus, daß die Feststellung „gefährlicher Gewohnheitsverbrecher" nicht gerechtfertigt sei. Man habe weder Holländers seelische Haltung, noch seine Persönlichkeit, noch auch den Charakter seiner Liebesverhältnisse zu erforschen versucht. Das Urteil sei nicht nur deshalb unverständlich, weil Keßler angeblich die Ueberzeugung gehabt habe: „Vor Gott und den Menschen war dieses Gesetz eigentlich nicht zu verantworten" — es sei auch falsch.

Unser Bild zeigt Fritz Hassencamp (links) und Dr. Edmund Keßler (rechts). (Eig. Aufn. L)

Sondergericht im „Kampf gegen das Weltjudentum"

Die oft wiederholte Zeugenaussage: „Den Angeklagten war eine Rechtsbeugung nicht zuzutrauen" bezeichnete Oberstaatsanwalt Borbein als unerheblich. Wenn man auf dem Standpunkt stehe, die Angeklagten seien keine Antisemiten gewesen, so sei dem entgegenzuhalten, daß das Urteil die Vernichtung eines Juden bedeute. In der Urteilsbegründung spiele eine wesentliche Rolle: „Den Ausschlag gibt der Umstand, daß Holländer seine Verbrechen im dritten und vierten Kriegsjahr begangen hat, also auf dem Höhepunkt des Kampfes gegen das Weltjudentum." Es sei nicht berücksichtigt worden, daß Holländer als Angestellter der deutschen Rüstungsindustrie gerade auf der Gegenseite gestanden habe.

Seine Ausrottung sei das Ziel gewesen, aber nicht ein gerechtes Urteil.

„Die damaligen Richter und heutigen Angeklagten haben nicht nur objektiv, sondern auch vorsätzlich Recht gebeugt. Sie haben die Hinrichtung gewollt und gebilligt. Sie sind nicht nur völlig uneinsichtig und haben der deutschen Justiz schweren Schaden zugefügt!!" schloß der Oberstaatsanwalt sein Plädoyer.

Hassencamps Verteidiger bestritt den Kausalzusammenhang zwischen Urteil und Hinrichtung: „Wenn er freigesprochen wäre, hätte er nicht mehr bis zur Urteilsvollstreckung gelebt, sondern wäre vorher im Verbrennungsofen umgekommen!"

Es handle sich allenfalls um ein Fehlurteil, „und wenn ein Fehlurteil eine strafbare Handlung wäre, dürfte kaum ein Richter nach einem Wechsel des politischen Regimes einer Strafe entgehen!"

„Ein königlicher Richter"

Dr. Keßlers Verteidiger ergänzte: „Auf der Anklagebank sitzt der deutsche Strafrichter schlechthin. Das Richteramt steht in Gefahr, unter die Kontrolle der Staatsanwaltschaft zu geraten. Der Urteilstenor stimmte mit dem Gesetz überein, und das Gesetz ließ die erkannte Strafe zu. Keßler war Nationalsozialist mit gläubigem, reinem Herzen. Er ist ein gottbegnadeter Jurist, prädestiniert zum königlichen Richter. Für das Recht läßt er sein Leben. Deshalb fordere ich von Ihnen den Freispruch!"

Nach der Verkündung des Freispruches mußte Landgerichtspräsident Scharnitzky mit der Räumung des Saales drohen, um die entstandene Unruhe zu beschwichtigen.

Sie vergaßen, daß sie Menschen sind

Er führte zur Urteilsbegründung u. a. aus:

„Daß Holländer nach dem Blutschutzgesetz zu verurteilen war, ist völlig klar. In der Frage, ob er ein Gewohnheitsverbrecher sei, hat das Sondergericht nach Ansicht des Schwurgerichts seine Pflicht nicht erfüllt, sondern sehr leichtfertig geurteilt. Sicherlich hätte sich als Sühne nicht die schwerste Strafe ergeben. Insofern liegt ein Fehlurteil vor.

„Die Richter könnten nur bestraft werden, wenn sie vorsätzlich zum Nachteil des Angeklagten gegen das Gesetz verstoßen hätten.

„Beide Angeklagte waren fanatische Parteigenossen, von der Propaganda verblendet. Kein Zeuge aber hat gesagt, daß man ihnen zutrauen könnte, sie seien von ihrer antisemitischen Einstellung zum Fehlurteil verleitet worden. Sie haben vergessen, daß sie Mensch sein mußten, und daß mit Gesetzespositivismus nicht alles getan ist.

„Sie sind juristisch freigesprochen, aber sie tragen die moralische Schuld am Tode Holländers. Davon kann das Schwurgericht sie nicht freisprechen."

Quelle: Hessische Nachrichten vom 29. 6. 1950

Briefe an die Redaktion
Der »Sondergerichts-Prozeß«

„Wenn die Urteilsbegründung zum Ausdruck brachte, daß die Angeklagten zum mindesten leichtfertig das Todesurteil gegen Holländer gefällt haben, so verstehen wir nicht, wie das Schwurgericht zu einem Freispruch kommen konnte.
Wenn ein Kraftfahrer »gottbegnadet« in seinem Beruf in »königlicher« Sicherheit viele Jahre das Steuer seines Wagens führt und dann durch erwiesene Leichtfertigkeit einen Todesfall verursacht – welches Gericht würde ihn freisprechen und sich mit der »moralischen« Verurteilung begnügen?
Ganz abgesehen davon zeigt der Tenor der Urteilsbegründung im Falle Else, daß die Angeklagten Parteirecht gesprochen haben und eine Rechtsprechung »ohne Ansehen der Person« für sie nicht existierte. Die Ansicht des »Dritten« Reiches war, daß Juden, Zigeuner, Neger inferiore Rassen seien, denen die dem Deutschen zustehende Rechtsprechung nicht zugebilligt wurde. Wenn die heutige Justiz nicht mit aller Deutlichkeit von diesem Standpunkt abrückt und Sonderrichter wie die Angeklagten nicht als Werkzeuge einer nazistischen Weltordnung brandmarkt, sind wir in unserem rechtlichen Denken noch nicht viel weiter gekommen.
Das hohe Maß von menschlicher Verantwortung – außer der Beachtung gesetzlicher Vorschriften – das wir von einem Richter fordern, sollte heute, nach der Verdunkelung durch die Zeit der Parteirechtsprechung, wieder hell erstrahlen. Der Freispruch von Hassencamp und Keßler zeigt aber im Gegenteil, daß von der heutigen Justiz die Parteirechtsprechung des dritten Reiches toleriert und nur »moralisch« verurteilt wird.

Gertrude R. Bier, Backmeisterweg 20."

Quelle: Hessische Nachrichten vom 29. 6. 1950

Hassencamp und Keßler stehen erneut vor dem Schwurgericht

„Kassel (gm) Vor dem Schwurgericht unter Vorsitz von Landgerichtsdirektor F. begann die 2. Verhandlung gegen zwei Richter eines Sondergerichts von 1943. Fritz Hassencamp und Dr. Edmund Keßler, die im Juni 1950 vom Schwurgericht unter Vorsitz von Landgerichtsdirektor Sch. freigesprochen worden waren. Oberstaatsanwalt B. hatte damals fünf und sechs Jahre Zuchthaus mit der Begründung beantragt: »Die Angeklagten haben nicht nur objektiv, sondern auch vorsätzlich Recht gebeugt. Sie haben die Hinrichtung des nach dem Blutschutzgesetz als gefährlicher Gewohnheitsverbrecher verurteilten Werner Holländer gewollt und gebilligt, obwohl die Feststellung »gefährlicher Gewohnheitsverbrecher« nicht gerechtfertigt war. Die Ausrottung des Juden war das Ziel, nicht aber ein gerechtes Urteil.«
Zu dem freisprechenden Urteil hatte der Vorsitzende ausgeführt:
»Die Angeklagten haben vergessen, daß sie Mensch sein mußten, und daß mit Gesetzespositivismus nicht alles getan ist. Sie sind juristisch freigesprochen, aber sie tragen die moralische Schuld am Tode Holländers. Davon kann das Schwurgericht sie nicht freisprechen.«
Das Verfahren wurde aus rechtlichen Gründen von der Revisionsinstanz zur erneuten Verhandlung an das Schwurgericht zurückverwiesen. Für die Dauer sind mehrere Tage festgesetzt, über 70 Zeugen werden vernommen werden."

Quelle: Hessische Nachrichten vom 5. 10. 1951

Schw 3/50
3 a Ks/50
Gr.

Im Namen des Gesetzes!
In der Strafsache gegen
1.) den ehemaligen Landgerichtsdirektor Fritz Hassencamp, geb. am 18. 9. 1878 in Frankenberg/Eder, wohnhaft in Rotenburg/F., Untertor 10, deutsch, verh., nicht vorbestraft,
2.) den ehemaligen Kammergerichtsrat Edmund Kessler, geb. am 19. Sept. 1902 in Kassel, wohnhaft in Rauschenberg, Krs. Marburg/Lahn, Landhaus Nr. 272, deutsch, verh., nicht vorbestraft,
wegen Rechtsbeugung und Totschlag
hat das Schwurgericht des Landgerichts in Kassel in der Sitzung von 26., 27. und 28. Juni 1950, an der teilgenommen haben:

Landgerichtspräsident Sch. als Vorsitzer,
Landgerichtsrat S. als Beisitzer,
Verw.Angest. August H., Rotenburg,
Diakon Georg D. Kassel,
Schreinermeister Gustav S., Immenhausen,
Reg.Rat Christian D., Kassel,

Bergmann Wilhelm St., Willingen,
Stadtoberinspektor Hans L., Bad Wildungen,
Angestellter Walter B., Eschwege,
als Geschworene,
Oberstaatsanwalt B.,
Staatsanwalt Dr. T.
als Beamte der Staatsanwaltschaft,
Referendar K. als Urkundsbeamter der Geschäftsstelle,

am 28. Juni 1950 für Recht erkannt:
Die Angeklagten werden auf Kosten der Staatskasse freigesprochen.

Gründe:
[...]
Das Urteil ist deshalb nach Ansicht des Gerichts in seinem Strafausspruch zu hart gewesen. Es ist daher ein Fehlurteil. Allein aus der Tatsache, daß in Sachen Holländer ein Fehlurteil ergangen ist, können die Angeklagten nicht bestraft werden... Er muss trotz der Kenntnis von dem begünstigenden oder benachteiligenden Erfolg die dem Recht zuwiderlaufende Entscheidung gewollt haben. Ein bedingter Vorsatz genügt nicht...
Eine weitere Möglichkeit festzustellen, was innerlich bei den Angeklagten vorgegangen ist, als sie sich für die Todesstrafe ausgesprochen haben, geben die später nach der Beratung niedergelegten Urteilsgründe. Maßgebend für die Richtigkeit des Urteils sind zwar nicht die schriftlichen Gründe. Ausschlaggebend ist die Beratung. Aber die schriftlichen Gründe geben Anhaltspunkte dafür, wie es in der Beratung zugegangen ist und von welchen Gesichtspunkten sich die Richter haben leiten lassen. Dabei ist festzustellen, daß die schriftlichen Gründe des Urteils teilweise nicht zu verstehen sind. Wenn sich bei der sachlichen Darlegung der Satz: »ist ein Zeichen typisch jüdischer Frechheit«, dann kann man daraus schließen, daß nicht nur juristische, sondern auch andere Erwägungen bei der Findung des Urteils mitgespielt haben. Es ist aber durchaus möglich, daß dieser Satz, der nur in Parenthese angeführt ist, »schmückendes Beiwort« ist und nichts mit der Findung des Urteils zu tun hatte. Es ist dabei auch von den damaligen Verhältnissen auszugehen. Die Angeklagten waren überzeugte Nationalsozialisten. Sie sind wahrscheinlich durch die damalige Propaganda gegen das Judentum vergiftet worden. Daher mag es zu einem derartigen unsachlichen Ausdruck in den Urteilsgründen gekommen sein. Bedenklicher stimmt ein weiterer offensichtlich unsachlicher Satz, der in den Gründen an der Stelle angeführt ist, an der die Verhängung der Todesstrafe begründet wird. Es heißt: »Den Ausschlag gibt aber der Umstand, daß der Angeklagte seine Verbrechen im zweiten oder dritten Kriegsjahr begangen hat, also zu einer Zeit, als der Kampf Deutschlands mit dem Weltjudentum seinen Höhepunkt erreicht hat«. Dabei ist aber zu bedenken, daß dieser Grund neben weiteren Gründen angeführt ist. Denn es wird aufgeführt, daß ebenso die Skrupellosigkeit und der schnöde Vertrauensbruch entscheidend für die Verhängung der Todesstrafe gewesen sind. Man kann aber nicht sagen, daß gerade der eine Grund, der offensichtlich unsachlich ist, entscheidend gewesen ist...
Nach der Beratung hat der Angeklagte Kessler zu dem Zeugen B. nach dessen Aussage, deren Richtigkeit vom Gericht nicht angezweifelt wird, gesagt: »Es tut uns leid, daß wir Ihnen nicht folgen können, das Volk würde es nicht verstehen«. Daraus könnte man entnehmen, daß tatsächlich die Angeklagten nur mit Rücksicht auf das Volk zum Todesurteil gekommen sind. Im Widerspruch hierzu steht aber das, was B. sonst über die Beratung gesagt hat, nämlich, daß nur sachliche Punkte erörtert worden sind. Diese Äußerung Kesslers kann aber auch anders ausgelegt werden, nämlich, daß Kessler und Hassencamp auf Grund richterlicher Überzeugung dazu gekommen sind, Holländer verdient die Todesstrafe, daß sie aber dem Zeugen B. in seiner milden Auffassung hätten folgen wollen, wenn sie eben nicht geglaubt hätten, sie dürften von ihrer Überzeugung nicht abgehen, weil sie dann vom Volke nicht verstanden werden würden...
Da den Angeklagten eine Rechtsbeugung nicht nachzuweisen ist, mußten sie freigesprochen werden. Damit entfällt auch die Anklage einer vorsätzlichen Tötung. Dieser Freispruch ist aus juristischen Gründen erfolgt, moralisch tragen die Angeklagten die Schuld am Tode Holländers.
Die Kostenentscheidung beruht auf § 467 StPO.

gez. Sch.

S.

L.
Obmann der Geschworenen

Quelle: Hessisches Staatsarchiv Marburg

> Welches Ausmaß geistiger Beschränktheit und Verbohrtheit wird hier den NS-Richtern von ihren Kollegen entlastend zugebilligt, über die ein Gericht bei einem Nichtjuristen als Täter hinwegginge! Wenn der rechtsunkundige Laie ein Tier nicht für eine »Sache« i. S. der Gesetze und dessen vorsätzliche Verletzung nicht für eine »Sachbeschädigung« i. S. d. § 303 StGB hält, wird das als ein unbeachtlicher »Subsumtionsirrtum« betrachtet; wenn dagegen der rechtskundige Richter einen Juden auf Grund von vier Liebesverhältnissen mit arischen Frauen und der darin gesehenen »Rassenschande« als »gefährlichen Gewohnheitsverbrecher« qualifizieren und deshalb zum Tode verurteilen zu dürfen glaubte, soll dies eine beachtliche Überzeugung oder strafbefreiende Vorstellung sein. In Wahrheit ist hier der Urteilende nicht ein strafloser Irrtums-, sondern ein in seiner fanatischen NS-Ideologie befangener strafbarer Überzeugungstäter, der sehr wohl wußte, daß seine Meinung selbst nicht von allen Vertretern des NS-Regimes geteilt wurde.

Quelle: Spendel, Rechtsbeugung durch Rechtsprechung, Sechs strafrechtliche Studien, Berlin 1984, S. 13

3. »Der Angeklagte ist auch nach seiner Persönlichkeit ein Volksschädling.«

Fall Ferber/Hoffmann

Im März 1942 findet vor dem Sondergericht Nürnberg ein Schauprozeß statt. Der Vorsitzende des Sondergerichts, Oswald Rothaug, will ein Exempel statuieren: Vor geladenen Zuhörern aus Partei, Justiz, SD und Wehrmacht wird der 69jährige Vorsitzende der israelitischen Kultusgemeinde Nürnberg, Lehmann Katzenberger, wegen Rassenschande (normalerweise: Gefängnis oder Zuchthaus) zum Tode verurteilt. Der Vorwurf: Der Angeklagte soll eine rassenschänderische Beziehung zu einer jungen Frau unterhalten haben; dies bestreitet die Frau unter Eid, was ihr ein Strafverfahren wegen Meineides und zwei Jahre Zuchthaus einbringt. Außer den Angaben der beiden Angeklagten fördern die Ermittlungen nur Windiges aus der Klatschküche der Nachbarschaft zutage.

Das Strafverfahren vor dem Sondergericht erfüllt den Tatbestand der Rechtsbeugung in seinen gängigen Varianten: Der Sachverhalt wird verfälscht, indem das Gericht das Ergebnis der Beweisaufnahme manipuliert und Rassenschande annimmt, Gesetze werden falsch angewandt, indem das Gericht die Voraussetzungen der Volksschädlingsverordnung bejaht, und die Strafzumessung erfolgt mißbräuchlich, indem das Gericht auf Todesstrafe erkennt. Staatssekretär Freisler bezeichnet das Urteil als »kühn«, was seine Vollstreckung nicht hindert. Der Angeklagte wird im Juni 1942 hingerichtet, die Mitangeklagte muß den größten Teil ihrer Freiheitsstrafe verbüßen.

Dieses Urteil zieht zwei Strafverfahren nach sich, die gegen die verantwortlichen Richter just in demselben Sitzungssaal stattfinden, in dem auch das Sondergericht getagt hat: Die treibende Kraft dieses Justizmordes, der Vorsitzende des Sondergerichts, Dr. Rothaug, wird von dem Internationalen Militärgerichtshof im Juristenprozeß unter anderen wegen dieses Verfahrens zu lebenslänglicher Freiheitsstrafe verurteilt (und nach neun Jahren begnadigt). Dr. Ferber tritt in Nürnberg als Zeuge der Anklage auf und erklärt unter anderem, seiner Meinung nach sei Rassenschande in dem Sondergerichtsverfahren nicht bewiesen worden. Dr. Hoffmann bezeichnet das Verfahren in einer Versicherung an Eides Statt als »untragbar, ungerecht und unmenschlich«.

Dies sind glatte Geständnisse. Dennoch vergehen mehr als zehn Jahre, bis die zuständige Staatsanwaltschaft in Nürnberg gegen Ferber und Hoffmann ein Strafverfahren einleitet. Die Ermittlungen dauern weitere acht Jahre; am 4. März 1968 – 22 Jahre nach dem Krieg – beginnt die Hauptverhandlung gegen die ehemaligen Beisitzer des Sondergerichts. Nun lautet die Einlassung der Angeklagten, sie seien von der Richtigkeit des Urteils gegen Katzenberger überzeugt gewesen. Ihre Aussagen in Nürnberg seien von den vernehmenden amerikanischen Anklägern geradezu erpreßt worden. Nach 13 Tagen Hauptverhandlung kommt das Gericht zu einem überraschend milden Urteil: Während die Staatsanwaltschaft wegen gemeinschaftlich begangenen Mordes lebenslange Freiheitstrafen beantragt, werden Ferber und Hoffmann wegen Totschlags im minderschweren Fall zu drei bzw. zwei Jahren Gefängnis verurteilt.

Die Angeklagten und die Staatsanwaltschaft gehen in die Revision. Der Bundesgerichtshof hebt im Juli 1970 die Entscheidung auf: Soweit es den Vorwurf des Mordes betreffe, habe das Landgericht den Sachverhalt nicht erschöpfend gewürdigt; seine Erwägungen zur Frage der Sachverhaltsverfälschung (Rechtsbeugung) seien »von ihrem Ansatz her« verfehlt. Die Zurechtweisung durch den Bundesgerichtshof bleibt im Ergebnis ohne Erfolg. Zu Beginn der zweiten Hauptverhandlung scheidet Ferber wegen Verhandlungsunfähigkeit aus dem Verfahren aus. Der Prozeß gegen Hoffmann wird zu einer Hängepartie, die sich über Jahre hinzieht, bis das Gericht 1976 endgültig die Akten schließt: Auch Hoffmann ist verhandlungsunfähig.

Auszug aus dem Urteil des Sondergerichts Nürnberg vom 13. März 1942

„Das Gericht hat die Ausflüchte des Angeklagten Katzenberger und die Einschränkungen, mit denen die Angeklagte S. ihre Zugeständnisse abzuschwächen versucht hat, wie folgt gewürdigt: [...]

Die Angeklagte S. räumt auch ein, daß sie durchaus darauf bedacht war, sich die Gunst des Katzenberger, mit dem sie sich duzte, zu erhalten.

Nach den in der Hauptverhandlung getroffenen Feststellungen boten beide Angeklagten ihrer näheren Umwelt, vornehmlich der Hausgemeinschaft im Anwesen Spittlertorgraben 19 das Gesamtlebensbild eines intimen Verhältnisses. Von den Zeugen K., Paul und Babette, M., Johann, H., Johann und L., Georg wurde wiederholt beobachtet, daß Katzenberger und S. sich gegenseitig zuwinkten, wenn S. von einem nach dem Rückgebäude zu gelegenen Fenster ihrer Wohnung den Katzenberger in seinen Büroräumen sah. Den Zeugen waren die beobachteten häufigen Besuche der S. in den Geschäftsräumen des Katzenberger nach Geschäftsschluß und auch Sonntags, sowie das längere Verweilen dort besonders auffallend. Die Tatsache, daß S. den Katzenberger stets um Geld anging, war im Laufe der Jahre der ganzen Hausgemeinschaft bekannt geworden; es bildete sich auf Grund dieser Wahrnehmungen die Überzeugung, daß Katzenberger als jüdischer Gläubiger diese Zwangslage der deutschblütigen Frau S. geschlechtlich ausnütze, wobei der Zeuge H. gelegentlich einer Unterhaltung mit dem Zeugen K., Paul diese seine Auffassung in den Worten ausdrückte, der Jude könne das gegebene Geld bei der S. billig abarbeiten.

Beide Angeklagten faßten auch selbst die gegenseitigen Besuche und wechselseitigen Zärtlichkeiten keineswegs nur so als gelegentliche Harmlosigkeiten des alltäglichen Lebens auf.

Nach den Bekundungen der Zeugen K., Babette und Paul beobachteten diese, daß Katzenberger sich sichtlich erschrocken zeigte, als er wahrnahm, daß von diesen Zeugen sein Verweilen in der Wohnung der S. noch im Jahre 1940 entdeckt wurde. Die Zeugen beobachteten auch, daß Katzenberger sich in der letzten Zeit mehr in die Wohnung der S. schlich, als unbekümmert einging ...

IV.

Bei der Strafzumessung haben das Gericht folgende Erwägungen bestimmt:

Die nationalsozialistische politische Lebensform des deutschen Volkes hat ihre Grundlage im Gemeinschaftsleben. Eine Grundfrage dieses völkischen Gemeinschaftslebens ist die Rassenfrage. Die Rassenschande im Verkehr des Juden mit einer deutschen Frau schändet die deutsche Rasse, stellt einen schweren Angriff auf die Reinheit des deutschen Blutes im rasseschändenden Angriff auf die deutsche Frau dar. Das Schutzbedürfnis ist ein besonders großes.

Katzenberger unterhält sein rasseschänderisches Treiben seit Jahren. Er kannte den Standpunkt des völkisch empfindenden deutschen Menschen in der Rassenfrage genau, er war sich bewußt, daß er mit seinem Verhalten dem völkischen Empfinden des deutschen Volkes ins Gesicht schlug. Weder die nationalsozialistische Revolution 1933, noch der Erlaß des Blutschutzgesetzes 1935, weder die Judenaktion 1938, noch der Kriegsausbruch 1939 bewirkten bei ihm seine Umkehr.

Das Gericht erachtet es für geboten, als einzige mögliche Antwort auf die Frivolität des Angeklagten gegen ihn die in Anwendung des Par. 4 der VO. gg. Volksschädlinge vorgesehene schwerste Strafe, die Todesstrafe auszusprechen.

Quelle: Abgedruckt im Urteil des Landgerichts Nürnberg vom 5. April 1968

Das Kreisgericht Apolda
– Aktz.: – As 15/68 –
Apolda, den 20. März 1968

Anwesend:
Kreisgerichtsdirektor H. als Vorsitzender
Strickermeister Hans F., Angestellter Albert G., als Schöffen
Staatsanwalt E. als Vertreter des Generalstaatsanwalts der DDR
Justizangestellte P. als Protokollführer

In der Strafsache
gegen Dr. Ferber, Karl Josef und Dr. Hoffmann, Heinz Hugo
wegen Verbrechen gegen die Menschlichkeit vor dem Schwurgericht in Nürnberg/Fürth
erscheint auf Vorladung die Zeugin Irene S., wohnhaft Apolda, ...

Der Zeugin wird mitgeteilt, worüber sie vernommen werden soll. Weiterhin wird sie davon unterrichtet, daß ihre Vernehmung auf Antrag des Generalstaatsanwaltes der Deutschen Demokratischen Republik erfolgt.

Die Zeugin wird zur Wahrheit ermahnt und über die strafrechtlichen Folgen einer unrichtigen oder unvollständigen Aussage belehrt. Sie wird darauf hingewiesen, daß sie ihre Aussage zu beschwören habe, wenn das Gericht dies beschließt.

Die Zeugin wird wie folgt vernommen:
Zur Person:
Name: S.
Vorname: Irene Margarete Gertraud
Geburtstag:
Geburtsort: Guben
Beruf: Fotomeister
Wohnort:

Mit den Angeklagten nicht verwandt und auch nicht durch Adoption verbunden.
Die Zeugin ist zur Aussage bereit.

Zur Sache:
Soweit ich mich noch erinnern kann, fand im März 1947 in Nürnberg der Juristenprozeß statt, und zwar vor einem amerikanischen Militärtribunal. Ich bin in diesem Prozeß als Zeugin gehört worden.
Die von mir vor diesem Tribunal gemachte Aussage betraf den Fall Lehmann Israel Katzenberger. Die damals von mir gemachte Aussage besitze ich in Abschrift und lege sie hiermit dem Gericht vor. Mir ist deshalb die damals gemachte Aussage in allen Details noch in Erinnerung. Ich mache sie zum Gegenstand meiner heutigen richterlichen Vernehmung, weil ich zu dieser Aussage heute noch stehe.
Im Jahre 1931 oder 1932 kam ich nach Nürnberg, um vertretungsweise das Geschäft meiner Schwester Herta Sch. (jetzt L.) zu übernehmen. Das Geschäft war im Hause der Firma Katzenberger, Schuhgroßhandlung, Nürnberg, Spittlertorgraben 19. Herr Katzenberger war zur gleichen Zeit Hauseigentümer. Er wurde damals von meinem Vater gebeten, sich meiner anzunehmen und mir auch mit Rat und Tat zur Seite zu stehen.
Im Laufe der ganzen Jahre habe ich durch Herrn Katzenberger eine gute Unterstützung gehabt. Er hat sich mir gegenüber als väterlicher Freund erwiesen.
Mit der Einführung der sogenannten Rassengesetzgebung im Jahre 1935 trat in unseren Beziehungen keinerlei Veränderung ein. Ich sah dazu keinen Anlaß.
Herr Katzenberger war ein Ehrenmann, der aus reiner Gutherzigkeit mir hin und wieder kleinere Geschenke machte.

Er hatte eine Tochter, die so alt war wie ich. Sie lebte in Israel. Wiederholt hat er zum Ausdruck gebracht, daß er glücklich wäre, wenn er wüßte, daß seine Tochter auch einen Menschen hätte, der es mit ihr ebenso gut meint, wie er mit mir.

Auf Grund der eben geschilderten Umstände ist es auch dazu gekommen, daß ab und zu ein Kuß gegeben wurde. Das ging hauptsächlich von mir aus. Es liegt in meiner Natur, meine Freude oder Dankbarkeit auf diese Weise zum Ausdruck zu bringen. Geschlechtliche Beziehungen zwischen Herrn Katzenberger und mir haben nie bestanden. Auch durch meine Heirat hat sich an den freundschaftlichen Beziehungen zwischen mir und Herrn Katzenberger nichts geändert. Mein Ehemann hat daran auch keinen Anstoß genommen.

Etwa im März 1941 wurde Herr Katzenberger verhaftet. Auch ich wurde damals im Zusammenhang mit der Verhaftung von Herrn Katzenberger mehrere Male vernommen, u. a. auch von dem damaligen Untersuchungsrichter G. In all diesen Vernehmungen habe ich immer wieder zum Ausdruck gebracht, daß zwischen mir und Katzenberger keine geschlechtlichen Beziehungen bestanden haben. Daraufhin wurde ich vereidigt.

Am 3. Dezember 1941 wurde ich wegen angeblichen Meineides verhaftet. Die Verhandlung gegen Herrn Katzenberger und gegen mich fand am 13. und 14. März 1942 vor dem Sondergericht in Nürnberg statt.

Im Sitzungssaal des Sondergerichts hatten überwiegend hohe Parteifunktionäre und Offiziere der fasch. Wehrmacht Platz genommen. Der größte Teil davon befand sich in Galauniform. Ich hatte von Anfang an das Gefühl, daß kein ordentlicher Prozeß, sondern nur ein Schauprozeß durchgeführt werden sollte. Es war meines Erachtens eine von den Nazis bewußt inszenierte Demonstration gegen jüdische Bürger.

Die gesamte Verhandlungsführung des Vorsitzenden bestand darin, daß Katzenberger und ich ständig beschimpft wurden. Meine Aussage wurde von vornherein als Lüge bezeichnet. Auf alles was Katzenberger und ich vorbrachten, hat er nur mit neuen Beschimpfungen geantwortet. Wiederholt warf er mir vor, daß ich Katzenberger nur schützen wolle.

In der gleichen Art und Weise wie der Vorsitzende ließ sich auch der Staatsanwalt aus. Ob und in welcher Weise die Beisitzer in die Verhandlungsführung eingegriffen haben, ist mir heute nicht mehr in Erinnerung.

Mir war von Anfang an klar, daß das Urteil bereits feststand. Dieses Gefühl wurde noch dadurch verstärkt, daß das gesamte Verhalten des Vorsitzenden, der Beisitzer und des Staatsanwaltes einzig und allein darauf abgestellt war, bei den anwesenden faschistischen Funktionären Eindruck zu erwecken.

Die Vernehmung des Herrn Katzenberger begann sofort in gehässigster Form. Sobald Herr Katzenberger vor den Richtertisch getreten war, fragte ihn Rothaug, ob er sich im klaren sei, um was es bei ihm ginge. Herr Katzenberger erwiderte, daß er sich keiner Schuld bewußt sei. Rothaug antwortete darauf: »Das werden Sie schon noch sehen«.
Die Erklärung Herrn Katzenbergers, wie er mit mir in meinem Elternhaus bekannt wurde, gab Rothaug sofort Anlaß, von echt jüdischer Schläue zu sprechen. Katzenberger habe es meisterhaft verstanden, seine Beziehungen zu mir meinem Elternhaus gegenüber harmlos erscheinen zu lassen. Dabei sei alles von der Absicht getragen gewesen, mich zu umgarnen. Er habe damit meine Unerfahrenheit ausgenutzt, um mich ihm gefügig zu machen.

Herr Katzenberger bestritt dies auf das Energischste, worauf Rothaug ihm die Worte entgegnete: »das werde ich Ihnen beweisen«. Die Vorwürfe, die uns Rothaug machte, bestanden ausschließlich in Unterstellungen, die niemals bewiesen worden sind und auch niemals bewiesen werden konnten. Mein Ehemann wurde nicht vernommen, obwohl er unsere Ausführungen nur bestätigen konnte. Ich erinnere mich heute noch genau daran, daß Rothaug schon während der Beweisaufnahme Herrn Katzenberger damit gedroht hat, daß er für seine Taten mit dem Leben bezahlen müsse.

Die von mir bisher geschilderte Verhandlungsführung des Gerichts setzte sich auch bei den Zeugenvernehmungen fort. Alle von den Zeugen der Staatsanwaltschaft gegen Hern Katzenberger und mich vorgebrachten scheinbar belastenden Umständen wurden maßlos aufgebauscht. Alle Umstände dagegen, die zu unseren Gunsten sprachen, wurden völlig unbeachtet gelassen. Von vornherein wurde unterbunden, daß wir Fragen an die Zeugen stellen durften. Auch jede versuchte Richtigstellung wurde barsch unterbrochen. Die von uns benannten Entlastungszeugen wurden durch den Vorsitzenden in gehässiger Art und Weise öffentlich lächerlich gemacht.

Im übrigen beziehe ich mich auch insoweit auf meine eidesstattliche Erklärung, die ich im Jahre 1947 vor dem Tribunal in Nürnberg gemacht habe.

Sollten während des Prozeßverlaufs weitere Fragen auftreten, die eine erneute Vernehmung er-

forderlich machen würden, bin ich bereit, mich erneut vor dem Kreisgericht in Apolda vernehmen zu lassen.
Auf Grund meines Gesundheitszustandes bin ich den seelischen Belastungen, die mit meinem persönlichen Erscheinen vor dem Schwurgericht in Nürnberg zwangsläufig verbunden sind, nicht gewachsen. Ich möchte insbesondere an die schrecklichen Ereignisse des damaligen Prozesses nicht mehr erinnert werden und lehne aus diesen Gründen eine Vernehmung vor dem Schwurgericht in Nürnberg ab.
Die Zeugin leistete den Eid in weltlicher Form.

gez. Unterschriften

Quelle: Aus den Verfahrensakten Ferber/Hoffmann

Abbildung 233
Die Angeklagten Dr. Hoffmann (links) und Dr. Ferber

Aus dem Urteil des Landgerichts Nürnberg vom 5. April 1968

[...]
Zu entscheiden war, ob das begangene Tötungsdelikt Mord (§ 211 StGB) oder Totschlag (§ 212 StGB) war. Unter den besonderen Merkmalen des Mordes kommt für die Tat der Angeklagten allein ein Handeln aus niedrigen Beweggründen in Frage. Bei Rothaug war es der Rassenhaß, der sein Handeln bestimmt hat. Rassenhaß ist ein niedriges Motiv (BGH 18/37). Das Motiv Rothaugs muß nun aber nicht notwendig auch das Motiv der beiden Angeklagten gewesen sein ...
Der Totschlag gehört zu den schwersten Delikten des Strafgesetzbuches. Im Normalfall erstreckt sich sein Strafrahmen von 5 Jahren bis zu 15 Jahren Zuchthaus. Nur wenn mildernde Umstände gegeben sind, ist die Strafe Gefängnis von 6 Monaten bis zu 5 Jahren (§ 213 StGB).
Solche mildernde Umstände können den Angeklagten nicht versagt werden.
Beide Angeklagten sind sonst untadelig durch das Leben gegangen. Vor dem verhängnisvollen Prozeß lastete auf ihnen kein Makel. Ebenso einwandfrei war ihre Lebensführung während der seither verstrichenen 26 Jahre. Nie in ihrem Leben wären sie zu einem Verbrechen fähig oder gar bereit gewesen, hätte sie nicht das Schicksal im Zeitalter der NS-Diktatur zum Sondergericht verschlagen und ihnen den Landgerichtsdirektor Dr. Rothaug als Vorsitzenden beschert.
Die Abstumpfung der menschlichen Gefühle und die Geringschätzung des menschlichen Lebens im 3. Kriegsjahr nach der verlorenen Winterschlacht, eine Staatsführung, die unter dem Motto »Recht ist, was dem Volk nützt« an ihre Bürger das Ansinnen stellte, Unrecht zu tun, die massiven Angriffe gegen die Unabhängigkeit der Justiz und ein dem nationalsozialistischen Unrechtssystem ergebener Vorsitzender, der seine Umgebung beherrschte, das waren die Komponenten, die die Tat allein zustandebringen konnten. Wer im demokratischen Staat groß geworden ist, kann die damalige Situation der Angeklagten nicht voll nachempfinden und selbst derjenige, der die nationalsozialistische Epoche noch wachen Auges erlebt hat, wird Schwierigkeiten haben, sich dorthin zurück zu versetzen ...

Quelle: Akten des Bundesjustizministeriums

dpa 197 id
antraege eins (zwei teile)
lebenslaenglich zuchthaus im ns-richterprozess beantragt

„ nuernberg, 27. maerz 68 dpa-
lebenslaengliche zuchthausstrafen hat am mittwoch der staatsanwalt im nuernberger ns-richterprozess beantragt. er haelt die beiden angeklagten – dr. heinz hugo hoffmann (61) aus darmstadt und dr. karl josef ferber (67) aus nuernberg – fuer ueberfuehrt, das »hohnsprechende todesurteil« im jahre 1942 gegen den juedischen kaufmann leo katzenberger nicht aus ueberzeugung, sondern aus niedrigen beweggruenden verhaengt zu haben. sie haetten sich damit bewusst ueber das recht hinweggesetzt. wegen der hoehe der strafantraege beantragte der staatsanwalt gleichzeitig, gegen beide angeklagte haftbefehle zu erlassen.
folgt antraege zwei und schluss **„**

Quelle: dpa 197 ne/sm 27. mrz. 68 1822

Rechtsbeugung zwischen gestern und morgen

Der »Katzenberger-Prozeß« in Nürnberg lenkt die Aufmerksamkeit auf höchst heikle Rechtsprobleme

„ Von unserem Redaktionsmitglied
Ernst Müller-Meiningen jr.

Vor dem Schwurgericht in Nürnberg haben sich gegenwärtig die einstigen Landgerichtsräte Dr. Ferber und Dr. Hoffmann unter der Anklage eines gemeinsam begangenen Verbrechens des Totschlags, verübt durch Rechtsbeugung, zu verantworten; es geht dabei um ein Terrorurteil aus dem Dritten Reich, das zur Hinrichtung des jüdischen Bürgers Katzenberger geführt hatte. Wir wollen nicht auf dieses Verfahren eingehen, das, 23 Jahre nach Kriegsende, eines – so unglaublich das klingt – der ersten ist, die gegen Richter oder Staatsanwälte wegen Untaten aus dem Dritten Reich bis ins Stadium der Hauptverhandlung gediehen sind. (Der erste Richter, der überhaupt als Angeklagter wegen unter Hitler begangener Verbrechen vor einem Gericht der Bundesrepublik stand, war Anfang 1967 [!] der einstige Beisitzer des Freislerschen im Blute förmlich watenden Volksgerichtshofs, Hans Joachim Rehse.)
Es seien hier an Hand des richtungweisenden Urteils des Bundesgerichtshofs aus dem Jahre 1956 (BGH Strafsachen, Band 10, Seite 294) die Grundsätze der Rechtsprechung in diesen Zusammenhängen dargestellt.

Was ist Rechtsbeugung? Paragraph 336 des Strafgesetzbuches gibt die Antwort: »Ein Beamter oder Schiedsrichter, welcher sich bei der Leitung oder Entscheidung einer Rechtssache vorsätzlich zugunsten oder zum Nachteil einer Partei einer Beugung des Rechts schuldig macht, wird mit Zuchthaus bis zu fünf Jahren bestraft.«
Der Bundesgerichtshof hat in eben jenem Urteil aus dem Jahre 1956 – es handelte sich um ein Standgerichtsverfahren aus den letzten Kriegstagen – zusammenfassend und abgrenzend die Grundlagen für die Rechtsprechung zum Thema Rechtsbeugung klargelegt: nämlich daß es zur Erfüllung des Tatbestands der Rechtsbeugung des bestimmten Vorsatzes (Dolus directus) und nicht bloß des bedingten Vorsatzes (Dolus eventualis) in der Brust des betreffenden Richters bedürfe. Diese Entscheidung ist besonders bedeutungsvoll, weil sie Grundlage ist für die Beurteilung der Rechtsprechenden sowohl aus der Zeit des Dritten Reiches wie für den Richter des heutigen demokratischen Rechtsstaats.
In den Leitsätzen zu dem besagten Urteil vom 7. Dezember 1956 heißt es »1. § 336 StGB erfordert bestimmten, nicht nur bedingten Vorsatz. 2. Wer wegen seiner Tätigkeit als Beamter oder Schiedsrichter bei der Leitung oder Entscheidung einer Rechtssache zur Verantwortung gezogen wird, kann auch nach anderen Vorschriften als § 336 StGB (insbesondere nach §§ 211, 212, 239 StGB; das ist Mord, Totschlag, Freiheitsberaubung, Anm. d. Red.) nur dann verurteilt werden, wenn ihm eine Rechtsbeugung im Sinne des § 336 StGB nachgewiesen ist . . .«

Auf der Notwendigkeit des Schutzes der richterlichen Unabhängigkeit liegt in jenem Urteil des Bundesgerichtshofs der entscheidende Akzent. Es heißt da: ». . . denn wenn ein Richter wegen eines falschen Urteilsspruchs bei Feststellbarkeit nur bedingten Vorsatzes zwar von der Anklage der Rechtsbeugung freigesprochen, dagegen wegen Tötung oder Freiheitsberaubung verurteilt werden müßte, so wäre das durch § 336 erstrebte Ziel einer Sicherung der richterlichen Unabhängigkeit nur unvollkommen erreicht.«

Ein sehr problematisch erscheinender Satz in dem BGH-Urteil lautet: »In einer Zeit, in der der Bevölkerung pausenlos eingehämmert wurde, Recht ist, was der Führer befiehlt, können auch Richter und Staatsanwälte dem damaligen Rechtsdenken erlegen sein.« Hier stellt sich doch zwanglos die Frage, ob bei einer derart großzügigen Beurteilung überhaupt noch bei irgend jemand, insbesondere bei Nichtjuristen, die in Auschwitz oder

sonstwo mordeten, das Unrechtsbewußtsein festgestellt werden kann.
Der Bundesgerichtshof hatte vor dem Urteil aus dem Jahre 1956 selbst in einigen Entscheidungen die Auffassung vertreten, daß für die durch richterliche Tätigkeit im Rahmen des § 336 begangenen Tötungshandlungen bedingter Vorsatz genüge, doch »wird diese abweichende Rechtsansicht nach nochmaliger Überprüfung aus den dargelegten Gründen aufgegeben«. Der Bundesgerichtshof erwähnt dann vergleichbare eigene Entscheidungen, die aber nicht die richterliche Tätigkeit betrafen, sondern zum Beispiel Denunzianten, und daher der hier entwickelten Rechtsauffassung nicht entgegenstünden. Er fährt dann folgendermaßen fort: »Wenn dort etwa bei heimtückischen Anzeigeerstattern (›Denunzianten‹) geringere Anforderungen an die innere Tatseite gestellt werden, so rechtfertigt sich die hier für richterliche Tätigkeit vertretene strengere Ansicht aus der bereits hervorgehobenen Notwendigkeit des Schutzes der richterlichen Unabhängigkeit. Der Richter kann der Entscheidung – im Gegensatz zum Anzeigeerstatter oder ähnlichen Fällen – nicht ausweichen, er ist verpflichtet und gezwungen, zu entscheiden. Bei Auslegungszweifeln zum Beispiel kann er sich irren; er müßte dann immer mit der Gefahr der Verdächtigung rechnen, er habe mit bedingtem Vorsatz unrichtig entschieden. Gegen diese Gefahr muß er wirksam geschützt werden.«
Das Urteil enthält allerdings auch Hinweise darauf, daß Rechtsbeugung schon durchaus vorliegen könne, wenn es sich etwa um »Scheinverfahren« gehandelt habe oder wenn »unter bewußter und gewollter, nicht zu rechtfertigender Ausnutzung eines weiten Strafrahmens wider besseres Wissen die Todesstrafe ausgesprochen oder bestätigt« werde. Die Frage der Anwendung und Strafbarkeit »gesetzlichen Unrechts« – erinnert sei etwa an die berüchtigte »Polenstrafverordnung« oder an die im Katzenberger-Prozeß in Rede stehende »Volksschädlingsverordnung« – ist ein Problem für sich.
Der Richter wird oft im Zweifel sein, und Zweifel ist förmlich sein tägliches Brot, seine, wenn er das Amt mit dem notwendigen Ernst nimmt, tägliche Qual. Deshalb ist seine Unabhängigkeit schutzwürdig. Die Frage ist, ob viele der Wüteriche in Standgerichten, Kriegsgerichten, Sondergerichten je »gezweifelt« hatten: Sie wollten das Unrecht.

Quelle: Süddeutsche Zeitung vom 9./10. 3. 68

Aus der Revisionsentscheidung des Bundesgerichtshofs

Der 1. Strafsenat des Bundesgerichtshofs hat in der Sitzung vom 21. Juli 1970 [...]

für Recht erkannt:
Auf die Revisionen der Staatsanwaltschaft und der Angeklagten Dr. Ferber und Dr. Hoffmann wird das Urteil des Schwurgerichts beim Landgericht Nürnberg-Fürth vom 5. April 1968 mit den Feststellungen aufgehoben.
Die Sache wird zu neuer Verhandlung und Entscheidung, auch über die Kosten der Rechtsmittel, an das Schwurgericht zurückverwiesen.
[...]

Damit ist der Sachverhalt nicht erschöpfend gewürdigt. Einmal reichen die vom Schwurgericht bisher getroffenen Feststellungen zur Rechtfertigung der Schlußfolgerung, Furcht der Angeklagten sei das alles überdeckende Tatmotiv gewesen, nicht aus. Zum anderen ist es nicht auszuschließen, daß das Schwurgericht mögliche – niedrige – Beweggründe übersehen oder deren Tragweite verkannt hat.
Nach den Feststellungen des Urteils haben die Angeklagten – anders als der Sondergerichtsvorsitzende Rothaug – den von den Nationalsozialisten praktizierten Antisemitismus persönlich nicht gebilligt. Auch wenn sie davon ausgingen, daß dem damaligen Beschuldigten, über den sie zu urteilen hatten, als Juden nach der NS-Ideologie ohnehin jede Menschenwürde abgesprochen wurde, und sie zur Vermeidung unbequemer Auseinandersetzungen mit Rothaug dem rechtswidrigen Todesurteil in der Gewißheit zustimmten, vor nachteiligen, insbesondere strafrechtlichen Folgen bewahrt zu bleiben, hätten sie aus niedrigen Beweggründen gehandelt. Damit würden sie sich aus reiner Willkür zum Herrn über Leben und Tod des Beschuldigten aufgeworfen haben. Ein gewisser Hinweis ergibt sich insoweit bereits aus der Aussage des Angeklagten Dr. Hoffmann vor dem Schwurgericht, er habe es menschlich »unbewußt als eine Erleichterung empfunden, daß Katzenberger als Jude ... sowieso ein toter Mann gewesen sei. Falls ein Todesurteil nicht ergangen wäre, hätte die Gestapo sich seiner angenommen und ihn zu Tode gebracht«.
Schließlich läßt das Urteil des Schwurgerichts auch eine Auseinandersetzung mit der Frage vermissen, ob beruflicher Ehrgeiz und Willfährigkeit gegenüber einem – gerade in Personalangele-

genheiten – einflußreichen Vorgesetzten das Handeln der Angeklagten entscheidend mitbestimmt haben könnten.
1. Verschiedene Feststellungen sprechen dagegen, daß die Furcht der Angeklagten tragender Beweggrund ihres Handelns war.
Das Schwurgericht hat keine konkreten Gefahren genannt, die den Angeklagten von Seiten des Sondergerichtsvorsitzenden Rothaug gedroht hätten.
[...]

II. Die auch damals bestehenden Möglichkeiten rechtlicher Verfahrensweise haben die Angeklagten im Verfahren gegen Katzenberger nicht genutzt, obwohl sie die Judengesetzgebung nicht gebilligt und als gesetzliches Unrecht erkannt haben, das durch eine Heranziehung der Volksschädlingsverordnung vom 5. September 1939 (RGBl. I 1679) – VVO – noch verschärft wurde. Die schriftlichen Urteilsgründe machen vielmehr das Bestreben deutlich, unter allen Umständen zur Verhängung der Todesstrafe zu kommen. Es ist auffallend, daß alle nur möglichen Umstände und Gesichtspunkte zu Lasten Katzenbergers ausgelegt und gegen ihn gewendet wurden. Dies gilt für die Beweiswürdigung ebenso wie für die unhaltbare Auslegung der §§ 2, 4 VVO und die Strafzumessungserwägungen, bei denen letztlich die Rassenzugehörigkeit – bereits Tatbestandsmerkmal nach § 2 Blutschutzgesetz – als Strafschärfungsgrund die Todesstrafe rechtfertigen sollte.
[...]

Quelle: NJW 1971, S. 571 ff.

»Ein Verbrechen wider den Leib der deutschen Frau«

Spiegel-Reporter Gerhard Mauz zur Aufhebung des Urteils über die NS-Richter Ferber und Hoffmann

„[...]
Der erste Strafsenat hat in rühmenswerter Weise das Nürnberger Schwurgerichtsurteil gegen Dr. Ferber und Dr. Hoffmann aufgehoben. Zu spät: denn die Fortsetzung des Verfahrens gegen Dr. Ferber und Dr. Hoffmann ist heute nicht mehr als ein Schönheitspflaster im Gesicht der bundesdeutschen Strafjustiz; in einem Gesicht, welches für die Öffentlichkeit von den Winkeln und Kurven eines Taktierens gezeichnet ist, das die Entlastung der Juristen auf Kosten der Nichtjuristen brachte.

Wir müssen gelegentlich der Herren Dr. Ferber und Dr. Hoffmann wieder fragen: »Warum eigentlich Dr. Ferber und Dr. Hoffmann?« Diese unseligen Männer sind nichts anderes als die Watschenmänner der bundesdeutschen Juristen; als arme Kerle, hinter denen die Justiz insgesamt sich hinsichtlich ihrer Feigheit unter Hitler (denn mindestens war man feige, wenn man schon rechtspositivistisch gebunden war) versteckt.
1960 begannen die Ermittlungen gegen Dr. Ferber und Dr. Hoffmann. Im März 1968 wurde die Sitzung gegen sie eröffnet, nachdem im Dezember 1967 Dr. Rothaug gestorben war ...
Am 5. April 1968 wurde das Urteil verkündet. Anfang Januar 1969 ging die schriftliche Begründung den Verteidigern der Angeklagten zu. Der erste Strafsenat des BGH erhielt die Akten Mitte Juni 1970. Er verhandelte und entschied am 21. Juli 1970. Doch wie soll man die vorangegangenen Fristen erklären?
[...]"

Quelle: Der Spiegel, Nr. 31, 1970

Katzenberger-Prozeß geplatzt
Angeklagter NS-Richter Hoffmann hat Gehirnsklerose

„Der Schwurgerichtsprozeß gegen den ehemaligen NS-Sonderrichter und jetzigen Rechtsanwalt Heinz-Hugo Hoffmann, der unter Anklage des justitiellen Mordes, angeblich begangen an dem ehemaligen Präsidenten der jüdischen Gemeinde in Nürnberg im Jahre 1942, ist nach elfmonatiger Verhandlung ausgesetzt worden. In dem Gerichtsbeschluß des Nürnberger Schwurgerichts, das gegenüber einer Kur- und Nervenklinik in Hofheim im Taunus in einem Gemeindehaus tagte, heißt es, daß die weitere Verhandlungsfähigkeit des 68jährigen ehemaligen NS-Richters nicht mehr gewährleistet sei.
Zu diesem Beschluß kam das Gericht, nachdem der Nürnberger Gerichtsarzt Dr. Störger und der Klinikarzt Dr. Luft nach längeren Untersuchungen und Erörterungen zu dem Ergebnis gekommen waren, daß Hoffmann an Gehirnsklerose und Depressionen leide und seine Verhandlungsfähigkeit und Aufnahmemöglichkeit deshalb zweifelhaft geworden seien. Während der letzten Wochen hatten die Gerichtsverhandlungen in der Klinik bzw. im Gemeindehaus stattgefunden, wohin das Schwurgericht aus Nürnberg jedesmal gereist war. Hoffmann hat sich in die Klinik im Taunus nach einem Nervenzusammenbruch begeben, und zwar kurz vor Abschluß des elfmonatigen Pro-

zesses, als die Plädoyers von Oberstaatsanwalt Ludwig Prandl und Nebenklägervertreter Rechtsanwalt Robert M. W. Kempner bevorstanden.
In dem Prozeß, der kaum wieder aufgerollt werden dürfte, war bereits vorher ein weiterer NS-Sonderrichter, Karl Ferber, der zusammen mit Hoffmann angeklagt war, wegen Arteriosklerose ausgefallen. Die Zahl der NS-Prozesse mit biologischem statt mit juristischem Ende vermehrt sich auffällig. Die Behörden werden prüfen, ob Hoffmanns Gehirnsklerose eine weitere Ausübung seiner Anwaltspraxis ermöglicht. 〞

Quelle: Allgemeine Jüdische Wochenzeitung vom 7. 12. 1973

NS-Staatsanwalt Markl verteidigt »Rassenschande«-Todesurteil

〝 Der ehemalige Staatsanwalt des NS-Sondergerichts in Nürnberg ist auch heute noch davon überzeugt, daß der Kaufmann Leo Katzenberger 1942 wegen »Rassenschande« nach der damaligen Gesetzgebung »zu Recht« zum Tode verurteilt worden war. Das ging aus einer Aussage hervor, die der 64jährige pensionierte Oberlandesgerichtsrat Hermann Markl aus München vor dem Nürnberger Schwurgericht machte. In dem Prozeß hat sich der Rechtsanwalt Dr. Heinz Hugo Hoffmann (66) aus Darmstadt, der dem NS-Sondergericht als Beisitzer angehörte, wegen Totschlags zu verantworten.
Der einstige Ankläger Katzenbergers versicherte dem Schwurgericht, daß die Ermittlungen vor mehr als dreißig Jahren »gründlich und gewissenhaft« durchgeführt worden seien. Auf Grund der Zeugenaussagen sei auch er als Staatsanwalt zu der Überzeugung gekommen, daß zwischen dem jüdischen Kaufmann und der Fotografin Irene Seiler, die jetzt in der DDR lebt, ein »rassenschänderisches Verhältnis« bestanden habe. 〞

Quelle: Allgemeine Jüdische Wochenzeitung vom 16. Februar 1973

4. »Der Angeklagte wird freigesprochen«

Der Fall Rehse

Mehrfach muß sich die Justiz in der Bundesrepublik mit Hans-Joachim Rehse beschäftigen, der von November 1941 bis 1945 zunächst unter Thierack und dann unter Freisler beisitzender Richter im 1. Senat des Volksgerichtshofs ist. Hier wirkt er an mindestens 231 Todesurteilen mit, unter anderem an dem Urteil gegen den katholischen Priester Dr. Josef Metzger, das schon in den fünfziger Jahren den Bundesgerichtshof beschäftigt hat. In einem Strafverfahren gegen die Denunziantin des Priesters stellt er 1956 fest, daß die Verurteilung des Angeklagten und die Vollstreckung des Urteils »eine vorsätzliche rechtswidrige Tötung unter dem Deckmantel der Strafrechtspflege« gewesen sei.

Gegen Rehse selbst werden Ermittlungen erstmals Anfang der sechziger Jahre eingeleitet, nachdem sich in Berlin per Zufall mehrere hundert Urteile des Volksgerichtshofs gefunden haben und von einem der Verurteilten, der durch glückliche Umstände überlebt hat, Strafanzeige gestellt wird. Ohne Erfolg – auch ein Klageerzwingungsverfahren vor dem Oberlandesgericht München führt nicht weiter.

1965 beschließen die Justizminister des Bundes und der Länder, die Volksgerichtshofverfahren bei der Staatsanwaltschaft in Berlin zu konzentrieren. Sozusagen als Pilotverfahren wählen die Staatsanwälte die Strafsache Rehse aus, die am geeignetsten erscheint, »trotz der bisherigen Rechtsprechung eine Verurteilung einer Richters wegen seiner Mitwirkung an Todesurteilen zu erzielen«.

Unter den zahlreichen Todesurteilen, die die Unterschrift Rehses tragen, kommen die sieben zur Anklage, in denen er nach eigener Aussage für die Todesstrafe gestimmt hat.

Drei Urteile sind nachweislich vollstreckt worden. Gegenstand der Anklage ist auch das Todesurteil gegen Dr. Metzger. Das Schwurgericht bei dem Landgericht Berlin verurteilt Rehse am 3. Juli 1967 wegen Beihilfe zum Mord bzw. versuchten Mordes in drei bzw. vier Fällen zu fünf Jahren Gefängnis und geht auf Distanz zu

Abbildung 234
Der 1. Senat des Volksgerichtshofs in einer Verhandlung: Präsident Freisler, rechts neben ihm Rehse als beisitzender Richter

der üblichen Rechtsprechung zu § 336 StGB. Gegen diese Entscheidung wenden sich sowohl die Staatsanwaltschaft als auch der Angeklagte mit der Revision. Beide Rechtsmittel zielen darauf ab, den Angeklagten als Täter und nicht nur als Gehilfen zu behandeln. Auf diese Weise will die Staatsanwaltschaft die Verurteilung wegen Mordes und der Angeklagte seinen Freispruch erreichen.
Der Bundesgerichtshof hebt die Entscheidung des Schwurgerichts auf und übt deutliche Kritik an dessen Rechtsauffassung. Tendenz: Der VGH sei ein Gericht wie jedes andere und Rechtsblindheit und Rechtsbeugungsvorsatz erschienen unvereinbar. Das Schwurgericht Berlin (eine andere Besetzung) beherzigt die Hinweise des Bundesgerichtshofs in der zweiten Hauptverhandlung. Es schließt sich wieder der ständigen Rechtsprechung zu § 336 StGB an und kommt – wie unter diesen Umständen nicht anders zu erwarten – zu einem Freispruch. Rehse sei der Vorsatz, eine Rechtsbeugung zu begehen, nicht nachzuweisen. Presse und Öffentlichkeit reagieren empört.
Die Staatsanwaltschaft geht erneut in die Revision. Doch einige Wochen später – der BGH hat über das Rechtsmittel noch nicht entschieden – stirbt Rehse. Da es zu einer formal rechtskräftigen Entscheidung nicht gekommen ist, wird das Verfahren eingestellt; justizpolitisch bleibt jedoch der Freispruch das fortwirkende Ergebnis dieses Strafverfahrens.

7 Todesurteile

🙶 Über die einzelnen Fälle hat das Schwurgericht folgendes festgestellt:

1. Fall Alich: Alich, ein 57jähriger Geschäftsmann, sagte im Sommer 1943 kurz nach dem Sturz Mussolinis zu dem Zweigstellenleiter der Kreissparkasse in Rogätz, bei dem er geschäftlich zu tun hatte, Hitler müsse nun auch zurücktreten, er habe so viel Unglück über das deutsche Volk gebracht, wie er in seinem ganzen Leben nicht wiedergutmachen könne, er müsse erschossen werden; wenn es keiner tun wolle, solle man ihn herbringen, er werde es tun.

2. Fall Dr. Metzger: Dr. Metzger, ein katholischer Weltpriester, der in der Una-Sancta-Bewegung tätig war, rechnete mit dem Zusammenbruch des Hitlerstaates und plante die Übermittlung einer Denkschrift an den schwedischen Erzbischof Eidem zur Weiterleitung an englische Bischöfe und unter Umständen über diese auch an die englische Regierung. Darin trat er für christliche, demokratische, soziale und rechtsstaatliche Grundsätze bei dem künftigen Aufbau des deutschen Staates und für die Ausschaltung der Nationalsozialisten von politischer Betätigung nach dem Zusammenbruch ein. Die Denkschrift geriet noch auf deutschem Boden in die Hände der Gestapo, die ihn im Juni 1943 festnahm.

3. Fall Jurkowski: Jurkowski, ein 52jähriger Postschaffner, führte am 3. 8. 1943 in Danzig auf der

Straße mit einem Kollegen ein politisches Gespräch, in dessen Verlauf er sich über Göring abfällig äußerte. Eine hinter den beiden Männern gehende Frau hörte die abfälligen Äußerungen und stellte ihn deshalb zur Rede. Jurkowski erwiderte darauf, daß der Duce verhaftet sei, Hitler es nicht anders gehen werde, im Januar lebe er nicht mehr. Die Frau gab sich nunmehr als Gestapoangestellte aus. Jurkowski sagte daraufhin zu ihr, daß sie ja dann noch mehr wisse als er und es ihr nachher noch schlechter gehen werde.

4. Fall Bahner: Bahner, ein 59jähriger Fabrikant, der an beiden Weltkriegen als Offizier teilgenommen und Auszeichnungen erhalten hatte, führte am 9. 7. 1943 im Kontor seiner Firma mit einem ihm bekannten Geschäftsreisenden ein politisches Gespräch, in dem er unter anderem folgendes sagte: Goebbels habe eine »große Schnauze«; er verspreche viel und halte nichts, dasselbe gelte für Göring. Wenn Hitler die Lage nicht meistern könne, müsse er eben gehen und das Militär müsse regieren. Dann sei der »Rummel« in acht Tagen beendet. Nach Kriegsende müßten einmal 5000 Volksgenossen, insbesondere Parteigenossen, zum Wiederaufbau nach Rußland geschickt werden. Das mit den Russen sei im übrigen nicht so schlecht; er habe unter zahlreichen russischen Kriegsgefangenen nicht einen gefunden, der unzufrieden mit Stalin gewesen sei. Der Bombardierung unserer Kirchen und Krankenhäuser durch feindliche Flugzeuge stehe die Tatsache gegenüber, daß wir vorher 1000 jüdische Kirchen niedergebrannt hätten.

5. Fall Oberüber: Oberüber, ein 66jähriger Professor, lernte anläßlich eines Erholungsaufenthaltes in Pörtschach im September 1943 den Obergefreiten Terkl, der in Pörtschach im Lazarett lag, kennen. Während eines gemeinsamen Gespräches in den Kuranlagen sagte Oberüber im Beisein einer Krankenschwester zu Terkl u. a.: Der Krieg sei für uns aussichtslos und verloren. Die Amerikaner seien uns weit überlegen. Rußland habe eine bedeutende Kultur. Im Weltkrieg seien die Unteroffiziere und Offiziere Leuteschinder gewesen, was heute wohl nicht anders sein werde.

Quelle: DRiZ 1967, S. 391 f.

6. Fall Dr. Dr. Arndt: Der 53jährige Professor Dr. Dr. Arndt sagte am 28. 7. 1943 zu einem ihm bekannten Kollegen, jetzt sei es zu Ende mit dem Dritten Reich; es handle sich nur noch um die Bestrafung der Schuldigen und darum, wieweit nach unten die Führenden bestraft werden würden. Seit dem Reichstagsschwindel habe er gewußt, daß es so kommen werde; denn auf die Dauer sei ein solches Lügenspiel nicht möglich. – Im September 1943 erklärte er seiner Jugendfreundin in Gegenwart von deren Mutter, der Bombenangriff der vorhergehenden Nacht sei der schwerste auf Berlin gewesen und es sei schlimm, daß wir alle mit darunter leiden müßten, was die anderen uns eingebrockt hätten. Die Deutschen seien am Krieg schuld und jetzt würden die, die das verschuldet hätten, zur Rechenschaft gezogen. Die deutschen Truppen gingen überall zurück. Wie in Italien Mussolini in drei Tagen erledigt worden sei, so werde es auch bei uns kommen. In vier Wochen sei es auch bei uns aus mit der Partei. Nach dem Verbrechen vom November 1939 sei er sich sofort klar gewesen, daß ein neuer Weltkrieg kommen werde.

7. Fall Müller: Der 50jährige katholische Pfarrer Müller äußerte gegenüber einem Elektromeister, als dieser bei ihm Anfang August 1943 zu tun hatte, folgendes: Die Lage sei ernst, der Krieg könne leicht verlorengehen. Er als alter Soldat würde es bedauern, wenn die junge Kriegsgeneration so nach Hause kommen müsse wie einst. Wie auch der Krieg ausgehe, die Zollschranken würden fallen. Der Bolschewismus komme nicht, der verblute sich. Der Faschismus sei eine Konjunkturerscheinung. Ein Nationalsozialismus werde nach einem verlorenen Kriege den gleichen Weg gehen wie er, denn er sei durch Arbeitslosigkeit groß geworden, und da hätten eben viele ihre Hoffnung auf ihn gesetzt. Kurze Zeit darauf erzählte Müller dem Elektromeister noch folgenden Witz: ein Verwundeter habe als Sterbender gebeten, die noch einmal zu sehen, für die er sterben müsse; da habe man das Bild Hitlers rechts, das Görings links neben ihn gestellt; und da habe er gesagt: »Jetzt sterbe ich wie Christus.« ...

Nicht die Gesinnung, sondern die Tat bestraft
Rehse gibt sich »rechtsblind« / Der Berliner Prozeß gegen den ehemaligen Beisitzer am Volksgerichtshof

Vy. Berlin, 12. Juni
Am Montag ist vor dem Schwurgericht in Moabit der Prozeß gegen den ehemaligen Kammergerichtsrat Hans-Joachim Rehse fortgesetzt worden. Rehse hatte als richterlicher Beisitzer am Volksgerichtshof an über zweihundert Todesurteilen mitgewirkt. Sieben von diesen Todesurteilen, die nach Ansicht der Staatsanwaltschaft zu Unrecht gefällt worden sind, bilden Gegenstand des jetzigen Verfahrens. In privatem Kreise hatten sechs der ehemaligen Angeklagten Unmutsäußerungen über das nationalsozialistische Regime getan, einer hatte so etwas niedergeschrieben. »Bei der defätistischen Zersetzungswelle, die damals das deutsche Volk zu überrollen drohte, mußten unsere Urteile der Abschreckung dienen«, erklärt Rehse heute dazu. Der für die Härte der Urteile erforderliche Tatbestand, daß die zur Debatte stehenden Äußerungen in der Öffentlichkeit getan wurden, wurde zurechtfrisiert. Den Volksgenossen und Parteigenossen habe es freigestanden, zu denken, wie sie wollten. Nicht wegen ihrer Gesinnung seien sie damals vor Gericht gestellt worden, sondern wegen der Tat, und nach Rehses Auffassung war auch schon ein politischer Witz ein todeswürdiges Verbrechen.
Das mußte ein Pfarrer erfahren. Die Tatsache, daß dieser Pfarrer das Gleichnis von dem sterbenden Soldaten erzählt hatte, der noch einmal diejenigen sehen wollte, für die er stürbe, und auf dessen Wunsch man die Bilder von Hitler und Göring rechts und links neben ihn gestellt habe, worauf der Soldat sagte: »Jetzt sterbe ich wie Christus«, diese Tatsache war für Rehse nicht nur Verrat an Volk und Führer zugleich, sondern auch der Beweis, daß der Pfarrer die Wehrkraft zersetzen wollte. Der Präsident des Volksgerichtshofes, Freisler, soll gesagt haben: »Der Kopf rollt«, und die anschließende Beratung soll sehr kurz gewesen sein. Rehse kann sich daran nicht mehr erinnern. Er habe auch an der Beratung nicht teilzunehmen brauchen, da für ihn während der etwa dreißig Minuten dauernden Verhandlung schon festgestanden habe, daß hier nur das Todesurteil in Frage käme. Außerdem habe er sich auch nicht für befugt gehalten, in die Verhandlungsführung und Urteilsfindung des Vorsitzenden einzugreifen, zumal die Strafen unter den damaligen Gesichtspunkten gerechtfertigt gewesen seien.

»Unter den damaligen Verhältnissen«, immer wieder hat Rehse diese Phrase zu seiner Rechtfertigung parat. Er versucht dem Gericht zu beweisen, er sei »rechtsblind« gewesen, habe damals nicht mit Vorsatz gehandelt und könne deshalb nicht mehr bestraft werden. Das Gericht versteht. »Dies ist die Kernfrage des ganzen Prozesses«, sagt der Vorsitzende. Gereizt und heftig beantwortet der Angeklagte die Frage des Staatsanwalts, ob er sich heute veranlaßt sehe, sich von früheren Gedankengängen zu distanzieren, damit, daß er sich aus heutiger Sicht dazu nicht äußern wolle.
»Etwas außerhalb der Legalität« will Rehse sich allerdings einmal gegen die Todesstrafe für einen katholischen Priester ausgesprochen haben. Außerhalb der Legalität deshalb, weil seine Meinung nicht mit der Freislers übereingestimmt habe und weil die Strafe an und für sich gerecht gewesen sei. Er sei nur von der mannhaften Haltung des Angeklagten beeindruckt gewesen. Ein anderes Mal will er aus »Rechtsgründen« gegen die Todesstrafe für einen sechzehnjährigen schwachsinnigen Jungen gestimmt haben, der sich in einem Brief als Spion angeboten hatte.
Trotz der von ihm angeführten seelischen Belastungen hat Rehse Todesurteilen auch dann nicht widersprochen, wenn sie nicht unter Freislers Vorsitz gefällt wurden. Er wäre sowieso überstimmt worden, zumal die Urteile der damaligen Rechtsprechung entsprochen hätten, beteuert er wortreich immer wieder, und zugleich versichert er: »Ich habe niemals vorsätzlich das Recht gebeugt, denn gegen meine Überzeugung habe ich niemals für ein Todesurteil gestimmt.«

Quelle: Frankfurter Allgemeine Zeitung vom 13. Juni 1967

Aus dem Urteil des Landgerichts Berlin
vom 3. Juli 1967

3. Der Angekl. hat in den sieben Fällen vorsätzlich das Recht gebeugt (§ 336 StGB).
Die fehlerhafte Anwendung des § 91 b StGB und des § 5 Abs. 1 Nr. 1 KSSVO kann dem Angekl. zwar nicht angelastet werden. Zu seinen Gunsten hinsichtlich der Verkennung des Begriffs »Öffentlichkeit« spricht, daß nicht nur der Volksgerichtshof, sondern auch das Reichskriegsgericht und das Reichsgericht diese weite, dem Gesetz nicht entsprechende Auslegung anwandten. Bei der Feindbegünstigung ist nicht auszuschließen, daß in der Hauptverhandlung die subjektiven Merkmale behandelt und geprüft worden sind, dann jedoch aus Versehen oder wegen Freislers eigenwilliger Art der Urteilsfassung in den Urteilsgründen keinen Eingang gefunden haben.

Abbildung 235
Kammergerichtsrat a. D. Rehse im Gespräch mit seinem Verteidiger

Eine vorsätzliche Rechtsbeugung liegt aber darin, daß der Angekl. bewußt gegen das Verbot grausam und übermäßigen harten Strafens verstoßen hat. Obwohl er erkannte, daß die verhängten Todesstrafen unter Berücksichtigung aller von der Rechtsordnung zu billigenden Gesichtspunkte in einem unerträglichen Mißverhältnis zum Unrechtsgehalt der Taten und zur Schuld der Täter standen, hat er diesen Strafen zugestimmt, ohne auch nur den Versuch zu machen, in der Beratung Zweifelsfragen zu erörtern und die Laienbeisitzer zu einer sorgfältigen Prüfung der Straffrage zu veranlassen. Aus rechtsfremden Erwägungen hat er allein den Gedanken der Generalprävention in den Vordergrund gerückt. Dem steht nicht entgegen, daß der Angekl. möglicherweise aus Rechtsblindheit die Verhängung der Todesstrafen für erforderlich gehalten hat, weil er meinte, im Interesse des Reiches zu handeln. Diese Rechtsblindheit vermag jedoch weder den Vorsatz der Rechtsbeugung noch den der rechtswidrigen Tötung auszuräumen. Er wußte, was er tat, und erkannte die Folgen seines Handelns. Wenn er in seiner Verblendung annahm, so handeln zu müssen, so ist das ein reiner Verbotsirrtum, der den Vorsatz nicht beseitigt. Der Angekl. ist ein qualifizierter Volljurist, von dem man erwarten konnte, daß er sich ein Gefühl für gerechtes Strafen bewahrt hatte. Bei gehöriger Anspannung seines Gewissens hätte er das Unrechtmäßige seines Tuns erkennen können und auch müssen. Daß er diese ihm gebotene und zumutbare Prüfung entweder überhaupt nicht vorgenommen hat oder zu einem fehlerhaften Ergebnis gelangt ist, vermag ihn nicht zu entlasten. Unabhängig davon ist das Schwurgericht aber auch der Auffassung, daß die vom Bundesgerichtshof geprägten Grundsätze über die beschränkte Haftbarkeit von Richtern (BGHSt 10, 294) dann nicht Platz greifen können, wenn es sich um Fälle der Rechtsblindheit handelt, und zwar auch dann nicht, wenn diese Rechtsblindheit den Vorsatz der Rechtsbeugung tangiert. Es ist ein Unterschied, ob ein Richter im Einzelfall über die tatsächliche Würdigung eines Sachverhalts oder die Auslegung eines Gesetzes irrt, oder ob er in einer Verblendung über einen langen Zeitraum hinweg rechtsfremde Ziele zu verwirklichen trachtet. Der mit der Rechtsprechung des Bundesgerichtshofes verbundene Schutzzweck dürfte für den letzten Fall nicht anzuwenden sein. Eine andere Auslegung würde zu absurden Ergebnissen führen. Denn dann müßte auch Freisler, stünde er heute als Angekl. vor dem Schwurgericht und würde er sich ebenfalls auf Rechtsblindheit berufen, freigesprochen werden, wenn ihm die Rechtsblindheit ebenfalls nicht widerlegt werden könnte...

Quelle: DRiZ 1967, S. 393

5 Jahre für NS-Richter
Zuchthaus wegen Beihilfe zum Mord

„Berlin. (upi) Der ehemalige Richter am nationalsozialistischen Volksgerichtshof, Hans-Joachim Rehse, wurde am Montag vom Westberliner Schwurgericht zu fünf Jahren Zuchthaus verurteilt.
Die knapp fünfmonatige Untersuchungshaft soll auf das Strafmaß angerechnet werden. Der Haftbefehl gegen den 64jährigen bleibt auf Anordnung des Gerichts aufrechterhalten.
Rehses Verteidiger, Rechtsanwalt Dietrich Scheid, kündigte an, er werde gegen das Urteil Revision beim Bundesgerichtshof einlegen.
Rehse war angeklagt, als Beisitzer des Volksgerichtshofvorsitzenden Roland Freisler an sieben rechtswidrigen Todesurteilen mitgewirkt zu ha-

ben. Das Gericht verhängte die fünfjährige Zuchthausstrafe wegen Beihilfe zum Mord in drei Fällen und Beihilfe zum versuchten Mord in vier Fällen, bei denen die Vollstreckung der Todesstrafe heute nicht mehr nachweisbar ist.

Quelle: Bonner Rundschau vom 4. Juli 1967

Aus der Revisionsentscheidung des Bundesgerichtshofs vom 30. April 1968

„Die von der StA und dem Angeklagten erhobenen Sachrügen führen zur Aufhebung der angefochtenen Entscheidung.
1. Beide Rechtsmittel machen übereinstimmend und zutreffend geltend, daß das SchwurG den Angeklagten zu Unrecht als Gehilfen Freislers angesehen hat. Solche Beurteilung wird der rechtlichen Stellung eines Berufsrichters nicht gerecht. Diese folgt und folgte auch zur Tatzeit unmittelbar aus § 1 GVG. Sie kann und konnte nicht durch irgendwelche tatsächlichen Verhältnisse in dem Maße geändert werden, wie das SchwurG annimmt. Als Mitglied eines Kollegialgerichts war der Angeklagte bei der Abstimmung nach dem auch damals geltenden Recht unabhängig, gleichberechtigt, nur dem Gesetz unterworfen und seinem Gewissen verantwortlich. Seine Pflicht forderte, allein der eigenen Rechtsüberzeugung zu folgen. Das konnte ihm kein anderer, auch kein Vorsitzender von der Art Freislers, abnehmen. Falls also der Angeklagte bewußt gegen seine richterliche Überzeugung von der Rechtslage für ein Todesurteil stimmte, so leistete er einen höchstpersönlichen Beitrag und konnte, wenn das Urteil rechtswidrig war, nur Täter, nicht Gehilfe eines Tötungsverbrechens sein.
2. Daraus folgt für die innere Tatseite, daß der Angeklagte nur noch bestraft werden kann, wenn er selbst aus niedrigen Beweggründen für die Todesstrafe stimmte. Das lassen die Urteilsgründe weder erkennen noch schließen sie diese Möglichkeit völlig aus. Was das SchwurG über die innere Einstellung des Angeklagten ausführt, erlaubt dem Senat nicht, selbst die rechtliche Würdigung vorzunehmen. Es enthält erstens Unklarheiten und Widersprüche, u. a. übrigens auch im Zusammenhang mit den Ausdrücken »Rechtsblindheit« und »Verblendung«, die, im üblichen Sinne verstanden, mit dem Vorsatz der Rechtsbeugung nicht vereinbar erscheinen. Der Inhalt des SchwurG-Urt. kann zweitens nicht als abschließende tatsächliche Grundlage für eine Bewertung der Beweggründe des Angeklagten durch das Revisionsgericht dienen; denn der Tatrichter wollte

eine solche Grundlage gar nicht liefern, glaubte vielmehr, es komme nur auf die Beweggründe Freislers und darauf an, ob die Angeklagte sie kannte.
Der Senat mußte daher die Sache zu neuer Verhandlung zurückverweisen. Er verkennt hierbei nicht, daß ein Gericht vor eine besonders schwierige Aufgabe gestellt wird, wenn es nach so langer Zeit innere Vorgänge aufklären und werten soll, die sich möglicherweise aus einer Anzahl verschiedenartiger Beweggründe zusammensetzen. Es bleibt indessen auch in solchen Fällen Aufgabe des Tatrichters, sich von bestimmten Vorgängen eine Überzeugung zu verschaffen oder darzulegen, daß dies nicht möglich sei.
Die Entscheidung entspricht dem Antrage des Generalbundesanwalts, der auch die Revision der StA vertreten hat."

Quelle: NJW 1968, S. 1340

Aus dem Urteil des LG Berlin vom 6. Dezember 1968

„Zu den gegen ihn erhobenen Schuldvorwürfen hat sich der Angeklagte wie folgt eingelassen:
Er habe in keinem Fall das Recht gebeugt, sondern als Richter an einem ordentlichen Gericht frei und unabhängig in einem einwandfreien Verfahren nach bester Überzeugung Recht gesprochen. Die Verhandlungsführung Freislers sei nicht immer angemessen gewesen, da Freisler oft laut gesprochen habe und es bei ihm mitunter auch hektisch zugegangen sei. Jedoch sei kein Angeklagter in der Verteidigung behindert worden. Wenn Freisler einen Angeklagten unterbrochen habe, so nur, um weitschweifige Ausführungen zu verhindern. Er selbst habe keine Veranlassung zum Eingreifen gesehen, da sich Freisler bei der Verhandlungsführung an die gesetzlichen Bestimmungen gehalten habe. Stets habe eine Beratung stattgefunden. Wenn Beisitzer gegen Freislers Vorschläge Widerspruch erhoben hätten, sei Freisler darauf eingegangen. Er habe auch abstimmen lassen, jedoch bei erkennbarer Einstimmigkeit auf eine förmliche Abstimmung verzichtet. Er – der Angeklagte – habe sich in der Beratung nicht geäußert, wenn seine Auffassung mit den Vorschlägen Freislers zur Schuld- und Straffrage übereinstimmte.
In den Fällen Alich, Jurkowski, Bahner, Oberüber, Arndt und Müller habe er der von Freisler vorgeschlagenen Todesstrafe zugestimmt. Soweit er sich jetzt erinnere, habe er dies auch im Falle Metzger getan. In allen Fällen habe er sich im

Abbildung 236
Der katholische Geistliche Dr. Metzger wird aufgrund einer Denunziation vom Volksgerichtshof als »Volksverräter« zum Tode verurteilt und hingerichtet. In dem Prozeß gegen die Denunziantin stellt der Bundesgerichtshof 1956 unter anderem folgendes fest: »Die Verurteilung Dr. Metzgers und die Vollstreckung des Todesurteils gegen ihn war daher eine vorsätzliche, rechtswidrige Tötung unter dem Deckmantel der Strafrechtspflege.«

Schuld- und Strafausspruch an die gesetzlichen Bestimmungen gehalten; diese habe er als gültiges Recht angesehen, an das er als Richter gebunden gewesen sei. Niemals habe er unsachliche oder rechtsfremde Zwecke verfolgt. Alle sieben Urteile hätten seiner Überzeugung entsprochen. Auch rückschauend halte er sie jedenfalls aus damaliger Sicht für richtig, wenngleich er die Geschehnisse aus heutiger Sicht anders sehe. Bei der Bemessung der Strafe habe der Abschreckungsgedanke im Vordergrund stehen müssen. Infolge der politischen und militärischen Rückschläge habe sich etwa seit 1943 in der Bevölkerung eine gefährliche Welle des Defaitismus breit gemacht. Diese habe mit aller Schärfe bekämpft werden müssen, um den Bestand des Reiches zu sichern. Entsprechend dem Gesetzeszweck sei daher für die Verhängung der Todesstrafe maßgebend gewesen, daß es sich bei den Tätern um Personen handelte, deren Wort in der Bevölkerung etwas galt und aus deren Handlungsweise sich deswegen angesichts der bekannten Zuspitzung der politischen und militärischen Lage eine besonders gefährliche »Breitenwirkung« ergeben hätte. Darüber hinaus hätten noch folgende Umstände bei der Bemessung der Strafe eine Rolle gespielt: Im Falle Metzger hätte die Denkschrift ein äußerst gefährliches Propagandamittel in den Händen des Feindes bilden können. Jurkowskis Äußerungen seien auf offener Straße in Danzig, einem im Verhältnis zu anderen Gegenden des Reiches mehr gefährdeten Gebiet, gefallen. Außerdem habe der VGH beachten müssen, daß der Täter durch sein Verhalten seinen Diensteid als Beamter gebrochen habe. Im Falle Oberüber sei straferschwerend bewertet worden, daß der Täter durch seine Autorität als Professor einen einfachen Frontsoldaten zweifelnd gemacht habe. In den Fällen Arndt und Müller habe es sich um wehrkraftzersetzende Äußerungen zu verschiedenen Gelegenheiten gegenüber mehreren Gesprächspartnern gehandelt. Im Falle Müller habe der VGH beachten müssen, daß der Täter seine Autorität als Priester mißbraucht und Christus zum Bestandteil eines politischen Witzes gemacht habe, der besonders zur Weiterverbreitung geeignet gewesen sei. Der Angeklagte hat weiter erklärt, er sei stets davon überzeugt gewesen, daß auch Freisler nicht das Recht gebeugt, sondern aus sachlichen Erwägungen und in dem Bestreben Recht gesprochen habe, den Bestand des gefährdeten Reiches zu sichern.
D.
Das Schwurgericht kann dem Angeklagten diese Einlassung nicht widerlegen. Ein strafbares Verhalten ist ihm in den sieben Fällen, die den Gegenstand des Verfahrens bilden, nicht nachzuweisen.

Quelle: Friedrich, Freispruch für die Nazi-Justiz, S. 474 f.

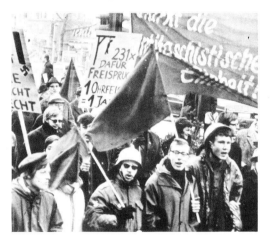

Abbildung 237
Kundgebung gegen den Freispruch Rehses

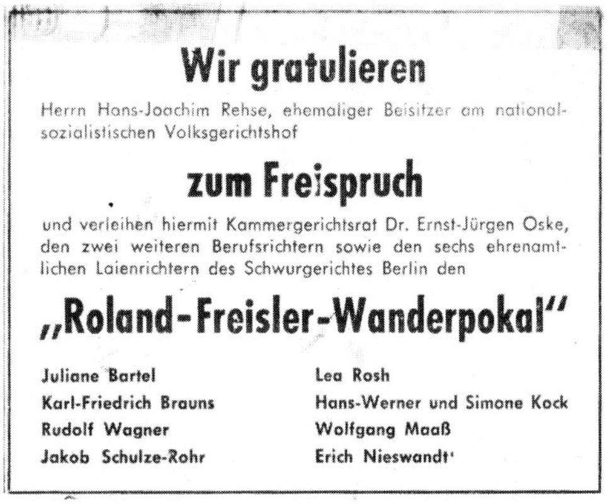

Wir gratulieren

Herrn Hans-Joachim Rehse, ehemaliger Beisitzer am nationalsozialistischen Volksgerichtshof

zum Freispruch

und verleihen hiermit Kammergerichtsrat Dr. Ernst-Jürgen Oske, den zwei weiteren Berufsrichtern sowie den sechs ehrenamtlichen Laienrichtern des Schwurgerichtes Berlin den

„Roland-Freisler-Wanderpokal"

Juliane Bartel	Lea Rosh
Karl-Friedrich Brauns	Hans-Werner und Simone Kock
Rudolf Wagner	Wolfgang Maaß
Jakob Schulze-Rohr	Erich Nieswandt

Abbildung 238
Anzeige in verschiedenen Berliner Zeitungen

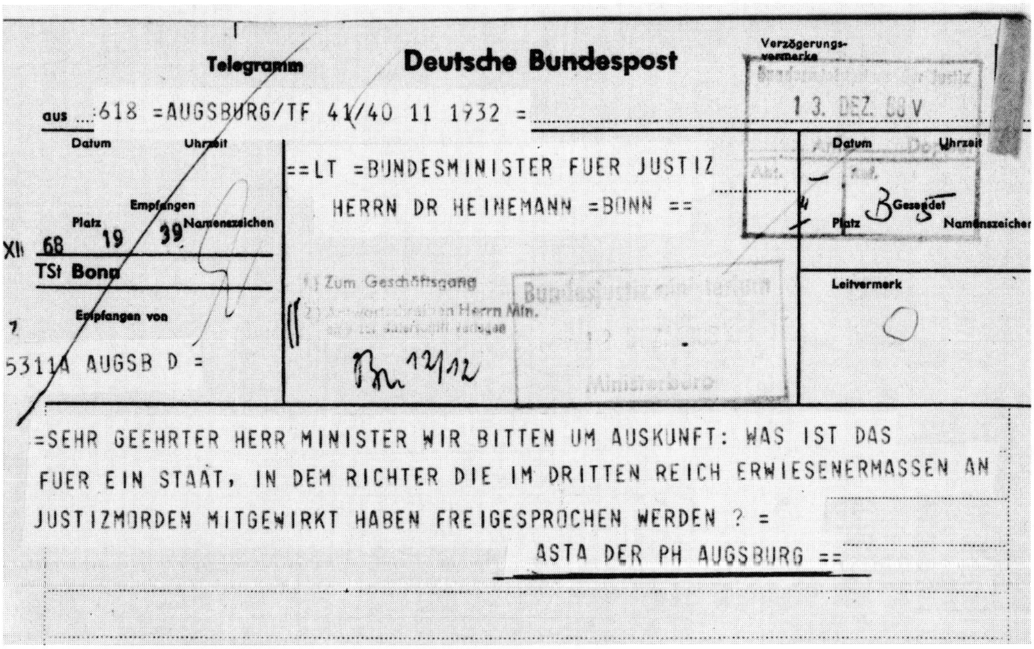

Telegramm **Deutsche Bundespost**

Verzögerungsvermerke

aus 618 =AUGSBURG/TF 41/40 11 1932 =

13. DEZ. 68 V

Datum Uhrzeit

==LT =BUNDESMINISTER FUER JUSTIZ
HERRN DR HEINEMANN =BONN ==

Empfangen
Platz Namenszeichen
XII 68 19 39
TSt Bonn

Empfangen von
53114 AUGSB D =

1) Zum Geschäftsgang
2) ... Herrn Min. ...

12/12

Datum Uhrzeit
Gesendet
Platz Namenszeichen

Leitvermerk

=SEHR GEEHRTER HERR MINISTER WIR BITTEN UM AUSKUNFT: WAS IST DAS FUER EIN STAAT, IN DEM RICHTER DIE IM DRITTEN REICH ERWIESENERMASSEN AN JUSTIZMORDEN MITGEWIRKT HABEN FREIGESPROCHEN WERDEN ? =
ASTA DER PH AUGSBURG ==

Abbildung 239

Ehrenrettung für den Volksgerichtshof

„Der Freispruch des an mindestens 231 Todesurteilen beteiligten Blutrichters Hans Joachim Rehse aus Roland Freislers Volksgerichtshof hat einhellige Empörung nicht nur im gesamten Ausland, sondern auch quer durch die politischen Lager im Inland ausgelöst, sieht man von der in diesem Falle schweigenden NPD ab. Nun, dieser Freispruch kam nicht von ungefähr. Der Bundesgerichtshof hatte dafür schon 1956 die Weichen gestellt. Er verlangte als Voraussetzung des justizförmigen Mordes den bestimmten (und nicht bloß den bedingten) Vorsatz der Rechtsbeugung. Und damit die solchermaßen für Vergangenheit und Zukunft geschützte »richterliche Unabhängigkeit« kugelsicher gemacht werde, befand jenes BGH-Urteil ausdrücklich: »In einer Zeit, in der die Bevölkerung pausenlos eingehämmert wurde, Recht ist, was der Führer befiehlt, können auch Richter und Staatsanwälte dem damaligen Rechtsdenken erlegen sein.«

Auf dieser Grundlage, die mörderische Denunzianten und mörderische KZ-Schergen schlechter stellte als mörderische Richter, war es nicht weit zum Freispruch für einen Mann, der es völlig in Ordnung fand, etwa wegen eines politischen Witzes oder wegen einer skeptischen Äußerung über die Kriegslage Menschen dem Scharfrichter zu überantworten.

Schlimmer noch als der Freispruch für die grauenerregende Karikatur eines Dieners der Gerechtigkeit war jedoch die mündliche Urteilsbegründung des Kammergerichtsrats Oske, der sich nicht etwa schamhaft bedauernd auf die einschlägige Rechtsprechung des Bundesgerichtshofs zurückzog, sondern selbstbewußt stramm von einem Musterprozeß sprach, in dem endlich einmal klargestellt werden müsse, wie korrekt das doch alles in jenen Jahren der »außergewöhnlichen Lage«, die »außergewöhnliche Maßnahmen« erforderte, zugegangen sei. Wörtlich: »In keinem Fall konnte festgestellt werden, daß von einem der sieben Richter des Volksgerichtshofes das Recht gebeugt wurde.« Einer der sieben Richter war Freisler. Unserer Justiz und mithin unserem wiederaufzubauenden Rechtsstaat bleibt nichts erspart, gar nichts."

Quelle: Süddeutsche Zeitung vom 10. 12. 1968

Die Staatsanwaltschaft geht erneut in die Revision (Auszug)

[...] Die eingeschränkte Verantwortlichkeit nach § 336 StGB kommt ausschließlich dem sachlich und persönlich unabhängigen Richter zu, dessen Unabhängigkeit sie sichern soll (BGH St 10. S. 294; s. a. Begemann in NJW 1968 S. 1361). Sie setzt einen Richter voraus, der die Freiheit zu gerechter Entscheidung hat (Eb. Schmidt, Lehrkommentar I, S. 211 Nr. 393). Ein solcher Richter war der Angeklagte nicht. Folglich entfällt die Anwendbarkeit des § 336 StGB; auf die Frage der Rechtsbeugung kommt es mithin nicht an. Das Verhalten des Angeklagten ist vielmehr anhand der Rechtsvorschriften, Rechtsgrundsätze und Maßstäbe zu beurteilen, die für die Verfolgung von NS-Gewaltverbrechen allgemein gelten. [...]

Einem Richter, der an einer obrigkeitlichen Maßnahme mitwirkt, die mit einem Gerichtsurteil nur die äußere Form gemeinsam hat, in Wirklichkeit aber ein Akt administrativer Vernichtung ist, steht das Privileg des § 336 StGB nicht zu. Wenn das Schwurgericht trotzdem glaubt, dem Angeklagten nicht widerlegen zu können, er habe die Verhängung der Todesstrafe für rechtens gehalten (S. 57, 60 ff UA.), gesteht es ihm, der als Berufsrichter besser wissen mußte als jeder andere, die Möglichkeit zu, die rechtswidrig-verbrecherische Diskrepanz zwischen Tat und Strafe nicht erkannt zu haben. Das widerspricht jeder Lebenserfahrung (vgl. Lewald in NJW 1969 S. 459). [...]

Die 7 Urteile fallen in eine Zeit, in der die NS-Machthaber sich anschickten, die deutsche Bevölkerung mit Terror und Durchhalteparolen wider jede Vernunft zu zwingen, zum Schutze des Systems bis zum eigenen Untergang zu kämpfen. Dies und die beträchtlichen militärischen Rückschläge, die die deutsche Wehrmacht erlitten hatte, waren auch dem Angeklagten bekannt. Wenn er angesichts dieser Situation für die Todesstrafe stimmte, um »eine gefährliche Welle des Defaitismus mit aller Schärfe« zu bekämpfen und »um den Bestand des Reiches zu sichern«, so handelte er – ebenso wie Freisler – aus reinem Durchhaltefanatismus und gewalttätiger Intoleranz gegenüber dem Andersdenkenden. Das waren niedrige Beweggründe im Sinne von § 211 StGB. [...]

Quelle: Friedrich, Freispruch für die Nazi-Justiz, S. 489

Sichtvermerk des Generalstaatsanwaltes bei dem Kammergericht zu der Revisionsbegründung der Staatsanwaltschaft vom 12. März 1969

Ss 155.69
Gesehen.

Ich halte die Revision, die überdies schon mit Rücksicht auf die Bedeutung der Sache, ungeachtet ihrer Erfolgsaussichten, durchgeführt werden sollte, im Ergebnis für begründet. Das angefochtene Urteil des Schwurgerichts, das die inkriminierten Todesurteile voller Verständnis für die aus damaliger Sicht angeblich zu entschuldigende Praxis des Volkgerichtshofs gedanklich geradezu nachvollzieht, hält trotz einer gewissen Perfektion in formeller Hinsicht der rechtlichen Nachprüfung letztlich nicht stand.
Die Entscheidung vermag mE nicht zu überzeugen, mir scheint der Vorwurf, ein Richter habe mit der Möglichkeit gerechnet, nicht Recht, sondern Unrecht zu sprechen, und dies billigend in Kauf genommen, so schwer zu wiegen, daß sich nicht einsehen läßt, weshalb ein solcher Richter nicht strafrechtlich zur Verantwortung gezogen werden sollte. Zu Recht weist die Revision darauf hin, daß die eingeschränkte Verantwortlichkeit nach § 336 StGB vor allem dem politisch verblendeten oder fanatischen NS-Richter zugute kommt. Richtern mit solcher Denkungsart wird durch dieses Privileg nicht – wie von der Rechtsprechung beabsichtigt – die richterliche Unabhängigkeit gesichert, sondern im Gegenteil die gefahrlose Preisgabe dieser Unabhängigkeit ermöglicht. Hinzu kommt, daß nach der aaO vertretenen Auffassung Rechtsblindheit den Richter entschuldigt (da die unrichtige Rechtsanwendung Tatbestandsmerkmal der Rechtsbeugung ist), während den juristischen Laien (unter dem Gesichtspunkt des Verbotsirrtums) keinerlei Rechtsfahrlässigkeit, geschweige denn Rechtsblindheit zu entschuldigen vermag. Auf diese Weise wird – einzigartig und ohne Beispiel im Strafrecht sonst eine Strafvorschrift (§ 336 StGB) in eine reine Schutzbestimmung »umfunktioniert« ...
2a) Bei Prüfung der Frage, ob der VGH bei den übrigen, auf § 5 Abs. 1 Nr. 1 KSSVO gestützten Todesurteilen das Tatbestandsmerkmal der »Öffentlichkeit« beachtet hat, wird in dem angefochtenen Urteil festgestellt, daß dieses Merkmal erfüllt gewesen sei. Zur Begründung beruft sich das Schwurgericht u. a. auf die Auslegung dieses Begriffs durch das Reichsgericht in RGSt 76/118 (119) – (S. 50 UA) ...
Das ist rechtsfehlerhaft. Maßstab für die vom Schwurgericht vorzunehmende Subsumtion im Bereich der objektiven Tatseite kann nicht die extensive Deutung dieses Begriffs in der damaligen Rechtsprechung sein, sondern nur die Auslegung, wie sie heute (in Übereinstimmung mit der früheren Rechtsprechung des Reichsgerichts – vgl. RGSt 63/431, 432 –) allgemein anerkannt ist. Eine höchstrichterliche Rechtsprechung zur Tatzeit, die nicht mehr den Maßstäben gerecht wird, nach denen das Schwurgericht Recht zu sprechen hat, kann nicht die Frage berühren, ob das Gesetz damals richtig angewendet worden ist, sondern nur die Frage, ob der Angeklagte bei der unrichtigen Gesetzesanwendung schuldhaft gehandelt hat ...
bb) Auf keinen Fall kann dem rechtlichen Schluß des Schwurgerichts gefolgt werden, das Motiv des Angeklagten habe sich innerhalb des Gesetzeszwecks gehalten, wenn er aus der dargelegten Überzeugung die Notwendigkeit ableitete, »durch drakonische Strafen Taten zu ahnden, die aus seiner Sicht den Bestand des Reiches erheblich gefährdeten« (S. 56 UA) ...
Diese Denkweise ist – entgegen der Annahme des Schwurgerichts (S. 56 UA) – auch »aus der Sicht des Jahres 1943« weder »einfühlbar« noch »verständlich«, sondern war schon damals für jeden, der sich einen Rest an Gefühl für Recht und Rechtlichkeit bewahrt hatte, schlechthin uneinfühlbar und unverständlich. Die Pervertierung des Rechts mag damals weit um sich gegriffen und auch große Teile der Richterschaft erfaßt haben. Sie ist aber kein Maßstab; auf sie kann sich niemand berufen ...

Berlin 19, den 30. August 1969

Der Generalstaatsanwalt
bei dem Kammergericht
Günther

Quelle: Akten der Generalstaatsanwaltschaft

5. Der allerletzte Versuch

Der Fall Reimers

Nach Rehses Tod stellt die Staatsanwaltschaft Berlin die übrigen Verfahren gegen Mitglieder des Volksgerichtshofs ein. Der Freispruch wirkt nach.
1979 aber werden die Akten nochmals geöffnet. Eine Strafanzeige gibt den Anstoß zu erneuten umfangreichen und sehr intensiven Ermittlungen. Von den rund 7000 Urteilen des Volksgerichtshofs werden etwa 2600 gesichtet; 110 Beschuldigte (Berufsrichter, Laienrichter und Staatsanwälte) zählt das Verfahren. In den Ermittlungen wird praktisch alles zusammengetragen, was für die Bewertung des Volksgerichtshofs von Bedeutung ist. Zur Anklageerhebung kommt es letztlich nur im Fall des ehemaligen Kammergerichtsrats Dr. Paul Reimers, gegen den schon 1960 auf Grund einer Strafanzeige ermittelt worden ist. Die Anklageschrift umfaßt 840 Seiten und wirft dem Angeschuldigten Mord in 62 und versuchten Mord in 35 Fällen vor (97 Todesurteile).
Bevor das Gericht über die Eröffnung des Hauptverfahrens entscheidet, begeht Reimers Selbstmord.

Der Generalstaatsanwalt
bei dem Kammergericht
Zs 855/79

Lewishamstraße 1,
den 26. Oktober 1979
D-1000 Berlin 12
Fernruf: 3 23 30 41 (App.: 38)
(Im Innenbetrieb: 933) - 833
Telex 1 85 470

Mit 3 Schriftstücken
an die
Staatsanwaltschaft
bei dem Landgericht Berlin

zu 3 P (K) Js 6/79
Unter Bezugnahme auf das beigefügte Schreiben des Rechtsanwalts Dr. Robert M. W. Kempner vom 17. Oktober 1979, das ich als Dienstaufsichtsbeschwerde gegen die dortigen Bescheide vom 20. Juni und 9. August 1979 betrachte, die ebenfalls beigefügte Anordnung des Senators für Justiz vom 22. Oktober 1979 – 4040 E – IV – 19/79 – nebst Anlage und die heutige Dienstbesprechung in dieser Sache bitte ich, die Ermittlungen wiederaufzunehmen und auch auf die übrigen Verfahren des ehemaligen Volksgerichtshofes, in denen Todesurteile ergangen und vollstreckt worden sind, zu erstrecken.
Ziel dieser Ermittlungen soll sein, aufgrund der Auswertung dieser Vorgänge und – soweit es noch nicht geschehen ist – durch Vernehmung der noch erreichbaren ehemaligen Berufsrichter, Laienbeisitzer und Vertreter der Oberreichsanwaltschaft, die in den in Betracht kommenden Verfah-

ren mitgewirkt haben, erneut zu prüfen, ob der ehemalige Volksgerichtshof – wenn nicht grundsätzlich, so doch im konkreten Einzelfall, in dem noch solche Personen existieren – nicht als unabhängiges, nur dem Gesetz unterworfenes Gericht im Sinne des § 1 GVG, nur in einem Scheinverfahren tätig geworden ist. Soweit dieser Nachweis nicht geführt werden kann, ist anhand der bezeichneten Urteile und der genannten Vernehmungen zu prüfen, ob – auch in subjektiver Hinsicht – Rechtsbeugung und damit Mord nachweisbar ist.
Den Beschwerdeführer habe ich entsprechend beschieden.
Der Berichtsanordnung des Senators für Justiz vom 22. Oktober 1979 – 4040 E – IV – 19/79 – habe ich von hier aus entsprochen; sie ist damit erledigt. Ich bitte jedoch über den Fortgang der Ermittlungen dem Senator für Justiz laufend durch meine Hand zu 3 AR 104/79 zu berichten.
Schultz
Beglaubigt Justizangestellte

Quelle: Akten der Staatsanwaltschaft bei dem Landgericht Berlin

Das Ergebnis der Ermittlungen

„Zusammenfassend ist daher festzustellen, daß zumindest ab August 1942 weder die Verfahrensdurchführung noch die Spruchpraxis des Volksgerichtshofs Gerichtsqualität aufwies (im Ergebnis ebenso z. B. Rüping, a. a. O., Wagner a. a. O., S. 863, Wassermann in RuP 1983, Heft 1, S. 9, Meyer bei Heinz Hillermeier »Im Namen des Deutschen Volkes«, Todesurteile des Volksgerichtshofs, 1980, S. 122 ff., Gribbohm »Der Volksgerichtshof« in JuS 1969 S. 55 ff., Müller in KJ 1984 S. 131, B.Verw.Ger., Urteil vom 26. Januar 1967 – II C 102/63 – sowie der ehemalige Präsident des Bundesverfassungsgerichts Prof. Dr. Benda in der Sendung »Monitor« am 24. Juli 1984)."

Quelle: Anklageschrift Reimers, S. 218

»Volksgerichtshof nur ein Scheingericht«
Justiz erstellte »Gesamtschau über Unrechtsurteile«

„Berlin (ap) Der nationalsozialistische »Volksgerichtshof« war nach Überzeugung der Berliner Staatsanwaltschaft kein »ordentliches Gericht«, sondern ein »Scheingericht«, das lediglich den Mantel der Justiz über seine »Vernichtungsmaschinerie« ausgebreitet hat. Wie Oberstaatsanwalt Treppe am Freitag erläuterte, hat die Justiz jetzt erstmals nach rund fünfjähriger Ermittlungsarbeit eine »Gesamtschau« über die Unrechtsurteile des Volksgerichtshofes erstellt, die die bisherige höchstrichterliche Einstufung des Volksgerichtshofs als ein »ordentliches Gericht« durchbrechen kann.
Mit der Anklageerhebung wegen Mordes gegen seinen ehemaligen Berufsrichter, den 82jährigen Paul Reimers, sei der »Grundstock« für die Strafverfolgung der Richter und Staatsanwälte am Volksgerichtshof gelegt. Treppe bezeichnete es als »großes Versäumnis der Nachkriegsjustiz«, daß bislang keiner seiner ehemaligen Angehörigen in der Bundesrepublik zur Rechenschaft gezogen worden seien.
Die jetzigen Verfahren erfolgten zwar spät, aber »nicht zu spät«. Die Anklage gegen Reimers sowie die laufenden Ermittlungen gegen 41 weitere noch lebende Angehörige diene dem Zweck, »die justizförmige Vernichtung des Volksgerichtshofs als beispielloses Unrecht festzustellen«!
Das Richterprivileg, das nach der höchstrichterlichen Rechtsprechung bislang die strafrechtliche Verfolgung verhindert hat, findet nach Treppes Auffassung und den Ermittlungen der Staatsanwälte für die Richter am Volksgerichtshof keine Anwendung. Denn dieses Privileg sichere die sachliche und persönliche Unabhängigkeit des Richters, nicht aber des »Scheinrichters«, der nicht nach Gewissen und Recht geurteilt, sondern die Gesinnung bestraft habe.
Treppe zufolge kommt es in dem möglicherweise Anfang 1985 stattfindenden Prozeß gegen Reimers nicht auf das Einzelverhalten des Richters

an. Fraglich sei, ob es überhaupt Urteils-Abstimmungen unter den Richtern gegeben habe. Ferner hätten sich weitere belastende Momente in den zweimaligen Vernehmungen Reimers' ergeben, wonach er die Vielzahl der Urteile »mitgetragen« habe.

Im einzelnen werden dem in Bremen lebenden Pensionär, der nach dem Krieg wieder als Richter tätig war, in der Anklageschrift 91 »eindeutige Unrechtsurteile« angelastet.

Reimers habe den Eindruck gemacht, daß er zu einem Gerichtsverfahren »in der Lage« sei, hieß es bei der Staatsanwaltschaft. Allerdings werde seine Verhandlungsfähigkeit noch ärztlich überprüft. Der Vorwurf der »vorteilsbedachten Willfährigkeit«, auf den sich die Mordanklage stützt, gründet die Staatsanwaltschaft darauf, daß die Richter am Volksgerichtshof vom Wehrdienst freigestellt und finanzielle Vergünstigungen erhielten. Ferner habe Reimers in der NS-Zeit als Richter »mitgezogen«, obwohl er »das Recht in der Weimarer Zeit, als es noch rechtens war, studiert hat«.

Gegen Reimers sei bereits im Jahre 1964 ein Ermittlungsverfahren angestrengt worden, das aber eingestellt worden sei. Denn damals hatten in seinem Fall und generell nur »Einzelurteile zur Debatte gestanden«. Nun könne die Justiz eine Palette von Urteilen heranziehen.

Die Ermittlungen über den Gesamtkomplex Volksgerichtshof, die 1979 auf Weisung des damaligen Justizsenators Meyer aufgenommen worden waren, sollen Ende nächsten Jahres abgeschlossen sein, kündigte Treppe an. Mit weiteren Anklageerhebungen sei zu rechnen.

Am Volksgerichtshof waren von 1934 bis 1945 insgesamt 577 Richter, ehrenamtliche Richter und Staatsanwälte tätig. Schätzungen zufolge sollen durch ihre Urteile rund 5000 Menschen zu Tode gekommen sein.

Quelle: Westdeutsche Allgemeine Zeitung (WAZ) vom 15. 9. 1984

Reimers nach 1933:

»Deutscher Richter wahr das Recht,
wehr dem Schädling, schütz was echt,
klar und deutlich, fromm und hart,
Recht in deutscher Art
Volkesnutz und Volkesnot
sei das oberste Gebot.«

Quelle: Anklageschrift Reimers

NS-Richter flüchtete sich in den Tod

Sein Freitod sei rechtlich nicht als Schuldbekenntnis zu werten, beteuerte der ehemalige Richter am Volksgerichtshof (VGH), Dr. Paul Reimers, in seinem Abschiedsbrief. Vielmehr habe er damit seiner Familie die Auswirkungen des zu erwartenden Gerichtsverfahrens gegen ihn ersparen wollen. Der 82jährige, den die Berliner Staatsanwaltschaft wegen Mordes in 62 Fällen und wegen versuchten Mordes in 35 Fällen angeklagt hatte, war am Montagabend erhängt in seinem Bremer Haus aufgefunden worden.

Selbstmord: Paul Reimers

Wie Justizsprecher Volker Kähne gestern mitteilte, habe ein vom Gericht beauftragter Gutachter den Angeklagten als nicht selbstmordgefährdet eingeschätzt. Auch Reimers Rechtsanwalt und der ermittelnde Staatsanwalt hätten den Eindruck gehabt, er wolle sich dem Verfahren stellen.

Bsiher ist in der Bundesrepublik noch kein ehemaliger Richter oder Staatsanwalt des VGH verurteilt worden. Zur Zeit wird noch gegen 37 Personen im Alter von 75 bis 91 Jahren ermittelt.

Abbildung 240
Aus: Berliner Morgenpost vom 7. 11. 1984

Justiz ermittelt gegen 17 Volksgerichtshof-Juristen

Berlin. (dpa) Die Berliner Staatsanwaltschaft ermittelt noch gegen fünf ehemalige Laienrichter und zwölf frühere Anklagevertreter am Nationalsozialistischen Volksgerichtshof. Bei den ehemaligen Staatsanwälten solle durch weitere Ermittlungen festgestellt werden, ob sie sich der Beteiligung am Mord schuldig gemacht hätten.

Quelle: Westfälische Rundschau vom 11. Mai 1985

7. Themenkreis: Die biologische Amnestie – Fehlleistung der bundesdeutschen Justiz

Die Amnestie für Justizverbrechen ist eingetreten. Nicht in offener Form durch Gesetz, verkündet im Bundesgesetzblatt, nein, eine Amnestie auf krummen Wegen, ein vier Jahrzehnte andauernder Prozeß des Verdrängens und Vergessens. Der Nürnberger Juristenprozeß (1947), das Urteil des Bundesgerichtshofs in dem Denunziantenprozeß Dr. Metzger (1956), spätestens aber die zahlreichen Sondergerichtsurteile aus dem Osten und die Entdeckung von Urteilen des Volksgerichtshofs in einem Stahlschrank in Berlin (1960) hätten zu einer zügigen Aufarbeitung der Rechtsprechung des Volksgerichtshofs und der Sondergerichte führen müssen. Daß dies unterblieben ist, muß als die schwerste Fehlleistung der bundesdeutschen Justiz bei der Nichtbewältigung der NS-Zeit angesehen werden.

Die Fehlleistung ist nicht mehr zu korrigieren, aber sie darf jetzt nicht einfach als bedauerlicher Ausrutscher »zu den Akten« genommen werden. Die Opfer der NS-Justiz, deren Leiden und Tod ungesühnt bleiben, und das Selbstverständnis einer demokratisch gefestigten Justiz verlangen zumindest zweierlei:

Zum einen muß sich die Justiz zu ihrer Fehlleistung bekennen, ohne Umschweife, Ausreden und Entschuldigungen. Dazu gehört auch, daß sie sich zumindest jetzt intensiv mit ihrer Rolle in der NS-Zeit auseinandersetzt.

Zum anderen – und dies ist von entscheidender Bedeutung – muß die Justiz das Andenken an die Opfer bewahren. Nachdem das Unrecht einer unmenschlichen Rechtsprechung gegen rassische und soziale Minderheiten, gegen politische Gegner und die Völker in den besetzten Gebieten – insbesondere in Polen – von der Justiz nicht aufgearbeitet worden ist, besteht um so mehr die Verpflichtung, die Opfer nicht auch noch dem Vergessen anheimzugeben. Die Erinnerung an die Justizverbrechen im nationalsozialistischen Deutschland und die Menschen, die ihnen zum Opfer fielen, muß einen festen Stellenwert in unserem Justizverständnis finden, als Mahnung und Warnung zugleich.

3131/1 – IIa 3366

Kurzprotokoll
über
die Justizministerkonferenz
Vom 8. April 1960
in Wiesbaden

[...]

2. Die Justizminister und -senatoren haben sich auf Vorschlag von Justizminister Dr. Haas, München, bereit erklärt, die im Bayerischen Staatsarchiv verwahrten Dokumente des Militärgerichtshofs Nr. III der Vereinigten Staaten zum Nürnberger Juristenprozeß von Beauftragten durchsehen zu lassen, soweit Angelegenheiten ihres Geschäftsbereichs berührt werden.

Quelle: Akten des BMJ

Beschlußempfehlung

„Der Bundestag wolle beschließen:
– Der Deutsche Bundestag stellt fest, daß die als »Volksgerichtshof« bezeichnete Institution kein Gericht im rechtsstaatlichen Sinne, sondern ein Terrorinstrument zur Durchsetzung der nationalsozialistischen Willkürherrschaft war.
– Den Entscheidungen des »Volksgerichtshofs« kommt deshalb nach Überzeugung des Deutschen Bundestages keine Rechtswirkung zu.
– Aus diesem Grund sind die Entscheidungen durch die Ländergesetzgebung der ersten Nachkriegsjahre sowie durch damaliges Besatzungsrecht ausdrücklich kraft Gesetzes oder durch gerichtliches Verfahren auf Antrag aufgehoben worden.
– Den Opfern und ihren Familien bezeugt der Deutsche Bundestag Achtung und Mitgefühl. Mit ihrem Widerstand gegen das Naziregime haben sie ein bleibendes Beispiel gesetzt ...

II. Begründung
Der »Volksgerichtshof« wurde durch Gesetz vom 24. April 1934 als Reaktion der Nationalsozialisten auf den Ausgang des sogenannten Reichstagsbrand-Prozesses mit dem Ziel geschaffen, politische Gegner zu unterdrücken und zu vernichten. Ihm wurden zunächst die Strafsachen, für die bis dahin das Reichsgericht erstinstanzlich zuständig war – Hoch- und Landesverratssachen – übertragen. 1940 wurde die Zuständigkeit auf andere Delikte wie Angriffe gegen den »Führer« und »Reichskanzler«, auf Fälle der »Wehrmittelbeschädigung«, auf Verbrechen gegen das »Gesetz gegen Wirtschaftssabotage« usw. erweitert.
Spätestens von diesem Zeitpunkt an, insbesondere mit der Übernahme der Präsidentschaft durch Roland Freisler, hat sich der »Volksgerichtshof« zu einem Terrorinstrument des nationalsozialistischen Regimes entwickelt.
Seit dem Kriegsende ist sowohl im gesetzgeberischen als auch im exekutiven und justitiellen Bereich das Erforderliche getan worden, um auszuschließen, daß ein Unrechtsurteil des »Volksgerichtshofs« im Einzelfall noch irgendeine Wirkung gegen den Betroffenen zeigt.
In den Jahren 1946 bis 1948 wurden landes- bzw. besatzungsrechtliche Vorschriften über die Wiedergutmachung nationalsozialistischen Unrechts in der Strafrechtspflege erlassen, die entweder kraft Gesetzes oder auf Antrag die Aufhebung nationalsozialistischer Unrechtsurteile ermöglichen. Mit dem Inkrafttreten des Grundgesetzes sind diese Vorschriften partielles Bundesrecht geworden (in Berlin gilt das Gesetz vom 5. Januar 1951). Soweit ein Antragserfordernis besteht, kann ein solcher Antrag auch heute noch gestellt werden; landesrechtliche Fristbestimmungen sind durch Artikel IX des BEG-Schlußgesetzes vom 14. September 1965 aufgehoben worden.
So wurden z. B. die Urteile gegen Mitglieder der »Weißen Rose« durch das Bayerische Gesetz Nr. 21 vom 28. Mai 1946 bzw. das Baden-Württembergische Gesetz Nr. 29 vom 15. Juni 1946 aufgehoben. Diese Regelungen sind indessen im Bewußtsein der Öffentlichkeit weitgehend in Vergessenheit geraten.
Die Bundesregierung – die stets betont hat, daß der »Volksgerichtshof« kein ordentliches Gericht im Sinne des Rechtsstaats war – hat veranlaßt, daß die im Bundeszentralregister vermerkten Urteile des »Volksgerichtshofs« gelöscht wurden.
Der vorliegende Antrag soll erneut deutlich machen, daß der Deutsche Bundestag den »Volksgerichtshof« als reines Terrorinstrument betrachtet und dementsprechend seinen Terrorurteilen keinerlei rechtliche Wirkung beimißt."
Bonn, den 8. November 1984

Quelle: BTDS 10/2368, S. 2 f.

Aus dem Programm der Deutschen Richterakademie

Tagung 25 b: 3.–9. 12. 1989
Recht im Nationalsozialismus
(Niedersachsen)
Die Tagung richtet sich an Richter aller Gerichtsbarkeiten und Staatsanwälte. Sie hat das Ziel, zur Aufarbeitung der Problematik Recht und Justiz im Nationalsozialismus beizutragen. Referenten sind Historiker und Rechtswissenschaftler aus Forschungsinstituten, Universitäten und der Gerichtsbarkeit.
Folgende Themen sollen behandelt werden:
- Zum politischen Denken im Kaiserreich und in der Weimarer Republik
- Etablierung des Nationalsozialismus in den ersten Monaten des Jahres 1933
- Ausschaltung der Justiz im Dritten Reich
- Die Rechtsprechung im Dritten Reich
- Volksgerichtshof und Sondergerichtsbarkeit
- Strafrecht, bürgerliches Recht und Arbeitsrecht im Dritten Reich
- Die Umdeutung der Rechtsordnung im Nationalsozialismus
- Einfluß der NSDAP auf die Justiz
- Verhältnis von Recht und Politik im Dritten Reich

Die Einzelthemen werden in Referaten mit anschließender Diskussion vorgestellt werden. Daneben wird das Bundesarchiv in Koblenz mit Dokumenten zur Ergänzung der Vorträge beitragen. Es handelt sich um die Weiterführung eines Seminars, welches im Land Niedersachsen von der Nieders. Landeszentrale für politische Bildung und dem Niedersächsischen Ministerium der Justiz bereits mehrfach durchgeführt worden ist.

Abbildung 241
Gedenkstätte für die Opfer der NS-Justiz auf dem Gelände der Deutschen Richterakademie in Trier, geschaffen von der Bildhauerin Gabriele Marwede (Foto: Modell)

Abbildung 242
Gedenktafel am Landgericht Bremen

„Bei den Gesichten, die der Nürnberger Zauberspiegel in unsere Netzhaut brannte, mußte ich der Worte Hölderlins gedenken, sie schwirrten

> Wie der Vogel der Nacht
> Unbequem um das Auge mir.

Das ist es: sehr unbequem! Aber wir dürfen die Augen nicht verschließen, um die Netzhaut zu schonen. Ich bin überzeugt, daß eine würdige Gestaltung unserer Zukunft nur möglich ist, wenn wir diese schmerzlichen Dinge klären und abklären und aus ihnen lernen."
Carl Haensel 1950

Anm.: Haensel war von 1946 bis 1949 Verteidiger in den Nürnberger Prozessen.
Quelle: Schw.ZfStr. 1950, S. 293 f.

Literaturverzeichnis

Anderbrügge, Klaus: Völkisches Rechtsdenken, Berlin 1978
Anders, Michael: Die Sippe der Krähen, Frankfurt a. M. 1981
Angermund, Ralph: Deutsche Richterschaft 1919–1945, Dissertation, Bochum 1988
Anschütz, Gerhard: Der Ersatzanspruch aus Vermögensbeschädigungen durch rechtmäßige Handhabung der Staatsgewalt, in: Verwaltungsarchiv, Band 5 (1897), S. 1 ff.
Bauer, Fritz: Justiz als Symptom, in: Richter, Hans Werner (Hrsg.), Bestandsaufnahme, München 1962, S. 221 ff.; ders.: In unserem Namen, Justiz und Strafvollzug, in: Hammerschmidt, Helmut (Hrsg.), Zwanzig Jahre danach, München 1965, S. 301 ff.
Beck, Gustav: Demokratie und Gerichte, in: DRiZ 1914, Sp. 63 ff.
Beer, Ulrich: Versehrt – verfolgt – versöhnt: Horst Berkowitz, Essen 1979
Behling, Kurt: Nürnberger Lehren, in: JR 1949, S. 502 ff.
Benz, Wolfgang (Hrsg.): Die Juden in Deutschland, 1933–1945, München 1988
Bergenroth: Geistesschwäche als Scheidungsgrund, in: Deutsche Rechtspflege 1937, 51 ff.
Beweisdokumente für die Spruchgerichte in der Britischen Zone, hrsg. von der Dienststelle des Generalinspekteurs in der Britischen Zone für die Spruchgerichte, 1947
Beyer: Der deutsche Rechtswahrer, in: Deutsche Rechtspflege 1938, S. 225 f.
Biesold, Horst: Klagende Hände, Solms-Oberbiel 1988
Boberach, Heinz: Richterbriefe, Dokumente zur Beeinflussung der deutschen Rechtsprechung 1942 bis 1944, Boppard am Rhein 1975
Boschan, Siegfried: Nationalsozialistische Rassen- und Familiengesetzgebung, Berlin 1937
Bracher, Karl Dietrich: Die Auflösung der Weimarer Republik, Königstein/Ts. 1978
Bracher/Funke/Jacobsen (Hrsg.): Nationalsozialistische Diktatur 1933–1945, Schriftenreihe der Bundeszentrale für politische Bildung, Band 192, Bonn 1983; dies.: Die Weimarer Republik 1918–1933, Schriftenreihe der Bundeszentrale für politische Bildung, Band 251, Bonn 1987
Broszat, Martin: Nationalsozialistische Polenpolitik, 1939–1945, Stuttgart 1961
Broszat/Möller: Das Dritte Reich, München 1983
Brünneck, Alexander von: Politische Justiz gegen Kommunisten in der Bundesrepublik Deutschland, 1949–1968, Frankfurt a. M. 1978
Bucher, Peter: Der Reichswehrprozeß, Boppard am Rhein 1967
Buchheit, Gert: Richter in roter Robe, München 1968
Coing, Helmut: Zur Frage der strafrechtlichen Haftung der Richter für die Anwendung naturrechtswidriger Gesetze, in: SJZ 1947, Spalte 61 ff.
Deschner, Günther: Menschen im Ghetto, Gütersloh 1969
Diehl-Thiele, Peter: Partei und Staat im Dritten Reich, München 1971
Diels, Rudolf: Lucifer ante portas, Zürich
Diensttagebuch des Reichsjustizministers (1934 bis 1938), Bundesarchiv
Diestelkamp/Stolleis (Hrsg): Justizalltag im Dritten Reich, Frankfurt a. M. 1988
Döscher, Hans-Jürgen: »Reichskristallnacht«, Frankfurt a. M. 1988
dtv dokumente: Hitlers Machtergreifung, Dokumente vom Machtantritt Hitlers 30. Januar 1933 bis zur Besiegelung des Einparteienstaates 14. Juli 1933. Herausgegeben von Josef und Ruth Becker, München 1983
Ebermayer, Erich: Denn heute gehört uns Deutschland . . ., Hamburg und Wien 1959; ders.: . . . und morgen die ganze Welt, Bayreuth 1966
Ehard, Hans: Der Nürnberger Prozeß gegen die Hauptkriegsverbrecher und das Völkerrecht, in: SJZ 1948, Sp. 353 ff.
Eichhorn: Bindung des Richters an das Gesetz und neuzeitliche Rechtsfindung, in: DRiZ 1935, S. 321 ff.
Engelmann, Bernd: Die unsichtbare Tradition, Köln 1988
Eschwege, Helmut (Hrsg.): Kennzeichen J, Berlin (Ost) 1981
Erdmann/Schulze (Hrsg.): Weimar – Selbstpreisgabe einer Demokratie, Düsseldorf 1980
Fall 3 – Das Urteil im Juristenprozeß, hrsg. von Steiniger, P. A., und Leszczynski, Berlin (Ost) 1969
Fall 3 – Juristen-Prozeß, Sammlung Bundesjustizministerium
Fangmann/Paech (Hrsg.): Recht, Justiz und Faschismus, Köln 1984

Fest, Joachim C.: Hitler, eine Biographie, Frankfurt, Berlin, Wien 1973
Forsthoff, Ernst: Der totale Staat, Hamburg 1933
Fraenkel, Ernst: Der Doppelstaat, Frankfurt a. M. 1974; ders.: Zur Soziologie der Klassenjustiz, Berlin 1927
Fränkel, Richard: Politik und Rechtspflege, in: DRiZ 1922, Sp. 241 ff., ders.: Richter und Republikaner, in: DRiZ 1923, Sp. 65 ff.
Frank, Hans (Hrsg.): Nationalsozialistische Leitsätze für ein neues deutsches Strafrecht, Berlin 1935 (Teil 1), Berlin 1936 (Teil 2); ders.: Rede auf der Schlußkundgebung des Deutschen Juristentages 1936, in: DR 1936, S. 213 ff.; ders.: Im Angesicht des Galgens, München 1953
Freisler, Roland: »Aktive Bekämpfung des Verbrechers«, in: DJ 1934, S. 396 ff.
Freislers Geist in Bonns Gesinnungsstrafrecht, eine Dokumentation vom Ausschuß für Deutsche Einheit und der Vereinigung demokratischer Juristen Deutschlands, Berlin (Ost)
Friedrich, Jörg: Freispruch für die Nazi-Justiz, Hamburg 1983; ders.: Die kalte Amnestie, Frankfurt a. M. 1984
Friedrich-Ebert-Stiftung (Hrsg.): Politische Strafprozesse, Hannover 1962
». . . für immer ehrlos«, Beiträge zum Widerstand 1933 bis 1945, Gedenkstätte Deutscher Widerstand, Berlin 1985
Fürstenau, Justus: Entnazifizierung, Neuwied 1969
Funke, Manfred (Hrsg.): Hitler, Deutschland und die Mächte, Düsseldorf 1978
Garbe, Detlev: Die vergessenen KZs?, Bornheim-Merten 1983
Ginzel, Günther Bernd: Jüdischer Alltag in Deutschland 1933–1945, Düsseldorf 1984
Giordano, Ralph: Die zweite Schuld, Hamburg 1987
Goebel, Klaus (Hrsg.): Wuppertal in der Zeit des Nationalsozialismus, Wuppertal 1984
Göppinger, Horst: Die Verfolgung der Juristen jüdischer Abstammung durch den Nationalsozialismus, Villingen 1963
Göring, Hermann: Die Rechtssicherheit als Grundlage der Volksgemeinschaft, Hamburg 1935; ders.: Rede beim Staatsakt am 2. April 1935 zum Tage der Verreichlichung der Justiz, in: DJ 1935, S. 536 ff.
Götz, Albrecht: Bilanz der Verfolgung von NS-Straftaten, Köln 1986
Godau-Schüttke, Klaus-Detlev: Rechtsverwalter des Reiches Staatssekretär Dr. Curt Joël, Frankfurt am Main 1981
Gordon, Harald J.: Hitlerputsch 1923, Fkft. a. M. 1971
Gruchmann, Lothar: »Blutschutzgesetz« und Justiz, in: Vierteljahreshefte für Zeitgeschichte 1983, Seite 418 ff.; ders.: Euthanasie und Justiz im Dritten Reich, in: Vierteljahreshefte für Zeitgeschichte 1972, Seite 235 ff.; ders: Die Überleitung der Justizverwaltung auf das Reich 1933–1935, in: Vom Reichsjustizamt zum Bundesministerium der Justiz, Festschrift zum hundertjährigen Gründungstag des Reichsjustizamtes, Köln 1977; ders.: Justiz im Dritten Reich, 1933–1940, München 1988
Güde, Max: Die Anwendung des Kontrollratsgesetzes Nr. 10 durch die deutschen Gerichte, in: DRZ 1947, S. 111 ff.
Gürtner, Franz (Hrsg.): Das kommende deutsche Strafverfahren. Bericht der amtlichen Strafprozeßkommission, Berlin 1938; Franz (Hrsg.): 200 Jahre Dienst am Recht. Gedenkschrift aus Anlaß des 200jährigen Gründungstages des Preußischen Justizministeriums, Berlin 1938; ders.: Auf dem Wege zur einheitlichen Justiz, in: DJ 1935, S. 81 f.
Gürtner/Freisler: Das neue Strafrecht, Berlin 1936
Güstrow, Dietrich: Tödlicher Alltag, Strafverteidiger im Dritten Reich, Berlin 1981
Gütt/Linden/Maßfeller: Blutschutz- und Ehegesundheitsgesetz, München 1936
Gumbel, E. J.: Vier Jahre politischer Mord, Berlin 1924; ders. (Hrsg.): Die Denkschrift des Reichsjustizministers über »Vier Jahre politischer Mord«, Berlin 1922; ders.: Verräter verfallen der Feme!, Berlin 1929
Haensel, C.: Die zyklische Wiederkehr des Naturrechts, in: SchwZStR 1950, S. 253 ff.
Hamburger, Ernest: Juden im öffentlichen Leben Deutschlands, Tübingen 1968
Hannover/Hannover-Drück: Politische Justiz 1918 bis 1933, Hamburg 1977
Hartung, Fritz: Jurist unter vier Reichen, Köln, Berlin, Bonn, München 1971
Hattenhauer, Hans: Vom Reichsjustizamt zum Bundesministerium der Justiz, in: Vom Reichsjustizamt zum Bundesministerium der Justiz, Festschrift zum hundertjährigen Gründungstag des Reichsjustizamtes, Köln 1977; ders.: Geschichte des Beamtentums, Köln 1980
Hecht, Ingeborg: Als unsichtbare Mauern wuchsen, München 1987
Heckel, Johannes: Die Führerrede und das sog. Ermächtigungsgesetz vom 30. Januar 1937, in: Deutsche Verwaltungsblätter 1937, S. 61 ff.
Hildebrand, Klaus: Das Dritte Reich, München 1987
Hillermeier, Heinz (Hrsg.): »Im Namen des deutschen Volkes«, Todesurteile des Volksgerichtshofes, Darmstadt und Neuwied 1980
Hippel, Fritz von: Die nationalsozialistische Herrschaftsordnung als Warnung und Lehre, Tübingen 1947
Hirsch/Majer/Meinck (Hrsg.): Recht, Verwaltung und Justiz im Nationalsozialismus, Köln 1984
Hirsch/Paech/Stuby (Hrsg.): Politik als Verbrechen, 40 Jahre »Nürnberger Prozesse«, Hamburg 1986
Hirschfeld, Oswald (Hrsg.): Auf dem Weg ins Dritte Reich, Schriftenreihe der Bundeszentrale für politische Bildung, Band 175, Bonn 1982
Hitler, Adolf: Mein Kampf, München 1941
Der Hitler-Prozeß vor dem Volksgerichtshof in München, München 1924, Neudruck Glashütten 1973

Hodenberg, Hodo Frhr. von: Zur Anwendung des Kontrollratsgesetzes Nr. 10 durch deutsche Gerichte, in: SJZ 1947, S. 113 ff.; ders.: Der Aufbau der Rechtspflege nach der Niederlage von 1945, in: 250 Jahre Oberlandesgericht Celle 1711–1961, Celle 1961, S. 121 ff., 140 ff.

Hoegner, Wilhelm: Die verratene Republik, München 1958

Hoffmann, Peter: Widerstand Staatsstreich Attentat, München 1979

Huber, Ernst Rudolph: Die Rechtsstellung des Volksgenossen, in: Zeitschrift für die gesamte Staatswissenschaft, Band 36 (1936), S. 438 ff.

NS-Recht in historischer Perspektive, hrsg. vom Institut für Zeitgeschichte, München, Wien 1981

Jäckel, Eberhard: Hitlers Weltanschauung, Entwurf einer Herrschaft, Stuttgart 1981

Hüttenberger, Peter: Bibliographie zum Nationalsozialismus, Göttingen 1980

Jahntz/Kähne: Der Volksgerichtshof, Berlin 1986

Jasper, Gotthard: Justiz und Politik in der Weimarer Republik, in: Vierteljahreshefte für Zeitgeschichte 1982, S. 167 ff.; ders.: Der Schutz der Republik, Tübingen 1963; ders.: Die gescheiterte Zähmung, Frankfurt a. M. 1986

Jasper/Majer/Oldenhage/Rüping/Sellert: Justiz und Nationalsozialismus, Hannover 1985

Jäger, Herbert: Verbrechen unter totalitärer Herrschaft, Olten 1967

Johe, Werner: Die gleichgeschaltete Justiz, Frankfurt a. M. 1967

Juristen im Portrait, Festschrift zum 225jährigen Jubiläum des Verlages C. H. Beck, München 1988

Juristentag in München vom 1. bis 4. Juni 1948, in: SJZ 1948, Sp. 338 ff.

Justiz und Nationalsozialismus, hrsg. von der Niedersächsischen Landeszentrale für politische Bildung, Hannover 1985

Justiz und Nationalsozialismus – Kein Thema für deutsche Richter?, Tagungsdokumentation, herausgeben von Gustav-Stresemann-Institut e. V., Bergisch Gladbach 1984

Die Justiz und der Nationalsozialismus, Tagungen der Evangelischen Adademie Bad Boll, Protokolldienst 16/80, 13/81 und 25/82

Kammler/Krause-Vilmar/Kujawski/Prinz/Wilmsmeier: Volksgemeinschaft und Volksfeinde, Kassel 1933 bis 1945, 2 Bände, Fuldabrück 1984

Kaul, Friedrich Karl: Geschichte des Reichsgerichts, Band IV, Glashütten 1971

Kelsen, Hans: Allgemeine Staatslehre, Berlin 1925

Kempner, Robert M. W.: Ankläger einer Epoche, Lebenserinnerungen, Berlin, Wien 1983

Kenrick/Puxon: Sinti und Roma, die Vernichtung eines Volkes im NS-Staat, Göttingen 1981

Kerrl, Hanns: Die Bedeutung des Gemeinschaftslagers der Referendare in Preußen, in: DJ 1934, S. 237 ff.

Kirchheimer, Otto: Politische Justiz, Neuwied 1965

Kirn, Michael: Verfassungsumsturz oder Rechtskontinuität?, Berlin 1972

Klee, Ernst (Hrsg.): Dokumente zur »Euthanasie«, Frankfurt a. M. 1985; ders.: »Euthanasie« im NS-Staat, Frankfurt a. M. 1983; ders.: Was sie taten – was sie wurden, Frankfurt a. M. 1986

Klein/Rennen: Justitia Coloniensis, Landgericht und Amtsgericht Köln erzählen ihre Geschichte(n), Köln 1981

Knieriem, August von: Nürnberg, Stuttgart 1953

König, Stefan: Vom Dienst am Recht, Berlin 1987

Köst/Köst/Kaiser: Juristisches Wörterbuch, Leipzig 1939

Kogon, Eugen: Der SS-Staat, München 1974

Kolbe, Dieter: Reichsgerichtspräsident Dr. Erwin Bumke, Karlsruhe 1975

Koppel, Wolfgang: Justiz im Zwielicht, Karlsruhe; ders.: Ungesühnte Nazijustiz, Karlsruhe

Kosthorst/Walter: Konzentrations- und Strafgefangenenlager im Dritten Reich, Beispiel Emsland, 3 Bände, Düsseldorf 1983

Krapp: Der Neuaufbau der Gerichte in Nordbayern, vor allem in Ober- und Unterfranken (Oberlandesgerichtsbezirk Bamberg), Privataufzeichnung, Akten OLG Bamberg

Kregel, Volker: Die Personalpolitik der Justiz im 3. Reich – dargestellt am Beispiel der Personalbewirtschaftung für den höheren Dienst im Oberlandesgerichtsbezirk Celle, Dissertation, Göttingen 1986

Kritische Justiz (Hrsg.): Streitbare Juristen, Baden-Baden 1988

Kuhn, Robert: Die Vertrauenskrise der Justiz (1926 bis 1928), Köln 1983; ders.: Deutsche Justizminister 1877–1977, Köln 1977

Kübel: Politische Betätigung der Richter, in: DRiZ 1924, Sp. 273 ff.

Kübler, Friedrich Karl: Der deutsche Richter und das demokratische Gesetz, in: AcP 162 (1963), S. 104 ff.

Kuttner, Erich: Klassenjustiz, Berlin 1913; ders.: Bilanz der Rechtsprechung, Berlin 1922; ders.: Warum versagt unsere Justiz?, 1921

Landsberg, Bericht des Beratenden Ausschusses für die Begnadigung von Kriegsverbrechern an den amerikanischen Hochkommissar für Deutschland. Herausgegeben von Information Services Division Office of the U. S. High Commission for Germany, München 1951

Langbein, Hermann: Im Namen des deutschen Volkes, Wien 1963

Lange, Heinrich: Vom Gesetzesstaat zum Rechtsstaat, in: Recht und Staat in Geschichte und Gegenwart, Tübingen 1934, Heft 114, S. 37 ff.

Larenz, Karl: Rechtsperson und subjektives Recht, in: Dahm, Georg u. a. (Hrsg.), Grundfragen der neuen Rechtswissenschaft, Berlin 1935

Laqueur, Walter: Weimar, Frankfurt a. M. 1976

Lauber, Heinz: Judenpogrom: Reichskristallnacht November 1938 in Großdeutschland, Gerlingen 1981

Leeb, Johannes: Grundfragen, in: DRiZ 1920, Sp. 52 ff., ders.: Dreierlei, in: DRiZ 1921, Sp. 129 ff., ders.: Richtertag: in: DRiZ 1909, Sp. 203 ff.

Leipert/Styrnal/Schwarzer: Verlegt nach unbekannt, Sterilisation und Euthanasie in Galkhausen 1933 bis 1945, Köln 1987

Lengemann, Rolf: Höchstrichterliche Strafgerichtsbarkeit unter der Herrschaft des Nationalsozialismus, Dissertation, Marburg 1974

Linke, Johannes: Das Reich, Gesänge, Leipzig 1938

Litten, Irmgard: Eine Mutter kämpft gegen Hitler, Rudolfstadt 1947, Neuausgabe Frankfurt a. M. 1984

Löwenthal/von zur Mühlen: Widerstand und Verweigerung in Deutschland, 1933 bis 1945, Berlin 1982

Lorenzen, Sievert: Die Juden und die Justiz, Berlin 1943

Lüders, C.-H.: Strafgerichtsbarkeit über Angehörige des Feindstaates, in: SJZ 1946, Sp. 216 ff.

Lühr: Darf der Richter gegen das Gesetz entscheiden?, in: DRiZ 1934, S. 33 ff.

Maigünther, Wilfried: Reichskristallnacht, Kiel 1987

Majer, Diemut: »Fremdvölkische« im Dritten Reich, Boppard am Rhein 1981; dies.: Grundlagen des nationalsozialistischen Rechtssystems, Stuttgart 1987; dies.: Justiz und NS-Staat. Zum Einfluß der NSDAP auf die Organisation und Personalpolitik der Justiz 1933–1945, in: DRiZ 1978, S. 47 ff.

Marxen, Klaus: Der Kampf gegen das liberale Strafrecht, Berlin 1975

Maßfeller, Franz: Sittlichkeit im Familienrecht!, in: DJ 1933, S. 752 ff.; ders.: Mißbrauch der Annahme an Kindes Statt und das Internationale Recht, in: DJ 1934, S. 699 ff.; ders.: Weitere Einzelfragen zum Gesetz zur Verhütung erbkranken Nachwuchses, in: DJ 1934, S. 1579 ff.; Die Erbgesundheitsgerichtsbarkeit im Jahre 1934, in: DJ 1935, S. 401 ff.; ders.: Erbpflege und Erbberatung, in: JW 1935, S. 2105 ff.; ders.: Das Gesetz zum Schutze der Erbgesundheit des deutschen Volkes vom 18. Oktober 1935 (Ehegesundheitsgesetz), in: JW 1935, S. 3065 ff.; ders.: Reichsbürgergesetz und Blutschutzgesetz, in: JW 1935, S. 3413 ff.; ders.: Antworten und Fragen zur deutschen Gesundheitsgesetzgebung, in: DJ 1936, S. 1846 ff.

Maunz, Theodor: »Ein Verklammerungs-Phänomen«, in: Huber, Ernst Rudolf, Idee und Ordnung des Reiches, Band 2, Hamburg 1943

Messerschmidt/Wüllner: Die Wehrmachtjustiz im Dienste des Nationalsozialismus, Baden-Baden 1987

Mommsen, Hans (Hrsg.): Herrschaftsalltag im Dritten Reich, Düsseldorf 1988

Moritz/Noam: NS-Verbrechen vor Gericht, 1945–1955, Wiesbaden 1978

Moser von Filseck: Die Unabhängigkeit des Richters und seine Bindung an das Gesetz, in: Deutsche Rechtspflege 1936, S. 219 ff.

Müller, Ingo: Furchtbare Juristen, München 1987

Neumann, Siegfried: Vom Kaiserhoch zur Austreibung, Aufzeichnungen aus dem Leben eines jüdischen Anwalts in Deutschland, Schriftenreihe der Bundeszentrale für politische Bildung, Band 129, Bonn 1978

Neusel, Werner: Höchstrichterliche Strafgerichtsbarkeit in der Republik von Weimar, Frankfurt a. M. 1972

Nicolai, Helmut: Die rassegesetzliche Rechtslehre, München 1932

de Niem: Rückblick und Ausblick, in: DRiZ 1912, Sp. 1 ff.; ders.: Neujahr 1916. Eine Rück- und Ausschau, in: DRiZ 1916, Sp. 3 ff.; ders.: Morituri, in: DRiZ 1921, Sp. 1 ff.

Die Not der Richter, in: DRiZ 1921, Sp. 255 ff.

Nottbeck, Arvid von: Rede anläßlich der Einführung des neuen Präsidenten des OLG Celle am 27. Mai 1960, in: Niedersächsische Rechtspflege 1960, S. 121 f.

Noam/Kropat: Juden vor Gericht, 1933–1945, Wiesbaden 1975

Ostendorf/ter Veen: Das »Nürnberger Juristenurteil«, Frankfurt a. M. 1985

Pehle, Walter H.: Der Judenpogrom 1938, Frankfurt a. M. 1988

Pichinot, Hans-Rainer: Die Akademie für Deutsches Recht, Dissertation, Kiel 1981

Pilichowski, Czeslaw: Es gibt keine Verjährung, Warszawa 1980

Ploetz: Das Dritte Reich (herausgegeben von Martin Broszat und Norbert Frei), Freiburg, Würzburg 1983

Poliakov/Wulf: Das Dritte Reich und seine Diener, Frankfurt, Berlin, Wien 1983

Poliakov/Wulf: Das Dritte Reich und seine Denker, Berlin 1959

Poller, Walter: Arztschreiber in Buchenwald, Hamburg 1946

Püschel, Wilhelm: Der Niedergang des Rechts im Dritten Reich, Reutlingen 1947

Puvogel, Ulrike: Gedenkstätten für die Opfer des Nationalsozialismus, Schriftenreihe der Bundeszentrale für politische Bildung, Bonn 1987

Rabofsky/Oberkofler: NS-Justiz, Wien 1985

Radbruch, Gustav: Rechtsphilosophie, dritte, ganz neu bearbeitete und stark vermehrte Auflage, Leipzig 1932, ders.: Gesetzliches Unrecht und übergesetzliches Recht, in: SJZ 1946, Sp. 105 ff.; ders.: Des Reichsjustizministeriums Ruhm und Ende, in: SJZ 1948, Sp. 58 ff.

Rasehorn, Theo: Justizkritik in der Weimarer Republik, Frankfurt a. M. 1985

Ratz, Michael: Die Justiz und die Nazis, Frankfurt a. M. 1979

Rauschning, Hermann: Gespräche mit Hitler, Zürich 1940

Rechtspflege zwischen Rhein und Weser, Festschrift zum 150jährigen Bestehen des Oberlandesgerichts Hamm, Hamm 1970

Redaktion Kritische Justiz (Hrsg.): Der Unrechts-Staat, 2 Bände, Baden-Baden 1983 und 1984
Reichert, Max: Die deutschen Gerichte der Zukunft, in: DRiZ 1912, Sp. 613 ff.
Reifner, Udo (Hrsg.): Das Recht des Unrechtstaates, Frankfurt a. M. 1981
Reifner/Sonnen: Strafjustiz und Polizei im Dritten Reich, Frankfurt a. M. 1984
Reitter, Ekkehard: Franz Gürtner, Berlin 1976
Renz, Ulrich: Lauter pflichtbewußte Leute, Köln 1989
Richardi, Hans-Günter: Schule der Gewalt, das Konzentrationslager Dachau, 1933–1934, München 1983
Richtlinien für das Strafverfahren, Allgemeine Verfügung des Reichsministers der Justiz vom 13. April 1935, Berlin
Riß: Politik und Justiz, in: DRiZ 1910, Sp. 7 ff.
Rittberger, Volker (Hrsg.): 1933 – Wie die Republik der Diktatur erlag, Stuttgart 1983
Rittler, Th.: Der Kampf gegen das politische Verbrechen seit dem Zweiten Weltkrieg, in: SchwZStR 1949, S. 138 ff.
Robinsohn, Hans: Justiz als politische Verfolgung, Stuttgart 1977
Rosenberg, Alfred: Der Mythos des 20. Jahrhunderts, München 1935
Rotberg: Entpolitisierung der Rechtspflege, in: DRZ 1947, S. 107 ff.
Rottleuthner, Hubert (Hrsg.): Recht, Rechtsphilosophie und Nationalsozialismus, Wiesbaden 1983
Rückerl, Adalbert: NS-Verbrechen vor Gericht, Heidelberg 1984
Rüping, Hinrich: Bibliographie zum Strafrecht im Nationalsozialismus, München 1985
Rürup, Reinhard: Topographie des Terrors, eine Dokumentation, Berlin 1987
Rüter/Rüter-Ehlermann: Justiz und NS-Verbrechen, Amsterdam 1968
Rüthers, Bernd: Entartetes Recht, München 1988; ders.: Die unbegrenzte Auslegung, Tübingen 1968
Salje, Peter: Recht und Unrecht im Nationalsozialismus, Münster 1985
Salomon, Ernst von: Der Fragebogen, Hamburg 1961
Schaffstein, Friedrich: Politische Strafrechtswissenschaft, Hamburg 1934
Scheffler, Wolfgang: Judenverfolgung im Dritten Reich, Berlin 1964
Schenck, Friedbert: Die Einstellung der deutschen Beamten zur Weimarer Republik, Dissertation, Universität Mannheim
Scherpe, Klaus R. (Hrsg.): In Deutschland unterwegs, Reportagen, Skizzen, Berichte 1945–1948, Stuttgart 1982
Scheuner, Ulrich: Die staatsrechtliche Bedeutung des Gesetzes zur Behebung der Not von Volk und Reich, in: Leipziger Zeitschrift 1933; ders.: Der Gleichheitsgedanke in der völkischen Verfassungsordnung, in: Zeitschrift für die gesamte Staatswissenschaft, Band 99 (1939), S. 245 ff.
Schiffer, Eugen: Die deutsche Justiz, Berlin 1928
Schimmler, Bernd: Recht ohne Gerechtigkeit, Berlin 1984
Schmid, Richard: Justiz in der Bundesrepublik, Pfullingen 1967
Schmidt-Klevenow: Die bevölkerungspolitische Aufgabe des deutschen Rechts und Rechtswahrers, in: DR 1937, S. 227 f.
Schminck-Gustavus, C. U.: Das Heimweh des Walerian Wróbel, Berlin, Bonn 1986
Schmitt, Carl: Staat, Bewegung, Volk, Hamburg 1934; ders.: Der Führer schützt das Recht. Zur Reichstagsrede Adolf Hitlers vom 13. Juli 1934, in: DJZ 1934, Sp. 945 ff.; ders.: Die Verfassung der Freiheit, in: DJZ 1935, Sp. 1133 ff.; ders.: Der Begriff des Politischen, Berlin 1932, Neudruck 1963
Schoenberner, Gerhard: Der gelbe Stern, Hamburg 1961
Scholz, Friedrich: Berlin und seine Justiz, Berlin 1982
Schorlemer, Andreas von: Das Sondergericht München als Bestandteil der Strafjustiz 1939–1945, München (Ludwig-Maximilian-Universität) 1985
Schorn, Hubert: Der Richter im Dritten Reich, Geschichte und Dokumente, Frankfurt a. M. 1959
Schütz, Johann: Justitia kehrt zurück, Bamberg 1987; ders.: Justiz im »Dritten Reich«, Bamberg 1984
Schulz, Birger: Der Republikanische Richterbund (1921–1933), Frankfurt a. M. 1982
Schulze, Hagen: Weimar, Berlin 1982
Das Schwarzbuch – Die Lage der Juden in Deutschland 1933, herausgegeben vom Comité des Délégations Juives, Paris 1934, Neuauflage Frankfurt a. M. 1983
Sechshundert Nazi-Juristen im Dienste Adenauers, eine Dokumentation, Hrsg.: Ausschuß für Deutsche Einheit, Berlin (Ost) 1958
Segelken, Hans: Amor Fati, Hamburg 1970
Simon, Dieter: Die Unabhängigkeit des Richters, Darmstadt 1975
Sinzheimer, Hugo: Jüdische Klassiker der deutschen Rechtswissenschaft, Frankfurt a. M. 1953
Sinzheimer/Fraenkel: Die Justiz in der Weimarer Republik, Neuwied 1968
Spendel, Günter: Rechtsbeugung durch Rechtsprechung, Berlin, New York 1984
Staff, Ilse: Justiz im Dritten Reich, eine Dokumentation, Frankfurt a. M. 1978
Steinberg, Hans-Josef: Widerstand und Verfolgung in Essen, 1933–1945, Hannover 1969
Steinlechner, Wolfgang: Der Richter im Dritten Reich, Dissertation, Mainz 1974
Stolleis, Michael: Rechtsordnung und Justizpolitik 1945–1949, in: Horn, Norbert (Hrsg.): Europäisches Rechtsdenken in Geschichte und Gegenwart, Festschrift für Helmut Coing, München 1982; ders.: Gemeinwohlformeln im nationalsozialistischen Recht, Berlin 1974
Thul, Ewald J.: Das Landgericht Koblenz im nationalso-

zialistischen Unrechtsstaat, in: 150 Jahre Landgericht Koblenz, Boppard a. Rh. 1970

Titze, Hartmut: Das Hochschulstudium in Preußen und Deutschland 1820–1944, Göttingen 1987

Tuchel/Schattenfroh: Zentrale des Terrors, Berlin 1987

Ule, Carl Hermann: Beiträge zur Rechtswirklichkeit im Dritten Reich, Berlin 1987

Vom Reichsjustizamt zum Bundesministerium der Justiz, Festschrift zum 100jährigen Gründungstag des Reichsjustizamtes am 1. Januar 1877, herausgegeben vom Bundesministerium der Justiz, Köln 1977

Von der Reichsanwaltschaft zur Bundesanwaltschaft, Wolfgang Fränkel, Neuer Generalbundesanwalt, Eine Dokumentation, hrsg.: vom Ausschuß für Deutsche Einheit und der Vereinigung demokratischer Juristen Deutschlands, Berlin (Ost) 1962

Wagner, Johannes Volker: Hakenkreuz über Bochum, Bochum 1983

Wagner, Walter: Der Volksgerichtshof im nationalsozialistischen Staat, Stuttgart 1974

Walk, Joseph: Das Sonderrecht für Juden im NS-Staat, Karlsruhe 1981; ders.: Kurzbiographien zur Geschichte der Juden 1918–1945, München 1988

Wenzlau, Joachim Reinhold: Der Wiederaufbau der Justiz in Nordwestdeutschland, 1945 bis 1949, Königstein/Ts. 1979

Weinkauff, Hermann: Die deutsche Justiz und der Nationalsozialismus, ein Überblick, Stuttgart 1968; ders.: 75 Jahre Reichsgericht, in: DRiZ 1954, S. 251 ff.

Widerstand 1933 bis 1945, Katalog einer Ausstellung der Friedrich-Ebert-Stiftung, 2. überarbeitete Auflage, Bonn 1983

Widerstand und Verfolgung in Dortmund 1933 bis 1945, Ständige Ausstellung und Dokumentation im Auftrage des Rates der Stadt Dortmund, Dortmund 1981

Wistrich, Robert: Wer war wer im Dritten Reich, München 1983

With, Hans de: Gustav Radbruch, Köln 1978

Witt, Peter-Christian: Friedrich Ebert, Bonn 1982

Wolf, Eric: Das Rechtsideal des nationalsozialistischen Staates, in: Archiv für Rechts- und Sozialphilosophie, Band 28 (1934/35), S. 348 ff.

Wrobel, Hans: Die Anfechtung der Rassenmischehe. Diskriminierung und Entrechtung der Juden 1933 bis 1945, in: Der Unrechtsstaat, Recht und Justiz im Nationalsozialismus, hrsg. von der Redaktion Kritische Justiz, Bd. 2, Baden-Baden 1984, S. 99 ff.; ders.: Der deutsche Richterbund im Jahre 1933. Skizzen eines Ablaufs, in: KJ 1982, S. 323 ff., u. DRiZ 5/1983, S. 157 ff.; ders.: Otto Palandt zum Gedächtnis. 1. 5. 1877–3. 12. 1951, in: KJ 1982, S. 1 ff.

Wulf, Joseph: Das Dritte Reich und seine Vollstrecker, Berlin 1978

Wunderlich, Heinz: Materialien zum Seminar »Recht im Nationalsozialismus«

Zarnow, Gottfried: Gefesselte Justiz, München 1930

250 Jahre Oberlandesgericht Celle, Celle 1961

Abkürzungsverzeichnis

AG	Amtsgericht	IBV	Internationale Bibelforschervereinigung
ArbGG	Arbeitsgerichtsgesetz	IfZ	Institut für Zeitgeschichte
ARS	Arbeitsrechts-Sammlung	JM	Justizminister
AusfVO	Ausführungsverordnung	JMBl.	Justizministerialblatt
AV	Allgemeine Verfügung	JRat	Justizrat
BA	Bundesarchiv	JR	Juristische Rundschau
BEG	Bundesentschädigungsgesetz	JW	Juristische Wochenschrift
Bekl.	Beklagte(r)	Kl.	Kläger(in)
BGB	Bürgerliches Gesetzbuch	KL	Konzentrationslager
BGBl.	Bundesgesetzblatt	KG	Kammergericht
BGH	Bundesgerichtshof	KJ	Kritische Justiz
BGH St	Amtliche Sammlung der Entscheidungen des Bundesgerichtshofs in Strafsachen	KPD	Kommunistische Partei Deutschlands
		KRG	Kontrollratsgesetz
		K.R.Ges.	Kontrollratsgesetz
BGHZ	Amtliche Sammlung der Entscheidungen des Bundesgerichtshofs in Zivilsachen	KSSVO	Kriegssonderstrafrechts-Verordnung
		KZ	Konzentrationslager
BlutSchG	Blutschutzgesetz	LAG	Landesarbeitsgericht
BMJ	Bundesminister der Justiz	LG	Landgericht
BnsdJ	Bund nationalsozialistischer deutscher Juristen	MdB	Mitglied des Bundestages
		M.d.R.	Mitglied des Reichstags
BPatG	Bundespatentgericht	MietSchG	Mietschutzgesetz
BTDs.	Bundestags-Drucksache	MDR	Monatsschrift Deutsches Recht
BVerfGE	Amtliche Sammlung der Entscheidungen des Bundesverfassungsgerichts	NJW	Neue Juristische Wochenschrift
		NSDAP	Nationalsozialistische Deutsche Arbeiterpartei
DAG	Deutsche Arbeitsfront		
DDP	Deutsche Demokratische Partei	NSFK	Nationalsozialistisches Fliegerkorps
DJ	Deutsche Justiz	NSKK	Nationalsozialistisches Kraftfahrerkorps
DJZ	Deutsche Juristenzeitung	NSKOV	Nationalsozialistische Kriegsopferversorgung
DNVP	Deutschnationale Volkspartei		
DR	Deutsches Recht	NSRB	Nationalsozialistischer Rechtswahrerbund
DRB	Deutscher Richterbund		
DRiG	Deutsches Richtergesetz	NSV	Nationalsozialistische Volkswohlfahrt
DRiZ	Deutsche Richterzeitung	OLG	Oberlandesgericht
DRZ	Deutsche Rechtszeitschrift	OKH	Oberkommando des Heeres
Dt.BT	Deutscher Bundestag	OKW	Oberkommando der Wehrmacht
DVP	Deutsche Volkspartei	ORA	Oberreichsanwalt
EStA	Erster Staatsanwalt	OStA.	Oberstaatsanwalt(schaft)
FHQ	Führerhauptquartier	PersStG.	Personenstandsgesetz
Geh.StArch.	Geheimes Staatsarchiv	Pg.	Parteigenosse
Gen.	Genosse(n)	Preuß.JMBl.	Preußisches Justizministerialblatt
GenStA.	Generalstaatsanwalt	Pr.RV	Preußische Rundverfügung
Ger.Gef.	Gerichtsgefängnis	RAnz:	Reichsanzeiger
GStA	Generalstaatsanwalt	RDB	Reichsbund der Deutschen Beamten
Gestapo	Geheime Staatspolizei		
GewO.	Gewerbeordnung	RdErl.	Runderlaß
GVG	Gerichtsverfassungsgesetz	RdSchr.	Rundschreiben
HSTA	Hauptstaatsarchiv	RdVerfg.	Rundverfügung

Abkürzungsverzeichnis

RG	Reichsgericht	SJZ	Süddeutsche Juristenzeitung
RGBl.	Reichsgesetzblatt	SPD	Sozialdemokratische Partei Deutschlands
RGR	Reichsgerichtsrat		
RGSt	Reichsgericht in Strafsachen	SS	Schutzstaffel
RGZ	Reichsgericht in Zivilsachen	StA	Staatsanwaltschaft
RJM	Reichsjustizminister(ium)	StAB	Staatsarchiv Bremen
RMdI	Reichsminister des Innern	Stapo	Staatspolizei
RSHA	Reichssicherheitshauptamt	StGB	Strafgesetzbuch
RV	Rundverfügung	StPO	Strafprozeßordnung
RzW	Rechtsprechung zum Wiedergutmachungsrecht	StSekr./StS	Staatssekretär
		UA	Urteilsausfertigung
SA	Sturmabteilung	USPD	Unabhängige Sozialdemokratische Partei Deutschlands
SchG	Schwurgericht		
Schw.ZfStr.	Schweizerische Zeitschrift für Strafrecht	VfZ	Vierteljahreshefte für Zeitgeschichte
SD	Sicherheitsdienst	VGH	Volksgerichtshof
SDS	Sozialistischer Deutscher Studentenbund	Vgn.	Volksgenossin
		VschVo	Volksschädlings-Verordnung
SenPräs.	Senatspräsident	VO	Verordnung
SG	Sondergericht	Z.D.Not.V.	Zeitschrift des Deutschen Notarvereins

In Zitaten wurde die originale Schreibweise beibehalten. Nur offensichtliche Fehler wurden korrigiert.

Bildnachweis

Bildarchiv Gerstenberg
    Abb. Nr. 38, 40, 50, 55, 56, 58, 64, 79, 80, 82, 83, 84, 85, 89, 90, 91, 92, 93, 94, 95, 101, 131, 150, 151, 177, 178, 236

Bildarchiv des Landkreises Hannover, Sammlung Homeyer
    Abb. Nr. 123

Bildarchiv Preußischer Kulturbesitz
    Abb. Nr. 46, 49, 99, 126, 149, 180, 186, 202, 214

Bilderdienst Süddeutscher Verlag
    Abb. Nr. 51, 73, 76, 129, 190, 197, 203, 204, 213

Bundesarchiv Koblenz
    Abb. Nr. 1, 2, 3, 4, 5, 9, 10, 11, 12, 13, 14, 15, 16, 17, 18, 19, 20, 21, 22, 23, 28, 29, 30, 31, 32, 33, 34, 35, 36, 37, 41, 42, 43, 44, 45, 47, 48, 53, 59, 60, 61, 63, 71, 87, 100, 104, 105, 122, 125, 127, 137, 138, 139, 143, 145, 146, 165, 167, 168, 169, 175, 176, 179, 181, 182, 183, 185, 187, 191, 193, 199, 205, 207, 211, 216

Bundesgerichtshof
    Abb. Nr. 219

Bundespresseamt
    Abb. Nr. 201, 215, 227, 231

Bundesverfassungsgericht
    Abb. Nr. 220, 221

dpa Abb. Nr. 222

Das Dritte Reich 1936, Berlin 1937
    Abb. Nr. 134, 135

Dachau-Archiv
    Abb. Nr. 152, 153, 154, 160, 184, 188

Das Gewissen steht auf, Frankfurt 1954
    Abb. Nr. 194, 196

Die streibaren Juristen, Baden-Baden 1988
    Abb. Nr. 121, 195

Freie Presse 1934 (Emigranten-Zeitschrift)
    Abb. Nr. 78

Friedrich-Ebert-Stiftung
    Abb. Nr. 26, 57, 62, 106, 136, 212, 217

Gedenkstätte Deutscher Widerstand
    Abb. Nr. 128, 141, 142, 144, 147, 148

Hauptstaatsarchiv Düsseldorf
    Abb. Nr. 86, 140, 170, 171

Hauptstaatsarchiv Stuttgart
    Abb. Nr. 159

Landesjustizverwaltung NRW
    Abb. Nr. 74

Leo Baeck Institute, New York
    Abb. Nr. 158

Majer, »Fremdvölkische« im Dritten Reich, Boppard 1981
    Abb. Nr. 172

Oberlandesgericht Celle
    Abb. Nr. 75

Privatbesitz Ingeborg Hecht-Studniczka
    Abb. Nr. 111, 112, 113, 114, 115

Privatbesitz Lotte Paepcke
    Abb. Nr. 116

Privatbesitz Dr. Friedrich S. Perles
    Abb. Nr. 117, 118

Staatsanwaltschaft Mosbach
    Abb. Nr. 161

Stadtarchiv Bielefeld
    Abb. Nr. 107

Sammlung Martin Hoogestraat, Lingen
    Abb. Nr. 132, 133

Ullstein-Bilderdienst
    Abb. Nr. 7, 8, 24, 39, 65, 66, 70, 72, 77, 81, 88, 96, 97, 108, 109, 120, 124, 130, 155, 156, 157, 162, 163, 164, 189, 192, 198, 206, 208, 209, 218, 226, 229, 230, 232, 233, 234, 235, 237

Zeitungsarchiv Dortmund
    Abb. Nr. 103, 200, 210

Die z. T. eingeschränkte Bildqualität ist auf den Zustand der Originale zurückzuführen.